新公司法释义与解读系列

XIN GONGSIFA TIAOWEN SHIJIE

2023

新公司法条文释解

赵旭东　主　编
刘　斌　副主编

法律出版社 | LAW PRESS
北京

图书在版编目(CIP)数据

新公司法条文释解 / 赵旭东主编 ；刘斌副主编. --
北京 ：法律出版社，2024(2024.7 重印)
(新公司法释义与解读系列)
ISBN 978 -7 -5197 -8578 -9

Ⅰ. ①新… Ⅱ. ①赵… ②刘… Ⅲ. ①公司法－法律
解释－中国 Ⅳ. ①D922.291.915

中国国家版本馆 CIP 数据核字(2023)第 228476 号

新公司法条文释解
XIN GONGSIFA TIAOWEN SHIJIE

赵旭东 主　编
刘　斌 副主编

策划编辑 张　珺
责任编辑 张　珺
装帧设计 汪奇峰

出版发行 法律出版社
编辑统筹 法商出版分社
责任校对 杨锦华
责任印制 胡晓雅
经　　销 新华书店

开本 710 毫米×1000 毫米　1/16
印张 36.75　　**字数** 556 千
版本 2024 年 1 月第 1 版
印次 2024 年 7 月第 8 次印刷
印刷 天津嘉恒印务有限公司

地址:北京市丰台区莲花池西里 7 号(100073)
网址:www.lawpress.com.cn
投稿邮箱:info@lawpress.com.cn
举报盗版邮箱:jbwq@lawpress.com.cn
销售电话:010 -83938349
客服电话:010 -83938350
咨询电话:010 -63939796

书号:ISBN 978 -7 -5197 -8578 -9
定价:148.00 元
凡购买本社图书,如有印装错误,我社负责退换。电话:010 -83938349

新公司法条文释解

主　　编　赵旭东

副 主 编　刘　斌

撰 稿 人　（以姓氏拼音为序）

梁樱子　刘　斌　梅龄丰

魏超杰　吴伟央　辛海平

曾　斌　赵旭东　赵怡琳

周明慧　邹学庚

主编助理　辛海平

中国公司法三十年：照射进现实的理想主义

1993年12月29日，第八届全国人民代表大会常务委员会第五次会议审议通过了《中华人民共和国公司法》。时隔整整三十年后的同日，2023年12月29日，第十四届全国人民代表大会常务委员会第七次会议通过了第六次修改、第二次修订后的《中华人民共和国公司法》。修订后的新公司法删除了2018年公司法中16个条文，新增和修改了228个条文，其中实质性修改112个条文，是迄今为止规模最大的一次修改。时光移转，这部凝结了几代法律人心血的法律，转眼已然步入而立之年。在这三十年间，全国公司从寥寥无几发展至4800多万家，是中国经济快速发展的坚定支撑。正如立法机关在《公司法（修订草案）》审议说明中开门见山地指出，公司是最重要的市场主体。

1993年公司法制定之后，1999年、2004年对个别条款进行了修正，2005年进行了全面修订，2013年、2018年又对公司资本制度进行了两次重要修正。本轮公司法修改工作肇始于2018年。2018年9月7日，第十三届全国人大常委会公布了立法规划，公司法被作为第二类项目列入修改日程，属于“需要抓紧工作、条件成熟时提请审议的法律草案”，由委员长会议提请审议。2019年5月，全国人大常委会法制工作委员会组成了由各相关部门、部分专家学者参加的公司法修改起草组，并组成了工作专班，正式启动了第六次公司法修改工作。本轮公司法修改致力于实现公司法的结构性改革，是一项浩大的系统性工程。什么是公司法的结构性改革，如何实现公司法的结构性改革，都是非常宏大且充满挑战的问题。在立法任务繁重的背景之下，立法机关肩负着完善中国公司法的历史使命和责任，主动启动本轮公司法修订工作，致力于进行大刀阔斧的改革,凸显了这部市场经济基本法的重要价值与独特魅力。

“在几百年公司法的历史上,中国确是一个后来者。我们可能是世界上最年轻的公司法制定国,但在固守传统和崇信教条方面,我们又显得过于老成。我们本来没有传统的包袱和历史的积淀,但我们却无意地套上了传统和历史的枷锁,接受了过时的或不适于本土环境的法律规则。由此,更新观念,顺应时势,以现代理念和制度改革现行中国公司法制度已是大势所趋。”①这是一种照射进现实的理想主义,具有持续穿越时光的力量。三十年后的今天,第六次修改后的新公司法已经是一部中国特色现代企业制度的基本法,是一部被深度重构的现代化公司法。

理想的公司法是我们绘制新公司法画卷的原点。我们时常用“心中有山水,笔下存河川”来描述画家和画作之间的关系,画者心中山水不同,笔下河川各异。公司法亦然,“每个人眼中都有一部自己理想的公司法”。不同的前见很大程度上决定了大家对公司法修订的期待和愿景是迥异的。这里所说的“大家”,不仅仅包括立法者和公司法学者,更包括公司领域的从业者、司法者、执法者、监管者,等等。究竟什么样的公司法是理想的公司法,得到的答案不一而足。

自 2005 年公司法修订以来,我国公司法领域呈现出了丰富的商事实践创新。对赌协议对公司资本制度带来了体系性的挑战,出资加速到期纠纷对注册资本认缴制本身带来了巨大冲击,公司并购市场的风云变幻,资本市场中董事、监事、高级管理人员等的卸责与苛责同时存在,营商环境优化为公司法修订提出了新的要求等。自 2012 年启动商事制度改革以来,广泛触及了证照制度、简易注销、强制注销、企业名称登记管理等诸多领域;国有企业改革的进一步深化,对公司治理的整体架构、组织机构设置、权力分配、责任承担等均有映射,公司法规范供给已然不足;资本市场中,协议控制架构(VIE)、中国存托凭证(CDR)、特殊目的收购公司(SPAC)等方兴未艾,其中涉及大量的公司治理和资本规则,尚需公司法协同推进。面对不断发展的商事实践,司法实践中也不断形成新的公司诉讼裁判规则,持续型塑着公司法律制度体系。

面对前述实践需求,本轮公司法修订始终贯穿着三条鲜明的价值主线,这是我们理解新公司法的三把钥匙,分别是坚持效率优先与放松管制、尊重路径

---

① 赵旭东:《中国公司法的修订与改革》,载《法学论坛》2003 年第 2 期。

依赖与适度创新、立足本土语境与务实修法。

首先,新公司法坚持效率优先与放松管制。自 1993 年以来,公司治理中“三会一层”的超稳定结构,在本轮公司法修订中被突破。本轮公司法修订引入了选择制基础上的单层制方案,公司组织机构是公司治理现代化改革的“基础设施”。在此基础上,通过“突出董事会在公司治理中的地位”,以董事会为中心的公司权力配置模式意味着更为自治、高效的公司治理架构。易言之,董事会中心主义是现代公司法的标准配置,也为里程碑意义的授权资本制奠定了公司治理的基础。基于单层制改革和董事会中心,董事义务的具体化、董事责任的扩张、监督权力的重新配置、法定代表人制度改革等始得展开。新公司法第 1 条开宗明义地增加“弘扬企业家精神”,作为公司治理核心的董事会和董事,是企业家精神最重要的践行者。新公司法中引入电子通信方式的会议与表决,增加公司的法定信息公示事项,肯认电子营业执照的效力,新增类别股、无面额股等,增加简易减资、简易注销、简易合并等简化规则,进一步放松管制,提升公司运行效率。

其次,新公司法尊重路径依赖与适度创新。面对巨量的现存公司,新公司法选择在尊重制度稳定的基础上进行审慎创新,避免给公司造成过高的制度转换成本。比如,当前有限公司和股份公司二分的公司类型格局已显迟滞面,产生了公司类型的改革需求。对此,新公司法基于对存量公司的尊重,并未将公司类型破旧立新,而是在具体制度上对二者予以细化完善,包括法定资本制与授权资本制的分别适用、将股东压制的救济措施引入封闭型股份公司、允许小型股份公司简化治理结构等,实质上优化了两类公司的区分安排。再如,包括新增股东压制时的回购请求权、查阅会计账簿的权利、增加股东双重代表诉讼和查阅权穿越行使制度、降低股份公司提案权比例、新增同比例减资的原则规定等,都是对我国公司法实践经验的系统总结和立法回应。

最后,新公司法立足本土语境与务实修法。自 2014 年修改公司法实施注册资本认缴登记制,取消出资期限、最低注册资本和首期出资比例以来,方便了公司设立,激发了创业活力,公司数量增加迅速。但实践中也出现股东认缴期限过长,影响交易安全、损害债权人利益的情形。对此,新公司法改采限期认缴制,明确全体股东认缴的出资额应当按照公司章程的规定自公司成立之日起 5 年内缴足。这是对实践中认缴制本身所产生的客观现实问题的理性回应。比如,新公司法将国家出资公司设专章规定,但章名明确为“组织机构的特别规定”,彰显了国家出资公司与普通公司在其他公司法规则上的一体平等适用。面对法定代表人制度所产生的选任范围过窄、抑制董事会权力等问题,新公司法通过扩大选任范围、明确辞任和补任规则、明确变更文件和签署主体、修改章程记载事项等,予以针对性地解决。再如,股份公司改采实缴制、催缴失权、加速到期、简化有限责任公司股权转让模式、明确股东变动模式、明确股权转让后的义务承担等,都是对本土问题的务实回应。

新公司法颁行后,整个社会将出现新一轮学习、宣传和阐释、研究新公司法的热潮,全国各地、各部门、各系统,尤其是公司企业、律师事务所、国家机关、法律院校等都将面临重新学习和实施、适用新公司法的任务,现有的各种公司法的教材和读物也都需要根据新公司法进行全面的修订和更新。值此时机,我们以新公司法的内容和结构为基础,组织编写了这套“新公司法释义与解读系列”丛书,从不同角度系统解析新公司法的法理基础、制度内涵与适用要义。本丛书共5本,每本书根据不同领域、不同专业背景和不同业务的读者情况和需求,按不同内容、不同体例、不同深度和不同风格分别编写,包括:《新公司法条文释解》、《新公司法重点热点问题解读:新旧公司法比较分析》、《新公司法讲义》、《新公司法适用与最高人民法院公布案例解读》和《新公司法诉讼实务指南》。

本丛书编写作者主要由中国政法大学公司法修改课题研究小组的老师和研究人员组成,同时为反映其突出的实务特色,特别邀请了全国人大常委会法工委、最高人民法院和地方高级人民法院、国家市场监督管理总局、中国证监会等相关国家机关及部分律师事务所的实务界专家参与本书编写。

经由本轮公司法修订,我国公司法已经开始从吸收和融合域外规则,走向基于本土资源的制度改革之路。本轮公司法的修订,不仅仅是对过去三十年中国公司法理论和经验的系统总结,更是奠定了未来十数年乃至数十年的司法适用和理论阐释的新起点。本丛书试图提供新公司法的解释体系,也是向中国公司法三十年的致敬与祝愿。

赵旭东　刘　斌

2024 年 1 月 10 日

凡　　例

文件名称	文号	发布/修订/修正日期	生效日期
《中华人民共和国民法典》(简称《民法典》)	中华人民共和国主席令第45号	2020年5月28日	2021年1月1日
《中华人民共和国民法通则》(2009年修正)(简称《民法通则》)(已废止)	中华人民共和国主席令第18号	2009年8月27日	2009年8月27日
《中华人民共和国公司法》(2023年修订)(简称新《公司法》)	中华人民共和国主席令第15号	2023年12月29日	2024年7月1日
《中华人民共和国公司法》(2018年修正)(简称原《公司法》或2018年《公司法》)	中华人民共和国主席令第15号	2018年10月26日	2018年10月26日
《中华人民共和国公司法》(2013年修正)(简称2013年《公司法》)	中华人民共和国主席令第8号	2013年12月28日	2014年3月1日
《中华人民共和国公司法》(2005年修订)(简称2005年《公司法》)	中华人民共和国主席令第42号	2005年10月27日	2006年1月1日
《中华人民共和国公司法》(简称1993年《公司法》)	中华人民共和国主席令第16号	1993年12月29日	1994年7月1日
《中华人民共和国民事诉讼法》(2023年修正)(简称《民事诉讼法》)	中华人民共和国主席令第11号	2023年9月1日	2024年1月1日
《中华人民共和国刑法》(2023年修正)(简称《刑法》)	中华人民共和国主席令第18号	2023年12月29日	2024年3月1日
《中华人民共和国企业所得税法》(2018年修正)(简称《企业所得税法》)	中华人民共和国主席令第23号	2018年12月29日	2018年12月29日
《中华人民共和国反不正当竞争法》(2019年修正)(简称《反不正当竞争法》)	中华人民共和国主席令第29号	2019年4月23日	2019年4月23日

续表

文件名称	文号	发布/修订/修正日期	生效日期
《中华人民共和国企业破产法》(简称《企业破产法》)	中华人民共和国主席令第54号	2006年8月27日	2007年6月1日
《中华人民共和国证券法》(2019年修订)(简称《证券法》)	中华人民共和国主席令第37号	2019年12月28日	2020年3月1日
《中华人民共和国保险法》(2015年修正)(简称《保险法》)	中华人民共和国主席令第26号	2015年4月24日	2015年4月24日
《中华人民共和国会计法》(2017年修正)(简称《会计法》)	中华人民共和国主席令第81号	2017年11月4日	2017年11月5日
《中华人民共和国企业国有资产法》(简称《国有资产法》)	中华人民共和国主席令第5号	2008年10月28日	2009年5月1日
《中华人民共和国资产评估法》(简称《资产评估法》)	中华人民共和国主席令第46号	2016年7月2日	2016年12月1日
《中华人民共和国招标投标法》(2017年修正)(简称《招标投标法》)	中华人民共和国主席令第86号	2017年12月27日	2017年12月28日
《中华人民共和国拍卖法》(2015年修正)(简称《拍卖法》)	中华人民共和国主席令第24号	2015年4月24日	2015年4月24日
《中华人民共和国商业银行法》(简称《商业银行法》)	中华人民共和国主席令第34号	2015年8月29日	2015年10月1日
《中华人民共和国全民所有制工业企业法》(2009年修正)(简称《全民所有制工业企业法》)	中华人民共和国主席令第18号	2009年8月27日	2009年8月27日
最高人民法院《关于适用〈中华人民共和国公司法〉若干问题的规定(一)》(2014年修正)(简称《公司法司法解释(一)》)	法释〔2014〕2号	2014年2月20日	2014年3月1日
最高人民法院《关于适用〈中华人民共和国公司法〉若干问题的规定(二)》(2020年修正)(简称《公司法司法解释(二)》)	法释〔2020〕18号	2020年12月29日	2021年1月1日
最高人民法院《关于适用〈中华人民共和国公司法〉若干问题的规定(三)》(2020年修正)(简称《公司法司法解释(三)》)	法释〔2020〕18号	2020年12月29日	2021年1月1日

续表

文件名称	文号	发布/修订/修正日期	生效日期
最高人民法院《关于适用〈中华人民共和国公司法〉若干问题的规定(四)》(2020年修正)(简称《公司法司法解释(四)》)	法释〔2020〕18号	2020年12月29日	2021年1月1日
最高人民法院《关于适用〈中华人民共和国公司法〉若干问题的规定(五)》(2020年修正)(简称《公司法司法解释(五)》)	法释〔2020〕18号	2020年12月29日	2021年1月1日
最高人民法院《关于适用〈中华人民共和国民法典〉合同编通则若干问题的解释》(简称《民法典合同编通则解释》)	法释〔2023〕13号	2023年12月4日	2023年12月5日
最高人民法院《关于适用〈中华人民共和国民法典〉有关担保制度的解释》(简称《民法典担保制度解释》)	法释〔2020〕28号	2020年12月31日	2021年1月1日
最高人民法院《关于适用〈中华人民共和国企业破产法〉若干问题的规定(一)》(简称《企业破产法解释(一)》)	法释〔2011〕22号	2011年9月9日	2011年9月26日
最高人民法院《关于适用〈中华人民共和国民事诉讼法〉的解释》(2022年修正)(简称《民诉解释》)	法释〔2022〕11号	2022年4月1日	2022年4月10日
最高人民法院《关于印发〈全国法院民商事审判工作会议纪要〉的通知》(简称《九民纪要》)	法〔2019〕254号	2019年11月8日	2019年11月8日
《全国法院审理债券纠纷案件座谈会纪要》(简称《债券纠纷会议纪要》)	法〔2020〕185号	2020年7月15日	2020年7月15日
《中华人民共和国城镇集体所有制企业条例》(2016年修订)(简称《城镇集体所有制企业条例》)	中华人民共和国国务院令第666号	2016年2月6日	2016年2月6日
《中华人民共和国乡村集体所有制企业条例》(2011年修订)(简称《乡村集体所有制企业条例》)	中华人民共和国国务院令第588号	2011年1月8日	2011年1月8日
《中华人民共和国市场主体登记管理条例》(简称《市场主体登记管理条例》)	中华人民共和国国务院令第746号	2021年7月27日	2022年3月1日

续表

文件名称	文号	发布/修订/修正日期	生效日期
《中华人民共和国市场主体登记管理条例实施细则》(简称《市场主体登记管理条例实施细则》)	国家市场监督管理总局令第52号	2022年3月1日	2022年3月1日
《上市公司治理准则》(2018年修订)	中国证券监督管理委员会公告〔2018〕29号	2018年9月30日	2018年9月30日
《公司债券发行与交易管理办法》	中国证券监督管理委员会令第222号	2023年10月20日	2023年10月20日
《优先股试点管理办法》(2023年修订)(简称《优先股办法》	中国证券监督管理委员会令(第209号)	2023年2月17日	2023年2月17日
国务院办公厅《关于进一步完善国有企业法人治理结构的指导意见》(简称《企业法人治理结构指导意见》	国办发〔2017〕36号	2017年4月24日	2017年4月24日
《上海证券交易所公司债券上市规则》(2023年修订)	上证发〔2023〕164号	2023年10月20日	2023年10月20日
《深圳证券交易所公司债券上市规则》(2023年修订)	深证上〔2023〕974号	2023年10月20日	2023年10月20日
《公司债券受托管理人执业行为准则》(2023年修订)	中证协发〔2023〕203号	2023年10月20日	2023年10月20日
《中华人民共和国公司法(修订草案)(一次审议稿)》(简称《公司法(修订草案一审稿)》)		2021年12月24日	
《中华人民共和国公司法(修订草案)(二次审议稿)》(简称《公司法(修订草案二审稿)》)		2022年12月30日	
《中华人民共和国公司法(修订草案)(三次审议稿)》(简称《公司法(修订草案三审稿)》)		2023年9月1日	

说明:正文中出现的法律文件简称规则同上或于文中第一次出现处标注。

目　　录

第一章　总　　则

第二章 公司登记

第三章　有限责任公司的设立和组织机构

第一节　设　立

第二节　组织机构

第四章 有限责任公司的股权转让

第五章 股份有限公司的设立和组织机构

第一节 设 立

第二节 股东会

第三节 董事会、经理

第四节 监 事 会

第五节 上市公司组织机构的特别规定

第六章　股份有限公司的股份发行和转让

第一节　股份发行

第二节　股份转让

第七章　国家出资公司组织机构的特别规定

第八章　公司董事、监事、高级管理人员的资格和义务

第九章　公司债券

第十一章　公司合并、分立、增资、减资

第十二章　公司解散和清算

第十三章　外国公司的分支机构

第十四章　法 律 责 任

第十五章　附　　则

CHAPTER 01
第一章

总 则

第一条 为了规范公司的组织和行为,保护公司、股东、职工和债权人的合法权益,完善中国特色现代企业制度,弘扬企业家精神,维护社会经济秩序,促进社会主义市场经济的发展,根据宪法,制定本法。

本条主旨

本条是关于公司法立法宗旨的规定。

本条释解

公司法是规定各类公司的设立、活动、解散及其他对内对外关系的法律规范的总称,是社会主义市场经济制度的基础性法律。宪法是我国的根本大法,任何法律都不得与宪法相违背,公司法也不例外。因此,本条规定要根据宪法制定本法。公司法的立法宗旨是公司法立法要达到的目的或者实现的目标,是全部公司法的指导思想,为公司法的贯彻实施和未来修改提供了基本遵循。依据本条规定,我国公司法的立法宗旨如下:

一、规范公司的组织和行为

公司法既是组织法,也是行为法,同时规范公司的组织和行为。公司法确立公司以法人主体地位,规范公司的设立与成立,公司资本的形成、运行和流出,公司组织机构的设置、职权与运行,公司的解散、清算与注销,公司财务会计制度等多方面的关系。同时,公司法还对公司的行为作出具体的规定和安排,规范法定代表人代表行为、决议行为、股份发行行为、债券发行行为、增资行为、减资行为、合并行为、分立行为等多方面的具体行为。公司作为最为重要的市场主体之一,其设立与成立、组织机构设置、职权和运行等组织关系是否科学合理,决议行为、股份发行行为等行为规则是否规范清晰,既直接关系到公司的经营效率,也关系到市场交易秩序和交易安全。制定公司法,就是为了给公司经济实践提供一整套清晰规范、切实可行的制度设计和安排,规范公司的组织和行为,为公司参与人和公司交易相对人提供规则遵循,促进市场经济的健康有序发展。

二、保护公司、股东、职工和债权人的合法权益

公司成立、经营和终止过程中主要涉及四方面主体,即公司、股东、职工和债权人。在公司法律关系中,这四类主体分别享有不同的权利,承担不同的义务,其合法权益均须公司法加以保护,具体而言:

其一,公司法保护公司的合法权益。公司是社会主义市场经济最重要的市场主体之一,是国民经济的重要创造者,公司法首先要保护的就是公司的合法权益。根据《公司法》第 3 条的规定,公司享有独立的法人资格,拥有自己独立的财产,享有独立的财产权,公司的合法权益受法律保护。本法(本书中,新《公司法》也称"本法")还设计了许多具体规则,以维护公司的合法权益。例如,股东不得抽逃出资、董事、监事、高级管理人员的忠实义务和勤勉义务、违法利润分配返还规则等。

其二,公司法保护股东的合法权益。股东出资是公司资本的来源,而公司资本又是公司得以成立和经营的重要物质基础,为了使股东能够自愿、安心地向公司投资、获取投资收益,公司法必须保护股东的合法权益。根据本法第 4 条的规定,股东享有有限责任,仅以认缴的出资额或者认购的股份为限,向公司承担责任;股东对公司依法享有资产收益、参与重大决策和选择管理者等权利。本法还设计了大量具体规则保护股东的合法权益。例如,股东享有知情权、提案权、建议权、质询权、表决权、股利分配请求权、剩余财产分配请求权等权利,股东享有依法转让股权或者股份的权利、公司增资或者发行新股时的优先认缴或者认购权、异议股东股权或者股份回购请求权、特殊情形下请求人民法院司法解散公司的权利、提起股东直接诉讼的权利、提起股东代表诉讼的权利等。

其三,公司法保护职工的合法权益。一个公司的成功,离不开股东的出资,董事、高级管理人员的经营和监事的监督,更离不开广大职工的辛勤劳动和工作,因此,公司法必须保护职工的合法权益。根据本法第 16 条的规定,公司应当依法与职工签订劳动合同,参加社会保险,加强劳动保护,实现安全生产;应当采用多种形式,加强公司职工的职业教育和岗位培训,提高职工素质。本法用多个条文,系统性地设计了职工利益保护规则。例如,根据本法第 17 条,职工可以依法建立工会、职工代表大会维护自身合法权益,公司研究决定改制以及经营方面重大问题时,应当听取工会和职工意见;本法第 68、76、130 条,规定了职工董事、职工监事制度。这些条文均体现了公司法保护职工的合法权益。

其四,公司法保护债权人的合法权益。根据会计恒等式"资产 = 负债 + 所有者权益",公司的资产来源于股东的出资和债权人的借贷。公司是否妥善经营,既牵涉股东能否收回投资,也关涉债权人能否实现债权。在此意义上,保护债权人利益和股东权利同等重要。然而,公司拥有法人独立地位,股东同时又受到有限责任制度的保护,在一些情形下,由于利益的分野和驱使,公司债权人的合法权益可能受到公司、股东或者董事的侵害。为此,本法第 23 条规定了法人人格否认制度,即公司股东滥用公司法人独立地位和股东有限责任,逃避债务,严重损害公司债权人利益的,应当对公司债务承担连带责任。本法第 191 条规定了董事对第三人的责任,即董事、高级管理人员执行职务,给他人造成损害的,公司应当承担赔偿责任;董事、高级管理人员存在故意或者重大过失的,也应当承担赔偿责任。

综上,制定公司法,就是要规范和理顺公司、股东、职工和债权人之间的权利义务关系,对内处理好公司与股东、职工之间的法律关系,对外处理好公司和债权人之间的法律关系,并对违法、背俗行为加以特别的法律规制和制裁,切实保护公司、股东、职工和债权人的合法权益。

三、完善中国特色现代企业制度,弘扬企业家精神

党的二十大报告明确提出,"完善中国特色现代企业制度,弘扬企业家精神"。2023 年《公司法》修改,在本条增加了相关表述,这既是对党的二十大报告的贯彻落实,也契合公司法理论和实务的基本逻辑和原理的。

完善中国特色现代企业制度,是指要完善立足中国本土企业实践而形成的一整套以公司制度为核心的产权清晰、权责明确、政企分开、管理科学的企业制度。所谓产权清晰,是指要明确资产的形态和权利边界,这是市场交易的基础。所谓权责明确,是指要合理区分股东、管理者、职工等群体各自的权利和责任。所谓政企分开,是指要将政府的行政管理职能与企业的经营管理职能区分开来。所谓管理科学,是指要优化公司组织机构的设置、职权和运行规则,要求公司要进行科学化生产管理、销售管理、人事管理、研发管理等。公司是我国社会主义市场经济最重要的主体之一,中国特色现代企业制度是否科学合理,直接关涉我国广大公司经营的效率,因此,公司法须以完善中国特色现代企业制度为己任。

弘扬企业家精神,是指要弘扬企业家群体的创新、冒险、创业和宽容等宝贵精神。我国社会主义市场经济的活力来自广大市场主体,而广大市场主体的活力又来自具体的个人,特别是来自企业家。在此意义上,弘扬企业家精神,就是激发市场主体活力,发展社会主义市场经济。因此,公司法作为社会主义市场经济制度的基础性法律,有必要大力弘扬企业家精神。

四、维护社会经济秩序,促进社会主义市场经济的发展

社会经济秩序是社会经济活动的规则,经济基础决定上层建筑,法律作为上层建筑必须要为经济基础服务。因此,作为社会主义市场经济制度的基础性法律,公司法必须要以维护社会经济秩序为宗旨。同时,公司是社会主义市场经济中最重要的主体之一,社会主义市场经济的高质量发展,离不开广大公司市场主体积极开展市场经营活动,而公司开展经营活动离不开公司法律制度的有效运行。因此,设计和构建完善的公司法律制度,是推动社会主义市场经济高质量发展的重要制度保证。从根本上讲,制定公司法的主要目标之一,就是为了促进社会主义市场经济的发展。

第二条 本法所称公司,是指依照本法在中华人民共和国境内设立的有限责任公司和股份有限公司。

本条主旨

本条是关于公司类型的规定。

本条释解

一、公司的类型

公司的类型,是指公司法依据一定的标准,对公司的外延作出的界定。公司从无到有直至发展到现代,其类型多种多样,依不同的标准,从不同的角度可以作出不同的分类,有法律上的分类,也有学理上的分类。大陆法系依据股东所承担责任,将公司划分为无限责任公司、两合公司、股份有限公司、股份两合公司和有限责任公司。英美法系依据公司股份是否公开发行及股份是否允许自由转让,将公司划分为封闭公司与开放公司。此外,以信用基础为标准可以将公司划分为人合公司、资合公司及人资两合公司;以公司之间的控制与从属关系为标准,可以将公司划分为母公司与子公司;以公司内部管辖关系为标准,可以将公司划分为本公司和分公司等。

二、有限责任公司和股份有限公司的概念

依据本条规定,本法所称的公司是指依照本法在中国境内设立的有限责任公司和股份有限公司。其中,有限责任公司,是指由法律规定的一定人数的股东所组成,股东以其出资额为限对公司债务承担责任,公司以其全部资产对其债务承担责任的企业法人。一般而言,有限责任公司具有突出的人合性和封闭性特征。股东人数受到法定限制,但股东间相互了解信任,不需要以放弃对公司业务的管理权为代价,且仅对公司债务承担有限责任。股份有限公司,是指公司全部资本分为等额股份,股东以其所认购的股份对公司承担责任,公司以其全部资产对公司债务承担责任的企业法人。股份有限公司是资本联合的高级法律形式,把闲散资金汇集成集中的生产资金,把小规模的商业行为变成大规模的社会经营,打破了信用形式单调、融资渠道狭窄的局面,把单一的银行融资变成了多渠道、多形式的社会融资,具有利于集资、分散风险、公众性强、股东变更容易、管理科学等优势。

有限责任公司与股份有限公司作为我国公司的基础类型,具有如下差异:(1)股东人数不同。依据本法第42条、第92条的规定,有限责任公司的股东人数应为1人以上50人以下,股份有限公司的发起人则为1人以上200人以下。(2)设立方式不同。有限责任公司只能通过发起设立,股份有限公司则可以采用发起设立或募集设立。(3)股权或股份是否可自由转让不同。有限责任公司受人合性特质约束,除章程另有规定外,股东转让其股权时需要尊重其他股东的优先购买权。而股份有限公司的股份具有较高程度的流通性,其股份可以自由转让和交易,以提高股份的融资能力并吸引投资者。(4)开放性程度不同。由于有限责任公司只能采用发起设立,且股权不能自由转让,故具有封闭性特点。股份有限公司由于股份发行的公开性及股权转让的自由性,公开发行股票的股份有限公司甚至须向社会公开其经营状况,因而具有公开性。(5)股东参与公司治理程度不同。有限责任公司股东一般亲自参与公司经营管理。在股份有限公司中,公司生产和经营的管理活动由以董事和经理为中心的专门管理机构进行,股东多作为“资本的单纯所有者”领取股息的红利,适应了所有权与经营权相分离的生产方式的需要。

三、一人公司、上市公司、国家出资公司与有限责任公司、股份有限公司的关系

公司法中还有一人公司、上市公司、国家出资公司等概念。这几种特殊公司并非对公司类型的重新划分,只是有限责任公司或股份有限公司的特殊类型。(1)一人公司,又称独资公司,是指股东(自然人、法人或者非法人组织)仅为一人,并由该股东持有公司的全部出资或所有股权的公司,包括有限责任公司和股份有限公司。一人公司的突出法律特征在于股东的唯一性,包括一个自然人或一个法人,但其具备公司所有法律特征,仍为有限责任公司或股份有限公司的一种,股东以其出资额为限对公司负责,承担有限责任。(2)上市公司,是指发行的股票在证券交易所上市交易的股份有限公司。公司发行的股票上市交易,表明其具有很强的公开性,只有股份有限公司具有这种公开性特点。然而,并非所有股份有限公司发行的股票都上市交易,因此,上市公司一定是股份有限公司,但股份有限公司并不一定都是上市公司。(3)国家出资公司,是指由国家出资设立的国有独资公司或国有资本控股公司,包括国有出资的有限责任公司和股份有限公司。国家出资公司的资本性质特殊,国家系公司资产的所有权主体,在公司治理中存在产权主体缺位问题,故其组织机构设置需要满足特别治理需求。然而,国家出资公司亦具备公司法律特征,可划分为国家出资的有限责任公司和股份有限公司。

相关理论

公司的分类理论

公司法理论中对公司的一种重要分类是依公司信用基础不同,将公司分为人合公司、资合公司、人合兼资合公司。所谓人合公司,是指以股东个人条件作为公司信用基础而组成的公司。这种公司对外从事经济活动时,他人对其信用的判断主要不是根据公司本身的资本或资产状况如何,而是根据股东个人的信用状况。决定此种公司人合性的主要原因是公司的股东对公司债务承担无限连带责任,公司资不抵债时,股东应以个人的全部财产清偿公司债务。人合公司的股东间通常有相当的了解,这种公司很多具有家族性的特点。无限公司就是典型的人合公司。有限公司股东虽然承担有限责任,但由于其人数有限和具有封闭性,因此也具有一定的人合性。资合公司,指以公司资本和资产条件作为其信用基础的公司。这种公司对外进行经济活动时,他人对其信用的判断依据主要不是股东个人的信用情况,而是公司自身资本和资产是否雄厚、以往的商业信誉等。决定公司资合性的主要原因在于此种公司的股东对公司债务只负出资额范围内的有限责任,因此,公司股东间以出资相结合,无须相互了解,公司具有公众化的特点。前述有限公司主要表现出资合公司的特点,而股份有限公司则是最典型的资合公司。人合兼资合公司,是指信用基础兼具股东个人信用及公司资本和资产信用的公司,既有人合性质又有资合性质,构成两合的原因在于公司由有限责任股东和无限责任股东两种股东组成。其中,两合公司、股份两合公司是最典型的人合兼资合公司,有限公司也同时兼有资合与人合的双重性质和特点。

第三条 公司是企业法人,有独立的法人财产,享有法人财产权。公司以其全部财产对公司的债务承担责任。

公司的合法权益受法律保护,不受侵犯。

本条主旨

本条是关于公司独立法人地位和公司合法权益保护的规定。

本条释解

公司是一种具有独立法人地位的企业组织,相应地,有限责任公司和股份有限公司也必然具有法人资格。《民法典》第 57 条规定:"法人是具有民事权利能力和民事行为能力,依法独立享有民事权利和承担民事义务的组织。"《民法典》第 58 条规定,法人应当依法成立,有自己的名称、组织机构、住所、财产或者经费。具体到公司法人,主要表现为:(1)依法成立;(2)有必要的财产或者经费;(3)有自己的名称、组织机构、住所;(4)能够独立承担民事责任。

本条第 1 款规定公司的独立财产和独立财产权。公司的企业法人地位决定了公司必须拥有自己独立的法人财产,享有独立的法人财产权。公司拥有的财产,既包括货币、实物等有形财产,也包括商标、专利、非专利技术、土地使用权、债权、股权等无形财产。股东的出资构成公司财产的最初来源,由公司享有股东出资财产的财产权。此外,公司财产还包括公司通过对外负债、资产收益、经营收益等途径所取得的财产。没有财产就没有人格。公司拥有独立财产、独立财产权,是公司能够自主经营、自负盈亏,独立承担民事责任的物质基础,是公司享有权利能力、行为能力的必要条件,也是公司具有独立人格的重要标志。

本条第 1 款还规定了公司的独立责任。一方面,公司的独立责任,表现为公司以其全部财产对公司的债务承担责任,在性质上属于无限责任。公司的全部财产、财产权,既包括其所拥有的实物所有权,也包括其所拥有的债权、股权、知识产权等其他民事权利。特别是,包括公司对股东所拥有的请求交付出资权利。例如,股东缴纳出资后又抽逃出资的,公司有权将该抽逃的财产追回。公司追回该股东抽逃财产的权利,也构成公司的财产或者财产权。另一方面,公司的独立责任还表现为责任的独立性,即该责任是公司自己的责任,而非他人的责任,这主要体现在三方面:一是公司责任与股东责任的独立;二是公司责任与其工作人员责任的独立;三是公司责任与其他公司或法人组织责任的独立。公司独立责任是公司具有独立人格的重要标志,是公司具有独立法人地位的集中体现。

本条第 2 款规定公司的合法权益不受侵犯。合法权益是指受法律保护的权利和利益。公司是具有法人资格的经济组织,具有民事主体法律地位,其合法权益受法律保护,任何人不得侵犯,否则要承担相应的法律责任,只有这样才能保证公司目的的实现。

相关理论

公司财产权的性质

公司对其财产究竟享有何种法律权利,一直是我国公司法上的重要理论问题。对于这一问题,英美法可以使用笼统的产权概念,而在大陆法的法人制度和传统的物权、所有权概念之下,要进一步回答的问题就是公司对其财产是否享有完整的所有权。在我国,由于是在以公有制为主体的基础上发展市场经济,存在许多通过国有企业改制、改组设立的公司,因而对公司财产权的界定更为复杂。本法第 3 条第 1 款规定:“公司是企业法人,有独立的法人财产,享有法人财产权。公司以其全部财产对公司的债务承担责任。”但《公司法》并未对公司财产权作出明确的界定,仅仅使用了“法人财产权”的概念。学者们对于公司财产权性质的认识存在着争议,有的观点认为其是法人所有权,有的观点认为其是经营权,众说纷纭。可见,公司财产权的性质是一个需要进一步研究和探讨的理论问题。

关于公司财产权的性质有以下典型观点:

(1)经营权说。该说认为,公司财产权是一种经营权,其内容只是对财产进行使用、经营的权利。

(2)结合权说。该说认为,公司财产权是经营权与法人制度的结合,经营权是其基础,法人制度是其载体。经营权是派生于所有权的一种物权,当这种经营权与法人制度相结合就产生了特殊的公司财产权。

(3)双重结构说。该说认为,公司的财产由公司享有,公司本身由股东共有。公司及公司财产是法律拟制的产物,公司财产最终归属于股东,所以公司财产权是双重结构。

(4)股权与公司所有权说。该说认为,公司财产权是具有所有权性质的物权,具有占有、使用、收益和处分的权能。股东对于公司财产只享有股权。

此外,还有学者认为,公司财产权是一种综合性权利,是公司法人享有的、以物质财富为内容的、直接与经济利益相关的民事权利,包括所有权、债权、知识产权以及国有自然资源使用权等。

在法律意义上,公司财产权性质的争论本质上是对公司人格独立性的理解和股东权利限制的问题,即公司作为独立的法人,是否必须享有完整的财产权,对物的财产是否必须享有所有权。

我国的公司法理论在此问题上已经基本达成共识,即公司财产权与股权是紧密相连的两个权利,公司的原始财产来源于股东的出资,股权是由股东转让出资财产所有权而换取的权利。公司的财产关系和结构就是股东的股权和公司的财产所有权的有机结合。

第四条 有限责任公司的股东以其认缴的出资额为限对公司承担责任;股份有限公司的股东以其认购的股份为限对公司承担责任。

公司股东对公司依法享有资产收益、参与重大决策和选择管理者等权利。

本条主旨

本条是关于股东有限责任和股东权利的规定。

本条释解

本条规定了有限责任公司和股份有限公司股东有限责任和股东权利两方面的内容。

一、股东有限责任

本条第 1 款规定了股东的有限责任。有限责任与无限责任相对,有限责任是指当公司全部财产不足以清偿到期债务时,股东仅在某个确定的数额范围内以其个人财产承担清偿责任;无限责任是指当公司全部财产不足以清偿到期债务时,股东以其个人的全部财产承担清偿责任。公司的独立责任与股东的有限责任是相辅相成的。公司的独立责任必然决定着股东的有限责任,而股东的有限责任同时又当然意味着公司的独立责任。依本款规定,有限责任公司的股东以其认缴的出资额为限对公司承担责任,股份有限公司的股东以其所认购的股份为限对公司承担责任,其责任有数额的限制,因此为有限责任。在此数额范围之外,股东通常不对公司及其债权人承担任何责任。也就是说,在股东依照有关法律规定和公司章程的规定,履行了出资义务以后,就不再对公司从事的民事活动承担额外的责任。

需要强调的是,有限责任公司的股东认缴的出资额,并非一个抽象的数字,而是实实在在的法律责任。"认缴"虽然不等同于"实缴",但"认缴"并不是"认而不缴",而是指通过认缴确定出资义务和出资义务人后,出资义务人依照相关法律规定或者公司章程规定,在相应期限内缴足出资。对此,本法第 47 条第 1 款规定了限期认缴制,即全体股东认缴的出资额由股东按照公司章程的规定自公司成立之日起 5 年内缴足。本法第 54 条规定了出资义务加速到期制度,即当公司不能清偿到期债务的,公司或者已到期债权的债权人有权要求已认缴出资但未届缴资期限的股东提前缴纳出资。《企业破产法》第 35 条规定了公司破产情形下的出资义务加速到期制度,即人民法院受理破产申请后,公司股东尚未完全履行出资义务的,管理人应当要求该股东缴纳所认缴的出资,而不受出资期限的限制。由此可见,“认缴”的真实含义,并非“认而不缴”,而是一种确定出资义务和出资义务人的方式,出资义务人须依照相关法律规定和公司章程的规定,及时向公司缴足出资。

此外,区别于有限责任公司的限期认缴制,本法对股份有限公司实行完全实缴制,即股东认购股份的,必须在合理期限内足额缴纳相应的股款。

二、股东权利

本条第2款规定了股东权利,简称股东权、股权。股权法律关系实质上是股东基于其地位与公司之间形成的法律关系,不同公司的股东,同一公司的不同类型的股东,其股东权利的内容与表现形式有所不同。在法理上,可以对股东权利做如下分类:(1)自益权和共益权。这是以股权行使的目的为标准进行的划分。所谓自益权,是指股东以自己的利益为目的而行使的股东权利,如利润分配请求权等。所谓共益权,是指股东以自己的利益和公司的利益为目的而行使的股东权利,如表决权等。自益权主要体现为对股东具有财产利益的权利,共益权主要体现为对公司事务进行管理的权利。需要注意的是,二者的划分并不绝对,自益和共益有时候是统一的,并不矛盾,如股东代表公司提起派生诉讼的权利,很大程度上兼具共益权和自益权的属性。(2)固有权和非固有权。这是以股东权利是否可以被剥夺或者限制为标准进行的划分。所谓固有权,是指不得被公司章程或者股东会决议剥夺或者限制的权利,如非经股东同意,已经实缴出资的股东的利润分配请求权不得被剥夺或者限制。所谓非固有权,是指可以通过公司章程或者股东会决议剥夺或者限制的权利,如在为公司利益、不违反股东平等原则的基础上,公司章程可以对股东转让股权的权利进行适度合理的限制。通常情形下,股东的共益权多为固有权,股东的自益权多为非固有权。

本条第2款规定,股权享有资产收益、参与重大决策和选择管理者等权利。(1)所谓资产收益的权利,主要是指在公司具有利润时的股利分配请求权和公司终止时的剩余财产分配请求权。(2)参与重大决策的权利,主要是指股东出席股东会的权利、召集股东会的权利、主持股东会的权利,以及股东知情权、提案权、建议权、质询权、表决权等权利。(3)选择管理者的权利,主要是指就任免董事进提案和表决的权利。除此之外,本款规定中的“等权利”,还包括依法转让股权或者股份的权利、公司增资或者发行新股时的优先认缴或者认购权、异议股东股权或者股份回购请求权、特殊情形下请求人民法院司法解散公司的权利、提起股东直接诉讼的权利、提起股东代表诉讼的权利等。

相关理论

股东有限责任理论

股东有限责任,是指股东以投资为限对公司承担责任,公司以其全部财产对公司债务承担责任。具体到有限责任公司和股份有限公司,则指股东以认缴的出资额或认购的股份为限承担责任。股东有限责任是公司法律制度最显著的特征之一。股东有限责任和公司独立人格共同构成公司法律制度的两大基石。股东有限责任和公司独立人格在公司与股东之间竖起了一道屏障,使得股东仅以认缴的出资额或认购的股份为限向公司承担有限责任,公司债权人仅可向公司主张债权而通常情况下无权向股东主张债权,如此得以使股东责任与公司责任相分离,具有“资产分割”和“破产隔离”的功能。

股东有限责任的确立,对于公司制度的发展具有重大的意义。首先,有限责任制度是股东在追求投资利益的同时,控制其投资风险的有效形式。其次,有限责任制度是募集社会资金、兴办大型企业的有效手段。更为深远的是,有限责任制度适应了所有权与经营权分离的生产方式的要求,使那些拥有资金、但又无暇或不擅长经营管理的人,能通过投资公司使自己的资金进行经营流转。如此,一方面避免了社会资本在所有者手中停留和停滞,另一方面也使资本所有者获得相应的经济利益。

但是,股东有限责任并不是绝对的,也存在例外情形。如前所述,股东有限责任在公司与股东之间竖起了一道屏障,公司债权人只能要求公司承担责任,而不能直接要求股东对公司债务承担责任。然而,在公司具体运作过程中,可能出现了公司资本显著不足、利用公司回避义务、公司法人格形骸化等滥用股东有限责任和公司独立人格制度的情形,有违股东有限责任制度和公司独立人格制度的价值目标。对此,美国法率先创设了“揭开公司面纱”(又称公司人格否认)理论,德国法建立了“直索”理论,以期对滥用行为进行规制。在该理论下,公司独立人格被否认,股东独立责任的逻辑基础就不存在了。如此,就可以要求股东在特定情形下承担公司的责任,以保护公司债权人、其他股东及其公司的利益。

第五条 设立公司应当依法制定公司章程。公司章程对公司、股东、董事、监事、高级管理人员具有约束力。

本条主旨

本条是关于公司章程及其效力的规定。

本条释解

一、公司章程的法律性质、地位与制定

公司章程是由设立公司的股东制定并对公司、股东、公司经营管理人员具有约束力的调整公司内部组织关系和经营行为的自治规则，是公司设立的必备条件。

关于公司章程的性质，主要有自治法说与契约说两种观点。自治法说认为，公司章程是用以约束公司、股东与公司内部组织机关及活动的自治法规。从公司章程效力范围的角度上，其不仅约束制定章程的设立者或发起人，也约束公司机关及新加入公司的组织者。该说主要流行于以德、日为代表的大陆法系国家。契约说认为，公司章程制定或修改、章程的内容均以股东的共同意思确定，因此具有契约的性质。该说侧重于公司章程制定者的意思自治，认为章程的制定是基于股东的共同意思，因而制定后即对股东产生约束力。以上两说有其合理性，也有相应的缺陷，契约说难以解释公司章程与一般契约在效力范围、变更程序等方面的差异，而自治法说轻视了股东的共同意思在公司章程制定过程中的关键性作用和地位。

目前，我国学术界和实务界的通说是自治法说。公司章程不仅是公司治理及经营行为的基本准则，还是公司制定其他自治规章的重要依据。对于公司而言，公司章程是最为重要的自治规则，对公司的存在与发展有着不可替代的重要意义。首先，公司章程是公司设立的最基本条件和最重要的法律文件，根据本法第 30 条的规定，章程是公司设立的必备法律文件之一。其次，公司章程是确定公司内部各利益主体权利、义务关系的基本文件，涵盖了各个方面的公司经营的重大问题。再次，公司章程是公司内部管理的基本法律依据，是公司最重要自治规则，是公司有效运行的重要基础，也是公司股东、董事、监事、高管承

担责任的重要基础。公司内部管理涉及股东、公司、管理机关及人员以及职工等多重利益主体,为平衡各方利益,规范对内和对外关系,必须制定公司章程,使公司得以正常运转。最后,公司章程还是公司进一步制定更为具体的生产制度、销售制度、采购制度、财务制度、人事制度等其他自治规章的上位规则和依据。这些规则均不得与公司章程的规定存在抵触或者冲突。

本条规定,设立公司必须依法制定公司章程,这首先意味着章程应当"依法制定",因其特定的法律地位,其制定及修改主体与程序也有特定的要求。

其一,关于公司章程的"制定"和"制订"。根据本法第45条的规定,有限责任公司的公司章程应当由股东共同制定,设立时的股东签字或者盖章后,该公司章程即刻生效。根据本法第94条、第104条的规定,股份有限公司应由发起人共同制订公司章程,该公司章程待成立大会决议通过后,正式生效。为了区别有限责任公司和股份有限公司的公司章程生效条件的不同,本法特别区分使用了"制定"和"制订"两个语词,前者适用于有限责任公司的公司章程,后者适用于股份有限公司的公司章程。此外,本法第46条和第95条还分别规定了有限责任公司与股份有限公司章程应当载明的事项。

其二,关于章程的修改。由于公司章程系公司对内对外的重要文件,具有重要法律意义,因此,各国公司法都对章程的修改程序规定严格。根据本法第59条和第116条的规定,公司章程的修改权属于公司股东会,因为公司章程修改涉及公司经营、职权分配等重大事项或根本规则的调整,关涉公司多方利益主体,属于公司的重大事项,应由公司权力机构来决定,其他机构均无权决定。同时,公司章程修改应作为股东会的特别决议事项。根据本法第66条、第116条的规定,有限责任公司修改章程的决议应经代表2/3以上表决权的股东通过;股份有限公司修改章程的决议应经出席股东会的股东所持表决权的2/3以上通过。

二、公司章程的内部效力

依公司章程所约束的主体是公司内部人还是外部人,可将公司章程的效力分为内部效力和外部效力。本条规定公司章程对公司、股东、董事、监事、高级管理人员具有约束力,即公司章程的内部效力。

其一,公司章程对公司的效力。公司章程是公司组织与行为的基本准则,因此公司必须遵守并执行公司章程的规定。公司章程对公司的约束主要表现在两方面:一是对公司内部组织和活动的约束,公司章程记载了公司组织机构的产生办法、职权、表决方式与议事规则等,由此形成了对公司内部组织和活动的基本框架。二是对公司对外从事民事活动的约束。公司的经营范围由公司章程规定,公司应在公司章程规定的经营范围内开展经营活动。公司违反公司章程,从事超越其经营范围的活动,将构成越权行为。

其二,公司章程对股东的效力。公司章程是股东共同制定的,是股东之间的共同约定,股东必须遵守公司章程的规定,受约束的股东不仅指公司成立时的股东,也指公司成立后加入公司的股东。根据本法第 21 条规定,公司股东应当遵守法律、行政法规和公司章程,依法行使股东权利,不得滥用股东权利损害公司或者其他股东的利益。公司章程对股东的权利义务另有规定或限制的,应遵循章程的规定。例如,根据本法第 84 条的规定,公司章程可以对股权转让另作规定。再如,根据本法第 210 条的规定,股份有限公司的公司章程可以对股东之间的分红比例另作规定。

其三,公司章程对董事、监事、高级管理人员的效力。根据本法第 179 条的规定,董事、监事、高级管理人员承担着公司经营管理、监督与事务执行的重要角色,理应受到公司章程的约束。根据本法第 188、189、190 条的规定,董事、监事、高级管理人员违反公司章程规定的义务,给公司造成损害的,应当承担赔偿责任;在符合法律规定的条件下,公司股东可提起股东代表诉讼追究其法律责任;损害股东利益的,股东可以以自己的名义向人民法院提起诉讼。

此外,公司章程的内部效力具有法定性,本条规定是强制性规定,不得以任何方式约定排除。

三、公司章程的外部效力

公司章程作为调整公司内部关系和经营活动的基本规范,对公司及其内部人自然发生效力,但问题是对于公司外部人,如公司债权人或交易相对人等第三人是否具有约束力?若是,又具有何种约束力?这是公司章程外部效力司法适用的难题。

关于公司章程是否具有外部效力,理论界存在不同的理解。一种观点认为,公司章程具有约束外部第三人的效力,第三人在与公司进行交易时,有义务审查公司章程。另一种观点认为,公司章程仅是公司内部的规则,因此仅对公司自身、股东、董事、监事、高级管理人员等公司内部当事人具有效力,无论是否公示,对外部第三人均不具有任何效力,因此,与公司交易的第三人并不负有对公司章程进行审查的义务。

我们认为,以上两种观点都有偏颇。一方面,若过于扩张公司章程的外部效力,将会给第三人造成过重的审查负担。如本法第 11 条规定,公司章程对法定代表人职权的限制不得对抗善意相对人。若公司章程对法定代表人职权存在限制,则法定代表人违反章程超越权限实施的行为将构成越权行为。此时,判断公司章程是否具有外部效力的核心,即在于相对人善意的判定。在我国,公司章程仅属于备案事项,而不主动向社会公示。实践中,与公司交易的相对人并不具备直接查阅公司章程的条件,并且即便其能够获取公司章程,其查阅公司章程也需花费一定时间与成本。因此,抽象全面地使相对人负担审查公司章程的义务并不合理。另一方面,若完全不承认公司章程的外部效力,又将使公司的交易安全得到不应有的保护,进而危及公司、股东、债权人的合法权益。在特殊情形下,将对公司章程的审查义务分配给第三人可以提高交易公平与效率。其中,最典型的情形即为本法第 15 条规定的公司对外担保规则。本法第 15 条明确授权公司章程对公司对外担保事项作出规定,此时公司章程将成为决定公司对外担保能力的根据。由于法律一经公布即推定所有人知悉,因此相对人在接受公司提供的担保时,应当知悉本法第 15 条的规定,从而负有对公司章程进行审查的义务。

综上,无论是全面赋予公司章程以外部效力,还是全面否定公司章程的外部效力,皆不可取。较为妥当的做法,应当是将公司章程的外部效力限制在合理范围内。

我们认为,公司章程的外部效力,仅限于法律、行政法规规定由公司章程规定的事项。在我国法律体系下,法律、行政法规的强制性规定是私人自治的边界,任何人不应违反,并且违反这些强制性规定,通常也是无效的,不产生相应的法律效果。因此,任何与公司进行交易的相对人,均应当知悉法律、行政法规规定由公司章程加以规定的事项。换言之,在法律、行政法规规定,由公司章程对相关事项加以规定时,相对人应对公司章程负有审查义务。

最高人民法院《民法典合同编通则解释》对此采相同立场。该解释第 20 条第 1 款规定,“法律、行政法规为限制法人的法定代表人或者非法人组织的负责人的代表权,规定合同所涉事项应当由法人、非法人组织的权力机构或者决策机构决议,或者应当由法人、非法人组织的执行机构决定,法定代表人、负责人未取得授权而以法人、非法人组织的名义订立合同,未尽到合理审查义务的相对人主张该合同对法人、非法人组织发生效力并由其承担违约责任的,人民法院不予支持”。以公司对外担保为例,本法第15条规定,公司对外担保的,应当按照公司章程的规定,由股东会或者董事会作出决议。若相对人在接受公司担保时,并未审查公司章程,根据前述规定,可能被认定为非善意。此外,本次公司法修改还将经理职权由“法定列举”加“章定职权”修改为“章定职权”或“董事会授权”,因此,对于经理的职权范围,也宜使第三人负担审查公司章程的义务。

第六条 公司应当有自己的名称。公司名称应当符合国家有关规定。

公司的名称权受法律保护。

本条主旨

本条是关于公司名称权的规定。

本条释解

本条为2023年《公司法》修改新增条款,借鉴和吸收了《民法典》第110条第2款“法人、非法人组织享有名称权、名誉权和荣誉权”,《企业名称登记管理规定》第4条“企业只能登记一个企业名称,企业名称受法律保护”等相关规定,对公司名称的取得和保护作出了规定,使《公司法》的规范体系更加严谨和完整。

公司名称是公司的法定登记事项,可以使公司的法人资格具有特定性,便于公司对外进行法律上、经济上的交往。

本条第1款规定,公司应当有自己的名称。与自然人需要有名称对其进行指称一样,公司也要有自己的名称,公司名称在法律上具有重要意义:一是公司名称是公司区别于其他民事主体的重要标志;二是公司名称是公司拥有独立法人资格的重要表现;三是公司名称也承载着公司在持续经营过程中形成的具有经济价值的商誉,构成一种无形资产。因此,公司必须要有自己的名称。本条第1款还规定,公司名称应当符合国家有关规定。该句中的“国家有关规定”,主要是指本法和《市场主体登记管理条例》《企业名称登记管理规定》《企业名称登记管理规定实施办法》等法律法规的规定。这些法律法规详细地规定了公司名称的构成及相关具体要求。根据《企业名称登记管理规定》第6条,企业名称由行政区划名称、字号、行业或者经营特点、组织形式组成。

本条第2款规定,公司的名称权受法律保护。公司的名称权是指公司对其依法取得的名称享有的支配性权利。《民法典》第1013条规定,法人、非法人组织享有名称权,有权依法决定、使用、变更、转让或者许可他人使用自己的名称。据此,公司的名称权是公司享有的一种人格权,具有以下权能:(1)名称决定权。公司有权依法决定自己的名称,名称原则上由公司自主申报,但不得违反《企业名称登记管理规定》;(2)名称使用权。公司对其依法取得的名称,具有独占性的使用权,有权排除他人的非法干涉;(3)名称变更权。公司在经营过程中,根据自己的需要,可以依法变更其名称;(4)名称转让权。公司可以依法将自己的名称转让给他人。《企业名称登记管理规定》第19条规定,企业名称转让或者授权他人使用的,相关企业应当依法通过国家企业信用信息公示系统向社会公示。

第七条 依照本法设立的有限责任公司,应当在公司名称中标明有限责任公司或者有限公司字样。

依照本法设立的股份有限公司,应当在公司名称中标明股份有限公司或者股份公司字样。

本条主旨

本条是关于公司名称中公司类型的规定。

本条释解

本条第1款、第2款规定公司名称中必须标明相应的公司类型。我国《公司法》规定了两类公司,即有限责任公司和股份有限公司。这两类公司所适用的资本规则、公司治理规则和分配清算规则等不尽相同。除了公司这种主体类型外,我国商事交易中还存在着个人独资企业、合伙企业等非公司企业,这些主体所适用的法律规则与公司所适用规则存在相当大区别,因此,在名称中明确公司性质除使其与其他类型公司加以区分之外,还具有与其他企业类型加以区分的重要意义。因此,本条规定有限责任公司和股份有限公司在其名称中必须含有特定字样,旨在确保公司通过名称传达准确的法律地位和组织形式,让外部利益相关方能够快速准确地了解公司的基本性质和所适用的规范类型。

依据本条规定,有限责任公司在名称中必须含有“有限责任公司”或“有限公司”字样。有限责任公司的核心特征之一是股东承担的有限责任,股东个人财产不会受到公司债务的影响,股东个人也无须为公司债务承担责任。这种特殊的责任模式对于其他相关投资者和潜在合作伙伴来说是至关重要的,能够帮助他们更全面地评估与该公司合作的风险和潜在收益。同样,股份有限公司在名称中必须含有“股份有限公司”或“股份公司”字样。股份有限公司区别于有限责任公司,股权被划分为股份,并通常以股票形式对外发行,股东的权益和责任由其持有的股份数量决定。2023 年《公司法》修改后,在股份有限公司范畴设立了多种创新性的制度,如授权资本制、无面额股等,公司是否能够应用此类制度,对于交易相对人而言是重要的考量因素,在名称中标明“股份有限公司”有助于外部利益相关方了解公司的股权结构和治理方式,进而准确地评估与该公司相关的风险和机会。

这些规定不仅是对公司命名的要求,更是为了维护市场秩序、保护投资者权益和促进商业诚信。透明度和准确性是商业交易中不可或缺的要素,而企业名称作为企业的第一印象,必须清晰准确地反映其法律性质和组织形式,才能避免误导消费者或合作伙伴,同时也为潜在投资者提供了必要的信息,使其能够作出明智的商业决策。

公司名称是成立公司的要件之一,是公司人格特定化的标记。公司名称具有唯一性、排他性和可转让性等法律特征。依照《企业名称登记管理规定》第 6 条的规定,公司名称应当由行政区划、字号、行业、公司形式组成。在公司名称中标明公司类型,可以让第三人充分了解公司的性质和责任形式,便于第三人进行经营决策,同时也便于行政机关的管理。域外大多要求公司名称中应包括公司类型,如《德国股份公司法》第 4 条,《德国有限责任公司法》第 4 条,《意大利民法典》第 2326 条、第 2463 条,《美国标准商事公司法》第 4. 01 条中都有类似规定。

第八条 公司以其主要办事机构所在地为住所。

本条主旨

本条是关于公司住所的规定。

本条释解

一、公司住所的确定

域外公司法对住所的确定存在不同标准,主要包括:一是管理中心主义;二是营业中心主义;三是由公司章程确定。依本条规定,本法对公司住所的确定采管理中心主义,即公司以主要办事机构所在地为住所。这也与《民法典》第63条的规定保持一致。所谓"主要办事机构所在地",是指决定和处理公司事务的机构所在地,是公司的中枢机构。

二、主要办事机构所在地的确定

主要办事机构所在地,是一个事实概念,需要综合考虑公司的股东会、董事会、监事会的开会地点,董事、监事、高级管理人员的办公地点,公司财务、法务、行政、人力等职能部门的办公地点,以及公司公章、财务账册、会议记录、业务合同等重要资料和文件的存放地点等。司法实践中,在确定公司住所时,主要办事机构所在地能够确定的,则依确定的地点为公司住所;主要办事机构所在地不能确定的,依据2022年修正《民诉解释》第3条第2款规定,"法人或者其他组织的主要办事机构所在地不能确定的,法人或者其他组织的注册地或者登记地为住所地",应以公司登记地为住所地。

三、公司住所的法律意义

公司住所具有重要法律意义。其一,住所是确定诉讼管辖地和法律文书送达地的依据;其二,住所是确定登记、税收等管理机关的依据;其三,住所是确定债务履行地的依据;其四,在涉外民事法律关系中,公司住所是确认准据法的依据之一。鉴于住所具有的重要法律意义,我国《民法典》第63条第1款规定,"法人以其主要办事机构所在地为住所。依法需要办理法人登记的,应当将主要办事机构所在地登记为住所"。此外,住所还是公司章程的必备条款之一,是公司法定登记事项之一,且一个公司只能有一个住所。

第九条 公司的经营范围由公司章程规定。公司可以修改公司章程，变更经营范围。

公司的经营范围中属于法律、行政法规规定须经批准的项目，应当依法经过批准。

本条主旨

本条是关于公司经营范围及其变更的规定。

本条释解

一、公司经营范围的法律意义

公司的经营范围，是指公司所从事的生产经营和服务项目，其具有重要法律意义。首先，公司的经营范围决定了公司的主营业务，使公司得以围绕其经营范围形成相应的生产和管理能力，实现盈利。其次，股东可以通过控制经营范围的大小，在整体上控制公司的经营风险。再次，公司的经营范围对外彰显了公司的营业事项，交易相对人能够通过公司的经营范围判断公司能够提供的商品和服务，节约交易成本，保护交易安全。最后，国家还可以通过对公司经营范围设置前置许可事项或者后置许可事项，实现对市场经济的宏观调控，维护国家安全、社会公共利益和人民群众生命健康。

二、公司经营范围由公司章程规定

本条第 1 款规定，公司的经营范围由公司章程规定，同时，公司可以修改公司章程，变更经营范围。公司的经营范围决定了公司的主营业务，决定了一个公司能否实现其设立的目的，直接关涉股东投资公司的意志和目的。因此，公司的经营范围是公司章程的绝对必要记载事项之一，且必须依法登记。公司股东可以在法律允许的范围内，根据需要自主选择公司的经营范围。在公司发起设立时，由公司发起人在法律允许的范围内自主选择。在公司设立后，股东可以通过依法修改公司章程，变更经营范围。根据本法第 66 条、第 116 条的规定，修改公司章程，应当以股东会决议的方式作出，并且该决议须经代表 2/3 以上表决权的股东或者出席会议的股东所持表决权 2/3 以上通过。

三、法律、行政法规规定须经批准的经营范围

本条第 2 款的规定,公司的经营范围中属于法律、行政法规规定须经批准的项目,应当依法经过批准。这是对公司自主选择经营范围的法律限制。根据《市场主体登记管理条例》第 14 条第 1 款的规定,公司的经营范围,依照是否须经批准,可以分为一般经营项目和许可经营项目。后者依须在公司设立之前取得还是设立之后取得,还可以进一步分为前置许可经营项目和后置许可经营项目。

所谓一般经营项目,是指公司可以自主决定从事的经营项目,不存在法律、行政法规禁止或者限制公司从事的经营项目,是"法无禁止皆可为"法律原则在公司能力上的体现。目前,绝大多数的经营事项均属于一般经营事项。

所谓前置许可经营事项,是指法律、行政法规规定,公司在设立之前就必须向有关部门取得该事项的批准,而后才能设立公司从事相应经营活动的事项。如根据《证券法》第 118 条的规定,设立证券公司,必须先取得国务院证券监督管理机构的批准,而后才能设立。前置审批经营事项由国家市场监督管理总局依照相关法律法规,发布《企业登记前置审批事项目录》进行动态管理。

所谓后置许可经营事项,是指法律、行政法规规定,在公司设立之后,需要向有关部门取得该事项的批准,而后才能从事经营的事项。如根据《食品安全法》第 35 条的规定,从事食品生产、食品销售、餐饮服务,应当依法取得许可。

依照本条第 2 款,须经批准才能取得的经营事项,由法律、行政法规决定,国务院的决定、部门规章、政府规章、地方性法规、其他规范性文件及政策等没有设定此种行政许可的权限。

四、公司经营范围与公司权利能力、行为能力

关于经营范围与公司权利能力、行为能力的关系问题,2013 年第十二届全国人民代表大会第一次会议通过了《关于国务院机构改革和职能转变方案》,根据该方案,对按照法律、行政法规和国务院决定需要取得前置许可的事项,除涉及国家安全、公民生命财产安全等外,不再实行先主管部门审批、再工商登记的制度,商事主体向工商部门申请登记,取得营业执照后即可从事一般生产经营活动;对从事需要许可的生产经营活动,持营业执照和有关材料向主管部门申请许可。由此,公司经依法设立登记,取得营业执照后,即获得除法律、行政法

规规定和国务院决定规定须经批准项目之外的一般生产经营活动的权利能力和行为能力,公司可以在一般生产经营活动范围内选择部分事项作为自己的经营范围。需要注意的是,对于法律、行政法规规定和国务院决定规定须经批准的项目,公司只有取得了相应的行政审批,方可取得相应的权利能力和行为能力,进而才能够将这些许可事项作为自己的经营范围。

五、公司超越经营范围所订立合同的效力

公司经营范围在英美法上称为"公司目的",是指公司在成立时经过登记机关登记或者经过批准的,允许公司从事经营的营业范围。公司经营范围的意义在于:股东可以依据经营范围预测投资风险;公司应该在该范围内经营,否则为越权行为;第三人依据公司章程判断交易是否超越公司经营范围。在传统公司法中,公司的权力受公司经营范围的限制,越权行为被视为无效。然而,将公司实施的经营范围外的行为,一律认定为无效,易于助长不诚实交易行为,不利于维护交易安全,同时降低了经济效率,增加了交易成本。因此,越权无效这一原则被各国公司立法所摒弃。

公司超越经营范围所订立合同的效力如何?对此,我国司法实践的态度存在由一律认定为无效,到逐渐认定为有效的过程。目前,《民法典》第 505 条明确规定,"当事人超越经营范围订立的合同的效力,应当依照本法第一编第六章第三节和本编的有关规定确定,不得仅以超越经营范围确认合同无效"。依照该规定,若无其他无效事由,公司超越经营范围所订合同,应为有效合同。但需要注意的是,若公司超越的经营范围,属于法律、行政法规和国务院决定规定须经批准的项目,那么,由于公司并不具备从事该项目的权利能力和行为能力,根据《民法典》第 143 条的规定,该合同原则上应为无效合同。

第十条 公司的法定代表人按照公司章程的规定,由代表公司执行公司事务的董事或者经理担任。

担任法定代表人的董事或者经理辞任的,视为同时辞去法定代表人。

法定代表人辞任的,公司应当在法定代表人辞任之日起三十日内确定新的法定代表人。

本条主旨

本条是关于法定代表人的选任、辞任与强制补任的规定。

本条释解

一、法定代表人的概念和法律地位

公司作为抽象的社会组织体，自身并不具有具象的物理载体，其对外从事民事活动，必然需要由自然人代为作出。为了使公司能够对外从事民事活动，法律规定由特定的自然人“代表”公司从事民事活动，该自然人就称为公司的法定代表人。换言之，所谓公司的法定代表人，是指法律规定代表公司从事民事活动的自然人。需要强调的是，法定代表人必须是“法律规定”的自然人。换言之，并非所有自然人都能够担任公司的法定代表人，法律对能够担任法定代表人的自然人，设置了一定的条件和限制。《民法典》第 61 条第 1 款规定：“依照法律或者法人章程的规定，代表法人从事民事活动的负责人，为法人的法定代表人。”也就是说，担任法定代表人的自然人，必须是法人组织的负责人。根据本条规定，担任法定代表人的自然人，必须是代表公司执行公司事务的董事或者经理。

关于公司法定代表人的法律地位问题，出于对公司性质的不同认识，存在代表说和代理说两种理论。（1）代表说。该说以公司法人实在说为理论预设，公司的法定代表人代表公司，与公司共享一个法律人格，故法定代表人的行为，就是公司的行为，因而法定代表人以公司名义从事的民事活动，就是公司自己在从事民事活动。在该说，法定代表人是公司的一个机关，二者虽然在名义上是两个名称，但却是一个人格，一个主体。（2）代理说。该说以法人拟制说为理论预设，法定代表人与法人之间是代理关系，这种代理关系是法定的全权代理关系。在该说，法定代表人不是公司的一个机关，而仅是公司的代理人，适用民法有关法定代理人的规则。

二、法定代表人的产生与变更办法由公司章程规定

法定代表人是有权代表公司对外从事民事活动的自然人，牵涉公司经营活动的效率与交易安全，因此，法定代表人的产生与变更，对公司来说是一个重大事项。本条规定，公司的法定代表人按照公司章程的规定，由代表公司执行公司事务的董事或者经理担任。由此，公司法定代表人产生与变更的具体规则，

由公司章程规定,法律不作规定。根据本法第46条、第95条的规定,公司法定代表人的产生、变更办法,是公司章程的必要记载事项。因此,无论是有限责任公司的公司章程,还是股份有限公司的公司章程,均须对法定代表人的产生、变更办法作出具体的规定;法定代表人也应依照公司章程的规定产生和变更。

关于公司法定代表人变更的生效问题。根据本法第34条的规定,法定代表人的登记不具有生效效力,而仅具有公示效力。法定代表人由公司章程规定,依据股东会或者董事会决议变更,自决议生效时起法定代表人变更,未经登记不得对抗善意相对人。

三、法定代表人由代表公司执行公司事务的董事或者经理担任

本条规定,公司法定代表人必须由代表公司执行公司事务的董事或者经理担任。值得关注的是,虽然本法授权公司章程对法定代表人的产生和变更办法作出规定,但是公司章程作出相应规定时,仍须符合本条的规定,即公司需要按照公司章程的规定,在代表公司执行公司事务的董事或者经理中,选任法定代表人,而不得选任在此范围外的自然人。

所谓代表公司,是指以公司的名义从事民事活动,既包括对外代表公司从事民事活动,也包括对内代表公司执行内部管理事务。所谓执行公司事务的董事,又称执行董事、内部董事、非独立董事,与非执行董事、外部董事、独立董事相对,是指除在公司担任董事之外,还同时出任其他职务,负责公司的经营、管理、投资、筹资等一方面或者几方面事务的董事。所谓经理,是指负责公司日常经营管理的高级管理人员,即本法第265条第(1)项规定的高级管理人员之一。本条规定中的经理仅指总经理,不包括副经理。

四、公司法定代表人的辞任与强制补任

公司法定代表人与公司之间属于委托合同关系,根据《民法典》第933条的规定,公司法定代表人享有法定任意解除权,可以随时辞去公司法定代表人职务。辞任采送达生效主义,意即自公司法定代表人辞任通知送达公司之日起生效。

公司法定代表人的辞任分为两种情形:一是担任公司法定代表人的董事或者经理,辞任董事或者经理的,由于其不再符合本条第1款规定的“由代表公司执行公司事务的董事或者经理担任”,依据本条第2款规定,担任法定代表人的董事或者经理辞任的,视为同时辞去法定代表人。二是担任公司法定代表人的董事或者经理,辞去法定代表人职务,但不辞去董事或者经理职务。换言之,该担任公司法定代表人的董事或者经理,辞去的仅是法定代表人职务,其仍然保留董事或者经理职务。

无论是以上哪一种情形,公司法定代表人都将陷入空缺。这将导致需要法定代表人实施的民事活动、需要法定代表人签名的对内或者对外的各类文件等工作陷入停滞,对公司的正常经营活动可能造成巨大的负面影响。例如,本法第 11 条规定,法定代表人以公司名义从事的民事活动,其法律后果由公司承受;本法第 35 条规定,公司申请变更登记的,应当提交公司法定代表人签署的变更登记申请书;本法第 55 条规定,出资证明书应当由法定代表人签名;本法第 149 条规定,股票应当由法定代表人签名;本法第 196 条规定,公司发行的债券应当由法定代表人签名,等等。若法定代表人空缺,公司将无法签订合同,无法申请变更登记,无法签发出资证明书、股票和公司债券。

鉴于公司法定代表人具有代表公司从事民事活动的重要功能和重要法律地位,本条第 3 款规定法定代表人的强制补任规则,意即法定代表人辞任的,公司应当在法定代表人辞任之日起 30 日内确定新的法定代表人。

五、法定代表人应为唯一

关于法定代表人的数量的问题,存在两种理解。一种观点认为,法定代表人是唯一的;另一种观点认为,法定代表人可以多个。根据我国立法,法定代表人只能有一个。公司法的法定代表人制度,应当与《民法典》的规定保持一致。同时,法定代表人不仅具有民法、商法等私法上的意义,还具有税法、行政法、刑法等公法上的意义。而公法意义上的法定代表人是为唯一。为了维护我国法律秩序的统一有序,避免公司法定代表人行为冲突引起的混乱和纠纷,唯一法定代表人的解读更为合理。

六、本次修法扩大了能够担任法定代表人的人员范围

本条是对原《公司法》第 13 条的修改。原《公司法》第 13 条规定可以担任法定代表人的有三类,一是董事长,二是执行董事,三是经理。修改后,本条之所以规定法定代表人须由执行公司事务的董事或者经理担任,是因为法定代表人对外代表公司从事经营活动,执行公司事务的董事或者经理对外亦代表公司从事经营活动,为了使公司对外从事经营活动的代表或者代理外观具有相对的一致性,作如是规定。需要特别注意的是,原《公司法》下的执行董事,专指有限责任公司不设董事会时的执行董事,其实质相当于设董事会时的董事长,是唯一的。本条所规定的执行公司事务的董事,是指所有执行公司事务的董事,并非唯一的,可以是担任经理的董事,也可以是担任财务总监的董事,还可以是担任法务总监的董事。换言之,只要是执行公司事务的董事,无论其是否是董事长,均有资格出任法定代表人。相较于原《公司法》,在本法下能够担任公司法定代表人的人员范围有所扩大。

第十一条 法定代表人以公司名义从事的民事活动,其法律后果由公司承受。

公司章程或者股东会对法定代表人职权的限制,不得对抗善意相对人。

法定代表人因执行职务造成他人损害的,由公司承担民事责任。公司承担民事责任后,依照法律或者公司章程的规定,可以向有过错的法定代表人追偿。

本条主旨

本条是关于法定代表人的地位和责任的规定。

本条释解

本条为2023年公司法修改新增条款。

一、法定代表人代表行为的法律后果

本条第1款规定,法定代表人以公司名义从事的民事活动,其法律后果由公司承受。这一规定吸收了《民法典》第61条第2款“法定代表人以法人名义从事的民事活动,其法律后果由法人承受”的规定,仅将其中的“法人”改为了“公司”。

本款所要解决的是,公司法定代表人行为与公司行为之间的关系问题。公司的法定代表人是否以公司名义从事民事活动存在两种情形。一是非以公司的名义对外从事民事活动,如法定代表人以自己的名义购买房屋、去医院看病等等,这些行为的法律后果均归属于法定代表人个人,而不归属于公司;二是法定代表人以公司的名义对外从事民事活动,此种情形下,基于法定代表人与公司之间的代表关系,其行为产生的相应法律后果,将由公司承受。由此,理解本条的核心在于,法定代表人以何种名义对外从事民事活动,只有其以公司名义对外从事民事活动,法律后果才由公司承受。需要注意的是,所谓"承受",既包括对法定代表人的代表行为所产生的权利的承受,也包括对法定代表人的代表行为所导致的义务和责任的承受。

二、公司章程或者股东会决议限制法定代表人职权的效力

本条第 2 款规定,公司章程或者股东会对法定代表人职权的限制,不得对抗善意相对人。该款规定吸收了《民法典》第 61 条第 3 款"法人章程或者法人权力机构对法定代表人代表权的限制,不得对抗善意相对人"的规定,仅将其中的"法人"改为了"公司"。

本款所要解决的是,公司章程或者股东会决议限制法定代表人职权的效力问题。实践中,对法定代表人代表权的限制一般有三种:

其一,法律、行政法规的限制。本法虽然没有专门的条款直接对法定代表人的对外代表权作限制性规定,但是本法对股东会和董事会的权力授予,实际上就是对法定代表人代表权的限制。如本法第 59 条规定,股东会享有对发行公司债券、公司的合并和分立等事项作出决议的职权。此条即表明法定代表人未经股东会同意,无权代表公司签订发行公司债券的合同和公司合并、分立的合同。在这种情形下,法定代表人越权行为违背的是法律的限制,而任何相对人都应当知道法定代表人越权,因此该代表行为应为无效。

其二,公司章程的限制。很多公司在公司章程中对法定代表人代表权进行限制,而公司章程一般在公司登记机关备案。但是,公司章程的备案本身不足以构成"相对人知道和应当知道"的依据。如《欧盟第 1 号公司法指令》第二节第 9 条第 2 款明确规定,公司章程或者有决策权的公司机关对于公司机关权力的限制,不得被公司利用对抗第三人,即便这些限制已经公告。从我国的公司实践来看,有些地方查阅公司章程手续烦琐,公司章程的公示效果有限。并且,在商事交易实践中,相对人严格查阅对方公司章程的情形也不普遍。所以,实务中,为保护交易安全和相对人的利益,不应认定公司章程的备案构成"相对人知道或应当知道"的证据。质言之,公司章程对法定代表人职权的限制,对善意相对人不产生效力。

其三，公司股东会、董事会的限制。股东会和董事会可以直接以决议的形式限制法定代表人的代表权，但决议一般不具有公开性。所以，除非公司主动出示，相对方一般是不知道且不应当知道的，是善意的。基于以上理由，本款规定，公司章程或者股东会对法定代表人职权的限制，不得对抗善意相对人。也就是说，仅有法律直接对法定代表人代表权作出限制的，才能对抗善意相对人，而公司章程或者股东会对法定代表人代表权的限制，不能对抗善意相对人。需要指出的是，虽然本款仅规定了股东会决定对法定代表人职权的限制，不得对抗善意相对人，但基于董事会决议与股东会决议均是内部文件，一般不对外公示，故董事会决议对法定代表人职权的限制，也应适用本款规定，意即也不得对抗善意相对人。

综上所述，根据本款规定，法律、行政法规对法定代表人职权的限制，对善意相对人发生效力，公司章程、股东会决议和董事会决议对法定代表人职权的限制，对善意相对人不发生效力。这与《民法典》及相关司法解释规定是一致的。最高人民法院《民法典合同编通则解释》第 20 条的规定是一致的。根据该解释第 20 条的规定，法定代表人超越法律、行政法规对公司法定代表人代表权所作限制，以公司名义与相对人订立合同的，相对人负有审查公司章程、股东会决议或者董事会决议的义务，未尽到合理审查义务的，该合同对公司不发生效力。法定代表人超越公司章程、股东会决议等对法定代表人代表权所作限制，以公司名义与相对人订立合同的，相对人不负有审查公司章程、股东会决议或者董事会决议的义务，该合同原则上对公司发生效力。

此外，《民法典》第 504 条规定，法人的法定代表人或者非法人组织的负责人超越权限订立的合同，除相对人知道或者应当知道其超越权限外，该代表行为有效，订立的合同对法人或者非法人组织发生效力。该条的核心在于判断“相对人知道或者应当知道”。与本款相联系，法律直接限制法定代表人代表权的，应属相对人知道或者应当知道的情形。因为法律公布施行后，即推定社会公众是知悉的。而公司章程、股东会决议等对法定代表人代表权的限制，除具有特定的公开路径外，不能直接认定为相对人知道或者应当知道，而是要结合具体案情综合分析判断。如上市公司的公司章程是对全社会公示的，可以认定属于当事人知道或者应当知道的事项；而有限公司的公司章程仅置于登记档案中备查，难以直接认定当事人知道或者应当知道。

三、法定代表人职务侵权行为的民事责任

本条第 3 款规定,法定代表人因执行职务造成他人损害的,由公司承担民事责任。公司就法定代表人的行为承担的民事责任,包括合同责任和侵权责任。本条第 2 款规定的是公司就法定代表人的行为承担合同责任;第 3 款规定的是公司就法定代表人的行为承担侵权责任,使法定代表人行为对公司造成的法律后果体系化。公司承担侵权责任的情形有二,一是公司承担因法定代表人执行职务所致的侵权责任;二是公司承担除法定代表人之外的其他雇员执行职务所致的侵权责任。前者适用本款和《民法典》第 62 条的规定,后者适用《民法典》第 1191 条的规定。从域外规定来看,公司通常需要承担其法定代表人或者雇员执行职务所致的侵权责任。譬如,《德国民法典》第 31 条、《日本民法典》第 44 条等。

本条第 3 款还规定,公司承担民事责任后,依照法律或者公司章程的规定,可以向有过错的法定代表人追偿。关于公司对法定代表人的职务侵权行为承担民事责任后能否向该法定代表人追偿的问题,《民法典》、新《公司法》均持肯定立场。《民法典》第 62 条规定:“法定代表人因执行职务造成他人损害的,由法人承担民事责任。法人承担民事责任后,依照法律或者法人章程的规定,可以向有过错的法定代表人追偿。”本法第 188 条规定,董事、监事、高级管理人员执行职务违反法律、行政法规或者公司章程的规定,给公司造成损失的,应当承担赔偿责任。由此,按照本法第 188 条的规定,公司在承担法定代表人职务侵权所致民事责任后,也可以向有过错的法定代表人追偿。这与本款规定构成规范竞合。

此外,关于法定代表人是否要对其职务侵权行为承担个人责任的问题。本法第 191 条规定,董事、高级管理人员执行职务,给他人造成损害的,公司应当承担赔偿责任;董事、高级管理人员存在故意或者重大过失的,也应当承担赔偿责任。在法定代表人执行职务造成他人损害的情形下,若其存在故意或者重大过失的,则存在适用本法第 191 条的空间,即受侵害的人也有权直接请求该法定代表人承担个人责任。

相关理论

公司法上的代表权理论

关于公司与其法定代表人的关系问题,存在代表说与代理说两种观点。通常认为,代表说根源于法人实在说,而代理说则依托于法人拟制说。但也有学者认为,代表说和代理说的区分与法人实在说和法人拟制说的区分是两个层面的问题,不存在对应关系,即法人实在说和法人拟制说是要确定法人的本质、法人有无权利能力和行为能力;而代表说和代理说是要确定法定代表人行为的法律后果归属问题。承认法人拟制说并不一定在法人与法定代表人的关系上排斥代表说、采用代理说。

代表说与代理说在解决法定代表人行为的法律后果归属问题上各有其特点。代表说认为,法定代表人的行为就是法人的行为,法定代表人行为的后果当然归属于法人本身。该学说的优点在于简化了法律关系,有利于提高效率,而且对于维护交易安全、保护第三人起到了代理说所不能及的作用;但该说同时也为法定代表人滥用代表权打开了方便之门,易使公司的利益受到损害。代理说强调法定代表人与公司之间是代理关系,法定代表人的行为只有在公司的授权范围内或者虽超越了权限但事后得到公司的追认时,才由公司对该行为的后果承担责任,否则,法定代表人的行为后果只能由其自身承担。代理说在提高交易效率、维护交易安全方面显然逊色于代表说,但在控制代表权滥用方面却优于代表说。需要指出的是,无论采用代表说还是采用代理说,都会产生将法定代表人行为的后果归于公司的效果。

第十二条 有限责任公司变更为股份有限公司,应当符合本法规定的股份有限公司的条件。股份有限公司变更为有限责任公司,应当符合本法规定的有限责任公司的条件。

有限责任公司变更为股份有限公司的,或者股份有限公司变更为有限责任公司的,公司变更前的债权、债务由变更后的公司承继。

本条主旨

本条是关于公司类型或组织变更及其债权债务承继的规定。

本条释解

在公司实践中,公司根据经营活动的情况以及股东的需求,可能需要变更组织形式,即由有限责任公司变更为股份有限公司,或者由股份有限公司变更为有限责任公司。本法对有限责任公司和股份有限公司的设立条件,有明确的规定和要求。因此,公司变更组织形式的,应当符合变更后的公司类型的设立要求,并符合有关变更程序的规定。

一、有限责任公司变更为股份有限公司

本条第 1 款规定,有限责任公司变更为股份有限公司,应当符合本法规定的股份有限公司的条件。有限责任公司在经营过程中,可能随着规模的不断扩大,对资金需求的增加而要求变更为股份有限公司,以便向社会公众筹集更多的资金,从而更好地发展壮大公司的规模。由于股份有限公司涉及更广泛的社会公众的利益,而有限责任公司则相对封闭,涉及的公众利益范围有限,所以,在公司的设立条件和程序上,《公司法》对股份有限公司的规定要比有限责任公司严格。为了防止利用设立有限责任公司相对宽松的条件和程序,先设立有限责任公司,再变更为股份有限公司,损害广大社会公众的利益,本款规定,有限责任公司在变更为股份有限公司时,应当符合本法规定的股份有限公司的条件。所谓符合本法规定的股份有限公司的条件,是指符合本法第 91 条至第 110 条规定的设立股份有限公司的条件。

二、股份有限公司变更为有限责任公司

本条第 1 款还规定,股份有限公司变更为有限责任公司,应当符合本法规定的有限责任公司的条件。部分股份有限公司在经营过程中,因为各种原因,愿意将公司形式改为组织更简单,内部协调性更好的有限责任公司;还有些股份有限公司,在经营中不断衰弱,股东减少,不得不变更为有限责任公司。因此,本款规定,股份有限公司可以变更为有限责任公司,但应当符合本法第 42 条至第 57 条规定的设立有限责任公司的条件。

三、公司组织形式变更后债权、债务的承继问题

本条第 2 款规定,有限责任公司变更为股份有限公司的,或者股份有限公司变更为有限责任公司的,公司变更前的债权、债务由变更后的公司承继。由于公司组织变更只是公司组织形式的变化,而非新设公司,其人格仍继续存在,变更后公司资产、财务状况不会发生变化。从而,变更前公司的权利和义务当然由变更后的公司享有和承担。

第十三条 公司可以设立子公司。子公司具有法人资格,依法独立承担民事责任。

公司可以设立分公司。分公司不具有法人资格,其民事责任由公司承担。

本条主旨

本条是关于子公司、分公司的设立及其法律地位的规定。

本条释解

一、"母公司、子公司"和"本公司、分公司"的概念

"母公司""子公司"和"本公司""分公司"是两组不同的法律概念。

依据公司之间的控制和依附关系对公司进行分类,可将公司分为母公司和子公司。母公司,是指拥有另一公司一定比例以上的股份,或通过协议方式能够对另一公司的经营实行实际控制的公司。母公司也称为控股公司。但控股公司的概念范围更广。它有时还指专事股权控制而不直接进行生产经营活动的母公司,如某些投资公司。与其相对应,其一定比例以上的股份被另一公司所拥有或通过协议受到另一公司实际控制的公司即为子公司。母子公司之间具有如下法律特征:(1)子公司受母公司的实际控制。母公司拥有对子公司的重大事项的决定权,其中尤其是能够决定子公司董事会的组成。(2)母公司与子公司之间的控制关系主要是基于股权的占有,而不是直接依靠行政权力控制公司。由于股份的分散,母公司无须拥有50%以上股份,而只需拥有一定比例以上(股票控制额)的股份即可获得股东会表决权的多数,从而取得控制地位。母公司拥有子公司股权的比例从50%到10%,各国规定标准不等。通过协议或契约关系而成为母子公司则在某些国家得到肯定,如德国、意大利等。(3)母公司、子公司各为独立的法人。虽然子公司受母公司的控制,但在法律上,子公司仍是具有法人地位的独立企业。它有自己的名称和章程,并以自己的名义进行业务活动,其财产与母公司的财产彼此独立。在财产责任上,母公司和子公司也各以自己所有的财产对各自的债务负责,互不连带。

依据内部管辖关系进行分类,可将公司分为本公司与分公司。本公司有时也称为总公司,是管辖公司内部所设所有分支机构及附属机构的总机构;分公司则是本公司所设的分支机构,不具有法人资格。根据《民法典》第 74 条第 2 款,分公司以自己的名义从事民事活动,产生的民事责任由本公司承担;也可以先以该分公司管理的财产承担,不足以承担的,由本公司承担。

二、子公司的设立及其法律地位

本条第 1 款规定,公司可以设立子公司。子公司具有法人资格,依法独立承担民事责任。与分公司不同的是,子公司具有法人资格,其设立必须符合公司法规定的设立条件,并依照公司设立程序设立。正是由于子公司具有法人资格,因此其可以独立承担财产责任,母公司只是以其出资额或所持股份为限对子公司承担责任。与此相应,子公司必须具有独立的财产,其设立程序应按照公司设立的程序进行。

三、分公司的设立及其法律地位

本条第 2 款规定,公司可以设立分公司。分公司不具有法人资格,其民事责任由公司承担。根据《民法典》第 74 条第 2 款"分支机构以自己的名义从事民事活动,产生的民事责任由法人承担;也可以先以该分支机构管理的财产承担,不足以承担的,由法人承担"的规定,分公司虽然不具有法人资格,但分公司可以有自己的名称。分公司占有、使用的财产作为本公司的财产计入本公司的资产负债表中。也正是因为没有独立的财产,分公司不能独立承担财产责任,而是由本公司承担。需要注意的是,依照《民法典》第 74 条第 2 款的规定,若分公司有管理的财产的,也可以先由分公司管理的财产偿债。此外,正是由于分公司不具有独立的法律地位,也不独立承担民事责任,其设立的程序与公司设立相比也就相应的比较简单。

第十四条　公司可以向其他企业投资。

法律规定公司不得成为对所投资企业的债务承担连带责任的出资人的,从其规定。

本条主旨

本条是关于公司转投资的规定。

本条释解

本条赋予了公司转投资的权利,但同时对公司转投资的对象进行了限制。

一、公司享有转投资的权利

本条第 1 款从正面规定了,公司可以向其他企业投资。公司对外的投资,是公司自主经营权的体现,是公司的一种特殊经营活动或者行为。除法律、行政法规和国务院决定限制外,公司拥有投资的权利能力和行为能力,可以自主选择投资的标的和对象。虽然,对于非以投资为业的公司来说,投资并非其主营业务,然而,对存在产业上的投资并购需求或者存在闲置资金、资产的公司而言,转投资其他企业也是公司正常经营发展的需要。

二、法律对公司转投资的限制

本条第 2 款从反面规定,法律规定公司不得成为对所投资企业的债务承担连带责任的出资人的,从其规定。以此限制了公司转投资的对象范围。公司转投资其他企业,将在一定程度上改变公司的营业方式,改变公司的经营风险,使公司股东和债权人对公司原有经营风险的判断落空。因此,如果毫无限制地允许公司投资于可能使其承担连带责任的企业,一旦该企业经营不善,将会导致公司蒙受重大损失,进而损害公司股东和债权人的利益。在我国,承担连带责任的企业出资人,主要是指合伙企业中的普通合伙人。我国《合伙企业法》对部分类型的公司不得成为合伙企业中的普通合伙人作出了明确规定。《合伙企业法》第 3 条规定:“国有独资公司、国有企业、上市公司以及公益性的事业单位、社会团体不得成为普通合伙人。”

三、本次修法理顺了公司转投资的逻辑

特别值得关注的是,2023 年《公司法》修改将原《公司法》第 15 条后段“但是,除法律另有规定外,不得成为对所投资企业的债务承担连带责任的出资人”,修改为了本条后段“法律规定公司不得成为对所投资企业的债务承担连带责任的出资人的,从其规定”。这是明显的立法进步。原《公司法》之所以禁止公司成为其他企业中承担无限责任的出资人,是为了避免公司因转投资而成为空壳,使公司股东及债权人的利益受损。但实践证明,公司转投资不一定会使公司成为空壳,而仅是公司所持有的资产的形态发生了变化,意即从货币、银行存款或者其他实物资产,转换成了股份、股权、合伙企业份额等长期投资。公司转投资后,公司股东和债权人可依股份、股权、合伙企业份额等长期投资实现投资权益。在原《公司法》第 15 条后段的规定之下,公司原则上不得成为对所投资企业的债务承担连带责任的出资人,但法律另有规定的除外。在本法第 14 条后段的规定之下,公司原则上可以成为对所投资企业的债务承担连带责任的出资人,但法律另有规定的除外。这扩大了公司转投资对象的范围,在逻辑上也更契合"法无禁止皆可为"的法律原则,即只要没有法律规定公司不能成为对所投资企业的债务承担连带责任的出资人,那么,公司就可以投资这类企业。如此,彻底理顺了公司在转投资问题上的法律逻辑,也解决了理论和实务中争议不断的关于公司能否作为普通合伙人投资合伙企业的问题。

相关理论

公司法中的转投资理论

所谓转投资,一般是指公司为获取能够产生收益的财产、资产或权益而依法投资于其他企业的行为。转投资可以分为单向转投资和双向转投资,单向转投资是指一公司向其他企业投资的单向行为,而双向转投资是指两个企业相互向对方投资的行为。

公司转投资行为对于活跃资本市场和企业扩展经营规模、提高经营效益具有积极的意义,同时转投资又是公司并购、扩张的前提,是公司经营的内在需求。因此,转投资已成为企业间相互联合和重组的重要手段和工具。但与此同时,转投资存在不可避免的负面影响。单向转投资会产生虚增资本的问题,而双向转投资会引发关系企业及董事、监事互相控制的问题。因此,对于转投资的负面效应,公司法必须对其进行回应。这样,就产生了公司法上的转投资限制制度。

然而,转投资限制制度在实践中并没有能够有效地发挥其规范作用,未能达到保护公司债权人和小股东利益的目的,而且公司可以通过种种手段绕开法律的限制进行转投资。从国外立法来看,很多国家立法已由早期对转投资的单纯限制向综合规制方向发展,即由早期的单纯偏重转投资行为对投资公司及债权人利益的影响,转向考虑转投资行为对接受投资方的股权机构所产生的消极影响及由此引发的股东表决权的滥用等问题，开始对转投资形成的各种关系加以综合调整。其规制手段主要有将转投资状况予以公开化、限制或禁止子公司或从属公司拥有母公司或控制公司的股份或资产、限制公司相互持股数额等。

第十五条 公司向其他企业投资或者为他人提供担保，按照公司章程的规定，由董事会或者股东会决议；公司章程对投资或者担保的总额及单项投资或者担保的数额有限额规定的，不得超过规定的限额。

公司为公司股东或者实际控制人提供担保的，应当经股东会决议。

前款规定的股东或者受前款规定的实际控制人支配的股东，不得参加前款规定事项的表决。该项表决由出席会议的其他股东所持表决权的过半数通过。

本条主旨

本条是关于公司转投资和对外担保决议程序的规定。

本条释解

一、公司转投资和对外担保的决议程序

本条第 1 款规定，公司向其他企业投资或者为他人提供担保，按照公司章程的规定，由董事会或者股东会决议。公司转投资和对外担保是两种行为极为特殊的行为。(1)公司转投资，是指公司投资入股其他公司、合伙企业等经营实体的行为。除以投资为业的公司外，公司转投资其他企业，将改变公司取得营业收入的方式，改变股东投资公司的初始预期。因而，本法要求，公司转投资的，需要按照公司章程的规定，由董事会进行经营决策或者由股东会进行所有者层面的决策。(2)公司对外担保，是指公司为除自己以外的第三人提供担保，当第三人不履行债务时，由公司代为履行债务。公司提供担保的主要方式，有保证、抵押、质押等。与公司为自身业务提供担保属于自益行为不同，公司对外提供担保往往是一种单务行为，担保的风险由公司承担，并将进一步影响股东的利益，这涉及公司的根本利益。因此，本法对公司对外担保作出了特别的限制性规定，要求必须按照公司章程的规定，由董事会或者股东会决议。

需要强调的是，一个转投资或者对外担保事项，应由股东会决议还是董事会决议，本款仅赋予了公司章程以选择权，即公司章程必须选择由股东会决议或是由董事会决议，而不能另行规定该事项无须经任何决议。此外，为了便于公司利用公司章程对公司转投资和对外担保事项进行管理，本条第 1 款特别赋予公司章程可以对公司转投资和对外担保的总额和单项限额作出规定，以约束公司、股东、董事和高级管理人员等。

二、违反本条规定对外担保合同的效力问题

关于违反本条规定的对外担保合同的效力问题。实践中存在三种意见：第一种意见认为，本款规定为效力性强制性规定，违反本款规定的担保合同无效；第二种意见认为，本款规定为管理性强制性规定，违反本款规定的担保合同仍为有效；第三种意见认为，本款规定为权限规定，旨在以法律的形式对公司法定代表人的代表权加以特别限制，在公司对外担保事项上，法定代表人无权单独决定，违反本款规定的担保合同，构成越权担保。最高人民法院《民法典担保制度解释》和《九民纪要》最终采纳的是第三种意见。在此意见下，本款将公司对外担保的代表权，收归股东会或者董事会，而不当然地由法定代表人享有。由此，当公司法定代表人未经股东会或者董事会决议或者公司章程的授权，擅自代表公司对外提供担保的，或者未经合法授权的人员在公司对外提供担保的合同上擅自加盖公章的，构成越权担保。该越权担保的效力，应依《民法典》第 61 条、第 172 条、第 504 条等以及最高人民法院《民法典担保制度解释》第 7 条、最高人民法院《民法典合同编通则解释》第 20 条并参考《九民纪要》第 17 条的规定处理。总的处理原则是，越权对外担保，原则上对公司不发生效力，但相对人为善意的除外。

1. 关于善意的认定

在越权担保立场下，相对人是否为善意，是担保合同是否对公司发生效力的关键。根据最高人民法院《民法典担保制度解释》第 7 条第 3 款的规定，所谓善意，“是指相对人在订立担保合同时不知道且不应当知道法定代表人超越权限。相对人有证据证明已对公司决议进行了合理审查，人民法院应当认定其构成善意，但是公司有证据证明相对人知道或者应当知道决议系伪造、变造的除外”。另外，关于相对人是否应当审查公司章程，理论上有不同观点。一种观点认为，由于公司章程并不直接向社会公开，相对人没有审查公司章程的义务。另一种观点认为，由于本法第 15 条第 1 款规定了，“公司向其他企业投资或者为他人提供担保,按照公司章程的规定,由董事会或者股东会决议”,法律具有公开性,相对人理应知道法律的规定,故相对人在接受担保时,有义务审查公司章程。我们认为,相对人是否应当审查公司章程,需根据个案情形具体判断。

2. 关于无须决议的例外情形

根据最高人民法院《民法典担保制度解释》第 8 条的规定,金融机构开立保函或者担保公司提供担保、公司为其全资子公司开展经营活动提供担保、担保合同系由单独或者共同持有公司 2/3 以上对担保事项有表决权的股东签字同意,这三种情形可以不需要决议。其中,后两种情形,不适用上市公司对外提供担保。

3. 关于上市公司对外担保

根据最高人民法院《民法典担保制度解释》第 9 条的规定,相对人接受上市公司提供的担保,应当审查上市公司的担保公告。相对人未根据上市公司公开披露的关于担保事项已经董事会或者股东会决议通过的信息,与上市公司订立担保合同,该担保合同对上市公司不发生效力,上市公司不承担担保责任或者赔偿责任。这是上市公司对外提供担保的特别规则。

4. 关于债务加入准用本条规定

根据《民法典》第 552 条的规定,债务加入,是指债务加入人与债务人约定加入债务并通知债权人,或者债务加入人直接向债权人表示愿意加入债务,债权人可以请求债务加入人在其愿意承担的债务范围内和债务人承担连带债务的一种债务承担方式。由于公司加入他人的债务和公司为他人提供担保,在责任后果上具有相似性,故最高人民法院《民法典担保制度解释》第 12 条规定,公司加入他人债务的行为效力,参照公司为他人提供担保的有关规则处理。

5. 关于担保无效后的法律责任问题

对此,理论与实践中存在两种观点。一种观点认为,公司法定代表人越权对外提供担保无效的,公司没有过错的,公司不承担任何赔偿责任。另一种观点认为,公司对担保无效,至少负有管理不善的责任,应承担一定的赔偿责任。根据最高人民法院《民法典担保制度解释》第 7 条第 1 款第(2)项、第 17 条的规定,主合同有效而公司提供的担保合同无效的,应当区分不同情形,依过错确定公司的赔偿责任:(1)债权人与担保人均有过错的,担保人承担的赔偿责任不应超过债务人不能清偿部分的 1/2;(2)担保人有过错而债权人无过错的,担保人对债务人不能清偿的部分承担赔偿责任;(3)债权人有过错而担保人无过错的,担保人不承担赔偿责任。此外,主合同无效导致公司提供的担保合同无效,担保人无过错的,不承担赔偿责任;担保人有过错的,其承担的赔偿责任不应超过债务人不能清偿部分的1/3。

6. 关于公司转投资是否可以准用公司对外担保规则的问题

对此,司法实务中存在两种观点。一种观点认为,因本法将公司转投资和对外担保规定在一款中,故适用于公司对外担保的规则,也应当同时适用于公司转投资。另一种观点认为,公司转投资与公司对外担保不同,前者情形下,公司取得了对被投实体的投资性权益,是一个双务行为,后者情形下,公司对外担保完全是一个单务行为,因而公司转投资不应适用公司对外担保的规则。我们认为,从最高人民法院《民法典合同编通则解释》第20条的文义上看,其将公司转投资和对外担保等同视之,实质上是采纳了第一种观点。

三、公司为股东或者实际控制人提供担保的特别程序

本条第2款规定,公司为公司股东或者实际控制人提供担保的,应当经股东会决议。本款是对公司为公司股东或者实际控制人提供担保的特别规定,意即,公司为公司股东或者实际控制人提供担保的,只能由股东会决议,不能由董事会决议。为了避免股东和实际控制人利用对公司董事会的控制权,操纵公司为个人债务提供担保,从而损害了公司和其他股东的合法权益,本款要求此类担保必须经股东会决议。

另外,依据本法第265条第(2)项、第(3)项之规定,控股股东,是指其出资额占有限责任公司资本总额超过50%或者其持有的股份占股份有限公司股本总额超过50%的股东;出资额或者持有股份的比例虽然低于50%,但依其出资额或者持有的股份所享有的表决权已足以对股东会的决议产生重大影响的股东;实际控制人,是指通过投资关系、协议或者其他安排,能够实际支配公司行为的人。

四、利害关系股东回避表决规则

本条第3款规定,前款规定的股东或者受前款规定的实际控制人支配的股东,不得参加前款规定事项的表决。该项表决由出席会议的其他股东所持表决权的过半数通过。公司为公司股东或者实际控制人担保时,该股东或实际控制人与表决事项存在利益冲突,故为了保护公司和其他股东的合法权益,避免股东、控股股东、实际控制人利用其控制的股东会多数表决权,强行通过担保决议,本款要求与担保决议具有利害关系的股东回避表决。这些具有利害关系的股东,既包括接受担保的股东,也包括受接受担保的实际控制人支配的股东。

此外,本款还对利害关系股东回避表决后股东会决议通过的比例作出了规定,即由出席会议的其他股东所持表决权过半数通过。需要注意的是,如果该公司全体股东均回避表决,或者在利害关系股东回避后,其他股东全部未出席会议,那么将无法形成有效的股东会决议。此时,依照本款规定,公司将因缺少有效的股东会决议而不能为相关股东或者实际控制人提供担保。

相关理论

公司法上的越权行为理论

公司违反法律规定或者章程规定,从事超越其经营范围的民事活动,其行为构成越权行为。传统公司法上,对于这种越权行为,法律通常赋予其无效的法律后果。该规则,就被称为越权行为原则。但需要关注的是,公司的越权行为牵涉公司、股东和债权人等多方的合法权益,将越权行为一概认定为无效的处理方法,无视了对公司交易相对人应有交易安全的保护,在一些具体情形下,也不利于维护公司、股东的利益。因此,世界上一些国家通过股东追认或者"禁止反言"规则等保障公司、股东和债权人的合法权益,严格限制公司越权行为无效规则的适用范围。一些欧洲国家的公司法,还直接规定废止越权行为无效规则。最具代表性的是欧洲共同体"1968 年第 1 号指令"规定:凡经公司董事会所决定的交易,对于与该公司进行交易的善意第三人来说,均应视为在该公司的能力范围之内的交易。①

就我国的情形而言,《民法典》第 504 条规定,法人的法定代表人或者非法人组织的负责人超越权限订立的合同,除相对人知道或者应当知道其超越权限外,该代表行为有效,订立的合同对法人或者非法人组织发生效力。1999 年最高人民法院《关于适用〈中华人民共和国合同法〉若干问题的解释(一)》第 10 条规定,当事人超越经营范围订立合同,人民法院不因此认定合同无效。但违

① 参见赵旭东主编:《公司法学》,高等教育出版社 2015 年版,第 135、136 页。

反国家限制经营、特许经营以及法律、行政法规禁止经营规定的除外。这些规定也体现了限制公司越权行为无效的适用范围。

第十六条 公司应当保护职工的合法权益,依法与职工签订劳动合同,参加社会保险,加强劳动保护,实现安全生产。

公司应当采用多种形式,加强公司职工的职业教育和岗位培训,提高职工素质。

本条主旨

本条是关于公司职工保护和职工教育的规定。

本条释解

本条第 1 款规定了公司对职工的保护义务,主要体现为:(1)公司应当保护职工的合法权益。这些权益既包括我国《宪法》和《劳动法》赋予职工的权利和利益,也包括其他法律法规中赋予职工的权利和利益。职工享有平等就业和选择职业的权利、取得劳动报酬的权利、休息休假的权利、获得劳动安全卫生保护的权利、接受职业技能培训的权利、享受社会保险和福利的权利、提请劳动争议处理的权利以及法律规定的其他劳动权利。公司应当依法建立和完善规章制度,保障劳动者享有劳动权利和履行劳动义务。(2)公司应当依法与职工签订劳动合同。公司必须依照《劳动合同法》等相关法律法规的规定,遵循合法、公平、平等自愿、协商一致、诚实信用的原则,与职工签订劳动合同,确立劳动关系,明确双方之间的权利义务关系,充分尊重和保障职工的劳动权益。依法订立的劳动合同具有约束力,用人单位与劳动者应当履行劳动合同约定的义务。(3)公司应当依法为职工办理社会保险。《劳动法》第 70 条规定:“国家发展社会保险事业,建立社会保险制度,设立社会保险基金,使劳动者在年老、患病、工伤、失业、生育等情况下获得帮助和补偿。”第 72 条后段规定:“用人单位和劳动者必须依法参加社会保险,缴纳社会保险费。”这些体现了我国职工保障制度的发展与完善。(4)公司须加强劳动保护,实现安全生产。《劳动法》第 52 条规定:“用人单位必须建立、健全劳动安全卫生制度,严格执行国家劳动安全卫生规程和标准,对劳动者进行劳动安全卫生教育,防止劳动过程中的事故,减少职业危害。”只有加强劳动保护，才能预防生产事故的发生，保护职工的人身利益。

本条第 2 款规定，公司应当加强职工的教育，包括职业教育和岗位教育。《劳动法》第 66 条规定：“国家通过各种途径，采取各种措施，发展职业培训事业，开发劳动者的职业技能，提高劳动者素质，增强劳动者的就业能力和工作能力。”第 68 条第 1 款规定：“用人单位应当建立职业培训制度，按照国家规定提取和使用职业培训经费，根据本单位实际，有计划地对劳动者进行职业培训。”只有通过教育提高职工素质，才能保证公司生产经营目标的顺利实现。本款属于倡导性规定。

第十七条 公司职工依照《中华人民共和国工会法》组织工会，开展工会活动，维护职工合法权益。公司应当为本公司工会提供必要的活动条件。公司工会代表职工就职工的劳动报酬、工作时间、休息休假、劳动安全卫生和保险福利等事项依法与公司签订集体合同。

公司依照宪法和有关法律的规定，建立健全以职工代表大会为基本形式的民主管理制度，通过职工代表大会或者其他形式，实行民主管理。

公司研究决定改制、解散、申请破产以及经营方面的重大问题、制定重要的规章制度时，应当听取公司工会的意见，并通过职工代表大会或者其他形式听取职工的意见和建议。

本条主旨

本条是关于公司工会、公司民主管理和职工利益保护的规定。

本条释解

2023 年《公司法》修改，在第 2 款新增“建立健全以职工代表大会为基本形式的民主管理制度”的表述。该新增内容是对党的二十大报告精神的贯彻落实。

本条第 1 款规定，公司职工有权依法组织工会，开展工会活动。依照《工会法》的规定，工会是职工自愿结合的工人阶级的群众组织。在中国境内的企业、事业单位、机关中以工资收入为主要生活来源的体力劳动者和脑力劳动者，不分民族、种族、性别、职业、宗教信仰、教育程度，都有依法参加和组织工会的权利。工会的基本职责是维护职工的合法权益。为此,公司有义务为工会提供必要的活动条件。此外,本款规定,公司工会代表职工就职工的劳动报酬、工作时间、福利、保险和劳动安全卫生等事项依法与公司签订集体合同。该规定实际上是对《劳动法》规定在公司法中的落实。《劳动法》第 33 条第 1 款规定,企业职工一方与企业可以就劳动报酬、工作时间、休息休假、劳动安全卫生、保险福利等事项,签订集体合同;第 2 款规定,集体合同由工会代表职工与企业签订,没有建立工会的企业,由职工推举的代表与企业签订。之所以在《公司法》中对工会进行强调,是因为公司职工相对投资者处于弱者地位,在实践中存在一些公司单纯追求利润,随意侵害职工的合法权益的现象。此时如果没有职工组织为其提供帮助,以职工自己的力量很难维护其合法权益。因此,本条规定了职工组织工会和进行工会活动的权利。

本条第 2 款规定,公司依照宪法和有关法律的规定,建立健全以职工代表大会为基本形式的民主管理制度,通过职工代表大会或者其他形式,实行民主管理。党的二十大报告指出:"全心全意依靠工人阶级,健全以职工代表大会为基本形式的企事业单位民主管理制度,维护职工合法权益。"为贯彻落实党的二十大报告精神,本款新增规定"建立健全以职工代表大会为基本形式的民主管理制度"。此外,公司是法人组织,在公司运营过程中涉及多方面的利益,其中最基本的是股东和职工的利益。对于股东的利益,我国《公司法》规定了较为完善的制度予以保护,对职工利益的保护则相对较为欠缺。本条规定了职工民主管理制度,赋予了职工依法维护自身合法权益的渠道。实现职工的民主管理的方式,既可以通过职工代表大会实现,也可以通过工会、选举职工监事、职工董事等方式实现,公司可以根据有关法律规定和自身的实际情况予以确定。

本条第 3 款规定,公司研究决定改制、解散、申请破产以及经营方面的重大问题、制定重要的规章制度时,应当听取公司工会的意见,并通过职工代表大会或者其他形式听取职工的意见和建议。这样规定是为了加强职工利益的保护。公司改制、解散、申请破产以及决定重大经营事项,对公司具有重大影响,事关公司的兴衰成败,其不仅会影响公司和股东的利益,需要股东会决议,同时也会影响到公司职工的根本利益,应当听取工会意见。同样,公司重要的规章制度也必然和公司职工的切身利益相关。公司在决定相关事项时事先了解职工的意见,使职工的意志通过有效途径得以表达,妥善保护职工合法权益。

特别需要说明的是，本条第 3 款中的“改制”，是指改革企业体制，其核心是经济机制和企业制度的创新，主要是指国有企业改制。国有企业改制就是在传统企业制度的基础上，改建为现代企业制度。以前的国有企业普遍存在产权不明晰、政企不分、管理手段落后、缺乏有效的激励与制约制衡机制等弊端，导致国有企业效率低下，不少陷于经营困境。为此，国家提出了改革国有企业，建立现代企业制度的国有企业改革目标。现代企业制度具有产权清晰、权责明确、政企分开、形式多样和管理制度科学的特征。而公司制度正是现代企业制度的典型，它提供了一种科学、可行的企业制度安排。通过将国有企业改制为公司，使国家居于股东地位，依《公司法》的规定行使股权，以投入公司的资本为限承担责任，享受权益，而不再直接参与企业的经营，从而解决在公有制为主体的基础上建立市场经济的问题，从根本上解决国有企业的困境。

第十八条 在公司中，根据中国共产党章程的规定，设立中国共产党的组织，开展党的活动。公司应当为党组织的活动提供必要条件。

本条主旨

本条是关于公司中党组织及其活动的规定。

本条释解

本条规定，在公司中，根据中国共产党章程的规定，设立中国共产党的组织，开展党的活动。公司应当为党组织的活动提供必要条件。党的领导是中国特色社会主义最本质的特征。公司作为中国特色社会主义市场经济中的市场主体之一，应当为党组织的设立和活动的开展提供必要条件。《中国共产党章程》第 30 条规定：“企业、农村、机关、学校、医院、科研院所、街道社区、社会组织、人民解放军连队和其他基层单位，凡是有正式党员三人以上的，都应当成立党的基层组织。党的基层组织，根据工作需要和党员人数，经上级党组织批准，分别设立党的基层委员会、总支部委员会、支部委员会。基层委员会由党员大会或代表大会选举产生，总支部委员会和支部委员会由党员大会选举产生，提出委员候选人要广泛征求党员和群众的意见。”本条规定明确了可以根据党章的规定，在公司中设立党组织，开展党的活动，而且公司应当为党组织的活动提供必要的条件，比如，提供经费、活动场地等条件，从而更具有可操作性。

第十九条 公司从事经营活动，应当遵守法律法规，遵守社会公德、商业道德，诚实守信，接受政府和社会公众的监督。

本条主旨

本条是关于公司经营活动应遵守事项的规定。

本条释解

2023 年《公司法》修改，将原《公司法》第 5 条第 1 款移至本法第 19 条，并将其中的"法律、行政法规"表述，修改为了"法律法规"，扩大了公司应当遵守法律法规的范围。本条规定了公司从事经营活动应遵守的事项，具体如下：

首先，公司从事经营活动，应当遵守法律法规。公司虽然是股东投资成立的、以谋求股东利益最大化的经济组织，但是，公司不能仅仅以股东利益最大化为唯一目的进行经营活动，因为公司同时也是一种社会组织，其行为必须遵守社会秩序。法律法规的规定是社会规则的底线，公司的经营活动要遵守法律法规，这是对公司经营活动最基本的要求。

其次，公司的经营活动，应当遵守社会公德、商业道德，诚实守信。这是对公司作为具有法人资格的社会经济组织在进行经营活动时的道德要求。公司不能为了股东利益最大化而为所欲为，否则就与社会秩序相悖。

最后，公司的经营活动应当诚实守信，接受政府和社会公众的监督。健康、和谐、有序的社会，是公司赖以开展经营活动、创造价值和利润的基础。公司在开展经营活动时，应当诚实守信，以维护良好的市场秩序，积极接受政府和社会公众的监督。

第二十条 公司从事经营活动，应当充分考虑公司职工、消费者等利益相关者的利益以及生态环境保护等社会公共利益，承担社会责任。

国家鼓励公司参与社会公益活动，公布社会责任报告。

本条主旨

本条是关于公司社会责任的规定。

本条释解

2023 年《公司法》修改对公司社会责任条款进行了实质性扩充。将原《公司法》第 5 条第 1 款最后一个分句“承担社会责任”,移至本法单独成条,并实质扩充了内容。

本条第 1 款规定,公司从事经营活动,应当充分考虑公司职工、消费者等利益相关者的利益以及生态环境保护等社会公共利益,承担社会责任。随着经济的发展,公司已日益成为我国社会主义市场经济中最主要的市场主体和最重要的经济力量,公司对于除股东之外的利益主体的影响日益显著,由此引发了公司的社会责任问题。从另一个角度观察,一个公司之所以成功,并不仅是由于股东的出资和董事、高级管理人员等人员的经营,还取决于公司职工提供劳动、消费者购买商品或服务、政府提供政务服务和公司所在社区提供的良好环境等,是众多因素合力的结果。这就要求,公司在追求营利的同时,也应当适度承担一些社会责任。一般认为,公司的社会责任是指公司不能仅仅以谋求股东利益最大化为唯一目的,而同时应当负有维护和增进其他社会主体利益的义务和责任。需要注意的是,这并不意味着公司的董事、高级管理人员需要对公司职工、消费者等利益相关者直接承担信义义务,而只是授权了董事、高级管理人员在进行经营决策时,可以适当考虑利益相关者的利益,由此造成经营决策与股东利益最大化的偏离,不构成违反对股东信义义务。

本条第 2 款规定,国家鼓励公司参与社会公益活动,公布社会责任报告。本款是倡导性规定,即鼓励公司参与各类社会公益活动,同时利用公布社会责任报告的形式,利用声誉机制,激励公司积极参与各类社会公益活动。

相关理论

公司社会责任理论

公司是股东投资设立的以营利为目的的社团法人,实现股东利益最大化是股东设立公司的主要目的。这是在“股东本位”主义下人们对于公司最基本的传统认识。然而,随着市场经济的发展,公司的数量和规模不断膨胀,公司已经成为社会经济的支配力量，进而使得公司对社会各方面的利益产生实质的影响。工业事故频发，劳工缺乏社会保障，环境污染严重等事件意味着不仅股东承担公司经营的风险，公司雇员、债权人、客户，甚至社区居民等股东之外的利益主体都承担着不同性质、不同程度的风险。为缓和公司力量膨胀所带来的负外部性，要求公司承担社会责任的主张呼之欲出。

公司社会责任最早的倡导者是美国的杜德（Dodd）教授，1932 年他在文章中率先指出，公司对雇员、消费者和公众负有社会责任。然而，与此同时，伯利（Berle）教授撰文认为，公司存在的唯一目的是为股东营利。此后的论争一直延续到 20 世纪八九十年代。然而，由于公司社会责任的复杂性及其执行的困难性，公司社会责任理论并没有完全为各国立法所接受。但是，强调公司社会责任的“利益相关者”理论却在立法上卓有成就：美国宾夕法尼亚州于 1983 年第一个以制定法的形式，授权公司董事会在决策时，不但应当考虑公司的利益，也应当考虑公司雇员、供应商、社区等股东之外的主体的利益。此后，美国大多数州都制定了类似的法律。然而，由于公司社会责任问题的复杂性，公司社会责任的内涵至今没有形成统一的观点。一般认为，公司的社会责任是指公司不仅对股东负有责任，而且应对股东之外的雇员、债权人、供应商、客户、社区以及公共利益负有责任。

总之，无论如何理解公司的社会责任，在《公司法》中明确公司的社会责任具有重要的意义：一方面有利于预防公司滥用经济力量，另一方面有利于保护利益相关者的合法权益。

第二十一条 公司股东应当遵守法律、行政法规和公司章程，依法行使股东权利，不得滥用股东权利损害公司或者其他股东的利益。

公司股东滥用股东权利给公司或者其他股东造成损失的，应当承担赔偿责任。

本条主旨

本条是关于股东不得滥用权利损害公司或者其他股东利益的规定。

本条释解

任何权利都是有界限的，超过该界限行使权利即为权利的滥用。禁止权利滥用原则是近代民法为制止个人权利极度膨胀、危及其他民事主体的合法权益和市民社会的和谐秩序而发展出来的一项法律原则。禁止权利滥用原则,实质上是法律对权利行使的限制,而不是对权利成立的否定。现代各国法律大多对禁止权利滥用原则有明确规定。我国亦不例外。《民法典》第 132 条规定:“民事主体不得滥用民事权利损害国家利益、社会公共利益或者他人合法权益。”

本条第 1 款规定,公司股东应当遵守法律、行政法规和公司章程,依法行使股东权利,不得滥用股东权利损害公司或者其他股东的利益。法律、行政法规的规定,构成社会的底线规则。股东行使股东权利,必须要遵守法律、行政法规,否则将会损害社会公共利益和公共秩序。公司章程是公司自治的宪章,是对股东与公司、股东与其他股东、股东与董事、高级管理人员之间权利义务关系进行调整的具体法律文件,对公司、股东、董事、高级管理人员等均具有法律约束力,因此,股东行使股东权利必须遵守公司章程。股东滥用股东权利损害公司或者其他股东利益的情形包括:一是股东滥用表决权,这是股东滥用权利的主要情形。例如,股东特别是控股股东利用其多数表决权,控制股东会通过了不公平价格定向增资的决议,损害其他股东的合法权益,构成权利滥用。再如,控股股东通过股东会无故解除了由中小股东长期担任的董事或者高级管理人员的职务,违反了股权协议或者使其失去了从公司获取工资薪金的权利或者合理期待,构成权利滥用。二是股东滥用股东查阅权。本法要求,股东查阅会计账簿、会计凭证应具备正当目的。股东若为个人目的,以刺探公司商业秘密为目的行使查阅权,将构成权利滥用。三是股东滥用提案权。如股东恶意提案,扰乱公司治理,也将构成权利滥用。股东滥权情形不胜枚举,本书限于篇幅,在此不赘。

本条第 2 款规定,公司股东滥用股东权利给公司或者其他股东造成损失的,应当承担赔偿责任。股东滥用权利的法律后果并不否认其权利的成立,而是否认权利行使的效果。股东滥用权利给公司和其他股东造成损害的,依性质和程度,应承担相应的民事、行政或刑事法律责任。本款规定的是民事责任。

另外,需要注意的是,本条规定中的“股东”,既包括控股股东,也包括中小股东。控股股东利用多数表决权控制公司股东会,进而控制董事会、经理层,压迫中小股东是实践中最为常见的情形。典型者如控股股东控制股东会,决议不给中小股东分红,或者进行不公平价格的定向增资或减资等。但中小股东也存在滥用股东权利的可能,实践中最为典型的情形之一是公司经营情况良好、蒸蒸日上,但公司章程规定的经营期限即将届满,将触发公司解散事由。若公司章程规定,延长经营期限需要全体股东一致同意。此时,中小股东以不同意修改公司章程延长经营期限为筹码,敲诈大股东,并在股东会决议上投反对票的,该小股东即涉嫌滥用股东权利。

第二十二条 公司的控股股东、实际控制人、董事、监事、高级管理人员不得利用关联关系损害公司利益。

违反前款规定,给公司造成损失的,应当承担赔偿责任。

本条主旨

本条是关于限制不当利用关联关系的规定。

本条释解

关联交易并非一个负面的概念,而是一个中性概念。公平的关联交易可以为公司带来稳定、长期的交易关系,节约交易成本,对公司的经营和发展有益;不公平的关联交易,将损害公司利益,间接损害股东、公司债权人和其他利益相关者的利益,对公司的经营和发展不利。由此,在关联交易制度的构建上,公司法的目标是支持和鼓励那些公平、合理的关联交易,遏制和惩戒那些不公平、不合理的关联交易,而非不加区分地一概禁止所有关联交易。

一、不得利用关联关系损害公司利益

本条第 1 款规定,公司的控股股东、实际控制人、董事、监事、高级管理人员不得利用关联关系损害公司利益。这意味着,《公司法》并不禁止关联交易,而仅是禁止那些损害公司利益的关联交易。其中,对于控股股东、实际控制人、高级管理人员、关联关系概念,本法第 265 条专门作出了具体定义:(1)高级管理人员,是指公司的经理、副经理、财务负责人,上市公司董事会秘书和公司章程规定的其他人员。(2)控股股东,是指其出资额占有限责任公司资本总额超过 50%或者其持有的股份占股份有限公司股本总额超过 50%的股东;出资额或者持有股份的比例虽然低于 50%,但依其出资额或者持有的股份所享有的表决权已足以对股东会的决议产生重大影响的股东。(3)实际控制人,是指通过投资关系、协议或者其他安排,能够实际支配公司行为的人。(4)关联关系,是指公司控股股东、实际控制人、董事、监事、高级管理人员与其直接或者间接控制的企业之间的关系,以及可能导致公司利益转移的其他关系。但是,国家控股的企业之间不仅因为同受国家控股而具有关联关系。上述人员拥有直接或者间接控制公司的能力,这种能力如果不受法律规制,则可能被滥用,即被用以谋取不正当利益,从而可能损害公司利益。

实践中,关联交易是公司的控股股东、实际控制人、董事、监事、高级管理人员从公司牟取不正当利益的主要手段之一。例如,控股股东可以通过选任听命于自己的人为董事,从而控制董事会,再选任听命于自己的高级管理人员,或者直接任命自己为执行董事或者经理,进而控制公司与自己或者自己的关联公司进行交易,具体的表现形式为,控制公司高价买入或者低价卖出商品或者服务,从公司牟取不正当利益。同理,董事、监事、高级管理人员也有可能实施同样的行为。因此,应当对关联交易进行重点法律规制。

二、利用关联关系损害公司利益的赔偿责任

本条第 2 款规定,公司的控股股东、实际控制人、董事、监事、高级管理人员如果利用关联关系损害公司利益,致使公司遭受损害的,应当对公司承担赔偿责任。需要注意的是,本法对董事、监事、高级管理人员与公司的关联交易作出了特别的报告和批准程序规定。本法第 182 条规定:“董事、监事、高级管理人员,直接或者间接与本公司订立合同或者进行交易,应当就与订立合同或者进行交易有关的事项向董事会或者股东会报告,并按照公司章程的规定经董事会或者股东会决议通过。董事、监事、高级管理人员的近亲属,董事、监事、高级管理人员或者其近亲属直接或者间接控制的企业,以及与董事、监事、高级管理人员有其他关联关系的关联人,与公司订立合同或者进行交易,适用前款规定。”该条对于关联交易报告和批准程序的规定,仅适用于董事、监事、高级管理人员,不适用于控股股东和实际控制人。但是,公司章程可以规定控股股东、实际控制人关联交易的报告和批准程序。另外,根据《公司法司法解释(五)》第 1 条的规定,一项关联交易,即便在事前经过有效的报告和批准程序,仍然需要接受事后的实质公平审查。

第二十三条 公司股东滥用公司法人独立地位和股东有限责任，逃避债务，严重损害公司债权人利益的，应当对公司债务承担连带责任。

股东利用其控制的两个以上公司实施前款规定行为的，各公司应当对任一公司的债务承担连带责任。

只有一个股东的公司，股东不能证明公司财产独立于股东自己的财产的，应当对公司债务承担连带责任。

本条主旨

本条是关于公司法人人格否认制度的规定。

本条释解

2023 年《公司法》修改调整了条文顺序，重新整合的相关规定，并新增规定了横向法人人格否认制度。将原《公司法》第 20 条中涉及纵向法人人格否认制度的内容，移至本法第23 条，作为第 1 款。同时，在本条第 2 款新增规定了横向法人人格否认制度。另外，将原《公司法》第 63 条关于一人有限责任公司财务独立举证责任倒置的规定，移至本条第 3 款，并在内容上修改为“只有一个股东的公司”财务独立举证责任倒置规则，涵盖了一人有限责任公司和一人股份有限公司。

公司人格独立和股东有限责任是公司法的基本原则。法人人格否认制度，是指当公司法人独立地位和股东有限责任被滥用时，否定公司的法人人格，使股东或公司对相关债务承担连带责任的制度，旨在矫正有限责任制度在特定法律事实发生时对债权人保护的失衡现象。法人人格否认制度，可以分为纵向法人人格否认、横向法人人格否认和反向法人人格否认。所谓纵向法人人格否认，是指否认公司的法人人格，使股东对公司债务承担连带责任；所谓横向法人人格否认，是指否认各关联公司的法人人格，使关联公司之间对对方的债务负连带责任；所谓反向法人人格否认，是指否认公司的法人人格，使公司对股东的债权人承担连带责任。

一、纵向法人人格否认制度

本条第 1 款规定纵向法人人格否认制度。公司人格独立和股东的有限责任是公司制度的支柱,也是区分公司与其他企业形态的核心依据。公司人格独立主要体现在公司拥有独立的财产、公司设有独立的组织机构、公司独立承担财产责任,进而公司具有汇聚资本、分散投资人风险的重要功能和特征。同时,公司的独立责任又是与股东有限责任相辅相成的,公司的独立责任必然决定股东有限责任,股东有限责任又意味着公司的独立责任。概言之,公司独立人格意味着公司独立责任和股东有限责任,股东只在其认缴的出资额或认购的股份范围内对公司承担责任,公司财产则成为公司债权人的债权得以清偿的唯一保障。因而,如果公司独立人格地位和股东有限责任被股东作为逃避债务的工具,严重损害公司债权人的利益时,公司独立人格地位和股东有限责任的制度功能就无从实现,甚至走向了反面。此时,就没有必要继续维持公司的独立法人地位和股东有限责任,应该由滥用公司独立法人地位和股东有限责任的股东对公司债务承担连带责任。因此,本款规定,公司股东滥用公司法人独立地位和股东有限责任,逃避债务,严重损害公司债权人利益的,应当对公司债务承担连带责任。这种连带责任,应当是一种直接连带责任,而非补充连带责任,意即公司债权人可以同时列公司和滥权股东为被告,要求二者对其承担连带责任,而不需要待到公司无可供执行财产后才能要求滥权股东承担连带责任。此外,需要注意的是,本款规定的适用以严重损害公司债权人的利益为前提,人民法院应审慎科学适用本款。如果轻易地适用本款规定,则会导致对公司制度的完全否定,这样又违背了本款的立法目的。

二、横向法人人格否认制度

本条第 2 款规定了横向法人人格否认制度。实践中,股东可能同时滥用多个公司的法人独立地位和股东有限责任,使资金在多个独立的公司之间流动,恶意逃废某一个公司或者某几个公司的债务,这种情况在企业集团情形下较为显著。在企业集团下,关联公司(兄弟公司、姐妹公司)之间财产关系混乱、边界不清、财务混同、利益互相输送,难以计算,在同一控制之下实质上已经完全丧失了法人人格的独立性。此时,若仅单独否定这些公司中个别公司的法人人格,将对其他未被否定法人人格的关联公司的债权人不公。在本法施行之前,为应对股东滥用同一控制下的关联公司的法人独立地位和股东有限责任,逃避债务,严重损害公司债权人利益的问题,司法实践中,有法院通过参照适用原《公司法》第 20 条第 3 款来实现本款的规范目的,有的法院则通过援引最高人民法院第15号指导性案例的裁判要旨来实现相同的目标。可见,横向法人人格否认制度的立法极为必要。2019年最高人民法院发布的《九民纪要》第11条第2款首次通过会议纪要的形式规定了横向法人人格否认制度:"控制股东或实际控制人控制多个子公司或者关联公司,滥用控制权使多个子公司或者关联公司财产边界不清、财务混同,利益相互输送,丧失人格独立性,沦为控制股东逃避债务、非法经营,甚至违法犯罪工具的,可以综合案件事实,否认子公司或者关联公司法人人格,判令承担连带责任。"然而,《九民纪要》并非法律,也不是司法解释,人民法院在裁判时不能够直接适用,而仅能作为说理的依据。有鉴于此,本条规定,股东利用其控制的两个以上公司实施前款规定行为的,各公司应当对任一公司的债务承担连带责任。需要特别说明的是,本款规定中的"控制",并不限于基于股权的母子公司式的控制,而是一种广义上的控制,包括以协议或者其他方式对公司具有支配力的控制。

三、本条第1款、第2款的适用关系与反向法人人格否认制度

值得关注的是,关于本条第1款、第2款能否同时适用的问题,存在两种不同观点。一种观点认为,不能同时适用,也即纵向法人人格否认和横向法人人格否认不能并用。这意味着,在法人人格否定情形下,公司的债权人要么要求公司的股东承担连带责任,要么请求公司的其他关联公司(兄弟公司、姐妹公司)承担连带责任,而不能同时要求公司的股东和其他关联公司(兄弟公司、姐妹公司)承担连带责任。另一种观点认为,可以同时适用,也即纵向法人人格否认和横向法人人格否认可以并用。这意味着,在法人人格否定情形下,公司的债权人可以同时要求公司股东和其他关联公司(兄弟公司、姐妹公司)承担连带责任。

我们赞同后一种观点。此种观点由于同时否认了公司和其他关联公司(兄弟公司、姐妹公司)的法人人格,公司股东的债权人也可以要求公司和其他关联公司(兄弟公司、姐妹公司)承担连带责任。质言之,本条在一定程度上也承认了反向法人人格否认制度。

四、一人公司法人人格否认的特殊规定

本条第3款对一人公司法人人格否认作出了特殊规定。一般情况下,一人公司的股东与其他公司股东一样,是以其对公司的认缴出资或者认购的股份为限,对公司的债务承担责任。然而,独立的财产是法人拥有独立人格的必要基础,如果公司的财产不能独立于股东自己财产,二者混同的话,实际上也就意味着该公司已经丧失了独立的法人人格,而沦为股东实现特定目的的工具,股东自己可以随意挪用公司的财产,公司债权人的利益完全得不到保障,故此时应否认公司的法人人格,使股东对公司债务承担连带责任。一人公司由于股东单一,缺少其他非一人公司所具有的内部相互制约,因而非常容易产生公司财产与股东财产混同的现象。故本法在确认一人公司合法性的同时,为了防止股东滥用公司的独立法人人格,将公司财产与自己的财产混同,实现非法目的,特别在本款中设计了举证责任倒置规则,即若一人公司的股东不能证明公司财产独立于自己财产,则其应当对公司的全部债务承担连带的清偿责任。另外,特别需要注意的是,与原《公司法》第 63 条中的一人公司仅限于有限责任公司不同,本法第 92 条允许设立一人股份有限公司,故本款规定的"只有一个股东的公司",既包括一人有限责任公司,也包括一人股份有限公司。

此外,还需要说明的是,在适用关系上,本条第 3 款可以单独适用,还是应当与第 1 款合并适用,存有不同观点。我们认为,若要求本条第 3 款必须与第 1 款合并适用,那么当符合本条第 1 款要件时,本身就可以适用法人人格否认制度,这将使本条第 3 款为特别保护一人公司债权人而设置的举证责任倒置规则落空,因此,本条第 3 款应当可以单独使用。

相关理论

公司法人人格否认制度的构成要件与适用情形

一、公司法人人格否认的构成要件

公司法人人格否认制度在立法上的明文规定本来存有争议,否定意见的重要理由是对法院自由裁量权的担忧,如若适用不当,这一制度很容易被滥用而随意地否定公司法人人格,其结果不仅会危害公司法人人格否认制度本身,还可能会动摇整个公司法人制度,给公司的发展带来灾难性的后果。因此,对这一制度的适用必须严格把握条件,绝不能滥用。根据本条的原则性规定和一般公司法人人格否认法理,公司法人人格否认通常应具备以下构成要件:

第一,主体要件。公司法人人格否认通常基于个案认定,不应撇开具体的案情和主体而对公司的法人人格予以抽象的否定,其适用的对象必须是具体的双方当事人,一是公司人格的滥用者,二是因公司法人人格滥用而受到损害,并有权提起诉讼的相对人。前者指滥用公司人格的股东,而后者必须是因公司法人人格滥用行为而实际受害的债权人,包括公司的自愿债权人和非自愿债权人,他们都因与人格滥用行为具有利害关系而享有独立的诉权。由该主体要件所决定,公司法人人格否认应根据受害当事人的请求作出,而不应由人民法院主动适用。

第二,行为要件。公司法人人格否认适用的基本条件是存在股东滥用公司人格的事实和行为,如滥用公司人格回避合同义务、滥用公司人格造成公司形骸化等。在实证分析的基础上对各种人格滥用行为或事实进行类型化的总结和分析是认定行为要件的重要方法,这也是国外公司法理论与实践所作的最重要的工作,但由于滥用行为多种多样,法律规定永远也不可能列举和涵盖所有的滥用行为或事实,因此,我国公司法在滥用行为的规定上最为可取的应是列举与概括相结合的立法形式。

第三,结果要件。公司人格否认制度适用的一个重要条件是必须有损害事实存在,即滥用行为造成了逃避债务、严重损害公司债权人利益的结果。公司法人人格否认的目的在于平衡公司股东与公司债权人和其他相关利益群体之间的利益冲突,对受害的债权人提供救济,无损害,则无救济。如果公司虽有滥用公司人格之行为,但并无损害结果发生,也就没有适用公司法人人格否认的必要。同时,此种损害结果的发生还必须与股东滥用公司人格的行为之间存在因果关系,如果当事人的损失是由其他原因引起,而与公司滥用公司人格行为无因果关系,也不应适用公司人格否认规则。

除上述要件外,理论上还存在一种主观滥用论的观点,即主张法人人格否认还要具备主观要件,滥用行为人必须存在规避法定或约定义务的主观恶意。与此相反,客观滥用论则不要求证明人格滥用者存在这种主观上的恶意,只要滥用行为事实上造成了逃避债务和严重损害公司债权人利益的后果即可。我国《公司法》第23条中规定的“逃避债务”,就文义而言,既可理解为股东以逃避债务为目的而滥用人格,也可理解为滥用行为实际造成了逃避债务的结果,但基于实现公司法人人格否认制度之目标,似应依客观滥用论的主张加以理解。

二、公司法人人格否认适用的情形

我国公司法对人格否认制度只作了原则性规定,并未对公司人格和有限责任滥用的具体情形作具体的规定。从各国公司法的理论和实践,结合《九民纪要》第 10 条至第 12 条的规定,公司人格否认适用的情形主要有以下几种:

第一,公司资本显著不足。《九民纪要》第 12 条规定:"资本显著不足指的是,公司设立后在经营过程中,股东实际投入公司的资本数额与公司经营所隐含的风险相比明显不匹配。股东利用较少资本从事力所不及的经营,表明其没有从事公司经营的诚意,实质是恶意利用公司独立人格和股东有限责任把投资风险转嫁给债权人。由于资本显著不足的判断标准有很大的模糊性,特别是要与公司采取'以小博大'的正常经营方式相区分,因此在适用时要十分谨慎,应当与其他因素结合起来综合判断。"

第二,过度支配与控制。《九民纪要》第 11 条第 1 款规定,所谓过度支配与控制,是指"公司控制股东对公司过度支配与控制,操纵公司的决策过程,使公司完全丧失独立性,沦为控制股东的工具或躯壳,严重损害公司债权人利益,应当否认公司人格,由滥用控制权的股东对公司债务承担连带责任。实践中常见的情形包括:(1)母子公司之间或者子公司之间进行利益输送的;(2)母子公司或者子公司之间进行交易,收益归一方,损失却由另一方承担的;(3)先从原公司抽走资金,然后再成立经营目的相同或者类似的公司,逃避原公司债务的;(4)先解散公司,再以原公司场所、设备、人员及相同或者相似的经营目的另设公司,逃避原公司债务的;(5)过度支配与控制的其他情形"。

第三,利用公司规避法律义务。利用公司规避法律所规定的强制性义务,如为了逃税、洗钱等非法目的而成立公司等。这种行为有损社会公共利益,有违法人制度的根本宗旨,缺乏存在的合法性和正当性。

第四,公司法人人格的形骸化。《九民纪要》第 10 条规定,认定公司人格与股东人格是否存在混同,最根本的判断标准是公司是否具有独立意思和独立财产,最主要的表现是公司的财产与股东的财产是否混同且无法区分。在认定是否构成人格混同时,应当综合考虑以下因素:(1)股东无偿使用公司资金或者财产,不作财务记载的;(2)股东用公司的资金偿还股东的债务,或者将公司的资金供关联公司无偿使用,不作财务记载的;(3)公司账簿与股东账簿不分,致使公司财产与股东财产无法区分的;(4)股东自身收益与公司盈利不加区分,致使双方利益不清的;(5)公司的财产记载于股东名下,由股东占有、使用的;(6)人格混同的其他情形。在出现人格混同的情况下,往往同时出现以下混同:公司业务和股东业务混同;公司员工与股东员工混同,特别是财务人员混同;公司住所与股东住所混同。公司法人人格形骸化的实质是人格混同,而不要求同时具备其他方面的混同,其他方面的混同往往只是人格混同的补强。

第二十四条 公司股东会、董事会、监事会召开会议和表决可以采用电子通信方式,公司章程另有规定的除外。

本条主旨

本条是关于电子通信会议和表决的规定。

本条释解

本条为2023年《公司法》修改新增条款。

在我国,以电子通信方式召开会议已具备现实条件。通过电子通信方式召开股东会、董事会、监事会并进行表决,既可以提高公司决策的效率,也可以节约会议成本,具有诸多优势。随着信息技术的发展,电子通信技术已较为成熟,能够胜任召开股东会、董事会、监事会的需求。根据中国互联网络信息中心8月发布的第52次《中国互联网络发展状况统计报告》显示,截至2023年6月,我国网民规模达10.79亿人,互联网普及率为76.4%。这意味着,公司的股东、董事和监事基本拥有了使用互联网进行工作的能力。2022年修订的《上市公司股东大会规则》第20条第2款规定:"股东大会应当设置会场,以现场会议形式召开,并应当按照法律、行政法规、中国证监会或公司章程的规定,采用安全、经济、便捷的网络和其他方式为股东参加股东大会提供便利。股东通过上述方式参加股东大会的,视为出席。"根据该条规定,上市公司应采用网络和其他方式为股东参加股东会提供便利。从域外实践看,很多国家在公司法或证券法中都有关于电子通信会议的规定。借助网络手段辅助召开股东会和进行投票已俨然成为一股潮流,其中比较具代表性的国家包括美国、英国和日本等。

本条规定,公司股东会、董事会、监事会召开会议和表决可以采用电子通信方式,公司章程另有规定的除外。在规范性质上,本条属任意性规定,若公司章程没有规定排除本条的适用,本条将作为默示规定产生效力。需要注意的是,采用电子通信方式召开股东会、董事会、监事会会议和表决,也要满足本法、公司章程和相关法律法规、规范性文件规定的股东会、董事会、监事会会议召开和表决的具体程序和要求，否则作出的决议将具有瑕疵。同时，鉴于采取电子通信方式召开会议，还是采取现场会方式召开会议，完全属于公司自治事项，故本条规定，公司章程可以对会议召开方式和表决方式，另作规定。

第二十五条 公司股东会、董事会的决议内容违反法律、行政法规的无效。

本条主旨

本条是关于股东会、董事会决议无效的规定。

本条释解

民事法律行为因违法而无效的判断是理论和实务上的重大疑难问题，决议作为民事法律行为之一种，其困难亦然如此。虽然在《民法总则》出台之前，理论界和实务界就决议是否为民事法律行为存在争议，但该争议随着《民法总则》第134条的明确规定逐渐消弭。根据《民法典》第134条规定，决议为法律行为之一种。除了适用《公司法》上的决议效力规则之外，决议还存在适用民事法律行为的效力规则之可能，十分复杂。本条以高度概括的语言规定了股东会、董事会决议无效的情形，预留了巨大的适用空间和解释争议。

此外，本条虽然仅规定了股东会决议、董事会决议，但监事会决议亦应当适用本条规定。

一、违反法律、行政法规强制性规定的决议无效

股东会是公司的权力机构，董事会是公司的执行机构，二者依法作出的决议，体现的是公司的意志，对公司、股东、董事、监事和高级管理人员等均具有法律效力。因此，股东会决议、董事会决议的内容，对股东与公司之间、股东与其他股东之间、董事、监事、高级管理人员与公司之间的法律关系影响重大。公司的经营运行和管理决策必须在法律与行政法规允许的范围内进行。股东会或者董事会决议的内容违反法律、行政法规的，具有两方面的危害：一方面，这种违法性常常对股东的权益产生较为不利的影响；另一方面，由于其违法性程度较为严重，也会对社会公益等其他利益产生消极影响。因而，各国立法均将这种决议的效力规定为无效。我国亦不例外。本条规定，股东会决议、董事会决议内容违反法律、行政法规规定的无效。

《民法典》第134条的规定，决议行为法律效力的判断，适用民事法律行为效力的判断规则。《民法典》第153条第1款规定："违反法律、行政法规的强制性规定的民事法律行为无效。但是，该强制性规定不导致该民事法律行为无效的除外。"与之相比，本条既未将违反的对象限于法律、行政法规的强制性规定，也未规定《民法典》第153条但书部分的内容。对此，应当结合《民法典》第153条的规定，补足本条内容。换言之，本条所称的违反法律、行政法规，是指违反法律、行政法规的强制性规定。这是因为法律、法规的强制性规定构成社会的底线，必须得到遵守，否则有损社会公共利益。并且，本条所称的强制性规定，不能是不导致民事法律行为无效的强制性规定。

对于违反法律、行政法规强制性的行为效力判断，2019年最高人民法院在《九民纪要》第30条中指出，"合同法司法解释（二）第14条将《合同法》第52条第5项规定的'强制性规定'明确限于'效力性强制性规定'。此后，最高人民法院《关于当前形势下审理民商事合同纠纷案件若干问题的指导意见》进一步提出了'管理性强制性规定'的概念，指出违反管理性强制性规定的，人民法院应当根据具体情形认定合同效力。随着这一概念的提出，审判实践中又出现了另一种倾向，有的人民法院认为凡是行政管理性质的强制性规定都属于'管理性强制性规定'，不影响合同效力。这种望文生义的认定方法，应予纠正"。

需要注意的是，最高人民法院在2023年发布的《民法典合同编通则解释》中放弃了长期使用的"效力性强制性规定""管理性强制性规定"的概念。在《最高人民法院民二庭、研究室负责人就民法典合同编通则司法解释答记者问》中指出，"在解释的起草过程中，考虑到效力性强制性规定的表述已被普遍接受，不少同志建议继续将效力性强制性规定作为判断合同是否因违反强制性规定而无效的标准。经过反复研究并征求各方面的意见，解释没有继续采用这一表述。一是因为，虽然有的强制性规定究竟是效力性强制性还是管理性强制性规定十分清楚，但是有的强制性规定的性质却很难区分。问题出在区分的标准不清晰，没有形成共识，特别是没有形成简便易行、务实管用的可操作标准，导致审判实践中有时裁判尺度不统一……"在对效力性强制性规定和管理性强制性规定不予区分的基础上,该司法解释第 16 条进一步细化了"该强制性规定不导致该民事法律行为无效的除外"的具体情形。

二、违反公序良俗的决议无效

如果公司决议并未违反法律、行政法规的强制性规定,而是违反了其他法规或规章,其效力如何?最高人民法院在《九民纪要》第 31 条前段规定:"违反规章一般情况下不影响合同效力,但该规章的内容涉及金融安全、市场秩序、国家宏观政策等公序良俗的,应当认定合同无效。"由此可见,尽管规章的规范层级较低,但可能关涉公序良俗的,违反其规定同样有可能导致行为无效。此时,否定行为效力的基础在于《民法典》第 153 条第 2 款规定的"违背公序良俗的民事法律行为无效"。

最高人民法院在《民法典合同编通则解释》第 17 条中规定,合同虽然不违反法律、行政法规的强制性规定,但是有下列情形之一,人民法院应当依据民法典第 153 条第 2 款的规定认定合同无效:(1)合同影响政治安全、经济安全、军事安全等国家安全的;(2)合同影响社会稳定、公平竞争秩序或者损害社会公共利益等违背社会公共秩序的;(3)合同背离社会公德、家庭伦理或者有损人格尊严等违背善良风俗的。如果公司决议存在前述情形,也将导致其无效。

三、决议无效的典型情形

相较于合同,公司决议所关涉的利益主体更多,所涉利益更为复杂。在公司法司法实践中,公司决议无效的情形繁多,如损害股东利益、损害公司利益、损害国家利益、损害他人利益、超越决策权限、违反公序良俗等,裁判尺度不统一。

最高人民法院在《公司法司法解释(四)原则通过稿》中曾试图规定决议无效的类型:"股东会或者股东大会、董事会决议内容有下列情形之一的,应当确认无效:(一)违反公司法第 20 条规定,损害公司、股东或者公司债权人的利益;(二)违反公司法第 37 条、第 46 条、第 99 条等规定,超越股东会或者股东大会、董事会职权;(三)违反公司法第 166 条规定向股东分配利润;(四)违反法律、行政法规的强制性规定的其他情形。"但因争议过大,本条最终未出现在正式发布的司法解释之中。在本轮《公司法》修改中,该问题亦因争议过大而搁浅,新《公司法》中也未进行类型化规定。对此,在司法实践中,应当结合公司决议所违反的具体法律条款及其背后法益进行判断,更为细致的类型化规则有待于未来的立法或司法解释予以完善。

关于能够主张决议无效的主体,本条未做具体规定。《公司法司法解释(四)》第1条规定,"公司股东、董事、监事等"有权主张决议无效。根据该规定,能够主张决议无效的主体是股东、董事和监事。需要注意的是,该规定中的"等"字指示了股东、董事和监事的列举,是一种未完全列举。我们认为,凡是与该决议具备法律上利益关系的人,均有权主张决议无效,这些利害关系人可以包括一些特定情形下的公司前股东、债权人、职工等。

第二十六条 公司股东会、董事会的会议召集程序、表决方式违反法律、行政法规或者公司章程,或者决议内容违反公司章程的,股东自决议作出之日起六十日内,可以请求人民法院撤销。但是,股东会、董事会的会议召集程序或者表决方式仅有轻微瑕疵,对决议未产生实质影响的除外。

未被通知参加股东会会议的股东自知道或者应当知道股东会决议作出之日起六十日内,可以请求人民法院撤销;自决议作出之日起一年内没有行使撤销权的,撤销权消灭。

本条主旨

本条是关于股东会、董事会决议撤销的规定。

本条释解

公司股东会、董事会的会议召集程序、表决方式违反法律、行政法规或者公司章程,或者决议内容违反公司章程,在严重性上毕竟不同于股东会、董事会决议的内容直接违反法律、行政法规强制性规定,应予区别对待。

一、决议程序违法可撤销

决议程序违法不同于内容违法。股东会、董事会决议的内容违反法律、行政法规强制性的,对各方当事人,甚至社会公共秩序、公共利益具有直接危害,故本法第25条规定,这类决议属于无效决议,且属自始无效,任何人均可以主张该决议无效。但是,在公司股东会、董事会的会议召集程序、表决方式违反法律、行政法规或者公司章程的情形下，应有不同对待。对于股东会、董事会会议存在诸如召集程序、表决方式违反法律、行政法规或者公司章程的程序瑕疵的情形下，由于程序瑕疵并不绝对会导致决议内容存在实体上的不公，若股东本身并不主张该决议效力存在问题，那么，法律自无必要坚持此类决议为无效决议，更适合的做法是留给当事人自决，即赋予相应当事人以撤销权。因此，本条第 1 款规定，公司股东会、董事会的会议召集程序、表决方式违反法律、行政法规或者公司章程的，可撤销。

二、决议内容违反公司章程可撤销

决议内容违反公司章程不同于内容违法。股东会、董事会决议的内容违反公司章程，也不同于股东会、董事会决议的内容违反法律、行政法规。公司章程属于公司内部的自治宪章，主要调整当事人之间的权利义务关系，而通常情形下与社会公共利益无涉。但法律、行政法规的强制性规定则不一样，其不仅涉及当事人之间的利益，还涉及社会公共利益。故本法规定股东会、董事会决议的内容违反法律、行政法规无效，但股东会、董事会决议的内容违反公司章程规定的，应交由相关当事人自决，即赋予其撤销权。从另一个角度观察，本款之所以规定内容违反公司章程规定的股东会、董事会决议为可撤销，是因为如果股东未对该决议提起撤销之诉，视为股东接受该决议。如果股东按照本款规定，在法定期间内提起撤销之诉，则表明股东并不同意以此种方式对公司章程进行修改，该决议将因为违反公司章程而被撤销。

三、决议程序轻微瑕疵、未产生实质影响不可撤销

为了平衡股东对股东会、董事会的程序性权益和股东会、董事会运行效率，2023 年《公司法》修改参考了《公司法司法解释（四）》第 4 条，在本条第 1 款规定，股东会、董事会的会议召集程序或者表决方式仅有轻微瑕疵，且对决议未产生实质影响，股东请求撤销的，人民法院不予支持。之所以如此规定，是因为若股东会、董事会的会议召集程序或者表决方式存在轻微瑕疵，几乎不影响决议内容和结果的，在实体上就没有必要撤销该决议，重新召开会议。意在节省公司重新召开股东会、董事会的时间成本和会议成本，提高公司的经营效率。

四、决议撤销权的行使主体、方式和期限

关于可行使撤销权的主体范围问题。本条第 1 款规定，股东自决议作出之日起60日内,可以请求人民法院撤销。同时,考虑到存在股东未被通知参加股东会会议,对股东会决议的作出并不知情,故2023年《公司法》修改在本条第2款新增规定,“未被通知参加股东会的股东,自知道或者应当知道股东会决议作出之日起60日内,可以请求人民法院撤销”。

关于撤销权的行使方式和期限问题。本条第1款规定,被通知参加股东会的股东提起撤销之诉的法定期间为60日,自决议作出之日起算。股东超过60日而未提起诉讼的,该决议则确定有效,股东的撤销权归于消灭。本条第2款规定,未被通知参加股东会的股东提起撤销之诉的法定期限,为自知道或者应当知道股东会决议作出之日起60日。由此可见,决议撤销权必须以诉讼的方式行使,期限为股东知道或者应当知道决议作出之日起60日。这样既可以保证存在瑕疵的决议能够及时得到纠正,同时也是为了使有关决议事项尽早确定,保障公司运营的稳定性。

此外,为了避免未被通知参加股东会会议的股东一直未能知道或者应当知道股东会决议,导致该股东会决议的效力长期处于不确定的状态,影响公司经营稳定和交易相对人的交易安全,本条第2款特别规定,股东自决议作出之日起1年内没有行使撤销权的,撤销权消灭。该1年为决议撤销权的最长行使期限,不可中断或者延长。

另外,值得一提的是,在原《公司法》下,若某股东未被通知参加股东会,而后该股东会决议作出满60日后,该未被通知参加股东会会议的股东将在毫不知情的情形下,丧失提起股东会决议撤销之诉的权利。这构成一项法律漏洞。2023年《公司法》修订,特别在本条第2款新增规定未被通知参加股东会的股东提起撤销之诉的法定期限,为自知道或者应当知道股东会决议作出之日起60日。由此填补了原《公司法》第22条第2款的漏洞。

相关理论

股东会、董事会决议撤销和无效之诉制度

股东会决议和董事会决议属于意思表示,如同自然人的意思表示一般,该意思表示也可能存在瑕疵,包括程序上的瑕疵和内容上的瑕疵。然而,如何确定有瑕疵决议的效力,却是一个需要慎重对待的问题。在法律上,它涉及两种相互冲突的利益需求。一方面,为了召集股东会、董事会,公司付出了大量的人

力和物力,而且已经作出的决议也已经产生了一定的影响。这些都要求维持决议的效力。另一方面,只有在决议是在遵守法律、法规和公司章程规定的前提下作出的,相关的规定才能实现其保护目的。更重要的是,对股东会和董事会决议采用相应的法律措施,是保护小股东利益的重要手段。一般认为,决议的内容违反了法律、行政法规的规定,则该决议应归于无效;而违反了程序规则和公司章程规定的决议为可撤销决议。无效的股东大会决议自形成时起就不具有法律效力,可撤销的决议被撤销后也自形成时起不具有法律效力,但在被撤销前具有法律效力。

无效的和可撤销的股东会决议通常都是在控股股东的控制下作出的,这两类决议经常会损害中小股东或者公司的利益。因此,赋予股东有权提起无效之诉和撤销之诉,保护了中小股东和公司的利益。各国公司法大多规定了股东有提起股东会决议撤销和无效之诉的权利。

第二十七条 有下列情形之一的,公司股东会、董事会的决议不成立:

(一)未召开股东会、董事会会议作出决议;

(二)股东会、董事会会议未对决议事项进行表决;

(三)出席会议的人数或者所持表决权数未达到本法或者公司章程规定的人数或者所持表决权数;

(四)同意决议事项的人数或者所持表决权数未达到本法或者公司章程规定的人数或者所持表决权数。

本条主旨

本条是关于股东会、董事会决议不成立的规定。

本条释解

本条为2023年《公司法》修改新增条款。本条吸收了《公司法司法解释(四)》第5条的规定,将其上升为法律规范,为人民法院提供裁判依据。

我国《民法典》将决议行为定性为一种法律行为,如一般法律行为的成立和生效一样,决议行为也存在成立和生效的问题。关于决议行为的效力状态问题,理论上存在"二分法""三分法""四分法"等不同学说和主张。"二分法"是指无效和可撤销,“三分法”是指不成立、无效和可撤销,“四分法”是指决议不存在、决议未有效、决议无效和可撤销。“二分法”无法回答一个尚未成立的决议行为,在法律逻辑上如何能够无效或者可撤销,可见该说内部存在矛盾。“四分法”下,决议不存在和决议未有效虽所指的情形存有不同,但二者的法律效果是完全一致的,因而区分二者徒增法律关系的复杂性,确无实益。本法最终采纳了“三分法”。在本法下,首先可以将决议行为效力状态分为不成立和成立,其中成立的决议行为又可进一步分为无效和可撤销两种,最终形成“三分”效力体系。

根据《民法典》第 134 条第 2 款之规定,决议行为自公司依照公司法或者公司章程规定的议事方式和表决程序作出而成立。由此,没有依照公司法或者公司章程规定的议事方式和表决程序作出的决议,不成立。循此,本条以列举的方式规定了 4 种主要的决议不成立情形。

一、未召开股东会、董事会会议作出决议的,决议不成立

本条第 1 项规定,未召开股东会、董事会会议作出决议的,决议不成立。公司股东会、董事会在没有召开会议的情况下作出的决议,严重违反了公司法规定的议事方式和表决程序,损害了其他股东或者董事的合法权益,原则上是不成立的。但需要注意的是,股东会会议的议事方式和表决程序,归根结底是公司自治事项,若股东们同意以不召开股东会会议的方式进行表决和决议,法律自无理由不许。基于此,本法第 59 条第 3 款规定,公司股东会可以不召开会议作出决议的例外情形,意即全体股东以书面形式一致表示同意的,可以不召开股东会,直接作出决定,并由全体股东在决定文件上签名或者盖章。本法第 60 条规定,只有一个股东的有限责任公司不设股东会。股东作出股东会决议时,应当采用书面形式,并由股东签名或者盖章后置备于公司。

二、股东会、董事会会议未对决议事项进行表决的,决议不成立

本条第 2 项规定,股东会、董事会会议未对决议事项进行表决,决议不成立。虽然召开了股东会、董事会,但是股东或者董事并没有就相关提案进行表决,该决议将缺少必要的成立要件而归于不成立。此种情形下,该决议未经公司法或者公司章程规定的议事方式和表决程序作出,依照《民法典》第 134 条第 2 款的规定,属于决议行为不成立的情形。本法对此作出更为具体的规定。

三、出席会议的人数或者表决权不符合公司法或者公司章程的规定时，决议不成立

本条第3项规定，出席会议的人数或者表决权不符合公司法或者公司章程的规定时，决议不成立。本项中的出席会议的人数，涉及公司法中的一个特别概念，即股东法定出席比例。其是指召开合法有效的股东会，出席会议的股东们代表的公司有表决权的股份数量应满足法定标准。公司一般是由多数人合作投资组建的商业经营组织，股东会依法行使公司的若干重要权力，若参加股东会议的股东很少，则不利于集思广益进行决策，还可能出现少数股东操纵股东会甚至损害其他股东利益的情形，公司成立的根基就会动摇。因此，相互合作和相互监督是公司企业健康运行的双轨，规定股东法定出席比例对维持这种平衡不无意义。各国公司法一般会规定参加股东会的股东必须达到法定人数，股东会才能合法召开，通过的决议也才能有效。例如，《美国标准商事公司法》规定，除公司章程另有规定外，有表决权的股份之多数拥有者亲自或由代理人出席会议，应构成股东会议的法定人数；但在任何情况下，法定人数也不应少于在会议上有表决权股份的1/3构成。

我国《公司法》并未规定股东会的法定出席比例。这种情形主要是因为担心中小股东采取“弃会”和“搭便车”的行为影响股东会的效率，使公司增加二次召集股东会的时间和金钱成本。这种安排的确符合大型公司特别是股份有限公司的运行实际，虽不合乎传统公司法的做法，事实上并无不当。因此，在我国《公司法》并未对股东法定出席比例作出规定和要求的情况下，股东会出席会议的人数主要是通过公司章程加以规定。若出席股东会会议的股东人数未达公司章程规定的最低比例，不符合公司章程规定的议事方法和表决程序，该股东会会议作出的决议应为不成立。关于董事会会议的董事出席人数问题，域外一般要求过半数董事出席方为有效。本法第124条规定，董事会会议应有过半数董事出席方可举行，作出决议的，应当经全体董事的过半数通过。这可被称为是“双过半数”规则。若董事会会议出席董事不足半数，该董事会决议不成立。

四、同意决议事项的人数或者所持表决权数未达到公司法或者公司章程规定的，决议不成立

本条第4项规定，同意决议事项的人数或者所持表决权数未达到本法或者公司章程规定的，决议不成立。公司股东会、董事会决议，通过的是一个团体性事项，如果要求该决议需要全体股东或者董事一致同意才能通过，对全体成员而言确实更为公平，但这也会导致公司决策效率低下。为了平衡公平和效率，世界各国公司法普遍采取资本多数决的方式通过决议，并针对一般事项和特别事项，规定了一般多数决和绝对多数的不同要求。本法第 73 条、第 124 条规定，董事会决议应当由过半数董事通过。本法第 66 条、第 116 条规定，股东会作出决议，一般情况下应当经出席会议的股东所持表决权过半数通过，但对于股东会作出修改公司章程、增加或者减少注册资本的决议，以及公司合并、分立、解散或者变更公司形式的决议，应当经出席会议的股东所持表决权的 2/3 以上通过。由此，若股东会决议或者董事会决议未获得《公司法》或者公司章程规定的人数或者表决权数，那么，该决议就缺少必要的成立要件，属于决议不成立，该决议也就不构成公司意志。

第二十八条 公司股东会、董事会决议被人民法院宣告无效、撤销或者确认不成立的，公司应当向公司登记机关申请撤销根据该决议已办理的登记。

股东会、董事会决议被人民法院宣告无效、撤销或者确认不成立的，公司根据该决议与善意相对人形成的民事法律关系不受影响。

本条主旨

本条是关于股东会、董事会决议无效、撤销和不成立法律后果的规定。

本条释解

2023 年《公司法》修改，在本条新增第 2 款，参照《民法典》第 85 条、第 504 条，规定了决议外部效力规则，即股东会、董事会决议无效、撤销或者不成立，不影响公司基于该决议与善意相对人形成的民事法律关系。

本条第 1 款规定，公司股东会、董事会决议被人民法院宣告无效、撤销或者确认不成立的，公司应当向公司登记机关申请撤销根据该决议已办理的登记。《民法典》第 157 条规定："民事法律行为无效、被撤销或者确定不发生效力后，行为人因该行为取得的财产，应当予以返还；不能返还或者没有必要返还的，应当折价补偿。有过错的一方应当赔偿对方由此所受到的损失;各方都有过错的,应当各自承担相应的责任。法律另有规定的,依照其规定。”决议行为是法律行为的一种,参照该条规定,决议行为无效、被撤销或者不成立的,因该行为取得的财产,应当予以返还;不能返还或者没有必要返还的,应当折价补偿。特别是对于决议后需要向公司登记机关办理变更或者注销登记手续的决议,决议无效、被撤销或者不成立后,变更登记就失去了存在的基础,公司应当及时向公司登记机关申请撤销根据该决议办理的变更或者注销登记。这样才能使公司登记恢复到决议作出之前的状态。

本条第 2 款规定,股东会、董事会决议被人民法院宣告无效、撤销或者确认不成立的,公司根据该决议与善意相对人形成的民事法律关系不受影响。其中,所谓善意,是指相对人在与公司形成民事法律关系时,不知道且不应当知道股东会、董事会决议存在无效、撤销或者不成立的情形。股东会、董事会决议虽然主要涉及的是公司内部事项,但在法律有规定的情形下,其在一定程度上也具有外部效力。譬如,本法第 15 条规定,公司向其他企业投资或者为他人提供担保,按照公司章程的规定,由董事会或者股东会决议。这就意味着,债权人在接受公司提供的担保时,有审查公司章程、董事会或者股东会决议的义务。债权人审查了文件并接受公司提供的担保,向债务人放款后,该担保决议被宣告无效、撤销或者确认不成立,此时公司法定代表人对外提供担保的代表行为就失去了公司授权的基础,构成了越权担保,依照《民法典》第 504 条之规定,除相对人知道或者应当知道其超越权限外,该代表行为有效,订立的合同对公司发生效力。同时,《民法典》第 85 条规定:“营利法人的权力机构、执行机构作出决议的会议召集程序、表决方式违反法律、行政法规、法人章程,或者决议内容违反法人章程的,营利法人的出资人可以请求人民法院撤销该决议。但是,营利法人依据该决议与善意相对人形成的民事法律关系不受影响。”由此,本条第 2 款规定,决议无效、撤销或者不成立的,不影响善意相对人根据该决议与公司形成的法律关系。若非如此,不利于保护善意相对人的交易安全,也不利于维护交易秩序。

CHAPTER 02

第 二 章

公司登记

第二十九条 设立公司,应当依法向公司登记机关申请设立登记。

法律、行政法规规定设立公司必须报经批准的,应当在公司登记前依法办理批准手续。

本条主旨

本条是关于公司设立登记的规定。

本条释解

公司是市场经济最重要的主体,其开展经营活动,将会牵涉公司、股东公司债权人、职工等多方利益主体的利益。与自然人不同,公司是法律拟制的主体,在客观上并不具有物质载体,为了便于指示作为一个法律主体的公司,世界各国公司法均要求公司进行登记。本条第 1 款规定,设立公司,应当依法向公司登记机关申请设立登记。由此,公司经公司登记机关登记后,方可正式成立,取得法人主体资格。换言之,公司设立登记是公司成立的生效要件,未经设立登记,公司不成立。《市场主体登记管理条例》第 3 条第 1 款规定:“市场主体应当依照本条例办理登记。未经登记,不得以市场主体名义从事经营活动。法律、行政法规规定无须办理登记的除外。”由此可见,我国法律对公司设立采强制登记主义。

本条第 2 款规定了公司设立的例外情形,即在向公司登记机关申请设立登记前,需要先取得有关机关的审批。此种审批也被称为前置许可事项,由国家市场监督管理总局依照相关法律法规,发布《企业登记前置审批事项目录》进行动态管理。需要注意的是,《市场主体登记管理条例》第 21 条第 2 款规定:“法律、行政法规或者国务院决定规定设立市场主体须经批准的,应当在批准文件有效期内向登记机关申请登记。”该条将能够设置前置许可事项的法律文件范围，从法律、行政法规，扩大到了法律、行政法规和国务院决定。

前置许可事项是对当事人设立公司的特别限制，将会极大地影响当事人的行商自由，故设置前置许可需要有充分的理据。目前，法律、行政法规、国务院决定设置的前置许可事项，主要适用于涉及国家安全、公共利益和关系国计民生等特定的行业，如金融业、保险业、证券业及其他有特别规定的行业。例如，根据《证券法》第 118 条的规定，设立证券公司，必须先取得中国证券监督管理委员会的批准，而后才能设立。再如，《保险法》第 67 条规定，设立保险公司应当经国务院保险监督管理机构批准。国务院保险监督管理机构审查保险公司的设立申请时，应当考虑保险业的发展和公平竞争的需要。

此外，本条将近年来国务院商事制度改革中“先照后证”的改革成果以法律的形式加以确认和固定。在 2013 年工商登记制度改革之前，绝大多数的经营范围都需要通过行政审批才能取得。公司在注册登记之前，必须先取得相应经营范围的行政审批，获取相应的“许可证”，才能向公司登记机关申领营业执照，这种现象被称为“先证后照”。2013 年第十二届全国人民代表大会第一次会议通过了《关于国务院机构改革和职能转变方案》，该方案指出，对按照法律、行政法规和国务院决定需要取得前置许可的事项，除涉及国家安全、公民生命财产安全等外，不再实行先主管部门审批、再工商登记的制度，商事主体向工商部门申请登记，取得营业执照后即可从事一般生产经营活动；对从事需要许可的生产经营活动，持营业执照和有关材料向主管部门申请许可。这被称为“先照后证”改革。所谓“先照后证”，是指除前置许可事项外，当事人可以先设立公司，领取营业执照，取得一般经营事项的经营资格，再办理法律、行政法规和国务院决定规定的相关经营许可证。这是“法无禁止皆可为”法律原则在市场经济领域的贯彻落实。此后，按照方案的精神，国务院相继出台了《关于取消和调整一批行政审批项目等事项的决定》（国发〔2014〕27 号）、《关于取消和调整一批行政审批项目等事项的决定》（国发〔2015〕11 号）、《关于“先照后证”改革后加强事中事后监管的意见》（国发〔2015〕62）号等逐步贯彻落实改“先证后照”为“先照后证”的要求。

相关理论

公司设立原则理论

公司设立原则，亦称公司设立主义，是公司设立的基本依据与准则，是国家对公司设立所采取的态度。理论通说认为，公司设立原则包括自由设立主义、特许设立主义、核准设立主义、单纯准则设立主义和严格准则设立主义。这5种设立原则大致是按历史先后顺序出现的。

第一，自由设立主义。自由设立主义又称放任设立主义，指是否设立、设立何种公司、怎样设立等设立事宜完全由当事人自由为之，法律不加任何干涉。由于这种设立原则下的设立过程随意，与合伙企业的界限也难以分辨，难免造成许多不具备基本条件的组织也以公司的名义出现，使债权人权益得不到保障，影响经济秩序。所以，后来各国和各地区的公司立法很少再采用这种设立原则。

第二，特许设立主义。所谓特许设立主义，是指公司的设立必须经过国家元首特别许可或者经过国家立法机关颁发特别法令予以许可。特许设立制度体现国王的王权和议会的权威，从中世纪后期到近代工业社会，此原则盛行。显然，这种对公司的设立予以过度管制的做法不能适应公司普遍发展的要求，并且有浓厚的封建特权色彩。所以，近代各国和各地区公司立法除对某些特殊公司仍采取特许设立主义原则外，对一般的公司很少采用。

第三，核准设立主义。核准设立主义也称许可设立主义，是指公司设立除了必须具备法律所规定的条件外，还必须经过行政主管机关核准，否则不得成立。1673年法国路易十四颁布的商事敕令首创此制。法、德等国在18世纪也曾经采用过这种制度。由于国家行政部门干预公司设立，不仅不利于公司的普遍发展，而且容易滋生腐败。所以，现在核准设立主义原则除了适用于设立银行等与国计民生有密切联系的行业的公司外，在多数情形下已不再被广泛采用。

第四，单纯准则设立主义。所谓单纯准则设立主义，是指公司的设立，只要符合国家法律规定的要件即可，无须经权力机关或行政机关核准。1862年的英国公司法首先采用这一设立原则，并在19世纪已被不少国家采用。这种做法适应了公司大量出现的形势，有利于公司的普遍发展。

第五，严格准则设立主义。所谓严格准则设立主义，是指法律规定公司设立必须经过国家主管机关登记才得成立及取得独立主体资格。由于严格准则设立主义既无特许设立主义和核准设立主义的烦琐,又避免了自由设立主义与单纯准则设立主义程序过于简单和不利于管理的弊病,所以被当今大多数国家和地区的公司立法所采用,也是当今公司设立原则的趋向。

我国《公司法》规定的公司设立原则是严格准则设立主义和核准设立主义的结合。具体而言,设立一般的公司,符合法律规定条件的,原则上适用严格准则设立主义,直接办理登记注册手续,由公司登记机关分别登记为有限责任公司或者股份有限公司;但对于涉及国家安全、公共利益和关系国计民生等特定的行业和项目,法律、行政法规规定设立公司必须报经审批的,则应当履行审批手续,适用核准设立主义。比如,对于设立银行、保险、证券等特殊行业的公司,相关法律规定有专门的前置审批程序。

第三十条 申请设立公司,应当提交设立登记申请书、公司章程等文件,提交的相关材料应当真实、合法和有效。

申请材料不齐全或者不符合法定形式的,公司登记机关应当一次性告知需要补正的材料。

本条主旨

本条是关于设立登记文件和材料的规定。

本条释解

2023 年《公司法》修改,新增规定了登记材料的要求和公司登记机关告知补正材料的规范。

公司设立登记是公司成立的生效要件,经公司登记机关核准设立登记,公司方成为具有民事权利能力和行为能力的法人,可依法开展经营活动。

本条第 1 款规定,申请设立公司,应当提交设立登记申请书、公司章程等文件,提交的相关材料应当真实、合法和有效。根据《市场主体登记管理条例》第 16 条第 1 款的规定,申请设立公司,应当向公司登记机关提交的文件包括:(1)申请书;(2)申请人资格文件、自然人身份证明;(3)住所或者主要经营场所相关文件;(4)公司、非公司企业法人、农民专业合作社(联合社)章程或者合伙企业合伙协议;(5)法律、行政法规和国务院市场监督管理部门规定提交的其他材料。其中,第(5)项兜底条款中规定的其他材料,包括根据法律、行政法规和国务院决定规定,设立公司应当报经批准的,应当在公司登记前依法取得的批文。

根据《市场主体登记管理条例实施细则》第22条的规定,法律、行政法规或者国务院决定规定公司申请登记、备案事项前需要审批的,在办理登记、备案时,应当在有效期内提交有关批准文件或者许可证书。有关批准文件或者许可证书未规定有效期限,自批准之日起超过90日的,申请人应当报审批机关确认其效力或者另行报批。公司设立后,前款规定批准文件或者许可证书内容有变化、被吊销、撤销或者有效期届满的,应当自批准文件、许可证书重新批准之日或者被吊销、撤销、有效期届满之日起30日内申请办理变更登记或者注销登记。另外,根据《市场主体登记管理条例实施细则》第26条的规定,申请办理公司设立登记,还应当提交法定代表人、董事、监事和高级管理人员的任职文件和自然人身份证明。除前款规定的材料外,募集设立股份有限公司还应当提交依法设立的验资机构出具的验资证明;公开发行股票的,还应当提交国务院证券监督管理机构的核准或者注册文件。涉及发起人首次出资属于非货币财产的,还应当提交已办理财产权转移手续的证明文件。

本条第1款还规定,当事人提交的申请设立公司的相关材料应当真实、合法和有效。根据《市场主体登记管理条例》第17条、第19条的规定,申请人应当对提交材料的真实性、合法性和有效性负责,登记机关仅对申请材料进行形式审查。这意味着,提交真实、合法和有效的申请材料,是当事人的义务,并且,公司登记机关并无义务对这些材料的真实性、合法性和有效性进行实质审查。另外,根据《市场主体登记管理条例》第18条的规定,申请人还可以委托其他自然人或者中介机构代其办理公司登记,但受委托的自然人或者中介机构代为办理登记事宜应当遵守有关规定,不得提供虚假信息和材料。意即,当事人委托他人代办的,受托人不得提供虚假信息和材料,同时也不免除当事人对申请材料真实性、合法性和有效性负责的责任。

本条第2款规定,申请材料不齐全或者不符合法定形式的,公司登记机关应当一次性告知需要补正的材料。该款是对公司登记机关义务的规定,即要求公司登记机关在通过形式审查后,发现当事人申请材料不齐全或者不符合法定形式的,要一次性告知所有需要补正的内容,便利当事人补正材料,以免当事人多次前往公司登记机关。另外，根据《市场主体登记管理条例》第19条的规定，在对当事人的登记申请进行形式审查后，对申请材料齐全、符合法定形式的，公司登记能够当场确认并登记，应当当场确认并登记；不能当场登记的，应当在3个工作日内予以登记；情形复杂的，经登记机关负责人批准，可以再延长3个工作日。申请材料不齐全或者不符合法定形式的，登记机关应当一次性告知申请人需要补正的材料。此外，根据《市场主体登记管理条例》第20条的规定，登记申请不符合法律、行政法规规定，或者可能危害国家安全、社会公共利益的，公司登记机关可以不予登记，但须说明理由。

相关理论

公司登记的审查模式与登记机关的审查义务

登记审查，是指受理登记申请的机关，在受理申请人的登记申请后，在法定期限内判断相关申请文件和材料是否符合法律规定的形式和要求的活动。只有符合法律规定的形式和要求，登记主管机关才予以登记。对公司登记事项进行审查既是公司登记机关的一项权力，又是一项义务。作为权力的审查是指公司登记机关依照法定的要求和程序对申请人的申请进行审慎的审查，作出予以登记或不予登记的决定。作为义务的审查，如果公司登记机关未尽审查义务，致使利害关系人遭受损失的，要予以赔偿。因此，公司登记机关无论是行使审查的权力，还是履行审查的义务都必须遵循相应的审查模式，以此明确自身的权力范围，尽到应尽的审查义务。

从公司登记的历史发展来看，公司登记的审查模式大致可分形式审查、实质审查、折中审查三种，具体内容如下：

(1)形式审查模式。形式审查是指审查机关只对申请材料是否数量齐全、形式合法进行审查，不对登记事项的真伪进行调查核实。形式审查是最为高效便捷的审查模式，一些经济水平发展较高，社会信用体系比较完备的国家常采用此种模式，如英国、美国、日本、瑞士、比利时等国。形式审查以市场准入快、可操作性强、花费少、透明度高备受青睐。但是，由于形式审查不注重实质上的真实性，不利于市场秩序的维护、交易相对人的保护和社会公共利益的保障。采取形式主义的国家一般有配套的前置程序和事后规制，比如，公证机关调查、通过诉讼程序“揭开公司面纱”、追究刑事责任。在形式审查模式下，登记机关对信息的真实合法与否几乎不承担任何责任。

(2)实质审查模式。实质审查是指主管机关不仅在形式上,还要对申请材料的内容真实性、合法性、有效性予以审查。实质审查是对公司登记公信力的重要保障,也是对市场秩序、交易安全的有力维护。在德国,对一般商事主体只是采取形式审查的方式,对股份公司采取实质审查,法国对公司的登记要求采取实质审查模式。实质审查的缺点是低效烦琐、成本大、操作难度大,而且增加登记机关的负担、现实中经常流于形式。法律明文规定的公司登记条件掩盖了许多以确保真实性为借口而衍生出来的众多的法外条件,使登记的透明度大打折扣,腐败也可能发生。还有观点认为,实质审查下的登记机关,其权力过大,缺乏服务意识,权责失衡,极容易催生腐败和不正当利益,背离"有限政府"的法治原则;主管机关内部文件过多,相关政策透明度差,不利于吸引投资,阻碍投资的积极性等。现在几乎没有人支持纯粹的实质审查模式。

(3)折中审查模式。折中审查模式下,主管机关有实质审查的职权,但无实质审查的义务。也就是说,登记机关不是必须进行实质审查,只对有疑问的重要事项进行审查,也可以不进行实质审查。折中审查的优点在于它能兼顾登记的效率与安全,相比于实质审查与形式审查,这种审查模式取二者之长,避二者之短,在管束与自由之间灵活自如,登记机关也能免受实质审查的负担和赔偿责任之累。但是,折中审查的缺点也比较明显,该模式下登记机关的自由裁量权很大,对何时采取实质审查没有明确的标准,只是依据登记机关的主观判断,因而存在登记机关进行不当干预的空间。

随着客观经济环境的变化,我国公司登记的审查模式经历了从实质审查向折中审查再到形式审查的转变。1988 年,原国家工商行政管理总局颁布的《企业法人登记管理条例施行细则》第 55 条第 2 项规定:"审查提交的文件、证件和填报的登记注册书的真实性、合法性、有效性,并核实有关登记事项和开办条件。"2000 年将该项修改为:"审查提交的文件、证件和填报的登记注册书是否符合有关登记管理规定,并核实有关登记事项和开办条件。"此时我国正处于计划经济向市场经济转型并逐渐走向成熟的阶段,这个阶段的审查模式为实质审查,是对并不是成熟的市场经济加强管制的表现。

原国家工商行政管理总局于 2004 年颁布的《企业登记程序规定》第 3 条规定:"企业登记机关依法对申请材料是否齐全、是否符合法定形式进行审查。根据法定条件和程序,需要对申请材料的实质内容进行核实的,依法进行核实。”第 11 条规定:“企业登记机关认为需要对申请材料的实质内容进行核实的,应当派两名以上工作人员,对申请材料予以核实。经核实后,提交‘申请材料核实情况报告书’,根据核实情况作出是否准予登记的决定。”这被认为是我国公司登记从实质审查模式到折中审查模式转变的开始。

2005 年修订的《公司登记管理条例》第 2 条第 2 款规定:“申请办理公司登记,申请人应当对申请文件、材料的真实性负责。”该条强调了申请人对信息的最终保证责任,没有提及登记机关的责任,这正是形式审查模式的体现。2016 年修订的《公司登记管理条例》沿袭了上述做法。在这个时期,我国公司登记采折中主义模式,体现为以形式审查为主,以实质审查为辅。

2022 年 3 月《市场主体登记管理条例》正式施行,该条例第 19 条第 1 款规定:“登记机关应当对申请材料进行形式审查。”该条明确了公司登记机关的形式审查义务。由此,关于公司登记审查模式,我国最终采纳了形式审查模式。

第三十一条 申请设立公司,符合本法规定的设立条件的,由公司登记机关分别登记为有限责任公司或者股份有限公司;不符合本法规定的设立条件的,不得登记为有限责任公司或者股份有限公司。

本条主旨

本条是关于设立有限责任公司、股份有限公司法定条件的规定。

本条释解

本条规定,申请设立公司,符合本法规定的设立条件的,由公司登记机关分别登记为有限责任公司或者股份有限公司。本法第 2 条规定,本法所称公司,是指依照本法在中华人民共和国境内设立的有限责任公司和股份有限公司。关于有限责任公司的设立条件,根据本法第 42 条至第 57 条,设立有限责任公司需要具备以下条件:一是股东人数为 1 个以上 50 个以下;二是应当有公司章程,公司章程须载明公司名称和住所、公司经营范围、公司注册资本、股东的姓名或者名称、股东的出资额、出资方式和出资日期、公司的机构及其产生办法、职权、议事规则、公司法定代表人的产生、变更办法、股东会会议认为需要规定的其他事项。关于股份有限公司的设立条件,根据本法第 91 条至第 110 条,设立股份有限公司,可以采取发起设立或者募集设立的方式。前者是指由发起人认购设立公司时应发行的全部股份而设立公司。后者是指由发起人认购设立公司时应发行股份的一部分,其余股份向特定对象募集或者向社会公开募集而设立公司。设立股份有限公司需要具备以下条件:一是发起人人数为 1 人以上 200 人以下,其中应当有半数以上的发起人在中华人民共和国境内有住所;二是应当有公司章程,公司章程须载明:(1)公司名称和住所;(2)公司经营范围;(3)公司设立方式;(4)公司股份总数,公司设立时发行的股份数,发行面额股的,每股的金额;(5)发行类别股的,类别股股东的股份数及其权利和义务;(6)发起人的姓名或者名称、认购的股份数、出资方式;(7)董事会的组成、职权和议事规则;(8)公司法定代表人的产生、变更办法;(9)监事会的组成、职权和议事规则;(10)公司利润分配办法;(11)公司的解散事由与清算办法;(12)公司的通知和公告办法;(13)股东会会议认为需要规定的其他事项。

我国公司法上的公司,仅包括有限责任公司和股份有限公司两类,相较于域外的规定,我国公司法上的公司的概念较窄。本法对不同类型的公司,规定了不同的设立条件,只有符合本条规定的相应条件,才能登记为有限责任公司或者股份有限公司。在我国过去的经济实践中,有一些企业的名称虽然也冠以“公司”的字样,但是它不是按照《公司法》设置的成立有限责任公司或者股份有限公司的条件设立的,因此,其名称中没有有限责任或者股份有限的字样。如按照《全民所有制工业企业法》成立的全民所有制工业企业,按照《城镇集体所有制企业条例》或者《乡村集体所有制企业条例》成立的集体所有制企业。1993 年《公司法》颁布之后,许多企业按照《公司法》的规定改制为有限责任公司或者股份有限公司。但是,无论是设立或者是改制为有限责任公司或者股份有限公司,必须要满足本法规定的设立有限责任公司或者股份有限公司的条件,不符合本法规定的设立条件的,不得登记为有限责任公司或者股份有限公司。

第三十二条 公司登记事项包括:

(一)名称;

（二）住所；

（三）注册资本；

（四）经营范围；

（五）法定代表人的姓名；

（六）有限责任公司股东、股份有限公司发起人的姓名或者名称。

公司登记机关应当将前款规定的公司登记事项通过国家企业信用信息公示系统向社会公示。

本条主旨

本条是关于公司登记事项及其公示的规定。

本条释解

本条为2023年《公司法》修改新增条款。我国原先有关公司登记事项的立法存在系统性、完整性、立法层级不足的问题。原《公司法》全文使用了4次“登记事项”的表述，但是却没有就登记事项的具体范围作出统一规定。虽然，原《公司法》的部分条款涉及登记的问题，但相关登记事项总体上处于零散、不成体系的状态。另外，在本法施行前，《公司登记管理条例》《市场主体登记管理条例》等登记相关行政法规及其实施细则对公司登记事项作出了详细规定。然而，作为涉及登记申请人、公司登记机关、第三人等多方利益主体权利义务的具有重要法律意义的事项，公司登记事项不应仅仅由行政法规、部门规章进行规定，而应当在法律层面进行顶层设计。

2023年《公司法》修订，在总结以往公司登记立法与实践的基础上，将各类登记事项加以梳理、整合，新设本条第1款，对公司登记事项作出系统性的规定。而鉴于《企业信息公示暂行条例》的施行和国家企业信用信息公示系统的逐步完善，本法将原《公司法》第6条第3款“公众可以向公司登记机关申请查询公司登记事项，公司登记机关应当提供查询服务”，修改为“公司登记机关应当将前款规定的公司登记事项通过国家企业信用信息公示系统向社会公示”，作为本条第2款。

一、公司登记事项

本条第1款规定了6项公司登记事项，即名称，住所，注册资本，经营范围，法定代表人的姓名,有限责任公司股东、股份有限公司发起人的姓名或者名称。

名称。公司名称是公司进行营业活动的代号和标签,是公司人格独立化和特定化的具体体现,作为公司设立登记以及从事商业经营活动的基本前提,有必要对公司名称进行登记。

住所。公司的住所是公司主要办事机构所在地,具有重要法律意义。第一,在公司的设立过程之中,住所决定了公司登记机关的管辖。公司登记申请人应向拟设立公司的住所地的公司登记机关申请设立登记。第二,在履行合同的过程中,公司住所是确定债权债务接受地与履行地的依据。第三,在发生商事纠纷时,公司住所是决定案件司法管辖、法律文书送达地的依据。第四,在公司面临涉外法律纠纷时,公司住所是确认准据法的依据之一。第五,在税收管理方面,公司住所也是决定公司纳税地与税务机关的依据之一。由此可见,从公司设立伊始,到从事经营活动,到商事纠纷的解决,再到税收征管等方方面面,公司住所都发挥了重要的作用,因此有必要对住所进行登记。

注册资本。根据本法第 47 条,公司的注册资本为在公司登记机关登记的全体股东认缴的出资额或者已发行股份的股本总额。公司注册资本的多少,一方面决定了股东对公司所负有出资责任的大小,另一方面也决定了公司对外从事民事活动的信用。为保护债权人的利益和交易安全,必须确定和维持一定数额的公司资本并将其公之于众,便于与公司发生经济往来的交易相对人了解和掌握公司的基本状况,决定其交易的范围和条件。因此,有必要对注册资本进行登记。

经营范围。经营范围指示了公司主营业务,具有以下几方面的功能:一是使公司能够聚焦于自身的主营业务,形成相应的生产和管理能力,以期营利。二是保障股东合法权利,股东可以通过在公司章程中明确经营范围,在整体上控制公司的经营风险。三是降低交易成本,保护交易相对人的合法权益。交易相对人能够通过经营范围判断公司的主营业务,从而决定是否要与公司进行交易。四是有利于行政监管,市场经济需要适度的政府干预,通过对经营范围进行登记,国家可以通过法律对公司的经营范围设置前置许可事项和后置许可事项,对市场准入进行控制,维护国家安全、社会公共利益和人民群众生命健康安全。

法定代表人的姓名。《民法典》第 61 条第 1 款、第 2 款规定:“依照法律或者法人章程的规定,代表法人从事民事活动的负责人,为法人的法定代表人。法定代表人以法人名义从事的民事活动,其法律后果由法人承受。”本法第10条规定,公司的法定代表人按照公司章程的规定,由代表公司执行公司事务的董事或者经理担任。本法第11条第1款规定,法定代表人以公司名义从事的民事活动,其法律后果由公司承受。法定代表人由代表公司执行公司事务的董事或者经理担任,其以公司名义从事的民事活动的法律后果,由公司承受。因此,对法定代表人的姓名进行登记有两方面的需要:一是保护公司、股东合法权益,通过对法定代表人进行登记,合理控制和管理公司对外缔约的代表人选;二是保护公司交易相对人的合法权益,交易相对人通过查询公司的法定代表人的姓名登记,可以知悉与其缔约的人员是否具有代表权,进而保护自身的交易安全。

有限责任公司股东、股份有限公司发起人的姓名或者名称。有限责任公司股东,是指通过出资、受让股权或者其他合法方式取得公司股权的自然人、法人或者其他组织。取得有限责任公司股东身份,可以通过在公司设立时认缴出资额,也可以通过受让原始股东的股权,还可以通过增资。此外,继承、遗赠等亦可以取得有限责任公司股东身份。股份有限公司发起人,是指在股份有限公司设立时认购股份的自然人、法人或者其他组织。股份有限公司发起人身份仅可通过发起设立股份有限公司取得,包括发起人在内的股东,是公司资本的提供者,也是公司资产的最后剩余索取权人。对有限责任公司股东、股份有限公司发起人的姓名或者名称进行登记,可以明确公司股东,进而明确谁享有股东权利、承担股东义务。因此,有必要对股东进行登记。需要说明的是,由于股份有限公司股东人数众多,股份流动性较大,若要求股份有限公司对所有股东进行登记,则会给公司和公司登记机关施加过重的负担,故本款规定,股份有限公司仅需要登记发起人。

二、公司登记事项的公示

本条第2款规定,公司登记机关应当将前款规定的公司登记事项通过国家企业信用信息公示系统向社会公示。2014年《企业信息公示暂行条例》第6条规定:“工商行政管理部门应当通过企业信用信息公示系统,公示其在履行职责过程中产生的下列企业信息:(一)注册登记、备案信息;(二)动产抵押登记信息;(三)股权出质登记信息;(四)行政处罚信息;(五)其他依法应当公示的信息。前款规定的企业信息应当自产生之日起20个工作日内予以公示。”其中,注册登记信息,就是本法第32条规定的公司登记事项。对公司登记事项进行公示,有利于公司的交易相对人及时了解公司的必要信息,从而缓解市场信息不对称问题,保护市场交易安全,维护市场交易秩序,提高市场经济运行效率。

三、公司登记事项的完善

在立法过程中,理论界主张要将股权比例、实缴资本、公司章程等事项,也作为公司登记事项,这些事项对交易安全保护、股东权利保护,具有重要意义。

其一,股权比例。对于有限责任公司而言,在给定公司价值的条件下,决定股东权益大小的是股权比例,而非股东的出资额,因此,无论是出于股东权益保护、股权交易的需要,还是司法冻结股权等事务的需要,均有必要对股东股权比例进行规定。

其二,实缴资本。公司实缴资本具有重要法律意义,其既是判断股东是否已经履行了出资义务的依据之一,也是认定股东是否存在抽逃出资行为的根据,还具有判断股东股利分配请求权、新股认购权等权利范围或大小的作用。如本法第210条规定,有限责任公司股东按照实缴出资比例分配利润;本法第227条规定,有限责任公司股东按照实缴出资比例行使优先认缴权。

其三,公司章程。公司章程记载事项具有一定程度上的外部效力。如本法第15条规定,公司向其他企业投资或者为他人提供担保,按照公司章程的规定,由董事会或者股东会决议;公司章程对投资或者担保的总额及单项投资或者担保的数额有限额规定的,不得超过规定的限额。对公司章程进行登记公示,对保护公司交易相对人的交易安全与合法权益具有重要意义。理论上,反对将公司章程作为登记事项的理由主要是认为公司章程中涉及公司的商业秘密,若对公司章程进行登记公示,将会损害公司的商业秘密。为了平衡第三人交易安全保护和公司商业秘密,若对公司章程进行登记公示,有必要对公司章程相关规则作出改变。可以将公司章程区分为外部章程或大章程和内部章程或小章程,将公司商业秘密记载于内部章程中,同时将外部章程进行公示,而不对内部章程进行公示。

目前,本法第40条将有限责任公司认缴和实缴的出资额作为公示事项,而《市场主体登记管理条例》第9条规定,公司章程是备案事项。公示事项、备案事项和登记事项在法律效力上是不同的,公示事项、备案事项原则上仅具有事实记载的作用,而本法第 34 条规定的登记事项具有公示效力。我们认为,未来有必要考虑将股权比例、实缴资本、公司章程作为公司登记事项。

相关理论

公司登记事项的立法设计

一、公司登记事项的设计与公司登记的制度价值

公司登记事项的设计,与公司登记的制度价值与功能息息相关。公司登记制度具有四个方面的制度价值,这些制度价值的实现,有赖于相关事项的登记。

一是赋予公司法人主体资格,肯定其法律地位。该项制度价值是从公司成立的角度阐释的。与自然人不同,公司毕竟不是客观存在的生物,而是法律拟制的、观念上的主体,因此必须要对公司的主体相关信息进行登记,以昭示其成立。这些必需的主体相关信息,应为登记事项。典型如公司名称、住所的登记,前者是对公司“姓甚名谁”的指称,后者是对公司“家住何方”的确定。

二是公示公司的经营状况和能力,确立和维持其商业信誉。该项制度价值立足公司经营视角,通过登记并公示与公司经营相关的事项,彰显和维持商业信誉。典型如经营范围的登记,此项登记向全社会公示了公司主要从事的经营活动的类型,特别是一些须经许可才能获取的经营事项,还具有彰显公司经营实力和能力的效果。

三是降低交易成本,增进交易安全,提高交易效率。该项制度价值是从第三人与公司开展交易的角度出发,通过登记并公示公司相关信息,使第三人得以低成本、快速地获取公司的主体信息、信用信息,从而起到促进信息流动,提高市场交易效率、交易安全的作用。典型如法定代表人、注册资本的登记,前者提示了第三人谁有权代表公司对外从事经营活动,后者提示了第三人公司的规模和资本信用。

四是便利国家管理,建立和维持商事经营秩序。公司作为一个社会团体,需要国家对其实施管理,这既是为了建立和维持正常有序的市场经营秩序的需要,也是国家对经济社会实施管理的需要。典型如法定代表人、有限责任公司股东姓名的登记,前者为国家对公司实施监管提供了具体的自然人联系人和责任人,后者为国家掌握公司的投资人情况提供了信息。

综上所述,公司登记四个方面的制度价值分别立足公司筹办人、公司、第三

人和国家的立场或视角，进而推导出对不同公司登记事项的需求。从公司筹办人的立场考虑，希望更少的登记事项，可以最大限度地实现其成立公司从事市场经营活动的目的；从公司的立场考虑，公司希望尽可能多地登记和公示事项，以增进其商业信誉、提高其获得交易机会的信息；从第三人的立场考虑，其期待获取公司更为全面的信息，特别是那些对公司不利的、消极的信息，从而使其能够更准确地判断公司的信用和实力，决定是否与之进行交易；站在国家的立场考虑，国家希望能够获取公司的全方位信息，包括公司的主体信息、投资人信息、经营信息等，从而便于监管。

二、公司登记事项的设计目标是最大限度地实现制度价值

不同制度价值之间既存在协同，又存在冲突，其所需要的登记事项也不尽相同。这主要体现在：第一，公司筹办人期待更少的登记事项来扩大其营商自由的范围，而国家则追求更多的登记事项以更好地对公司实施监管。第二，公司所希望的登记事项是能够增进其商业信誉的事项，而第三人所需求的登记事项是能够真实客观反映公司信用和实力的事项，特别是那些对公司来说是消极的、不利的信息，二者之间存在价值上的冲突，需要法律在设计公司登记事项时予以平衡。与此同时，无论是公司所希望的登记事项，还是第三人所需要的登记事项，都将成为国家采集公司信息的一种方式或渠道，有助于国家对公司实施监管。

公司登记事项的设计，需要平衡好上述四个方面制度价值之间的关系，使公司登记的制度价值被最高程度地实现。其中，主要有以下两组价值关系需要被妥善处理：一是公司筹办人为扩大营商自由的范围而期待更少的登记事项，与国家对公司实施有效监管所需的更多的登记事项之间的冲突；二是公司为彰显其商业信誉而期待的对其商业信誉有利的登记事项，与第三人为维护其交易安全、提高其交易效率所期待的有关公司客观真实信息的登记事项之间的冲突。

此外，还需要考虑公司登记制度的整体运行成本和效益，更多的登记事项，意味着更高的制度构建成本、运行成本和监管成本。在制度经济学层面，需要考虑某一项登记事项的选入，能否带来正效应的产出。若是，则应考虑引入；反之则否。正因如此，新《公司法》经过综合分析和考虑，在第 32 条第 1 款规定了 6 种公司登记事项，即名称、住所、注册资本、经营范围、法定代表人的姓名、有限责任公司股东、股份有限公司发起人的姓名或者名称。

第三十三条 依法设立的公司，由公司登记机关发给公司营业执照。公司营业执照签发日期为公司成立日期。

公司营业执照应当载明公司的名称、住所、注册资本、经营范围、法定代表人姓名等事项。

公司登记机关可以发给电子营业执照。电子营业执照与纸质营业执照具有同等法律效力。

本条主旨

本条是关于公司成立日期和营业执照的规定。

本条释解

2023 年《公司法》修改，新增了电子营业执照相关内容，作为本条第 3 款。

一、公司营业执照的签发与公司成立

本条第 1 款规定，依法设立的公司，由公司登记机关发给公司营业执照。公司营业执照签发日期为公司成立日期。由此，营业执照的签发就成为公司成立的标志和开始营业的依据，而公司设立登记则为营业执照签发的前置程序。营业执照就成为确立公司法律地位的依据，也是公司从事经营活动的凭据。需要注意的是，公司的成立日期是公司登记机关签发营业执照的日期，而不是公司领取或者收到营业执照的日期。

二、公司营业执照的记载事项

本条第 2 款规定了公司营业执照的记载事项，包括公司的名称、住所、注册资本、经营范围、法定代表人姓名等事项。由于营业执照是公司成立的凭证和依据，对公司、股东和交易相对人具有重要的法律意义，故《公司法》有必要对营业执照及其具体记载内容作出规定。原则上，营业执照应当载明所有公司登记事项，但有限责任公司股东和股份有限公司发起人数量一般较多，若全部记载于营业执照，既无可能也无必要，故本法第 2 款规定，营业执照应载明公司名称、住所、注册资本、经营范围、法定代表人姓名等事项。其中的“等”字，将除列举的 5 项登记事项之外的其他事项交由行政法规、部门规章等规定和解释。如根据《市场主体登记管理条例实施细则》第 23 条第 1 款规定,营业执照应载明名称、法定代表人姓名、类型、注册资本、住所、经营范围、登记机关、成立日期、统一社会信用代码。

三、电子营业执照及其法律效力

本条第 3 款规定:“公司登记机关可以发给电子营业执照。电子营业执照与纸质营业执照具有同等法律效力。”随着电子信息技术的发展,推行电子营业执照已具备可能。国务院《关于印发注册资本登记制度改革方案的通知》(国发〔2014〕7 号)和《关于加快推进“互联网 + 政务服务”工作的指导意见》(国发〔2016〕55 号)要求,要大力推行电子营业执照和全程电子化登记管理。为此,原国家工商行政管理总局发布了《关于全面推进企业电子营业执照工作的意见》,并制定了《电子营业执照管理办法(试行)》(国市监注〔2018〕249 号),在全国范围推行电子营业执照。《市场主体登记管理条例》第 22 条第 2 款、第 3 款规定,电子营业执照与纸质营业执照具有同等法律效力。营业执照样式、电子营业执照标准由国务院市场监督管理部门统一制定。鉴于实践需要,本法在本条确认了电子营业执照的法律效力。

第三十四条 公司登记事项发生变更的,应当依法办理变更登记。

公司登记事项未经登记或者未经变更登记,不得对抗善意相对人。

本条主旨

本条是关于公司登记事项变更登记和登记公示效力的规定。

本条释解

本条为 2023 年《公司法》修改新增条款。原《公司法》仅在第 32 条第 3 款规定了股东登记的公示效力,没有就其他登记事项的登记效力作出规定。本条最大的亮点就是较为系统地规定了公司登记事项的变更及其公示效力。把原《公司法》关于股东登记的对抗效力扩张到了所有的登记事项。

本条规定旨在保证登记信息的准确性与及时性,维护市场秩序,保护交易相对人交易安全。根据本法第 32 条,公司登记机关应当将公司登记事项在国家企业信用信息公示系统上向全社会公示。社会公众可以通过统一的企业信息公司系统实时查询公司登记事项。公司登记事项所公示的信息包括公司名称、住所、注册资本、经营范围、法定代表人姓名等对商事交易活动具有重要影响和意义的信息。如公司名称指示了公司的独立法律人格,公司住所是公司诉讼管辖、税务管辖、收发法律文书的地点,公司注册资本彰显了公司担保其债务履行的资本规模,公司经营范围体现着公司的主营业务,法定代表人姓名指明了谁有权代表公司对外从事民事活动。为了使第三人能够更为准确、及时地了解公司事项的变更,保护交易安全,维护交易秩序,本条用两款规定了公司登记事项变更登记和登记公示效力两个方面的内容。

一、关于公司登记事项的变更登记

本条第 1 款规定,公司登记事项发生变更的,应当依法办理变更登记。公司登记事项,是指本法第 32 条规定的名称,住所,注册资本,经营范围,法定代表人的姓名,有限责任公司股东、股份有限公司发起人的姓名或者名称 6 项。这些登记事项发生变更后,公司应当及时向公司登记机关申请办理变更登记。

所谓“依法”办理变更登记,主要是指依据《市场主体登记管理条例》《市场主体登记管理条例实施细则》及相关规范性文件。《市场主体登记管理条例》第 24 条规定:“市场主体变更登记事项,应当自作出变更决议、决定或者法定变更事项发生之日起 30 日内向登记机关申请变更登记。市场主体变更登记事项属于依法须经批准的,申请人应当在批准文件有效期内向登记机关申请变更登记。”之所以要求自作出变更决议、决定或者法定变更事项发生之日起 30 日内向登记机关申请变更登记,是因为公司要变更名称、住所、注册资本、经营范围等登记事项,通常需要作出决议、决定或者存在法定情形,30 日变更登记时限的起算点为公司依法作出变更决议、决定或者法定变更事实发生之日。如公司变更名称、住所、注册资本、经营范围的,通常需要召开股东会以 2/3 多数决的方式通过修改决议,或者由全体股东一致同意在不召开股东会的情形下作出决定。由此,办理这些登记事项变更登记 30 日时限的起算点为股东会决议或者全体股东一致同意的书面决定作出之日。

需要注意的是,办理经营范围的变更和住所变更比较特殊。《市场主体登记管理条例》第 26 条规定:“市场主体变更经营范围,属于依法须经批准的项目的,应当自批准之日起 30 日内申请变更登记。许可证或者批准文件被吊销、撤销或者有效期届满的,应当自许可证或者批准文件被吊销、撤销或者有效期届满之日起30日内向登记机关申请变更登记或者办理注销登记。”根据《市场主体登记管理条例》第27条的规定,市场主体变更住所跨登记机关辖区的,应当在迁入新的住所或者主要经营场所前,向迁入地登记机关申请变更登记。迁出地登记机关无正当理由不得拒绝移交市场主体档案等相关材料。但若公司变更住所不跨辖区的,向原公司登记机关申请变更登记即可。

二、关于公司登记公示效力——公信效力和对抗效力

本条第2款规定,公司登记事项未经登记或者未经变更登记,不得对抗善意相对人。其中,所谓“未经登记”,是指公司在设立登记时没有登记。如公司在设立登记时遗漏了有关股东。所谓“未经变更登记”,是指依照本条第1款的规定,应当变更登记而没有依法办理变更登记的情形。如公司股东会决议进行增资,而后公司未办理注册资本的变更登记。

理解本款的核心,在于理解“不得对抗善意相对人”。本款参照《民法典》第65条法人登记的公示效力“法人的实际情况与登记的事项不一致的,不得对抗善意相对人”,对公司登记的公示效力作出了特别规定。

所谓公示效力,是指登记后产生的“谁得以登记事实对抗另一方”的效力,依据得主张效力的主体不同,可分为公信效力和对抗效力。公信效力,是指善意相对人得以登记事实对抗登记义务人,将登记事实拟制为客观真实存乎于当事人之间,并据此使相关法律事实发生相应法律后果的效力。所谓“善意”,是指相对人不知道且不应当知道公司登记事项未登记或者未经变更登记。例如,公司依照公司章程的规定由董事会决议变更了法定代表人,但未向公司登记机关办理变更登记。而后,原法定代表人以公司名义对外签订合同,善意相对人得主张原法定代表人与其签订的合同对公司发生效力。对抗效力,是指登记义务人得以登记事实对抗相对人,推定其知悉登记事实的效力。① 循前例,公司依照公司章程的规定变更了法定代表人,同时也向公司登记机关办理了变更登记。而后,原法定代表人以公司名义对外签订合同,此时,公司得主张相对人(即便其主观上确不知情)知悉法定代表人已变更、原法定代表人已无代表权,从而该合同对公司不发生效力。

公司登记的公信效力和对抗效力可以从本款文义上解释。本款规定“公司

① 参见邹学庚:《〈民法典〉第65条商事登记公示效力研究》,载《国家检察官学院学报》2021年第1期。

登记事项未经登记或者未经变更登记,不得对抗善意相对人”,依反对解释,公司登记事项未经登记或者未经变更登记,善意相对人可以对抗公司,此即前述公信效力。同理还可解释,公司登记事项经登记或者变更登记,公司可以对抗善意相对人,此即前述对抗效力。

三、公司登记的生效效力

需要注意的是,本款仅对公司登记的公示效力作出了规定,但未对哪些公司登记事项具有生效效力作出规定。各国有关公司登记是否具有生效效力,主要有两种立法模式,即登记生效主义与登记对抗主义。在登记生效主义的模式下,登记是相关法律事实生效的必要条件。在登记对抗主义的模式下,登记仅作为相关法律事实得以对抗第三人的要件。

就公司法的学理而言,有些登记事项未经登记,不仅不发生公示效力,也不发生生效效力。我们认为,新《公司法》第 32 条规定了 6 类公司登记事项,即名称,住所,注册资本,经营范围,法定代表人的姓名,有限责任公司股东、股份有限公司发起人的姓名或者名称,不同登记事项的性质并不完全一致,应具有不同的登记效力。其中,名称、住所、经营范围、注册资本的登记应当具有生效效力。未经登记,公司变更名称、住所、经营范围和注册资本的法律行为不发生效力。

相关理论

公司登记对第三人的效力

合法有效的公司登记,必然对第三人产生效力。但是,登记与公示是紧密相连的完整法律行为。考察各国司法实践,登记与公示对第三人的法律效力是一个颇为复杂的问题,主要包括以下内容:

第一,必须登记的事项在未履行登记或已履行登记但尚未公告的情况下,对第三人的效力。目前多数国家法律规定,在商事交往中,必须登记的事项未履行登记或未予以公告的,任何该必须登记事项的参与人都不得以该事项来对抗第三人,除非第三人已经了解该事项的真实情况。

这一规则的前提是,第三人必须是真正的不知情人,必须对当事人在履行登记之前的相关登记事项真正不知晓。由这种不知情推导出第三人必须是登记相关事项的局外人,而不是参与人;第三人的不知情必须是善意的、积极的,而不是由于第三人自己的严重过失导致的不知情；第三人由于不知情而产生的对原有事实的信任是导致其法律行为的直接原因。

第二，应登记事项在得到正确登记和公示之后对行为人和第三人的效力。一些国家法律规定，如果登记事项已经登记并已经公示，该事项对第三人生效。但是，如果在登记事项公示之后一定时间以内，第三人既不知道，也无责任知道该登记事项，那么，该登记事项对其法律行为不生效力。对于这种不生效力的有效期限，各国法律在时间上都有严格的限定，如《德国商法典》规定的有效期为 15 天。

第三，已登记事项在公告发生差错的情况下对第三人的效力。一些国家法律规定，如果登记事项公示有误，第三人可以针对负有登记义务的登记人，根据已公示之事实为法律行为，除非第三人已经知道公示事实有误。在此，第三人必须是善意第三人，必须是该事项的局外人，不能是该事项的直接参与人。同时，第三人对公示内容之信任必须是导致其法律行为的直接原因。

第三十五条 公司申请变更登记，应当向公司登记机关提交公司法定代表人签署的变更登记申请书、依法作出的变更决议或者决定等文件。

公司变更登记事项涉及修改公司章程的，应当提交修改后的公司章程。

公司变更法定代表人的，变更登记申请书由变更后的法定代表人签署。

本条主旨

本条是关于公司变更登记文件和材料要求的规定。

本条释解

本条为 2023 年《公司法》修改新增条款。

本条第 1 款规定了公司申请变更登记应提交的文件。本法第 11 条第 1 款规定，“法定代表人以公司名义从事的民事活动，其法律后果由公司承受”，意即法定代表人是代表公司对外从事民事活动的人。因此，本款规定，公司申请变更登记，应当向公司登记机关提交公司法定代表人签署的变更登记申请书。本款还规定，公司申请变更登记的，还应当提交依法作出的变更决议或者决定等文件。例如，公司变更名称、住所、经营范围、注册资本等登记事项变更的，需要召开股东会作出决议,或者由全体股东一致同意作出书面决定。对于公司变更法定代表人登记的,若公司章程规定法定代表人由董事长担任,就需要公司召开董事会,作出选任新董事长的决议,在此种情形下,公司需要提交选任新董事长为法定代表人的董事会决议。可见,不同登记事项变更所需要的相关文件不尽相同,具体需要何种文件取决于有权作出登记事项变更决议或者决议的机构。此外,本款还规定了公司申请变更登记时应提交除决议和决定之外的"等文件"作为兜底性规定,以增强公司变更登记过程中材料规范的灵活性。公司登记机关可以根据登记管理的需要,制定相应的材料规范和文书规范。目前,国家市场监督管理总局登记注册局发布了《市场主体登记文书规范》《市场主体登记提交材料规范》,对不同登记事项变更登记所需材料的种类、样式作出了明确规定。

本条第 2 款规定,公司变更登记事项涉及修改公司章程的,应当提交修改后的公司章程。根据本法第 46 条第 1 款,有限责任公司章程应当载明公司名称和住所、公司经营范围、公司注册资本、股东的姓名或者名称、股东的出资额、出资方式和出资日期、公司的机构及其产生办法、职权、议事规则、公司法定代表人的产生、变更办法等事项。根据本法第 95 条,股份有限公司章程应当载明公司名称和住所、公司经营范围、公司设立方式、发起人的姓名或者名称、认购的股份数、出资方式等事项。其中,公司名称、住所、经营范围、注册资本、有限责任公司股东的姓名或者名称均为公司登记事项。需要特别说明的是,股份有限公司发起人的姓名或者名称,在股份有限公司设立时就已经确定,后续股份发生转让或者股东发生变更,并不会使发起人发生变更,故不存在发起人的姓名或者名称的变更问题。根据本款规定,公司变更公司名称、住所、经营范围、注册资本、有限责任公司股东的姓名或者名称,需要提交修改后的公司章程。另外,公司变更前述登记事项,需要召开股东会作出决议或者由全体股东一致同意作出书面决定,因此,公司提交修改后的公司章程也需要提交股东会决议或者股东书面。另外,需要注意的是,根据《市场主体登记管理条例》第 9 条的规定,公司向公司登记机关提交公司章程,属于备案而非登记,其仅具有备案待查询的作用,而不具有本法第 34 条第 2 款规定的登记公示效力。

本条第 3 款对公司变更法定代表人登记的手续,作出了特别规定。这一特别规定是为了应对实践问题而特设的。在登记实践中,部分公司登记机关要求申请人在申请变更法定代表人登记时,还需提交原法定代表人签署的变更登记申请书。然而,若原法定代表人不是自愿卸任,往往不会配合公司签署变更登记申请书,公司也就无法完成法定代表人变更登记,导致僵局。为了解决这一现实问题,《市场主体登记管理条例实施细则》第 33 条特别规定:“市场主体更换法定代表人、执行事务合伙人(含委派代表)、负责人的变更登记申请由新任法定代表人、执行事务合伙人(含委派代表)、负责人签署。”2023 年《公司法》修改,特别新增本款,规定公司变更法定代表人的,变更登记申请书由变更后的法定代表人签署,在立法上对该规则予以明确。

第三十六条 公司营业执照记载的事项发生变更的,公司办理变更登记后,由公司登记机关换发营业执照。

本条主旨

本条是关于公司营业执照换发的规定。

本条释解

本条规定,公司营业执照记载的事项发生变更的,公司办理变更登记后,由公司登记机关换发营业执照。营业执照记载事项与公司登记事项具有多项重合。本法第 33 条第 2 款规定,公司营业执照应当载明公司的名称、住所、注册资本、经营范围、法定代表人姓名等事项。《市场主体登记管理条例实施细则》第 23 条第 2 款规定,营业执照应当载明名称、法定代表人姓名、类型、注册资本、住所、经营范围、登记机关、成立日期、统一社会信用代码。本法第 32 条规定,公司登记事项包括名称,住所,注册资本,经营范围,法定代表人的姓名,有限责任公司股东、股份有限公司发起人的姓名或者名称。可见,除有限责任公司股东、股份有限公司发起人的姓名或者名称这一公司登记事项外,其余 5 项公司登记事项均为营业执照记载事项。

营业执照对外具有展示公司主体信息和营业信息的功能。《市场主体登记管理条例》第 36 条规定:“市场主体应当将营业执照置于住所或者主要经营场所的醒目位置。从事电子商务经营的市场主体应当在其首页显著位置持续公示营业执照信息或者相关链接标识。”《市场主体登记管理条例实施细则》第 64

条第 1 款规定:“市场主体应当将营业执照(含电子营业执照)置于住所(主要经营场所、经营场所)的醒目位置。”公司办理变更登记后,营业执照记载事项发生变更的,公司登记机关应当为公司换发营业执照。

第三十七条 公司因解散、被宣告破产或者其他法定事由需要终止的,应当依法向公司登记机关申请注销登记,由公司登记机关公告公司终止。

本条主旨

本条是关于公司注销登记和终止的规定。

本条释解

本条为 2023 年《公司法》修改新增条款。

本条规定,公司因解散、被宣告破产或者其他法定事由需要终止的,应当依法向公司登记机关申请注销登记,由公司登记机关公告公司终止。公司终止是指公司根据法定程序彻底结束经营活动并使公司的法人资格归于消灭的事实状态和法律程序与结果。它既可以指消灭法人资格的一种最终结果,也可以指消灭法人资格的一系列法律过程。

一、公司终止的法定事由

公司因解散、被宣告破产或者其他法定事由而终止。其一,所谓公司解散,是指本法第 229 条规定的 5 类情形,包括公司章程规定的营业期限届满或者公司章程规定的其他解散事由出现、股东会决议解散、因公司合并或者分立需要解散、依法被吊销营业执照、责令关闭或者被撤销,以及司法解散。其二,公司被宣告破产,是指人民法院依照《企业破产法》的相关规定,宣告公司破产。其三,公司因其他法定事由而终止。如本法第 241 条第 1 款规定,公司被吊销营业执照、责令关闭或者被撤销,满 3 年未向公司登记机关申请注销登记的公司登记机关可以通过国家企业信用信息公示系统予以公告,公告期限不少于 60 日。公告期限届满后,未有异议的,公司登记机关可以注销公司登记。

二、注销登记与公司法人人格的消灭

公司注销登记,是消灭公司法人人格的法定程序。与公司设立登记是公司取得法人人格的生效要件相对应,公司注销登记是公司法人人格消灭的生效要件。通常情况下,公司注销登记需要待到公司完成清算后才能实施。例如,根据本法第 239 条,公司因解散而需要终止的,清算组在完成清算后,应当制作清算报告,报股东会或者人民法院确认,并报送公司登记机关,申请注销公司登记。根据《企业破产法》第 121 条规定,公司因被宣告破产而需要终止的,管理人应当自破产程序终结之日起 10 日内,持人民法院终结破产程序的裁定,向破产人的原登记机关办理注销登记。

然而,在实践中,存在不少公司未经清算就办理了注销登记。由于公司注销登记以后,法律即不再承认公司的主体资格,这意味着涉及原公司的债权债务关系处理、相关诉讼或者仲裁程序等就不能再以该公司的名义进行了。此种情形下,应由谁代表原公司处理相关债权债务,《民诉解释》对此作出了具体规定。该解释第 64 条规定,未依法清算即被注销的,以该公司的股东、发起人或者出资人为当事人。

此外,本法第 240 条规定,公司在存续期间未产生债务,或者已清偿全部债务的,经全体股东承诺,可以通过简易程序注销公司登记。股东承诺不实的,应当对注销登记前的债务承担连带责任。简易注销之所以"简易",其实质就是用全体股东承诺公司不存在未结债务,替代烦琐的公司清算程序。简易注销后,若发现原公司仍存在债权债务未清理的,由作出承诺的股东承受。

第三十八条 公司设立分公司,应当向公司登记机关申请登记,领取营业执照。

本条主旨

本条是关于分公司设立的规定。

本条释解

公司依据内部管辖关系进行分类,可以分为本公司与分公司。本公司也称总公司,是管辖公司内部所设所有分支机构及附属机构的总机构;分公司则是本公司所设的分支机构。

本条规定,公司设立分公司,应当向公司登记机关申请登记,领取营业执照。根据本法第 13 条,公司可以设立分公司,分公司没有独立的法律地位,不具有法人资格，其民事责任由公司承担。需要注意的是，根据《民法典》第 74 条第 2 款“分支机构以自己的名义从事民事活动，产生的民事责任由法人承担；也可以先以该分支机构管理的财产承担，不足以承担的，由法人承担”的规定，分公司虽然不具有法人资格，但分公司可以有自己的名称。

此外，根据《市场主体登记管理条例》第 2 条第 1 项，分公司也是一类市场主体。根据《市场主体登记管理条例》第 23 条的规定，公司设立分公司的，应当向分公司所在地的登记机关申请登记。根据《市场主体登记管理条例实施细则》第 6 条的规定，申请设立分公司，应当登记分公司的名称、类型、经营范围、经营场所、负责人姓名。根据《市场主体登记管理条例》第 21 条的规定，分公司依法登记后，公司登记机关向其签发营业执照，营业执照签发日期为市场主体的成立日期。

第三十九条 虚报注册资本、提交虚假材料或者采取其他欺诈手段隐瞒重要事实取得公司设立登记的，公司登记机关应当依照法律、行政法规的规定予以撤销。

本条主旨

本条是关于撤销以欺诈手段取得公司设立登记的规定。

本条释解

发起人、设立时的股东等以虚报注册资本、提交虚假证明文件或者采用其他欺诈手段隐瞒重要事实的方式取得公司设立登记的，不仅妨害了公司登记管理秩序，还侵犯了公司、股东、债权人等利益相关人的合法权益。因此，本条规定，虚报注册资本、提交虚假材料或者采取其他欺诈手段隐瞒重要事实取得公司设立登记的，公司登记机关应当依照法律、行政法规的规定予以撤销。

一、本条仅适用于撤销设立登记

撤销公司登记，是指将不符合公司登记条件的登记予以撤销，使登记状态恢复至登记前状态的一种登记救济措施。根据本法和《市场主体登记管理条例》第 3 条第 2 款，公司登记可以分为设立登记、变更登记和注销登记。由此，撤销公司登记，也分为撤销设立登记、撤销变更登记、撤销注销登记三类。具体而言:(1)撤销设立登记,是指将公司设立登记予以撤销,撤销后,公司法人主体资格将归于消灭。(2)撤销变更登记,是指将公司某个或者某几个变更登记予以撤销,撤销后公司仍继续存续。例如,公司变更注册资本的决议被宣告无效、撤销或者确认不成立的,根据本法第28条第1款的规定,公司应当撤销已经办理的变更注册资本登记,使注册资本恢复至变更登记前的状态。(3)撤销注销登记,是指将公司注销登记予以撤销,撤销后,公司将恢复法人主体资格。

需要特别注意的是,本条仅适用于撤销设立登记这一种情形,而不适用于撤销变更登记和撤销注销登记的情形。

二、撤销设立登记的法定事由

本条规定,撤销设立登记有三类法定事由,即虚报注册资本、提交虚假材料或者采取其他欺诈手段隐瞒重要事实。

第一,所谓虚报注册资本,是指实无资本而报其有、实有资本少于申报资本的行为,即在申请公司登记过程中,使用虚假证明文件或者采用其他欺诈手段虚报注册资本,欺骗公司登记主管部门,取得公司登记的行为。虚报注册资本仅适用于本法第47条第2款规定的实行注册资本实缴制的公司,不适用于实行注册资本认缴制的公司。国务院《注册资本登记制度改革方案》提出,现行法律、行政法规以及国务院决定明确规定实行注册资本实缴登记制的银行业金融机构、证券公司、期货公司、基金管理公司、保险公司、保险专业代理机构和保险经纪人、直销企业、对外劳务合作企业、融资性担保公司、募集设立的股份有限公司,以及劳务派遣企业、典当行、保险资产管理公司、小额贷款公司实行注册资本认缴登记制问题,另行研究决定。在法律、行政法规以及国务院决定未修改前,暂按现行规定执行。鉴于此,本条规定,虚报注册资本骗取公司登记的,公司登记机关应当依法予以撤销。另外,实行实缴制的公司虚报注册资本,还可能构成刑事犯罪。《刑法》第158条、第159条规定了虚报注册资本罪,虚假出资、抽逃出资罪。全国人民代表大会常务委员会《关于〈中华人民共和国刑法〉第一百五十八条、第一百五十九条的解释》规定,《刑法》第158条、第159条的规定,只适用于依法实行注册资本实缴登记制的公司。

第二,所谓提交虚假材料,是指为达到非法设立公司的目的,向公司登记机关提交的不真实的证明文件。本法第30条第1款规定,申请设立公司,应当提交设立登记申请书、公司章程等文件,提交的相关材料应当真实、合法和有效。

《市场主体登记管理条例》第 17 条规定:“申请人应当对提交材料的真实性、合法性和有效性负责。”由此,申请人提交虚假材料骗取公司登记的,公司登记机关有权予以撤销。

第三,所谓采取其他欺诈手段隐瞒重要事实,是指采取虚报注册资本、提交虚假证明文件以外的手段。所谓的“重要事实”,对有限责任公司而言,主要包括股东是否符合法定人数、是否有股东共同制定的公司章程、是否有公司名称及符合有限责任公司的组织机构、是否有固定的生产经营场所和必要的生产经营条件等事实;对股份有限公司,主要包括发起人是否符合法定人数,发起人人数和社会公开募集的股本是否符合法律规定,股份发行、筹办事项是否符合法律规定,发起人是否制订公司章程并经成立大会通过、是否有公司名称、是否建立符合股份有限公司要求的组织机构、是否有固定的生产经营场所和必要的生产经营条件等事实。

三、撤销设立登记要依照法律、行政法规的规定

本条规定,登记申请人通过欺诈取得公司登记的,“公司登记机关应当依照法律、行政法规的规定予以撤销”。其中,法律主要是指本法和《行政诉讼法》。在我国,公司设立登记是一种行政行为,《行政诉讼法》对行政行为的撤销问题作出了具体规定。行政法规主要是指《市场主体登记管理条例》。公司设立登记是市场主体登记的一种,《市场主体登记管理条例》对市场主体登记的撤销问题作出了具体规定。

需要注意的是,本条规定“公司登记机关应当依照法律、行政法规的规定予以撤销”,并非虚报注册资本、提交虚假材料或者采取其他欺诈手段隐瞒重要事实取得的公司设立登记都要予以撤销,而是对于通过欺诈取得的公司设立登记,公司登记机关原则上均应当予以撤销,但法律、行政法规规定的情形除外。例如,根据《行政诉讼法》第 74 条第 1 款第(1)项的规定,行政行为撤销会给国家利益、社会公共利益造成重大损害的,人民法院判决确认违法,但不撤销行政行为。再如,根据《市场主体登记管理条例》第 41 条的规定,在撤销公司登记可能对社会公共利益造成重大损害、撤销公司登记后无法恢复到登记前的状态等情形下,公司登记机关可以不予撤销公司设立登记。

关于公司撤销登记的法律性质问题。全国人民代表大会常务委员会法制工作委员会《关于公司法第一百九十八条“撤销公司登记”法律性质问题的答复意见》(法工委复〔2017〕2 号)提出,撤销申请人以欺骗等不正当手段取得的公司登记,是对违法行为的纠正,不属于行政处罚。

四、撤销设立登记的法律后果

公司设立登记被撤销后,公司将失去法人主体资格,并应当启动解散、清算和注销程序。根据本法第 29 条、第 33 条的规定,公司设立登记,是公司取得法人主体资格的必要条件。撤销设立登记后,视同公司未实施设立登记,其法人主体资格也自然归于消灭。根据本法第十二章的相关规定,公司设立登记被撤销后,公司应当依法启动解散、清算和注销程序。

第四十条 公司应当按照规定通过国家企业信用信息公示系统公示下列事项:

(一)有限责任公司股东认缴和实缴的出资额、出资方式和出资日期,股份有限公司发起人认购的股份数;

(二)有限责任公司股东、股份有限公司发起人的股权、股份变更信息;

(三)行政许可取得、变更、注销等信息;

(四)法律、行政法规规定的其他信息。

公司应当确保前款公示信息真实、准确、完整。

本条主旨

本条是关于公司信息公示的规定。

本条释解

本条为 2023 年《公司法》修改新增条款。

企业信息公示是为促进企业诚信自律、强化企业信用约束、维护交易安全、提高政府监管效能而建立的制度。信息公示强化了对公司的信用约束,发挥了信用在维护市场秩序方面的重要作用,减少了政府对市场的硬性干预,利用信息公示带来的声誉机制,促进公司诚信自律,在强化社会监督的同时,也节约了政府的监管成本。可以说,建立公司信息公示制度,发挥市场在资源配置中的决定性作用,有利于维护公平公正的市场秩序,是构建中国特色社会主义现代企业制度所必需。

2014 年国务院公布了《企业信息公示暂行条例》。该条例对包括公司登记、备案在内的许多重要企业信息的公示作了具体的规定。依此条例,公众对公司登记事项的查询和登记机关提供的服务主要是通过该信息公示系统实现。《企业信息公示暂行条例》第 6 条第 1 款规定:"工商行政管理部门应当通过企业信用信息公示系统,公示其在履行职责过程中产生的下列企业信息:(一)注册登记、备案信息;(二)动产抵押登记信息;(三)股权出质登记信息;(四)行政处罚信息;(五)其他依法应当公示的信息。"第 7 条第 1 款规定:"工商行政管理部门以外的其他政府部门(以下简称其他政府部门)应当公示其在履行职责过程中产生的下列企业信息:(一)行政许可准予、变更、延续信息;(二)行政处罚信息;(三)其他依法应当公示的信息。"

同时,企业公示信息的真实、及时性,是企业信息公示制度能否发挥应有功能和作用的关键。为此,《企业信息公示暂行条例》第 3 条规定,企业信息公示应当真实、及时;第 11 条规定,政府部门和企业分别对其公示信息的真实性、及时性负责;第 17 条规定,企业公示信息不及时、不真实的,县级以上工商行政管理部门可以将其列入经营异常名录,通过企业信用信息公示系统向社会公示,提醒其履行公示义务;情节严重的,由有关主管部门依照有关法律、行政法规规定给予行政处罚;造成他人损失的,依法承担赔偿责任;构成犯罪的,依法追究刑事责任。

本法在总结公司信息公示实践经验的基础上,参考前述规定,在本条第 1 款规定,公司应当按照规定通过国家企业信用信息公示系统公示下列事项:(1)有限责任公司股东认缴和实缴的出资额、出资方式和出资日期,股份有限公司发起人认购的股份数;(2)有限责任公司股东股权转让等股权变更信息;(3)行政许可取得、变更、注销等信息;(4)法律、行政法规规定的其他信息。同时,为了保障公司信息公示制度能够发挥应有的功能和作用,本条第 2 款特别规定,公司应当确保前款公示信息真实、准确、完整,以压实公司在自主信息公示过程中的主体责任。根据本款,若公司公示的信息不真实、不准确、不完整的,造成他人损失的,他人有权请求公司依法承担赔偿责任。

需要注意的是,公司登记事项登记后的法律效力和公司公示事项公示后的效力是不同的。本法第 34 条规定公司登记事项登记后具有公示效力,但没有规定公司公示事项公示后的法律效力。应当说,本条规定的公司公示事项公示后，仅具有事实上向社会宣示的作用，即成为相对人获取公司相关信息的一种途径，而不具有特别的法律效力，即不具有法律上的生效效力和公示效力。

第四十一条 公司登记机关应当优化公司登记办理流程，完善具体规定，提高公司登记效率，加强信息化建设，推行网上办理等便捷方式，提升公司登记便利化水平。

国务院市场监督管理部门根据本法和有关法律、行政法规的规定，制定公司登记注册的具体办法。

本条主旨

本条是关于优化登记服务和立法授权的规定。

本条释解

本条为2023年《公司法》修改新增条款。

本条第1款对公司登记机关的优化登记服务提出了具体工作要求。

第一，公司登记机关应当优化公司登记办理流程，完善具体规定，提高公司登记效率。目前，我国的公司登记机关，为各级市场监督管理部门。近年来，国务院、国家市场监督管理总局陆续制定了多项与公司登记相关的法律法规，如《市场主体登记管理条例》《市场主体登记管理条例实施细则》《市场主体登记提交材料规范》《市场主体登记文书规范》等行政法规、部门规章、规范性文件。上述文件对在全国范围内优化公司登记办理流程，提高公司登记效率，便利当事人进行登记，发挥了重要作用。各地市场监督管理部门，持续优化市场主体登记办理流程。绝大多数地方的市场监管部门，全面落实了当场办结、一次办结、限时办结制度。对申请材料齐全、符合法定形式的予以确认并当场登记。对申请材料涉及法律关系复杂等情形，无法当场登记的，在3个工作日内予以登记；情形特别复杂的，经登记机关负责人批准，可以再延长3个工作日。申请材料不齐全或者不符合法定形式的，登记机关应当一次性告知申请人需要补正的材料。

第二，加强信息化建设，推行网上办理等便捷方式，提升公司登记便利化水平。《市场主体登记管理条例》第6条规定，国务院市场监督管理部门应当加强信息化建设，制定统一的市场主体登记数据和系统建设规范。县级以上地方人民政府承担市场主体登记工作的部门应当优化市场主体登记办理流程，提高市场主体登记效率，推行当场办结、一次办结、限时办结等制度，实现集中办理、就近办理、网上办理、异地可办，提升市场主体登记便利化程度。各地市场监督管理部门，持续加强信息化建设，提升公司登记便利化水平。绝大多数地方的市场监督管理部门，上线了公司登记网上办事平台，实现了全部登记事项全程网上办理，全部填报事项全程无纸化、电子化方式。目前，绝大多数地方市场监管部门，也已推动实现公司登记集中办理、就近办理、网上办理、异地可办，极大地提升了公司登记的便利性。

此外，为了优化公司登记服务，增强公司登记管理的灵活性，便利公司登记机关对公司登记进行管理，本条第 2 款授权国务院市场监督管理部门根据本法和有关法律、行政法规的规定，制定公司登记注册的具体办法。

CHAPTER 03

第 三 章

有限责任公司的设立和组织机构

第一节 设　　立

第四十二条 有限责任公司由一个以上五十个以下股东出资设立。

本条主旨

本条是关于有限责任公司股东人数的规定。

本条释解

根据本条的规定,有限责任公司股东人数的下限为 1 人。新《公司法》虽删除了原《公司法》第二章第三节“一人有限责任公司的特别规定”,但是新《公司法》仍然承认一人有限责任公司的合法性,投资者可以设立一人有限责任公司。另外,本条还规定了有限责任公司股东人数的上限为 50 人,这与新《公司法》只限制股份有限责任公司发起人的人数上限而不限制具体股东人数的做法存在较大区别。这一差异存在的原因与有限责任公司、股份有限公司的差别有关。有限责任公司一般是规模较小的封闭公司,股东之间相互熟悉,股权转让也存在较多限制,故有限责任公司股东人数不宜过多,有必要控制有限责任公司股东的人数上限。与之相反,股份有限公司一般是规模较大的公众公司,股东之间未必了解,股份转让的条件也较为宽松,故股份有限公司的股东人数不受限制。

关于一人有限责任公司的股东,原《公司法》第 57 条第 2 款明确规定了两类主体,即自然人和法人。新《公司法》放宽一人有限责任公司设立的条件,不再限制一人有限责任公司股东的法律性质。由此,自然人、法人和非法人组织都具有设立一人有限责任公司的权利能力。

本条规定的“出资”一般指的是认缴出资。根据本法第47条的规定,有限责任公司注册资本实行限期认缴制,有限责任公司的注册资本为在公司登记机关登记的全体股东认缴的出资额,全体股东认缴的出资额由股东按照公司章程的规定自公司成立之日起5年内缴足。因此,有限责任公司发起人认足公司注册资本便可设立公司。但是,在法律、行政法规以及国务院决定对有限责任公司注册资本实缴、股东出资期限另有规定的情况下,有限责任公司发起人设立公司时不能仅认缴出资,还需实际缴纳部分或全部出资(详细论述请参阅本书对新《公司法》第47条的释解)。

相关理论

一人公司背离公司社团理论的正当性

传统公司法理论中,社团性是公司的重要特性,公司的社团性突出地表现在公司是建立在成员之复数基础之上的。而一人公司只有一名股东,缺乏以复数股东为基础的社团性。如何解决一人公司与社团性的冲突成为一人公司合法化的最大障碍。

为解决这一难题,理论界有两种论证思路,一种是证明一人公司具有社团性,另一种是证明社团性并非构成公司的必要条件。

为证明一人公司具有社团性,理论界提出了两种学说。一是潜在社团说,该说认为,一人公司的股权虽集中于一人股东,但公司设立后,由于股权的转让,仍存在一人公司股东数量变为复数的可能性。二是股份社团说,该说指出,公司的信用基础是股东出资形成的公司资本,股东地位即股权的复数可以满足社团性的要求。这两种观点都是在公司的社团性框架内,试图通过证明一人公司具有社团性而说明承认其法律人格的合理性。然而,这两种学说都存在着一定的缺陷。潜在社团说的判断缺乏现实基础,潜在的复数无法代替实在的复数;股份社团说将股份的复数等同于股东的复数,是对公司社团性之曲解。这两种观点都难以达到预期的证明效果。

从公司产生发展的轨迹可见,在资本主义发展初期,由于社会生产力水平欠发达,个人的资本积累不足,个人经营的资本能力有限,个人独资企业乃至合伙企业都没有充足的资金从事规模较大且风险较高的经营活动,尤其是海上贸易。为了满足募集资金的需要,商人往往通过联合的形式筹措资金,股份有限公司这一最早的法人组织形式应运而生。也正因这一特殊的历史背景,公司才被深深地打上了社团性的烙印,这是由当时的客观历史条件决定的。随着社会生产力的提高,经过长期的资本积累,个人的资本力量不断增强,已具有了进行大额投资的能力。法人制度所具有的将个人的少数资金汇集成大宗资本的优势,对于资本家而言已经丧失了大部分意义。在此背景下,以资本联合的形式从事经营活动已不再是时代的必然要求。社团性作为公司的特征随着时代的变迁,应当逐渐成为历史。

我国《民法典》关于法人成立条件的规定也印证了这一历史发展的趋势。根据《民法典》第 58 条的规定,法人成立应当具备的条件包括"依法成立""有自己的名称、组织机构、住所、财产或者经费",不包括具有两个以上的成员。实际上,公司的本质应当是独立人格、资本联合、有限责任以及财产所有与财产经营的分离的融合,社团性已经不再是公司的本质。因此,一人公司对公司社团理论的背离具有正当性。

第四十三条 有限责任公司设立时的股东可以签订设立协议,明确各自在公司设立过程中的权利和义务。

本条主旨

本条是关于有限责任公司设立协议的规定。

本条释解

本条为 2023 年《公司法》新增条文,明确了有限责任公司设立时的股东签订的设立协议之法律地位和内容。有限责任公司设立时的股东又称公司发起人,指的是为设立公司而签署公司章程、向公司认购出资并履行公司设立职责的人。公司设立协议指的是公司发起人之间设立、变更、终止与公司设立事项相关民事法律关系的协议,是公司发起人在设立公司过程中的行为规范。

尽管原《公司法》并未对公司设立协议作出规定,但实践中却早已出现了公司发起人设立公司时签订协议约定各方权利、义务的做法,并且司法实践也根据设立协议裁判了相关案件。本条规定实际上是对我国实践需求的回应,为司法机关依据公司设立协议裁判相关案件,明确公司发起人享有的权利、应当履行的义务以及应当承担的责任提供规则指引。但是,这并不意味着签订公司设立协议是有限责任公司发起人的义务。本条属于任意性规范,即有限责任公司的发起人享有选择签订公司设立协议的权利,“可以”自行协商是否签订公司设立协议。在这一点上,有限责任公司区别于股份有限公司。根据本法第 93 条第 2 款的规定,股份有限公司发起人设立公司时“应当”签订公司设立协议。尽管股份有限公司发起人未按照《公司法》要求签订公司设立协议并不会导致公司设立行为无效,但对比本条与本法第 93 条第 2 款的规定可知,立法机关对于股份有限公司的设立提出了更高的要求。

设立协议的作用在于确定所设公司的基本性质和结构,协调公司发起人之间的权利义务关系。实践中,设立协议的常见条款包括公司设立过程中各公司发起人的权利条款、义务条款、法律责任条款、不可抗力条款、法律适用条款等。其中,公司发起人的权利条款和义务条款是设立协议的核心条款。设立中的公司不具有独立人格,不能独立承担法律义务、法律责任。根据本法第 44 条的规定,公司发起人为设立公司所从事活动引起的法律责任有可能由公司承担,有可能由公司发起人承担,还有可能由公司承担后向公司发起人追偿。当公司发起人人数为 2 人以上时,公司发起人对外承担连带债务,每位公司发起人均须对全体公司发起人所负所有债务承担清偿责任;而在公司发起人内部,各公司发起人之间承担按份责任。根据《公司法司法解释(三)》第 4 条的规定,各公司发起人应当承担的责任份额依据设立协议的约定确定;若公司设立协议中没有约定责任承担比例,公司发起人按照约定的出资比例分担责任;若公司发起人未签订设立协议或设立协议中没有约定出资比例,公司发起人按照均等份额分担责任。可见,公司发起人签订设立协议并明确各自在公司设立过程中的权利义务,不仅便于公司发起人开展设立公司的活动,也能使公司发起人的义务和责任更加符合当事人的预期。

相关理论

公司设立协议和公司章程的关系

公司设立协议和公司章程的区别主要体现在以下三方面:

第一,作用不同。设立协议的作用在于确定所设公司的基本性质和结构,协调公司发起人之间的关系及其权利和义务。公司章程是公司存在和活动的基本依据,是公司行为的根本准则,章程对于公司的作用有如宪法对于国家的作用。

第二,性质不同。对于有限责任公司而言,设立协议是任意性文件,公司发起人可以自行选择是否签订设立协议。而公司章程则是公司的必备文件,任何公司申请设立登记之时都必须提交公司章程。同时,设立协议是非要式法律文件,根据当事人的意思表示形成,其内容更多地体现了当事人的意志和要求;公司章程则是要式法律文件,除反映当事人的主观要求之外,也反映和体现法律对公司内外关系的强制性要求,因此,公司章程必须按照新《公司法》的要求由公司发起人共同制定,并且公司章程的内容还应包含新《公司法》规定的所有必要记载事项。

第三,效力不同。从效力的范围来看,协议具有相对性,设立协议由全体公司发起人订立,调整的是公司发起人之间的关系,因而只在公司发起人之间具有法律约束力;公司章程调整的则是所有股东、股东与公司、公司的管理机构与公司之间的法律关系,制定章程时的原始股东和章程制定后加入公司的新股东,都受章程的约束。从效力的期间来看,设立协议调整的是公司设立过程的法律关系,因而它的效力期间是从设立行为开始到设立过程终止,公司的成立即意味着设立协议的终止;公司章程的效力则及于公司成立后整个的存续过程,直至公司主体资格终止。

公司设立协议与公司章程之间的差异并不否定二者的密切联系。公司章程应规定的主要事项通常也是设立协议需约定的事项,如公司名称、注册资本、经营范围、股东构成、出资形式、组织机构、增资、减资、合并、分立、终止等事项,不仅是公司章程的法定记载事项,而且也常为设立协议所约定。公司发起人订立协议的目的除了约定设立过程中各方的权利义务、协调各发起人的设立行为外,也是为了对未来公司的性质、框架及内外法律关系作出总体的设计。因而公司章程通常是在设立协议的基础上根据法律的规定制成,在没有争议且符合公司法规定的情况下,设立协议的基本内容通常都为公司章程所吸收。

第四十四条 有限责任公司设立时的股东为设立公司从事的民事活动,其法律后果由公司承受。

公司未成立的,其法律后果由公司设立时的股东承受;设立时的股东为二人以上的,享有连带债权,承担连带债务。

设立时的股东为设立公司以自己的名义从事民事活动而产生的民事责任,第三人有权选择请求公司或者公司设立时的股东承担。

设立时的股东因履行公司设立职责造成他人损害的,公司或者无过错的股东承担赔偿责任后,可以向有过错的股东追偿。

本条主旨

本条是关于公司设立行为法律后果的承担规则的规定。

本条释解

本条为此次《公司法》修订的新增条文,条文内容吸收了《公司法司法解释(三)》第2条至第5条以及《民法典》第75条的相关规定。本条对公司发起人为设立公司所实施行为的法律后果分配与承担问题作出规定。其中,本条规定的公司发起人"为设立公司从事的活动"指的是公司发起人为设立公司所必须实施的行为,若公司发起人的行为非基于设立公司的必要或是为了其个人的私利,则不属于本条规范的行为。实践中,公司发起人为设立公司所必须实施的常见行为包括为设立中的公司租赁住所、采买经营设备、聘请中介机构等。公司发起人在公司设立过程中会与多个主体建立关系,如公司发起人与债权人、公司发起人与设立中公司的关系、公司发起人之间的关系等。不同的主体间存在不同的权利、义务与责任,如何分配公司设立相关的法律后果是本条规范的重心。

一、公司成立后设立行为的法律后果承担规则

根据本条第1款的规定,公司发起人为设立公司从事民事活动的法律后果由公司承受。因设立中的公司不具有法人人格,无法以其名义独立承受任何法律后果,故本条第1款规定适用的是公司设立成功的情形。公司发起人成功设立公司后,其为设立公司而从事的民事活动所产生的权利、义务、责任都由公司

承受。值得注意的是，如果公司发起人是以自己的名义实施上述行为，则其法律后果的承担方式须遵循本条第 3 款的规定。

二、公司设立失败时法律后果的承担

本条第 2 款规定了公司设立失败时法律后果的承担规则。公司设立失败是指公司因种种原因而不能成立的情形。公司设立失败的直接结果是设立中的公司不复存在。然而，在公司设立过程中不可避免地产生了诸多的权利、义务、责任关系，当公司设立失败后，这些法律后果应当由谁来承受？这一问题的具体答案因公司发起人的人数为一人还是两人以上有所区别。

仅有一名公司发起人时，公司设立过程中产生的权利、义务、责任均由该公司发起人独自承受。

存在两名以上公司发起人时，公司设立过程中产生的权利、义务、责任均由全体公司发起人共同承受。其一，对于公司发起人为设立公司而投入的财产，它们本质上已经不再是个别公司发起人的个人财产，而是设立中公司的财产，由全体公司发起人共同共有。在公司设立失败的情况下，这些财产的归属应当按照合伙财产的分配规则确定。其二，对于公司设立过程中产生的债权，全体公司发起人享有连带债权，部分或者全部公司发起人均可以请求债务人履行债务。其三，对于公司设立过程中产生的债务，全体公司发起人承担连带债务。根据《公司法司法解释（三）》第 4 条的规定，债权人有权请求全体或者部分公司发起人对设立公司行为所产生的费用和债务承担连带清偿责任；部分公司发起人承担责任后，可以请求其他公司发起人按照公司设立协议约定的责任承担比例分担责任；若公司设立协议中没有约定责任承担比例，公司发起人按照约定的出资比例分担责任；若公司发起人未签订设立协议或设立协议中没有约定出资比例，公司发起人按照均等份额分担责任。

三、公司发起人以个人名义从事活动的法律后果承担

本条第 3 款规定了公司发起人以其个人名义为设立公司从事民事活动而产生民事责任的承担规则。按照债的相对性原理，无论公司设立成功与否，公司发起人均应向债权人承担以自己的名义所从事的与设立公司相关行为所产生的责任。当发起人其个人名义从事的民事行为乃是出于设立公司之目的，实际上有代理公司之意思，发起人与公司之间构成隐名代理关系。第三人知道此隐名代理关系的情况下,可以选择作为受托人的公司发起人或者作为委托人的公司,成为其相对人,向其主张权利。

四、公司发起人因履行公司设立职责造成他人损害的责任承担

本条第 4 款规定了公司发起人因履行公司设立职责造成他人损害的责任承担规则,包括公司成立后的责任承担规则和公司设立失败时的责任承担规则。

在公司设立成功的情形下,根据同一体说,作为设立中的公司机关的公司发起人所为的公司设立行为应当视为公司的行为,由此所产生的责任也自然由公司负担。如果发起人对于损害的产生存在过错,公司承担责任后,可以向有过错的发起人追偿。

在公司设立失败的情形下,依公司发起人之间的合伙关系,在外部关系上,全体公司发起人对他人的损害承担连带赔偿责任,而在内部关系中,无过错的公司发起人可以向有过错的公司发起人追偿,由有过错的公司发起人承担终局责任。

相关理论

设立中公司的法律性质

对于设立中公司的性质,主要存在以下三种观点:

第一,无权利能力社团说。该说认为,设立中的公司尚未取得法人资格,因而不具有权利能力与行为能力,在性质上属于无权利能力社团。此说承认设立中公司的社团性,即把设立中的公司看作一个整体的社团,而非公司发起人个体之简单相加。

第二,同一体说。该说认为,设立中的公司与成立后的公司是同一主体,只是二者处于不同的阶段而已。这种学说对设立中的公司与成立后的公司不作严格区分,认为二者在组织形态上并无实质差别。在二者权利义务的继承关系上,该说主张成立后的公司对设立中公司的行为后果进行不加区分的概括继承。

第三,修正的同一体说。该说是对“同一体说”的一种修正。该说虽然也认为从设立公司到成立公司是一个连续的、渐进的过程,但它同时也认为设立中的公司与成立后的公司二者之间存在严格的界限,成立后的公司由于获准登记

而取得人格,而设立中的公司却没有人格。在二者权利义务关系的继承上,该说主张只有当公司发起人的行为是设立公司的必要行为时,成立后的公司才当然继承公司发起人行为的法律后果,否则成立后的公司对设立中公司的权利义务并不当然继承。

“同一体说”所主张的成立后公司对设立中公司权利义务不加区分地继承,容易滋生公司发起人的权利滥用,故而此说被“修正的同一体说”所取代。我们认为,无论是“同一体说”还是“修正的同一体说”,都只说明了设立中公司与成立后公司的关系,没有明确设立中公司自身的法律性质。“无权利能力社团说”客观地揭示了设立中公司的社团性,确认了设立中公司作为一个社团的独特价值,故而成为了设立中公司法律性质的通说。

公司发起人的法律地位

针对公司发起人的法律地位,存在以下四种学说:

第一,无因管理说。该说认为,公司发起人与成立后的公司是一种无因管理关系。即公司发起人为了即将成立的公司的事务而进行管理。公司成立后,公司发起人在设立过程中所实施行为的法律后果归属于公司。此说的缺陷在于,无因管理的前提是管理人无法定义务,但筹办公司设立相关事务乃是公司发起人的法定义务。

第二,为第三人利益契约说。该说认为,公司发起人在公司设立阶段与他人所缔结的契约乃是以成立后的公司为受益第三人的合同。按照该说观点,为第三人利益契约仅能使该第三人受益,并不能使其负义务。如此,公司发起人为设立公司所从事的活动产生的义务便无法移转于公司。

第三,设立中的公司之机关说。该说认为,公司发起人乃设立中公司的机关,设立中的公司被认为是一种无权利能力社团。由于该社团与成立后的公司属于同一体,因而公司发起人在公司设立中的权利义务自然由成立后的公司承受。但是,此说无法解释公司设立失败时,为何发起人需要对设立过程中产生的债务承担连带责任。

第四,当然继承说。该说认为,公司发起人在公司设立过程中的权利义务在公司成立时当然由公司承受,但该说并未阐释其缘由。

我们认为,上述四种观点均存在一定缺陷,发起人的法律地位应当从两方面界定。其一,从设立中公司与发起人的关系分析,发起人作为一个整体应属于设立中公司的机关,对外代表设立中的公司进行创立活动履行设立义务。其二,从发起人之间的关系分析,发起人之间的关系属于合伙关系,故公司设立失败时,全体发起人需要对设立行为所产生的债务承担连带责任。

第四十五条 设立有限责任公司,应当由股东共同制定公司章程。

本条主旨

本条是关于有限责任公司章程制定的规定。

本条释解

本条规定了两方面的内容,一是设立有限责任公司应当制定章程,二是公司章程应当由全体股东共同制定。

制定章程是设立有限责任公司的必要条件。根据新《公司法》第 94 条,设立股份有限公司,也应制订公司章程。新《公司法》要求所有公司设立时均须制备章程的原因与公司章程的性质、地位、作用有关。对于公司而言,章程是最为重要的自治规则,对公司的存在与发展有着不可替代的重要意义。首先,公司章程是公司设立的最基本条件和最重要的法律文件,根据新《公司法》第 30 条的规定,公司章程是公司发起人申请设立公司必须提交的文件之一;其次,公司章程是确定股东、董事、监事、高级管理人员等公司内部人员权利、义务关系的基本法律文件,公司章程内容涵盖了公司中的所有重大问题;最后,公司章程是公司内部管理的基本法律依据,是公司最重要的自治规则,是公司有效运行的重要基础。(关于公司章程的详细论述请参阅本书对新《公司法》第 5 条的解释)

有限责任公司设立时,公司章程由股东共同制定。原因在于,公司章程是记载、反映公司全体股东共同意志的文件,直接决定和影响全体股东的切身利益,理应由全体股东共同制定。在公司设立阶段,制定公司章程的主体是公司的发起人。"共同制定"并不要求每一个公司发起人都积极参与章程的起草讨论,其只要在章程上签字或者盖章就表示同意了公司章程的内容,承认公司章程表达了自己的真实意思,就应当认为该章程是"共同制定"的。

除制定的法定性外,公司章程的法定性还包括效力的法定性、内容的法定性、修改程序的法定性等方面。公司章程效力的法定性体现为新《公司法》第5条的规定,公司章程内容的法定性体现为新《公司法》第46、95条的规定,公司章程修改程序的法定性体现为新《公司法》第66、116、230条的规定

第四十六条 有限责任公司章程应当载明下列事项:

(一)公司名称和住所;

(二)公司经营范围;

(三)公司注册资本;

(四)股东的姓名或者名称;

(五)股东的出资额、出资方式和出资日期;

(六)公司的机构及其产生办法、职权、议事规则;

(七)公司法定代表人的产生、变更办法;

(八)股东会认为需要规定的其他事项。

股东应当在公司章程上签名或者盖章。

本条主旨

本条是关于有限责任公司章程记载事项的规定。

本条释解

本条规定了三个方面的内容,一是公司章程的必要记载事项,二是公司章程的任意记载事项,三是对股东签名或盖章的要求。

一、公司章程的必要记载事项

本条第1款所列举的前7个事项都属于公司章程必须记载的事项。本条对必要记载事项的规定属于强制性规范,不记载相关内容或者记载内容违法的公司章程不符合新《公司法》规定,不发生新《公司法》规定的公司章程的法律效力。此即公司章程内容法定性的体现。

按照本条的规定,有限责任公司章程中必须包含以下七项内容。

第一,公司名称和住所。公司名称是法人人格特定化的标志,公司以其名称区别于其他民事主体(关于公司名称的详细论述请参阅本书对新《公司法》第

6 条、第 7 条的解释)。公司住所是其主要办事机构所在地,具有重要法律意义(关于公司住所的详细论述请参阅本书对新《公司法》第 8 条的解释)。

第二,公司经营范围。公司的经营范围是指公司所从事的生产经营和服务项目,经营范围要依法经过登记,有些还需要依法经过审批。经营范围反映了股东设立公司的预期,属于公司的重大事项(关于公司经营范围的详细论述请参阅本书对新《公司法》第 9 条的解释)。

第三,公司注册资本。有限责任公司注册资本为公司登记机关登记的全体股东认缴的出资额(关于公司注册资本的详细论述请参阅本书对新《公司法》第 47 条的解释)。

第四,股东的姓名或者名称。公司章程中,自然人股东应载明姓名,法人股东应载明名称。

第五,股东的出资额、出资方式和出资日期。出资额是指各类出资以货币估价的金额,应当以货币表示。出资方式是指出资的种类,包括货币、实物、知识产权、土地使用权、股权、债权等可以用货币估价并可以依法转让的非货币财产(关于股东出资形式的详细论述请参阅本书对新《公司法》第 48 条的解释)。出资日期是指股东应实际缴纳其所认缴出资的时间。

第六,公司的机构及其产生办法、职权、议事规则。公司的组织机构一般包括股东会、董事会、经理、监事会。这些组织机构须依法设置,但其具体的产生办法、职权、议事程序规则属于公司自治事项,应当由公司章程规定。

第七,公司法定代表人的产生、变更办法。公司的法定代表人是实现公司行为能力的自然人,法定代表人代表公司从事的民事活动,其法律后果由公司承受。根据新《公司法》第 10 条规定,法定代表人由代表公司执行公司事务的董事或者经理担任,但其具体人选及产生、变更办法由公司章程自行规定(关于公司法定代表人制度的详细论述请参阅本书对新《公司法》第 10 条、第 11 条的解释)。

以上七项都是与公司设立或组织活动有重大关系的基础性事项。

二、公司章程的任意记载事项

本条第 1 款第 8 项规定的“股东会认为需要规定的其他事项”是对公司章程任意记载事项的概括性规定。公司章程的任意记载事项指的是公司必要记载事项之外的,股东在不违反法律、行政法规强制性规定及公序良俗的前提下,自愿记载于公司章程的事项。任意记载事项一经记载即发生与必要记载事项相同的法律效力,可以约束公司、公司股东、董事、监事、高级管理人员。任意记载事项充分体现了公司章程的自治性。

三、股东在公司章程上签字或盖章

股东在公司章程上签名或盖章是股东表达意志的行为,目的是使公司章程表达股东的共同意思,反映所有股东的意志。因此,公司的章程应当由全体股东签名或盖章,表明其接受公司章程的内容。本条对于股东在公司章程上签字或盖章的要求适用于公司设立制定的章程,也适用于公司设立后修改的章程。

第四十七条 有限责任公司的注册资本为在公司登记机关登记的全体股东认缴的出资额。全体股东认缴的出资额由股东按照公司章程的规定自公司成立之日起五年内缴足。

法律、行政法规以及国务院决定对有限责任公司注册资本实缴、注册资本最低限额、股东出资期限另有规定的,从其规定。

本条主旨

本条是关于有限责任公司注册资本的规定。

本条释解

新《公司法》对不同有限责任公司的注册资本额及其缴纳作出了不同的要求,本条第1款是对一般情形的规定,第2款是对特殊情形的规定。其中,本条第1款关于有限责任公司股东实缴出资最长期限是《公司法》本次修改的新增规定,理论上称为限期认缴制。

一、有限责任公司注册资本的限期认缴制

1. 有限责任公司的注册资本

注册资本,理论上又称额面资本或者核定资本。本条第1款规定,有限责任公司注册资本为公司登记机关登记的全体股东认缴的出资额。根据新《公司法》规定,有限责任公司的注册资本须经登记。资本是公司开展经营活动的财产基础,也是公司独立人格成立的基本条件,故注册资本是公司登记的事项。有限责任公司的注册资本是公司登记机关登记的全体股东认缴的出资额。认缴出资额指的是股东承诺缴纳而不一定实际缴纳的出资额,区别于实缴出资额。本条第1款将全体股东的认缴出资额而非实缴出资额规定为公司的注册资本,这说明我国有限责任公司注册资本制度是认缴制而非实缴制,公司和股东有权自行约定公司资本的缴纳期限和比例。

2. 有限责任公司注册资本的5年限期认缴制

公司和股东在公司资本缴纳期限和比例上的自治权并非毫不受限。根据本条第1款,全体股东认缴出资额的具体缴纳期限由公司章程规定,但其最长不得超过5年,期限由公司成立之日起算。股东认缴期限不得超过5年为《公司法》本次修改新增规定,使得我国公司注册资本制度由完全认缴制转向限期认缴制。

我国《公司法》上有限责任公司的资本缴纳制度经历了4个发展阶段:1993年《公司法》确立的资本实缴制—2005年《公司法》确立的有限制的资本认缴制—2013年《公司法》确立的完全资本认缴制—新《公司法》确立限期认缴制。在2013年《公司法》确立的完全认缴制下,公司资本缴纳的比例和期限不受任何限制。这一资本缴纳制度降低了公司设立的门槛,激发了大众创业的热情。据统计,截至2023年6月,我国存续的有限责任公司(包含一人有限公司)总计已有4585万户。然而,这些公司中有相当数量的是注册资本虚高、出资期限畸长的公司。认而不缴的注册资本给公司债权人制造了虚假的清偿能力外观,危害交易安全。完全认缴制实施以来,我国司法实践中已经出现了大量因公司注册资本未完全实缴而使公司债权人直接起诉公司股东要求清偿债权的纠纷。可见,完全认缴制是一把"双刃剑",其为激发市场主体活力所做出的贡献不可否定,但是它的消极影响也不容忽视。为解决完全认缴制所引发的问题,在新《公司法》制定的过程中,有的地方、部门、专家学者和社会公众提出,"自2014年修改公司法实施注册资本认缴登记制,取消出资期限、最低注册资本和首期出资比例以来,方便了公司设立,激发了创业活力,公司数量增加迅速。但实践中也出现股东认缴期限过长,影响交易安全、损害债权人利益的情形。建议在总结实践经验的基础上,进一步完善认缴登记制度,维护资本充实和交易安全"。本条第1款所确立的限期认缴制便是对上述实践需求的回应。值得注意的是,限期认缴制并非对完全认缴制的全盘否定,而是对完全认缴制的修改和完善,限制股东出资的最长期限不会削弱完全认缴制的制度优势,反而会消减完全认缴制的消极影响。

限期认缴制下,5 年为股东实缴出资的最长期限,公司章程可对其具体期限作出规定,但不得超过 5 年,超过部分因违反本条规定而无效。本条第 1 款将有限公司股东认缴出资的最长期限设定为 5 年具有合理性。其一,以 5 年为限符合我国企业设立和存续的基本情况。全国工商联公布的官方数据显示,中国的民营企业平均寿命只有 3—4 年;根据抽样调查,中国民营企业平均寿命为 3.7 年,中小企业平均寿命为 2.5 年。公司寿命终止意味着公司主体资格的消灭,股东出资的期限利益随着公司人格的消灭当然地不复存在,新《公司法》要求有限责任公司股东自公司设立之日起 5 年内缴足认缴出资与我国公司的一般发展规律相符。其二,以 5 年为限契合公司经营、融资规划的实际需求。我国国民经济和社会发展按阶段进行,每一阶段为期 5 年。同国家发展一样,可持续的公司发展同样需要公司分阶段作出不同的生产经营计划及融资规划,以适应不断变化的社会的环境。实践经验表明,5 年是较为适宜的规划期限。

对于 5 年缴纳期限的起算时点,可以从以下方面理解:第一,对于新《公司法》施行后成立的公司,其设立时登记的公司资本的缴纳期限自公司成立之日起算。第二,有限责任公司新增注册资本时,依据新《公司法》第 228 条规定,股东认缴新增资本的出资依照本条规定执行,故公司新增资本的出资最长期限也为 5 年,该期限应自公司变更注册资本登记之日起算。第三,对于新《公司法》施行前已经设立的公司,根据新《公司法》第 266 条的规定,股东出资期限超过公司成立之日起 5 年的,除法律、行政法规或者国务院另有规定外,应当逐步调整至本法规定的期限以内;对于出资期限、出资额明显异常的,公司登记机关可以依法要求其及时调整。

对于股东未按期足额缴纳出资的法律后果,根据新《公司法》第 49 条至第 52 条的规定,股东未按期足额缴纳出资应当承担资本充实责任,给公司造成损失的股东还应当承担赔偿责任,并且该股东还可能面临失权的法律后果。

另外,值得注意的是,根据新《公司法》第 40 条的规定,有限责任公司股东实缴出资的相关信息属于公司自主公示事项,有限责任公司股东实缴的出资额、出资方式和出资日期应当按照规定通过统一的企业信息公示系统公示事项。

二、法律、行政法规以及国务院决定另有规定的情形

本条第 2 款属于引致条款,对特殊公司的注册资本实缴、注册资本最低限额、股东出资期限适用其他法律、行政法规以及国务院决定的规定作出提示。注册资本最低限制数额,指的是公司设立时,在登记机关登记注册的资本总额应当达到法律规定的最低限额,否则公司不得成立。规定注册资本最低限额的意义在于使公司在成立时能具备为法律所认可的最低数额的资本,从而为公司的经营活动提供物质条件,也为公司承担财产责任提供基本的保证。

新《公司法》对普通有限责任公司实行限期认缴制,且无最低注册资本额的限制。然而,有商事特别规范对一些特殊公司的注册资本缴纳方式以及最低注册资本额提出明确要求,这些特殊公司不适用本条第 1 款规定的限期认缴制,而受其具体规范调整。根据《注册资本登记制度改革方案》的规定,公司注册资本数额及缴纳受到特别规范的公司共有 27 类,包括商业银行、期货公司、金融资产管理公司、信托公司、财务公司、金融租赁公司等。这些公司大都以提供金融服务为主营业务,需要拥有大量资金才能顺利开展经营活动。并且,金融业是一个风险相对集中的行业,金融机构的经营情况直接影响国家金融安全及社会稳定。历史证明,严重的系统性金融风险和金融危机不仅会导致经济长期衰退,也不利于社会稳定。鉴于此,为了满足金融机构经营的需求并维护国家金融安全、社会稳定,国家对金融机构所采取的监管措施比一般企业更为严格、审慎,在企业设立阶段即体现为对金融机构注册资本实缴、注册资本最低限额的严格要求。例如,《商业银行法》第 13 条第 1 款规定:"设立全国性商业银行的注册资本最低限额为十亿元人民币。设立城市商业银行的注册资本最低限额为一亿元人民币,设立农村商业银行的注册资本最低限额为五千万元人民币。注册资本应当是实缴资本。"再如,《期货和衍生品法》第 60 条规定,设立期货公司的应当具备条件包括"注册资本不低于人民币一亿元,且应当为实缴货币资本"。

相关理论

限期认缴制的定性与价值

自 2013 年《公司法》施行后便确立了公司注册资本缴纳制度中最为宽松的完全认缴制。与之相比,新《公司法》供给的限期认缴制条件更为严格。因此,有观点质疑新《公司法》确立限期认缴制的做法是在"开历史的倒车"。须知,限期认缴制只是对完全认缴制的修正和完善,并不是对完全认缴制的全盘否定，并未改变我国公司资本缴纳制度采取认缴制的本质，更没有退回实缴制。

实缴制是与认缴制相对的公司资本缴纳制度。实缴制下，公司和股东在公司资本缴纳期限和比例上没有意思自治的空间，股东必须“即认即缴”；与之相反，认缴制下，公司和股东可以在公司法允许的范围内自行约定公司资本缴纳的期限和比例。1993 年《公司法》确立的即是实缴制，有限责任公司的注册资本为在公司登记机关登记的全体股东实缴的出资额，仅当公司全体股东已经履行全部出资义务并经法定验资机构验资后，股东指定的代表或者共同委托的代理人才能向公司登记机关申请设立登记，并且申请时还须提交验资证明。对比可见，新《公司法》确立的限期认缴制并不属于实缴制：其一，有限责任公司的注册资本为公司登记机关登记的全体股东认缴的出资额，而非实缴的出资额；其二，公司和股东在资本缴纳比例方面享有完全的自治空间，对出资缴纳具体期限也享有一定的自治权；其三，股东出资无须经验资程序，公司申请设立登记时也无须向公司登记机关提交验资报告。综上可见，限期认缴制并未改变认缴制的本质，更未退回实缴制。

限期认缴制和完全认缴制均属于认缴制，二者的区别在于公司法是否对股东出资的最长期限作出限制。我们认为，施行限期认缴制非但不会削弱完全认缴制的制度优势，反而还能较好地解决完全认缴制引发的问题。这也正是限期认缴制的制度价值所在。

第一，限期认缴制提高资金使用效率。限期认缴制允许股东和公司自行约定股东出资的数额以及缴纳期限，股东和公司可以根据实际情况和需求安排股权投资相关事宜，避免资金闲置。对于投资者而言，进行股权投资只是个人财产的使用方式之一，在投资数额及投资期限方面享有意思自由意味着股东可以根据个人在不同时期的投资能力和投资意愿对个人财产作出灵活安排，无须即刻将大额财产全部转到公司名下。对于公司而言，资本是公司进行经营活动的基本物质条件，但是公司所处不同经营阶段需要的资本数额并不完全相同，一律要求公司资本必须在公司设立时就缴足难免会导致资金闲置的问题。相反，允许公司根据生产经营的实际需求制定符合公司发展计划的资本缴纳方案则可以最大限度地避免这一问题的发生，提高资金的使用效率。

第二，限期认缴制维持公司设立的低门槛。限期认缴制没有对注册资本最低限额、公司设立时股东最低实缴出资额作出要求，公司设立的资金门槛并未提高,万众创业的制度红利仍然存在。并且,新《公司法》确立限期认缴制并不改变公司登记机关对于公司设立申请原则上采取的准则主义审查标准。施行限期认缴制并未增加公司登记的成本。

第三,限期认缴制强化公司资本信用,促使公司资本回归理性。公司资本由股东出资构成,是公司资产形成的重要来源之一,对公司债务具有一定的担保功能。实践中,公司债权人往往会根据公司资本数额判断公司的信用水平。完全认缴制下,公司资本数额虚高,股东实际缴纳部分与未缴纳部分数额相差较大,如此形成的公司资本信用"水分较多",容易给公司债权人造成误解。施行限期认缴制则有利于沥干公司资本的"水分",使公司的资本状况更具真实性,强化公司资本信用。

第四,限期认缴制引导投资者诚实守信,营造更诚信的营商环境。完全认缴制给公司、公司债权人、社会造成不利影响的根本原因在于其未对股东的出资期限作任何限制,给无赖股东、无赖公司提供了"温床"。将股东出资的最长期限限制在合理的范围内便可压实股东的出资义务,使其不再受畸长的出资期限的庇护。限制股东的实缴出资期限并且对违反按期实缴出资义务的股东作出相应处罚具有督促股东和公司诚信经营的作用,令其根据自身的实际经济状况认缴出资、登记注册资本,减少注册资本虚高给公司债权人造成的误导,营造更加诚实守信的营商环境。

第四十八条 股东可以用货币出资,也可以用实物、知识产权、土地使用权、股权、债权等可以用货币估价并可以依法转让的非货币财产作价出资;但是,法律、行政法规规定不得作为出资的财产除外。

对作为出资的非货币财产应当评估作价,核实财产,不得高估或者低估作价。法律、行政法规对评估作价有规定的,从其规定。

本条主旨

本条是关于有限责任公司股东出资的规定。

本条释解

相较于原《公司法》第27条关于有限责任公司股东出资的规定,本条的立法亮点在于将股权和债权明确规定为股东出资的法定形式。

一、股东出资的形式

我国《公司法》施行严格的出资形式法定主义,股东只能以符合法律规定财产出资。这种出资形式的法定主义和严格限制与法定资本制相辅相成。新《公司法》对出资形式的规定体现出较大的灵活性,未采取列举式的立法模式限定股东出资的具体形式,而是规定了作为公司出资的财产所应具备的条件,只要符合这些条件的财产都可以作为股东的出资。

根据本条规定,除了货币以外,作为股东出资的非货币财产必须同时具备以下三个特征:第一,可估价性。股东用于出资的财产不仅需要具有财产价值,而且这种财产价值必须能够以货币确定。只有以货币能够反映其价值的标的出资,才能保证由股东出资构成的公司资本额的真实、确定。第二,可转让性。公司资本除具有维持公司正常经营秩序的作用外,还应当对公司的债务起担保作用。因此,股东的出资应当交付给公司,为公司经营所用;在公司清偿债务时,该财产还应具备从公司转移给公司债权人的可能性,为债权人所利用。第三,合法性。股东不得用法律、行政法规规定不得作为出资的财产出资。换言之,除了可以用货币估价并且可以依法转让以外,作为股东出资的财产还应符合另一个条件,即没有其他法律、行政法规规定其不得作为出资的财产。如果股东用法律、行政法规规定不得作为出资的财产出资,则其出资行为会因违反法律、行政法规规定而无效,股东的出资义务视为没有履行。

本条规定了五种可作为股东出资的非货币财产形式,分别是实物、知识产权、土地使用权、股权和债权。其中,股权和债权系新《公司法》增加的两种股东出资形式。

对于股权出资,其实早在新《公司法》施行前,我国实践中就已经出现了股东以其所持有的其他公司股权出资的先例,相关司法解释对股东以股权出资行为的合法性予以肯定,但是对其条件进行约束。具体而言,根据《公司法司法解释(三)》第 11 条的规定,被认定为符合出资要求的股权应当同时满足以下 4 个条件:(1)出资的股权由出资人合法持有并依法可以转让;(2)出资的股权无权利瑕疵或者权利负担;(3)出资人已履行关于股权转让的法定手续;(4)出资的股权已依法进行了价值评估。《市场主体登记管理条例实施细则》第 13 条第 3 款也做了类似的规定。

此外,《市场主体登记管理条例实施细则》第 13 条第 3 款还肯定了股东以债权出资的合法性。新《公司法》施行前,尽管股东以股权、债权出资都已经具备了一定的实践基础和规范基础,但是在新《公司法》立法的过程中,学界对于新《公司法》将债权明确规定为股东出资形式存在不同态度。有观点认为,不应允许股东以债权出资,故建议删除本条有关债权出资的规定;但也有观点认为,《公司法》应当放宽对股东出资形式的限制。剖析债权出资的具体形式,理论上,作为股东出资的债权包括两种,一种是股东对公司的债权,另一种是股东对他人的债权。当股东以其对公司的债权出资时,股东实质上是以债务抵销的方式出资,而不是以债权本身出资。公司所享有的债权与其所负担的债务相抵销,公司的消极财产减少,公司享受即时的经济利益。而在股东以其对他人的债权出资的情况下,需待该债权实现之时,公司的积极财产才能增加。在等待债权实现的过程中,公司承受着信用风险,面临着债权无法实现的问题。可见,当股东以其对他人的债权出资时,该应收账款的经济利益能否实际为公司所有存在不确定性。然而,我们认为,此种不确定性并不构成否定债权作为股东出资形式的充分理由,因为债权符合《公司法》对非货币财产出资规定的可估价、可转让且非为其他法律或行政法规禁止的条件。

值得注意的是,根据《市场主体登记管理条例》第 13 条的规定,股东不得以劳务、信用、自然人姓名、商誉、特许经营权或者设定担保的财产等作价出资。针对出资形式的法律禁止,商事实践中发展出了多种方式予以规避。比如,就特许经营权出资的禁止,投资者可以通过设定特许经营权质押获得融资,进而以货币完成投资入股。对于商誉、信用、设定担保的财产等资产类型,投资者可以通过另外的合同安排,完成对价财产的支付并进而转换成股东出资。

二、对非货币出资的评估

实物、知识产权、土地使用权等非货币财产以物质或者权利的形态表现,它们的财产价值无法直接反映,而需经过专业、客观的财产核实、评估作价程序才能确定。为了确定非货币财产在股东出资时所具有的财产价值,投资人应当委托依法设立的资产评估机构对非货币财产进行出资评估。

依据本条第 2 款规定,资产评估机构对非货币财产评估必须遵循客观、真实、准确的原则,不得作出不符合实际的过高估价或过低估价,以免作为出资的非货币财产的实际价额低于或高于所认缴的出资额,给股东或公司造成损失。

对于非货币资产评估作价的具体办法,新《公司法》未予规范,应当适用《资产评估法》,财政部、工商总局《关于加强以非货币财产出资的评估管理若干问题的通知》等其他法律、行政法规的具体规定。

相关理论

股东出资形式法定理论

股东出资形式缘何需要规制以及需要在多大程度上规制,需要从组织法视角对股东出资行为的法律性质进行界定。从不同的角度来审视出资行为,可能得出不同的观察结论。

从股东出资形成公司财产的角度来看,股东出资构成了公司人格的财产基础和公司运营的物质条件。循此逻辑,基于公司的独立人格,如果公司不能确实获得股东出资,将无法确保公司财产的独立性。公司作为法律拟制的产物,需要满足法律上承认其人格地位的各项条件。从债权人保护的角度来看,股东出资系公司对债权人的一般担保,具有清偿债权的功能,故简单逻辑上出资形态相应的需要具备清偿债务的能力,而劳务、商誉等存在债务清偿上的技术障碍。

从微观视角观之,股东出资行为实则系股东与公司之间的股份(股权)发行合同:对股东而言,股东出资为获得股份的对价;对公司而言,发行给股东的股份为其获得股东出资的对价。因此,规则的关注重点在于公司发行股份所获得对价的质量,甚至是真实性。如果非货币出资价值不足,加之公司法实践中股票面额的存在,将导致英美法上经典的“掺水股”问题。在因为股东出资不足导致股份掺水的情况下,传统理论上借助于信托基金原理予以解释,即将公司发行股份所形成的资产认定为信托基金,债权人和其他权利人为基金受益人,故而公司不能折价发行。但由于发行掺水股时各主体的责任在制定法上得以明确,这一理论的重要性趋于减弱。《美国标准商事公司法》第6.22节(a)款规定,公司股票的购买人,就其所购股票,除支付该授权发行的股票的对价或者认购协议规定的对价外,不对公司或者公司债权人承担任何责任。根据该条规定,如果股东购买股票时支付的对价低于股票发行价格,就应继续向公司或债权人承担责任。

股东出资形式问题实则系股东与公司之间的合同内容,在逻辑上该事项交由交易双方的当事人自治即可,这是组织法上对股东出资形式规制的逻辑起点。包括维护法人人格独立性、保护债权人等价值取向,以及由此带来的对股东出资形式的规制方式,都应当建立在这一逻辑起点之上。因此,由于其涉及债权人的利益,股东出资形式问题不可避免地溢出负外部性,组织法的规制策略实际上构成了对公司自治的干涉,对商事自由的限制。

第四十九条 股东应当按期足额缴纳公司章程规定的各自所认缴的出资额。

股东以货币出资的,应当将货币出资足额存入有限责任公司在银行开设的账户;以非货币财产出资的,应当依法办理其财产权的转移手续。

股东未按期足额缴纳出资的,除应当向公司足额缴纳外,还应当对给公司造成的损失承担赔偿责任。

本条主旨

本条是关于有限责任公司股东出资缴纳义务与出资违约责任的规定。

本条释解

相较于原《公司法》第28条关于有限责任公司股东出资缴纳义务与未缴纳之赔偿责任的规定,本条的立法亮点在于将原《公司法》第28条规定的,股东未按期履行出资义务时"除应当向公司足额缴纳外,还应当向已按期足额缴纳出资的股东承担违约责任"修改为"除应当向公司足额缴纳外,还应当对给公司造成的损失承担赔偿责任"。

一、有限责任公司股东按期足额缴纳出资的义务

公司的资本由股东的出资组成。没有股东的出资,公司便缺乏成立的财产基础。因此,出资义务是股东最基本、最重要的义务之一。根据本条第1款规定,股东负有按照公司章程规定的期限足额缴纳其所认缴的出资额的义务。只有按期足额缴纳完其所认缴的全部出资后,股东的出资义务才履行完毕。

二、有限责任公司股东出资的方式

本条第2款规定了股东出资的具体方式。由各类出资形式的不同特点所决定,股东履行出资义务的方式存在区别。以货币出资时,股东应当将用于出资的货币足额存入有限责任公司在银行开设的账户。以非货币财产出资时，股东应当依法办理该非货币财产的财产权转移手续。完整有效的财产权移转包括权属变更和权能移转，两者共同构成财产权移转不可分割的两个方面。权属变更是法律上的权利转让，各财产权利的转让方式有所区别。具体而言，动产物权一般通过交付转让，不动产物权一般通过登记转让，债权因股东通知债务人而转让，知识产权、股权等财产性权利一般也以登记为转让方式。权能移转则是事实上的权利转让，意指股东将具体非货币财产实际交由公司占有、使用、处分、收益。根据《公司法司法解释（三）》的规定，股东以需要办理权属登记的财产出资，若其已经进行权能移转但未办理权属变更手续，该股东出资义务的履行状态非为简单的"未履行"，只要该股东在司法机关指定的合理期间内办理了权属变更手续，其出资义务即已履行，并且该股东有权主张自其实际交付财产给公司使用时享有相应股东权利；相反，若股东只办理了权属变更手续但未交付给公司使用，该需要办理权属登记的财产实际交付公司之前，股东不享有相应的股东权利。

三、有限责任公司股东的出资违约责任

理论上，股东违反出资义务应当承担的出资责任包括出资违约责任、资本充实责任两类，前者适用于公司一般股东，后者还适用于公司发起人。本条第3款规定的是有限责任公司股东的出资违约责任，有限责任公司发起人的资本充实责任由新《公司法》第50条规范。

根据本条第3款的规定，股东出资违约责任的内容包括两点，一是足额缴纳其未按照公司章程规定缴纳的出资；二是赔偿因其出资违约行为给公司造成的损失。其中，损失赔偿责任属于无过错责任，只要股东存在未按期足额缴纳出资的行为，出现公司遭受损失的后果，并且公司的损失与股东的行为存在因果关系，无论股东的主观心态为何，股东都应当对公司的损失承担赔偿责任。此外，股东还应当向其他已按期足额缴纳出资的股东承担损害赔偿责任。新《公司法》虽然删除了原《公司法》第28条第2款规定的，出资瑕疵股东应当对其他已按期足额缴纳出资的股东承担的违约责任，但这一立法变化的原因并非在于未按期足额缴纳出资的股东无须承担出资违约责任，而是在于，出资违约责任属于违反股东间出资约定而产生的责任，《民法典》已经对违约责任作了充分规定，作为组织法的《公司法》不应也无须再作特别规定。

第五十条 有限责任公司设立时，股东未按照公司章程规定实际缴纳出资，或者实际出资的非货币财产的实际价额显著低于所认缴的出资额的，设立时的其他股东与该股东在出资不足的范围内承担连带责任。

本条主旨

本条是关于有限责任公司发起人资本充实责任的规定。

本条释解

资本充实责任，是指为贯彻公司法中的资本充实原则，由公司发起人共同承担的保证公司成立时的实有资本与公司章程记载一致的责任。

有限责任公司成立时，如果股东未按照公司章程规定足额缴纳出资，或者作为设立公司出资的非货币财产的实际价额显著低于公司章程所定价额的，则意味着股东出资不实，没有达到公司章程规定的出资要求。对此，本条对有限责任公司股东施加了资本充实责任，并且要求公司设立时的其他股东对此承担连带责任。

资本充实责任属于无过错责任、行为责任，只要股东存在未按照公司章程规定实际缴纳出资的消极行为，或者以实际价额显著低于其所认缴出资额的非货币财产出资的积极行为，就符合资本充实责任的构成要件。其中，未按照公司章程规定实际缴纳出资的行为包括：一是出资期限届满时完全未履行出资义务，二是出资期限届满时未完全履行出资义务。对于以实际价额显著低于其所认缴出资额的非货币财产出资的行为，有两点需要进一步解释：其一，此行为的对象仅限于实物、知识产权、土地使用权、股权、债权等非货币财产，不包括货币。原因在于，只有非货币财产须经评估作价才能作为股东出资的形式，股东以货币出资无须评估作价，也就不存在实际价额偏高或偏低的问题。其二，对于“显著低于”的判断应以股东出资时该非货币资产的评估额与认缴出资额的差值为标准，如果两者的差值比较大，就可以视为满足本条所规定的“显著低于”。如果股东以符合法定条件的非货币财产出资后，因市场变化或者其他客观因素导致出资财产贬值，即便非货币财产价值大幅低于该股东认缴资本额，也不构成本条规定的“显著低于”的要件，该股东无须承担补足出资责任。但是,根据《公司法司法解释(三)》的规定,公司、股东等当事人对此可以另行约定。

资本充实责任的内容包括:一是实施了上述两种出资违法行为的股东应当承担的出资补足责任,二是公司发起人应当承担的连带责任。其中,公司发起人对股东未按照公司章程规定实际缴纳出资行为承担的连带责任理论上称为缴纳担保责任或出资担保责任,而公司发起人对股东以实际价额显著低于其所认缴出资额的非货币财产出资行为承担的连带责任则谓差额填补责任。根据连带责任的一般原理,公司发起人承担了缴纳担保责任或差额填补责任后有权向未能完全承担出资补足责任的股东追偿,但是并不能因此而取得其代为履行出资义务部分的股权。

根据《公司法司法解释(三)》的规定,资本充实责任纠纷的适格原告包括公司、其他股东以及公司债权人。公司或者其他股东有权请求实施了上述两种出资违法行为的股东承担出资补足责任,并有权请求公司发起人承担连带责任;公司债权人有权请求实施了上述两种出资违法行为的股东在未出资本息范围内对公司债务不能清偿的部分承担补充赔偿责任,并有权请求公司发起人承担连带责任。公司或者其他股东的请求权不受诉讼时效限制,公司债权人请求权的诉讼时效为其对公司债权的诉讼时效。

第五十一条　有限责任公司成立后,董事会应当对股东的出资情况进行核查,发现股东未按期足额缴纳公司章程规定的出资的,应当由公司向该股东发出书面催缴书,催缴出资。

未及时履行前款规定的义务,给公司造成损失的,负有责任的董事应当承担赔偿责任。

本条主旨

本条是关于有限责任公司催缴出资制度的规定。

本条释解

本条为本次《公司法》修改的新增条文,是我国《公司法》首次对董事会核查、催缴股东实缴出资情况的职责作出规定,也是此次修法的重要创新成果之一。新《公司法》施行前,自2013年《公司法》生效以来,我国关于公司注册资本缴纳制度一直实施的是完全认缴制,股东实缴出资期限由公司自主决定,法律不过多干涉。“认缴出资”不等于“无须缴纳出资”,股东应当按照公司章程规定的期限足额缴纳出资,对此,原《公司法》第28条、第30条规定了股东按期足额缴纳出资的义务以及不履行出资义务或瑕疵出资的民事责任。然而,从原《公司法》上述制度规范在实践中的实施情况来看,即便可能会被追究法律责任,有的股东还是会逃避履行足额出资的义务,给公司、公司其他股东甚至公司债权人造成损失。为了遏制股东逃避出资义务的违法行为,公司有必要对股东的出资情况进行监督。本轮《公司法》修改之前,我国司法实践中已经出现了相关的判决。例如,在“斯曼特微显示科技(深圳)有限公司、胡秋生损害公司利益责任纠纷案”中,最高人民法院就已经明确了董事会催缴出资的义务以及未尽催缴出资义务时的连带赔偿责任。本条规定回应了我国司法实践的现实需求。

一、董事会催缴出资的职责

本条第1款规定了董事会催缴出资的职责,有限责任公司成立后,董事会应当对股东的出资情况进行核查,如董事会发现股东未按期足额缴纳公司章程规定的出资,其应当向该股东发出书面催缴书,催缴出资。

对于负有核查股东出资情况、催缴股东出资职责的公司组织机构,本条第1款将其规定为董事会。在我国纷杂的公司治理现状中,各界对于应当由法定代表人、股东会、监事会还是董事会承担核查股东出资情况、催缴出资职责的认识并不一致。我们认为,董事会作为日常经营决策机关,对公司财务状况和资金需求更为了解,具有商业判断能力,且负有信义义务作为履职保障,由其承担相应职责较为妥当,并且契合了新《公司法》所蕴含的全面强化董事、监事、高级管理人员维护资本充实义务的改革方向。

对于董事会催缴制度的适用范围,本条第1款的规定,董事会履行催缴职责的前提是董事会核查股东出资情况后,发现股东存在“未按期足额缴纳公司章程规定的出资”的情形。一般情况下,如果公司章程规定的股东出资期限未届满,则董事会无权催促股东缴纳出资;但是,公司不能清偿到期债务,公司或者已到期债权的债权人按照新《公司法》第54条要求已认缴出资但未届缴资期限的股东提前缴纳出资的情况下,股东的出资义务加速到期,出资缴纳期限应以公司或者已到期债权的债权人的要求为准。

根据新《公司法》第49条的规定,股东负有按期足额缴纳公司章程规定的所认缴出资额的义务。首先,股东应当在公司章程规定的出资期限届满前,将与其认缴出资额相当的货币足额存入有限责任公司在银行开设的账户,或者将与其认缴出资额相当的非货币财产的财产权依法转让给公司;其次,股东不得随意将已经转移给公司的货币或非货币财产抽回。本条第1款规定的"未按期足额缴纳公司章程规定的出资"是股东违反出资义务的典型情形之一。除此之外,股东违反出资义务的情形还包括:一是股东出资时用以缴纳出资的非货币财产的评估额显著低于其认缴出资额;二是股东将货币或非货币财产转让给公司后,非经法定程序抽回出资。

在本轮《公司法》修改的过程中,立法机关曾将"作为出资的非货币财产的实际价额显著低于所认缴的出资额"的情形一并纳入董事会催缴出资的适用范围,还有学者提出应当将抽逃出资的情形也纳入董事会催缴出资的适用范围。我们认为,以实际价额显著低于认缴出资额的非货币财产出资、抽逃出资、未按期足额缴纳公司章程规定出资的行为本质上都是股东违反出资义务的行为,都会侵蚀公司资本,进而给公司生产经营活动的开展、公司债权人合法权益的实现造成消极影响。因此,基于维护公司资本基础、保证公司资本充足的考量,董事会催缴出资制度的适用范围应当包括股东未按期足额缴纳公司章程规定出资、股东用以出资的非货币财产出资的实际价额显著低于认缴出资额、股东抽逃出资3种情形,董事会核查发现股东出资存在上述任何一种情况都有权利且有义务催促实施了相关行为的股东足额缴纳出资或返还出资。

对于董事会催促股东缴纳出资的方式,本条第1款将其规定为"向该股东发出书面催缴书"。可见,董事会履行催缴出资职责必须以书面形式进行,以口头形式作出的催缴通知不发生新《公司法》规定的催缴出资效力。董事会向实施了违反出资义务行为的股东发出书面催缴书之时,董事会的催缴职责即履行完毕。至于书面催缴书中应当记载的具体内容,本条未作规定,新《公司法》第52条作了更为详细地规定。

二、董事不履行催缴义务的责任

核查股东出资情况、催缴出资不仅是董事会的职权,同时也是董事对公司负有的勤勉义务。如果董事会在公司成立后没有对股东的出资情况进行核查,或者核查发现股东存在违反出资义务的行为后未向该股东发出书面催缴书,则违反了勤勉义务，董事应当承担违反勤勉义务的法律责任。本条第 2 款规定了董事会怠于履行核查、催缴义务给公司造成损失时应当承担的民事责任，即赔偿公司的损失。此时，实际承担赔偿责任的是董事会，具体为怠于履行职责的董事个人。实践中，董事个人是否应当承担怠于核查、催缴的责任不能仅以董事会是否发出催缴通知为判断标准，而应以董事是否实际有效地履行了职责为判断标准。例如，在某董事屡次提议召开董事会履行核查、催缴职责但其他董事拒绝的情况下，或者某董事在董事会上对不核查决议、不催缴决议投反对票的情况下，尽管董事会最终未实施核查或催缴的行为，该董事也不应被认定为对此负有责任。

第五十二条 股东未按照公司章程规定的出资日期缴纳出资，公司依照前条第一款规定发出书面催缴书催缴出资的，可以载明缴纳出资的宽限期；宽限期自公司发出催缴书之日起，不得少于六十日。宽限期届满，股东仍未履行出资义务的，公司经董事会决议可以向该股东发出失权通知，通知应当以书面形式发出。自通知发出之日起，该股东丧失其未缴纳出资的股权。

依照前款规定丧失的股权应当依法转让，或者相应减少注册资本并注销该股权；六个月内未转让或者注销的，由公司其他股东按照其出资比例足额缴纳相应出资。

股东对失权有异议的，应当自接到失权通知之日起三十日内，向人民法院提起诉讼。

本条主旨

本条是关于有限责任公司催缴宽限期及股东失权的规定。

本条释解

与前条规定的董事会催缴出资制度相衔接，本条规定了以下内容：一是催缴宽限期的期限，二是催缴宽限期的效力，三是股东失权的程序，四是股东失权的后果，五是股东失权异议之诉。按照体系解释的分析，本条第 1 款规定的发出书面催缴书的主体应当与前条第 1 款的主体保持一致。换言之，本条第 1 款规定的“公司”应当理解为董事会,而非公司的其他组织机构。

一、催缴宽限期的期限

新《公司法》未对书面催缴书中应当记载的具体内容作统一的限制性规定。本条第 1 款规定,董事会向违反出资义务的股东发出的书面催缴书中“可以载明缴纳出资的宽限期”。股东向公司出资使得公司资本增加,具有增强公司经营能力的作用。各公司在不同时期开展生产经营活动所需资本数额并非完全一致,公司法对公司资本相关事宜不应也无法事无巨细地作出统一的强制性规范,其中的部分事宜应属公司自治的范畴。股东出资的宽限期应属公司有权自行决定的事宜,董事会可以根据公司生产经营的实际需要确定催缴通知书中是否载明缴纳出资的宽限期,以及宽限期的具体期限。但是,根据本条第 1 款的规定,若催缴通知书中载明宽限期,该期限自公司发出催缴书之日起不得少于 60 日。

二、催缴宽限期的效力

宽限期是股东收到董事会发出的书面催缴书后应当足额缴纳出资的期限。

宽限期内,股东仍然持有其未出资部分的股权。但是,公司可以根据公司章程或者股东会决议对此部分未出资股权的利润分配请求权、新股优先认购权、剩余财产分配请求权等股东权利作出相应的合理限制。

宽限期届满时,存在两种可能:一是股东按期足额缴纳出资;二是股东未按期足额缴纳出资,包括完全未缴纳出资以及未完全缴纳出资两种情形。如果股东在宽限期届满前足额缴纳出资,则其出资义务履行完毕,公司对其利润分配请求权、新股优先认购权、剩余财产分配请求权等股东权利所作限制失效。相反,如果股东在宽限期届满前未足额缴纳出资,则视为不履行出资义务,可以进入股东失权程序。

三、股东失权的程序

失权程序适用于宽限期届满时仍未足额履行出资义务的股东。根据本条第 1 款的规定,股东失权程序由董事会主导,具体程序如下:

第一,董事会核查被催缴股东在宽限期内履行出资义务的情况,确定该股东未缴纳出资的股权。

第二,针对未在宽限期内缴纳出资的股东,董事会决议认为应当剥夺其未缴纳出资的股权,应当在失权决议作出后以公司的名义向该股东发出书面失权通知,通知发出之日即为股东丧失其未缴纳出资股权之日。

对于董事会能否自行决定发出或不发出失权通知,本条第 1 款规定的是"公司经董事会决议可以向该股东发出失权通知"。从文义解释的角度分析,"可以"意味着董事会享有决定是否向未足额履行出资义务股东发出失权通知的权利,经催缴仍不履行出资义务的股东并非必然会丧失其未缴纳出资的股权。此时,董事会应当根据公司的实际需求,按照最有利于公司发展的目标,自行选择是否发出失权通知。如果发出失权通知,董事会进行的催缴即为失权催缴;如果不发出失权通知,董事会进行的催缴即为常规催缴。

对于失权通知的效力及其生效时间,根据本条第 1 款规定,剥夺股东未缴纳出资股权属于单方法律行为,只要董事会代表公司作出了相关意思表示,股东即丧失其未缴纳出资股权。另外,本条第 1 款对失权通知的生效时间采取的是发出主义,即自董事会发出失权通知之日起,股东便丧失了其未缴纳出资的股权。对此,有观点持反对意见,认为失权通知的生效时间采取到达主义更加恰当。我们认为,公司此前已经发出书面催缴书,在股东已经知悉催缴事宜、缴纳宽限期限及不缴纳后果的情况下,股东应当对不按期足额缴纳出资行为可能造成的后果以及该后果发生的时间形成合理预期,故失权通知的生效时间采取发出主义而非到达主义并无不妥。

四、股东失权的法律后果

根据本条规定,失权通知生效后,作为通知对象的股东丧失其未缴纳出资的股权,该部分股权转为公司库存股,应被依法转让、注销或由公司其他股东收购。对于股东丧失的股权,根据本条第 2 款的规定,此类股权转换为公司的库存股,自失权通知生效之日起 6 个月内应当被转让、注销或由公司其他股东收购。如果该股权被转让,则应按照新《公司法》第 84 条规定的股权转让程序进行,公司其他股东在同等条件下享有优先购买权。如果该股权被注销,则应按照新《公司法》第 224 条规定的减资程序进行。如果在失权通知生效之日起 6 个月内,相应股权既未被转让,也未被注销,则公司其他股东应当按照其认缴出资比例足额缴纳相应出资。无论相应股权被转让、注销或被公司其他股东按比例收购,公司在库存股的归属确定后都应变更股东名册并向公司登记机关申请办理股东信息变更登记。

对于股东而言，根据本条第1款的规定，其仅丧失“其未缴纳出资的股权”。换言之，股东因未缴纳出资而失权并不等同于丧失股东资格，其仍然享有已经履行实缴出资义务部分的股权。此点区别于《公司法司法解释(三)》第17条规定的股东未履行出资义务或者抽逃全部出资时的法律后果——公司解除该股东的股东资格。但是，也有观点认为，股东比例失权的规定不当，应当将失权后果调整为“丧失所有股权，已经缴纳的出资也不再返还，并且仍然继续承担未缴纳出资及责任”，以实现催缴失权制度的强大威慑力。我们认为，股东未完全履行出资义务和完全未履行出资义务存在较大差别，因股东未履行部分出资义务而剥夺其全部权利的做法过于严苛。如果不采取比例失权的做法，那么，催缴失权制度对于股东而言就不仅是弥补其未按期足额缴纳认缴出资的过错，更是对股东的惩罚。在平等主体之间的民商事法律关系中，公司显然没有权力对与其法律地位平等的股东作出处罚。

五、股东失权异议之诉

股东失权异议之诉，是指股东对失权程序或相关文件材料的效力存在异议而提起的诉讼。本条第3款规定了股东失权异议之诉。被失权的股东应当自接到失权通知之日起30日内，向人民法院提起股东失权异议之诉，请求人民法院确认失权程序及相关文件材料并非合法有效，恢复其股东资格。

股东失权异议之诉的主要争议焦点是公司主导的失权程序及相关文件材料是否合法有效。按照原告股东的请求，法院需要进行效力审查的文件材料包括催缴书、作出失权决定的董事会决议、失权通知。公司决议效力瑕疵之诉中，法院审查的对象也包括董事会决议。如果股东已经提起失权异议之诉，在诉讼过程中或者裁判生效后，针对作出失权决定的董事会决议提起公司决议效力瑕疵之诉，请求否认该董事会决议的效力，恢复其股东资格，则构成重复起诉。按照民事诉讼法上的“一事不再理”原则，被失权股东在后提起的董事会决议效力瑕疵之诉，人民法院裁定不予受理；已经受理的，裁定驳回起诉。股东在后提起的股东资格确认之诉亦如是。如果股东接到失权通知之日起30日内，未向人民法院提起股东失权异议之诉，其后能否通过董事会决议效力瑕疵之诉或股东资格确认之诉寻求救济？根据本条规定，股东丧失的股权可能会被转让或注销。如果被失权股东寻求司法救济的期限并不唯一且确定，股权交易秩序、公司减资程序都会处于不稳定的状态，可能会损害公司、公司债权人、股权受让人等相关主体的合法利益。并且,如果被失权股东可以在接到失权通知之日起 30 日后再提起董事会决议效力瑕疵之诉或股东资格确认之诉,实质上会造成股东失权异议诉讼制度被规避的后果,本条第 3 款的规范目的难以实现。综上,我们认为,如果股东接到失权通知之日起 30 日内,未向人民法院提起股东失权异议之诉,其后不能通过董事会决议效力瑕疵之诉或股东资格确认之诉寻求救济。

根据本条第 2 款规定,失权通知发出之日起 6 个月内,公司应当依法转让相应的股权或者注销该股权。但是,如果股东在收到失权通知之日起 30 日内向人民法院提起了出资合同解除效力确认之诉,并经申请获得了人民法院作出的保全案涉股权的裁定,公司应当履行裁定,中止股权转让或股权注销的程序。

相关理论

催缴失权制度与除名制度

催缴失权制度是新《公司法》首次确立的制度,其具体内容由新《公司法》第 51 条和第 52 条共同规定。除名制度在我国由来已久,2011 年《公司法司法解释(三)》第 18 条就已经对其作出专门规定,2020 年修正的《公司法司法解释(三)》第 17 条沿用了这一规定。但是,由于除名制度关涉重大,涉及多个利益相关主体之间的身份关系和财产关系变动,除名情形和决议程序均十分严格,我国实践中适用股东除名的案例不多,制度效用不彰,这与我国认缴制下普遍的出资瑕疵现象不相适应。

相较而言,催缴失权制度与除名制度具有相似性,但二者也存在区别。

第一,在适用范围上,新《公司法》第 51 条规定的催缴失权制度适用于广义上的股东违反出资义务的行为,包括股东未完全履行出资义务的行为,也应当包括股东完全未履行出资义务的行为。而除名制度仅适用于股东完全未履行出资义务的行为。可见,除名制度的适用范围理论上被催缴失权制度所包含。

第二,适用程序上,催缴失权制度先后需要经过催缴、失权程序,催缴宽限期届满时,若被催缴的股东仍未履行出资义务,董事会向其发出失权通知,自通知发出之日起,该股东丧失其未缴纳出资的股权。除名制度先后包括催缴、除名程序,催缴宽限期届满时,若被催缴的股东仍未履行出资义务,则股东会可以通过股东会决议解除该股东的股东资格。可见,催缴失权制度和除名制度程序上首先都须经过催缴程序,只有宽限期届满股东仍未履行出资义务,才会进入下一程序。但是,两制度实现其最终效果的程序并不相同,催缴失权制度的程序是董事会决议后发出失权通知,除名制度的程序是股东会作出除名决议。

第三,法律效果上,在催缴失权制度中,对于股东而言,董事会发出失权通知的后果是股东丧失其未缴纳出资的股权,如果股东履行了部分出资义务,则其仍持有其已经出资部分的股权,其股东身份不受影响;如果股东完全未履行出资义务,则其丧失的就是其所认缴的全部股权,并且不再享有股东身份。对于股东丧失的股权,其变为公司的库存股,公司应当依法转让该股权或者通过减资程序注销该股权,6 个月内未转让或者注销的,由公司其他股东按照其出资比例足额缴纳相应出资。在除名制度中,对于股东而言,其股东资格被解除,不再保有股东身份,被除名股东原本持有的股权变为公司的库存股,公司应当及时办理法定减资程序或者由其他股东或者第三人缴纳相应的出资。除名制度对于股东的法律效果理论上被催缴失权制度所包含,对相关股权的法律效果亦是如此,并且新《公司法》第 52 条第 2 款关于库存股的处理规定比《公司法司法解释(三)》第 17 条第 2 款的规定更加细致和完善。

自《公司法(修订草案一审稿)》引入催缴失权制度以来,理论界就不乏有关催缴失权制度与除名制度的讨论。有观点认为,除名制度是催缴失权制度的组成部分,二者在适用上存在竞合关系;也有观点认为,除名制度中经由股东会决议解除股东身份的程序相较催缴失权制度中由董事会催缴、发出失权通知的程序更有利于保护小股东的利益——当公司董事会被未履行出资义务的大股东所控制时,小股东利用表决权排除规则对抗大股东的成本相较于控制董事会发出除权通知显然更低,故除名制度不应被催缴失权制度所取代。

除名制度的内容基本能够被催缴失权制度所包含,但除名制度中经由股东会决议解除股东身份的程序确实能够更加有效地保护中小股东的利益,避免了大股东控制董事会情形下催缴失权制度被架空的问题。因此,失权制度不具有完全替代除名制度的功能。

第五十三条 公司成立后,股东不得抽逃出资。

违反前款规定的,股东应当返还抽逃的出资;给公司造成损失的,负有责任的董事、监事、高级管理人员应当与该股东承担连带赔偿责任。

本条主旨

本条是关于有限责任公司股东抽逃出资及抽逃出资责任的规定。

本条释解

一、禁止抽逃出资的义务

出资义务是股东应当对公司履行的义务,既包括按照《公司法》及公司章程的规定按期足额缴纳出资的义务,也包括缴纳出资后不得随意将其抽回的义务。新《公司法》第47条至第53条规定了股东足额缴纳出资的义务及其相关责任,本条第1款则规定了股东不得抽逃出资的义务。

抽逃出资是指在公司成立后,股东未经法定程序,从公司抽回相当于已缴纳出资数额的财产,同时继续持有公司股权或股份的行为,属于股东对公司财产的侵权行为。抽逃出资行为对应的是实缴资本。实缴资本是股东向公司实际缴纳、公司已经实际获得的财产数额,实缴资本一经形成,既表明股东履行其出资义务的期限已届满,也表明股东已经实际履行了其出资义务。如果股东履行出资后又将财产取回,则构成股东的抽逃出资。因此,抽逃出资是资本实缴语境下的违法行为。在某些实施抽逃出资行为的主体看来,这一行为不过是取回属于自己的财产,即使违法,也与侵占他人财产的性质不同。但实际上,在出资财产已成为公司实缴资本、抽逃出资即实际减少公司资产的情况下,抽逃出资行为的侵权性质和对公司利益造成的损害后果与一般侵权行为并无二致。

在实践中,抽逃出资的表现形式主要有:第一,在公司不符合盈利分配条件的情况下,制作虚假财务报表虚增利润进行分配;第二,虚构债权债务关系将出资转出;第三,利用关联交易将出资转出。抽逃出资导致实缴资本的虚假,背离了资本真实的法律要求,被法律严厉禁止。如果股东在缴纳出资后确因某些需求要收回投资,其可以通过股权转让的方式从受让人处获得投资款。如此,公司的资本不会减少,原股东在公司的出资成为了受让人对公司的出资。

二、抽逃出资的民事责任

本条第2款规定了股东抽逃出资的民事责任。

法律义务与法律责任是密切联系又相互区别的,二者实体内容可能重合,但法律性质却不相同。义务是法律主体应为或必须作为的法律要求，责任则是不履行义务所生的相应法律后果。本条第 2 款确立了股东违反禁止抽逃出资义务所产生的双层责任结构，一是返还出资责任，二是损失赔偿责任。前者是指实施了抽逃出资行为的股东承担的将其抽逃的出资返还给公司的责任；后者是指股东及“负有责任”的公司董事、监事、高级管理人员承担的赔偿公司损失的责任。返还出资责任和损失赔偿责任均属于侵权责任。损失赔偿责任范围的确定须遵循损失填平原则，即损害赔偿的范围以弥补被侵权人的损失为限，被侵权人损失多少，侵权人就赔偿多少，被侵权人不得从侵权行为中获利。由此，本条第 2 款规定的赔偿责任应理解为，股东已经承担返还出资责任后，公司仍因抽逃出资行为受有损失时的赔偿责任，赔偿范围包括股东不返还出资或股东返还部分出资时公司遭受的损失。

本条第 2 款厘清了实缴资本与公司因实缴资本被抽逃而遭受损失之间的关系，对返还出资责任出资和赔偿责任主体作分别规定。具体而言，返还出资责任的内容仅限于返还被抽逃的出资，不包括其被抽逃期间的利息，也不包括公司遭受的其他损失。公司因实缴资本被抽逃而遭受的损失通过损失赔偿责任填补。此外，如果股东抽逃出资的行为不仅造成了公司实收资本减少的结果，还使公司因此蒙受其他损失，股东应对其行为负责，赔偿公司的损失。如果公司内部其他人员对股东抽逃出资行为“负有责任”，即公司内部其他人员帮助股东抽逃出资，按照帮助侵权责任原理，公司内部其他人员应当与股东就公司损失承担连带赔偿责任。

根据本条第 2 款的规定，有权请求股东、公司内部其他人员承担返还出资责任、损失赔偿责任的主体为公司。此外，根据代位权规则，如果公司怠于行使出资返还请求权或损失赔偿请求权，影响公司债权人的到期债权实现，公司债权人有权请求抽逃出资的股东在抽逃出资数额及对公司造成损失数额的范围内对公司债务不能清偿的部分承担补充赔偿责任，也有权要求协助抽逃出资的其他人员承担连带责任。

第五十四条 公司不能清偿到期债务的，公司或者已到期债权的债权人有权要求已认缴出资但未届出资期限的股东提前缴纳出资。

本条主旨

本条是关于有限责任公司股东出资义务加速到期制度的规定。

本条释解

本条为本次《公司法》修改的新增条文，是我国《公司法》首次对有限责任公司非破产情形下股东出资义务加速到期制度作出规定。自2013年《公司法》确立公司注册资本完全认缴制以来，非破产情形下股东出资义务能否加速到期，所涉理论争议频仍，裁判实践分歧巨大，已然成为公司法上的重难点问题之一。是否承认出资义务加速到期，如何设定加速到期的条件与后果，是新《公司法》立法过程中的重点事项。从本条规定可见，非破产情形下股东出资义务加速到期制度已经得到了《公司法》立法机关认可，其适用条件为“公司不能清偿到期债务”，有权要求股东提前缴纳出资的主体包括公司和已到期债权的债权人，适用后果是股东提前缴纳出资且该提前缴纳的出资适用入库规则。

一、非破产情形下股东出资义务加速到期制度的适用条件

根据本条规定，“不能清偿到期债务”是非破产情形下股东出资义务加速到期的唯一条件，表述上与《企业破产法》第2条所规定的破产界限条件中的“不能清偿到期债务”相同。新《公司法》与《企业破产法》均属于同一商事法律体系，在解释上应当遵循其内在逻辑的一致性。

通常认为，所谓“不能清偿到期债务”，破产法理论上称为支付不能或无支付能力。从支付不能的构成来看，其取决于债务人的支付能力，而非支付意愿，需要比较可支配的资产和到期需支付的债务；从支付不能的程度上来看，也不必达到“很大程度”，资金不足以偿付多个债权人之一即可构成支付不能，但很小的资金断裂不构成支付不能。不同于支付不能，停止支付是任何可归责于债务人的行为导致的未清偿或者未完全清偿，停止支付推定为支付不能。

《企业破产法司法解释(一)》第2条规定，“不能清偿到期债务”是指债权债务关系依法成立且债务履行期限已经届满的情况下，债务人未完全清偿债务。企业破产法上的“不能清偿到期债务”实则已经从“支付不能”被变通为“停止支付”概念。由于停止支付并非支付不能，无论是主观意愿上的停止支付，抑或客观能力导致的停止支付，均在此列。换言之，如本条所规定的“不能清偿到期债务”与《企业破产法司法解释(一)》第2条的规定作同一解释，则非

破产情形下股东出资义务加速到期制度的适用条件既包括公司主观上不愿意清偿到期债务,也包括公司客观上无法清偿到期债务。

值得注意的是,《公司法(修订草案一审稿)》中规定的"明显缺乏清偿能力"要件在新《公司法》中被删除,由此导致加速到期条件明显不同于破产界限。这明确体现了立法机关摒弃了破产法中对清偿能力判断的要求,在加速到期程序中也不需要再适用《企业破产法司法解释(一)》第4条的要求。毕竟,加速到期程序不是破产程序,其无须受制于破产程序背后的复杂社会价值考量。

综上,本条规定的股东出资义务加速到期的构成标准实际上低于破产界限。由此,在不同情形下,其所适用的程序如下:如果公司的清偿能力超过了加速到期标准,此时不适用加速到期制度,也不适用破产程序,由公司对债权人进行个别清偿;如果公司的清偿能力触发了加速到期标准,但未达到破产界限,此时适用加速到期制度,不触发破产程序;如果公司的清偿能力已经达到了破产标准,同时也必然触发了加速到期标准,此时可能产生两种结果:其一,破产程序启动,公司债权人的债权通过破产程序处理;其二,破产程序因无当事人申请等原因无法启动,公司债权人的债权通过加速到期制度获得清偿。

二、有权要求股东提前缴纳出资的两类主体

依照本条规定,在公司不能清偿到期债务的情况下,可要求股东提前缴纳出资的主体包括公司和已到期债权的债权人。

公司和债权人要求加速到期的逻辑基础并不同一,债权人要求加速到期系为其自身利益,故应限于债权人保护之必要限度;公司要求加速到期系为了公司利益,故其情形不应当受制于债权人要求加速到期之情形。在公司不能清偿到期债务时,可以预见公司将受到债权人的追索,并由此承担经营受到影响、增加违约利息、诉讼费用等成本,势必对公司利益造成影响。此时,对于公司而言,其向未届期股东催缴也是维护公司运营的重要手段。

比较法上,在施行资本认缴制的国家,基于公司的资金需求而由董事会进行催缴系常例。比如,《美国特拉华州普通公司法》第163条规定:"公司股份的股款应当按照董事会要求的数额和期数支付。对于股款没有付清的每一股份,董事会可以随时要求支付董事会认为业务所必需的数额,但总数不超过该股份尚未付清的余额;对于被要求支付的款项,应当按照董事会指定的时间和数目向公司支付。"对于期限届满后仍未支付的股东,董事会可以通过诉讼从股东手中取得未交付股款、催缴款项或其他任何未付金额，否则可以公开拍卖欠缴股东的适当数量股份。在英国，通过《公司标准章程》的指引，在出资期限届至或者董事会认为必要时作出董事会决议，可以向股东发出催缴通知。

相关理论

加速到期出资义务履行的入库规则

反对实质破产情形下加速到期的重要缘由在于其违反了债权清偿的正当程序，不如破产程序更为公平。在将加速到期情形扩展至非破产情形之下，如何处理出资财产的路径流向对各方利益存在实质影响。在新《公司法》修订过程中，该方面的争议主要集中在债权人直接受偿规则和入库规则之间。前者存在效率优势但在公平性上有缺失，后者则相反。“股东提前缴纳出资”的规定要求股东先向公司履行出资义务，继而由公司向其债权人清偿债务。对此，支持者认为，该种处理方案既符合法律逻辑，也兼顾了其他债权人的利益。反对的观点认为，这将极大地削弱债权人主张加速到期的主观能动性，影响加速到期规则的效率。在民法典编纂过程中，《民法典》第 537 条代位权行使的规则也曾伴随着类似争议。基于该条规定，行使代位权的债权人可得直接受偿，但如果债务人对相对人的债权被采取保全、执行措施，或者债务人破产的，依照相关法律的规定处理。由于代位权中债务人的利益处于次顺位，劣后于债权人利益，而加速到期中公司作为债务人其尚有独立的公司利益，利益衡量结构和衡量结论并不相同，《民法典》第 537 条的处理方案也不能简单照搬。

在加速到期制度中，适用入库规则更具妥当性。第一，从法理逻辑上而言，债权人与公司之间、公司与未出资股东之间的关系存在明显的相对性，股东承担的出资义务对象系公司而非债权人。未届期股东的出资义务一旦触发加速到期条件，可因债权人或公司的要求而即时到期，成为一项履行期届满的义务。如果股东未履行其义务，将进一步导致《公司法司法解释(三)》第 13 条所规定的未出资股东补充责任。而补充责任具有顺位补充性，并非连带责任。第二，需要考量公司作为独立法人主体的利益，这一点不同于民法上的代位权行使。股东对公司的出资形态是多元的，对于公司而言股东出资的价值并不局限于债权担保，同时，对公司有意义的出资形态未必能够满足债权人的需要。加速到期后的股东出资完全有可能成为盘活公司资产、恢复公司清偿能力的救命稻草。此时,若径行要求股东向债权人直接清偿,无异于杀鸡取卵,可能浪费资产的经营价值。第三,入库规则可以最大范围内实现全体债权人公平清偿的目的,如果多个债权人提起加速到期,入库规则还可以避免诉讼竞争和讼累。反对的观点认为,此时公司并未陷入破产,完全无须遵循公平清偿的规则。如前所述,虽然停止支付仅为破产的推定事由,并不等同于破产,不需要遵循公平清偿规则,但是,加速到期情形毕竟属于清偿异常形态,已经触发了破产界限的要素之一,实际上"半条腿已经迈进了破产的门槛"。即使在《民法典》第537条中,债务人虽未破产但其债权被采取保全、执行措施的,亦需要适用限定入库规则以保障清偿公平。入库规则的确会导致债权人缺乏激励,并产生债权人搭便车的理性选择,从而影响制度效率,但这是在公司停止支付情形下较为理想的选择方案。

第五十五条 有限责任公司成立后,应当向股东签发出资证明书,记载下列事项:

(一)公司名称;

(二)公司成立日期;

(三)公司注册资本;

(四)股东的姓名或者名称、认缴和实缴的出资额、出资方式和出资日期;

(五)出资证明书的编号和核发日期。

出资证明书由法定代表人签名,并由公司盖章。

本条主旨

本条是关于有限责任公司股东出资证明书的规定。

本条释解

出资证明书,是证明投资人向有限责任公司出资的法律文件,是股东对公司享有权利、履行义务、承担责任的重要依据,类似于股份有限公司股东持有的股票。但是,股东资格的享有须以股东名册记载为准,仅凭出资证明书不足以证明持有人为公司股东(详细论述请参阅本书对新《公司法》第56条、第86条、

第 87 条的解释)。为了使出资证明书的记载明确、规范,保证其效力,本条对出资证明书的必要记载事项及其生效要件作出了规定。

一、出资证明书的必要记载事项

依据本条第 1 款规定,出资证明书的法定记载事项包括:一是公司名称,此项明确了持有人是哪一公司的股东;二是公司成立日期,也即公司营业执照的签发日期,已经依法成功设立的有限责任公司签发的出资证明书才具有法律效力;三是公司注册资本,此项反映的是公司在公司登记机关登记的资本总额;四是股东的姓名或者名称、认缴和实缴的出资额和出资日期,此项体现了持有人的出资情况;五是出资证明书的编号和核发日期,各出资证明书应有其单独的编号,彼此区分。此外,公司还可依其实际需要在出资证明书中记载其他内容,《公司法》不作限制。但是各公司无论规模大小或所从事的行业,其出资证明书中均须按照本条第 1 款的规定明确记载上述事项。

二、出资证明书的生效要件

本条第 2 款规定了股东出资证明书的两个生效要件,即"由法定代表人签名"并"由公司盖章"。其中,"由法定代表人签名"是新《公司法》新增的股东出资证明书的生效要件,其意指法定代表人作出意思表示。理论上,法定代表人与法人之间不存在主体上的区分,因而法定代表人的个人意志可直接被拟制为法人的意志,法人的意思表示其实也即是法定代表人的意思表示。然而,法定代表人无法实际参与所有与公司有关的交易,公司作为独立的法人应当有专门的表意机制,公章便是贯通法定代表人意志与公司意志的媒介。法定代表人授权后,公章将永久性地、概括性地成为法定代表人的意思表示的替代性标志。在股东出资证明书等契约上加盖公章也标志着,法定代表人作出了同意受该契约约束的意思表示,从相对人的角度观察,公司作出了书面的意思表示。

第五十六条 有限责任公司应当置备股东名册,记载下列事项:

(一)股东的姓名或者名称及住所;

(二)股东认缴和实缴的出资额、出资方式和出资日期;

(三)出资证明书编号;

(四)取得和丧失股东资格的日期。

记载于股东名册的股东，可以依股东名册主张行使股东权利。

本条主旨

本条是关于有限责任公司股东名册的规定。

本条释解

有限责任公司股东依其出资对公司享有权利、承担责任。为了表明股东的身份和地位，有限责任公司应当向股东出具出资证明书，同时，有限责任公司还应当制备股东名册。股东名册的内容不能任意记载，根据本条第1款的规定，其法定记载事项包括：一是股东的姓名或者名称及住所；二是股东认缴和实缴的出资额、出资方式和出资日期；三是出资证明书编号；四是取得和丧失股东资格的日期。其中，第4项是新《公司法》增加的内容，原《公司法》并未将股东资格取得和丧失的日期规定为股东名册必须记载的事项。

本条第2款规定，姓名、住址、出资证明书编号等信息被记载在股东名册上的股东有权行使股东权利。这体现了股东名册的确认效力，被记入股东名册的主体享有股东资格，股东名册是证明股东资格的文件。由此，股东名册记载的股东信息还具有推定效力和免责效力。推定效力，是指公司仅以股东名册上现记载的股东推定为本公司的股东，给予股东待遇。免责效力，是指公司依法对股东名册上记载的股东履行了通知、公告等必须履行的义务后，即推定公司无须承担未通知、公告的相关责任。当股东转让股权时，股东名册的变更是股东权利移转的生效要件（详细论述请参阅本书对新《公司法》第86条、第87条的解释）。

第五十七条 股东有权查阅、复制公司章程、股东名册、股东会会议记录、董事会会议决议、监事会会议决议和财务会计报告。

股东可以要求查阅公司会计账簿、会计凭证。股东要求查阅公司会计账簿、会计凭证的，应当向公司提出书面请求，说明目的。公司有合理根据认为股东查阅会计账簿、会计凭证有不正当目的，可能损害公司合法利益的，可以拒绝提供查阅，并应当自股东提出书面请求之日起十五日内书面答复股东并说明理由。公司拒绝提供查阅的，股东可以向人民法院提起诉讼。

股东查阅前款规定的材料，可以委托会计师事务所、律师事务所等中介机构进行。

股东及其委托的会计师事务所、律师事务所等中介机构查阅、复制有关材料，应当遵守有关保护国家秘密、商业秘密、个人隐私、个人信息等法律、行政法规的规定。

股东要求查阅、复制公司全资子公司相关材料的，适用前四款的规定。

本条主旨

本条是关于有限责任公司股东知情权的规定。

本条释解

股东知情权是公司法赋予股东知悉公司经营、管理、财务等方面信息的权利，属于股东权利中的辅助性权利，为股东其他权利的有效行使提供基础保障。我国《公司法》对股东知情权的规范由来已久，赋予了股东查阅、复制公司章程、股东会会议记录、董事会会议决议、监事会会议决议和财务会计报告等文件的权利。相较于原《公司法》，新《公司法》在股东知情权制度方面有多处修改亮点，其中之一便是扩大股东知情权的客体范围，将会计凭证纳入其中，增设股东对会计凭证的查阅权。有限责任公司股东和股份有限公司股东均享有会计凭证查阅权，前者由本条规范，后者则由新《公司法》第 110 条规范。确立股东会计凭证查阅权是新《公司法》的立法亮点之一，是对股东权利保护的重大突破，对股东权益保护会产生深远的影响。

一、股东的一般知情权

本条第 1 款规定了有限责任公司股东有权查阅、复制的 6 类文件。

公司章程。公司的章程是公司经营行为的基本准则和公司制定其他规章的重要依据，对于股东来说，查阅和复制公司章程以便了解章程的内容以及最新变化的权利是其知情权的重要组成部分。

股东名册。股东名册统一记载了公司全体股东名称、实缴出资额、认缴出资额等基本信息。有限责任公司属于人合性较强的组织，允许股东查阅、复制股东名册有利于股东了解其他股东的基本情况，从而对公司的组织结构有更加全面的了解，能够更加顺利地行使股东权利。

股东会会议记录。股东是公司股东会成员，股东会是公司的权力机构，其职权内容包括新《公司法》第 59 条规定的审议批准董事会的报告、审议批准监事会的报告、审议批准公司的利润分配方案和弥补亏损方案、对公司增加或者减少注册资本作出决议、对发行公司债券作出决议、修改公司章程等内容，也包括公司章程规定的其他职权。股东会举行会议时，所议事项应当进行记录，股东会会议决定事项的记录应由出席会议的股东签名。所以，股东会会议记录是关于公司重大经营决策的记录，是公司日常经营活动的依据。股东要了解公司的经营发展计划、组织机构运营情况等事项，就需要查阅和复制股东会会议记录。本条对股东的这项权利从法律上予以了明确。

董事会会议决议、监事会会议决议。董事会和监事会的会议决议系对公司经营决策情况的重要反映。股东虽然不能直接参与董事会和监事会会议，但决议的内容应当对股东公开，以使股东能更好地了解公司的经营状况，并且对董事会和监事会的工作进行有效的监督。因此，股东也有权查阅和复制董事会和监事会会议决议。

财务会计报告。公司财务会计报告是综合反映公司财务状况和经营成果的书面文件，按照《会计法》及有关法律的规定，有限责任公司应当于每一会计年度终了时依法制作财务会计报告。财务会计报告由会计报表及财务情况说明书及会计报表附注等有关文件组成，具体包括资产负债表、损益表、现金流量表等。查阅和复制财务会计报告是股东了解公司财产使用情况，监督管理公司经营活动的必要前提，因而也是股东的一项必要权利。

据《公司法司法解释（四）》第 7 条的规定，在股东知情权诉讼中，公司有证据证明股东在起诉时不具有公司股东资格的，人民法院应当驳回起诉，但股东有初步证据证明在持股期间其合法权益受到损害，请求依法查阅或者复制其持股期间的公司特定文件材料的除外。换言之，股东知情权诉讼的适格原告原则上是起诉时仍具有公司股东资格的主体；若原告在起诉时已经丧失公司股东资格，但其有初步证据证明在持股期间其合法权益受到损害，为维护其合法权益有必要查阅或者复制其持股期间的公司特定文件材料，该公司原股东也是股东知情权诉讼的适格原告。

二、股东对会计账簿、会计凭证的知情权

本条第 2 款、第 3 款规定了有限责任公司股东对会计账簿、会计凭证的知情权。会计账簿是指以经过审核会计凭证为根据,由一系列格式化且相互联系的账页所组成的簿籍;会计凭证则是记录各项经济业务发生或完成情况的书面证明,包括原始凭证和记账凭证。会计账簿和会计凭证是最能反映公司经营真实情况的文件,与公司商业秘密联系密切,允许股东知晓会计账簿、会计凭证上记载的信息有可能导致公司秘密泄露、公司合法权益受损。为平衡股东知情权与公司商业秘密保护之间的利益,本条第 2 款对股东查阅会计账簿、会计凭证的权利作出特别规定。

其一,权利客体方面。股东有权查阅会计账簿和会计凭证,包括原始凭证和记账凭证。本条并未对股东有权查阅的会计账簿、会计凭证的范围作出限制,从文义解释的角度分析,股东有权查阅公司所有的会计账簿、会计凭证。但是,会计账簿、会计凭证所载信息敏感,与公司商业秘密紧密相关,无限扩大股东查阅权的范围增加了公司合法权益受到损害的风险。因此,我们认为,应当对股东会计账簿、会计凭证查阅权的客体范围作出限制,仅允许股东查阅与其查阅目的实现直接相关的会计账簿、会计凭证,超出查阅目的范围的会计账簿、会计凭证股东无权查阅。

其二,权利内容方面。股东可以自行查阅公司会计账簿、会计凭证,也可以委托会计师事务所、律师事务所等中介机构进行。区别于股东对公司章程、股东名册、股东会会议记录等文件和资料享有的知情权,股东对会计账簿、会计凭证行使知情权时只能以“查阅”的方式进行,本条未规定股东享有“复制”会计账簿、会计凭证的权利。对于股东查阅会计账簿、会计凭证权中的“查阅”应当如何理解,理论上存在三种不同的观点:第一种观点认为,“查阅”应当作严格的文义解释,即股东只能翻阅会计账簿、会计凭证,不得将其信息以其他形式复刻,以免造成公司商业秘密的泄露。第二种观点认为,“查阅”的含义不仅包括翻阅,还包括合理范围内的摘抄,即股东不得成篇、成本地翻印公司会计账簿或会计凭证,但可以在合理范围内摘抄、誊写相关内容。如此,既可以给股东提供初步证据,以便其提起相关诉讼维护其股东权利,也可以避免大范围复制会计账簿、会计凭证可能给公司造成的不利影响。在诉讼过程中,股东也可以请求人民法院调取与案件争议相关的完整的公司会计账簿、会计凭证信息。第三种观点认为,“查阅”应当作扩大解释,包含“复制”,以便保障股东获得诉讼过程中的必要证据,更加有效地保护股东的合法权益。我们认为,基于便利股东知情权行使以及避免公司商业秘密泄露的考量,此处股东不享有的“复制”的权利应当作适当的扩大解释,即股东不得成篇、成本地翻印公司会计账簿或会计凭证,但可以在合理范围地摘抄相关内容。相应地,根据“委托—代理理论”,股东委托中介机构行使查阅权的情况下,受托机构也有权在合理范围内摘抄相关内容。值得注意的是,“复制”应当作实质性的解释,即所有可以使会计账簿、会计凭证上所记载信息整体地、完整地复刻的手段都属于“复制”,具体包括扫描、复印、拍照等。

其三,行使权利的方式。股东请求查阅会计凭证应当向公司提出书面请求,说明目的。若公司拒绝提供查阅,股东可以向人民法院提起诉讼。需要说明的是,本条仅将目的限制规则适用于股东请求查阅公司会计账簿、会计凭证的情形,股东请求查阅、复制其他类型的公司文件或资料无须说明目的。根据《公司法司法解释(四)》的规定,实践中股东存在不正当目的的情形包括以下三种:一是除公司章程另有规定或者全体股东另有约定外,股东自营或者为他人经营与公司主营业务有实质性竞争关系业务;二是股东为了向他人通报有关信息查阅公司会计账簿,可能损害公司合法利益;三是股东在向公司提出查阅请求之日前的3年内,曾通过查阅公司会计账簿,向他人通报有关信息损害公司合法利益。如果股东存在其他可能损害公司合法权益的行为或主观意图,也可能被认定为存在不正当目的的其他情形。

其四,公司利益保护措施。公司认为股东查阅公司会计凭证的行为可能损害公司合法利益的,可以拒绝提供查阅,但应当自股东提出书面请求之日起15日内书面答复股东并说明理由。

三、股东会计凭证查阅权的立法选择

2005年《公司法》确立了股东查阅会计账簿的权利,这在实践中却引发了股东知情权的范围是否进一步扩及会计凭证的争论。有观点认为,会计账簿与会计凭证是两类不同的材料,在《公司法》未明确规定股东有权查阅会计凭证的情况下,股东知情权的范围不包括会计凭证。但也有观点认为,会计凭证才是公司经营情况最真实的反映,如果将股东查阅权的范围仅限于会计账簿,将难以确保股东能够了解公司的真实经营情况,在会计账簿存在大量虚假记载的情况下,会导致股东知情权落空。上述争论产生的根本原因并非在于查阅会计凭证对于股东权益保护是否重要,而在于原《公司法》并未将会计凭证纳入股东知情权的客体范围。这也凸显出了新《公司法》将会计凭证明确规定为股东可以查阅的公司文件并完善股东会计凭证查阅权的必要性,能够切实回应我国司法实践的需求。

基于公司所有者的身份,股东在公司享有多元化的股东权利。每一种股东权利虽然具有独立性,但彼此之间却不是完全分离、毫无联系的。在股东享有的众多权利之中,知情权属于一种手段性的权利,对其他股东权利的实现具有重要的辅助作用,缺乏知情权的帮助,股东的其他权利可能无法有效行使。例如,在不了解公司经营状况的情况下,股东在股东会上难以作出有利于公司、有利于自身的决策,无法有效行使表决权,也无法向公司提出具有针对性的建议或质询,难以有效行使监督权,并且,股东在直接诉讼或代表诉讼中难以提出能够得到法院支持的诉讼请求或有效履行举证义务,不仅股东诉权无法有效行使,其欲通过诉讼保护的实体权益也难以实现。可见,股东知情权本质上是一种信息获取权,是改善控制股东与非控制股东之间、股东与公司经营管理者之间信息不对称问题的重要措施,对于保护公司中弱势股东的合法权益具有重要意义,同时也能起到监督公司控制股东和公司经营管理者的作用。

股东知情权的实现离不开对股东查阅、复制公司相关文件和资料的授权,否则股东知情权就只是一个纯粹的纸面上的概念,难以落到实处,发挥实际作用。为了对股东有权知晓的公司信息范围提供最低限度的保障,我国《公司法》规定了股东可查阅、复制的公司文件或资料的最小范围,涉及公司的基本信息、经营管理信息以及财务信息。涉及公司财务状况的资料主要包括公司的财务会计报告、会计账簿、会计凭证等,三者在内容上存在紧密的联系,从会计凭证到会计账簿、再到会计报告存在一个信息传递和信息整理的过程。其间,在编制会计账簿、会计报告的人员人为因素的干扰下,会计信息失真的可能性不断增大,相关文件的真实性与可信度也随之降低。这也就导致了财务会计报告、会计账簿、会计凭证三者对公司经营活动、财务状况所反映信息的真实性和完整性存在较大差别,会计凭证最高,会计账簿次之,会计报告最低。

尽管《会计法》明确规定了公司制备会计账簿、会计报告的要求,即“保证会计帐簿记录与实物及款项的实有数额相符、会计帐簿记录与会计凭证的有关内容相符、会计帐簿之间相对应的记录相符、会计帐簿记录与会计报表的有关内容相符”,实践中,公司违法设置“两套账”“黑账”的行为以及出具虚假会计报告的行为却屡见不鲜。如果股东只能查阅内容可能存在瑕疵,甚至虚假信息的会计账簿、会计报告,而无权查阅会计凭证,股东便难以了解公司真实的经营状况,股东知情权的立法目的也便无法实现,股东其他权利的行使也将受到阻碍。可见,会计凭证查阅权是股东知情权中最核心的内容,公司法保障股东查阅原始凭证和记账凭证的权利具有必要性与合理性。

但是,会计凭证记录了公司各项经济业务发生或完成的情况,属于公司的敏感信息,允许股东查阅公司会计凭证增加了公司敏感信息被泄露的风险,容易导致公司商业秘密受到侵犯。公司商业秘密的保护不应以牺牲股东知情权为代价。为了平衡股东与公司之间的利益,本条及新《公司法》第 110 条分别对有限责任公司股东的查阅会计凭证权和股份有限公司的会计凭证查阅权进行了精心的制度设计,就股东会计凭证查阅权的保障手段及限制措施作出详细规定。赋予股东查阅会计凭证权,体现了新《公司法》对股东权利保护的强化。强化股东权利保护具有重要意义,是落实党中央关于完善产权保护制度的重要举措,是优化营商环境的需要,是完善公司治理的重要目标。除本条及新《公司法》第 110 条规定的股东查阅会计凭证权制度、股东知情权穿越行使制度外,新《公司法》中有关等比例减资规则、股权对外转让程序、股东临时提案权、董事无因解除、股东双重代表诉讼等的规定也是股东权利保护强化的具体体现。①

四、股东及其辅助人员的保密义务

本条第 4 款属于引致条款,规定股东及其委托的会计师事务所、律师事务所等中介机构查阅、复制有关材料应当遵守有关保护国家秘密、商业秘密、个人隐私、个人信息等法律、行政法规的规定,违反保密义务应当承担相应的法律责任。股东有权查阅的部分信息具有一定的专业性,特别是会计账簿、会计凭证等,具备法律、会计等方面的专业知识是准确理解和恰当运用这些信息的基本前提。然而,是否具备专业知识却不是衡量某一主体能否成为公司股东的标准。换言之,即便股东不具有专业知识也不妨碍其基于股东身份享有知情权。出于保障股东知情权有效行使的考虑,应当允许具有相关专业知识的人员提供帮助。但是,如果换一个角度,站在公司的立场上,让股东之外的公司外部人员有机会接触公司的内部信息则有可能造成信息泄露,给公司利益带来损失。为

① 林一英:《新公司法对股东权利保护的意义、原则及其内容的释义》,载《法律适用》2024 年第 2 期。

了平衡股东和公司之间的利益，本条第4款规定了股东及其辅助人员的保密义务，并设置了引致条款，为其他相关法律的适用留下制度空间。

五、股东知情权的穿越行使制度

本条第5款确立了股东知情权穿越行使制度，有限责任公司股东有权查阅、复制公司全资子公司相关材料。公司具有独立的法人人格，可以自己的名义对外进行股权投资，成为其他公司的股东。根据现代公司的控制权与所有权分离理论，股东控制公司的能力有限，随着股权持有关系链的不断延伸，母公司控制隔代公司的能力通常呈递减趋势。但是，无论控制关系多么疏远，集团公司之间总是存在着一定的利益关系。然而，在控制力不断减弱的现实窘境之下，母公司或其股东企图通过事前干预隔代公司的经营管理以达到维护自身利益的目的通常较难实现，即便可以实现也会增加母公司的经营管理成本。子公司利益受损将影响母公司的利益，进而就会影响母公司股东的利益。为了更加高效地维护母公司股东的合法权益，新《公司法》确立了股东权利穿越行使的两项制度，一是本条规定的股东知情权穿越制度，二是第189条规定的股东双重代表诉讼。如前所述，股东知情权是一种手段性的权利，对其他股东权利的实现具有重要的辅助作用，股东有权查阅、复制公司全资子公司相关材料为股东双重代表诉讼诉权的有效行使提供了基础条件。

本条第5款规定，有限责任公司股东要求查阅、复制公司全资子公司相关材料，适用本条前4款的规定。股东知情权穿越行使的对象包括全资子公司的公司章程、股东名册、股东会会议记录、董事会会议决议、监事会会议决议和财务会计报告，也包括全资子公司的会计账簿和会计凭证。但是，如前所述，股东一般知情权的行使方式与股东对会计账簿、会计凭证知情权的行使方式存在区别，此种区别也适用于股东知情权穿越行使的情形。股东可以任何形式向全资子公司提出查阅、复制其公司章程、股东名册、股东会会议记录、董事会会议决议、监事会会议决议和财务会计报告的请求，全资子公司应当满足股东的请求。但是，当知情权的对象为全资子公司的会计账簿、会计凭证时，股东只能“查阅”，不能“复制”，并且查阅请求必须以书面形式作出，请求中还需载明查阅目的；如果全资子公司有合理根据认为股东查阅会计账簿、会计凭证有不正当目的，可能损害其合法利益，可以拒绝提供查阅。如果股东委托会计师事务所、律师事务所等中介机构穿越行使知情权，无论对象为何，股东及其委托的会计师事务所、律师事务所等中介机构都应当遵守有关保护国家秘密、商业秘密、个人隐私、个人信息等法律、行政法规的规定，不得侵害全资子公司的合法权益。

第二节　组织机构

第五十八条　有限责任公司股东会由全体股东组成。股东会是公司的权力机构，依照本法行使职权。

本条主旨

本条是关于有限责任公司股东会的组成及其法律地位的规定。

本条释解

区别于自然人，公司不具有自然人的生理基础，它的意思形成和意思表示需要通过组织机构完成，公司组织机构是公司开展经营活动的基础和条件。公司的组织机构是为了适应公司的组织机能而依法设立的，实现公司民事权利能力和民事行为能力的有机统一的组织系统。

公司一般是由多位股东投资形成的营利法人。在运行上，一方面，公司股东间存在着利益的一致性，公司运行良好，每个股东都可以获得高额回报；另一方面，股东间又存在个人利益上的冲突或矛盾。公司的决策和行为如何体现其股东的利益？如果每个股东都参加公司的生产经营和管理活动，则可保障每个股东都有发言权，也可保障股东对公司利益及自己利益的照顾。但这也必然会导致公司决策效率低下甚至无法形成决策，在激烈的市场竞争环境下必然会错失市场机会。况且，并不是每个股东都有公司的管理经验和参与意愿。为保障公司有效运营，同时保障公司股东的利益，公司组织机构一般包括股东会、董事会、监事会、经理等。其中，股东会是公司必须设立的由全体股东组成的公司权力机关。

其一，股东会是公司依法设立的组织机构。组建为公司形态的企业，股东会的设立受法律强制性的约束。但是，针对特殊类型的公司，公司法有时也会灵活地作出特殊规定。例如，新《公司法》第 60 条规定，“只有一个股东的有限责任公司不设股东会”。再如，新《公司法》第 172 条规定，“国有独资公司不设股东会,由履行出资人职责的机构行使股东会职权”。

其二,股东会须由全体股东组成。股东会不应排除任何一个股东,哪怕是仅仅持有一股的股东。这里需要区分作为公司机关的股东会与作为股东会议的股东会,虽然习惯上将其两者都称为股东会,但是两者内涵并不相同,前者由全体股东组成,是公司的权力机关;而后者则是股东行使权力并形成统一意志的方式,分为定期会议和临时会议。

其三,股东会是公司组织机构中的权力机构。这表明了股东会在公司组织机构中的地位。根据新《公司法》第 59 条的规定,股东会享有直接决定公司存续、经营、管理的重要职权,包括选任董事和监事、批准公司的利润分配方案和弥补亏损方案、决定公司增加或者减少注册资本、修改公司章程、决定发行公司债券事宜、决定公司合并、分立、解散、清算或变更公司形式等。股东会以决议的方式行使权力。

相关理论

公司治理理论

公司治理的命题缘起于公司内外关系中固有的矛盾。公司既是谋求投资收益的营利性经营实体,也是承载相关各方期待和利益的组织载体,内部的投资者、经营管理者、劳动者,外部的交易对方、债权人、债务人以及公司本身等各方主体的利益在此汇聚交织。人对利益获取的本性渴望与资源有限性之间的矛盾以及人们趋利的追求和严密的防护必然导致彼此的利益冲突和权利碰撞,由此形成公司内外关系中的三大固有矛盾:其一是投资者与管理者之间的矛盾,也即所有者或股东与经营者之间的矛盾;其二是所有者或股东相互之间的矛盾;其三是代表股东、经营者和劳动者利益的公司本身与其债权人、债务人等外部当事人之间的矛盾。公司治理的主要任务和目标就是协调和解决这些固有矛盾,维护公司正常稳定的经营和社会的交易安全与秩序,最大限度地保障和实现各方的合法权益。在此意义上,公司治理规范就是防范与协调、化解公司矛盾的规范,公司治理的评价就是衡量公司矛盾得以防范和化解的质量和效果。

其实,公司治理的评价标准与公司治理的目标应是完全一致的,公司治理优劣的评价标准正是公司治理追求目标的实现程度。公司治理虽有多种目标,但归根结底无非是以下三个最基本也是最重要的目标:第一是盈利,第二是和谐,第三是合法。所谓盈利,就是赚取利润,即追求股东投资收益的最大化。公司是营利性的经营组织,盈利是股东投资和公司设立的根本目的,优良的公司治理应当是给股东带来满意回报的治理,虽然公司治理的水准与公司盈利的高低并不完全画等号,良好的公司治理不一定能带来公司经营的高额利润,但丰厚的投资回报一定依赖于良好的公司治理。所谓和谐,就是投资者关系良好,公司内部和谐稳定,包括股东之间以及股东与经营管理团队之间的协调与合作。和谐的内部关系同样是评价公司治理的重要指标,公司虽有出色的经营业绩,但如果内部争执不断,股东利益失衡,中小股东被严重欺压,其公司治理难称良好。所谓合法,即依法诚信开展经营活动,严守法律秩序,包括依法承担利益相关者保护、第三人保护和公司社会责任等的法律义务,避免法律责任追究的风险。较之盈利和和谐,合法在公司治理评价中占据更高的份重,守法和诚信是任何公司经营活动的底线,公司的出色经营业绩如以逃税漏税、走私等非法手段取得,股东之间的合作如果是共谋串通实施违法经营,将对公司和股东利益造成致命伤害,因而也是最恶劣的公司治理,受到严厉处罚的上市公司在公司治理方面大多存在此种违法失信问题。由此,良好的公司治理应是盈利、和谐与合法的统一,应是对这几个目标的兼顾与协调,整个民商法尤其是公司法所秉持和贯穿的效率、公平和安全的法律原则和制度价值恰是公司治理目标的集中体现和要求,效率原则体现了盈利的目标,公平原则反映了和谐的要求,安全则是合法经营所寻求的实质效果。

公司治理法律设计的基本思路是分权制衡,公司法所设计的基本治理模式是由四个不同的法定机构执掌不同的法定权利,即设股东会为公司最高权力机构或意思机构,执掌公司重大事项的决定权;设董事会为公司的执行机构,负责执行股东会决议并行使公司重大事项的建议权和一般事项的决策权;设监事会为公司的监督机构,负责公司事务的监督检查;设经理为公司日常业务的管理机构,负责董事会职权之外公司一般经营事项的具体管理。公司治理的法律机制就是通过不同机构的合理分工、相互配合和互相制约实现公司事务的科学管理和股东权益的充分保障。新《公司法》多个条文对公司各组织机构设置作了专门规定。

第五十九条 股东会行使下列职权：

（一）选举和更换董事、监事，决定有关董事、监事的报酬事项；

（二）审议批准董事会的报告；

（三）审议批准监事会的报告；

（四）审议批准公司的利润分配方案和弥补亏损方案；

（五）对公司增加或者减少注册资本作出决议；

（六）对发行公司债券作出决议；

（七）对公司合并、分立、解散、清算或者变更公司形式作出决议；

（八）修改公司章程；

（九）公司章程规定的其他职权。

股东会可以授权董事会对发行公司债券作出决议。

对本条第一款所列事项股东以书面形式一致表示同意的，可以不召开股东会会议，直接作出决定，并由全体股东在决定文件上签名或者盖章。

本条主旨

本条是关于有限责任公司股东会职权与书面决议的规定。

本条释解

一、股东会职权的内容

本条第 1 款、第 2 款规定了股东会职权的具体内容。

股东会是公司的权力机构，体现全体股东的共同意志。因此，股东会行使的职权一般是关系公司“生死存亡”的重大事项，包括选任并监督公司的经营管理者和监督者、决定公司债券发行、增加公司注册、减少公司出资资本、变更公司形式、公司合并、分立、解散、清算、修改公司章程等。股东会的职权范围包括公司法规定的职权和公司章程规定的职权。相较于原《公司法》关于股东会职权的规定，本条删除了原《公司法》第 37 条规定的股东会的两项权力，即决定公司的经营方针和投资计划、审议批准公司的年度财务预算方案、决算方案；同时，本条新增股东会授权董事会对发行公司债券作出决议的规定。

具体而言，股东会的法定职权包括以下内容：

第一,选举和更换董事、监事,决定有关董事、监事的报酬事项。这是股东会有关人事方面的职权。公司是股东的公司,但是股东并不一定亲自参与公司的日常经营活动,而是由董事会代为之。董事由股东会选举和更换,无论其是由股东、职工还是其他主体担任。同时,公司还设有专门的机构对董事会或董事的经营活动进行监督,这一机构或人员即公司的监事会。监事会的所有成员同样也是由股东会选举和更换。这项职权反映了新《公司法》第4条规定的股东有选择管理者的权利。这是股东的固有权利,公司章程不得限制或剥夺。

第二,审议批准董事会、监事会的报告。该权限体现了董事会、监事会都要对股东会负责。董事会是公司的决策执行机构,其方案直接影响到公司日常的经营管理活动。赋予股东会审议批准董事会报告的职权,一方面有利于保证公司按照股东预期的方向发展,另一方面能够防止董事会滥用职权,损害股东利益。监事会的职责是监督检查董事会的经营管理活动,授权股东会审查批准监事会报告有助于股东了解公司经营的相关情况。同时,监事会自身的活动情况也应向股东会汇报,关于监督内容、对象、步骤等也要得到股东会的审议批准。

第三,审议批准公司的利润分配方案和弥补亏损方案。这是涉及公司财务以及股东收益权的事项。公司财务是公司的命脉,不仅关系公司切身利益,而且还关系公司的股东、债权人、潜在投资者、潜在交易对方、公司职工及其他利益相关者的利益,其重要性不言而喻。股东收益权是股权的核心内容之一,是股东对公司进行投资终极目的实现的重要手段,公司的利润分配与弥补亏损方案直接关系股东的收益。因此,董事会制订出公司的利润分配方案和弥补亏损方案应当经股东会进行审议批准后才能执行。

第四,对公司重大事项作出决议。增加或减少公司注册资本、公司合并、分立、解散、清算、变更公司形式、修改公司章程皆是公司的重大事项。公司注册资本是公司开展经营活动的物质基础,也是公司对外担保的财产基础,对于公司生产经营具有重要意义,公司增资或减资的方案必须经股东会作出决议。公司合并是指两个或两个以上的公司不经清算程序直接合并为一个公司。公司分立是指一个公司不经清算程序,分为两个或两个以上的公司。变更公司形式在我国包括两种情况,一是有限责任公司变更为股份有限责任公司,二是股份有限公司变更为有限责任公司。公司解散导致公司的终止。清算是指公司解散或宣告破产后,清理公司所有事务及财产,最终使公司终止。公司章程则是公司内部最高行为准则,关系公司的权利能力和行为能力,章程由全体股东制定,也应由股东会修改。

第五,对发行公司债券作出决议。发行公司债券即公司举债的行为,其对公司的影响不容忽视,一旦资不抵债将会导致公司破产,公司债券持有人将优先于股东受偿。此外,公司发行债券还涉及多方利益,甚至影响整个社会的稳定。因此,发行公司债券的决议应当由股东会作出。但是,根据本条第 2 款的规定,股东会也可以将决议发行公司债券的权利授权董事会行使,以提高公司融资的灵活性。

除上述法定职权外,新《公司法》允许公司章程对股东会的其他职权作出规定。市场是不断变化的,每个公司的具体情况也不尽相同,公司法无法对股东会的职权作出完全列举,而且完全列举也不利于股东权利的保护,因此,本条只对必须由股东会行使的职权作出强制规定,并允许公司根据实际情况补充法定职权以外的股东会的其他职权。但是,公司章程规定的股东会的其他职权不得与其法定职权相矛盾,不得违反有关法律、法规,也不得剥夺股东的固有权利,否则无效。

二、书面决议制度

本条第 3 款规定了股东会职权行使的书面决议方式。

一般而言,某一事项需要征求多数主体的意思并形成多数意见需要通过会议的方式进行。召开股东会会议行使股东会所享有的上列职权是为了形成股东的共同意思,但是,会议的召开会产生组织成本。有限责任公司一般股东人数较少且人合性较强,股东之间彼此熟悉。实践中,即便不召开股东会,股东也可以其他方式形成一致意思。对于经济、高效、灵活的全体股东意思形成方式,法律不应禁止。基于此,本条第 3 款规定了股东会通过书面决议行使职权的方式,即如果股东以书面形式对股东会职权范围内所涉事项一致表示同意,则可以不召开股东会,而是由全体股东直接作出决定并在决定文件上签名或者盖章。值得注意的是,股东会通过书面方式而非股东会会议作出决议时,不论决议事项为何,都必须得到全体股东的一致同意,并且全体股东还须在决定文件上签名或者盖章。

第六十条 只有一个股东的有限责任公司不设股东会。股东作出前条第一款所列事项的决定时，应当采用书面形式，并由股东签名或者盖章后置备于公司。

本条主旨

本条是关于一人有限责任公司股东会的特别规定。

本条释解

一人有限责任公司股东只有一人，没有设股东会的必要。尽管如此，一人有限责任公司的股东仍然有权利行使《公司法》规定的有限责任公司股东会的所有职权，因为一人公司的股东实质上就是一人公司的股东会。但是，股东会是一个由多个股东组成的，集思广益，互相制衡的团体，采取定期或临时召开会议的方式来进行决策，对所议事项的决定要作成会议记录，出席会议的股东还要在会议记录上签名，以备查证。这些都是一人有限责任公司的股东所不具备的特点。一人公司的股东独此一人，不需要开会，可能只是口头上的一句话，甚至是存在于头脑里的某个想法，就可以成为决定。如果不对此作出一些限制，股东的决定将无从查证，由此造成的纠纷也将难以解决。因此，本条规定，一人有限责任公司的股东对前条第 1 款规定的股东会职权范围内事项作出决定时，必须以书面形式作出，同时还要由股东签字后置备于公司，作为该决定的记录和证明。

第六十一条 首次股东会会议由出资最多的股东召集和主持，依照本法规定行使职权。

本条主旨

本条是关于首次股东会会议召集和主持的规定。

本条释解

股东会的首次会议是有限责任公司成立后的第一次会议，由于公司此时还没有选举出董事会、监事会等其他组织机构，出资多少就成为衡量股东权利大小的工具,股东会的首次会议由出资最多的股东召集和主持。本条规定的合理性还在于,公司的兴衰成败对出资最多的股东的利益影响最大,有理由相信该股东对公司的关心和责任感。因此,首次股东会会议由出资最多的股东召集和主持是恰当的。出资最多的股东依照新《公司法》规定行使职权。

但是,本条并没有规定,如果出资最多的股东不能召集和主持时,是否可以指定其他人代为召集和主持首次股东会会议。这就有可能导致出资最多的股东不能召集和主持首次股东会会议而委托其他人代为召集和主持时得不到其他股东承认,从而延误股东会首次会议的召开。基于此,我们认为,应当允许出资最多的股东委托他人召集和主持首次股东会会议。

第六十二条 股东会会议分为定期会议和临时会议。

定期会议应当按照公司章程的规定按时召开。代表十分之一以上表决权的股东、三分之一以上的董事或者监事会提议召开临时会议的,应当召开临时会议。

本条主旨

本条是关于股东会会议的种类及股东会会议召开的规定。

本条释解

本条规定股东会的会议方式分为定期会议和临时会议两种。

定期会议也称普通会议、股东常会、股东年会,是指根据公司章程的规定在一定时间内必须召开的股东会议。定期会议应按公司章程的规定按时召开,不得无故取消、提前或延迟。

临时会议也称特别会议,是指定期会议以外的,根据法定人员、机构的提议而召开的股东会议。本条规定,可以提议召开临时会议的机构或人员包括:第一类,代表1/10以上表决权的股东。股东是利益的最终归属者,当其认为有必要召开临时会议时,应当召开。但为了防止其滥用权利,节约成本,本条对有权提议召开股东会临时会议的股东作出表决权持股比例的限制。第二类,董事会总人数1/3以上的董事。董事会是公司的经营活动的执行机构,在其执行公司具体业务的过程中,1/3以上的董事都认为有必要召开股东会临时会议以表决特定事项时,有权提议召开股东会临时会议。第三类,监事会。监事会是公司的监督机构,对公司财务、对董事、高级管理人员执行职务的行为等进行监督,当其认为出现了某一须经股东会审议的事项时,应当有权召集股东会临时会议。以上三种情形下,任一人员或机构提议召开股东会临时会议的,新《公司法》第63条规定的相关人员应当依法召集和主持股东会临时会议。股东会临时会议通过的决议的效力等同于定期会议。

第六十三条 股东会会议由董事会召集,董事长主持;董事长不能履行职务或者不履行职务的,由副董事长主持;副董事长不能履行职务或者不履行职务的,由过半数的董事共同推举一名董事主持。

董事会不能履行或者不履行召集股东会会议职责的,由监事会召集和主持;监事会不召集和主持的,代表十分之一以上表决权的股东可以自行召集和主持。

本条主旨

本条是关于有限责任公司股东会会议的召集和主持的规定。

本条释解

无论是股东会定期会议还是股东会临时会议,都需经过召集才能召开,召集是召开的前置程序。并且,配备会议主持人员也是股东会会议顺利进行必不可少的前提条件。股东通过股东会议表决决议,行使权利,表决权系股东控制公司的重要工具,因此,建立和完善股东会会议召集和主持制度对于维护股东对公司的控制权具有十分重要的意义。

依照本条规定,股东会的召集和主持应当遵循以下原则。

首先,一般情况下,股东会会议应该由董事会召集,董事长主持。董事长不能履行职务或者不履行职务的,由副董事长主持。这里包括两种情况,一是董事长因客观原因不能履行职务的,即董事长主观上想履行但无法履行的情况;二是可归责于董事长的主观原因的情况,即董事长客观上能履行职务却拒绝履行。无论哪一种情况,股东会会议均由副董事长主持。副董事长不能履行职务或者不履行职务的,由半数以上董事共同推举的一名董事主持。副董事长不能履行职务或者不履行职务的,也包括主观不能和客观不能两种情况。

其次,有限责任公司的董事会不能履行或者不履行召集股东会会议职责的,由监事会召集和主持。董事会不能履行或者不履行职责同样包含了客观不能和主观不能两种情况。监事会是公司的监督机构,保障公司正常的运行秩序,维护股东权益是其分内之事。召开股东会会议是股东行使和维护其权利的最重要的方式,因此,当董事会因客观原因不能履行或者滥用权利而不履行召集和主持职责时,监事会就应担此重任,负责召集和主持股东会会议。

最后,监事会不召集和主持的,代表1/10以上表决权的股东可以自行召集和主持股东会会议。为了避免公司陷入僵局或混乱,同时防止董事会、监事会滥用股东会会议召集和主持权而使股东权益受到侵害,允许股东自行召集和主持股东会会议。同时,为了防止股东滥用股东会会议召集权和主持权,本条对股东所代表的表决权数作出限制:并非任何股东都可召集和主持,否则会大大增加股东会会议召开的成本,影响公司的正常经营,还可能使公司陷入混乱。因此,本条规定必须由代表1/10以上表决权的股东才可自行召集和主持股东会会议。此比例也与新《公司法》第62条规定的,有权提议召开股东会临时会议的股东的表决权比例一致,能够更加充分地保障小股东召集、主持股东会会议的权利。

召集和主持股东会会议,既是一种职权,也是一种职责。除特殊情形外,董事会应当善良、勤勉地履行这一职责。股东会是股东行使权利、表达意志的重要场所,不召开股东会会议,股东权利难以有效行使。本条在董事会外赋予监事会以及满足表决权比例限制的股东召集、主持股东会会议的权利,为股东会会议召开提供了更完备、更具可实施性的制度保障,有利于保证股东会会议顺利召开。

第六十四条 召开股东会会议,应当于会议召开十五日前通知全体股东;但是,公司章程另有规定或者全体股东另有约定的除外。

股东会应当对所议事项的决定作成会议记录,出席会议的股东应当在会议记录上签名或者盖章。

本条主旨

本条是关于股东会会议通知与会议记录的规定。

本条释解

一、股东会会议召开的通知规则

本条第 1 款规定了股东会会议召开的通知规则。

收到会议通知是股东得以参加股东会会议并行使其权利的前提。为了提高股东会会议决议的效率和股东的出席率，并防止董事会或控股股东等在股东会会议上利用突袭手段控制股东会决议，各国公司法均规定了股东会会议的通知程序。然而，本条并没有明确规定有限责任公司股东会会议具体由何者通知。我们认为，股东会会议应该由其召集人作出通知。根据新《公司法》第 63 条的规定，有限责任公司股东会会议的召集人包括董事会、监事会、代表 1/10 以上表决权的股东，谁召集股东会会议，就应当由谁负责通知。

对于提前通知的时间，如果公司章程没有规定或股东没有约定的，按照本条规定，至少应为会议召开前的 15 日。通知的对象原则上应是全体股东，除非公司章程另有规定或者全体股东另有约定，如只通知给在会议上有表决权的股东。至于通知的内容，本条未作出任何规定，但至少应当包括会议时间、地点及审议的事项。

对于股东会会议通知的方式，各国主要包括强制主义和任意主义两种立法模式，前者强制规定股东会会议召开通知须以书面形式通知，后者将股东会会议通知的具体方式交由公司章程规定。分析本条规定可见，新《公司法》未对有限责任公司股东会会议的通知形式作出规定。我们认为，由于有限责任公司股东人数较少，人合性较强，具有封闭性的特点，因此，其股东会会议的通知方式可具有灵活性，通过口头、电话、书面等方式进行均无不可，其具体方式也可由公司章程进行规定。

二、股东会会议记录记载规则

本条第 2 款规定了股东会会议记录的记载规则。

股东会应当对所议事项的决定作成会议记录，出席会议的股东还应在会议记录上签名或者盖章。会议记录一方面是对会议内容的真实性和有效性的确认，另一方面也可以作为证明股东会召开及决议内容的证据。股东会会议记录是公司的重要文件,应当妥善保存,便于股东事后查阅、复制。

第六十五条 股东会会议由股东按照出资比例行使表决权;但是,公司章程另有规定的除外。

本条主旨

本条是关于有限责任公司股东表决权行使规则的规定。

本条释解

表决权是股权的内容之一,是股东在股东会会议上表达自己意志的一项重要的权利,属于共益权。表决权关乎股东的切身利益,对股东而言具有非同一般的意义。

理论上,每一股东所享有的表决权大小可以相同,一人一票;但是,每一股东所享有的表决权大小也可以不相同,各股东因出资比例高低、成为股东的时间长短等方面存在区别而享有不同大小的表决权。本条采取“原则 + 例外”的方式规定股东表决权的大小。原则上,股东按照出资比例行使表决权,出资比例越高,股东表决权越大,出资比例越低,股东表决权越小;例外情况下,公司章程另有规定时,股东表决权的大小依据公司章程规定的衡量标准确定。

以出资比例衡量股东表决权大小的原因与有限责任公司的资合性特征相关。第一,以出资比例衡量股东表决权大小体现了股权平等的原则,一股一权,同股同权;第二,将股东的表决权与其出资相联系,股东按照出资比例享有表决权,可以维护出资数额较大股东的利益,吸引更多投资;第三,遵循了决策与风险相一致的原则,出资数额更大股东所承担的风险更大,理应享有更大的决策权。而本条允许公司章程另行规定衡量股东表决权大小的标准则是对公司自治的尊重。表决权属于共益权,是股东参与公司经营管理的体现。各公司经营状况、管理需求存在差异,以出资比例高低确定股东表决权大小未必是最有利于公司的安排,故本条允许公司章程另行规定其他衡量标准。并且,表决权本质上是股东享有的权利,股东理应享有让渡、放弃表决权的自由。

当公司章程不存在例外规定时,根据本条规定,股东在股东会会议上按照出资比例行使表决权。在新《公司法》实行限期认缴制的情况下,股东出资包括实缴出资和认缴出资。我们认为,本条规定的"出资比例"指的是认缴出资比例,而非实缴出资比例。原因在于:首先,表决权不属于股东的财产性权利,不应似新股优先认购权、剩余索取权、利润分配请求权那样受到实缴出资比例的限制;其次,认缴出资即意味着股东负有按期足额缴纳出资的义务,股东应当就其认缴出资享有相应的权利。

第六十六条 股东会的议事方式和表决程序,除本法有规定的外,由公司章程规定。

股东会作出决议,应当经代表过半数表决权的股东通过。

股东会作出修改公司章程、增加或者减少注册资本的决议,以及公司合并、分立、解散或者变更公司形式的决议,应当经代表三分之二以上表决权的股东通过。

本条主旨

本条是关于有限责任公司股东会的议事方式及决议通过的表决比例要求的规定。

本条释解

有限责任公司具有较强的人合性和封闭性的特点,所以与股份有限公司相比,其更多地体现自治性。这也表现在股东会的议事方式和表决程序上。依据本条第1款规定,公司章程可以在新《公司法》未作规定的情况下对股东会的议事方式和表决程序作具体规定。但值得注意的是,在股东会表决方面,本条第1款授权公司章程另行规定的内容仅包括表决程序而不包括表决比例。根据公司法上的任意性与强制性原理,本条第2款规定的股东会普通决议通过的过半数比例,以及本条第3款规定的股东会特别决议通过的2/3以上的比例均为最低比例。换言之,公司章程对股东会普通决议通过的表决权比例的规定只能高于过半数的比例,对股东会特别决议通过的表决权比例的规定也只能高于2/3以上的比例。

修改公司章程、增加或者减少注册资本,以及公司合并、分立、解散或者变更公司形式对于公司来说是极为重要的事项,因此,本条第3款规定,股东会对这些事项作出的决议须经代表2/3以上表决权的股东通过。这种决议称为特别决议。此处,新《公司法》并未规定股东会的出席比例,为了防止出现少数股东操纵股东会,损害其他股东的利益,并且考虑到有限责任公司的股东人数较少,我们认为,本条第3款规定的“须经代表三分之二以上表决权的股东通过”是指代表全体有限责任公司的2/3以上表决权的股东,而非以出席会议的股东为基数。

除此特别决议以外的其他决议称为普通决议,根据本条第2款的规定,其应当由“代表过半数表决权的股东通过”。值得注意的是,本条第2款规定的表决权比例是过半数而非1/2以上。按照“以上”包括本数而“超过”不包括本数的一般规则,有限责任公司普通决议通过的条件是代表多于1/2表决权的股东通过该决议,如果表决同意的股东所代表的表决权数少于1/2或者正好等于1/2,则决议不通过。

第六十七条 有限责任公司设董事会,本法第七十五条另有规定的除外。

董事会行使下列职权:

(一)召集股东会会议,并向股东会报告工作;

(二)执行股东会的决议;

(三)决定公司的经营计划和投资方案;

(四)制订公司的利润分配方案和弥补亏损方案;

(五)制订公司增加或者减少注册资本以及发行公司债券的方案;

(六)制订公司合并、分立、解散或者变更公司形式的方案;

(七)决定公司内部管理机构的设置;

(八)决定聘任或者解聘公司经理及其报酬事项,并根据经理的提名决定聘任或者解聘公司副经理、财务负责人及其报酬事项;

(九)制定公司的基本管理制度;

(十)公司章程规定或者股东会授予的其他职权。

公司章程对董事会职权的限制不得对抗善意相对人。

本条主旨

本条是关于有限责任公司董事会设置及其职权的规定。

本条释解

董事会是指由股东会选举的董事组成的执行股东会决议并经营管理公司的公司常设机构。

一、有限责任公司董事会的设置

本条第1款规定,有限责任公司设董事会,董事会是有限责任公司的必设机构。新《公司法》要求有限责任公司设置董事会具有合理性。

其一,董事会在公司经营效率化和企业管理专业性追求方面具有优势。现代市场竞争和技术进步以及商事交易的复杂多变对公司管理形成更强的外部压力,提出了更高的专业化要求,具有投资财力甚至实力雄厚的股东不一定具有专业化的管理能力和素养,将公司经营事务交由具有专业知识和丰富经验的职业管理人专事管理成为最具效率性的现代企业管理方式。公司董事会通常由职业经理人、专业人士以及擅长经营管理的股东代表组成,由此董事会较之股东会更能反映和体现公司专业化和高效管理的目标和要求。

其二,从法律制度间的相互连接和功能互补而言,将公司主要的经营者权力赋予董事会更尊重和符合公司法人地位、人格独立及其法人人格权及其财产权的内在要求,更能为公司人格的真正独立提供权力配置的有效保障。公司人格独立的核心目标是公司人格与公司股东人格的相互切割和彼此独立,使公司的整体意志和利益区别于股东的个人意志和利益,公司法上的法人格否认制度正是为此建立。由股东之外的管理者组成的董事会较之股东会显然更有基础和条件完成人格独立的法律任务。在股东意志和利益与公司意志与利益之间,尽管股东会的集体意志不等同于股东的个人意志,但股东会毕竟是股东直接议决的组织,并且在资本多数决表决机制之下控制股东更有决定性主导作用,因此,股东会的隔离作用有着较大局限性和不足。而董事会因其董事多不具有股东身份且实行董事表决权平等、按人头表决的机制,更能摆脱股东尤其是个别股东对董事会决议的影响,从而可以发挥更有效的隔离作用。

二、有限责任公司董事会的职权

根据本条第2款规定,有限责任公司董事会职权包括:法定职权、章定职权和授予职权。法定职权,是指董事会依本条规定享有的职权;章定职权,是指董事会依据公司章程规定享有的职权;授予职权,是指法定职权和章定职权之外的,董事会因股东会的授予而享有的其他职权。法定职权和章定职权具有确定性、稳定性和公开性,而授予职权则往往具有不确定性、变动性和私密性。不确定性,是指董事会是否被股东会委托授予职权或授予何种职权并不预先确定,其可能享有、也可能完全不享有任何职权;变动性,亦即董事会的授予职权并不固定,权力的授予可能是有期限的,可能是短期的,也可能是长期的,过去享有的职权现在不一定享有,现在享有的职权将来可能不再享有;私密性,是指相对法定职权和章定职权的公开性而言,董事会是否享有某种授予职权无法通过法律和章程规定的公开途径知晓,而只能通过特定的信息渠道或与公司间的相对行为获取。

相较于原《公司法》第 46 条对于董事会法定职权的规定,本条删除了“制订公司的年度财务预算方案、决算方案”的内容。根据本条规定的法定职权,董事会实际上具有股东会决议执行机构与公司经营管理机构的双重属性。董事会的一部分职权是为了实现股东会所执掌的所有者权力而设置的职权,另一部分则进入了公司经营管理领域,与经理机构分享着不同层次的公司经营管理权力。

一方面,本条第 2 款第(1)项规定的“召集股东会会议,并向股东会报告工作”的职权纯属程序性权力,旨在衔接董事会和股东会的工作流程。对于本条第 2 款第(4)(5)(6)项规定的“制订公司的利润分配方案和弥补亏损方案”“制订公司增加或者减少注册资本以及发行公司债券的方案”“制订公司合并、分立、解散或者变更公司形式的方案”,董事会拥有的是制订方案的权力,上述方案的决定权属于股东会。如果将制订方案也视为一种决策,那么,对于上述事项,股东会和董事会分享的是相同事项在不同决策阶段的不同权力,董事会对各种方案的决策权是为了实现股东会的所有者权力而专门设置的工作权力。在此意义上,董事会系为股东会实现所有者权力而服务的常设工作机构。而本条第 2 款第(2)项规定的“执行股东会的决议”的职权即是对董事会作为所有者权力实现机构的更直接体现。

另一方面,董事会的其他职权进入了公司经营管理领域,包括本条第 2 款第(3)(7)(8)(9)项规定的“决定公司的经营计划和投资方案”“决定公司内部管理机构的设置”“决定聘任或者解聘公司经理及其报酬事项,并根据经理的提名决定聘任或者解聘公司副经理、财务负责人及其报酬事项”“制定公司的基本管理制度”,公司的经营管理权由董事会与经理机构分别行使,只不过相较于经理机构,董事会的经营管理权更为宏观和抽象,而经理机构则在日常的更为具体、微观的事项上进行管理。

根据本条第2款第(10)项的规定,董事会的职权还包括公司章程规定的职权。公司章程不仅可以扩大董事会的职权范围,也可以对董事会的权力作出限制,限制的范围包括章定职权,也包括法定职权和授予职权。在公司章程对董事会职权作出限制的情况下,根据本条第3款的规定,该限制不得对抗公司的善意相对人。原因在于,通常情况下公司相对人不负有主动审查公司章程对董事会权力所作限制的义务,如果公司相对人不知道或不应当知道公司章程对董事会权力所作限制,则该限制对其不产生法律效力。

相关理论

董事会职权立法模式理论

公司法对于公司组织机构职权的规范方式存在着列举主义和概括主义的两种模式。列举主义将机构的职权逐项罗列,如本条所列董事会的法定职权;概括主义则只对公司组织机构的职权作原则性或抽象性规定。1993年《公司法》施行以来,我国《公司法》对董事会职权一直采列举主义,但在新《公司法》立法的过程中,立法机关规范董事会职权的方式发生了两次变化:原《公司法》采列举主义,《公司法(修订草案一审稿)》改为概括主义,《公司法(修订草案二审稿)》和《公司法(修订草案三审稿)》回归列举主义。其中,《公司法(修订草案一审稿)》将有限责任公司董事会职权规定为“新《公司法》和公司章程规定属于股东会职权之外的职权”,意即除股东会职权外的所有事项都由董事会负责。此谓新《公司法》立法中极具突破性的创新,然而细究思忖,这一立法创新的目的和效果却是值得商榷的。

虽然《公司法(修订草案一审稿)》的立法说明并未就董事会职权概括主义的立法模式作出具体解释,但可以推定,其最主要的理由应是,既然股东会职权之外其他职权都归董事会,就没有必要再加列举。同时,法律条款难以周延,不能涵盖所有可能的事项,本来也无法全面列举。此外,虽然《公司法(修订草案一审稿)》未明确董事会职权的强制性和任意性,但这种除外性规定的立法方式似乎也暗含了弱化董事会职权规范的强制性而强化其任意性的倾向。这种立法方式也确有学者的立法建言。然而,仅此并不构成公司法对董事会职权只作抽象性规定的充分理由,这里涉及的核心问题是公司法规范的示范功能与公司自治的效率、自治规则的优化。暂且不论关于董事会职权的法律规范是否均属任意性规范,都不意味着法律对董事会职权的列举规定不再具有实际意义。相反,示范性、引导性、指导性恰是任意性规范极具实践价值的法律功能。

首先,促进谈判、凝聚共识、避免分歧、消除障碍。公司的组建和设立是投资者就公司所有重大事项的筹划和协商过程,关于组织机构及其职权的分配是其中至为重要的事项。围绕于此,既存在投资者的共同利益,也存在各自的利益和相互的冲突,既有各方的一致意见,也有各自的不同主张。如果没有一个董事会职权的范本或模式,缺少法律的统一引领,那么董事会的每一项职权都需要进行单独的磋商谈判,激烈的利益冲突和尖锐的意见对立将可能会形成公司设立的障碍并导致公司设立的失败。公司法条款应当是公司参与各方在协商成本足够低的情况下,必然会采纳的制度安排。就此而言,公司法对公司机构进行的权力配置,事实已成为投资者合作的前提,它甚至可以被看作是一项投资者之间的交易安排。

其次,提高公司章程制定的效率,降低规范形成的成本。如果公司法对董事会职权不做列举规定,而由公司章程最终作出规定,这必然产生额外的磋商成本。公司的设立者必须为此投入相当的精力,花费必要的时间。效率追求本是商事活动的固有目标,我国近些年商事制度改革的重要内容之一就是提升商事主体设立的效率。外部法律环境尚且如此重视商事主体设立的效率,作为商事主体自身,断无理由忽略公司设立效率的追求。降低交易成本是公司法任意性规范的重要功能。

最后,确保章程制定的质量、提升公司治理的效果。公司章程是高度专业化的法律文件,董事会职权的设定既反映了公司自治的要求,也是实现公司高效、科学管理的重要制度保障。不同公司组织机构的职权分配,虽基于其股东和股权结构各有其个性特点和需求,但理性、科学、合理的分权制衡治理结构和治理机制却是所有公司追寻的共同目标。公司可将章程的制定委托或外包给专业机构或专业人员,而公司立法恰是专门立法机构面向所有公司章程制定的最为专业的基础工程。公司法作为示范性的法律文本,通常也最为科学和理性,其专业化程度和水准远胜于一般公司章程,其提供的分权规范是古今中外公司法理论和实践经验的高度总结和凝练,反映了公司治理运行的客观规律,尤其是反映了公司治理效率化和权力配置最优化的追求。

第六十八条 有限责任公司董事会成员为三人以上,其成员中可以有公司职工代表。职工人数三百人以上的有限责任公司,除依法设监事会并有公司职工代表的外,其董事会成员中应当有公司职工代表。董事会中的职工代表由公司职工通过职工代表大会、职工大会或者其他形式民主选举产生。

董事会设董事长一人,可以设副董事长。董事长、副董事长的产生办法由公司章程规定。

本条主旨

本条是关于有限责任公司董事会人员组成的规定。

本条释解

有限责任公司设董事会的,董事会的组成人数可以由公司根据经营需要而定。但是,为保证董事会议事机制的完整性,新《公司法》对董事会的人数下限作出规定,董事会的人数必须在3 人以上。新《公司法》删除了原《公司法》对董事会人数上限的规定,董事会的人数可以超过13 人。一般而言,董事会组成人数为单数能够避免董事会决议因平票而无法高效作出的问题,但是本条并没有作此限制,意味着有限责任公司的董事会成员可以为双数。

相较于原《公司法》,新《公司法》还扩大了设置职工董事的公司范围。根据本条第1 款的规定,除依法设监事会并有公司职工代表的外,职工人数300人以上的有限责任公司的董事会成员中应当有公司职工代表。立法说明指出,新《公司法》扩大设置职工董事的公司范围的原因在于,“现行公司法在职工董事的设置方面,只对国有独资和国有全资的有限责任公司提出了要求。为更好保障职工参与公司民主管理、民主监督,修订草案扩大设置职工董事的公司范围,并不再按公司所有制类型对职工董事的设置提出要求。考虑到修订草案已规定规模较小的公司不设董事会,并综合考虑中型企业划分标准等因素,规定:职工人数三百人以上的公司,董事会成员中应当有职工代表;其他公司董事会成员中可以有职工代表”。由此,该规定的直接原因系单层制改革后承接职工监事的对应安排问题。但是,新《公司法》在监事会的职权中并未明确规定保护职工利益。追本溯源,《公司法》之所以规定职工监事制度,系由于职工是除了股东以外最关心公司兴衰的群体,公司经营的好坏直接关系着职工利益;职工熟悉本公司情况,能够更好地发挥监事会的监督作用;职工参与公司的经营监督,体现职工利益,符合各国公司法的发展趋势。可见,职工监事的设置系在于提高监事会监督效率,间接实现保护职工利益的制度目的。相应地,职工董事亦应通过此种机制发挥经营监督作用,新《公司法》的修改并未弱化职工利益保护。值得注意的是,对于职工人数不满 300 人的公司,其可以既不设职工董事,又不设职工监事。此时,新《公司法》第 20 条所规定的社会责任条款明确要求公司从事经营活动充分考虑职工利益,这种要求贯穿公司经营决策和执行的各个环节,强化了《公司法》上的职工利益保护,提供了更为直接的规范保护基础。

董事会的日常活动在董事长的负责下进行。董事长的职权包括主持股东会会议、召集和主持董事会会议、检查董事会决议的实施情况等,如果董事长担任公司的法定代表人,则董事长还享有新《公司法》规定的法定代表人的职权。根据本条第 2 款,董事长人数为法定 1 人,公司可以设也可以不设副董事长。设副董事长的,副董事长协助董事长的工作,人数没有限制。董事长和副董事长的产生办法都由公司章程进行规定。

第六十九条 有限责任公司可以按照公司章程的规定在董事会中设置由董事组成的审计委员会,行使本法规定的监事会的职权,不设监事会或者监事。公司董事会成员中的职工代表可以成为审计委员会成员。

本条主旨

本条是关于有限责任公司审计委员会的设置与职权的规定。

本条释解

对于公司组织机构设置,新《公司法》的重大创新在于突破了原《公司法》

下强制性的双层制公司治理架构，允许公司有条件选择单层制模式——只设董事会，不设监事会。本条是重大立法亮点。

新《公司法》突破原《公司法》关于强制性双层制公司治理架构的原因与该公司治理架构在我国实践中运行效果不佳有关。监事会在我国公司实践中的实际作用非常有限，无论是有限责任公司内部的股东压制，还是上市公司的财务造假、虚假陈述等丑闻，抑或是董事、高管违法关联交易、侵占渎职等公司治理中的各种问题，都极少见到监事会的有效作为。这表明，监事会制度在我国公司实践中难以发挥监督的功能，监事会的设置不但增加了公司治理成本，还形成了公司监督的麻痹意识，挤占了公司监督机制的制度空间。

对此，理论界与实务界提出了多种改革方案：(1)强化监事会职权；(2)取消监事会并将董事会改造成公司唯一监督机关；(3)同时强化监事会和独立董事为核心的两种监督模式并赋予上市公司选择权；(4)发展多元化的监督体系。虽观点各异，但均对原《公司法》规定的监督机制的实际效用持消极评价。

面对公司监督制度的系统性困境，新《公司法》对公司监督机制进行了重大改革，重新配置了公司内部的监督力量。制度创新主要体现在两方面：其一，基于单层制改革引入了董事会审计委员会，并区分有限责任公司和股份有限公司分别设定了监事会的选择性设置要求；其二，对可能继续存在的监事会，进一步强化其法律地位与职权。这种改革路径，既给予了公司更大的自治权，给公司预留了单层制的选择空间，又给仍然保留监事会制度的公司提供了优化的制度供给。这种结构性的变革契合了世界各国公司治理结构向单层董事会的融合趋势，也凸显了我国《公司法》所面临的制度背景差异和既有的路径依赖。

一、公司监督机构的选择

新《公司法》为公司提供了两种治理模式，即“监事会模式”和“无监事会模式”。前者即在公司章程无特别规定的情况下，公司仍可设立监事会行使监督职能；而后者则由公司章程自主选择采用，即在公司董事会内设立审计委员会，行使监事会职权，不再设立监事会。“监事会模式”的公司治理结构理论上称为双层制公司治理结构，“无监事会模式”的公司治理结构理论上则称为单层制公司治理结构。对于选出监事会设置的条件，新《公司法》对有限责任公司和股份有限公司作出了区别，形成了两类公司的治理制度差异。根据本条规定，在有限责任公司中，选出监事会的条件是设置行使监事会职权的董事会审计委员会;根据新《公司法》第121条,在股份有限公司中,选出监事会的条件除了设置行使监事会职权的董事会审计委员会之外,还需要满足审计委员会的成员人数为3名以上、过半数成员不得在公司担任除董事以外的其他职务且不得与公司存在任何可能影响其独立客观判断关系等多个条件。

允许公司自行选择采取何种公司治理模式给予了公司充分的自主选择权,公司可以结合自身规模大小、股东人数以及股权构成、资本来源等多方面因素选择最适合自身的公司治理机构设置模式。这无疑更有利于根据不同公司的不同特点建立差异化的公司治理模式,更贴合公司的实际需求。

此外,相较于监事会而言,由董事会承担监督职能也更具合理性。

首先,从克服信息不对称的角度来看,根据新《公司法》的规定,董事会是公司的股东会决议执行机构与公司经营管理机构,对公司的业务应当有充分了解。在决策的事前、事中以及事后,董事会都有充分的条件主动了解公司的业务,并且业务范围并不限于公司的财务状况。而监事会并不负责公司的业务,对公司业务经营状况自然没有董事会了解得更充分与深入。职权范围方面,监事会的职权也主要限于公司的财务状况以及董事、高管的不当行为。

其次,从权力分配的角度来看,董事会负责聘任和解聘公司经理。在公司日常经营过程中,经理起着非常重要的作用。董事会的人事任命权实际上发挥着对经理的监督作用。

再次,从董事会运行方式的角度分析,董事会通过会议机制集体行权对公司的业务事项作出决定时,董事之间会进行充分的商谈与讨论,这种会议机制,制约了个人的专断与独裁,形式上也形成了一种事中监督。

最后,我国在上市公司中推行的独立董事制度使董事会实际上具有替代监事会的制度可能。由独立董事组成的审计委员会主要负责对公司财务的监督,这与监事会的职能有所重叠,也可以称之为准监事会。这意味着,公司的董事会实际上可以履行监事会的监督职责,单独设置监事会履行监督职能的必要性并不显著。

二、审计委员会的人员构成

本条规定,审计委员会"由董事组成"。从文义上分析,审计委员会成员与董事会成员可以交叉。根据新《公司法》第68条,有限责任公司董事会成员为3人以上,其成员中可以有公司职工代表;职工人数300人以上并且选择设置审计委员会而非监事会的有限责任公司，其董事会成员中应当有公司职工代表。如果董事会成员中有职工代表，职工董事也可以担任审计委员会成员，享有监督权。（关于职工代表参与公司经营、监督意义的详细论述，请参阅本书对新《公司法》第 68 条的解释。）

股份有限公司审计委员会的人数不少于 3 人，同时必须过半数董事在公司不存在其他任职，而有限责任公司并无此要求。虽然新《公司法》在有限责任公司与股份有限公司审计委员会成员构成方面设定了不同的要求，但从审计委员会行使职权的方式来看，仍应当要求有限责任公司的审计委员会人数不少于 3 人，否则无法以集体决策的方式实现对公司的有效监督，少于 3 人也很难称之为一种董事会内部的专门委员会。只不过在任职限制方面，有限责任公司审计委员会成员相较于股份有限公司可以放低要求，否则小规模有限公司难以实现特殊的任职回避要求。

三、审计委员会的职权

在新《公司法》立法的过程中，审计委员会职权的规范内容经历了较大变化。在《公司法（修订草案一审稿）》中，审计委员会的职权包括两部分，一是“对公司财务、会计进行监督”的法定职权，二是公司章程规定的其他监督职权。可见，彼时审计委员会的监督职能并不能完全取代监事会的监督职能，并且法律还给选择设置审计委员会的公司赋予了公司章程自治的空间。《公司法（修订草案一审稿）》将审计委员会的监督职权聚焦于财务会计监督，系立法机关的主动选择而非规范漏洞，也是对审计委员会监督效用进行理性定位后的职权配置。

根据本条规定，审计委员会行使新《公司法》规定的监事会的职权。换言之，按照文义解释的结果，审计委员会的职权包括：（1）检查公司财务；（2）对董事、高级管理人员执行职务的行为进行监督，对违反法律、行政法规、公司章程或者股东会决议的董事、高级管理人员提出解任的建议；（3）当董事、高级管理人员的行为损害公司的利益时，要求董事、高级管理人员予以纠正；（4）提议召开临时股东会会议，在董事会不履行新《公司法》规定的召集和主持股东会会议职责时召集和主持股东会会议；（5）向股东会会议提出提案；（6）依照新《公司法》第 189 条的规定，对董事、高级管理人员提起诉讼；（7）公司章程规定的其他职权。

相关理论

公司组织机构规范的强制性与任意性理论

公司法的强制性与任意性是公司法理论和实践最基本和最重要的问题。20 世纪 80 年代,我国《公司法》起步发展的早期,这一问题并未引起我们的关注,直到 90 年代后期,才逐渐进入人们的视野。我国理论界和实务界一致认为,公司法不仅应具有强制性,还应具有任意性,系强制性规范和任意性规范有机构成、合理布局的法律,公司法的合同解释说或共同契约说则是其根本和核心的理论根据。

但公司法强制性规范与任意性规范如何具体界定,即究竟哪些规范属于强制性规范、哪些属于任意性规范,是公司法始终未予明确规定的问题。这也是多年来公司法理论研究的难题。其基本的解决思路是,首先,对公司法规范进行类型划分,再进一步界定不同类型公司法规范的强制性和任意性。最具代表性的是美国著名公司法学者爱森伯格教授提出的规范分类,他将公司法规范分为结构性规范、分配性规范和信义性规范,并认为结构性规范主要应为强制性规范,分配性规范和信义性规范主要应为任意性规范。我国学者有的主张将公司法规范分为基本规范和普通规范,基本规范主要属于强制性规范,普通规范基本属于任意性规范。另有的主张从内部关系与外部关系的角度界定公司法规范的强制性和任意性,调整公司内部关系的规范应以任意性规范为主,调整公司对外关系的规范应以强制性规范为主。此外,还有的主张以公司类型来确定公司法规范的强制性与任意性,即调整有限责任公司关系的规范应主要为任意性规范,调整股份有限公司的规范应主要为强制性规范。

关于公司组织机构的规范是公司治理制度的主要部分,公司组织机构规范通常被划定在结构性规范、普通规范、内部规范中,多数学者对公司组织机构规范强制性和任意性的定性形成了共识,即公司立法应充分尊重公司自治,公司组织机构规范的基本属性是任意性,应以任意性规范为主,强制性规范为辅。具体而言,公司内部组织机构设置规范调整的是公司的内部法律关系,一般不会直接影响公司外部当事人的合法权益,也无损害社会公共利益之虞,原则上应是任意性规范,但若一些规范涉及公司组织机构存在和运行所必需的要求或条件,则应具有强制性。

第七十条 董事任期由公司章程规定,但每届任期不得超过三年。董事任期届满,连选可以连任。

董事任期届满未及时改选,或者董事在任期内辞任导致董事会成员低于法定人数的,在改选出的董事就任前,原董事仍应当依照法律、行政法规和公司章程的规定,履行董事职务。

董事辞任的,应当以书面形式通知公司,公司收到通知之日辞任生效,但存在前款规定情形的,董事应当继续履行职务。

本条主旨

本条是关于有限责任公司董事、法定代表人的任期与辞任的规定。

本条释解

一、董事的任期

根据本条第 1 款,董事的任期由公司章程任意规定,只要每届任期不超过 3 年即可。每位董事任期届满后,公司就要重新选举董事。如果任期已届满的董事当选,则可以连任,并且新《公司法》对董事连任的届数没有限制。

董事任期届满后没有及时改选出新的董事,或者董事在任期内辞职,在这两种情况下都有可能会因董事离任而导致董事会成员低于法定人数,进而影响公司的经营的决策及正常运营,甚至有可能使公司陷入经营困难。为使董事人数符合新《公司法》规定,同时为了维护公司利益,保证公司正常营业活动的顺利进行,本条第 2 款规定,在改选出的董事就任前,原董事仍应当依照法律、行政法规和公司章程的规定,履行董事的职务。

二、董事的辞任

本条第 3、4 款规定了有限责任公司董事辞任的规则,系本次《公司法》修改新增的内容。原《公司法》虽然规定了董事可以辞任,但其离职的具体方式、相关法律后果并不明确,本条对这些问题作出明确规定。

本条第 3 款规定了董事辞任的方式。董事与公司之间属于委托合同关系。根据《民法典》第 933 条有关委托合同解除规则的规定,作为委托人的公司和作为受托人的董事都享有法定任意解除权,可以随时解除委托合同。本条第 3 款是关于董事行使任意解除权的具体规定,其明确董事任意解除权的生效时间为公司收到董事的书面意思表示之时。换言之,董事应当通过书面形式向公司作出解除委托合同的意思表示,该意思表示在到达公司之时生效。董事辞任的意思表示生效后,董事与公司之间的委托合同关系即应随即解除,相关主体无须继续履行董事职责。但是,基于维护公司正常经营秩序的考量,本条第 3 款规定,如果董事会成员人数因董事离任而低于 3 人,那么该董事应当继续履行董事职务,直至改选出的董事就任之时。

第七十一条 股东会可以决议解任董事,决议作出之日解任生效。

无正当理由,在任期届满前解任董事的,该董事可以要求公司予以赔偿。

本条主旨

本条是关于有限责任公司董事无因解任的规定。

本条释解

本条是本次《公司法》修改的新增条文,将《公司法司法解释(五)》第 3 条规定的股东会无因解除董事职务制度在《公司法》层面予以确认。早在 2005 年《公司法》修改之时,已有学者提出,在《公司法》中规定股东会对董事的无因解除权并增加中小股东对不适任董事的解除请求权,以此调动中小股东参与公司管理的积极性,增强对董事行为的监督。选任和解除董事职务是股东会不可剥夺的权力,无论英美法系还是大陆法系都确认了这一规则;对董事违反法律、行政法规及公司章程的重大事实但受大股东庇护无法通过解任决议的情况,很多国家都授予少数股东请求司法救济的权力。新《公司法》确立了股东会无因解任董事的职权,但却未赋予中小股东通过司法途径解任董事的权利,公司解任董事只能通过股东会决议的方式实现。

根据本条第 1 款的规定,在董事任期届满之前,股东会可以随时解任董事,更换公司的经营管理者,不需要任何理由;并且,董事任职关系自股东会作出解任决议时起即生效,无须待送达董事之时。这是《公司法》第 4 条规定的股东选择管理者权利的具体落实,股东会不仅享有选举和更换董事的权利,也有解任董事的权利。同时，允许股东会无因解任董事更是体现了《公司法》对股东选择管理者权利的充分保护。

然而，在股东会没有正当理由的情况下，允许其随意解任董事可能与董事的预期相背离，由此也会给董事的权益造成相应的损害。为了最大限度地减少股东会无因解除董事职务可能造成的损害，本条第 2 款规定，股东会在董事任期届满前无正当理由解任董事的，董事享有要求公司赔偿其损失的权利。

在新《公司法》引入股东会无因解任公司董事制度之前，《民法典》中已经有一般规定。某一主体担任公司董事的原因在于，其接受了经营管理公司事务的委托。董事与公司之间存在委托合同关系。根据《民法典》第 933 条有关委托合同解除的规定，委托人和受托人都享有法定任意解除权，可以随时解除委托合同；如果一方任意解除合同造成对方损失，除不可归责于该当事人的事由外，无偿委托合同的解除方应当赔偿因解除时间不当造成的直接损失，有偿委托合同的解除方应当赔偿对方的直接损失和合同履行后可以获得的利益。据此，董事和公司都享有随时解除委托合同的权利。董事可以随时辞任，其具体规则在前条已有规定；同时，公司也可以随时解任董事，这即是本条规定的核心内容。并且，有鉴于董事与公司之间的委任合同一般都是有偿合同，根据《民法典》第 933 条的规定，本条第 2 款规定的董事可以要求公司赔偿的范围，应当是该董事的直接损失以及该主体继续担任公司董事可以获得的利益。

第七十二条　董事会会议由董事长召集和主持；董事长不能履行职务或者不履行职务的，由副董事长召集和主持；副董事长不能履行职务或者不履行职务的，由过半数的董事共同推举一名董事召集和主持。

本条主旨

本条是关于董事会会议的召集和主持的规定。

本条释解

为了保证董事会会议顺利召开，本条规定了董事会会议的召集和主持制度。作为公司的组织机构，董事会通过召开会议并形成决议的方式行使职权。本条规定了董事会会议的召集人和主持人：董事会会议一般应由董事长召集和主持,只有在董事长不能履行或不履行召集和主持董事会会议的职务时,才由副董事长召集和主持,并且这是副董事长的义务。其中,所谓“不能履行职务”是指由于发生客观原因,使得董事长职务履行不能;“不履行职务”则是指董事长客观上可以履行职务,但是由于其主观上的原因而拒绝履行。此两种情况下,都由副董事长召集和主持。同样,如果副董事长出于客观或主观上的原因履行不能或拒绝履行召集和主持董事会会议的职务时,董事会由半数以上董事共同推举的一名董事召集和主持,其中,“半数以上的董事”是指董事会全体成员的半数以上。这样规定的主要目的是防止董事长或者副董事长滥用召集和主持权,使董事会不能如期召开。域外也有规定董事会的任一成员都有权召集董事会的权利,避免董事会因个别人的原因不能正常召开。

第七十三条 董事会的议事方式和表决程序,除本法有规定的外,由公司章程规定。

董事会会议应当有过半数的董事出席方可举行。董事会作出决议,应当经全体董事的过半数通过。

董事会决议的表决,应当一人一票。

董事会应当对所议事项的决定作成会议记录,出席会议的董事应当在会议记录上签名。

本条主旨

本条是关于董事会议事方式、表决程序及会议决议机制的规定。

本条释解

本条第 1 款规定,董事会的议事方式和表决程序,除《公司法》有规定的外,由公司章程规定。同股东会一样,有限责任公司由于其人合性和封闭性的特点,董事会的议事方式和表决程序也多体现自治性。同时,考虑到每个公司及其董事会的情况都各不相同,本条允许董事会在不违背《公司法》规定的前提下,由公司章程根据自己公司和董事会的实际情况采取更为适宜的董事会议事方式和程序。

本条第 2 款规定,董事会会议应有过半数以上的董事出席方可举行,只有达到这一法定比例，董事会的程序才是合法的。规定出席董事会的法定人数，体现了董事会会议所应当具有的代表性。董事会作出决议，必须经董事会全体成员的过半数通过。

本条第 3 款规定了董事会决议的表决方式为一人一票。董事会中，每一名董事的权责都是相同的，不因其在公司中的持股数额、时间长短、是公司股东还是职工等等任何因素而有任何的差别。因此，董事的表决权是采取一人一票的分配规则，即便是公司的董事长也是如此。在全部事项均以过半数多数通过的情况下，董事长也只有一票表决权，没有超越董事会其他成员的特殊权利。一人一票的表决规则能够防止大股东在公司管理中“一手遮天”。

然而，实践中，一人一票的表决规则也容易导致表决僵局的情况发生，阻碍董事会形成有效决议。相反，允许董事长或其他董事投第二票更有利于解决董事会表决僵局。基于一人一票的规则，董事会表决权僵局表现为有效票数为偶数时，出现平票。为了解决这一僵局，实践中一般有两种处理方法：一为另行召开董事会或股东会进行决议，二为允许董事长再投一票。前者是为了避免违反《公司法》关于一人一票规定而采取的手段，但可能导致决策效率的丧失，并且混淆董事会、股东会职权。后者实现的方式是公司章程另外规定董事长再投一票的权利。

为缓和僵硬的一人一票表决规则，我们认为，本条第 3 款应当属于任意性法律规范，公司章程可以对一人一票表决规则作出例外规定，赋予董事长或者其他董事在发生表决僵局时再投一票的权利。域外也存在董事会表决一人一票的例外规定，如法国、新加坡等都在法律中明确了董事会表决僵局时董事长“有决定性一票”“再投一票”，以此打破董事会决议的表决僵局。

本条第 4 款规定，董事会应当对所议事项的决定作成会议记录，出席会议的董事应当在会议记录上签名。董事会召开会议，是执行股东会决议，进行实际经营管理的体现，因此也应该对所议事项的决定作成书面记录，以便股东和监事查阅。出席会议的董事在会议记录上签名，一是体现会议记录的真实性和有效性，二是一旦给公司造成损失，可以作为证据，以追究相关人员的责任，决议中持异议的董事可以免责。

第七十四条 有限责任公司可以设经理，由董事会决定聘任或者解聘。

经理对董事会负责，根据公司章程的规定或者董事会的授权行使职权。经理列席董事会会议。

本条主旨

本条是关于有限责任公司经理的设置及其职权的规定。

本条释解

一、经理机构的设置

本条第1款规定，有限责任公司可以设经理。可见，经理是有限责任公司可以自行选择是否设置的机构。关于经理是公司的必设机构还是任意机构，我国理论界还存在争议，有观点认为，经理是公司必设机构，经理是我国大多数公司中实际承担管理与经营职能的人，设置经理为公司日常管理与经营所必需，将经理定位为公司任意机构不符合我国公司实践。相反观点则认为，经理属于公司的代理人，而代理人完全是契约关系的当事人，是否成立契约及由此确定委托代理人自然属于意思自治的领域，经理由此成为公司任意设定的机构。对此，新《公司法》按照前述公司组织机构任意性与强制性划分的公司类型标准，区分不同类型的公司作差异化规定（关于公司组织机构设置的任意性与强制性理论的详细论述请参阅本书对新《公司法》第69条解释的“相关理论”部分）。本条将经理规定为有限责任公司的任意机构，新《公司法》第126条则将经理规定为股份有限公司的必设机构。

董事会与经理都是公司的经营管理机构，董事会行使宏观、抽象的经营管理权，经理在董事会经营决策的基础上管理公司日常的具体事务（关于董事会与经理经营管理权之间关系的详细论述请参阅本书对第67条的解释）。为使公司经营管理权的分配更加贴切公司的需求，如果有限责任公司决定设置经理机构，经理的人员应当由董事会决定聘任或者解聘。

二、经理的职权

根据本条第2款的规定，经理对董事会负责，其职权包括公司章程规定的职权、董事会授权的职权以及列席董事会会议的职权。与原《公司法》第49条相比,本条第2款对于经理职权的规定作出较大修改,立法模式上,原《公司法》第49条采取的是列举式的立法模式,一一列明经理享有的8项职权;本条采取的则是概括式的立法模式,仅对经理职权的内容作出概括性规定。在经理职权的具体内容上,原《公司法》第49条列举的经理所享有的法定职权未被新《公司法》所保留。这一立法改变并非只是立法技术和规范形式的调整,其本意是尊重公司自治,但由此也产生了有待进一步解释的问题。例如,经理是否享有对外代理权?公司相对人是否有义务审查公司章程或董事会的授权文件以确认经理的职权范围?

公司机构的职权类型与公司对外的越权行为及相对人的注意义务直接关联。对于公司机构依强制性规范享有的绝对职权,对外当然具有推定所有人知晓的公示效力;公司章程如有违背性规定,不仅其本身违法无效,亦不会产生对外行为的效力,据此可以较为容易地对公司机构对外的有权或越权行为作出判断并确定其有效或无效的法律后果。而对于公司机构相对的法定职权和章定职权,公司相对人无法从法律的一般规定、只能从公司章程的具体条款中获知,因此必然涉及章程是否具有对外效力和相对人是否负有章程审查义务的问题。至于公司机构的授予职权,其权力的外观既不是法律规范,也不是公司章程,而是公司机构专门签发或特别出示的委托文件,依此职权代表公司的对外行为已发生与民法上民事委托行为的链接,其行为效力将需要同时依据《公司法》和《民法典》的相关规定加以综合判断。

相关理论

经理的职能定位理论

在我国,经理是名副其实的公司业务执行机关,而且是主要的业务执行机关。

首先,经理是公司的法定机关。我国《公司法》对公司组织机构进行了法定化的设置,在规定公司应当设股东会、董事会和监事会之后,又对经理机构的设置作了规定。

其次,经理是典型的业务执行机关。原《公司法》第49条规定的经理职权有以下8项:(1)主持公司的生产经营管理工作,组织实施董事会决议;(2)组织实施公司年度经营计划和投资方案;(3)拟订公司内部管理机构设置方案;(4)拟订公司的基本管理制度;(5)制定公司的具体规章;(6)提请聘任或者解聘公司副经理、财务负责人;(7)决定聘任或者解聘应由董事会决定聘任或者解聘以外的负责管理人员;(8)董事会授予的其他职权。以上法定职权所涉事项中的第(1)和第(2)项属于公司最主要的业务经营活动,第(3)(4)(5)项关于公司组织建设和制度建设的事项属于公司开展业务经营必须采取的管理措施,关于公司管理人员的聘任则属任何业务管理必然包含的人事管理。所有这些事项都是典型的业务管理或业务执行。新《公司法》虽未统一列举经理的具体职权内容,但相关条文的规定也体现了经理作为公司业务执行机关的职能特征。其一,股东会、董事会、监事会都是会议形式的机构,经理是公司机构中唯一的常设机构,其行为不需要通过会议以多数原则形成意志和决议,而是以经理的最终意志为准。公司日常经营事务的及时、有效处理依赖于经理。其二,根据新《公司法》第 10 条的规定,经理代表公司执行公司事务,享有业务执行的职权。其三,经理属于新《公司法》第 265 条规定的高级管理人员,负责组织公司日常经营管理活动。

最后,我国《公司法》学理和相关立法文件虽不常用"业务执行机构"而以"日常业务管理机构"指称经理,但其实质和表达内容与传统的业务执行机关几近相同。经理作为公司业务执行机关是我国公司治理的现实,某种程度上也是公司法理论早已形成的共识。

另外,值得注意的是,在许多关于公司治理结构的理论阐述中,论者往往将董事会定性为公司业务执行机关。然而,一个公司不可能同时存在两个业务执行机关,肯定董事会为业务执行机关,自然就排挤和否定了经理的业务执行机关地位。

首先,对于公司的业务执行机关,域外公司法的确与我国《公司法》的设计存在根本差异。就立法规定而言,域外公司法的确多规定董事会为公司业务执行机关,但实际上公司的业务执行多由管理公司具体事务的董事或经理担当。我国《公司法》理论将董事会定性为业务执行机关,重要的缘由是借鉴域外经验,但却忽略了我国《公司法》与域外公司法对经理机构法律规定的不同。其次,域外公司法上的公司业务执行机关经历着从董事会到董事个人或经理、董事会权力逐渐分化和进行二次分配的实质和形式的嬗变。此种嬗变的内在原因在于企业对经营效率的追求。公司业务执行活动的特点在于所涉业务领域和事务的广泛性、处理具体业务事项的直接性、迅速作出决定的紧迫性以及根据情况变化及时进行调整安排的灵活性。基于此，一些国家原本以董事会为公司业务执行机关，但后来业务执行权力不断向类似经理的机构转移，经理已从原始的辅助业务机关逐渐成为事实上的主要业务执行机关。

因此，认为董事会是公司业务执行机关的判断许多时候是对既往历史事实的阐述而非对现实情况的总结。基于对我国立法和现实的承认和尊重，无论域外规定如何定性，对此曾有过怎样的变化，都不能否定我国《公司法》对经理的法律定位，亦不应成为我国承认经理为公司主要业务执行机关的障碍。

第七十五条 规模较小或者股东人数较少的有限责任公司，可以不设董事会，设一名董事，行使本法规定的董事会的职权。该董事可以兼任公司经理。

本条主旨

本条是关于小型有限责任公司的董事会与董事设置的规定。

本条释解

部分有限责任公司股东人数较少或规模较小，故管理成本较低，一名董事即可履行董事会的全部职责，设立董事会反而会增加公司的经营管理成本。本条规定简化了有限责任公司的组织机构，降低公司管理的成本和复杂程度。在规模较小或股东人数较少而不设董事会的有限责任公司，公司的董事行使董事会所享有的召集股东会会议并向股东会报告工作、执行股东会的决议、制订公司的利润分配方案和弥补亏损方案、制订公司增加或者减少注册资本以及发行公司债券的方案、决定公司内部管理机构的设置、制定公司的基本管理制度等职权。此外，此类公司的董事还可以兼任公司的经理，执行经理的职权。

简化公司组织机构设置主要出于公司经营多样化、差异化两方面的考虑。

第一，关于股东人数。股东人数的立法定位蕴含着公司的规模属性，股东人数之多寡直接影响所有者与经营者的分离程度和股东之间的互动关系。一方面，股东人数较少时，股东通常身兼经营之职，公司呈现所有权与经营权相结合之表象，此时若将针对大规模公司所有权与经营权分离的特征而设计的法律制度套用于小型公司,将形成“小孩穿大衣”的窘境。投资者为优化资源配置,必然偏好于最低运营成本及风险但利益最大化的选择。因此,从投资者理性选择视角观之,当股东人数较少时,既然执行和监督机关职务为股东兼任,基于降低成本、提高效率的考虑,应当允许公司简化组织机构的设置。另一方面,股东数量还直接影响股东间的互动关系。股东的收益并不仅包括投资回报,还包括控制权收益。在“资本多数决”的背景下,公司股权结构一旦集中,股东压制即较为突出。当股东人数较多时,主体利益的异质化冲突对抗则更加激烈。而股东人数较少时,公司治理体现“契约性”的色彩,股东间信赖程度高,公司的设立、运作可以经过股东的充分协商,公司决策和纠纷处理无涉股权结构,股东压制并不明显。

第二,关于公司规模。股东人数之外,公司组织机构设置的模式亦受到公司注册资本额的影响。首先,注册资本额自身即彰显规模属性。2013 年《公司法》施行前,我国对于有限责任公司和股份有限公司一直存在不同程度的最低注册资本额的限制要求,这也成为彼时两类公司的一大重要区分标准。其次,从投资者理性选择视角而言,注册资本额之变化关乎繁简机构设置。股东不直接管理或控制公司时,公司交由董事会经营,因所有者与经营者之间存在利益冲突,故公司另设监事会负责监督,与之俱增的即监督成本。投资者在机构繁简的选择上,会比较因利益冲突而致的受损成本和为之付出的监督成本,“注册资本额”的大小直接影响成本的变化。注册资本额较小时,潜在损失小于监督成本,基于理性选择,投资者会选择简化的组织机构。

通过剖析“注册资本额”和“股东人数”的内涵,基于尊重投资者的理性选择,以及在股东压制、内部人控制等问题上的规制要求,可进一步确定公司规模大小的含义及厘定路径:首先,当股东人数较多,且股权结构较为集中时,大股东享有控制权收益,为防止其利用“资本多数决”侵害小股东利益。此时,只有董事人数达到一定规模,小股东方能选出代表其利益的董事以形成掣肘,避免大股东的一言堂。同样,只有监事会人数达到一定规模时,小股东才可能通过选举成为监事或选出关注自己利益的监事。其次,当股东人数较多,且股权结构较为分散时,股东之间的代理成本降低,股东与经营层之间的代理成本放大,内部人控制问题突出。此时,股东的收益主要来自投资回报,没有控制权收益的股东直接参与公司监督的积极性不高,机构设置的简化与否和注册资本额密切相关。注册资本额较小时,公司通常会简化设置以降低成本;而若注册资本额较大,公司则会设置规范的董事会和监事会以加强业务决策和监督。最后,当股东人数较少时,公司“契约性”的特性得以彰显,“资本多数决”转向“人头决”,股权结构对公司治理的影响有限,发生股东压制的可能性降低。即便股东之间的信赖关系破裂,一般也可通过协商或合同法的救济径路解决。

第七十六条 有限责任公司设监事会,本法第六十九条、第八十三条另有规定的除外。

监事会成员为三人以上。监事会成员应当包括股东代表和适当比例的公司职工代表,其中职工代表的比例不得低于三分之一,具体比例由公司章程规定。监事会中的职工代表由公司职工通过职工代表大会、职工大会或者其他形式民主选举产生。

监事会设主席一人,由全体监事过半数选举产生。监事会主席召集和主持监事会会议;监事会主席不能履行职务或者不履行职务的,由过半数的监事共同推举一名监事召集和主持监事会会议。

董事、高级管理人员不得兼任监事。

本条主旨

本条是关于有限责任公司监事会设置及人员选任要求的规定。

本条释解

对于有限责任公司,监事会不是公司的必设机构,但如果公司设置监事会,则需要按照本条的规定组成监事会,监事会的成员人数不得少于 3 人,且董事、高级管理人员不得兼任监事。监事的职责包括监督公司的董事以及高级管理人员的行为,为了保证监事的独立性,避免监事与被监督人有利害关系,本条禁止董事和高级管理人员担任监事。设置监事会的公司治理结构是双层公司治理结构。新《公司法》第 69 条也允许公司选择单层公司治理机构,通过设置审计委员会的方式选出监事会。另外,在公司的股东人数较少或者规模较小的情况下,公司也可以根据新《公司法》第 83 条的规定,设一名监事替代监事会,或者经全体股东一致同意不设监事。

股东利益和职工利益在公司利益中具有重要的意义,代表投资者利益的股东和代表生产者利益的职工都应该有权对公司事项进行监督。因此,监事会的组成人员中应当包括股东代表和适当比例的公司职工代表。职工代表的具体比例可以由公司章程根据自身情况规定,但是不得低于1/3,以保证职工代表对监事会的有效参与,而非流于形式。监事会中的职工代表由公司职工通过职工代表大会、职工大会或者其他形式民主选举产生。

监事会设主席1人,由全体监事过半数选举产生,这使得监事会主席的产生过程更具民主性和权威性。监事会主席的职权包括召集、主持监事会会议,以便促使其积极行使职权,以免发生推诿的现象。此外,本条还规定了监事会主席因客观原因不能履行职务或者因主观原因拒绝履行职务时的解决办法——由半数以上监事共同推举1名监事召集和主持监事会会议。这一规范的功能在于防止监事会主席滥用召集主持权,使得监事会会议不能正常召开。

第七十七条 监事的任期每届为三年。监事任期届满,连选可以连任。

监事任期届满未及时改选,或者监事在任期内辞任导致监事会成员低于法定人数的,在改选出的监事就任前,原监事仍应当依照法律、行政法规和公司章程的规定,履行监事职务。

本条主旨

本条是关于有限责任公司监事任期的规定。

本条释解

根据本条规定,监事的任期是法定的,每届为3年。任期届满后,重新参与选举又当选的监事,可以继续担任监事职务,《公司法》不限制连任的次数。监事任期届满后,如果公司没有及时改选出新的监事,或者监事在任期内辞职,这两种情况下因其离任而导致监事会成员而低于法定人数,在公司选举出的监事就任前,为了符合于法律关于监事会人数的规定,同时为了维护公司利益,防止出现监督的空白,原监事仍应当依照法律、行政法规和公司章程的规定,履行监事的职务(有限责任公司监事任期的制度原理与董事任期制度相同,详细论述请参阅本书对新《公司法》第70条的解释)。

第七十八条 监事会行使下列职权：

（一）检查公司财务；

（二）对董事、高级管理人员执行职务的行为进行监督，对违反法律、行政法规、公司章程或者股东会决议的董事、高级管理人员提出解任的建议；

（三）当董事、高级管理人员的行为损害公司的利益时，要求董事、高级管理人员予以纠正；

（四）提议召开临时股东会会议，在董事会不履行本法规定的召集和主持股东会会议职责时召集和主持股东会会议；

（五）向股东会会议提出提案；

（六）依照本法第一百八十九条的规定，对董事、高级管理人员提起诉讼；

（七）公司章程规定的其他职权。

本条主旨

本条是关于有限责任公司监事会职权的规定。

本条释解

依据本条规定，监事会的职权包括法定职权和公司章程规定的职权两类。

监事会是公司的监督机构，有权对公司的人员主要是董事和高级管理人员的经营行为和公司的财务状况进行监督。因此，监事会的职权基本与这两方面有关。

具体而言，监事会的法定职权包括：

第一，检查公司财务。公司财务状况对公司经营状况具有重大的影响。因此，各国公司法均将财务监督作为监事会职权的重要组成部分。

第二，对董事、高级管理人员执行公司职务的行为进行监督，对违反法律、行政法规、公司章程或者股东会决议的董事、高级管理人员提出解任的建议。董事、高级管理人员执行公司职务时所产生的法律后果由公司承担，可能会对公司、股东的利益造成损害。为了避免公司和股东因董事、高级管理人员的不当行为遭受不损失，监事会应当对董事、高级管理人员执行公司职务的行为进行监督。根据新《公司法》第 80 条的规定,监事会可以要求董事、高级管理人员提交执行职务的报告。当董事、高级管理人员的行为违反法律、行政法规、公司章程或者股东会决议时,监事会还有权向股东会、监事会提出解任相关人员的建议,剥夺相关主体的职权。

第三,董事、高级管理人员的行为损害公司的利益时,要求董事、高级管理人员予以纠正。董事和高级管理人员是公司的经营管理者,其在执行职务的过程中有可能违反忠实义务和勤勉义务对公司利益造成损害。此时,为了维护公司的利益,监事会有权对董事、高级管理人员违反忠实义务和勤勉义务的行为进行监督,要求其履行相应的义务。

第四,提议召开临时股东会会议。在董事会不履行新《公司法》规定的召集和主持股东会会议职责时召集和主持股东会会议;监事会是公司监督机关,在其行使监督职权时可能会发现有情况需要召开股东会会议,则可以提议召开。

第五,向股东会会议提出提案。根据本条规定,监事会有权提出解任董事、高级管理人员的建议。监事会向股东会提出建议时,该建议须以提案的方式作出。此外,如果监事会认为有其他事项须经股东会决议,也可以向股东会会议提出提案。

第六,依法对董事、高级管理人员提起诉讼。新《公司法》第 189 条规定,当董事、高级管理人员执行公司职务时违反法律、行政法规或者公司章程的规定,给公司造成损失的,有限责任公司的股东、股份有限公司连续 180 日以上单独或者合计持有公司 1% 以上股份的股东,可以书面请求监事会或者不设监事会的有限责任公司的监事向人民法院提起诉讼,要求董事、高级管理人员承担赔偿责任。董事或者高级管理人员在执行职务时,其行为可能会给公司造成损失,侵犯公司的权益。此时,公司有权追究董事、高级管理人员的责任,监事会代表公司行使损害赔偿请求权。股东代表诉讼制度中,股东请求监事会代表公司追究董事、高级管理人员损害赔偿责任是在履行前置程序,体现了股东对公司自治的尊重(关于股东代表诉讼制度的详细论述请参阅本书对新《公司法》第 189 条的解释)。

本条第(7)项规定,公司章程可以在不违背法律、行政法规和法定职权的前提下,授予监事会其他职权。监事会负责监督、检查公司的各项工作,其监督范围较广,本条第(1)至(6)项列举的职权并不能完全涵盖。因此,公司章程可以根据自身的实际情况依法赋予监事会或减少其他其认为必要的职权。

第七十九条 监事可以列席董事会会议,并对董事会决议事项提出质询或者建议。

监事会发现公司经营情况异常,可以进行调查;必要时,可以聘请会计师事务所等协助其工作,费用由公司承担。

本条主旨

本条是关于有限责任公司监事会列席权、质询建议权和调查权的规定。

本条释解

本条第1款规定了监事会的列席权、质询建议权,监事有权列席董事会会议,并对董事会决议事项提出质询或者建议。监事列席董事会会议有利于监事及时了解董事会的决议情况。必要时,监事还可以就董事会的决议事项提出质询或者建议,起到事前监督的作用。这比董事会决议作出后,监事会再进行事后监督更为有效。

本条第2款规定了监事会的调查权,监事会发现公司经营情况异常,可以进行调查。享有调查权有利于监事会发现相关情况,高效地行使监督权。当监事会开展的调查涉及专业问题,需要聘请专业人员协助调查程序的进行时,监事会还可以聘请会计师事务所等相关专业机构和人员等协助其工作。反之,如果监事会不享有调查权,或者无权聘请专业机构协助,即使监事发现了公司的异常情况也不能直接采取措施维护公司和股东利益,或者没有能力对此种情形作出判断,这必然会失去其监督的意义,达不到监督的效果,使监督工作流于形式。因此,本条赋予监事会以调查权和聘请专业机构协助的权利。此外,为了保证监事会有物质能力履行其调查权,本款第2款规定,监事会调查和聘请会计师事务所等专业机构所需的合理费用由公司承担。

第八十条 监事会可以要求董事、高级管理人员提交执行职务的报告。

董事、高级管理人员应当如实向监事会提供有关情况和资料,不得妨碍监事会或者监事行使职权。

本条主旨

本条是关于有限责任公司监事会信息获取权的规定。

本条释解

本条第1款新增有限责任公司监事会的信息获取权。监事会的信息获取权对应着董事、高级管理人员的信息提供义务,此即本条第2款规定的内容。

原《公司法》第150条也同本条第2款一样规定了董事、高级管理人员的信息提供义务,但未对监事会的信息获取权作明确规定。本条明确规定监事会享有信息获取权更有利于保障监事会获得其履行职权所必需的信息,体现了新《公司法》对监事会职权的强化。

新《公司法》强化监事会职权的原因在于,我国监事会在新《公司法》制定之前在实践中的监督效果不佳。具体体现在两个方面:第一,监事会和经营管理层的信息不对称。实践中,公司的经营信息掌握在董事会和经理人员的手中,监事会所得到的是经营管理层所提供的甚至是筛选后才提供的信息,因此也无法进行有效的监督。第二,监事和监事会缺乏必要的独立性。监事与公司的经营管理者大多来自同一单位,仍残存一种上下级关系,使之难以进行独立、有效的监督。监事会在组织上缺乏应有的独立性,监事的任职多为兼职,监事会的日常监督职能根本无法正常发挥。监事会行使监督权所必须支付的费用,在实践中受制于经营管理人员,这也严重影响了监事行使职权的独立性。

第八十一条 监事会每年度至少召开一次会议,监事可以提议召开临时监事会会议。

监事会的议事方式和表决程序,除本法有规定的外,由公司章程规定。

监事会决议应当经全体监事的过半数通过。

监事会决议的表决,应当一人一票。

监事会应当对所议事项的决定作成会议记录,出席会议的监事应当在会议记录上签名。

本条主旨

本条是关于有限责任公司监事会议事规则的规定。

本条释解

类似于股东会会议，监事会会议也包括常规会议和临时会议，每一监事都有提议召开临时监事会的权利。

关于监事会的议事方式和表决程序，本条第2款规定，除新《公司法》有规定的以外，由公司章程进行规定，如出席监事会会议的监事人数比例，投票方式等。

本条第3款明确规定了监事会决议通过的法定表决比例，监事会决议须经过半数的监事同意才能通过。此处的"过半数通过"是指，经有限责任公司的全体监事过半数通过，而非经出席会议的监事过半数通过。

同董事会决议表决方式一样，根据本条第4款的规定，监事会决议的表决也采取一人一票的方式。

根据本条第5款的规定，监事会也要对所议事项的决定作成会议记录，由出席会议的监事在会议记录上签名。此规定一是为了保障会议的有效性和真实性，二是作为证明监事会会议召开及会议相关内容证据。

第八十二条 监事会行使职权所必需的费用，由公司承担。

本条主旨

本条是关于有限责任公司监事会履职费用承担规则的规定。

本条释解

监事会的职责是对公司财务、公司有关人员的经营行为等进行监督。监事会履行其监督职责时，需要进行调查、代表公司进行诉讼等活动。在其调查的过程中，还可能需要聘请有关机构协助进行。在这些活动中，不免会支出一些费用，这些费用应当由作为直接受益者的公司进行承担，以保证监事会积极运用有效的途径和手段履行职责，没有后顾之忧。当然，监事会支出的费用必须是与其履行职责有关且合理、必要的，与监事会履行职责无关或非其履行职责所必需的费用应当由监事个人承担，不应由公司承担。

第八十三条 规模较小或者股东人数较少的有限责任公司,可以不设监事会,设一名监事,行使本法规定的监事会的职权;经全体股东一致同意,也可以不设监事。

本条主旨

本条是关于小型有限责任公司监事会与监事设置的规定。

本条释解

本条规定简化了有限责任公司的组织机构。根据本条规定,规模较小或者股东人数较少的公司可以不必像规模较大、股东人数较多的公司那样设置监事会,可以仅设一名监事履行监事会职权;在全体股东一致同意的情况下,为进一步减少公司治理成本,规模较小或者股东人数较少的公司甚至可以不设监事。其中,允许公司不设监事的规定是新《公司法》的立法亮点之一,增加了有限责任公司组织机构设置的灵活性,更加贴合我国实践中小型有限责任公司组织机构设置的实际需要(有关小型有限责任公司组织机构精简的详细论述请参阅本书对新《公司法》第 75 条的解释)。

在公司不设监事的情况下,公司的监督职能可以由股东会承担,也可以由董事会中的审计委员会承担。由董事会承担监督职权为新《公司法》第 69 条所规定,而由股东会代替监事会行使监督职权也不存在任何法理上的障碍。从我国《公司法》设置监事会的逻辑看,监事会本来就是作为全体股东的代表,对公司的管理者和经营者实施监督,而股东会作为全体股东集中行使权利的机构,其既可以行使一般的所有者权利,也完全可以亲自行使监督的职权。同时,就监督的内在激励而言,股东是公司管理者、经营者的任何机会主义行为的最后承担者和承受者,其比任何人都更有动力和积极性去监督经理层,更可避免监督者的懈怠或不作为。此外,股东会监督相较于董事会监督还有一个角色上的天然优势,即股东会可以监督董事,而董事会却很难进行内部成员间的相互监督。如果股东会担任公司的监督机构,则享有监事会所有的监督职权,股东的法律地位相当于监事。新《公司法》的这一规定提升了小型有限责任公司中小股东对董事以及公司业务执行的监督权,也有利于预防并减少控股股东滥用权利侵害小股东利益。[1]

---

① 林一英:《新公司法对股东权利保护的意义、原则及其内容的释义》,载《法律适用》2024 年第 2 期。

CHAPTER 04

第四章

有限责任公司的股权转让

第八十四条 有限责任公司的股东之间可以相互转让其全部或者部分股权。

股东向股东以外的人转让股权的，应当将股权转让的数量、价格、支付方式和期限等事项书面通知其他股东，其他股东在同等条件下有优先购买权。股东自接到书面通知之日起三十日内未答复的，视为放弃优先购买权。两个以上股东行使优先购买权的，协商确定各自的购买比例；协商不成的，按照转让时各自的出资比例行使优先购买权。

公司章程对股权转让另有规定的，从其规定。

本条主旨

本条是关于有限责任公司股权转让的一般规定。

本条释解

本条为此次《公司法》修订的重大修改，删除了原《公司法》中“股权对外转让须征得其他股东过半数同意”的要求，由“其他股东同意权 + 优先购买权”的双层模式转向“其他股东的优先购买权”的单层模式。有限责任公司股东自愿向他人转让股权的，既可以向公司其他股东转让，也可以向公司股东以外的人转让。由于股权转让很可能影响其他股东在公司的权益，本条分别对股权对内转让与股权对外转让作出了不同规定，并在股权对外转让时赋予其他股东优先购买权。当然，如果公司章程对股权转让另有规定的，从其规定。

股权转让，是指有限责任公司的股东依照法律或公司章程的规定将自己的股权转让给他人的行为。[①] “转让”概指一系列可引起权利转移的法律行为，可分为有偿行为和无偿行为。实践中，常见的股权转让包括股权买卖、股权互易和股权赠与等类型。只要是引起股权的权利主体变化的行为，都可以纳入广义的股权转让范畴。结合本条第 2 款要求转让股东向其他股东通知“数量、价格、支付方式”等内容来看，本条所规范的“转让股权”主要是在“股权买卖”的狭窄含义上使用的。

一、股东之间相互转让股权

依据本条第 1 款规定，有限责任公司的股东之间可以相互转让其全部或部分股权。股东在公司内部向其他股东转让股权的，无论是转让全部股权，还是转让部分股权，只会引起股东出资比例的变化，不会有新股东的产生。对重视人合性的有限责任公司而言，股权内部流转不会动摇股东间的信任基础，在一般情况下也就不需要对这种转让进行限制。因此，本条并没有对股权对内转让作出限制性规定。实践中，如个别公司认为有必要对股东间转让股权进行限制的，可以在章程中设置具体的限制条件。

二、向股东以外的人转让股权

有限责任公司兼具资合与人合的性质，股东之间的人身信赖和合作关系对于公司存续和发展至关重要，甚至可能是有些公司生存和发展的关键因素。在股权对外转让的背景下，这种关系将面临被重塑甚至破坏的危险。为防止因吸收新股东加入公司影响股东之间的信任基础，多国公司法对股东对外转让予以严格限制。然而，股权转让是股东对其财产的处分行为之一，必须尊重转让股东意思。换言之，维系有限责任公司人合性也必须以保护股东的转让利益为前提。因此，本条第 2 款专门规定了股权对外转让程序。该规定应从以下几方面理解：

1. 删除了“经其他股东过半数同意”要求

由“其他股东过半数同意 + 优先购买权”的双层模式转向“其他股东的优先购买权”单层模式，系本条的重点修改内容。在股权对外转让时，原《公司法》设置了同意权和优先购买权的双重保障机制，皆旨在维系有限责任公司的人合基础。同时，为保障转让股东利益，原《公司法》亦要求其他股东不同意股权对外

---

① 参见赵旭东主编：《公司法学》(第 4 版)，法律出版社 2015 年版，第 255 页。

转让时必须购买该股权,否则视为同意。强制不同意股东购买股权的做法实际上架空了同意规则,换言之,原《公司法》中仅有优先购买权规则实际发挥了保护有限责任公司人合性的作用。因此,鉴于同意权与优先购买权功能相似,且实践中普遍存在同意权虚化情形,新《公司法》删除了“其他股东过半数同意”的要求,减少不必要程序对股权转让的过度限制。

值得注意的是,取消“其他股东过半数同意”要求后,对股权代持中的实际出资人显名的条件具有实质影响。此前,根据《公司法司法解释(三)》第 24 条第 3 款规定,实际出资人经公司其他股东半数以上同意才可以显名成为真正的股东。对股权代持不知情的其他股东而言,实际出资人要求显名成为公司股东,形同于吸收新股东加入公司,本质上是一种特殊的股权转让,同样面临重塑公司人合性基础的风险。因此,《公司法》要求实际出资人取得其他股东半数以上同意,亦旨在保障有限责任公司的人合性。然而,新《公司法》取消同意权后,维护人合性的重任全然交由优先购买权规则实现,这一逻辑在实际出资人显名环节亦应延续。结合《九民纪要》第 28 条的精神,我们认为其他股东在此情形下是否享有优先购买权的问题,应根据其是否知道实际出资人存在的情形予以区分。具体而言,当其他股东知道实际出资人实际出资事实的,且对实际出资人实际行使股东权利未曾提出异议的,在实际出资人显名时不享有优先购买权;当其他股东不知道实际出资人实际出资且行使股东权利的,在实际出资人显名时享有优先购买权。

2. 转让股东负有通知义务

转让股东负有向其他股东发出书面通知的义务,告知其股权转让相关事项。通知中应当载明的事项包括但不限于:股权转让的数量、价格、支付方式和期限等对股权转让具有重要影响的内容。本条指出股东通知的形式要件为书面通知,但根据《公司法司法解释(四)》第 17 条的规定,股权转让事项还可以通过其他能够确认知悉的合理方式通知其他股东。书面通知存在形式单一、低效烦琐的缺陷,与股权转让高效便捷的需求存在龃龉。在司法实践中,法院业已认可的“其他合理方式”包括:(1)公告通知;(2)通过仲裁或判决程序通知;(3)电话、短信通知;(4)未书面通知但能够证明其他股东对股权转让事项知情的其他情形。需要注意的是,股东必须证明其他股东“可以合理收悉”,而不能滥用非书面形式的通知方式规避通知义务。股东履行通知义务是其他股东行使优先购买权的前提,未履行或未妥善履行的,构成对其他股东优先购买权的侵害。

3. 其他股东在同等条件下享有优先购买权

根据本条第 2 款规定,股东向股东以外的人转让股权的,其他股东在同等条件下享有优先购买权。这一立法安排体现的是尽力维持公司内部股东人员的稳定性和封闭性,即保护有限责任公司的人合性。可见,赋予其他股东优先购买权仅是手段,维护公司人合性才是立法目的。因此,本条在适用时应注意以下几个问题:

(1)同等条件的判断标准。"同等条件"是有限责任公司股东行使优先购买权的实质性要求,凡是对股权转让交易达成有实质影响的因素,都应纳入考虑范畴。实践中,同等条件的判断因素包括但不限于股权转让的数量、价金、支付方式、期限等。此前,对其他股东是否可以部分行使优先购买权的问题存在争议。事实上,《公司法》虽然没有明确的禁止性规定,但从法律对优先购买权行使的"同等条件"来看,已否定了部分行使优先购买权。第三人购买特定比例的股份,并基于该股份比例所能实现的控制权确定了交易价格。"同等条件"应包括价格、标的等多个内容,并非仅指价格条件。交易标的的分割将对交易"同等条件"造成重大改变,若其他股东部分行使优先购买权,可能造成标的未被购买部分的股权价值贬损,这种情况下,股权交易很难以原价格达成。该问题实质上涉及价值判断,较为妥当的解决办法是在公司章程中对该问题予以约定,通过章程有效实现当事人自治。

(2)优先购买权的行使。只有其他股东购买转让股权的条件"低于"公司外部受让人所出的条件时,股东才可以将股权转让给公司其他股东以外的受让人,在其他情形下皆应尊重并保护其他股东的优先购买权。结合本条第 2 款及《公司法司法解释(四)》第 18 条至第 21 条规定来看,其他股东行使优先购买权时应遵循如下程序:其一,其他股东主张优先购买权的,应当在收到通知之日起 30 日内予以答复,未答复的,视为主动放弃优先购买权,不得再次向股权交易双方主张行使优先购买权。其二,转让股东未履行通知义务,或者以欺诈、恶意串通等手段损害其他股东优先购买权的,其他股东可以向法院主张按照同等条件购买该转让股权;其他股东自知道或应当知道行使优先购买权的同等条件之日起 30 日内没有主张,或者自股权变更登记之日起超过 1 年的,优先购买权消灭。但是,其他股东非因自身原因导致无法行使优先购买权的,可以请求损害赔偿。其三,有两个以上股东同时行使优先购买权的,应先协商确定各自的购买比例,协商不成的,应按照其各自所认缴的出资额的比例购买该转让股权。

此外,从《九民纪要》第9条内容来看,其他股东行使优先购买权后,在先成立的股权转让合同的效力可以与权利变动的结果相区分。在此过程中,应同时注重保护其他股东的优先购买权和股权受让人的合法权益,正确认定股权转让合同的效力。一般而言,如果股权转让合同无影响合同效力的事由,应认定为有效。其他股东行使优先购买权的,意味着股权受让人不能请求继续履行股权转让合同,但其可依股权转让合同要求转让股东承担违约责任,就其实际损失请求赔偿,甚至就间接损失即合同履行后可得利益的损失请求赔偿。

(3)转让股东的"反悔权"。《公司法司法解释(四)》第20条前段规定:"有限责任公司的转让股东,在其他股东主张优先购买后又不同意转让股权的,对其他股东优先购买的主张,人民法院不予支持。"该规定实质上赋予了股东优先购买权中转让股东反悔权。所谓"反悔权",是指法律赋予欲转让股权股东对已经发出的转让股权的意思表示的反悔、收回的权利。具体表现为,有限责任公司中依法享有优先购买权的股东在行使优先购买权后,转让股权的股东收回其转让股权意思表示的权利。即转让股东在履行对原有股东的通知义务之后,转让人也可以选择继续持有该交易标的而不转让,即便原股东发出行使法定的优先购买权的意思表示,法院不能强制股东转让其享有的股权。

允许转让股东行使反悔权必然使其他股东的优先购买权落空,二者孰轻孰重即需经利益衡量。值得注意的是,股东优先购买权的基本功能是维护公司的"人合性",防止外部第三人进入公司打破原有的股东结构,维护有限责任公司内部股东关系的稳定性。可见,优先购买权仅是满足公司人合性需要的手段,并非目的。此时,允许转让股东反悔,既肯定了转让股东的交易自由,使标的股权留在公司内部,也未改变股权结构和股东结构,人合性的制度利益不受影响。因此,认可转让股东的"反悔权",是平衡有限责任公司人合性与股东处分股权自由的妥当选择。

三、公司章程可以对股东转让股权另行规定

鉴于股权转让行为本质是一种商事行为,公司法应当尊重当事人意思自治。对此,本条第3款规定:公司章程对股权转让另有规定的,从其规定。其一,公司章程可以对股东之间的股权转让加以限制,包括转让股份数量、持股比例限制等内容。其二,公司章程也可以对股权对外转让作出不同于本条第2款规定,如排除其他股东优先购买权行使。事实上,股东优先购买权的基本立法政策是基于《公司法》对股权转让规则的任意性调整,股东当然可以通过章程或股东协议作出其他安排,是否安排其他股东优先购买权是可以选择的。每一位公司股东在按照《公司法》的规定设立公司、制定公司章程时便自愿接受的安排,优先购买权制度并无强制性,并非赋予其他股东的一种绝对权利。如果公司章程对股权转让作出了不同于《公司法》的规定,应按照公司章程执行,不再按照本条规定的程序进行股权转让。

相关理论

股东优先购买权的性质

权利的性质不仅决定了其自身的行使方式和效力,也深刻地影响权利人利益受保护的程度,辨明股东优先购买权的性质是为其他一切问题探讨的基础。关于优先购买权的性质,事实上已经形成了以下颇具代表性的学说:

其一,期待权说。该说认为,就优先购买权而言,在某项财产出卖以前,权利人不能向他人主张任何权利,该权利能否行使、何时才能行使都是不确定的。所以法律赋予某人享有优先购买权,只是使其取得了某种期待的利益,即期待将来在某项财产出售时可以享受的利益。

其二,请求权说。该说认为,优先购买权是权利人得请求出卖人与自己订立买卖合同的权利。

其三,形成权说。该说认为,优先购买权为特别法上的形成权。其形成效力表现在:转让股东与第三人成立股权转让关系时,一旦优先权人主张或者行使优先购买权,就能使优先购买权人与转让方之间按同等条件产生买卖合同关系。转让股东在明知其他股东享有优先购买权的前提下与第三人签订股权转让合同的,那么,本质上就不存在对转让股东股权转让的强制,此时转让股东的行为已经蕴含了向行使优先购买权的股东转让的自愿,其实这是一个原本早被法律锁定的连环交易,与第三人的交易和与其他股东的交易是被密切连接在一起的,只要转让股东启动了向第三人转让股权的交易,在其他股东欲优先受让时,必然转化为向其他股东转让股权的交易。

第八十五条 人民法院依照法律规定的强制执行程序转让股东的股权时，应当通知公司及全体股东，其他股东在同等条件下有优先购买权。其他股东自人民法院通知之日起满二十日不行使优先购买权的，视为放弃优先购买权。

本条主旨

本条是关于有限责任公司股权因人民法院强制执行而转让的规定。

本条释解

股权具有财产权属性，可以成为法院强制执行标的。当债务人拒绝履行具有强制执行效力的生效裁判或法律规定由人民法院执行的其他法律文书所确认的债权时，其所拥有的公司股权可以作为强制执行的标的。然而，在股权强制执行过程中，尤其是采取强制拍卖程序时，普通的拍卖规则与有限责任公司其他股东的优先购买权会发生冲突，因为拍卖采取现场竞价方式进行，直到出现最高报价者作为拍卖标的的买受人，在此情形下，如何保障其他股东的优先购买权即成问题。曾有观点认为，法院依国家强制力执行债务人的财产，取代债务人的地位行使对被执行财产的处分权，这已不是普通的市场交易行为，无须考虑优先购买权人的利益。然而，优先购买权的创设是为满足公司人合性需要，关涉公司及其他股东利益，此系有限责任公司的重要法律特征，即使在强制执行程序中亦不应被否认，而应充分考虑其他股东的优先购买权如何保护的问题。对此，《公司法》予以肯认，并设计了具体程序保护其他股东的优先购买权，尊重有限责任公司的人合性。

首先，人民法院应当通知公司及全体股东。在此情形下，通知的主体是人民法院，通知对象是公司及其他股东，通知内容是有关股权被依法强制执行的事项，包括案涉股权何时、何地以及以什么方式被转让等情况。其中，通知公司的目的是使其协助股权执行，通知其他股东是为保障其优先购买权，否则公司其他股东很可能在不知情时丧失优先购买权，且引入新股东进入公司会影响公司人合性。

其次，其他股东在同等条件下享有优先购买权。人民法院将有关股权强制执行事项通知公司及全体股东后,有意向以股东以外的人所出的同等条件购买转让股权的股东,可以行使优先购买权,但此种情形下,优先购买权的权利行使期间仅为自人民法院通知之日起20日内,超过20日的未行使的,视为其他股东主动放弃优先购买权。此时,股权可以经强制执行程序转让给公司以外的人,公司其他股东不得再主张优先购买权。此处的"同等条件"与第84条中的"同等条件"作同一解释,即指股权转让方索取的对价,主要是股权转让的价金,也包括支付方式、期限等其他附加条件。此外,依据《公司法司法解释(四)》第22条规定,在依法设立的产权交易场所转让有限责任公司国有股权的,适用同等条件时,可以参照产权交易场所的交易规则。在法院强制执行股权的拍卖过程中,为保护其他股东的优先购买权,实践中,法院一般采用跟价法或询价法两种方式进行拍卖。

第八十六条 股东转让股权的,应当书面通知公司,请求变更股东名册;需要办理变更登记的,并请求公司向公司登记机关办理变更登记。公司拒绝或者在合理期限内不予答复的,转让人、受让人可以依法向人民法院提起诉讼。

股权转让的,受让人自记载于股东名册时起可以向公司主张行使股东权利。

本条主旨

本条是关于股权转让后股东名册变更的规定。

本条释解

本条为此次《公司法》修订的新增条文,是《公司法》首次明确了股权转让后,公司负有变更股东名册的义务,并赋予转让人和受让人对公司不履行前述义务之诉权,完善股权转让相关程序。

一、转让人对公司的通知义务

公司是股权转让中的重要利害关系人。股权对内转让将改变公司股权结构,股权对外转让则会引入新的股东,公司应当对股权转让具有知情权。然而,股权转让合同未必为公司知晓,须由转让人对公司承担通知义务以保障公司知情权。因此,股权转让交易完成后,转让人应当以书面形式通知公司,告知其股权变更及最新持股情况,并请求公司变更股东名册。依据本法第 32 条规定,有限责任公司登记事项中包括公司股东的姓名或名称,因股权转让引起公司股东姓名或名称变化的,亦应请求公司向公司登记机关办理变更登记,此即本条所称“需要办理变更登记”的情形。若转让人未履行通知义务,导致股东名册或公司登记未变更,受让人未能如期获得股权的,转让人应依据股权转让合同向受让人承担违约责任。

二、公司变更股东名册和登记的义务

股东名册是股东向公司主张股东权利的重要凭证,依据本条第 1 款规定,转让人履行通知义务后,公司即因知晓股权转让事实而负有变更股东名册,以及需要时办理公司变更登记的程序性义务。此前,原《公司法》没有明确公司未履行该程序性义务的后续处理,本条予以完善。

从本条第 1 款内容来看,公司未履行程序性义务,具体表现为拒绝或者在合理期限内不予答复的,转让人和受让人皆有权提起诉讼,诉请公司履行该项义务。此前,在《公司法(修订草案一审稿)》和《公司法(修订草案二审稿)》中,两次审议稿曾明确指出“公司无正当理由不得拒绝”,但“正当理由”语义模糊,涵盖情形复杂,最终通过的本条予以删除。这意味着对“公司拒绝履行该义务的正当性”将全然交由法官结合案情及实践经验自由裁量。一般而言,如果股权转让不符合《公司法》或公司章程的规定,公司当然享有拒绝的权利。公司因此拒绝变更股东名册的,股权不发生转移。受让人不能如约获得股权,公司不承担任何法律责任,但股权转让合同仍然有效,转让人与受让人之间的纠纷依据股权转让合同处理。如果股权转让符合《公司法》及公司章程的规定,公司仍拒绝变更股东名册或公司登记,属于公司无正当理由拒不履行其应为义务,该行为显然既侵犯了原股东对股权的自由处分权,也侵犯了受让人获得股权的权利,因此,二者皆有权提起诉讼,诉请法院责令公司履行变更股东名册或公司登记的程序性义务。

三、受让人依股东名册向公司主张股东权利

股东名册具有确定股东身份的效力。只有记载于股东名册的股东才可依股东名册向公司主张行使股东权利,否则,即使出资证明书发生转让,但未将受让人的姓名或名称记载于股东名册,其亦不得依出资证明书向公司主张股东权利。可见,我国《公司法》实际上是以股东名册作为股权转移的生效要件,公司变更股东名册后,受让人才真正享有股权。公司变更股东名册的行为意味着公司业已承认受让人正式加入公司并成为新股东,自股东名册记载受让人相关信息时起,受让人就享有与公司其他股东相同的股东权利,包括自益权和共益权,公司及其他股东亦须尊重并保障受让人的股东权利。

相关理论

股权变动模式

股权变动模式问题历来是公司法学界和实务界争论的焦点问题之一,原《公司法》未有明确规定。对此,形成了以下主要学说:

纯粹意思主义。该说认为,股权转让双方关于股权转让的合意一经生效,即发生股权变动,受让人取得所受让的股权。[①] 纯粹意思主义反对公司意思介入股权变动,其认为,财产权属性是概括性股权概念关注的重点,现行法已对公司利益进行考量,且其他股东行使优先购买权已体现公司意思,引入公司意思属于重复设置。然而,就股权转让本身而言,确定股东资格涉及股东与公司间的关系,股权变动显然应当遵循某种形式主义的要求。意思主义的股权变动模式显然不太适合有限公司,股权转让合同的效力与股权变动之间必然存在着某种分离。股权转让合同生效仅能产生债的效力,并不能发生股权变动效果。

修正意思主义。该说在纯粹意思主义的基础上,最初的表述是:股权转让合同生效加上通知公司的事实要件,即发生股权变动的效力,受让人得对公司主张股权,完成商事登记变更后,方可对抗第三人,即公司认可对抗主义模式。[②] 其后,学者将该观点进一步演进为公司认可生效主义模式,即股权转让合同生效后仅发生债的效力,转让人有义务请求公司认可受让人成为股东以实现缔约目的;经公司审查认可后受让人成为股东,如公司合法拒绝,则不发生股权变动的效果。[③] 该说显然具有维护公司利益、结构性消除股权善意取得发生等益处。

---

① 参见张双根:《论股权让与的意思主义构成》,载《中外法学》2019 年第 6 期。

② 参见李建伟:《有限公司股权变动模式研究》,载《暨南学报(哲学社会科学版)》2012 年第 12 期。

③ 参见李建伟:《公司认可生效主义股权变动模式——以股权变动中的公司意思为中心》,载《法律科学(西北政法大学学报)》2021 年第 3 期。

然而,公司认可生效主义模式在长期存在股东压制的公司中,可能演变为股东压制新的管道,且现实阻滞股权转让双方利益实现。

凭股东名册记载的形式主义。该说认为,除转让合意外,还需公司将受让人记载于股东名册,股权方发生变动。然而,实践中鲜少有公司置备股东名册。不少学者亦反对将股东名册作为股权变动生效要件,认为从法理逻辑上,公司将股东记入股东名册是其对股东应尽义务,股东名册不是确定谁为真正股东的权利所在的根据,而是谁可以无须举证地主张股东权的形式上资格的根据。且由公司决定记载变更,可能将受让人利益置于危险之中。然而,股东名册是公司依法设置的记载股东及其所持股权的簿册,是公司内部对股权确认的依据。股东名册的变动意味着公司对股东资格变动的认可和接受,对公司和股东而言具有直接效力。将股东名册作为股权权属的依据是国际通行做法,但是外部第三人对公司股东的识别和确认依据应当是有较强公示和公信效力的文件,这样才能保障交易时的合理信赖。此外,出资证明书亦属于股权凭证,即有限责任公司成立后应当向股东签发的文件,是一种权利证书。然而,其属于证权证书,仅可证明出资事实发生,不具有设权效力。基于此,本条第 2 款规定,受让人自记载于股东名册时起向公司主张行使股东权利。

登记形式主义。该说认为,仅有股权双方的转让合意并不能直接使股权发生变动,还需待到公司完成工商变更登记,方发生变动。以工商登记替代股东名册的法律功能具有如下优势:第一,符合我国法律传统和股权交易习惯,因为实践中往往都以股权的工商登记来确认股东身份、股权归属和投资关系。第二,以股权工商登记吸收、统一或者取代股东名册,可以有效节约社会成本。工商登记具有对抗公司和第三人的效力,而股东名册仅具有对抗公司的效力,前者完全可以覆盖后者,如果完善当前对股东名册的监管,可能会造成巨额的社会成本和资源浪费。第三,工商登记作为股权变动标志能够为股权变动纠纷案件提供统一明确的裁判规范,且利于保护交易安全,维护私人自治。然而,学界通说认为,商事登记属于宣示性登记,仅产生对抗第三人的效力,而非股权变动的效力。此即司法实践中普遍采取"内外区分"的裁判思路。

观察域外公司法中的股权变动规则,如《美国特拉华州普通公司法》第 8 - 301 条规定,证券的转让除需要转让双方的合意外,还需要一个"交付"的形式,而不同证券形式采用不同的交付方式。其中,登记式证券交付方式是背书,其后转让双方须申请发行人在证券账册上对注册所有权人进行变更登记。无票证券的交付方式是登记。而依据《美国特拉华州普通公司法》第219条第(c款),股东名册是记录所有股东姓名和发行、转让股票等信息的公司记录,是确定谁有权在股东大会上投票和查询公司记录的唯一证据。在英国,股份转让受《英国2006年公司法》、1963年《股票转让法》以及公司法相关实施条例的规制。股份转让协议生效后,股份的衡平法所有权即时转让给受让方,但是股份的普通法所有权则需待到受让人同意成为股东并且其姓名被登记在公司的成员登记册上,才被受让人取得。《德国有限责任公司法》第15条规定,股权可以自由转让,但不得通过股市进行交易以及投机性交易,所有股权转让合同必须经过公证人公证。需要公证的法律行为包括确定转让股权义务的债权性质的原因行为,也包括股权转让本身的物权性质的履行行为。且德国法下的股权变动须向全社会公示,记载于股东名册并非股权转让的生效要件,而是对公司的合法身份证明。

由此观之,股权变动规则的确立是政策考量,需要平衡多方利益,仍值得进一步研究。

第八十七条 依照本法转让股权后,公司应当及时注销原股东的出资证明书,向新股东签发出资证明书,并相应修改公司章程和股东名册中有关股东及其出资额的记载。对公司章程的该项修改不需再由股东会表决。

本条主旨

本条是关于有限责任公司股权转让后公司内部变更程序的规定。

本条释解

有限责任公司股权无论是自愿转让还是强制转让后,公司皆应当履行两项程序性义务:

其一,注销原股东的出资证明书并向新股东签发出资证明书。出资证明书是公司内部证明股东对公司享有权利、承担责任的重要依据,当转让人将其持有的全部股权转让给他人后,公司应当注销原股东的出资证明书,并向继受股权的新股东签发新的出资证明书。

其二,根据股权转让后最新的股东及股权变化情况,修改公司章程和股东名册中有关股东及其出资额的记载。公司章程和股东名册是公司内部对股东真实情况反映的重要形式载体,是保护各股东合法权益的重要保障。依据本法第 86 条第 2 款规定,受让人自记载于股东名册时起向公司主张行使股东权利。股东名册作为股权变动的生效要件,只有其上记载的股东发生变更后,才意味着受让人真正取得股权。需要说明的是,由于各公司股权转让情况间的差异较大,股权转让的具体交割时间与方式也不尽一致,因此本条未规定这两项程序义务的履行时间。公司应在合理期间内完成这两项程序性义务。

依据本法规定,公司章程修改应经过股东会审议并表决。然而,股权转让实质上系股权转让双方之间的法律行为,既不需要经其他股东同意,也不属于本法规定的须经股东会决议的事项。因股权转让而引致的公司章程变动,实质上仅是公司章程对股权转让后公司股东及其持股情况事实的更新与确认,仅为形式上的修改,并非实质调整,且有限责任公司的人合性需求已通过其他股东的优先购买权予以保障,其他股东已知晓股权转让事实,为减少不必要的成本支出,本条规定公司章程因股权转让而需修改的,无须再经股东会决议。

第八十八条　股东转让已认缴出资但未届出资期限的股权的,由受让人承担缴纳该出资的义务;受让人未按期足额缴纳出资的,转让人对受让人未按期缴纳的出资承担补充责任。

未按照公司章程规定的出资日期缴纳出资或者作为出资的非货币财产的实际价额显著低于所认缴的出资额的股东转让股权的,转让人与受让人在出资不足的范围内承担连带责任;受让人不知道且不应当知道存在上述情形的,由转让人承担责任。

本条主旨

本条是关于有限责任公司未出资股权转让后的出资责任的规定。

本条释解

本条为此次《公司法》修订的新增条文。原《公司法》并未规定未出资股权转让后应由谁承担出资责任。本条新增了未届期股权转让后的出资责任规定,同时吸纳了《公司法司法解释(三)》第18条规定,明确了瑕疵出资股权转让后的出资责任承担问题。

出资是股东承担的最基本、最重要的义务。长期以来,我国《公司法》对未出资股权转让后应由谁承担出资责任的问题,始终未有明确规定,但该规范设计显然与公司甚至公司债权人利益具有重大利害关系。实践中,该类纠纷较多,但因缺乏明确规则指引,形成了多种裁判思路。可见,本条规定实质上填补了这一法律漏洞,并利于形成统一的裁判思路。自2013年我国实行完全认缴制以来,依照股权转让时股东的出资状态,可以将未出资的股权转让交易分为未届出资期限的股权转让(未届期股权转让)与已届出资期限的股权转让。本条针对两类股权转让交易后的出资责任分别作出了规定。

一、未届期股权转让后的出资责任

本条第1款针对未届期股权转让,是指股权转让时出资期限尚未届满,股东未实际履行出资义务即转让股权。认缴制产生的重要制度利益之一即赋予股东期限利益,在出资期限届满前股东可以仅认缴出资,而不实际出资。未届期股权并不存在权利瑕疵,当然应尊重股东对其股权的处分权利,允许未届期股权依法转让。结合本法第47条规定,股东的出资期限应当在公司章程中载明,但其不得超过自公司成立之日起5年。转让人在转让未届期股权时,出资义务随之转移,由受让人成为公司新股东,并实际承担缴纳该出资的义务,才符合权利义务相一致原则。当出资期限届满后,受让人理应实际履行出资义务。

未届期股权的转让人是否承担出资责任的问题,系此次《公司法》修订的重要内容之一。对此,《公司法(修订草案一审稿)》曾彻底免除转让人的出资责任,仅要求受让人实际出资。然而,彻底免除转让人出资责任的做法,很可能使其在出资期限届满前通过股权转让逃避出资义务,尤其是实践中已出现转让人将未届期股权转让给不具有出资能力的受让人的情形。因此,为防止转让人利用股权转让逃避出资义务,进而威胁公司资本充实,在《公司法(修订草案二审稿)》中,新增要求转让人对受让人未按期缴纳的出资承担补充责任。本条对该规定予以保留。转让人承担补充责任的前提是受让人未按期足额缴纳出资。出资期限届满后,受让人应足额缴纳出资,如果受让人未完全履行出资义务,即因违反法定义务而须承担出资责任。此时,受让人是第一顺位的出资责任人,优先以其财产向公司实际出资,受让人不能承担的部分,再由转让人承担补充责任。为确保股东出资到位，实现公司资本充实，本条对转让人的补充责任未设置任何期限限制。这意味着在该股权历经多次转让的情形下，公司可以按顺序要求历次股权转让中的转让人承担补充责任。

二、瑕疵出资股权转让后的出资责任

本条第2款针对出资期限届满后仍未出资的股权转让。股东应当按期足额缴纳其认缴的出资额，出资期限届满后，股东仍未足额缴纳出资的，已违背其认缴承诺，理应承担出资责任。然而，股东承担出资责任不应限制股权的流动性，即股东虽不能抽回和分割自己投入公司的财产，但享有转让其出资、从公司中退出的权利和自由。因此，《公司法》亦允许瑕疵出资股权转让，但股东承担的法定出资责任不因股权转让而免除，转让人仍需在股权转让后承担出资责任。本条将瑕疵出资股权分为两类：一是"股东未按照公司章程规定的出资日期缴纳出资"，包括完全未履行和未完全履行两种形式。其中，"完全未履行"是指出资期限届满后转让人根本未出资的情形，包括拒绝出资、不能出资、虚假出资、抽逃出资；"未完全履行"是指出资期限届满后，转让人只履行了部分出资义务，未足额支付。二是"作为出资的非货币财产的实际价额显著低于所认缴的出资额"，在此情形下，股东虽然向公司交付了非货币财产，但该财产的实际价值显著低于其已认缴的出资额，系出资不实行为，股东应当承担出资责任。当转让人存在前述两种情形之一时，必须承担出资责任，该责任不因股权转让而免除。

本条第2款实质上延续了《公司法司法解释(三)》第18条的责任分配方案，但表述更为洗练。满足前述"未按照公司章程规定的出资日期缴纳出资或者作为出资的非货币财产的实际价额显著低于所认缴的出资的"情形的，"转让人与受让人在出资不足的范围内承担连带责任"。该表述方式更符合诉讼实践。在公司或公司债权人提起诉讼时，其往往仅掌握公司的现有股东信息，进而向现有股东提起诉讼。如果直接规定由作为前股东的转让人承担责任，由于公司或债权人未必掌握转让人的信息，将会造成诉讼上的技术障碍。

瑕疵出资股权转让后，转让人与受让人都应对出资不足部分承担连带的出资责任，公司可以向转让人或受让人择一追缴出资，也可以要求二者共同承担出资责任。然而，如果受让人能够举证证明其不知道且不应当知道瑕疵出资事实的，其无须承担出资责任。譬如受让人举证证明其已履行相应的审查义务，公司登记和企业信息公示系统皆显示转让人已实际出资,且无其他证据证明受让人知道或应当知道瑕疵出资事实的,可以认定受让人符合"不知道且不应当知道存在上述情形的",仅由转让人承担出资责任。反之,受让人受让瑕疵出资股权的,则须与转让人在出资不足的范围内承担连带责任。

值得注意的是,本条直接确立了未出资股权转让后的出资责任人,意在保障公司及公司债权人的合法权益,但本条并不排除转让双方内部对出资责任约定的效力。实践中的股权转让情形较为复杂,如在未届期股权转让中,转让双方可以约定仍由转让人承担出资责任,受让人向其支付较高的股权转让价款。依照本条第1款规定,出资期限届满后,仍应由受让人向公司实际履行出资义务,但股权转让双方间的约定可以使受让人在履行出资义务后享有对转让人的追偿权。再如在瑕疵出资股权转让中,转让双方约定由受让人承担出资责任,依照本条第2款规定,不能免除转让人的出资责任,但其在向公司承担该责任后,可以依据股权转让合同向受让人追偿。

相关理论

未出资股权转让后出资责任分配中的利益衡量

2013年我国进入公司注册资本完全认缴制时代,实践中出现了大量有限责任公司股东转让尚未实际出资的股权的情形。就股权转让时,出资期限已经届满的情形而言,司法实践中普遍适用《公司法司法解释(三)》第18条,即要求转让人承担瑕疵出资责任,受让人在其"知道或应当知道"瑕疵出资事实仍受让股权时,承担连带责任。而未届期股权转让的出资义务分配陷入了无法可依的窘境,且在实践中形成了连带责任说、责任维持说、责任转移说、债务承担说等多种做法。在认缴制实行伊始,多数法院认为,《公司法司法解释(三)》第18条中"未履行"包含"因未届出资期限未履行",应扩张适用责任连带规则。而部分法院认为,受让人已通过支付股权转让款履行出资义务,但转让人承担的法定出资义务不得因股权转让而免除。然而,剥夺转让人期限利益的做法于法无据。也有学者提出,鉴于未届期出资系一种特殊债权债务关系,确认转让人转让股权后是否应继续履行出资义务的法律依据应回归至债务承担解释路径。

关于出资义务能否转移给受让人承担的问题,应回归至对出资义务性质的认识。对此,已形成法定义务说、契约义务说和双重性质说三种学说。法定义务说认为,股东负有向公司强制缴纳出资的义务,不得转移由受让人承担。契约义务说则强调,出资义务源起公司发起人之间订立的可自由协商的出资契约。持双重性质说观点的学者则认为,股东出资义务兼具法定性与约定性。事实上,股东对公司承担的出资义务,系股东对公司应为之交付货币或非货币财产的给付义务。出资期限实质上是债的履行期,股东认缴出资时即与公司形成出资债务关系,是否约定出资期限是公司法赋予股东的权利,行使与否只能决定债务类型,但不能否认债务存在之客观事实,也就不能否认出资义务的可转让性。在认缴制下,股东的期限利益不应被随意剥夺,除非满足本法第 54 条出资义务加速到期的构成要件。股东在出资期限届满期未实际出资即转让股权的,不构成瑕疵出资股权转让。

然而,股东与公司间形成的出资关系也区别于一般商事交易合同之债,兼具财产性与组织性之双重性质。其中,组织性特质意味着公司法在必要时可以直接规定法定分配出资义务,而非全然参照适用债务承担规则。在认缴制下,股东的实际出资能力取决于其出资期限届满后的实际清偿能力,而其财务状况处于不断变化之中,由受让人优先承担未届期出资义务并不必然威胁公司资本充实利益实现。与之相反,如果完全参照适用债务承担规则,使公司意思过度介入股权转让并渗透至后续出资义务分配环节,可能实质阻滞股权转让自由,甚至成为股东压制新通道。而由受让人承担出资义务,可以在后端通过出资义务加速到期、催缴失权制度协同规制股东出资失范行为。因此,本条最终确立了受让人作为未届期股权转让后第一顺位的出资义务人,系对股东自由退出利益与公司资本充实利益的平衡。要求转让股东承担补充责任,则是《公司法》为保障公司资本充实利益而作出的法政策选择。

第八十九条 有下列情形之一的,对股东会该项决议投反对票的股东可以请求公司按照合理的价格收购其股权:

(一)公司连续五年不向股东分配利润,而公司该五年连续盈利,并且符合本法规定的分配利润条件;

(二)公司合并、分立、转让主要财产;

(三)公司章程规定的营业期限届满或者章程规定的其他解散事由出

现,股东会通过决议修改章程使公司存续。

自股东会决议作出之日起六十日内,股东与公司不能达成股权收购协议的,股东可以自股东会决议作出之日起九十日内向人民法院提起诉讼。

公司的控股股东滥用股东权利,严重损害公司或者其他股东利益的,其他股东有权请求公司按照合理的价格收购其股权。

公司因本条第一款、第三款规定的情形收购的本公司股权,应当在六个月内依法转让或者注销。

本条主旨

本条是关于有限责任公司异议股东股权回购请求权的规定。

本条释解

本条为此次《公司法》修订的重要修改。在原《公司法》的基础上新增了股东压迫情形下,中小股东股权回购救济的一般规定。同时,本条还新增了"公司应当在六个月内将回购的股份依法转让或注销"的规定。

有限责任公司兼具资合性和人合性,不仅依靠股东出资保证公司设立与运营,实践中也多依赖股东经营管理公司。一般而言,有限责任公司的股东在公司设立后不得随意退出公司。然而,股东之间很可能存在利益冲突,有限责任公司的股权结构较为集中,依照资本多数决规则,公司决议很可能仅反映了大股东意志,使中小股东合理期待的利益落空或须面临额外风险。针对这种情况,本条规定在法定情形下,异议股东可以请求公司按照合理价格收购其股权。

然而,公司收购股权作为一种特殊的股权转让行为,由于受让人是公司,该行为将演变为股东撤回投资并退出公司。对此,本条第 1 款作出了严格的条件限制:第一,必须符合三种法定情形之一;第二,该股东对前述情形涉及的相关事项投了反对票,但不包括投弃权票;第三,在该股东投反对票的情形下仍然形成了有效的股东会决议。只有投反对票的股东才可以请求公司按照合理价格收购其股权。符合异议股东回购请求权的法定情形包括:

第一,公司连续五年不向股东分配利润,而公司该五年连续盈利,并且符合本法规定的分配利润的条件。在此情形下,股东要求公司向其分配利润是其合法权益,但是持有公司多数表决权的其他股东通过股东会决议阻碍了该股东分配利润的合理利益的实现。

第二,公司合并、分立、转让主要财产。实践中,“公司合并”包括新设合并、吸收合并、简易合并、三角合并、事实合并等情形,无论公司以何种形式完成合并,均使得目标公司主体资格消灭。法律不能强迫任何人成为另一家公司的股东,应允许其退出公司。“公司分立”是指由一家公司变为多家公司,重新组合公司资产和营业,构成公司重大变更。“转让主要财产”则意味着公司的主营业务发生根本性变化。前述情形皆改变了投反对票股东在公司设立时的合理利益期待,应允许其退出公司。

第三,公司章程规定的营业期限届满或章程规定的其他解散事由出现,股东会会议通过修改章程使公司存续。章程规定的营业期限届满或章程规定的其他解散事由出现时,公司应当解散,股东可以退出经营。然而,经股东会决议后公司得以因修改章程而存续,与公司章程订立时股东意愿发生重大差异,此时应允许投反对票的股东退出公司,不能强迫少数表决权股东违背自身意愿继续面对公司存续经营的风险。

针对前述情形,投反对票的股东欲退出公司的,应当遵守法定程序,请求公司按照合理价格收购其股权。股东应当与公司协商股权收购事宜,其中“合理价格”是指股权收购价格应如公开市场上一般人认可的价格,不应过高也不应过低,而是合理的,这才能既满足股东的要求,保护其退出公司的合法权益,也不损害公司利益和其他股东权益。此时,公司负有法定的缔约义务,如果股东与公司长时间不能就股权收购达成协议,那么,既可能影响请求收购股东的合法权益,也可能对公司正常生产经营造成困扰。因此,本条第 2 款将协商期限限制为“自股东会决议作出之日起六十日内”,超过该期限仍未协商一致的,股东可以自“股东会决议作出之日起九十日内”向法院起诉,由法院对股权收购事项作出裁判。依据《公司法司法解释(一)》第 3 条规定,超过公司法规定期限的,人民法院不予受理。

本条第 3 款系此次《公司法》修订的新增内容,为中小股东摆脱控股股东压迫退出公司提供了通道。股东压迫是一种复合性的、综合式的股东利益侵害行为。当控股股东利用控制权压迫其他股东的程度,达到足以摧毁二者之间信任基础的程度时,应允许受压迫的股东以合理的价格退出公司,这也是英美等国家公司法的典型衡平救济措施。在股权集中模式占主导地位的中国,控股股东与中小股东之间的冲突与矛盾，是公司治理面临的主要问题，有限责任公司亦普遍存在股东压制情形。在原《公司法》对股东压制的救济体系下，中小股东仅可请求因控股股东权利滥用产生的损害赔偿救济，但不能真正摆脱股东压迫退出公司。对此，本条第 3 款填补了这一救济空缺。允许受压迫的股东退出公司，不仅可以彻底消除控股股东权利滥用产生的消极后果，也可从反面要求控股股东规范行权，否则其将承担购买中小股东股权的后果。可见，本条供给的股东压迫情形下中小股东的回购请求权系控股股东规制的重要组成部分，受压迫股东不仅可以请求损害赔偿救济，还可以要求公司回购其股权从而退出公司。从第 3 款内容来看，中小股东因股东压迫退出公司须满足的条件包括：

第一，公司控股股东滥用股东权利。所谓控股股东即本法第 265 条提及的，出资额占有限责任公司资本总额超过 50% 或出资额比例虽然低于 50%，但依其出资额所享有的表决权已足以对股东会的决议产生重大影响的股东，控股股东滥用权利主要指控股股东滥用表决权的情形。

第二，严重损害公司或者其他股东利益。“严重损害”强调有限责任公司控股股东滥用权利的后果，使得中小股东与控股股东之间的合作基础丧失，此时如仍强求中小股东留在公司，而仅给予与其股份公平价值相对应的损害赔偿救济途径，可能无法弥补或者抵消在未来控股股东可能会对其实施的可能更为隐蔽的侵害行为。此外，压迫行为本身的复杂性、隐蔽性，以及诉讼本身带来的不确定性和成本，使得单纯的损害赔偿不足以震慑压迫者和救济受压迫者，只有通过请求公司回购其股权退出公司，才能防止损害进一步扩大。

第三，请求公司按照合理的价格收购股权。我国《公司法》仅要求公司作为股东压迫情形下的股权回购义务人。中小股东请求公司回购股份的，公司应当同意，但其股权回购价格应当合理，既可以是股权交易市场的合理价格，也可以是双方协商确定的价格。在当事人无法协商确定回购价格时，我国法院对异议股东请求公司回购股权时合理价格的确定，主要基于评估报告和审计报告两大标准。其中，评估报告系针对股权经济价值的评估，审计报告则是对公司财务报告的审计，体现公司的账面价值、会计价值。

此前《公司法》仅规定股份有限公司回购股份后应当在 6 个月内转让或注销，本条第 3 款要求有限责任公司也不能长期持有自己的股份，回购股份后亦应当在 6 个月内完成转让或注销的程序。

相关理论

异议股东股份回购请求权的价值面向

异议股东股份回购请求权又称股东评估权，与其较为类似的救济方式是强制收购。在域外规定中，《英国 2006 年公司法》第 996 条第（2）款第（e）项规定：法院可以给予受不公平损害的中小股东以“强制控股股东或者给公司有公平价格收购中小股东所持有股份的救济方式”。在美国公司法规则中，公司或者股东可以选择以公平的价格购买原告股东的全部股份，以排除司法解散的适用。美国法将收购选择权交给了公司或者其他股东，并将司法解散作为兜底式的救济手段，使得中小股东一方面享有解散权以消解事前的股东压迫行为，另一方面在股东压迫发生后，解散权可以增强原告股东的议价能力，促使公司或者其他股东与原告股东之间达成公平、合理的收购协议。在德国，康采恩法为外部股东提供了一次给付补偿这种救济措施，《德国股份公司法》第 305 条要求控制企业根据不同情形给予外部股东以控制企业的股份或者现金，使其退出公司。可见，异议股东股份回购请求权的产生，主要是为了补偿资本多数决替代一致性同意规则后，对异议股东既定权利造成的损害，而赋予其一种救济措施。法院给予不满多数决结果的股东的救济是一种公平观念的体现。

就异议股东股份回购请求权的制度功能而言，主要存在三种学说：（1）否决权补偿说。该学说认为，资本多数决规则的引入剥夺股东原先享有的重大事项否决权，作为补偿，法律赋予股东以评估权，使得股东能够在公司发生重大变更时退出公司。（2）现金退出说。该制度使不同意公司重大变更事项的股东，以公平的价格、以现金的方式退出公司。当公司不再是原先意义上、股东在投资之初的那家公司时，要求少数股东继续留在这家公司有违私人自治的私法基本原则。同时，任何一方的处境均没有因少数股东的现金退出而恶化，符合经济学中的帕累托最优理念。（3）保护多数股东说。该学说强调其制度功能是为了保护多数股东发起的公司交易，不受少数投反对票股东的“暴政”。

第九十条 自然人股东死亡后，其合法继承人可以继承股东资格；但是，公司章程另有规定的除外。

本条主旨

本条是关于有限责任公司自然人股东死亡后其股东资格如何承继的规定。

本条释解

根据《民法典》的规定，自然人股东死亡后，其遗留的个人合法财产应依法由他人继承。有限责任公司股东的出资额是股东的个人合法财产，也将依照继承规定，由他人依法继承。但是，《民法典》继承编规定的继承仅限于财产权的范围，对于具有人身专属性的身份关系并未作出明确规定。对有限责任公司自然人股东资格继承问题而言，法律不仅需要保障公司股东之间的人合性，也需要考虑基于特定亲缘关系而发生的财产流动。对因继承而发生的股权变动，法律对公司其他股东优先购买权的保护是居次的。仅当公司章程对股东资格的继承作出特别限制时，才尊重股东的意思自治优先保障公司的人合性。因此，本法对有限责任公司股东资格继承作出了一般原则性规定，即自然人股东的合法继承人可以继承股东资格，但也允许公司章程作出其他安排。

第一，自然人股东的合法继承人可以继承其股东资格。股东资格与股东的财产权密不可分，股东身份应当随财产权一同转移给自然人股东的合法继承人。这里的合法继承人既包括依据被继承人遗嘱继承股东资格的继承人，也包括未立遗嘱情形下的法定继承人，还包括因遗赠继承股东资格的继承人。

第二，公司章程可以作出除外规定。允许公司依据章程自治股东资格继承事项完全是出于对有限责任公司人合性的尊重。毕竟有限责任公司股东之间的合作基础是相互信任，自然人股东死亡后的合法继承人不是原股东本人，实质上相当于发生了股权转让，此时公司其他股东对原股东的信任并不能当然转变为对股东资格继承人的信任，可能会引发新的股东纠纷，甚至可能形成公司僵局。对此，公司法从实际出发，应当允许公司章程规定股东资格继承的办法。值得注意的是，公司章程自治亦有其限制。即公司章程只能限制继承人继承股东资格，但是不得违反继承的基本原则，剥夺继承人获得与股权价值相当的财产对价的权利。公司章程对股东资格继承的限制必须具有合理性，具体体现为公司利益、其他股东利益、已死亡股东生前的意愿以及继承人利益之间的协调与平衡。如果公司章程未约定股东资格继承办法的，应当按照本条规定的一般原则由继承人继承死亡股东的股东资格。

CHAPTER 05

第五章

股份有限公司的设立和组织机构

第一节 设　　立

第九十一条 设立股份有限公司，可以采取发起设立或者募集设立的方式。

发起设立，是指由发起人认购设立公司时应发行的全部股份而设立公司。

募集设立，是指由发起人认购设立公司时应发行股份的一部分，其余股份向特定对象募集或者向社会公开募集而设立公司。

本条主旨

本条是关于股份有限公司的设立方式的规定。

本条释解

相对于有限责任公司，股份有限公司属于资合性较强的公司，它在设立时和设立后都可以向社会发行股份，通过投资者的认购以筹集所需的资金。因此，股份有限公司的发起人在设立时，可以根据实际情况，选择是否向发起人以外的其他人发行股份，以筹得设立公司所需的足够资本。根据是否向发起人以外的其他人发行股份的区别，本条规定股份有限公司的设立方式包括两种：发起设立和募集设立。

1. 发起设立。根据本条规定，发起设立，是指由发起人认购公司应发行的全部股份而设立公司。以发起设立的方式设立股份有限公司的，在设立时其股份全部由该公司的发起人认购，此阶段不向发起人之外的社会公众发行股份。

一般而言,采取发起设立方式设立,是由于各个发起人的资金实力比较雄厚或者公司的资本总额并不太高。这种情况下,发起人采用发起设立方式设立公司,可以有效缩短公司设立周期,减少公司设立费用,降低公司设立成本。不过,发起设立方式仅适合规模不大的公司。如果所需股本较大,发起人又难以认购全部股份,则不宜采取这种设立方式。

2. 募集设立。根据本条规定,募集设立,是指由发起人认购公司应发行股份的一部分,其余股份向社会公开募集或者向特定对象募集而设立公司。以募集设立方式设立股份有限公司的,在其设立时不仅有发起人认购公司应发行的股份,而且有发起人以外的其他人认购公司应发行的股份。发起人采取募集设立方式设立公司,是希望通过向发起人以外的其他人发行股份而募集到更多的资金,使公司能够具有更多的资本总额。公司向发起人以外的其他人募集股份,其结果就是凡持有股份的人都是公司的股东。所以,以募集设立方式设立的股份有限公司,从其成立时起,其股东除发起人以外,还有发起人以外的其他人。在广泛募集社会资金方面,募集设立具有发起设立所无可比拟的优越性,但是,这种设立方式也有着程序复杂,股权分散,容易被不法分子利用等弊端,因此《公司法》对其制定了特殊的规定加以限制。

另需注意的是,《公司法》目前扩大了募集设立的范围,确认了向特定对象募集而设立公司的合法性。本条规定的募集设立包括所谓的公募与私募两种形式,公募即是由发起人认购公司应发行股份的一部分,其余股份向社会公开募集(即向不特定对象募集)而设立公司,私募则是发起人认购公司应发行股份的一部分,其余股份向特定对象募集而设立公司。私募是募集设立的形式的一种,应当遵守募集设立的相关规定。《公司法》对私募的概念和合法性予以了确认,但就私募设立更具体的规定,还应结合其他相关的法律、法规来一同审视。

相关理论

私募设立股份有限公司

私募设立又称定向募集设立,是股份有限公司设立方式的一种,指的是由发起人认购公司应发行股份的一部分,其余股份向特定对象募集而设立股份有限公司。与私募设立相对应的是公募设立,即由发起人认购公司应发行股份的一部分,其余股份向社会公开募集而设立股份有限公司。二者的区别在于是向不特定的社会公众公开募集股份还是向特定的对象募集股份。公募设立由于涉及广大社会公众的利益,有条件苛刻、程序复杂、费用高、风险大等弊端,而私募设立则具有发行手续简单,可以节省发行时间和费用等优势。但私募设立也有投资者数量有限,流通性较差,不利于提高发行人的社会信誉等不足之处。

在我国目前的制度框架下,私募公司的股东数量较少,这有助于减少公司治理的复杂性和提高股东之间的管理效率。私募公司通常在组织结构、经营方式和利润分配等方面具有一定的灵活性,可以根据股东的协议和章程进行调整。与公开募集设立公司不同,私募公司的股权交易通常不会公开披露,因此更具隐私性。不过在具体的私募计划中可能对私募公司的投资者资格和门槛设置一定的要求,以确保只有合格的投资者可以参与私募股权投资。当然,私募公司的风险同样由股东共同承担,以有限责任将损失限于其投资金额。我国1992年颁布的《股份有限公司规范意见》便将股票发行分为社会募集和定向募集两种形式。我国1993年《公司法》删除了关于定向募集的规定,股份有限公司的设立只允许采取发起设立或社会公开募集设立的方式。在2005年《公司法》中,为了拓宽投资渠道,方便公司设立,适应投资者选择不同投资方式的需求,鼓励投资创业,在保留股份有限公司公开募集设立方式的同时,又增加了定向募集设立方式。2023年《公司法》修改也未就这一条文进行实质性修改,继续保留了私募设立股份有限公司的可能。

第九十二条 设立股份有限公司,应当有一人以上二百人以下为发起人,其中应当有半数以上的发起人在中华人民共和国境内有住所。

本条主旨

本条是关于股份有限公司发起人的人数和资格的规定。

本条释解

一、发起人的人数

股份有限公司的发起人是指订立创办公司的协议、提出设立公司的申请,向公司出资或认购股份,并对公司设立承担责任的人。根据本条的规定,设立股份有限公司的发起人人数应当在1人以上200人以下。发起人如果过多,容易造成一定的混乱,妨碍设立的完成,不仅如此,由于募集设立股份有限公司的条件较发起设立要严格,为了防止发起人利用发起设立对发起人人数上限没有限制的漏洞规避法律,设立名义上的发起设立而实质上的募集设立的股份有限公司,《公司法》规定了发起人人数不得超过200人。此前《公司法》中对于股份有限公司的发起人,还设立了下限,要求在2人以上,如果股东只有一人则只能设立有限责任公司,而无法设立股份有限公司,本次《公司法》修改调整了股份有限公司的发起人人数下限,规定1人以上即可设立股份有限公司,这就使一人股份有限公司成为了可能,其核心目的是鼓励股份有限公司的设立与发展,使得单个投资者也可以设立股份有限公司。

二、发起人的资格

本条限制了发起人的人数,但是对于发起人应当是自然人还是法人以及发起人的国籍没有作出限制。因此,从规范本身角度看,无论是自然人还是法人,中国人还是外国人,只要是具备完全行为能力的,都有权利以发起人的身份设立股份有限公司。不过,本条对于发起人的住所进行了限制,即必须有半数以上的发起人在中国境内有住所。发起人在中国境内有住所,就中国公民而言,是指该公民户籍所在地的居住地或者经常居住地在中国境内;就外国公民而言,是指其经常居住地在中国境内;就法人而言,是指其主要办事机构所在地在中国境内。之所以有住所的限制,是因为股份有限公司的设立过程较长,有一定数量发起人在中国境内有住所会便于进行各项设立活动。而且,这样也有利于对发起人进行管理,以防止发起人利用设立股份有限公司来损害社会公众利益。

第九十三条 股份有限公司发起人承担公司筹办事务。

发起人应当签订发起人协议,明确各自在公司设立过程中的权利和义务。

本条主旨

本条是关于股份有限公司发起人的筹办义务以及发起人协议的规定。

本条释解

本条明确规定了股份有限公司设立过程中发起人的责任和义务,以确保公司设立顺利进行,并为未来的经营奠定良好的基础。

一、承担筹办事项的义务

股份有限公司的设立是一个烦琐而复杂的过程,涉及各种具体的程序事项,如材料准备、申请提交等。这些事项对于公司的设立至关重要,没有这些事务的完善处理,公司将无法成立。因此,新《公司法》明确规定了发起人有义务承担这些筹办事务。具体而言,筹办事务应至少包括如下内容:

(1)材料准备。首先,发起人需要负责准备所有与公司设立相关的文件和材料,可能包括公司章程、注册资本的出资证明、发起人身份证明等。这些文件需要按照法定要求进行准备和归档。

(2)申请提交。发起人还需要负责将准备好的文件和材料提交给相关政府部门,申请公司的设立,包括在合适的时间和地点提交申请,确保申请过程顺利进行。

(3)资金出资。在公司设立中,发起人需要出资以购买公司的股份,需要确保资金的准备和出资程序符合法律规定。

(4)法律合规。发起人必须确保在公司设立的整个过程中遵守所有法律法规,包括公司法、税收法、劳动法等相关法律规定,以确保公司设立合法合规。

二、签订发起人协议

本条第2款规定,发起人在公司设立过程中应当签订发起人协议。该协议明确了在公司设立过程中各发起人之间的权利和义务,以及解决潜在争议的机制。发起人协议的重点内容是对公司权力的分配和授权,这种分配应当是合理和平衡的,以确保公司成立后各方的权益得到妥善保护。此外,协议还应规定出资和投资保护的方案,包括出资金额、出资时间计划和方式等,以确保出资到位。争议解决机制通常也被纳入协议的内容,其明确规定了在发生争议时各方应当如何解决纠纷,包括仲裁、调解或法院诉讼等方式。

概括而言,签订发起人协议包括如下制度价值:

(1)明确权责。发起人协议可以明确各个发起人在公司设立过程中的权利和义务,包括出资额度、资金来源、经营管理方式等关键问题。明确这些问题可以防止未来的争议和误解。

(2)解决争议。发起人协议可以为未来可能发生的争议提供解决方案。如果在设立过程中出现纠纷,协议中的规定可以作为争议解决的依据,避免引起法律纠纷。

(3)保护投资。协议可以规定对发起人的投资保护措施,确保他们的权益受到保护,包括在公司经营中的退出机制和股权转让规定。

(4)确认经营流程。协议可以详细规定公司的经营流程和决策机构,有助于确保公司的日常经营顺利进行,减少管理混乱和不确定性。

第九十四条 设立股份有限公司,应当由发起人共同制订公司章程。

本条主旨

本条是对于股份有限公司制定章程的规定。

本条释解

本条规定了设立股份有限公司时制订公司章程的必要性和相关程序,条文的主要目的是确保公司的组织结构、运营方式、权责关系和治理原则得以明确,并保障股东、公司和其他利益相关者的权益。公司章程是公司的基本法律文件,包含了公司的基本信息、管理结构、经营范围、股东权益和公司治理等方面的内容。章程对公司内外的各种关系具有法律约束力,因此,其制订和内容具有重要意义。

按照本条规定,在股份公司成立之初,公司的发起人必须共同起草和制订公司章程。这一过程需要仔细考虑公司的性质、经营范围、管理结构和治理机制等方面的问题,以确保章程能够明确反映公司的运营需要和股东的意愿。需要讨论的内容可能涉及公司的名称、注册资本、经营范围、股东权益、董事会和监事会的设置与职权、股东会的召开程序、财务管理等。在制订公司章程时,发起人还需要充分考虑公司的实际情况和法律法规的要求,以确保章程的合法性和有效性。

第九十五条 股份有限公司章程应当载明下列事项:

(一)公司名称和住所;

（二）公司经营范围；

（三）公司设立方式；

（四）公司注册资本、已发行的股份数和设立时发行的股份数，面额股的每股金额；

（五）发行类别股的，每一类别股的股份数及其权利和义务；

（六）发起人的姓名或者名称、认购的股份数、出资方式；

（七）董事会的组成、职权和议事规则；

（八）公司法定代表人的产生、变更办法；

（九）监事会的组成、职权和议事规则；

（十）公司利润分配办法；

（十一）公司的解散事由与清算办法；

（十二）公司的通知和公告办法；

（十三）股东会认为需要规定的其他事项。

本条主旨

本条是关于股份有限公司章程内容的规定。

本条释解

《公司法》关于公司章程记载事项的规定，依据效力的不同，可以分为绝对必要记载事项、相对必要记载事项、任意记载事项。所谓绝对必要记载事项，是指《公司法》规定的公司章程必须记载的事项，属于强行性规范。从法理角度讲，若不记载或者记载违法，则章程无效，而章程无效的法律后果之一就是公司的设立无效。任意记载事项则是指在《公司法》规定的绝对必要记载事项及相对必要记载事项之外，在不违反法律、行政法规强行性规定和社会公共利益的前提下，经由章程制定者共同同意自愿记载于公司章程的事项。

本条规定了股份有限公司章程中必须记载的事项，分别是：

（1）公司名称和住所。名称是指公司在登记机关注册的正式名称，住所则是公司的主要办事机构所在地。

（2）公司经营范围。即公司可以从事哪些范围的业务的经营。

（3）公司设立方式。即公司是以发起方式还是募集方式设立。

(4)公司注册资本、已发行的股份数和设立时发行的股份数,面额股的每股金额。即需要章程记载公司的注册资本总数,公司已发行的股份数有多少以及在公司设立时拟发行多少股;如果公司发行面额股,每一股所记载的金额为多少。

(5)发行类别股的,每一类别股的股份数及其权利和义务。即如果公司确定发行优先股等类别股,需要章程记载持有类别股股东所持的股份数以及其所享有的特殊权利、需履行的特殊义务。

(6)发起人的姓名或者名称、认购的股份数、出资方式。即自然人发起人的姓名、法人发起人的名称、各发起人所认购的股份数额、以何种形式出资。

(7)董事会的组成、职权和议事规则。即记载董事会成员的具体数额和人员、董事会所享有的职权以及董事会召集、举行会议、作出决议所应遵守的准则。

(8)公司法定代表人,即代表公司行使职权的具体人员。

(9)监事会的组成、职权和议事规则。即记载监事会成员的具体数额和人员、监事会所享有的职权以及监事会召集、举行会议、作出决议所应遵守的准则。

(10)公司利润分配办法。即公司对其弥补亏损和提取公积金、法定公益金后所余利润,按照股东的持股比例分配时,具体如何进行分配。

(11)公司的解散事由与清算办法。即记载导致公司解散的事件、情况以及公司在解散后,具体如何进行清算。

(12)公司的通知和公告办法。即记载公司具体通过何种方式进行通知和公告。

上述12项内容中,除了第5项和第9项外,均应属于绝对必要记载事项,即法定必须在章程中载明的事项,第5项和第9项当为相对必要记载事项,如果公司选择发行类别股或者选择设立监事会,则应当在章程中对相关内容加以记载和明确。

本条规定的第13项,属于任意记载事项,其要求并且肯定了公司章程可以就股东会认为需要规定的其他事项作出相应的规定,也即在不违反法律、行政法规强行性规定和社会公共利益的前提下,股东会可以自愿记载绝对必要记载事项以外的事项于公司章程。这一规定充分体现出对于公司自主经营的尊重。

第九十六条 股份有限公司的注册资本为在公司登记机关登记的已发行股份的股本总额。在发起人认购的股份缴足前,不得向他人募集股份。

法律、行政法规以及国务院决定对股份有限公司注册资本最低限额另有规定的,从其规定。

本条主旨

本条是关于股份有限公司注册资本的定义以及股份发行限制的规定。

本条释解

本条为2023年《公司法》修改的新增条文,主要涉及股份有限公司的注册资本。相较于原《公司法》对于股份公司注册资本的规定,本条作出了重大修改。条文的核心内容包括了对注册资本的定义和限制,以及发起人对股份的认购规定。

首先,本条规定了股份有限公司的注册资本应该等于已发行股份的股本总额。注册资本是公司股份的总价值,反映了公司的资本基础。要求股份有限公司明确其注册资本有助于确保公司的稳定经营,使注册资本能够体现公司的经济实力和财务健康。法律要求公司在注册时确保足够的资本基础,以应对潜在的债务和风险。这有助于保护公司的债权人,使其信任公司有足够的资金来偿还债务。同时,注册资本的充足性是保护公司的债权人和股东利益的一项重要措施,它代表了公司在运营过程中可以用于偿还债务和分配利润的资源。股东也会受益于这一规定,因为它可以确保公司的稳健经营,有望提高股东的投资回报率。

值得注意的是,按照原《公司法》的规定,股份公司的注册资本是公司全部股本的总和。这是因为原《公司法》中并未规定股份公司设立时可以仅发行部分股份,而是要求发起人在公司设立时应当认足公司的全部股份,但新《公司法》规定了股份的多次发行,授权董事会在公司经营中发行部分股份,这就使得股份公司在设立初期可能并未发行全部股份,而只发行了部分股份,那么,公司登记的注册资本便应当对应于已发行股份的股本总额。对于公司股份总数中并未发行的部分,公司实际并未取得该部分股份对应的资金,将其纳入公司注册资本会导致公司的名义资本与实际的资本总额不符,从而影响股东和债权人利益。据此,在新《公司法》规定之下,股份有限公司的股份可能存在两个不同的概念,其一是公司股份总数,即记载于公司章程的公司拟发行的全部股份总额,其二是已发行股份,即公司在设立时发行的或在后续经营中授权董事会发行的股份数。而公司的注册资本对应的是后者,即公司已发行股份所对应的股本总额,公司股份总数中尚未发行的股份并不计入公司的注册资本。因此,新《公司法》出台后股份有限公司的注册资本内涵发生了一定程度的变化,但仍体现的是公司实际所能掌控的股本总额。

新《公司法》在股份公司注册资本范畴内另一项重要的改革是确立了股份公司注册资本的实缴制,即区别于有限责任公司的注册资本可以认而不缴,允许股东在五年内分期缴纳的资本制度,在股份公司领域要求公司在成立前必须实收所有股本。股份公司的资本实缴制虽然并未在新《公司法》中有明文规定,但从一系列相关条款的规定内容看,都体现出了资本实缴制的要求。其一,本法第 98 条第 1 款规定“发起人应当按照其认购的股份全额缴纳股款”,该规定明确要求发起人实缴股款,这解决了发起设立的股份公司以及募集设立股份公司中发起人的实缴义务;其二,本法第 100 条规定了向社会公开募集的股份公司“认股人应当按照所认购股数足额缴纳股款”,第 101 条规定“向社会公开募集股份的股款缴足后,应当经依法设立的验资机构验资并出具证明”,此两条对于向社会公开募集设立的股份公司的认股人明确提出了足额缴纳股款和验资的要求;其三,本法第 103 条规定“募集设立股份有限公司的发起人应当自公司设立时应发行股份的股款缴足之日起三十日内召开公司成立大会”,按照公司设立程序,在公司召开成立大会后方可申请设立登记,而本条又要求设立时应发行股份股款缴足后召开成立大会,其所暗含的规范便是募集设立的股份公司在登记注册资本之前应当缴足股款;其四,本法第 95 条关于股份公司章程应当载明的事项中删去了原《公司法》中股款缴纳期限的规定,隐含的意思便是不复存在缴款期限的问题,即在设立时应当足额缴纳。可见,新《公司法》在股份公司范畴确立了注册资本的实缴制,即无论是发起设立还是募集设立的股份公司,发起人和认股人均应当在公司设立登记前完成对认购股份的足额缴纳。这一制度有助于进一步提升股份公司的资本信用,避免公司注册资本与实际经济实力之间的错位。

其次，该条还规定了一个重要的限制，即在发起人认购的股份未缴足之前，公司不得向其他人募集股份。这是为了防止公司通过虚构或未充足的认购资金来吸引投资，从而陷入财务困境。公司的发起人在设立初期应该承担相应的风险和责任，确保注册资本的真实性和足够性。这个规定旨在保护投资者的利益，维护市场的稳定。这意味着在公司的创始阶段，公司必须依赖发起人的认购来建立其注册资本基础，而不能依赖尚未实际缴足认购款的外部投资者。这有助于确保公司在初始阶段有足够的资源来支持其运营活动，降低公司的债务风险，保护股东的权益。

最后，本条还提到，如果法律、行政法规或国务院决定对股份有限公司的注册资本最低限额另有规定，应该依照这些规定执行。这意味着国家法律体系可以根据不同行业和市场的需求，在一定范围内对注册资本的最低限额进行特殊规定。这种灵活性有助于适应不同行业和市场的特殊情况，确保注册资本的合理性和有效性。例如，某些特定行业可能需要更高的注册资本以满足监管要求，以确保其安全性和可靠性。通过法律的灵活性，根据具体行业的需要来制定相关规定，以维护公共利益和市场秩序。

综上，本条明确了股份有限公司注册资本的重要性和限制，旨在保护公司和投资者的利益，确保公司的经济实力和稳定性。通过限制在认购股份未缴足前向他人募集股份，有助于防止公司的虚假或不充足的注册资本，从而维护市场秩序和投资者信心。同时，法律的灵活性也为不同行业和市场提供了根据实际情况调整注册资本的机会，以促进经济的健康发展。股份有限公司注册资本的确立和监管是公司法体系的核心要素之一，对于维护公司和市场的稳定性和健康发展至关重要。

相关理论

股份公司股份的分批发行

股份公司的股份分批发行是一项重要的融资和股权分配策略，它在公司融资和经营战略中具有深刻的意义和多重价值。这一策略的核心理念是允许公司将股份按照实际经营需要分为多个批次来发行，而不是在公司设立之初一次性大规模融资。这种分阶段的股份发行方法，为公司提供了更多的灵活性和战略机会，有助于在不同阶段满足资本需求、降低融资成本、吸引多元化的投资者群体以及实现长期可持续发展。

首先,股份分批发行有助于降低公司的融资成本和风险。一次性大规模融资可能会导致公司股东的财务负担过重,增加债务压力,甚至引发财务危机。相比之下,通过分批发行股份,公司可以根据实际融资需求逐步筹集资金,降低了融资压力和财务风险。这种分散的融资模式有助于平稳地管理公司的财务状况,降低了融资成本,提高了财务稳健性。

其次,股份分批发行有助于提高公司的灵活性。股份市场的波动和公司价值的变化可能会影响融资计划。通过分批发行股份,公司可以更灵活地根据市场条件和公司估值来调整发行股份的时机和数量。这种灵活性使公司能够更好地适应外部环境的变化,更有效地利用市场机会,提高了战略决策的灵活度。

再次,股份分批发行有助于吸引多元化的投资者。不同类型的投资者可能对公司的股份感兴趣,包括创始人、战略投资者、风险投资基金等。通过分批发行,公司可以吸引不同背景和目标的投资者,丰富了公司的股东结构。多元化的股东结构有助于提供更多的资源和支持,为公司的发展提供了更多的选择和机会。

最后,股份分批发行有助于确保公司在不同阶段都有足够的资本来支持其业务扩张和发展。公司的发展过程中可能会有不同的资本需求阶段,如初创阶段、扩张阶段和成熟阶段。通过分批发行股份,公司可以根据不同阶段的需求来筹集资金,确保了公司在每个发展阶段都有足够的资本来支持其战略目标。这有助于实现公司的长期可持续发展,最大化股东价值。

总之,股份公司的股份分批发行是一种有效的融资和股权管理策略,从学理角度来看,强调了融资策略的多样性、灵活性和风险管理。通过降低融资成本、提高灵活性、吸引多元化的投资者以及确保资本充足,股份分批发行有助于公司实现可持续发展和长期价值创造。这一策略在公司融资和战略规划中具有广泛的应用前景,为公司和投资者带来了共同的利益和机会,体现了公司治理和公司财务管理制度的一项重要进步,为公司在不断变化的商业环境中保持竞争优势提供了有力支持。

第九十七条　以发起设立方式设立股份有限公司的，发起人应当认足公司章程规定的公司设立时应发行的股份。

以募集设立方式设立股份有限公司的，发起人认购的股份不得少于公司章程规定的公司设立时应发行股份总数的百分之三十五；但是，法律、行政法规另有规定的，从其规定。

本条主旨

本条是关于以发起设立方式以及以募集设立方式的发起人认购股份限额的规定。

本条释解

本条第 1 款为本次《公司法》修改的新增条款，而第 2 款则是承继了原《公司法》的规定未作修改。

根据本条第 1 款规定，对于以发起方式设立的股份有限公司，发起人应当对于公司章程规定的公司设立时应发行的股份进行全额认足，而不能仅认购其中一部分。这一规定对应着 2023 年《公司法》修改确立的股份公司分批发行股份制度，公司章程中可以确定在公司设立时需要发行的股份，作为公司第一批发行股份，而这一部分的股份，发起人应当全额认足。这样规定的目的是充分保证公司的资本充实，在《公司法》已经允许公司分批发行股份的情况下，更加需要保证公司确定发行的股份能够被认足，而不会产生公司章程载明已发行股份与公司实际发行股份不符的样态。按照这一条文规定，在股份公司以发起方式设立的情况下，只有公司章程规定设立时应发行股份全部被认足后，公司方可以设立，否则将不符合公司设立的要件要求。

根据本条第 2 款规定，以募集设立方式设立股份有限公司，发起人只需认购公司应发行股份的一部分，其余部分是向社会公开募集的。根据本条的规定，发起人认购的这部分股份不能低于公司股份总数的 35%，也就是说，发起人在进行创立公司的活动时，在确定了股本总额及股份总数以后，应当承诺并购买总数的 35% 以上的股份。这样规定的目的，主要是为了加重发起人的责任，保护广大社会公众投资者的利益。因为公司成立后要进行一定的经营活动以达到一定的经济目的,而进行经营活动必须要有一定的物质基础才能保障债权人的利益。股份有限公司的经济能力来自发起人和其他股东的出资。如果发起人出资过少,那么发起人对公司就只承担很小的责任,这样很容易使发起人不经过认真的调查研究就轻率地募集设立股份有限公司公司,甚至利用设立公司进行欺诈活动,损害广大的社会投资者以及债权人的利益。此外,如果发起人出资过少,那么,他们还可能因为与公司没有多少利害关系而对公司的经营管理漠不关心,不利于公司的发展。由此可见,要求募集设立的发起人持有一定比例的公司股份是必要的。

另外,本条同时规定了,如果法律、行政法规在这一问题上另有规定的,从其规定。这意味着35%的比例下限不是一成不变的,可以根据具体情况依照其他法律、法规作出或高或低的调整。

第九十八条 发起人应当在公司成立前按照其认购的股份全额缴纳股款。

发起人的出资,适用本法第四十八条、第四十九条第二款关于有限责任公司股东出资的规定。

本条主旨

本条是关于股份有限公司发起人缴纳股款以及出资方式的规定。

本条释解

本条第1款明确规定了发起人在公司设立过程中的责任,即根据其认购的股份数额,在公司成立前必须按时、全额地缴纳相应的股款。这一规定是股份公司资本实缴制的直接体现,规定了发起人在公司成立前的股款全额缴纳义务,这一规定涉及股份有限公司的资本形成和资本保障。在公司成立前,要求发起人必须认购一定数量的股份,并根据其认购的股份数额缴纳相应的股款。该规定的核心目的是确保公司在开始运营时拥有足够的资本来支持其正常经营活动。如果发起人未全额缴纳股款,公司可能会面临资本不足的风险,难以应对各种支出和业务需求,导致公司的财务不稳定和经营困难。同时,这一规定涉及公司治理和股东权益的保护。在公司设立时,股东的权益和责任需要明确定义,以确保公司的股东在公司运营中拥有适当的权力和参与度。发起人按照其认购的股份数额缴纳股款,意味着他们承担了相应数量股份的所有权和相应的经济权益。这有助于确保公司内部的权力结构和决策机制合理,避免了权力过于集中或不均衡的情况,也为公司的长期健康发展提供了良好的治理基础。此外,这一规定涉及债权人和第三方的利益保护。在商业活动中,公司可能需要向外部债权人借款,如银行或其他金融机构。债权人通常会关注公司的资本状况,以确保其能够按时偿还借款。如果发起人未全额缴纳股款,公司的资本结构可能不够健康,债权人可能会感到担忧,可能会降低向公司提供融资的意愿,或要求更高的利率。因此,这一规定有助于保护债权人的权益,维护了金融市场的稳定和透明。

这一法律规定还有助于维护公司的声誉和合法地位。公司设立是一项重大决策,涉及法律程序和监管要求。发起人按照其认购的股份数额缴纳股款,有助于确保公司在法律框架内合法设立。如果发起人未按规定缴纳股款,公司可能会面临法律纠纷和潜在的法律问题,这可能会损害公司的声誉和稳定性,对公司的长期发展产生负面影响。

本条第 2 款引致了有关有限责任公司股东出资的相关法律规定,强调了股份有限公司发起人在出资方式方面的要求准用于有限责任公司的出资,适用本法第 48 条、第 49 条第 2 款之规定,即意味着发起人可以货币出资,也可以实物、知识产权、土地使用权等可以用货币估价并可依法转让的非货币财产出资。此外,第 49 条第 2 款还规定了以货币出资以及以非货币出资的具体出资方式要求,具体释解参见本法第 49 条。

第九十九条 发起人不按照其认购的股份缴纳股款,或者作为出资的非货币财产的实际价额显著低于所认购的股份的,其他发起人与该发起人在出资不足的范围内承担连带责任。

本条主旨

本条是关于发起人出资不足或出资不实的情形下,发起人之间承担责任的规定。

本条释解

本条文规定了在股份有限公司设立过程中,发起人未按照其认购的股份缴纳股款或者以非货币财产作为出资,但其实际价值显著低于认购股份的情况下,相应产生的发起人之间的连带责任。具体而言,本条涉及两种行为模式:第一种模式是不按照认购的股份缴纳股款,此种可以定义为出资不足,即未充分完成发起人协议所约定的出资义务;第二种模式是出资的非货币财产实际价额显著低于认购股份,此种可以定义为出资不实。两类行为均属于发起人未能够完成应负担的出资义务,最终造成公司实际的出资额与章程规定的出资额不符。本条进一步规定了发起人有上述行为的法律后果是该发起人与其他发起人在出资不足的范围内承担连带责任,即发起人之间需要连带地向公司承担补足的责任。这样的规定看似对其他发起人并不公平,但其实体现了发起人之间共同的利益关联,在发起阶段全部发起人需共同对公司承担起出资充实的责任,任何一个发起人存在出资不实或不足的情况,所有发起人均应当承担补足责任,此种规定目的也是为确保公司所收取的出资是并无缺陷的,免得因个别发起人的出资不足影响公司整体的资本状况。这一规定也是将此前《公司法司法解释(三)》第 13 条第 3 款之规定在立法层面予以肯认。

当然,此种连带责任在理论上应归属于不真正连带责任的范畴,其他发起人在承担连带责任后有权向出资不足或不实的发起人全额追偿,从而令该发起人承担最终责任。这种责任分配的依据是发起人之间签订的发起人协议。在公司设立过程中,发起人之间通常会签订发起人协议,其中包括了关于股份认购和股款缴纳的约定。这些协议是法律文件,具有法律约束力。如果某个发起人没有按照协议认真履行其股款缴纳义务,或者以非货币财产作为出资,但其实际价值明显低于认购的股份,这被视为违约行为,其他发起人承担连带责任相当于因出资不足或不实的发起人的违约行为造成了损失,其他发起人自然可以请求该发起人赔偿。同时,这一规定有助于保护其他发起人的权益和维护公司的财务健康。在股份有限公司设立过程中,各发起人承担了共同的责任和义务,其中之一就是按照协议认真履行股款缴纳义务,如果某个发起人未按约定缴纳股款,或者以低估的非货币财产作为出资,这可能导致公司资本不足,对公司的财务状况和经营活动构成风险。因此,在发起人之间共同承担连带补足责任后,允许其他发起人追偿,有利于以维护其他发起人的权益和公司的经济稳定。

此外,这一规定涉及非货币财产的估值问题。在某些情况下,发起人可能会以非货币财产(如房地产、知识产权等)作为出资,以替代现金。然而,这些非货币财产的价值必须明确且合理地估算,以确保公司的资本结构合法合规。如果估值明显低于认购股份的情况发生,这可能导致不公平的权益分配和公司经营的不稳定。因此,这一规定要求发起人以非货币财产作为出资时,其实际价值必须与认购股份相符合,否则将会产生相应的责任。进一步地讲,这一规定对于公司治理和股东关系的维护至关重要。它强调了发起人之间的互相信任和合作,以确保公司设立和运营的稳定性和透明性。发起人之间的合同关系和责任约定有助于建立公司内部的权力平衡和决策机制,避免了权力过于集中或不均衡的情况。这有助于维护公司的良好治理,从而为公司的可持续发展创造了有利条件。

这一规定也与公司的信誉和声誉相关。如果公司的发起人在设立阶段就无法履行其股款缴纳义务或以低估的非货币财产作为出资,这可能会影响公司的声誉和形象。信誉是公司在商业界的重要资产之一,影响公司与合作伙伴、客户和投资者之间的关系。因此,这一规定有助于确保公司设立和运营过程的诚信和合法性,维护了公司的商业声誉。

第一百条 发起人向社会公开募集股份,应当公告招股说明书,并制作认股书。认股书应当载明本法第一百五十四条第二款、第三款所列事项,由认股人填写认购的股份数、金额、住所,并签名或者盖章。认股人应当按照所认购股份足额缴纳股款。

本条主旨

本条是关于招股说明书的公告及认股书的规定。

本条释解

按照本条规定,向社会公开募集股份的发起人必须公告招股说明书。招股说明书是一份重要的文件,经过国务院证券监督管理机构核准后,必须向社会公众进行公告,以吸引他们认购公司股份。这个公告的目的不仅是为了吸引投资者,还为了让社会公众了解公司的真实情况。这样,投资者可以根据这些信息来作出明智的投资决策,从而保护广大投资者的权益,防止公司或发起人采取不正当手段来募股。

至于如何公告招股说明书,虽然《公司法》中没有明确规定,但《证券法》第86条提供了明确的规定。根据该条规定,所有必须依法披露的信息都应该在国务院证券监督管理机构规定条件的媒体发布。此外,这些信息还应该置备于公司的住所和证券交易所,以供社会公众查阅。同样,《证券法》第23条也规定,在证券发行申请获得注册后,发行人必须根据法律和行政法规的规定,在证券公开发行之前公告公开发行募集文件,并将这些文件置备于指定的场所供公众查阅。因此,一旦招股说明书经过法定程序核准后,它应该在国务院证券监督管理机构指定的媒体上发布,并置备于公司的住所和证券交易所,以供社会公众随时查阅。这些规定有助于确保信息透明度,保护投资者的权益,以及防止不当行为的发生。

本条进一步规定,发起人应当制作认股书。发起人在设立股份有限公司并进行股份募集时,需要制作认股书,这是为了让社会公众能够认购公司的股份。认股书中应包括与招股说明书相同的重要信息,包括但不限于以下内容:发起人认购的股份数量、每股的票面金额和发行价格、无记名股票的发行总数、认股人的权利和义务、本次募股的起止期限以及逾期未募足时认股人可以撤回所认股份的说明。当投资者决定认购股份时,需要按照法律规定在认股书上填写以下信息:认购的股数、认购金额、认股人的住所,在认股书上签名,以及盖章(如果需要)。

从法律角度来看,一旦投资者填写了认股书,他们就有义务按照所认购的股数缴纳股款,否则将构成违约。这意味着投资者必须按照认股书上所约定的条件和金额,按时向公司缴纳相应的资金,以完成股份认购的过程。这一过程的法律规定和要求不仅有助于确保投资者的承诺和公司的募资计划得以实施,而且也有助于维护投资者的权益和保护公司的利益。此外,本条"认购人应当按照所认购股份足额缴纳股款"的规定也意味着公募设立的股份公司必须在设立前实缴股款,这也是股份公司资本实缴制度的体现。

第一百零一条 向社会公开募集股份的股款缴足后，应当经依法设立的验资机构验资并出具证明。

本条主旨

本条是关于募集股份后验资的规定。

本条释解

根据本条规定，以募集方式设立的股份有限公司在募集股份股款缴足后，应当对此部分出资进行验资。验资，是依法设立的验资机构对公司股东出资情况进行检验并出具相应证明的行为。通过验资，既可以核实出资人对所提供的出资是否具有合法权利，也可以为公司登记机关审核募集设立公司是否符合《公司法》规定要求以及满足发起人认购股份的最低限额等方面提供依据。自2013年《公司法》施行，对于一般类型的公司已经全面取消了验资的要求，但对于向社会公开募集股份的股份有限公司而言，由于公司对社会募集款项的来源以及充实性缺乏必要的了解，因而《公司法》仍保留了验资的程序要求。

验资由依法设立的验资机构进行，依法设立的注册会计师事务所、注册审计师事务所、资产评估机构等都属于依法设立的验资机构。验资的内容应包括股东出资是否符合法律、行政法规和公司章程的规定，是否存在弄虚作假的行为，非货币出资的评估作价是否公平、合理，货币出资是否已足额存入公司临时账户，非货币出资是否已办理权利移转登记手续等。

验资程序的首要法律功能之一是确保公司的合法性。通过验资，公司法律上确认了募集而来的资本来源是合法的，没有侵犯任何法律法规或道德原则。这有助于防止公司利用非法或不当手段融资，如洗钱、虚假陈述等，从而维护公司的合法地位和信誉。当投资者参与公司的股份募集时，他们希望确保投资款项不会被不法行为所损害。验资程序提供了这一保障，确保公司在募集资金时遵守法律法规，维护投资者的权益和利益。

验资也是监管机构对公司募集资本行为进行监管和监督的一种手段。这有助于监管机构及时发现和防止不当行为，如欺诈、虚假陈述等，从而维护市场的公平竞争和透明度。市场透明度是一个健康市场的关键特征，而验资程序有助于提高市场的透明度。投资者可以通过验资报告更清晰地了解公司的财务状况和资本结构,更明智地做出投资决策。这有助于市场的稳定和发展,吸引更多的资本流入市场。在一些特殊的公司类型中,相关法律法规规定了公司的最低法定资本要求,通过验资,确保公司满足这一资本要求,防止公司因资本不足而陷入困境。维护法定资本的完整性有助于保障公司的稳定运营,确保其能够履行合同和承担债务。如果公司未按照法定程序进行验资,或者验资机构发现不合规行为,公司可能会面临法律责任和制裁。这种法律后果迫使公司和管理层遵守法律法规,确保合规性。法律责任和制裁的存在有助于防止公司和管理层违法行为,维护了市场的秩序和公平竞争。

验资结束后,验资机构应出具验资证明,验资证明为申请公司注册的必备文件。验资证明必须客观真实、验资机构或验资人员不得提供虚假证明文件,否则,将要承担相应的法律责任。

第一百零二条 股份有限公司应当制作股东名册并置备于公司。股东名册应当记载下列事项:

(一)股东的姓名或者名称及住所;

(二)各股东所认购的股份种类及股份数;

(三)发行纸面形式的股票的,股票的编号;

(四)各股东取得股份的日期。

本条主旨

本条是关于股份公司制备股东名册的规定。

本条释解

本条规定了股份有限公司在设立和运营过程中必须制作和维护股东名册,以及该名册应当包括的具体内容。

股东名册是重要的公司文件,记录了公司的股东信息。本条规定要求股份公司必须制作股东名册并制备于公司,有助于确保公司及时和准确地维护股东信息,以便随时核实股东身份和权益。这项法律义务不仅要求公司记录股东的姓名(或名称)、住所信息,还要求详细列明各股东认购的股份种类、数量,以及发行纸面形式的股票的编号,同时记录各股东获得股份的日期。股东名册的制作和置备义务确保公司及时、准确地记录和管理股东的信息。这有助于公司明确股东的身份和联系方式,以便在需要时进行联络或通知,更为重要的是,股东名册是股东权利重要的确权依据,在股权归属存在纷争时,股东名册是直接的权属证明。同时,股东可以依据名册中的信息来行使投票权、参与分红等权益,从而保障股东的合法权益。此外,清晰和准确的股东名册还有助于防止股权纠纷,涉及股东权益的争议都可以根据名册中的信息来解决。

本条详细列出了股东名册应当包括的内容:

1. 股东的姓名或者名称及住所。股东名册应包括股东的姓名(对于自然人股东)或名称(对于法人股东)以及住所信息。记录这些信息有助于公司明确股东的身份和联系方式,以便在需要时进行联络或通知。

2. 各股东所认购的股份种类及股份数。名册应当详细列出各股东所认购的股份种类和股份数。这是因为不同股份有不同的权益和权利,包括投票权、红利权等。因此,明确股东持有的股份种类和数量是非常重要的,以确保每位股东的权益得到公平和合法的保障。

3. 发行纸面形式股票的编号。如果公司采用纸面形式的股票,名册还应记录股票的编号。股票编号是唯一的标识符,有助于区分不同股东的股票,防止混淆或误认。这有助于保护股东的权益和公司的股权管理。

4. 各股东取得股份的日期。股东名册应当记录各股东取得股份的具体日期。这一信息对于股东权益的行使和公司的资本结构管理非常重要。知道股东取得股份的日期有助于确定权益产生的时间点以及相应的权利和义务。

另需注意的是,本条规定的适用在上市公司和非上市公司应当有所区别,上市公司的股权变动往往十分迅速,公司不可能每日对股东名册进行调整,因此本条规定在上市公司范畴应当更多指向的是公司原始股东的名册记载,后续的变动应当参照有关部门针对上市公司股权变动的规定实施;而非上市股份公司在名册变更方面则更类似于有限公司的变动要求,公司应当及时变更名册的记载,从而令股东名册能够及时地反映公司实际的股东情况。就股份公司的股权变动事项更具体的规定可参见对本法第 159 条的解读。

相关理论

股东名册在股权纠纷中的确权意义

股权纠纷是公司法领域内经常发生的争议之一，通常涉及股东之间的权益、权力和责任分配。在这种情况下，股东名册充当了一个关键的证据和信息来源，有助于明确股东的权益，解决争议，确保法律程序的公平性和合法性。

1. 股东名册作为权益证明。首先，股东名册在股权纠纷中的确权意义体现在其作为权益证明的作用上。名册中详细记录了每位股东所认购的股份种类、数量，以及获得股份的日期。这些信息是股东权益的具体表现，是股东在公司内部权利和义务的依据。当股东之间发生争议，股东名册成为解决争议的重要依据。股东可以依据名册中的记录，证明自己在公司中拥有的权益，从而确保其在争议解决中的地位合法和权益。这种确权作用有助于维护公司内部的稳定和和谐，避免因权益争议引发公司经营的混乱和不确定性。

2. 股东名册作为纠纷解决的依据。股东名册在股权纠纷的解决中充当了重要的依据。当股东之间出现纠纷时，如有关股权的归属、转让、减资、合并等问题，名册中的信息可以帮助决策者和仲裁机构明确争议的事实基础。这有助于快速、有效地解决纠纷，减少争议的时间和成本。名册中的信息可以帮助判定以下关键问题：(1)股东身份确认，名册记录了股东的姓名(或名称)和住所，有助于确认纠纷方的身份。(2)股东持股比例，名册明确了股东所认购的股份种类、数量，可以确定各方的持股比例。(3)权益分配依据，名册提供了权益的分配依据，包括股东持股比例和股份种类，有助于确定分红和决策权的归属。(4)权益变动记录，名册还记录了股东取得股份的日期，可以追溯权益的变动历史，识别股权转让和变更。

3. 防止不当行为和欺诈。股东名册的存在可以帮助防止不当行为和欺诈。如果一方试图以虚假的方式声称拥有股权或变更股东信息，名册可以用作核实和验证的工具。这有助于防止恶意行为，维护公司内部的诚信和合法性。

总而言之，股东名册作为权益证明和争议解决的依据，有助于明确股东的权益和义务，保障法律程序的公平性和合法性，防止不当行为和欺诈，维护公司内部的稳定和和谐。因此，股份有限公司应当认真制作和维护股东名册，确保其准确性和及时性，以应对潜在的股权纠纷，维护公司的稳健经营。

第一百零三条 募集设立股份有限公司的发起人应当自公司设立时应发行股份的股款缴足之日起三十日内召开公司成立大会。发起人应当在成立大会召开十五日前将会议日期通知各认股人或者予以公告。成立大会应当有持有表决权过半数的认股人出席,方可举行。

以发起设立方式设立股份有限公司成立大会的召开和表决程序由公司章程或者发起人协议规定。

本条主旨

本条是关于召开股份公司成立大会和表决程序的规定。

本条释解

本条第1款规定的是募集设立股份有限公司召开成立大会的要求,根据该规定,当发行股份的股款缴足,股款达到应发行股份的股款金额,公司的发起人必须在30天内召开公司成立大会。公司成立大会是公司设立过程中的一个关键步骤,它标志着公司正式设立,确保了公司设立程序的合法性和效率。本条规定了非常具体的时间,即在股款缴足之日起的30天内召开公司成立大会。这个时间限制的目的是确保公司设立过程的高效和迅速进行。一旦股款足额缴纳,公司就应当立即进入正式成立程序,而不会因为拖延而延误公司的设立。这有助于促使公司在市场上迅速开展业务,推动经济发展。此外,发起人有义务在成立大会召开前的15天内通知所有认股人或者通过公告的方式通知公众,允许认股人和其他相关方有足够的时间来准备和参与大会。另外,本条还规定了成立大会的举行条件,必须有持有表决权过半数的认股人出席,才能够召开成立大会。该规定的目的是确保决策的合法性和代表性,只有在有足够多的认股人出席的情况下,公司才能正式成立。这有助于防止少数股东对公司设立的决策产生不合理的影响,保护了多数股东的权益。

本条第2款则规定了发起设立的股份有限公司成立大会的召开和表决程序由公司章程或者发起人协议规定。这一规定强调了公司章程和发起人协议在设立大会程序方面的关键性,允许发起设立的股份有限公司根据自身的情况和需求来制定适用的程序,以确保成立大会的顺利召开。该款规定也反映了

《公司法》对发起设立股份公司治理的灵活性和自主性的支持。不同的公司可能具有不同的股东结构和治理需求，因此有必要根据公司的实际情况来制定适合的程序。这种灵活性有助于公司更好地适应市场和法律环境的变化，使公司的治理更具可操作性。此外，这一规定强调了合同自由原则的重要性。公司章程和发起人协议是双方自愿达成的合同，它们在公司成立大会的召开和表决程序方面具有法律约束力。这意味着合同的各方必须遵守他们自己制定的规则，确保成立大会的程序合法有效。这体现了法律对契约自由的尊重，强调了合同的重要性和权威性。

第一百零四条 公司成立大会行使下列职权：

（一）审议发起人关于公司筹办情况的报告；

（二）通过公司章程；

（三）选举董事、监事；

（四）对公司的设立费用进行审核；

（五）对发起人非货币财产出资的作价进行审核；

（六）发生不可抗力或者经营条件发生重大变化直接影响公司设立的，可以作出不设立公司的决议。

成立大会对前款所列事项作出决议，应当经出席会议的认股人所持表决权过半数通过。

本条主旨

本条是关于公司成立大会职权以及表决方式的规定。

本条释解

公司成立大会作为公司设立过程中的一个重要环节，行使着多项关键职权，这些职权直接影响公司的设立和运营。本条详细规定了公司成立大会行使的各项职权。

1. 审议发起人关于公司筹办情况的报告。公司成立大会首先负责审议发起人关于公司筹办情况的报告。这份报告通常包括公司的设立计划、股东组成、股份结构、资本筹集情况、商业计划等重要信息。大会的成员将仔细审查这些信息，以确保公司设立的合法性和可行性。这一职权确保了公司设立过程的透明性和合规性。

2. 通过公司章程。公司成立大会的另一个重要职责是通过公司章程。公司章程是公司内部的基本法规，规定了公司的组织结构、管理方式、股东权益等关键事项。成立大会的股东将投票表决公司章程，确立公司的治理架构和运营规则。这一职权在公司设立过程中具有决策性作用，为公司的合法运作提供了法律基础。

3. 选举董事、监事。公司成立大会还负责选举公司的董事和监事。董事是公司的高级管理层，负责公司的经营和决策，监事则负责监督公司的经营活动。股东通过投票选举董事和监事，确保公司的管理层具有合法性和代表性。这一职权有助于建立公司的有效治理结构。

4. 对公司的设立费用进行审核。大会成员还有权对公司的设立费用进行审核。这包括审查公司设立过程中涉及的各项费用，如律师费、注册费用等。审核费用确保了公司设立过程的透明性，防止不必要的开支或滥用资金。

5. 对发起人非货币财产出资的作价进行审核。公司成立大会另一个重要职责是对发起人非货币财产出资的作价进行审核。这意味着大会成员需要评估发起人提供的非货币财产是否符合公司设立的要求，并确定其价值是否合理。这一职权有助于保护公司和股东的权益，确保资本的合法注入。

6. 决定不设立公司。公司成立大会具有权力在发生不可抗力或者经营条件发生重大变化直接影响公司设立的情况下，作出不设立公司的决议。这种情况下，成立大会可以认为不设立公司是合理的选择，以避免不必要的风险和损失。

此外，本条还规定了公司成立大会的决议程序，对于成立大会相关职权的决议事项应当经出席会议的认股人所持表决权过半数通过。这一规定强调了在公司成立大会上作出决策的合法性和代表性。这种表决要求确保了决策的广泛代表性，避免了个别认股人或认股人少数派对公司决策的不合理影响。公司成立后，认股人即为公司的所有者和权益持有者，有权参与公司的决策过程。表决权过半数的原则确保了认股人的意愿在公司设立大会上得到尊重，反映了民主的核心价值。所有认股人都有平等的机会在大会上行使表决权，而且决策过程要符合法律和公司章程的规定，这有助于防止潜在的不当干预或滥用权力,确保公司设立过程的公正性。此外,这一规定有助于公司设立大会的决策程序的高效进行。表决权过半数的原则意味着一旦超过半数的认股人支持某项决议,该决议就会被通过,从而避免了决策的拖延或僵局。这有助于确保公司设立大会的决策能够及时实施,公司设立过程可以高效推进。

第一百零五条 公司设立时应发行的股份未募足,或者发行股份的股款缴足后,发起人在三十日内未召开成立大会的,认股人可以按照所缴股款并加算银行同期存款利息,要求发起人返还。

发起人、认股人缴纳股款或者交付非货币财产出资后,除未按期募足股份、发起人未按期召开成立大会或者成立大会决议不设立公司的情形外,不得抽回其股本。

本条主旨

本条是关于认股人请求退股的条件以及发起人、认股人不得擅自抽回其股本的规定。

本条释解

本条第1款规定股份有限公司到期未募足设立时应发行股份或募足后未及时召开成立大会的,应当返还认股人所缴股款。这一规定旨在保护认股人的权益。在公司设立过程中,认股人可能已经按照发起人的要求缴纳了股款,表明他们对公司的投资承诺。然而,如果发起人未能按照法律规定的时间召开成立大会,认股人可能会因此受到损失,因为公司设立进程受阻,可能导致投资计划延迟或失败。这一规定允许认股人在特定条件下要求返还已缴纳的股款,以保护其权益。按照此规定,要求发起人返还股款的条件包括两种情况:一是公司设立时应发行的股份未募足,即未能达到预定的股份募集目标;二是发行股份的股款已经缴足,但发起人未能及时召开成立大会,超过了规定的30日时间限制。这些条件的设定有助于确保只有在规定的情况下认股人才能行使返还股款的权利。本条还规定了返还股款的计算方式,根据这一规定,认股人有权要求返还其已缴纳的股款,并加算银行同期存款利息。这一计算方式确保认股人在要求返还股款时能够获得与市场利率相当的回报,以弥补可能因投资计划受阻而造成的损失。这一规定旨在保护认股人的权益，特别是在公司设立过程中出现特定情况，如未募足股份或未及时召开成立大会时，确保认股人有权要求返还已缴纳的股款，并获得合理的利息回报。

本条第2款规定发起人、认股人不得擅自抽回其股本。本法第53条规定，股东在有限责任公司成立后，不得抽逃出资。根据本条第2款的规定，股份有限公司的发起人和认股人也负有相同的义务。一旦发起人和认股人缴纳了股款，或者交付了非货币财产出资，则不能再将该股本抽回。也就是说，当发起人和认股人把股款转入股份有限公司的临时账户或者依法办理完非货币形式的其他出资的财产转移手续，并经过法定验资机构的检验后，便不能将这些出资抽回，不仅公司成立前不得抽回，公司成立后仍然不能抽回出资。如果发起人和认股人在缴纳完出资后，又将资本抽回，实际上就等于股份有限公司应发行的股份并未全部被认购，这样成立的公司，必然是股东有虚假出资的公司，公司的实际资产也就会少于其注册资本，违反了资本维持原则，将会对债权人的利益造成损害，并危及社会交易的安全。在实践中，抽回股本的表现形式与抽回出资相同，具体可参见对本法第57条的释解。

发起人、认股人抽回股本的行为并不是在所有情况下都是被禁止的。因为只有在股份有限公司成立了的情况下，发起人、认股人的出资才被作为公司的资本，不得抽回，如果公司最终没有成立，如出现未按期募足股份、发起人未按期召开成立大会或者成立大会决议不设立的情况，则发起人、认股人所缴纳的股款和非货币财产出资应当依法予以返还。

第一百零六条 董事会应当授权代表，于公司成立大会结束后三十日内向公司登记机关申请设立登记。

本条主旨

本条是关于公司成立大会结束后公司申请设立登记的规定。

本条释解

本条规定涉及公司设立过程中董事会的职责和时间限制，以及向公司登记机关提出设立登记申请的义务。

首先,在公司设立阶段,董事会需要执行一系列任务,以确保公司能够按照法律程序合法设立。董事会授权代表通常是董事会成员,他们被赋予权利和职责,代表公司进行法律行为,特别是向公司登记机关提出设立登记的申请。这个授权过程通常需要董事会通过决议或授权文件明确授权代表,并可能需要提供相关的证明文件。这一安排的目的是确保公司设立过程中的法律程序得到妥善执行,同时也减轻了公司股东个人的法律责任。董事会作为公司的管理机构,对公司的法律合规性负有重要责任,因此授权代表来处理这些事务是一种常见的做法。

其次,本条明确了申请设立登记的时间限制,规定董事会授权代表必须在公司成立大会结束后的 30 天内采取行动,是为了确保公司设立程序能够高效进行。这一时间限制有以下重要意义:(1)合理设置时间压力。设立一家公司涉及多个步骤和程序,包括准备文件、审核和提交申请等。设立程序的时间限制迫使公司和董事会尽快行动,以避免不必要的延误和拖延。这有助于确保设立程序不会无限期延长,从而有助于公司更快地开始运营。(2)保障公司利益。时间限制确保公司设立程序在法律框架内进行。如果没有明确的时间限制,可能会导致程序的滞后和混乱,必要的时间限制有助于保护公司和相关利益方的权益。(3)促进市场竞争。在商业领域,时间往往等于竞争力。如果公司设立程序能够快速进行,公司将更早地进入市场并开始经营。这对于在竞争激烈的市场中占据优势地位至关重要。

最后,本条要求董事会授权代表向公司登记机关提出设立登记的申请。公司登记机关通常是由政府设立的机构,负责管理和监督公司设立和登记程序。

第一百零七条 本法第四十四条、第四十九条第三款、第五十一条、第五十二条、第五十三条的规定,适用于股份有限公司。

本条主旨

本条是关于股份有限公司制度准用于有限责任公司的规定。

本条释解

本法第 44 条规定:“有限责任公司设立时的股东为设立公司从事的民事活

动,其法律后果由公司承受。公司未成立的,其法律后果由公司设立时的股东承受;设立时的股东为二人以上的,享有连带债权,承担连带债务。设立时的股东为设立公司以自己的名义从事民事活动产生的民事责任,第三人有权选择请求公司或者公司设立时的股东承担。设立时的股东因履行公司设立职责造成他人损害的,公司或者无过错的股东承担赔偿责任后,可以向有过错的股东追偿。”第 49 条第 3 款规定:“股东未按期足额缴纳出资的,除应当向公司足额缴纳外,还应当对给公司造成的损失承担赔偿责任。”第 51 条规定:“有限责任公司成立后,董事会应当对股东的出资情况进行核查,发现股东未按期足额缴纳公司章程规定的出资的,应当由公司向该股东发出书面催缴书,催缴出资。未及时履行前款规定的义务,给公司造成损失的,负有责任的董事应当承担赔偿责任。”第 52 条规定:“股东未按照公司章程规定的出资日期缴纳出资,公司依照前条第一款规定发出书面催缴书催缴出资的,可以载明缴纳出资的宽限期;宽限期自公司发出催缴书之日起,不得少于六十日。宽限期届满,股东仍未履行出资义务的,公司经董事会决议可以向该股东发出失权通知,通知应当以书面形式发出。自通知发出之日起,该股东丧失其未缴纳出资的股权。依照前款规定丧失的股权应当依法转让,或者相应减少注册资本并注销该股权;六个月内未转让或者注销的,由公司其他股东按照其出资比例足额缴纳相应出资。股东对失权有异议的,应当自接到失权通知之日起三十日内,向人民法院提起诉讼。”第 53 条规定:“公司成立后,股东不得抽逃出资。违反前款规定的,股东应当返还抽逃的出资;给公司造成损失的,负有责任的董事、监事、高级管理人员应当与该股东承担连带赔偿责任。”依据本条规定,这些关于有限公司的出资制度相关规定在股份有限公司中同样适用。

本条属于一种准用型规定,相关规定在有限责任公司的范畴内进行了明确,但这些规定在股份有限公司中应当同样适用,为实现法条的简洁,在股份有限公司的章节不再重复规定,转而采取此种准用型的规定。在法律适用中,股份有限公司的股东如存在前述问题,同样应当按照有限责任公司的相关规定进行处理。其实,本条彰显了一种特殊的立法技术问题,长期以来,我国公司法一直是采用有限责任公司与股份有限公司的二分模式,并且在立法体例上分别针对两类公司确立不同的规范。但事实上,两类公司虽有制度上的差异,但也有一些制度在两类公司中是同样适用的,但如果相同的规定在股份公司范畴重新列明这会显得冗余,故《公司法》特别设置了此种准用型规定,明确哪些制度类别在股份公司同样可以适用。当然,类似的准用型条款不仅本条所提及的规范,在其他针对不同制度的条文中同样存在此种规范,通过在法条中明确规定哪些有限公司的制度可以在股份公司中直接准用也有利于解决制度准用问题的争议。

本条更具体的释解可参见本书第44条、第49条、第51条、第53条相关内容。

第一百零八条 有限责任公司变更为股份有限公司时,折合的实收股本总额不得高于公司净资产额。有限责任公司变更为股份有限公司,为增加注册资本公开发行股份时,应当依法办理。

本条主旨

本条是关于公司形式变更时股份折合及公开发行股份的规定。

本条释解

有限责任公司依法变更为股份有限公司时,应当依法将有限责任公司的资产折合为股份。有限责任公司经法定程序变更为股份有限公司以后,其资产就成为股份有限公司的资产,有限责任公司的原股东也因此持有由有限责任公司的资产折合成的股份。有限责任公司在其运营过程中,既有资产,也有负债,而本法规定股份有限公司的注册资本为在公司登记机关登记的已发行股份的股本总额,所以,有限责任公司的资产在计入股份有限公司的股本时,应当减去其负债的部分,即计入股份有限公司股本的有限责任公司的资产,应当是有限责任公司的净资产,而不是其资产总额。有限责任公司的原股东所持有的股份总额,也就应当是由这些净资产折合而成的股份总额,而不是由有限责任公司的资产总额折合而成的股份总额。这一规定有助于确保公司资本的真实,防止损害其他股东以及第三人的利益。另外,有限责任公司在变更为股份有限公司时,可以自行决定注册资本的数额,而不必将其所有的净资产全部作为股份有限公司的股本。因此,本条规定,有限责任公司变更为股份有限公司时,折合的实收股本总额可以等于或者低于、但不得高于公司的净资产额。

本条还规定有限责任公司依法经批准变更为股份有限公司,为增加资本而公开发行股份时,不得擅自发行,而应当依照法律的相关规定来办理,包括遵循公司法律和监管机构的规定,制定相关法律文件,进行信息披露等。该规定的目的是确保公司在进行这一法律程序时遵循法律框架,维护法治原则的权威性,保护各方的权益,特别是现有股东和潜在投资者的权益。在进行股份发行时,公司必须提供足够的信息,以便潜在投资者能够了解公司的财务状况和前景。

第一百零九条 股份有限公司应当将公司章程、股东名册、股东会会议记录、董事会会议记录、监事会会议记录、财务会计报告、债券持有人名册置备于本公司。

本条主旨

本条是关于股份有限公司置备有关文件的规定。

本条释解

股份有限公司的经营和管理涉及广泛的股东群体,这些股东在公司中至关重要。由于公司股份的公开发行和自由转让,公司的股本分散化程度很高,股东数量众多,分布广泛。作为公司的股东,他们享有一系列重要的权利,这些权利包括对公司的基本信息和经营状况进行全面、客观的了解。这种了解有助于他们根据情况作出决策,如是否依法出售自己持有的股份,如何对待股东会的决议事项,以及如何行使他们的监督权利,监督公司董事会和监事会等公司组织机构的运营情况。

为了确保股份有限公司股东能够行使上述权利,本条规定公司有责任妥善保存必要的文件和记录,以供股东查阅。这些文件包括公司章程、股东名册、股东会会议记录、董事会会议记录、监事会会议记录、财务会计报告以及债券持有人名册。这一举措不仅有助于股东们随时获取重要信息,还为有关主管机构提供了必要的监督工具,以确保公司良性运营。通过提供必要的文件和记录,公司不仅增强了股东的信任,还为他们提供了参与公司治理和决策的机会。股东的监督作用有助于确保公司遵守法律法规,维护公司的声誉和利益。这不仅有助于公司与股东之间的良好合作关系,还有助于公司在市场中的长期成功。因此，股份有限公司应将加强信息共享并与股东和监管机构紧密合作，以确保公司的运营和管理始终保持高度的透明。

第一百一十条 股东有权查阅、复制公司章程、股东名册、股东会会议记录、董事会会议决议、监事会会议决议、财务会计报告，对公司的经营提出建议或者质询。

连续一百八十日以上单独或者合计持有公司百分之三以上股份的股东要求查阅公司的会计账簿、会计凭证的，适用本法第五十七条第二款、第三款、第四款的规定。公司章程对持股比例有较低规定的，从其规定。

股东要求查阅、复制公司全资子公司相关材料的，适用前两款的规定。

上市公司股东查阅、复制相关材料的，应当遵守《中华人民共和国证券法》等法律、行政法规的规定。

本条主旨

本条是关于股份有限公司股东知情权的规定。

本条释解

本条规定股东有权查阅公司章程、股东名册、公司债存根、股东会会议记录、董事会会议决议、监事会会议决议、财务会计报告等公司文件，并有权对公司的经营提出建议和质询，在实质上规定了股东知情权。通过规定股东有权查阅公司文件和提出建议质询，公司能够满足股东对信息的需求，保障股东的知情权，增强其参与公司治理的能力。这一机制不仅有助于公司吸引更多投资者和股东，提高公司的市值，还有助于公司与监管机构之间的合作，确保公司合法合规地运营。此外，股东的建议和质询有助于公司改进经营和决策，为公司的长期成功和可持续发展打下坚实的基础。

首先，公司章程、股东名册、公司债存根、股东会会议记录、董事会会议决议、监事会会议决议、财务会计报告等公司文件，这些都是股东了解公司经营状况和参与公司治理的关键信息源。公司章程规定了公司的基本规则和组织结构，股东名册记录了公司股东的身份和股权情况，会议记录和决议则反映了公司的决策过程和方向，而财务会计报告则揭示了公司的财务健康状况。这些信息对于股东来说至关重要,因为它们帮助股东了解公司的运营策略、财务状况以及未来发展计划。这种知情权不仅有助于股东作出明智的投资决策,还有助于增强他们对公司治理的信任感。

其次,股东会作为公司治理的核心机构,是股东行使表决权和参与决策的主要场所。股东在大会上需要对公司的相关情况有一定的了解,才能够有效地行使他们的权利。然而,由于股东不直接参与公司的日常管理,他们需要一定的途径来获取公司的相关信息。正是在这个背景下,上述规定成了保障股东知情权的法律依据。通过这些规定,股东有权查阅公司的重要文件,以便更好地理解公司的经营状况,从而作出明智的投票决策。这一机制有助于确保股东会的决策是基于充分了解和讨论的基础上作出的,提高了公司治理的公平性和透明度。

此外,本条还规定股东有权就公司的经营提出建议和质询。这一权利的存在非常重要,因为公司的经营状况直接关系到股东的利益。股东作为公司的股权持有者,他们的利益与公司的盈利能力和战略规划密切相关。因此,股东有权向公司提出建议和质询,有助于集思广益,为公司的经营提供有益的意见和反馈。这种反馈机制有助于公司管理机关更好地了解股东的期望和关切,促进公司改善经营和决策的质量,从而增强公司的竞争力和长期稳定性。

本条第 2 款属于准用性规定,连续 180 日以上单独或者合计持有公司 3% 以上股份的股东被赋予了特殊地位。这种安排意味着这些股东在公司的股权结构中具有较大的份额,因此有权查阅公司的会计账簿和会计凭证。本款规定为 2023 年《公司法》修改的一项重要的创举,即赋予股份公司的股东以查账的权利。新《公司法》在股份公司的股东知情权方面作出了两个层面的重要突破,其一,原《公司法》中仅有本条第 1 款内容,虽然规定了股份公司股东的知情权,但仅限于查阅、复制公司章程、股东名册以及决议、会计报告等,但未赋予查账权,此前查账权仅由有限公司股东享有,而本次修法将有限公司股东的查账权赋予股份公司股东;其二,股份公司不仅享有查阅会计账簿的权利,还赋予了查阅原始会计凭证的权利,相当于直接把本轮《公司法》修改在有限公司股东知情权的突破承接到了股份公司股东层面。在实践的争议中,股东最需要查阅的其实恰是账簿以及原始会计凭证。如果公司账目存在问题,或有大股东侵占公司资产的情况,仅靠查阅会计报告通常无法发现并解决相关问题,报告性质的文件极大可能已经对有问题的内容进行了掩盖,唯有允许股东直接查询账簿和会计凭证,才能够令股东得以及时地保障自身权益、发掘会计违法违规的事项。

本条第 2 款规定具体的查阅方式准用于本法第 56 条规定的有限公司股东查阅会计账簿和会计凭证的要求,但对于持股时间和持股比例作出了区别于有限责任公司的规定。这样的限制是有必要的,原因在于,股份有限公司尤其是上市公司的股票流通十分方便,哪怕投资人仅持有一股股票,都可称为公司的股东,这与有限公司股权变动所需相对烦琐的程序有显著区别,正因如此,如果不对行使知情权的股份公司股东持股时间和比例进行限制,那么,任意主体均可以轻易地成为公司股东并要求查阅公司会计账簿和会计凭证,这显然不利于股份公司的管理,也为公司施以过多不必要的负担。本条将有权查阅公司会计账簿和会计凭证的股东限制在连续 180 日以上单独或合计持有公司 3% 以上的股东,这便是将可以行权的股东限制在与公司利益关联度更深的股东范畴。本款还提到,如果公司章程对前款规定的持股比例有较低规定,那么,应当依照公司章程的规定执行。这意味着公司可以根据自己的需要和情况,在公司章程中规定不同的持股比例要求,以便股东可以享有查阅会计账簿和会计凭证的权利。这种灵活性有助于公司根据自身的情况来管理股东权利和信息披露。但需注意的是,本条将公司章程自行调整的范围限定在降低持股比例,这意味着,公司可以自行决定扩大有权查阅会计账簿、会计凭证的股东范围,但不得予以限缩,此种限制之目的也在于充分保障股东知情权,而不允许过分线索。但本条仅规定公司章程可以对持股比例进行降低,而未允许公司对持股时间进行调整,但从逻辑上讲,对于持股比例和持股时间的限制应当是同样影响的,故也应当允许公司对持股时间进行限缩。

本条第 3 款也是 2023 年《公司法》修改的新增条文,创新性地规定了股东对全资子公司的知情权。本款也是顺应本法第 57 条关于有限责任公司股东有权查阅、复制全资子公司相关资料的规定,将这一规定纳入股份公司范畴。两类公司对于股东穿越行使知情权的规定核心目的都是配合新《公司法》所确立的股东双重代表诉讼制度,往往只有赋予股东以直接查阅、复制全资子公司的会计材料才能够令股东发现子公司面临的利益受侵害情况,从而利用股东双重代表诉讼制度来保护自身利益。在全资母子公司的股权结构下,母公司对子公司拥有完全的控制权,赋予母公司股东对子公司的查账权也是完全具有正当性的。

本条第 4 款进一步对上市公司的股东知情权作出了特别规定,即要求上市公司股东行使查阅、复制相关材料的权利时,应当同时遵守《证券法》等相关法律法规的规定。这也是上市公司在《公司法》与《证券法》的双重管理规制体系下的应有之义。

第二节 股 东 会

第一百一十一条 股份有限公司股东会由全体股东组成。股东会是公司的权力机构,依照本法行使职权。

本条主旨

本条是关于股份有限公司股东会的组成及其法律地位的规定。

本条释解

根据本条规定,股份有限公司的股东会由全体股东组成,它是公司的权力机构,负责行使法定职权和公司章程规定的职权。从法理角度来看,股东投资的集合形成了独立的公司财产,这使公司获得了独立的法人地位。公司作为法人实体,需要通过意思机关形成自己的意愿,这一意愿通常由公司内部的权力机构来表达和执行,以实现公司的目标。从这个角度来看,公司实际上是股东的公司,因此公司的意愿必须代表股东的意愿。但由于股份公司通常有众多股东,因此需要一种机制来形成股东的共同意愿。这就是由全体股东组成的股东会被确立为公司的最高权力机关的原因。

股东会的职能不仅限于代表股东的意愿,它还承担了一系列重要的决策职责,如选举董事和监事,筹集资金,分配利润,以及决定公司的合并与分立等重要事项。这些职责是公司治理的核心组成部分,直接影响公司的经营和发展方向。然而,值得注意的是,股东会的权力并不涵盖公司所有方面的决策。股东会的职责主要集中在重要事项的决策上,而不是公司的日常经营。此外,股东会不能代表公司对第三方进行法律意思表示，这是因为公司在法律上具有独立的法人地位，股东的行为并不等同于公司的行为。只有公司法定代表人以公司的名义进行的行为才能被视为公司的行为。

股份有限公司股东会的法律地位和职能与有限责任公司股东会相似，这两种公司形式在这方面的规定是一致的。这也反映了法律对不同类型的公司在治理结构上的一致性要求，以确保公司在经营过程中能够合法有效地行使其权利和职责。股东会作为股份有限公司的权力机构在公司治理中发挥着至关重要的作用。它代表了全体股东的利益，负责决策重要事项，维护公司的法人地位，并确保公司的合法运营。

第一百一十二条 本法第五十九条第一款、第二款关于有限责任公司股东会职权的规定，适用于股份有限公司股东会。

本法第六十条关于只有一个股东的有限责任公司不设股东会的规定，适用于只有一个股东的股份有限公司。

本条主旨

本条是关于股份有限公司股东会职权范围的规定。

本条释解

本条也是一条准用性的规定。本法第59条第1款和第2款明确规定了有限责任公司股东会的职权，包括与公司管理、决策、董事选举以及其他公司事务相关的权力。这些规定的适用范围扩展到了股份有限公司，即使股份有限公司在形式上与有限责任公司不同，但在股东会职权方面，共享类似的法律地位和规定。

此外，本法第60条规定了只有一个股东的有限责任公司不需要设立股东会的情况，这意味着在只有一个股东的情况下，公司可以不成立股东会，而由这个唯一的股东直接行使公司的决策权。这一规定也适用于只有一个股东的股份有限公司，进一步强调了在这种情况下，股东可以独自管理和控制公司的权力。一人股份有限公司是本次《公司法》修改新增的公司类型，因此，本法第2款也是本次修法新增的条款，其背后的法理逻辑与一人有限责任公司是相同的，故相关规定也是可以直接准用的。该规定反映了法律对不同类型的公司在治理结构上的灵活性和差异化，旨在根据公司的类型和情况来制定适用的法律规定，以确保公司的治理结构合乎实际需要。

第一百一十三条　股东会应当每年召开一次年会。有下列情形之一的，应当在两个月内召开临时股东会会议：

（一）董事人数不足本法规定人数或者公司章程所定人数的三分之二时；

（二）公司未弥补的亏损达股本总额三分之一时；

（三）单独或者合计持有公司百分之十以上股份的股东请求时；

（四）董事会认为必要时；

（五）监事会提议召开时；

（六）公司章程规定的其他情形。

本条主旨

本条是关于股份有限公司股东会会议召开的规定。

本条释解

本条规定，股东会分为年会和临时大会。年会又称为常会、定期会议，一般依据法律或公司章程的规定在每年的一定期间内召开，行使本法和公司章程规定的职权。与有限责任公司相比，股份有限公司股东会年会依本法规定每年召开一次，对于有限责任公司股东会常会的召开次数则没有规定。这是因为股份有限公司股东人数众多，召集的程序比较复杂、所需时间较长、成本较高，因此召开次数不宜过多。

在年会之外，当特定事由发生时，应召开的股东会为临时股东会。依照本条规定在以下情形，公司应当在两个月内召开临时股东会：

第一，董事人数不足时。依照本法第 68 条第 1 款规定，有限责任公司董事会成员为 3 人以上，而基于本法第 120 条的准用规定，股份有限公司的董事会人数规定也参照第 68 条第 1 款，即 3 人为董事会成员的最低限，当董事会人数少于 3 人时，应当召开股东会，补足董事。此外，当董事人数不足公司章程规定的 2/3 时,也应在两个月内召开股东会,补足董事人数。因为股份有限公司董事会人数在 3 人以上的范围内,由公司章程自行决定,当董事人数不足章程规定的 2/3 时,会影响董事会的有效运作,甚至影响到公司的健康运行。

第二,亏损达到实收股本总额的 1/3 时。在亏损占到公司资本一定比例时,公司运行所需资金会面临紧张,公司业务无法顺利展开,股东利益将不能得到有效保障。因此,需要就弥补亏损及减少或者增加资本作出决议。该项职权属于股东会,需要召开临时股东会。

第三,公司持有 10% 以上股份的股东请求时。当股东认为需要召开临时股东会就一些事项作出决议时,可以请求公司召开临时股东会。但本条对该股东的持股数有要求,即必须持股 10% 以上的股东才能提出有效请求。对于符合条件的股东提出请求时,公司应当召开临时股东会。这样可以防止滥用股东会召集请求权,浪费公司和股东的财力和物力。本项规定事实上赋予了少数股东股东会召集请求权,但对于持股比例作出了严格限制。

第四,董事会认为必要时。董事会是公司的业务执行机关,最了解公司的业务状况,当其认为有必要召开临时股东会时,一般情况下发生了重大事项,需要股东会作出决议。此时,应当召开临时股东会。

第五,监事会提议召开时。监事会是公司的监督机关,当其在行使监督职权的过程中发现需要召开临时股东会时,有权提议召开。

第六,公司章程规定的其他情形发生时。本项为修改新增,也是贯彻公司自治原则的体现。因为每个公司的状况不同,法律无法也不应该对需要召开临时股东会的情形作出绝对确定的规定,而应该赋予股东一定的权限,使其根据自己的判断,在公司章程中增加法律规定情形之外需要召开临时股东会的规定,保持公司运行的灵活性。

相关理论

股东会会议的分类理论

股东会议的分类理论是从不同维度进行区分的,如会议性质、召开目的、会议形式等。这些分类方法有助于公司管理者和股东了解何时、以何种方式召开会议,以满足公司的特定需求。

1. 根据会议性质分类

年度股东会,股东会议分类中最常见的类型之一。年度股东会通常定期召开,公司必须在每个财政年度内召开一次。其主要目的是审批公司的财务报表、选举董事和监事、审批分红政策等与公司经营和治理相关的事项。年度股东会是公司治理的重要组成部分,股东通过这种方式行使他们的权力和职责。

特别股东会(临时股东会),在年度大会之外召开的,通常是为了处理一些紧急或非常规的事项。这种类型的会议可以随时召开,其议程通常限于特定问题,如公司的重大收购,合并、分立,股权发行或其他紧急事务。特别股东会的召开需要提前通知股东,并明确会议的目的和议程。

2. 根据召开目的分类

决策性股东会,主要目的是对公司的重大决策事项进行投票和决策。这些事项可能包括公司的合并与收购、公司章程的修改、董事和高管的薪酬计划等。决策性股东会通常需要股东投票来确定最终决策。

信息性股东会,主要目的是向股东提供关于公司的信息和报告。这些信息可能包括财务报告、公司战略、业务绩效、市场前景等。这种类型的会议有助于股东更好地了解公司的状况和表现,但通常不涉及具体的决策。

咨询性股东会,在某些情况下,公司可能召集咨询性股东会,以征求股东对公司决策的建议和反馈。尽管这类会议的决策权通常仍然在董事会或管理层手中,但公司倾向于与股东沟通,以获取他们的观点和建议。

3. 根据会议形式分类

实体会议,是最常见的类型,股东亲自出席会议,与其他股东和公司管理层进行面对面的讨论和投票。实体会议通常在公司总部或其他指定地点召开,股东可以在会场提问和表达意见。

电子通信会议,随着科技的发展,电子通信会议变得越来越普遍。在电子通信会议中,股东可以通过互联网或电话参与会议,而不必亲自到达会场。此类会议提供了更多的便利性,允许股东无论身在何处都能参与讨论和投票。

混合会议,是结合了实体会议和虚拟会议的元素。在混合会议中,一部分股东亲自出席,而另一部分股东通过远程方式参与。这种模式可以满足不同股东的需求和偏好。

4. 根据决策程序分类

多数决策股东会,决策通常由股东投票的多数决定。这意味着获得绝大多数股东的支持才能通过决策。多数决策适用于一些重大事项,需要广泛支持。

超级多数决策股东会,在某些情况下,公司可能规定了更高的决策门槛,如需要获得2/3甚至更高比例的股东支持才能通过决策。这种超级多数决策适用于一些关键事项,以确保决策的广泛支持和稳定性。

简单多数决策股东会,与多数决策相反,简单多数决策通常要求获得投票中的50%以上的支持才能通过决策。这是相对较低的门槛,适用于一些日常性决策或较小的重要性事项。

5. 根据决策程序分类

批准性股东会,股东的主要职责是审批已经由董事会或管理层提出的决策和计划。股东的角色通常是核准已经制定的方案,而不是直接制定决策。这种形式通常适用于一些行政性决策,如财务报表的批准。

决策性股东会,股东有权制定、修改或决定公司的具体政策和计划。这些决策通常涉及公司的战略、薪酬计划、重大投资等重要事项。决策性股东会强调了股东对公司决策的直接影响力。

以上这些分类方法并不是相互独立的,实际情况中会结合多个维度来定义股东会议的性质。不同的公司在不同的时期和情境下可能会采用不同类型的股东会议。股东会议分类理论为公司治理提供了一个有用的框架,有助于组织和管理股东会议。不同类型的会议在不同情境下具有不同的重要性和影响力,理解这些分类有助于公司更好地满足股东的需求、提高公司治理透明度,并确保决策过程的合法性和透明性。公司管理者应该根据公司的具体情况和需求来选择适当类型的股东会议,以实现公司的长期成功和可持续发展。

第一百一十四条 股东会会议由董事会召集,董事长主持;董事长不能履行职务或者不履行职务的,由副董事长主持;副董事长不能履行职务或者不履行职务的,由过半数的董事共同推举一名董事主持。

董事会不能履行或者不履行召集股东会会议职责的,监事会应当及时召集和主持;监事会不召集和主持的,连续九十日以上单独或者合计持有公司百分之十以上股份的股东可以自行召集和主持。

单独或者合计持有公司百分之十以上股份的股东请求召开临时股东会会议的,董事会、监事会应当在收到请求之日起十日内作出是否召开临时股东会会议的决定,并书面答复股东。

本条主旨

本条是关于股份有限公司股东会的召集和主持的规定。

本条释解

根据本条第1款的规定,股东会会议由董事会召集,董事长主持。这一规定赋予了董事会召集和董事长主持股东会的职权和职责。董事长作为董事会的领导者,主持股东会更能够确保会议的秩序和高效进行。如果董事长不能或不履行职务时,依照本款规定由副董事长主持;当副董事长不能或不履行职务时,由半数以上董事共同推举一名董事主持股东会。这一规定的目的是确保即使在董事会内部出现领导层变动或不可预见的情况下,股东会议仍然可以顺利召开和主持。这有助于防止因领导层变动而导致的股东会议的延迟或中断,从而维护公司决策的连续性和稳定性。另需注意的是,本款所称"不能履行职务",是指由于客观原因造成董事长实际上无法履行职务的情形;所谓"不履行职务",是指出于主观因素,可以履行职权但实际不履行的情形。

依照本条第2款的规定,如果董事会未能履行召集和主持股东会的职责,监事会应当及时召集和主持股东会。监事会在公司治理中扮演着监督者的角色,其召集股东会的权力在某些情况下可以弥补董事会的不足。在董事会不能履行或不履行召集股东会会议职责的情况下,监事会有责任确保股东会会议的召开,以维护公司治理的连贯性。然而,如果监事会也未能按照规定召集和主持股东会时,连续90日单独或者合计持有公司10%以上股份的股东可以自行召集和主持股东会。这一规定强调了股东在特定情况下具有自主召集权,当公司内部机构未能履行召集和主持股东会的职责时,符合条件的股东可以通过自行召集和主持股东会来行使他们的权利和职责。此外,本条规定的连续90日持股要求旨在防止滥用股东会召集权，确保与公司利益相关度较高并真正关心公司利益的股东才能自行召集和主持股东会。

本条第3款为2023年《公司法》的新规定，即对于单独或合计持股10%以上股东行使股东会召集权要求召开临时股东会会议的情况下，董事会、监事会应当在收到请求之日起10日内作出是否召开临时股东会会议的决定并书面答复股东。这一规定的目的在于对股东的临时股东会召集权予以特别的保护，当持股10%以上股东要求召集临时股东会时往往意味着出现了对其利益有明显影响的情况，股东对于能否及时召开股东会也势必是关心且在意的，如果董事会或监事会始终对此事项不予回应将极大程度影响股东的利益。因此，本款为此种情形下董事会或监事会施以了特别的反馈时间限制，即应当在收到请求之日起10日内作出是否召开临时会议的决定并书面答复股东，以避免股东的利益长期处于不确定状态之下。

第一百一十五条 召开股东会会议，应当将会议召开的时间、地点和审议的事项于会议召开二十日前通知各股东；临时股东会会议应当于会议召开十五日前通知各股东。

单独或者合计持有公司百分之一以上股份的股东，可以在股东会会议召开十日前提出临时提案并书面提交董事会。临时提案应当有明确议题和具体决议事项。董事会应当在收到提案后二日内通知其他股东，并将该临时提案提交股东会审议；但临时提案违反法律、行政法规或者公司章程的规定，或者不属于股东会职权范围的除外。公司不得提高提出临时提案股东的持股比例。

公开发行股份的公司，应当以公告方式作出前两款规定的通知。

股东会不得对通知中未列明的事项作出决议。

本条主旨

本条是关于股份有限公司股东会会议通知和股东提案制度的规定。

本条释解

依照本条第1款规定，股东年会应当在20日前将会议召开的时间、地点、审议的事项通知各股东,临时股东会应当在会议召开前15日通知。例外的是对于本条第2款规定的由股东提出的临时提案,其通知期间为董事会收到该临时提案的书面通知后2日内。明确规定股东会会议的提前通知期间,可以使股东有充裕的时间对待审议事项进行研究,进而作出自己的判断。

本条第2款规定了有权提出临时提案的主体和程序。依照本款规定,单独或者合计持有公司1%以上股份的股东,可以在股东会召开10日前提出临时提案并书面通知董事会。董事会应当在收到通知后2日内通知其他股东,并将该临时提案提交股东会审议。股东行使股东提案权的前提是持有公司1%以上的股份,既可以是一个股东单独持有,也可以是多个股东合并持有。合并持有的规定可以扩大股东提案权的适用主体,更有利于中小股东向公司提出其意见,保护中小股东的利益。本款还规定了对临时提案内容的要求。依照本款规定,首先,临时提案的内容应当属于股东会职权范围,因为只有在股东会职权范围内的提案股东会才有权力进行审议;其次,提案的内容不能违反法律、行政法规或者公司章程的规定,这样股东会才能进行表决并形成有效决议;最后,2023年《公司法》修订删去了修订草案中关于选举、解任董事、监事以及修改公司章程,增加或者减少注册资本以及公司合并、分立、解散或者变更公司形式,不得以临时提案提出的规定,很大程度上扩展了临时提案的范围,将选举、解任董事以及修改公司章程,增加或者减少注册资本以及公司合并、分立、解散或者变更公司形式等事项均纳入了临时提案的范围,特别保护了股东的提案权,让股东可以随时根据公司经营情况和自身利益情况作出提案。另外,本条特别强调,公司不得提高提出临时提案股东的持股比例,这也保证了小股东提案权不被任意剥夺。赋予股东提案权,有利于促进公司民主,预防资本多数决的滥用,从而有力地保护了小股东的利益。

本条第3款规定,公开发行股份的公司股东会通知,应当将前两款所涉及的内容作出公告。公开发行股份的公司通常规模很大,股东人数众多,倘若不对股东会事项进行公告,难免有许多股东无法了解股东会召开事宜,进而无法及时地行使权利。此项规定意在保障公司各股东参与公司决策的权利,避免大股东利用股份公司股东会召开规则来滥用表决权。

本条第4款规定,通知中未列明的事项,股东会不得作出决议。这样规定可以防止董事会利用其职权之便,通过在股东会会议上表决未事先通知股东的议案,牟取不正当利益,损害公司和中小股东的利益。

相关理论

公司法上的股东提案权制度

公司法上的股东提案权制度是一项重要的公司治理机制,赋予了股东在股东会上提出提案的权利。这一机制的目的是增强公司治理的透明度和公正性,促进股东参与公司决策的过程,保护股东权益,以及提高公司的长期绩效和可持续发展。股东提案权制度为股东提供了一个渠道,使他们能够就公司事务、管理和战略提出建议和疑虑,并要求公司管理层对其提案进行审议和回应。这一机制在不同国家和地区的公司法中存在,具体规定和实施方式可能有所不同,但其核心目标都是促进公司治理的有效性和股东参与的广泛性。

股东提案权制度的历史可以追溯到 19 世纪末,当时的公司治理环境充满了不透明性和不公平性。股东通常只能通过股东会投票来表达自己的意见,但他们在决策过程中的影响力有限。随着公司规模的扩大和股东数量的增加,有些公司开始认识到股东更积极地参与决策过程对于公司的长期成功至关重要。因此,一些国家和地区逐渐引入了股东提案权制度,为股东提供了一种更为直接的方式来影响公司的事务和方向。如《日本公司法》第 232 条之 2 第 1 款中规定,自 6 个月前起连续持有全部股东表决权 1% 以上或者持有 300 个以上表决权的股东,在股东会召开日的 8 周之前,有权向董事提出书面议案。《韩国商法》第 362 条之 2 第 1 款规定,持有除无表决权股份以外发行股份总数的 3% 股份的股东,可在开会 6 周前,以书面形式向董事提出以一定事项为股东会目的事项的议案。《欧盟第 5 号公司法指令》第 25 条规定,成员国法律应当规定,具备本指令第 16 条第 1 项所列要求的 1 名或 1 名以上的股东,有权请求在已经发出通知的股东会议题中增列一项以上的新内容。从上述国家和地区公司法的规定可以看出,对于股东提案权的行使,也应符合一定的条件,主要为持股数额要件和持股期限要件,其目的主要是一方面既要达到对控制股东滥用控制权的限制,另一方面又不能因此影响公司的正常运营。

股东提案权制度的核心特点包括:(1)扩展股东权利。通过股东提案权制度,股东可以在股东会上提出关于公司事务的建议和疑虑,包括治理结构、董事会选举、薪酬政策、环保和社会责任等方面的问题。这扩展了股东在公司事务中的参与范围,使他们不仅是被动的投票者,还可以积极地塑造公司的未来。(2)透明度和公正性。股东提案必须按照《公司法》和相关规定进行公开,公司必须在一定期限内对提案进行审议和回应。这一过程增加了公司决策的透明度,确保提案得到了公正的处理。股东提案也可以在股东会上进行辩论和投票,进一步确保了决策的公正性。(3)促进股东参与公司治理。股东提案权制度鼓励了更广泛的股东参与公司治理。不仅是大股东,中小股东也有机会提出提案,使公司治理更具多样性和代表性。这有助于平衡不同股东群体之间的权力关系,减少了公司内部的潜在冲突。(4)提高公司长期绩效。股东提案权制度有助于公司更好地回应股东和社会的关切,从而提高公司的长期绩效和可持续发展。通过纳入各种利益相关者的观点和建议,公司可以更好地适应不断变化的商业环境,降低了风险,提高了竞争力。

需要指出的是,股东提案权制度并不是没有挑战的。有时候,股东可能会滥用这一机制,提出不切实际或短视的提案,从而对公司的正常经营和发展造成干扰。因此,各国和地区的公司法通常会设定一些条件和限制,以确保提案的合理性和可行性。

第一百一十六条 股东出席股东会会议,所持每一股份有一表决权,类别股股东除外。公司持有的本公司股份没有表决权。

股东会作出决议,应当经出席会议的股东所持表决权过半数通过。

股东会作出修改公司章程、增加或者减少注册资本的决议,以及公司合并、分立、解散或者变更公司形式的决议,应当经出席会议的股东所持表决权的三分之二以上通过。

本条主旨

本条是关于股份有限公司股东表决权及股东会决议多数的规定。

本条释解

本条第1款规定,出席股东会的股东,每一股份有一表决权,即一股一权原则。股东表决权是股东根据其股东地位享有的对于股东会决议事项同意或反对的权利，一般而言，公司章程或股东会的决议不得限制或剥夺这一权利。通过表决权的行使，股东能够参与决策公司的经营方针、选举董事、决定利润的分配、调整资本的增减、进行公司的合并与分立等一系列重大事项。因此，表决权对股东具有极其重要的意义，是体现股东对公司事务控制权与决定权的方式。另外，一股一权原则对公司治理制度的发展也具有深远的历史意义。根据这一原则，拥有更多股份的股东拥有更多的表决权，也就意味着他们在公司事务决策中拥有更多的话语权和决定权。因此，各国的公司法大多规定了一股一权原则。

在 2023 年《公司法》修改中，本条第 1 款新增了“类别股股东除外”的规定，这是因为类别股股东可能根据特殊协议在表决权方面与普通股股东存在差异，如优先股股东可能没有表决权或者表决权较少，而其他特殊种类的股份可能使一股拥有多重表决权。这些特殊的股份设计并不受一股一权原则的限制。此外，本条还规定了“公司持有的本公司股份没有表决权”，这是因为如果公司持有自己的股份并享有表决权，可能导致董事会滥用该表决权以巩固自身地位，损害其他股东的利益，从而偏离了股东表决权的本来目的。尽管在公司持有这些股份的情况下，股份本身仍然带有表决权，但这一规定限制了公司对这些股份的表决权的行使。

本条的第 2 款和第 3 款明确了股东会决议的多数要求。对于普通决议来说，只需要出席会议的股东所持表决权的过半数通过即可。然而，对于一些重大事项，如修改公司章程，增加或减少注册资本，公司合并、分立、解散或者变更公司形式等特别决议，要求出席会议的股东所持表决权的 2/3 以上通过。这是因为特别决议所涉及的事项对公司和股东的利益影响巨大，需要更多的投票通过来确保决策的合理和公平。需要注意的是，在多数决方面，股份公司与有限公司存在重要差别，虽然两类公司都明确了过半数通过或 2/3 以上通过的原则性多数决，但有限公司的过半数通过是全体表决权的过半数，与股东是否出席股东会无关，而股份公司由于股东人数可能较多，无法保证股东每次都亲身参与会议，故只要求出席会议股东过半数表决权通过即可。这也意味着，公司大股东如果未出席股东会会议，则无法对决议形成产生直接影响。

对于股东会决议多数，各国规定基本一致。普通决议要求出席会议股东所持表决权半数以上通过，特别决议要求出席会议股东所持表决权 2/3 或 3/4 以上通过。如《日本公司法》第 239 条规定,股东会的决议,以超过该表决权的半数通过;第 245 条和第 343 条的规定,就营业的转让、受让、租赁和章程修改等事项,须有超过全部股东表决权半数或者章程规定的表决权数的股东,以出席股东所持表决权 2/3 以上多数表决权通过。《德国股份公司法》第 133 条规定,依法律或章程未规定较大的多数或其他的要件为限,股东会的决议需经所投的票的多数的同意(简单多数票)。

对于股东会法定人数,大部分国家和地区公司法都有明确要求。如《日本公司法》第 239 条规定,除本法或者章程另有规定的情形之外,股东会的决议,以超过全部股东表决权半数的股东出席,并以超过该表决权的半数为之。《加拿大商业公司法》第 139 条规定,股东会应有持股数目达到公司股份总数目一半以上的股东出席,如果出席股东会的人数不够该法定数目,则股东有权要求股东会延期举行。

需特别注意的是,我国《公司法》至今没有对出席会议股东的持股数额作出要求,导致了实践中“一人股东会”现象的发生,使少数股东持有少数股份即可在实际上控制了股东会,损害了中小股东的利益。考虑到股东会依法行使公司的若干重要权力,若参加会议的股东很少,不利于公司集思广益进行决策,同时可能出现少数股东操纵股东会损害其他股东利益情形,各国公司法一般规定参加股东会的股东必须持有一定数量的股份,股东会方可召开。因此,应该增加对出席股东会股东持股的最低数额要求,可以保证股东会职能的发挥和保护股东利益。

第一百一十七条 股东会选举董事、监事,可以按照公司章程的规定或者股东会的决议,实行累积投票制。

本法所称累积投票制,是指股东会选举董事或者监事时,每一股份拥有与应选董事或者监事人数相同的表决权,股东拥有的表决权可以集中使用。

本条主旨

本条是关于董事、监事选举适用累积投票制的规定。

本条释解

保护中小股东的权益是公司法的主要价值之一,其中,累积投票制被视为一种关键工具,用以增强中小股东的影响力,减少控股股东对董事和监事选举的控制。累积投票制并不适用于公司法的所有方面,主要涉及董事和监事的选举。在这个制度下,股东的表决权与其持有的股份数量相关,而不仅仅是一股一票的原则。该制度的应用需要公司章程明确规定,或者经股东会决议通过方可实施。这与传统的直接投票制形成鲜明对比,后者要求股东按照一股一票的方式投票,也是最常见的投票制度。然而,直接投票制存在一个明显的问题,即它使控股股东能够完全操纵董事选举的结果,从而对中小股东不利。因此,为了改善这一状况,限制控股股东的权力,保护中小股东的利益,公司法引入了累积投票制这一概念。

累积投票制最早出现在美国伊利诺伊州 1870 年制定的《宪法》中,之后美国各州纷纷在其宪法或者公司法中规定了累积投票制。后来,特拉华州为了吸引公司在该州注册,取消了累积投票制,其他各州也纷纷仿效取消了该制度,只剩下少数州仍然保留了累积投票制。现在各国公司法中,大多规定公司可以选择适用累积投票制,即为任意性规定。《日本公司法》第 256 条之 3 第 1 款、《韩国商法》第 382 条之 2 第 1 款、《美国标准商事公司法》第 7. 28 条、《加拿大商业公司法》第 107 条中均规定董事选举可以选择适用累积投票制。

累积投票制的核心思想是通过使股东拥有与应选出的董事或监事人数相同数量的表决权,从而实现股东的表决权集中。根据这一制度,股东所享有的表决权等于其持股数与待选人数的乘积。这意味着股东可以集中选举一名候选人,也可以分别投票选出多名候选人。这种机制为中小股东提供了更多的影响力,因为他们可以通过集中表决权来推选代表他们意愿的人进入董事会或监事会。

累积投票制有其合理的一面,但同时也有不足的一面。因此,自其产生时起,就存在否定的观点。虽然累积投票制可以在一定程度上防止控制股东完全垄断、操纵董事会,同时有助于保护中小股东的投资热情。但与此同时,却可能带来违背利益与风险相一致原则,挫伤大股东的投资热情、被滥用等弊端。因此,现在各国公司法对于累积投票制要么规定可以直接适用,但公司章程可以予以排除;要么不可以直接适用,除非公司章程规定必须适用。本条规定显然是采取了后一种模式,即累积投票制不可以直接适用,但通过公司章程规定或者股东会决议,公司可以选择适用。

第一百一十八条 股东委托代理人出席股东会会议的，应当明确代理人代理的事项、权限和期限；代理人应当向公司提交股东授权委托书，并在授权范围内行使表决权。

本条主旨

本条是关于表决权代理制度的规定。

本条释解

依照本条规定，股东可以委托他人代为出席股东会会议，但应由代理人向公司提交授权委托书，在授权范围内行使表决权。

表决权代理制度在公司法中具有重大价值，为股东提供了一种方便、有效的行使表决权的机制。这一机制使股东可以委托他人代为出席股东会会议，并在其授权范围内行使表决权。这被视为一种基本的股东权益保障，旨在确保每位股东都有机会参与公司治理决策，即使他们不能亲自出席会议，其根本目的在于扩展个体股东的行为能力，使他们更容易参与公司事务的表决过程。现代股份公司规模庞大，股东数量众多，分散地分布在不同地区，甚至跨越国际。这种多样性和分散性的股东结构，使亲自出席每次股东会对许多股东来说几乎是不可能的，或者付出高昂的成本，远大于他们可能收益的情况。因此，各国的立法普遍允许股东委托代理人出席股东会，并行使表决权。

确立表决权代理制度的价值和必要性在于，其使股东能够便捷地参与公司治理，不受地理位置或其他因素的限制。如果没有代理制度，小股东或分散的股东将难以行使其表决权，这可能导致他们在公司事务决策中失去发言权，从而影响公司治理的公平性和民主性。同时，代理制度还为小股东提供了一种机会，将其表决权集中起来，达到足够的票数，以便在公司事务中发挥更大的影响力。这是尤为重要的，因为在股东会上，通常是按照表决权数量来决定决策的结果。如果小股东能够聚集他们的表决权，他们就有机会与大股东抗衡，推选出符合他们利益的代言人或董事。

根据本条规定，表决权代理制度的实施通常需要一份明确的授权委托书，股东必须向代理人提供该授权书，以明确授权的范围和条件。这一授权书是表决权代理保障制度的一部分,确保代理人行使表决权时不会越权或违反股东的意愿。一般而言,授权委托书必须包括代理人的身份信息、表决权的数量、授权的范围和期限等关键信息。对于超出授权范围的代理行为,可参照民法中的无权代理制度加以处理。

综上,表决权代理制度有助于每位股东都能行使其表决权,无论其地理位置或持股量如何。这一机制不仅有助于促进公司治理的民主和公平性,还为小股东提供了机会,以更好地维护自己的权益和影响公司的决策。

相关理论

股东表决权征集制度

股东表决权征集制度的背景可追溯到大规模现代股份公司的兴起时期。随着公司的股东数量逐渐增多,股东分散在不同地理区域,这导致了股东面临难以参与公司治理的困境。股东表决权征集制度应运而生,以解决这一挑战,确保股东能够有效行使其表决权。

这一制度的主要目的包括:首先,解决地理分散性问题。股东可能遍布全球,而通过授权代理人来行使表决权,股东可以参与公司重要决策,不受地理位置的限制。其次,提高决策的效率和便捷性。通过代理人代为行使表决权,整个表决过程更加高效,不再需要每位股东亲自出席会议。这有助于提高公司治理的效率,使决策能够更快地实施。再次,股东表决权征集制度旨在保护股东的权益,确保每位股东都有平等的机会参与公司事务决策,而无论其持股规模如何,维护股东权益的公平性和透明度。最后,股东表决权征集制度是公司民主原则的体现。公司法强调,公司应该是一个民主机构,股东应有平等的机会参与公司的决策。征集制度促进了这一原则的实现,确保股东无论其地理位置或持股规模如何,都能平等行使表决权,参与公司治理的决策。

股东表决权征集制度可以被视为一种合同,即股东与其代理人之间的合同。这一合同理论的视角强调合同的自愿性和法律约束力,在股东授权委托书中明确了双方的权利和责任。这一法律框架为股东与代理人之间提供了明确定义,确保代理人按照股东的意愿行事。股东表决权征集制度在不同国家和地区存在一定差异,有些可能对代理人的资格和权利有更为详细的规定,强调对代理人的监管,而其他国家则可能更为自由放任。这些差异反映了不同国家和地区对公司治理理念和法律传统的不同态度。随着股东表决权征集制度继续发展,技术创新将进一步提高投票的效率和便捷性。电子化投票和在线代理人投票等技术成为趋势,这可以使股东更轻松地行使其表决权。当然,对代理人的监管和责任也应在未来得到更多的关注,进一步加强股东权益的保护。

第一百一十九条 股东会应当对所议事项的决定作成会议记录,主持人、出席会议的董事应当在会议记录上签名。会议记录应当与出席股东的签名册及代理出席的委托书一并保存。

本条主旨

本条是关于股份有限公司股东会会议记录制度的规定。

本条释解

根据本条规定,股东会应制定会议记录,主持人和出席会议的董事应在会议记录上签名。不同于有限责任公司的规定,股份有限公司股东会的会议记录只需要主持人和董事签名,而无须出席会议的股东签名。这一规定是考虑到股份有限公司股东众多,要求每位出席会议的股东签名显然是不切实际的,也是不经济的。该规定同时明确了将会议记录与出席股东的签名册及代理出席的委托书一并保存,达到与全体股东签名相同的效果。

股东会记录的书面记录不仅是公司登记机关、法院以及仲裁机关处理股东之间、股东与公司之间权益纠纷的重要依据,还在公司的对外关系中起着关键作用。通过这些记录,能够判断公司的行为能力,以及公司行为是否违反了《公司法》规定。制作会议记录和签名提高了会议决议的合法性和可追溯性,使股东会的决策程序变得透明和可信。股东会会议记录制度有助于保护公司及其股东的权益,促进公司的健康发展,还为公司与外部机构、合作伙伴以及其他相关方之间的法律关系提供了重要的法律证据,有助于解决潜在的争议和纠纷。

第三节 董事会、经理

第一百二十条 股份有限公司设董事会,本法第一百二十八条另有规定的除外。

本法第六十七条、第六十八条第一款、第七十条、第七十一条的规定,适用于股份有限公司。

本条主旨

本条是关于股份有限公司设立董事会的规定以及董事会组成、董事的任期及董事会职权的准用性规定。

本条释解

依据本条第1款规定,股份有限公司董事会为必设机构。本法第128条是关于规模较小或股东人数较少的股份有限公司可以不设董事会而仅设一名董事的规定,允许特殊情况下股份公司仅设一名董事。这是本次《公司法》修改的重要创新,不再默认股份有限公司是规模巨大的公司,而为小规模股份公司提供了空间,也允许其根据实际需求对公司治理进行安排。

本条第2款规定了一系列准用规定,本法第67条、第68条第1款、第70条、第71条分别是关于有限公司董事会职权、董事会设置、职工代表、董事任期、董事解任的规定。上述规定在股份有限公司中也同样适用。具体内容详见本书对上述条款的释解。

第一百二十一条 股份有限公司可以按照公司章程的规定在董事会中设置由董事组成的审计委员会,行使本法规定的监事会的职权,不设监事会或者监事。

审计委员会成员为三名以上,过半数成员不得在公司担任除董事以外的其他职务,且不得与公司存在任何可能影响其独立客观判断的关系。公司董事会成员中的职工代表可以成为审计委员会成员。

审计委员会作出决议,应当经审计委员会成员的过半数通过。

审计委员会决议的表决,应当一人一票。

审计委员会的议事方式和表决程序,除本法有规定的外,由公司章程规定。

公司可以按照公司章程的规定在董事会中设置其他委员会。

本条主旨

本条是关于股份公司设立审计委员会的规定。

本条释解

本条是2023年《公司法》修改的新增规定,也是本次修法在公司治理方面最具代表性的制度创新之一。

本条第1款规定,股份有限公司可以按照章程规定在董事会中设立审计委员会来取代监事会,行使监事会职权。依据此条规定,法律允许公司章程自主决定股份有限公司是否设立审计委员会,以及如何构成和管理该委员会。这种灵活性允许公司根据其规模、性质和行业的不同需求定制审计委员会的具体规则和程序。审计委员会作为英美公司法的产物,在公司治理中可以扮演关键角色,其主要职责包括:(1)审计财务报告。审计委员会负责审计公司的财务报告,以确保其准确、可靠,并且符合财务报告准则。这有助于保护公司的股东和其他利益相关者,因为他们依赖这些报告作出投资和决策。(2)监督财务管理。审计委员会监督公司的财务管理,包括内部控制体系,以确保公司的资产得到妥善管理和保护。(3)合规性监督。审计委员会确保公司遵守适用的法规和政策,以降低法律风险,防止潜在的法律问题。(4)风险管理。审计委员会评估与公司财务相关的风险,并协助公司采取适当的措施来降低这些风险。(5)独立意见。审计委员会的成员必须提供独立、客观的审计意见,以确保公司的财务状况得到适当的评估。

第1款还明确规定,审计委员会行使本法规定的监事会的职权,这意味着审计委员会具有类似于监事会的职责和权力。监事会在原《公司法》中一直作为公司治理结构中独立的监督机构,其职责包括审计公司的财务报告、监督公司的财务管理等,而新《公司法》允许公司灵活地决定是否设立监事会。根据本款规定,公司也可以选择不设立监事会,而是将这些监督职能和职权交由审计委员会来履行。这种安排强调了公司内部治理结构的多样性,允许公司根据其特定需求和情况来决定如何有效履行监督职责。无论公司选择设立审计委员会还是监事会,都必须确保独立性和专业知识,以便履行其监督职责,保护公司和股东的利益。

值得注意的是,本款所规定的审计委员会和监事会之间是否存在排他性的关系,即在公司选择设立审计委员会的情况下,是否还能够同时设立监事会或监事。单从条文来看,本款重点强调股份有限公司可以选择在董事会中设置审计委员会,而不设监事会或监事,上述问题的关键在于"不设监事会或监事"是否同样被涵盖如前文的"可以"的范畴。我们认为,为了避免职能的交叉和矛盾,理应认为公司仅可以在监事会与审计委员会之间单选其一,而不能在选择设立审计委员会的情况下继续设立监事会,即在监督职能分配的问题上,公司要么设立监事会、要么设立审计委员会,而不存在同时设立的第三种可选路径。

本条第 2 款是对审计委员会规模和委员会成员要求的规定。根据规定,审计委员会成员必须由公司董事组成,且至少为 3 人,这确保了多方面的监督独立性。此外,由于审计委员会还负责监督公司的内部控制体系,审计委员会的成员必须独立、客观,并不受其他职务的影响,以确保他们能够有效地履行这一职责。他们必须专注于内部控制的有效性,并提供独立的意见,确保公司的资产受到适当的保护。因此,本款规定过半数的审计委员会成员不得担任除董事以外的其他职务,且不得与公司存在任何可能影响其独立客观判断的关系,例如,与大股东存在亲属关系或与公司存在其他利益关系。内部控制是预防欺诈和不正当行为的重要手段,而审计委员会的存在有助于强化这方面的监督。本款进一步规定,公司董事会成员中的职工代表可以成为审计委员会成员,一方面这是对审计委员会成员的选任范围的正面认可,即董事会成员中的职工代表并不被排除在审计委员会成员的选任范围之外;另一方面这可能是立法的一种倾向性引导,即引导公司将职工代表选为审计委员会成员,以更好地保证审计委员会行权的独立性,并使其审计监督范围能够更好地下沉到公司一线的生产经营环节之中。

本条第 3、4、5 款是对于审计委员会决策机制的规定,基本沿用了董事会的决策机制，要求过半数成员决策通过、成员在表决时一人一票以及授权公司章程对议事方式和表决程序作出特别规定等。因为审计委员会本质上仍属于董事会的组成部分，故其基本的决策机制仍然沿用了董事会的规定，以保证董事会内部决策体系的一致性。

本条第6款规定，公司还可按照章程规定设立其他专门委员会，这为公司提供了更多的管理灵活性，以满足不同需求。例如，公司可以设立薪酬委员会来处理董事和高管的薪酬事务，或者设立战略规划委员会来协助发展公司的长期战略。这些委员会的设立有助于更有效地管理公司，确保公司各个方面都有适当的监督和管理。

第一百二十二条 董事会设董事长一人，可以设副董事长。董事长和副董事长由董事会以全体董事的过半数选举产生。

董事长召集和主持董事会会议，检查董事会决议的实施情况。副董事长协助董事长工作，董事长不能履行职务或者不履行职务的，由副董事长履行职务；副董事长不能履行职务或者不履行职务的，由过半数的董事共同推举一名董事履行职务。

本条主旨

本条是关于股份有限公司董事长、副董事长的产生及其履行职务的规定。

本条释解

本条第1款规定，公司设董事长1人，可以设副董事长，副董事长的人数由公司自行决定。董事长、副董事长产生程序是由全体董事的半数以上选举产生。这里的“全体董事的过半数”应当理解为董事会全体成员的半数，而非出席董事会会议董事的半数。对股份有限公司董事长、副董事长的产生程序以法律条文明确规定，是考虑对众多社会股东权益的维护，与有限责任公司的董事长、副董事长的产生办法可由公司章程规定有所不同。上述法律规定涉及股份有限公司的董事长和副董事长产生程序以及他们的职责与权力安排，对于公司治理和董事会运作具有重要意义。董事长和副董事长通常是由全体董事选举产生，这确保了公司领导层的合法性和代表性。董事长在公司治理结构中扮演着关键角色,负责召集和主持董事会会议,确保会议的有效进行,监督董事会决议的实施。这一职责不仅需要领导能力,还需要良好的组织和沟通能力,以确保董事会的工作高效顺畅。董事长还代表公司向外部界面,与股东、监管机构、投资者等各方进行沟通。副董事长的职责包括在董事长不履行或不能履行职务时代行董事长的职权。这确保了公司在董事长无法履行职责的情况下仍然能够正常运作。

本条第 2 款规定,董事长行使两个方面的职权:一是召集和主持董事会会议,二是检查董事会决议的实施情况。本条还规定了在董事长和副董事长均不能履行或不履行职务时的权力安排,防止因董事长职权无人行使而影响公司正常运营。同时,本法进一步就董事长不履行或不能履行职务时的董事会职权安排加以规定。依本款规定,董事长不能履行职务或者不履行职务时,由副董事长履行职权,副董事长不能履行职务或者不履行职务时,由半数以上董事共同推举的一名董事履行职务。所谓“不能履行职务”,是指由于客观原因,造成董事长实际上无法履行职务的情形;所谓“不履行职务”,是指出于主观因素,可以履行职权但实际不履行的情形。若董事长不履行或不能履行职务,则副董事长取得了代行董事长职务的法定权力。这一权力董事长无权进行干涉或者加以限制。若副董事长也不能或者不履行职务,则由半数以上的董事共同推举一名董事履行职务,防止出现因董事长职权无人行使影响公司正常运营的现象。这些规定反映了法律的社会性质,它们强调了维护众多社会股东权益的重要性,确保公司治理不仅仅服务于少数股东的利益,而是平衡了各方的权益,推动公司的长期可持续发展。

我国公司治理结构中,董事长的权力通常相当集中,这一现象在法律上确实存在,并且有时会引发一系列法律风险。虽然董事长可以迅速作出决策,提高公司运作的效率,但权力过分集中也带来了一系列问题。在实践中,我们常常会看到董事长的权威在公司内部表现得非常强大,董事会的职能虚化,甚至董事会成员仅是名义上的存在,董事长一人可以独断专行地做出决策。这种情况下,公司法安排的董事会集体决策的制度事实上名存实亡。董事长独自决定公司事务,虽然在某种程度上高效,但也带来了一定的法律风险。例如,多数决制度失去了效用,董事会会议变成了形式,而非实质性的讨论和决策场所。同时,董事长在这种权力集中的情况下,行使职权处于无人监督的状态。这种情况下，公司的利益容易受到损害，因为董事长的决策可能受到主观因素、个人利益或独断行事的影响。因此，为了防范这种法律风险，一些国家和地区的公司法规定，公司董事会需要授权一名或多名董事来专门处理特定的公司管理事项或进行一定行为。这些事项包括对公司重要财产的处置、巨额借款或为他人提供担保、高级管理人员的聘任和解雇及子公司等组织的设置、变更和废止等。这些事项通常被视为公司决策中的重大事项，需要经过更为广泛的讨论和审议，以保障公司治理中的权力制衡。

第一百二十三条 董事会每年度至少召开两次会议，每次会议应当于会议召开十日前通知全体董事和监事。

代表十分之一以上表决权的股东、三分之一以上董事或者监事会，可以提议召开临时董事会会议。董事长应当自接到提议后十日内，召集和主持董事会会议。

董事会召开临时会议，可以另定召集董事会的通知方式和通知时限。

本条主旨

本条是关于董事会会议召集的相关规定。

本条释解

公司董事会作为公司治理结构的核心组成部分，通过会议方式行使其职权，以确保公司的决策过程合法、透明、高效，并最大限度发挥公司董事会的职能。本条对董事会会议的召开和组成进行了详细规定，以确保董事会的设立不流于形式，能够切实发挥其作用，促进公司的健康经营和发展。

根据本条第 1 款的规定，公司董事会每年至少应召开两次会议。这一规定明确了董事会的会议频率，确保了董事会在 1 年内至少进行两次正式的会议。这有助于董事会能够定期审议和决策公司的重大事项，监督公司管理层的运作。此外，董事会会议的召集和主持由董事长负责。董事长作为董事会的主要领导者，负有召集和主持董事会会议的职责，这有助于确保会议的秩序和效率。董事会的会议召集通知应提前 10 日通知全体董事，以确保董事会成员有充分的时间准备和参与讨论。根据《公司法》规定，董事会会议应有监事参加，因此董事会的会议通知也应通知全体监事,以确保监事能够履行其监督职责。通知方式通常采用书面形式,并应明确会议的事由,以便董事和监事能够了解会议的议程和目的。

除了定期会议,公司董事会还可以召开临时会议,以处理特定的紧急事项。本条第 2 款规定了有权提议召开董事会临时会议的主体,包括代表 1/10 以上表决权的股东、1/3 以上董事以及监事会。这一规定旨在确保在出现紧急情况下,有相关主体可以提出召开董事会临时会议的请求,以及保护他们的合法权益。当有权提议召开临时董事会的主体提出请求后,董事长有责任按照《公司法》规定,在 10 日内召集和主持董事会会议。这一规定保证了紧急事项可以及时得到处理,而不会因拖延而影响公司的正常运营。

本条第 3 款规定了临时会议的通知方式和通知时限可以另行确定。这一规定灵活地允许公司在章程中约定具体的通知方式和通知时限,以适应公司的实际情况和需要。

第一百二十四条 董事会会议应当有过半数的董事出席方可举行。董事会作出决议,应当经全体董事的过半数通过。

董事会决议的表决,应当一人一票。

董事会应当对所议事项的决定作成会议记录,出席会议的董事应当在会议记录上签名。

本条主旨

本条是关于董事会会议决议机制的规定。

本条释解

根据第 1 款规定,董事会会议必须具备过半数以上的董事出席方可举行。这一法定比例的设定非常重要,它确保了董事会会议的合法性,只有在过半数以上董事出席的情况下,董事会会议的决策才能够被认为是有效和合法的。这一规定体现了董事会会议的代表性,因为只有当足够多的董事出席时,会议的决策才能够更好地反映公司不同股东和利益相关方的意见和意愿。此外,该规定还确保了董事会决议的合法性,因为只有在符合法定出席人数的情况下,董事会的决策才具备法律效力。值得注意的是,本款并未对特定的公司重大事项设定特别决议程序,而是适用过半数通过的普通表决方式,这有助于简化决策程序,提高决策效率,同时确保合法性。公司董事会作为公司治理结构的核心,应当能够代表公司的不同利益相关方,包括股东、管理层、员工等。只有在董事会会议具备过半数以上董事出席的情况下,才能确保决策的合法性,因为这意味着决策是在代表公司的合法代表之间达成的。这个原则也反映了公司治理的权力制衡机制,通过确保不同利益相关方的代表都有机会参与决策,可以有效防止权力滥用和损害其他利益相关方的风险。

很多国家公司法都规定了董事会的法定最低出席比例、出席的方式(是本人出席还是委托代理人出席)及作出决议要来的通过比例等事项。例如,《日本公司法》第260条之2规定,董事会的决议,以超过半数的董事出席,并由超过半数的出席董事同意通过。《法国商法典》第100条规定,只有至少半数出席会议的情况下,董事会才能进行有效审议。

在对表决标准的理解上,"全体董事的过半数"应当如何解释,尚有分歧。一种观点认为,通过决议是以全体董事过半数,而非出席会议的董事过半数为标准;另一种观点则认为,该条中的"全体董事"是指出席董事会会议的全体董事,只要出席会议董事的过半数既可作出有效的董事会决议。我们认为,在《公司法》中,多次出现"全体董事"的表述,同一表述在同一法条中应当有相同的含义。根据本法第122条、第123条的内容,"全体董事"明显是指董事会的全体成员,而非出席董事会会议的董事。由此,从法律的一致性和连贯性的角度,本条中的"全体董事"宜理解为董事会的全体成员。

本条第2款规定董事会会议的表决方式应为一人一票。这一规定强调了董事会成员在决策过程中的平等性,即每一位董事都有一票表决权。这意味着董事长在争议双方票数相等时也只能拥有一票表决权,没有超越董事会其他成员的特殊权利。这一规定有助于确保董事会决策基于平等的原则产生,而不受个别成员的特殊影响。董事会中每一位成员都应当有机会平等地表达其观点和意见,以便维护公司治理中的权力制衡和公平性。一人一票的表决原则是公司治理中平等原则的具体体现。平等原则强调在公司治理中每位股东和董事都应该有平等的权利和机会,没有特权。同时,该制度还有助于防止董事长等高级管理人员滥用权力,防止其对决策产生不当的影响,符合公司治理中的权力制衡机制要求,确保董事会成员平等。

本条第3款新增了对董事会会议记录的规定,要求出席会议的董事在会议记录上签名。这一规定有助于对董事会决议事项留痕,确保会议记录的准确性和完整性。会议记录的规定反映了公司治理中的透明原则。透明原则强调公司的治理结构和决策过程应该对各方开放和透明,以便公司内外的利益相关方能够了解和评估公司的决策。会议记录不仅是董事会会议的重要文档,还是公司决策的证据,并有助于防止不当决策的发生,可以用于事后的法律审查和追责,为将来的法律审查和追责提供了基础和依据。

第一百二十五条 董事会会议,应当由董事本人出席;董事因故不能出席,可以书面委托其他董事代为出席,委托书应当载明授权范围。

董事应当对董事会的决议承担责任。董事会的决议违反法律、行政法规或者公司章程、股东会决议,给公司造成严重损失的,参与决议的董事对公司负赔偿责任;经证明在表决时曾表明异议并记载于会议记录的,该董事可以免除责任。

本条主旨

本条是关于董事会会议出席及董事对决议承担责任的规定。

本条释解

公司治理中的董事会会议是一项至关重要的环节,涉及公司决策和管理的关键问题。《公司法》对董事会会议的相关规定一直备受关注,本条便是对董事本人出席以及书面委托他人代为出席的规定。这些规定的制定和实施都与公司治理中的平衡、信任、责任等关键概念息息相关。

本条第1款规定,董事会会议,应由董事本人出席。董事因故不能出席,可以书面委托其他董事代为出席董事会。董事会作为公司治理结构的中枢,董事会会议的召开确保了公司事务能够得到审议和决策,有助于维护公司治理中的权力制衡。然而,在现实生活中,董事会成员可能因种种原因无法亲自出席会议。这时,书面委托他人代为出席董事会成为一种合理的安排。这种规定的初衷是为了确保有效出席的人数,避免因董事无法出席而导致董事会流会,从而保障公司事务的正常进行。然而,对于董事是否应该委托他人代为出席董事会,存在不同的看法和争议。董事往往是根据特定身份、资格等因素当选的,他们对股东负有特定的义务,而股东对董事具有信赖利益。因此,董事委托他人代为出席董事会,行使董事职权,可能会引发股东的信赖利益问题。董事作为公司的受托人,未经委托人许可,不得随意转委托。从这一角度看,董事委托他人代为出席可能会引发法律问题和信任问题。本条规定允许董事委托他人代为出席,但委托的对象仅限于本公司其他董事。实践中,有的法人股东在股份公司董事会中只有一名董事,时常因故不能出席董事会会议,为保障其表决权,往往委托股东单位的其他人员出席会议,而不是委托其他董事出席,这种做法与本条规定不相符。董事委托其他董事代为出席董事会,在委托书中应当载明授权范围,可包括对特定事项的表决意见。

本条第 2 款规定了董事对决议的责任。董事在执行职务时应当遵守法律法规,遵守公司章程,恪尽职守,维护公司最高利益。如果董事的行为违反上述原则,给公司造成损害,就要承担赔偿责任。如果该项损害行为是由董事会集体决议作出的,那么参与决议的董事便要承担赔偿责任。这是各国公司法中普遍确认的原则。董事会的决议违反法律、行政法规或者公司章程、股东会决议,致使公司遭受严重损失的,参与决议的董事对公司负赔偿责任。考虑到责任自负原则,经证明在表决时曾表明异议并记载于会议记录的,该董事可以免除责任。

这里董事的免责一般应符合三个条件:第一,有证据表明其在表决时曾表明异议,这里的证据包括书面的会议记录,在场人的证言、会议录音等。第二,在表决时曾表明异议,即表决时曾明确投票反对。如果董事会的决议仅是某一部分违法,则至少应在投票同意决议时,对违法部分的内容明确表示反对。如果仅是口头上表示异议,但投票时却表示同意,其异议表示无效,不能作为免责依据。第三,异议表示已记载于会议记录,未纳入会议记录的异议,同样不具有免责效力。为此,董事在董事会会议记录上签名时,应特别注意记录的完整性。本款还对董事会决议违反股东会决议时董事承担责任进行了规定。由于股东会是公司的权力机关,董事会向股东会负责,因此,董事会决议当然应遵守股东会的决议,否则,股东会就会形同虚设。同时,股东会决议是股东意思的表现,为了保护股东的利益,董事会决议也应当遵循股东会的决议。

第一百二十六条 股份有限公司设经理,由董事会决定聘任或者解聘。

经理对董事会负责,根据公司章程的规定或者董事会的授权行使职权。经理列席董事会会议。

本条主旨

本条是关于股份有限公司经理职位及职权的规定。

本条释解

本条涉及股份有限公司内部管理结构的一系列规定,涵盖了经理的聘任与解聘、经理与董事会的关系以及经理列席董事会会议等方面。

本条第 1 款提到了股份有限公司设经理。按照文义解读,本款所隐含的意义是,股份有限公司应必设经理,即把经理作为公司必设岗位。在股份有限公司中,经理作为公司的高级管理人员,负责日常的经营和管理工作,经理的职责包括但不限于制定公司的运营策略、管理公司的日常事务、协调各个部门的工作等。经理在公司中扮演着至关重要的角色,直接参与公司的运营和管理,对公司的运营和管理有着重要影响。

按本条规定,经理的聘任与解聘是由董事会决定的,这是公司内部管理的一项关键程序。董事会是公司的经营决策机构,由股东选举或指定产生,负责制定公司的战略方向和政策,监督公司的运营和管理。董事会的权力包括经理的聘任和解聘,这意味着经理必须获得董事会的信任和支持,同时也必须对董事会负责。经理对董事会负责,这意味着经理需要向董事会汇报工作,接受董事会的指导和监督。这是公司治理中的一个关键原则,确保公司高层管理与公司的最高决策机构保持沟通和合作,经理需要在董事会的监督下履行其职责,确保公司的决策和行动符合公司的利益和战略方向。董事会和经理之间的密切合作有助于公司的高效运营和发展。

在经理职权方面,本条第 2 款规定可以由公司章程予以确定或由董事会授权行使。不同于原《公司法》采用列举式规定经理的职权,新《公司法》采用了概括式规定,授权公司章程或董事会对经理职权加以确认。经理根据公司章程的规定履行职责,可以确保公司的经营活动符合公司章程的规定。除了公司章程的规定,董事会也可以授权经理行使特定的职权。这意味着董事会可以根据需要将一定的权力和责任下放给经理,以便更灵活地应对公司的日常经营。这一授权通常需要明确的授权文件,以确保董事会的权力不被不当减损。

本款提到了经理列席董事会会议。这是一个有关公司内部治理的关键方面。经理的列席意味着其有权参加董事会会议,但通常不具有投票权。这一规定确保了经理与董事会之间的沟通和协作,使董事会能够听取经理的建议和意见,同时经理也能了解董事会的决策过程和方向。这种互动有助于公司的决策和管理更具合理性并提升了其透明度。

第一百二十七条 公司董事会可以决定由董事会成员兼任经理。

本条主旨

本条是关于股份有限公司董事会成员兼任经理的规定。

本条释解

本条允许公司的董事会决定由董事会成员兼任经理,这一安排为公司管理提供了更多的灵活性,可以使董事会的决策更容易得到理解和执行。从比较法的角度看,大多数国家的公司法并不禁止董事兼任经理,甚至有一些国家规定董事可以直接负责公司的具体经营活动。经理在公司中扮演着日常经营的实际管理者的角色,因此,经理的资格成为公司运营中的一个重要问题。经理的资格包括积极条件和消极条件,积极条件主要涵盖了品质素质、知识素质、管理能力素质以及心理素质等方面;消极条件则明确规定了某些人员不得担任公司经理,例如犯罪分子。各国的公司法通常从消极条件方面对公司经理的任职资格进行规范,以确保公司的经理具备必要的资格。然而,具体的资格要求在各国和不同公司之间可能存在一定的差异。

董事兼任经理是一种管理模式,它将公司的高级管理层与董事会成员相互交融。这种做法有助于加强公司内部各级管理层之间的协作和协调,降低了管理层之间的信息不对称。董事兼任经理可以更好地理解董事会的决策,同时也能够更好地将董事会的战略方向和政策转化为实际的经营行动。这种密切的联系有助于确保公司的决策能够得到更好的执行,提高了公司的经营效率。这种模式在一些国家和公司中已经得到广泛应用,并被视为一种提高公司管理效率和减少管理层层次的方式。董事兼任经理可以加强公司管理团队的凝聚力,降低管理成本,提高公司的决策效率。

然而,尽管董事兼任经理有很多优点,但也存在一些潜在的风险和挑战。首先,这种管理模式可能导致公司的权力过于集中。如果董事长兼任经理,那么他可能在公司中拥有巨大的权力,这可能导致内部人控制问题。此外,董事兼任经理需要在董事会和经理职务之间找到平衡,确保不发生利益冲突。这需要严格的道德和法律约束,以防止潜在的道德风险。《公司法》对经理的资格和限制进行了详细规定,以确保公司经理具备必要的素质和能力,并防范潜在的风险。《公司法》的规定有助于确保公司经理的能力和素质与公司的运营需求相匹配,从而提高了公司的经营效率。

第一百二十八条 规模较小或者股东人数较少的股份有限公司,可以不设董事会,设一名董事,行使本法规定的董事会的职权。该董事可以兼任公司经理。

本条主旨

本条是关于小规模股份有限公司可以不设董事会的规定。

本条释解

本条为新《公司法》的新增规定。该条为规模较小或股东人数较少的股份有限公司带来了一场重大的管理制度创新,这一法条允许这类公司不设董事会,而是只指定一名董事,由该董事独自行使董事会的职权,且允许该董事兼任公司经理。这一变革标志着对中国公司治理制度的一次重要尝试,旨在更好地适应不同公司的需求,提高市场竞争力,以及鼓励更多创业者投身市场。

传统上,无论公司规模如何,都需要设立董事会来行使决策职能,然而,小型企业其管理需求可能与大型公司不同,这使其往往受制于这一传统制度。本条的出现填补了这一管理制度的缺陷,为小型公司提供了更大的灵活性。公司可以选择不设董事会,而是只任命一名董事,这一董事将独自行使董事会的职权,包括决策重要事项、制定公司政策和监督公司管理。

这一规则的引入具有多重意义。一方面，它提高了公司的管理灵活性，使其更好地适应市场的快速变化。初创企业尤其受益于此，因为不需要设立多名董事可以降低创始人股东的负担，使他们更容易进入市场并发展业务。另一方面，不设董事会可以降低公司的管理成本，因为董事会通常需要多名成员，涉及会议和决策程序，这些过程需要时间和资源。这种制度鼓励了公司治理的多样化，不同类型的公司可以根据自身的经营模式和发展阶段选择合适的管理结构，而不必被强制采用传统的董事会结构。最重要的是，这一规定的出现使中国公司法更加贴近实际情况，支持了公司的多元化和市场竞争力。它为小型企业的发展提供了更大的支持，创造了更有吸引力的商业环境，有望吸引更多创业者和投资者进入市场。同时，这一法规还为大型公司提供了更多选择，使其能够更好地满足不同阶段公司治理的需求。

然而，尽管这一规定带来了众多好处，但也存在一些潜在的挑战和风险。首先，需要确保在实施中对规模较小或股东人数较少的公司进行明智而有效的监管，以防这一法规滥用，损害股东权益和公司利益。其次，公司在不设董事会的情况下仍需要遵守《公司法》和其他法规，以确保决策和管理的合规。最后，未来可能需要进一步的司法解释来明确“规模较小”“股东人数较少”的具体范围，以避免混淆和争议。

第一百二十九条 公司应当定期向股东披露董事、监事、高级管理人员从公司获得报酬的情况。

本条主旨

本条是关于董事、监事、高级管理人员报酬披露的规定。

本条释解

根据本条规定，公司必须向股东披露董事、监事和高级管理人员的报酬情况。这一披露要求的存在是公司治理的重要一环，旨在保障透明度、问责制度的建立，以及有效行使股东权益。披露董事、监事和高级管理人员的薪酬水平，不仅是法定要求，也是在现代商业环境下的最佳实践之一。

薪酬是公司激励机制的核心组成部分，对于公司董事、监事以及高级管理人员而言,薪酬不仅是他们的报酬,也是一种激励措施,旨在激发他们为公司的成功付出更多努力。薪酬激励是一种正面激励措施,通过给予足够的报酬,使董事、监事和高级管理人员愿意为公司的利益努力工作。这种激励可以采用多种方式,包括工资、奖金、红利、保险补偿金和股票优先认购权等形式。这些激励手段有助于吸引和留住高素质的管理人员,激发他们的积极性和创造力,从而有助于公司的长期发展。对此,薪酬的合理性是公司治理的一个关键问题。股东会通常负责确定董事的薪酬水平,而董事会则决定高级管理人员的薪酬水平。在确定薪酬水平时,必须考虑多个因素,包括董事、监事和高级管理人员的任务,公司的经营状况,市场竞争环境以及行业标准。薪酬必须符合市场水平,既不能过高导致公司财务负担过重,也不能过低导致高级管理人员缺乏动力和满足感。股东会和董事会必须合理评估薪酬水平,以确保公司能够吸引和留住高素质的管理人员。同时,薪酬也必须与公司的业绩和股东回报相关联。如果公司的经营绩效出现不利变动,薪酬水平应相应削减,以反映公司的实际情况。这种与绩效挂钩的薪酬结构有助于确保董事、监事和高级管理人员为公司的成功而努力工作。

在比较法层面,各国的公司法和法规大都要求公司向股东披露董事、监事和高级管理人员的薪酬情况。这一要求不仅有助于公司内部管理的透明度,还有助于监督权的行使,使股东能够评估薪酬的合理性。例如,在美国,《联邦证券法》要求上市公司向股东披露高级管理人员的薪酬情况,其中包括董事会成员。这种披露要求旨在确保公司的高级管理人员的薪酬与公司的经营绩效相关联。

第四节 监 事 会

第一百三十条 股份有限公司设监事会,本法第一百二十一条第一款、第一百三十三条另有规定的除外。

监事会成员为三人以上。监事会成员应当包括股东代表和适当比例的公司职工代表,其中职工代表的比例不得低于三分之一,具体比例由公司章程规定。监事会中的职工代表由公司职工通过职工代表大会、职工大会或者其他形式民主选举产生。

监事会设主席一人，可以设副主席。监事会主席和副主席由全体监事过半数选举产生。监事会主席召集和主持监事会会议；监事会主席不能履行职务或者不履行职务的，由监事会副主席召集和主持监事会会议；监事会副主席不能履行职务或者不履行职务的，由过半数的监事共同推举一名监事召集和主持监事会会议。

董事、高级管理人员不得兼任监事。

本法第七十七条关于有限责任公司监事任期的规定，适用于股份有限公司监事。

本条主旨

本条是关于股份有限公司监事会组成、职务履行、兼任禁止及监事任期的规定。

本条释解

在监事会的设置方面，新《公司法》作出了重大的制度突破，整体确立了一种选择制的机构设置体系，允许公司自行根据实际情况决定是否设立监事会。本条作为对监事会的一般规定，如果公司选择设立监事会，即应当按照本条以及本节其他条文的规定由监事会行使相关职权。

本条第 1 款规定，股份有限公司设立监事会，即监事会为必设机关。本款进一步设置了一项但书，即本法第 121 条第 1 款、第 133 条另有规定的除外，此乃新《公司法》的新增规定。本法第 121 条、第 133 条分别是对股份有限公司设置审计委员会以及规模较小的股份有限公司可以不设监事会而只设一名监事的规定，本条新增的但书也与此两条内容相互对应，规定了特殊情况下股份有限公司可以不设置监事会。

本条第 2 款首先对监事会成员数量进行了规定，要求监事会成员不得少于 3 人，进而对监事会中职工代表的比例和选举程序进行了规定。依此款规定，监事会应当由股东代表和公司职工代表组成，其中，职工代表的比例不得低于 1/3，公司章程可以在 1/3 以上规定具体的比例。监事会中的职工代表由公司职工民主选举产生,民主选举的方式包括召开职工代表大会、职工大会,或者其他形式。这样的规定更加注重保护职工权益,强化了职工作为公司利益相关者的主体地位。

本条第 3 款为监事会主席、副主席的规定,并规定了其产生办法,即确立为选举式,监事会主席和副主席均由全体监事会成员的过半数选举产生。本款不仅明确规定监事会设主席、副主席,而且明确了监事会主席的职权,即召集和主持监事会会议,明确了监事会主席的职责,权责分明,便于职责的履行和责任的承担。

第 3 款还包含监事会主席不履行或不能履行职务时所应适用的法律规范。监事会主席不能履行职务或者不履行职务时,由监事会副主席履行职务,监事会副主席不能履行职务或者不履行职务时,由半数以上监事共同推举的一名监事履行职务。所谓“不能履行职务”,是指由于客观原因,造成监事会主席实际上无法履行职务的情形;所谓“不履行职务”,是指出于主观因素,可以履行职务但实际不履行的情形。若监事会主席不履行或不能履行职务,则监事会副主席代行其职权。这一权力监事会主席无权进行干涉或者加以限制。若监事会副主席也不能或者不履行职务,则由半数以上的监事共同推举一名监事履行职务,防止出现因监事会主席职务无人履行影响监事会正常运营的问题。

本条第 4 款规定董事、高级管理人员不得兼任监事。保持充分的独立性是进行有效监督的重要前提,为了保证有效地行使监督权,监事就必须处于一种超然、独立的地位,与经营管理机关成员不得相互兼职。这种兼任禁止扩及所有的董事和高级管理人员,更加强化了监事的独立地位。

依照本条第 5 款规定,股份有限公司监事的任期与有限责任公司相同,即监事的任期为 3 年。监事任期届满,可以连任。监事任期届满未及时改选,或者监事在任期内辞任导致监事会成员低于法定人数的,在改选出的监事就任前,原监事仍应当按照法律、行政法规和公司章程的规定,履行监事职务。

第一百三十一条 本法第七十八条至第八十条的规定,适用于股份有限公司监事会。

监事会行使职权所必需的费用,由公司承担。

本条主旨

本条是关于股份有限公司监事会职权及行使职权费用的规定。

本条释解

依本条第1款规定,本法第78～80条的规定适用于股份有限公司。本法第78～80条分别规定了监事会的职权,监事列席董事会会议以及质询调查的权利,监事会要求董事、高级管理人员提交执行职务报告的事项。

依据本法第78条的规定,监事会的职权分为法定职权和章程确定的职权,其中法定职权包括:检查公司财务;对董事、高级管理人员执行公司职务的行为进行监督,对有不当或违法行为的董事、高级管理人员提出罢免的建议;纠正董事、高级管理人员损害公司利益的行为;在法定情形下召集和主持股东会会议;向股东会会议提出提案;依照本法规定对董事、高级管理人员提起诉讼。对于上述两条中明确规定为监事会职权的事项,公司章程不得进行变更,公司章程可以在法定范围外增加监事会的职权。

依据本法第79条的规定,监事可以列席董事会会议,并对董事会决议事项提出质询或者建议。监事会发现公司经营情况异常,可以进行调查;必要时可以聘请会计师事务所等协助其工作,费用由公司承担。本条第1款涉及监事在董事会会议上的职权,即监事拥有列席董事会会议的权利,这是一项重要的法定权力,它确保了监事会在公司高级管理层的决策讨论中发表意见和提出质询的机会。此外,第79条第2款还规定,如果监事会发现公司经营情况异常,可以进行调查。这为监事会提供了追踪公司运营问题的机会,以及采取适当措施来解决这些问题的可能。在必要时,监事会还可以聘请会计师事务所等专业机构协助其工作,以确保调查的客观性和专业性。

依据本法第80条的规定,监事会可以要求董事、高级管理人员提交执行职务的报告。董事和高级管理人员应当如实向监事会提供有关情况和资料,不得妨碍监事会或者监事行使职权。本条涉及监事会要求董事和高级管理人员提交执行职务报告的权利。这有助于防止公司内部的不当行为和权力滥用,促进公司的稳定和可持续发展。在这些法定职权的基础上,公司章程还可以为监事会提供更多的职权和权力,以满足特定的公司治理需求。这种灵活性允许公司根据其规模、行业、战略目标等因素来定制监事会的职责,以更好地适应公司的具体情况。

此外,新《公司法》第130条第2款规定了公司必须承担监事会行使职权所需的费用。这一规定确保了监事会有足够的经济支持,以履行其职责。监事会可能需要用于调查、法律咨询、会计审计等方面的经费,这些费用应由公司承担。这种经济支持确保了监事会的独立性,使其不受财务压力的影响,可以坚决地履行其监督和指导职责。然而,值得注意的是,公司只需承担监事会行使职权的必要费用。这意味着公司不需要支付任何超出这些必要费用的费用,而这些费用也不应该由公司承担。这个规定确保了公司的财务资源不会被滥用,同时也为公司和监事会之间的经济关系设定了明确的界限。

第一百三十二条 监事会每六个月至少召开一次会议。监事可以提议召开临时监事会会议。

监事会的议事方式和表决程序,除本法有规定的外,由公司章程规定。

监事会决议应当经全体监事的过半数通过。

监事会决议的表决,应当一人一票。

监事会应当对所议事项的决定作成会议记录,出席会议的监事应当在会议记录上签名。

本条主旨

本条是关于监事会会议的规定。

本条释解

本条为关于监事会会议的规定,包括会议的召开频率、议事方式、表决程序、决议通过的要求以及记录的制作等。监事会是通过会议方式行使其职权的。为保障监事会的设置不致流于形式,切实发挥其职能,完善公司经营机制,本条第1款规定,监事会每6个月至少召开一次会议。这一规定的背后是确保监事会能够定期审查公司的经营情况,履行其监督职责。通过定期会议,监事会能够更好地了解公司的财务状况、经营计划和战略决策,及时发现问题并提出建议。此外,这一规定也有助于维护会议的连贯性和稳定性,确保监事会在公司的日常运营中发挥其作用。同时,监事有权提议召开临时监事会会议。这个规定强调了监事的主动性和独立性，如果有紧急事项需要审议，监事可以及时提出召开会议的请求，而不必等到定期会议的时间。这有助于应对突发情况，确保公司在关键时刻能够迅速作出决策。

本条第2、3、4、5款为关于监事会决议的议事方式和表决程序的规定。根据本条，除非本法有特殊规定，议事方式和表决程序由公司章程规定。这一规定为不同公司根据其特定需求和情况定制议事方式和表决程序带来了灵活性，允许公司制定适合自身情况的规则。公司章程可以规定会议的召开方式（如线下或线上会议）、讨论事项的程序、表决方法等。这有助于公司根据其规模、行业和治理结构的不同情况来建立适用的议事程序。此外，本条进一步规定，监事会决议应当经全体监事的过半数通过。这一规定确保了决策的合法性和代表性，因为决议只有在多数监事的支持下才能通过。这有助于防止个别监事或小股东的利益过于突出，确保公司的决策符合多数股东的意愿，从而增强公司治理的民主性和公平性。新《公司法》新增了第4款规定，即监事会决议的表决应当一人一票。这一原则强调了平等性和代表性，即每个监事都有相同的表决权，不受其所持股份数量的影响。这有助于防止控股股东或大股东在决策中过于主导，确保每个监事都有平等的发言权和表决权。

最后，本条第5款规定，监事会应当对所议事项的决定作成会议记录，出席会议的监事应当在会议记录上签名。这一规定确保了会议的透明性和法律证据的完备性，会议记录记录了会议的讨论、决策过程和结果，对于未来的审计、监管、法律诉讼或其他法律程序具有重要意义。监事会成员的签名表示他们对会议记录的内容达成了合意，增强了记录的可信度。

第一百三十三条 规模较小或者股东人数较少的股份有限公司，可以不设监事会，设一名监事，行使本法规定的监事会的职权。

本条主旨

本条为规模较小的股份有限公司设一名监事取代监事会的规定。

本条释解

本条为新《公司法》的新增条文，使规模较小或股东人数较少的股份有限公司设立监事会更具灵活性。根据本条规定,公司可以选择不设监事会,而是只设立一名监事,该监事将行使本法规定的监事会的职权。这一规定是为了满足不同公司的治理需求,特别是满足那些规模较小或拥有较少股东的股份有限公司的需求。

依据本法的原则性规定,股份有限公司应当设立监事会,以确保公司的合法运营、股东权益的保护以及公司治理的有效性。然而,对于一些规模较小或股东人数较少的公司,设立完整的监事会可能被认为是过于烦琐和昂贵的。为了应对这些情况,本条允许公司在保留监事制度的前提下,将监事会的职责集中在一名监事身上,以减轻治理负担,同时仍能充分履行监事的职责。在小型股份公司中,监事会由一名监事代表,这有助于减少管理层的冗余和减轻公司的行政负担。这不仅在经济上更具可行性,还能够更好地适应公司的规模和复杂性。

然而,这种灵活性也引发了一些潜在的关注。首先,单一监事制度可能导致公司治理结构的单一性,缺乏监事会中多元化的观点和决策。且多名监事通常代表了不同的利益方,有助于平衡权力和监督公司管理层,而单一监事制度不会得到这样的效果。其次,需要确保这一新制度不会导致潜在的滥权和监督不足。监事在股份有限公司治理中的角色是关键的,他们有责任通过实施监督确保公司的财务稳健、经营合规。为此,监事需要具备足够的独立性和专业知识,以履行这些职责,并不受外部干扰。为了确保这一制度的有效实施,公司需要制定清晰的规定和政策,以明确一名监事的权力、职责和责任。这些规定应包括财务审查程序、决策监督的方式、问题纠正的程序等。最后,公司还应该建立适当的机制来监督监事的工作,并确保其不受到不当的压力或干扰。

此外,公司可以考虑利用外部专业咨询或独立董事来弥补单一监事制度可能存在的不足。外部专业咨询可以为公司提供专业的财务审计和法律建议,确保公司在合规性和财务稳健性方面达到最高标准。独立董事则可以提供独立的监督和建议,从而增强公司治理的多样性。

总的来说,这一新增条文为规模较小或股东人数较少的公司提供了更多的治理选择,使公司在不增加过多管理负担的情况下仍能够满足法律规定。然而,公司在采用单一监事制度时需要特别小心,确保监事能够有效履行其职责。这需要明确的规定、适当的监督和可能的外部支持,以确保公司治理的有效和健康。在实践中,公司需要权衡利弊,根据其具体情况作出最合适的治理决策。这一条文的出现为公司治理提供了更多的弹性,但也需要谨慎和负责的管理来保证其有效实施。

第五节　上市公司组织机构的特别规定

第一百三十四条　本法所称上市公司,是指其股票在证券交易所上市交易的股份有限公司。

本条主旨

本条是关于上市公司含义的规定。

本条释解

股份有限公司可以根据其股票的上市交易情况划分为两大类,即上市公司和非上市公司。上市公司是指在获得证券交易所审查批准后,所发行的股票在证券交易所上市交易的股份有限公司。上市公司具有独特的法律特征和标志,其股票在证券交易所上市交易,意味着它们在金融市场中享有更高的公开性和透明度。根据本条规定,上市公司可以识别出如下法律特征:

1. 上市公司是股份有限公司的一种。股份有限公司是一种商业实体,其资本分为股份,并且股东的责任通常受限于其持有的股份数额。这种法律结构允许公司在更广泛的股东基础上筹集资金,并吸引投资者来共享公司的风险与回报。然而,上市公司与非上市公司的主要区别在于,上市公司股票可以在证券交易所上市交易。上市公司之所以具有强烈的公开性,是因为其股票在证券交易所上市。证券交易所是一个专门的金融市场,允许投资者在其中买卖股票、债券和其他金融工具。上市公司的股票可以在证券交易所上市交易,这为其股东提供了更广泛的流动性,即他们可以在市场上自由买卖股票。此外,证券交易所通常具有更高的透明度和监管标准,这有助于保护投资者的权益。

2. 股票上市需要符合法定条件并经有关机关审核同意。这是上市公司的一个重要特征。在不同国家和地区,股票上市的条件可能会有所不同,但通常包括财务状况、公司治理结构、信息披露标准和法律规定等方面的要求。这些条件旨在确保上市公司能够提供足够的信息及交易的透明度,以满足投资者的需求,并维护市场的健康和稳定。在我国,股票上市交易需要符合《证券法》等法律法规所规定的条件。这些条件包括但不限于财务状况、公司治理结构、信息披露标准和法律规定的遵守等方面。

3. 股票在证券交易所上市交易。股票上市交易发生在证券交易所,而证券交易所是公开市场中的二级市场,也是实行证券集中交易的特殊市场。在证券交易所进行的交易通常被称为挂牌交易。证券交易所提供了一个有序、公开和受监管的环境,让投资者可以在其中买卖股票。这有助于确保交易的公平性和透明度,维持市场秩序,防止操纵和不正当行为。

与一般公司相比,上市公司最大的特点在于可利用证券市场进行筹资,广泛地吸收社会上的闲散资金,从而迅速扩大企业规模,增强产品的竞争力和市场占有率。因此,股份有限公司发展到一定规模后,往往将公司股票在交易所公开上市作为企业发展的重要战略步骤。从国际经验来看,世界知名的大企业几乎全是上市公司。例如,美国最大的500家公司中95%是上市公司,其销售额占全美销售额的68%,对美国经济有着举足轻重的影响。

上市公司面向社会公开发行股票,其投资者由成千上万的社会公众所构成,因此,上市公司的业务经营同广大公众投资者的利益和社会稳定紧密相联。可见,公司在证券交易所上市只是进入证券市场的第一步,它还必须承担上市后的持续性义务。上市公司只有认真履行上市后的义务,才能在市场上树立起良好形象,才能不断吸引新的投资者,为企业顺利筹资打下基础。

第一百三十五条 上市公司在一年内购买、出售重大资产或者向他人提供担保的金额超过公司资产总额百分之三十的,应当由股东会作出决议,并经出席会议的股东所持表决权的三分之二以上通过。

本条主旨

本条是关于上市公司购买、出售重大资产,重大担保决议程序的规定。

本条释解

本条规定了上市公司在一年内购买、出售重大资产或向他人提供担保的情况下需要遵循的法定程序和决策条件。一般而言,股东会决议分为普通决议和特别决议,而本条规定了两项须经股东会特别决议通过的情形:一是上市公司在一年内购买、出售重大资产;二是上市公司担保金额超过公司资产总额30%。本条规定的存在是为了确保公司和股东对这些交易有透明的了解,以充分评估其风险和回报。

《公司法》所确立的特别决议事项在公司治理方面起到了至关重要的意义,它代表了公司治理中的一项核心原则,即确保涉及公司未来发展和股东权益的重大事项得到充分的讨论和广泛的支持。这一法定要求旨在维护公司的健康经营、风险管理以及股东的权益。特别决议事项的范畴非常广泛,通常包括一系列可能对公司产生深远影响的决策。其中一些典型的特别决议事项包括:(1)合并与收购。决定公司是否与其他公司合并或收购其他公司,通常属于特别决议事项的范畴。这类交易可能对公司的财务状况、市场地位和战略定位产生深远的影响。(2)增资减资。公司是否进行股本的增加或减少通常也需要符合特别决议的要求。这关系到公司的资本结构和融资策略,对股东权益和公司财务稳健性有着直接的影响。(3)改变公司章程。公司修改其章程,例如更改经营范围、总部迁移或修改其他核心规定,也需要进行特别决议。这可以确保章程的修改是经过谨慎考虑并达成广泛共识的。(4)公司解散。公司是否要解散和清算,也是一个极具影响力的决策。公司的解散和清算可能是公司业务终结或其他重大原因所致,因此需要得到股东的高度支持。(5)重大资产交易。公司是否要进行重大资产(如土地、建筑物、专利等)的购买或出售,通常也属于特别决议事项。这些交易可能对公司的资产负债表和经营状况带来深远的影响。

特别决议事项的法定要求是为了确保这些关键决策是经过深思熟虑并得到广泛支持的,因为它们可能对公司的未来产生深刻的影响。特别决议事项规定了需要经过出席股东会的股东所持表决权的2/3以上通过的标准,以确保决策的合法性和代表性。特别决议事项强调了以下几个关键原则:(1)合法性和代表性决策。特别决议事项要求决策必须得到股东中大多数人的支持,确保了决策的合法性和代表性。这有助于防止个别股东或股东小群体对公司的决策产生不合理的影响,维护了公司治理的公平性和民主性。(2)风险管理。特别决议事项的要求有助于降低公司在决策方面的风险。重大事项的决策需要更高的表决权支持,这意味着公司需要更加谨慎地考虑风险和回报。这种审慎性有助于防止公司在没有足够支持的情况下进行过于冒险的交易或决策,从而保护公司的财务稳健性。(3)股东权益保护。特别决议事项的规定在一定程度上保护了股东的权益。因为这一要求确保了股东在重大事项上有更大的发言权和决策权,以维护其权益。(4)公司稳定性。特别决议事项的要求有助于维护公司的稳定性。重大决策需要经过充分的审议并得到广泛的支持,这可以避免不明智的交易或战略变化,从而保持公司的连贯性和稳定性。这对于公司的股东、员工和利益相关方都具有重要意义。(5)公司治理的民主性。特别决议事项强调了公司治理的民主原则。这一原则是现代公司治理的核心之一,强调公司的重要事项应该根据股东的意愿和利益来决定。特别决议事项的要求反映了这一原则,确保了公司治理结构的透明性和公开性。

需特别留意的是,根据本条的规定,上市公司在进行上述交易时应当遵循一定的程序。首先,公司必须将相关决策提交给股东会进行审议和决策。这一程序确保了公司的最高决策机构,即股东会,可以对这些重大交易进行全面审查和决策。这是为了保护公司的财务利益,同时也可以确保股东的权益得到充分尊重。在股东会审议这些交易时,有一定的法定决策条件限制。根据法律规定,这些交易必须获得出席会议的股东所持表决权的 2/3 以上的支持才能通过。这一要求确保了决策的高度共识,因为这些交易可能对公司的未来产生深远的影响,因此需要得到股东的广泛支持。2/3 以上的表决权支持也提高了对这些交易的法律约束力,以防止不利于公司和股东的交易被强行通过。这一法条的法律意义在于保护公司的财务稳健和股东的权益。通过要求上市公司将重大资产交易和担保交易提交给股东会进行决策,法律确保了透明度和问责制。股东会是公司的最高权力机构,代表着所有股东的权益,他们有责任审查和决策公司的关键事项。这一法律要求也鼓励公司在决策前充分考虑风险和回报,以避免盲目地交易决策。此外,2/3 以上的表决权要求也确保了这些决策的合法性和代表性。这种要求有助于防止个别股东或股东小群体对公司的决策产生不合理的影响,同时也减轻了公司在决策方面的风险。

第一百三十六条 上市公司设独立董事,具体管理办法由国务院证券监督管理机构规定。

上市公司的公司章程除载明本法第九十五条规定的事项外，还应当依照法律、行政法规的规定载明董事会专门委员会的组成、职权以及董事、监事、高级管理人员薪酬考核机制等事项。

本条主旨

本条是关于上市公司设立独立董事以及章程特殊记载的规定。

本条释解

根据本条规定，上市公司须设立独立董事，具体管理办法由国务院证券监督管理机构规定。目前而言，我国关于上市公司独立董事制度的规定，主要体现为国务院证券监督管理机构对上市公司董事会、监事会的特别规定。这主要是指中国证监会对上市公司所作的具体规定，包括《上市公司独立董事管理办法》《上市公司章程指引》《上市公司治理准则》等部门规范性文件中关于董事会和监事会的特别规定。上市公司在遵守《公司法》规定的同时，还应当遵守国务院证券监督管理机构在部门规范性文件中所作的特别规定。

目前，上市公司独立董事管理最重要的制度规范是《上市公司独立董事管理办法》，该管理办法于 2023 年进行了最新修订。《上市公司独立董事管理办法》共 6 章 48 条，主要包括以下内容：一是明确独立董事的任职资格与任免程序。细化独立性判断标准，并对担任独立董事所应具备的专业知识、工作经验和良好品德作出具体规定。改善选任制度，从提名、资格审查、选举、持续管理、解聘等方面全链条优化独立董事选任机制，建立提名回避机制、独立董事资格认定制度等。明确独立董事原则上最多在 3 家境内上市公司担任独立董事的兼职要求。二是明确独立董事的职责及履职方式。独立董事履行参与董事会决策、对潜在重大利益冲突事项进行监督、对公司经营发展提供专业建议三项职责，并可以行使独立聘请中介机构等特别职权。聚焦决策职责，从董事会会议会前、会中、会后全环节，提出独立董事参与董事会会议的相关要求。明确独立董事通过独立董事专门会议及董事会专门委员会等平台对潜在重大利益冲突事项进行监督。要求独立董事每年在上市公司的现场工作时间不少于 15 日，并应当制作工作记录等。三是明确履职保障。健全履职保障机制，上市公司应当为独立董事履行职责提供必要的工作条件和人员支持。健全独立董事履职受限救济机制,独立董事履职遭遇阻碍的,可以向董事会说明情况,要求董事、高级管理人员等予以配合,仍不能消除阻碍的,可以向中国证监会和证券交易所报告。四是明确法律责任。按照责权利匹配原则,针对性细化独立董事责任认定考虑因素及不予处罚情形,体现过罚相当、精准追责。五是明确过渡期安排。对上市公司董事会及专门委员会的设置、独立董事专门会议机制、独立董事的独立性、任职条件、任职期限及兼职家数等事项设置1年的过渡期。过渡期内,上述事项与该管理办法不一致的,应当逐步调整至符合规定。

独立董事制度是我国上市公司治理结构的一大基础性制度,自2005年《公司法》引入这一制度以来,独立董事已经在我国经历了近20年的法律实践。独立董事制度源于美国公司法,在美国公司法中,董事可分为内部董事与外部董事。在采取两分法的情况下,外部董事与独立董事有时互换使用。如果采取三分法,董事可以分为内部董事、有关联关系的外部董事与无关联关系的外部董事。其中,只有无关联关系的外部董事才可被称为独立董事;内部董事指兼任公司雇员的董事;有关联关系的外部董事指与公司存在实质性利害关系的外部董事。独立董事则指不在上市公司担任董事之外的其他职务,并与公司及其大股东之间不存在可能妨碍其独立作出客观判断的利害关系(尤其是直接或者间接的财产利益关系)的董事。独立董事不兼任公司的经营管理人员,属于外部董事的范畴。美国上市公司董事会的席位在20世纪70年代之前,基本上为内部董事所把持,即使偶尔有些公司为外部董事设有一两个席位,也往往由公司总裁的亲朋好友担任。其结果是,外部董事对公司总裁言听计从,俨然一副好好先生的样子,无法发挥应有作用。20世纪70年代初的“水门丑闻”促使美国证监会要求所有上市公司设立由独立董事组成的审计委员会,以审查财务报告、控制公司内部违法行为。纽约证券交易所、美国全国证券交易商协会、美国证券交易所也纷纷要求上市公司的董事会多数成员为独立董事。殆至1980年,企业圆桌会议、美国律师协会商法分会,不仅要求上市公司的董事会多数成员为独立董事,而且要求董事候选人的任命完全授权给由独立董事构成的提名委员会。20世纪90年代,大量经营效益滑坡的公司的总裁被独立董事们掌控的董事会“扫地出门”。在上市公司的董事会席位中,独立董事席位大约占2/3。独立董事制度在其他市场经济国家也得到确立。

我国《公司法》整体上确定了股东会、董事会、监事会和经理构成的公司治理结构。监事会与董事会均为平行的公司机关,同时对股东会负责;监事会被赋予了法定的监督之责。如此一来,在上市公司推行独立董事时,似乎存在独立董事与监事会权限的碰撞。独立董事制度对于提高公司决策过程的科学性、效益性、安全性,加强公司的竞争力,预防公司总裁和其他公司内部控制人为所欲为、侵害公司和股东利益,强化公司内部民主机制,维护小股东和其他公司利害关系人的利益发挥了积极作用。然而,实践中也出现了独立董事"花瓶化""荣誉化"等一系列问题。在所有上市公司全面推行独立董事制度,此举之善意值得肯定,但如何确保其在实践中可以有效发挥监督作用,仍然有待于理论上进一步的研究和相关法律法规的进一步细化。尤其在新《公司法》新增了审计委员会制度后,更加需要剖析独立董事与审计委员会之间的相互关系与职能衔接,这也为上市公司的法律监督功能实现开拓了新的研究方向与改革思路。

本条第 2 款为新《公司法》的新增规定,即对上市公司章程的特殊记载事项进行了明确,要求公司在章程中载明董事会专门委员会的组成、职权以及董事、监事和高级管理人员薪酬考核机制等事项。上述事项虽然属于公司内部治理的基础性事项,但对于公司经营发展具有重要的影响。对于上市公司而言,投资者很需要通过对此类事项的了解来评估衡量是否要持有该公司的股票。尤其在新《公司法》确定了可选择性的"单层制"监督模式的情况下,上市公司究竟是否设立审计委员会以及监事会,相应机构的职权如何,行使就属于特别重要的公司治理基础性事项,这些事项有必要在章程中加以明确并向社会公示,以保障广大投资者的知情权。这一规定也属于建立在新《公司法》新型的《单层制》治理模式下的针对上市公司的特别配套规定。

第一百三十七条 上市公司在董事会中设置审计委员会的,董事会对下列事项作出决议前应当经审计委员会全体成员过半数通过:

(一)聘用、解聘承办公司审计业务的会计师事务所;

(二)聘任、解聘财务负责人;

(三)披露财务会计报告;

(四)国务院证券监督管理机构规定的其他事项。

本条主旨

本条为上市公司审计委员会审议事项的规定。

本条释解

本条为新《公司法》的新增条文。这一条文的主要目的是确保公司的财务报告和审计工作能够独立、公正、透明地进行，以保护投资者的权益，维护市场秩序，以及提高公司治理的质量。这一条文从文义上看是规定了董事会对四类事项作出决议前应当经审计委员会全体成员过半数通过，但实际上更是对上市公司审计委员会职权的具体明确。根据本条规定，审计委员会是作为董事会的一个特殊委员会而存在的，其职责主要围绕审计、财务管理和财务报告展开。审计委员会的设立是为了解决在公司治理中可能出现的潜在问题，包括内部或外部的不当干预，以及确保公司的财务报告真实、准确、完整和及时。本条顺应审计委员会的上述价值，具体规定了审计委员会对四类决议的前置性批准。

具体而言，根据本条规定，在以下几个方面审计委员会对董事会决议有前置性批准的权利和要求：

（1）聘用、解聘承办公司审计业务的会计师事务所：审计委员会有权决定选择或解雇承担公司审计任务的会计师事务所。这一权力确保了审计工作的独立性，因为审计师事务所需要保持中立，不受公司管理层的不当影响，以确保财务报告的真实性和准确性。

（2）聘任、解聘财务负责人：公司的财务负责人（通常是首席财务官）在财务管理和报告方面发挥着关键作用。审计委员会有权参与决定公司的财务负责人的聘任、解聘，以确保公司在财务管理方面拥有经验丰富、诚信可靠的领导者。

（3）披露财务会计报告：审计委员会监督公司的财务会计报告的披露，以确保报告真实、准确、完整和及时。这有助于防止虚假陈述和信息不完整的问题，保护投资者免受误导。

（4）国务院证券监督管理机构规定的其他事项：审计委员会必须处理国务院证券监督管理机构制定的其他事项，以确保公司遵守相关法规和规定。其中包括针对公司治理、财务披露和审计的其他具体要求。

本条确立此种规定后，实践中，对于上述事项的决议即需要先行由审计委员会作出过半数决议,之后再报请董事会批准。相当于把董事会享有的权力一定程度上下放到审计委员会之上。但本条并未明确董事会是否仍然有对上述事项的实质审查权利,即是否可以否决审计委员会批准的事项。从正常的表决机制来看,应当是有此种空间,但这进一步涉及审计委员会与董事会主体的权力交接关系,可能需要在实践中具体探索。进一步产生的问题是,如果董事会作出了相关决议但未经本条规定的审计委员会事先批准,那么该决议效力如何?根据本法最新的决议效力体系,这应当属于决议存在法律瑕疵的情况,应当根据实际情况认定为决议未成立或可撤销。

另外,需特别强调的是,本条所指称的上市公司审计委员会与新《公司法》规定的可以行使监事会职权的审计委员会并不一定是重合的。从立法原意来看,本条规范所指称的审计委员会恰恰是原有的"双层制"治理模式下上市公司董事会创设的狭义的审计委员会,而非新《公司法》确立的"单层制"监督模式下取代监事会的审计委员会。在原《公司法》的规则之下,许多上市公司的董事会已经创设了审计委员会,但其并不是在行使监事会职权,反而是与监事会完全独立的部门,在人员组成和职权方面均截然不同。本条更倾向于是对此种上市公司中狭义的审计委员会的职权予以特别强化,而非对新《公司法》下行使原监事会职权的审计委员会的规定。这也意味着,在上市公司范畴,如果公司继续选择设立监事会也并不与狭义的审计委员会相排斥,只不过审计委员会并不取代监事会行使监督职责,而仅对本条提及的事项有特殊的职权。

第一百三十八条 上市公司设董事会秘书,负责公司股东会和董事会会议的筹备、文件保管以及公司股东资料的管理,办理信息披露事务等事宜。

本条主旨

本条是关于董事会秘书制度的规定。

本条释解

新《公司法》对本条未作调整,仍然延续了原《公司法》对董事会秘书的设置规定,以笼统的方式规定了董事会秘书职权,具体包括筹备股东会和董事会会议、文件保管、公司股东资料的管理以及办理信息披露事务。我国《上市公司章程指引》中对董事会秘书职责在一定程度上加以细化，规定董事会秘书主要职责有：(1)负责公司股东大会的筹备、文件保管事宜；(2)负责董事会会议的筹备、文件保管事宜；(3)负责公司股东资料管理；(4)负责办理信息披露事务。在此框架下，董事会秘书的法律制度正逐步走向规范化，未来的法律实践中也应当进一步提升董事会秘书在上市公司中的地位，以期真正发挥董事会秘书在现代公司治理中的作用。

董事会秘书在英美公司法上被称作公司秘书，最早可以追溯到1841年的英国法报告的案例中。董事会秘书制度的发展在英国基本可以分为三个阶段：第一阶段，董事会秘书仅作为公司的普通雇员，处理一些文书事务，与普通的秘书无本质区别，在公司法上甚至没有规定董事会秘书是公司的法定机关。1948年，其《公司法》仍然明确规定当缺乏明确的授权时，董事会秘书的职权仅限于公司的内部管理事项。第二阶段，董事会秘书所承担的责任越来越多，在公司中的地位日益上升，开始发挥重要作用。1971年，董事会秘书作为公司法定机关的地位得到确认，其职权扩大到可代理公司对外签订合同。1985年《英国公司法》、1989年《英国公司法》都对董事会秘书的任职资格、职权与责任等方面进行了更为详细的规定，特殊属性的赋予使董事会秘书开始在公司治理结构中成为关键因素。第三阶段，在20世纪末期，董事会秘书的地位和职能被重新认识，出台了一些关于公司董事会秘书设立可由公司自主决定的规定。2002年，英国政府出版白皮书提出取消立法中对小型私人公司董事会秘书的强制性规定。争议意见来源于由此可能引发的董事会秘书职能的缺位，即一个有效的董事会秘书是保证“不老实”的董事不偏离正常轨道的主要制约因素，不设立董事会秘书会在一定程度上减少对董事滥用职权行为的制约力。

董事会秘书制度设置的最初目的是完善公司内部的管理，使公司运转更加规范、协调。在中国设立董事会秘书制度的主要目的是满足公司上市后的规范运作和监管要求，也更多地表现为证监会和证券交易所从证券法的角度进行规制。在各国董事会秘书制度的发展中，共同之处是当面对取消董事会秘书强制性规定的建议时，都会伴有争议或否决，这在一定程度上说明了董事会秘书在公司发展中日益重要的地位和作用。

在我国，根据中国证监会、沪深证券交易所制定的有关规定，上市公司均应设立董事会秘书,《公司法》也原则性地作出了此种规定。董事会秘书属于公司组织机构的一部分,名义上属于上市公司高级管理人员,负责处理董事会执行职权所产生的事务,然而,很多公司董事会秘书难有实质意义的高级管理人员地位。在大型国有企业改制后的上市公司,董事会秘书的地位和收入大多与部门中层管理人员相当,很难发展为高级管理人员,更无法实现披露、协调及监管联络的治理职能。

与《英国公司法》规定有限责任公司和股份有限公司均须设立董事会秘书不同,我国《公司法》目前只规定上市公司须设立董事会秘书,而对未上市的股份有限公司和有限责任公司却没有同样的规定。实践中,董事会秘书在处理董事会执行职权所涉及的事务中起着不可或缺的作用。为了健全公司组织机构,更好地发挥董事会职能,应当尽早将相关证券规章中涉及公司治理结构及董事会秘书的章目纳入公司法规定,凡依照《公司法》所成立的公司均应设立董事会秘书,并明确其作为公司高级管理人员的法律地位。

第一百三十九条 上市公司董事与董事会会议决议事项所涉及的企业或者个人有关联关系的,该董事应当及时向董事会书面报告。有关联关系的董事不得对该项决议行使表决权,也不得代理其他董事行使表决权。该董事会会议由过半数的无关联关系董事出席即可举行,董事会会议所作决议须经无关联关系董事过半数通过。出席董事会会议的无关联关系董事人数不足三人的,应当将该事项提交上市公司股东会审议。

本条主旨

本条是关于关联交易董事表决回避的规定。

本条释解

本条涉及上市公司董事与董事会会议决议事项中可能存在的关联关系问题。首先,本条规定强调了董事在涉及与公司利益相关的事项时应及时向董事会披露与个人或者企业间的关联关系。关联关系指的是董事与公司或其他个人之间可能存在的利益牵连或特殊关系。例如,可能涉及董事在公司之外有其他商业利益,或与公司合作的供应商或合作伙伴有关系。这种关联关系可能是由董事自身的利益,或者与其关联的企业所产生的,对公司决策可能造成影响。在这种情况下,这些关联关系可能影响到董事在公司内作出的决策。这种披露的要求旨在确保公司高层管理者的透明度和诚信度,避免潜在的利益冲突影响到公司的利益。

其次,涉及具有关联关系的董事在相关决策事项上不得行使表决权,也不得代理其他董事行使表决权。这种限制措施是为了防止利益冲突对决策产生不良影响。这意味着关联董事在特定事项上无权参与表决,以确保决策的公正性和独立性,避免出现利益相关人员利用权力为自己谋取私利的情况。

再次,本条对于董事会会议的召开和决议通过进行了明确的规定。董事会会议必须确保过半数的无关联关系董事出席,以便有足够的独立意见参与决策讨论。同时,决议需要过半数的无关联关系董事投票通过。这种安排是为了保障董事会决策的客观性和公正性,减少关联关系对决策的影响,确保公司的长期利益。

最后,如果董事会会议上无关联关系董事人数不足 3 人,则涉及关联关系的决议事项必须提交上市公司股东会审议。这种情况下,董事会缺乏足够的无关联董事参与决策,所以需要将决策权交由股东会进行审议。这一举措旨在确保即便在董事会层面缺乏无关联董事,也能够保障决策的合法性和公正性。

相关理论

公司法上关联交易的理论问题

所谓关联交易是指交易主体之间存在特定关联关系的资产(包括有形资产和无形资产)流转行为。要判断是否存在关联交易,首先要衡量交易双方是否系关联关系。按交易对公司是否公平合理,可将关联交易分为公平公正的关联交易和不公平不公正的关联交易。其中,前者是法律允许的,而后者则需要加以规制。

首先,有必要对不公平关联交易加以界定。通常,当公司与关联方之间的交易有违诚实信用原则或违反基本的商业准则,可能对公司和其他股东造成侵害时,就应认定为不公平关联交易。主要有以下几种表现形式:编制虚假利润和制造虚假资产、公司为关联方提供担保、占用公司资金或无偿拖欠公司货款、控制股东与公司进行不公平的资产买卖、收购或转让股权的价格明显低于或高于通常交易条件、控制股东的债务与公司债权充抵、控制股东掠夺公司利润等等。由此可以看出,不公平关联交易严重危害公司的独立性和资产的完整性,损害债权人的利益。在对关联交易进行规制时,更多的是适用事前的监控方法,如设立独立董事制度、股东表决权排除制度等。而对事后的补救,不仅可以适用公司法人格否认制度,还依托否认股东会、董事会决议效力制度和股东代表诉讼制度等。

对上市公司的关联交易,许多国家都通过立法加以规制。尽管各国立法对关联交易的具体生效条件规定不一,但由于各国大体上都是采取"双轨制"的方式对关联交易实行规制,即一方面通过证券法律法规要求上市公司对其与关联方之间的所有重大交易进行披露,另一方面通过有关公司法律规范对公司与其关联方之间的交易实施实质性的限制,各国关于关联交易的生效条件大多包括实质条件和程序条件两方面。

(一)程序条件

程序条件是关联交易订立过程方面的法律要求。为了制约关联交易中的不公正行为,各国对关联交易的订立大多规定了披露制度和批准制度。换言之,关联交易生效的程序条件主要是两个:一是披露;二是批准。

1. 关于披露。充分的信息披露是保障关联交易公正与公平的关键。在美国,除了会计准则的规定外,其证券法规定所有有关公司及其董事、高级职员和关联人的重要信息都要向潜在股东披露,使股东能够控制公司的管理层,从而保护自己的利益。联邦证券法律的披露规则对于关联方交易有特殊的披露要求,披露的标准更严格。我国已经颁布的涉及关联交易信息披露的有关规定有《企业会计准则——关联方披露》《公开发行证券的公司信息披露内容与格式准则》《上市公司章程指引》《股票上市规则》《上市公司治理准则》等。这些规定对关联交易的披露内容、披露方式等作了明确的规定。总的来说,披露文件应提供足够资料使股东能据此评估该项交易对上市公司的影响。

2. 关于批准。各国公司立法大都规定了关联交易的特殊批准制度,即关联交易一般根据其影响程度,在取得有关机关(股东会或者董事会,尤其是股东会)的批准同意后,才能对公司产生法律效力。为确保关联交易的程序公正,大多设立股东表决权排除制度和独立董事制度。股东表决权排除制度就是排除与某一决议事项有利害关系的股东或其代理人在股东会上就该决议事项行使表决权的机会。独立董事制度就是由独立董事就关联交易行为发表其独立意见,以打破董事会由"内部人"控制的局面,防止不正当的关联交易。通过这些程序,可以在公司机关内部对关联交易的合法性予以审查,并判定其是否对公司和股东公正。我国《公司法》对关联交易采用的是关联董事表决权排除制度,即该董事会会议由1/2以上无关联关系董事出席即可举行,与关联方有任何利害关系的董事,在董事会对该事项进行表决时,应当予以回避。董事会会议所作决议须经无关联关系董事过半数通过。出席董事会会议的无关联关系董事人数不足3人的,应将该事项提交上市公司股东会审议。

(二)实质条件

关联交易生效的实质条件是指关联交易的内容要合法。经过披露和审批程序的关联交易仅表明其程序合法,并不产生关联交易内容合法的必然结果。如果关联交易内容不合法,即便经过公司机关批准,仍属于无效的关联交易。

关联交易内容合法,这里的"法"不仅涉及《公司法》,而且涉及《证券法》《企业所得税法》《反垄断法》等可能对关联交易予以调整的法律法规。总的来说,关联交易的内容必须满足以下条件:(1)符合诚实信用原则;(2)符合公平、公正、等价有偿原则;(3)不得损害国家、集体或者第三人利益及社会公共利益;(4)不得违反国家法律法规的禁止性规定等。

就我国立法来看,关联交易的内容必须遵守《民法典》、《公司法》、《证券法》、《税法》及国务院行政法规等。从合同法角度看,审查关联交易是否实质有效,主要需关注:(1)关联方是否以欺诈、胁迫的手段订立合同,损害国家利益;(2)关联方是否恶意串通,损害国家、集体或者第三人利益;(3)关联方是否以合法形式掩盖非法目的;(4)关联方是否损害社会公共利益;(5)关联方是否违反法律、行政法规的强制性规定。从公司法角度看,主要看关联交易的内容是否违反公司法的禁止性规定。

值得探讨的是,我国证监会对有关关联交易设置了许多"规则""指引",有的还属于部门规章,那么,违反证监会的规定是否必然导致关联交易无效?对此,意见不一。我们认为,对证监会的规定要具体分析。对于证监会的强制性或禁止性规定,规定的要求是对法律法规的具体化,即证监会的规定与法律法规宗旨保持一致,那么,违反证监会规定的行为必然违反法律法规的有关规定,则关联交易可以认定为无效。如果违反证监会的非强制性或非禁止性规定,无法认为关联交易无效,则可以由证监会责令责任人对有瑕疵行为予以适当的修正或补救。

对司法介入关联交易效力审查,理论界与实务界的争点主要集中在法院应当如何介入审查?对此问题,有两种见解。一是认为法院的司法审查只应停留在程序审查。二是认为法院应当介入实质审查。第一种见解的理由主要是,由于商事活动外观性、技术性、交易安全需要,保障董事积极决策以及考虑到法官在商业知识方面的匮乏等,法院传统上就是尊重商业判断原则。法院若介入实质审查,必定要牺牲商事交易的可预见性和确定性,由此造成诉讼成堆,大量案件久悬不决,既影响交易安全,也增加了诉讼成本。第二种见解的最主要的理由是,法院对关联交易的公正性享有最终的审查权。法院只有介入实质审查,才有利于保护公司和小股东的利益,实现真正的公平。

第一百四十条 上市公司应当依法披露股东、实际控制人的信息,相关信息应当真实、准确、完整。

禁止违反法律、行政法规的规定代持上市公司股票。

本条主旨

本条是关于上市公司披露股东、实际控制人信息以及禁止非法代持上市公司股票的规定。

本条释解

本条为新《公司法》的新增条款。这一条文要求上市公司依法披露股东和实际控制人的信息,并明文禁止违法代持上市公司的股票。这一规定的核心目的是确保市场的透明度、保护投资者的权益、维护市场的公平性和稳定性以及提高公司治理的质量。

上市公司披露股东和实际控制人信息的要求在公司治理方面具有关键意义。上市公司作为公众公司,其所有权结构和实际控制情况必须公开透明,以确保投资者能够了解公司的经营状况和风险。这种透明度有助于建立市场信任,提高投资者的信心,促进资本市场的健康发展。在公司治理制度体系之下,公司股东是公司利益的终局享有者,股东基于其所享有的表决权可以直接影响公司的经营方向和重大发展战略,在我国上市公司未能完全实现所有权和经营权相分离的状态下,公司股东尤其是有控制权的股东仍然是公司治理的重要决策者。而实际控制人则是依托股权之外的架构来对公司实现控制的主体,一旦成为公司的实际控制人也就意味着其对公司具有决定性的影响力。因此,对于公司债权人以及具有投资意向的社会主体而言,公司股东和实际控制人是其在对公司进行考察时必要了解的事项。也正是基于公司股东和实际控制人在公司治理中的重要地位,对这两类主体的信息披露也就尤为重要。披露股东和实际控制人信息的要求强调信息的真实、准确和完整。这是确保披露信息质量的重要标准,以防止虚假陈述和信息不完整的问题。信息的真实性意味着不得提供虚假或误导性的信息,准确性要求信息与实际情况一致,而信息的完整性要求不得遗漏重要细节。这些要求有助于保护投资者免受误导和欺诈。最重要的是,这一规定的实施有助于提高公司治理的质量。披露股东和实际控制人信息的要求使公司管理层、董事会和监事会能够更好地了解公司的所有权结构和实际控制情况,从而确保公司决策的透明性和合法性。这有助于预防不当干预和维护公司治理的有效性。

本条第 2 款规定了禁止违反法律法规代持上市公司股票。从我国上市公司股份持有的情况看,除了账户实名制下投资者“穿透式”直接持有股份之外,也存在沪港通、深港通、QFII 等业务中的名义持有制度,上市公司股东名册上登记的是结算机构等名义持有人,这种外观上代持的间接持有是一种合法的制度安排。但实践中,也可能存在以他人名义收受“干股”、通过股份代持规避监管要求、禁止参与交易人员借用他人名义持有买卖股票、违反规定借用他人账户代持股票等情形,该部分代持行为可能会影响上市公司信息披露的真实准确完整,造成投资者对上市公司及相关情况的误判,破坏市场“三公原则”,甚至还可能存在贪污受贿等违法犯罪行为,是需要重点打击和禁止的。需注意的是,本条虽然规定禁止违反法律、行政法规的规定代持上市公司股票,但其内在并不是对上市公司股票代持行为进行一概禁止,而只是对违法违规的代持行为加以禁止,个人或机构在实施代持行为时,必须严格遵守法律法规的规定,禁止违反法律和行政法规的规定来进行代持。因此,本条规定一定程度上承认了代持的商业现象,但在上市公司领域更强调了代持行为必须合法合规。

需要讨论的是,本款并未明确代持上市公司股票合法与违法的边界问题,而只是采用了此种转致性质的条款，具体由法律或行政法规对代持行为加以限制。目前在法律和行政法规的层级很少有对上市公司股票代持行为有明确的禁止性规定，类似的规定更多地出现在证监会规章等制度之中。故而，问题在于，部门规章在效力级别上要低于法律、法规，那么违反了此种规章性文件而实施代持行为是否同样可纳入本条规定的范畴？进一步的问题是，违反了本条规定而代持股票将产生何种法律后果？从法理上看，违反部门规章并不会导致法律行为无效，但此种论断亦不能一概而论，如果某个部门规章背后所体现的是金融管理和金融安全等原则性的价值，那么违反相关规定可能会导致该行为因有违诚实信用原则或公序良俗原则而无效。因此，核心的判断标准就是看代持行为是否会严重损害国家的金融安全或特定领域的管理秩序。基于此，如果是一般的代持行为，并不违反法律法规的具体规定或原则性规定，则其效力不受影响，如果是特定行业和特定领域的公司（如证券公司、保险公司、商业银行等）的代持，则可能会影响国家正常的金融管理秩序和金融安全，此时，不仅代持合同可以认定无效，名义股东持有股份的法律状态很可能也被认定为无效。总体而言，对于代持行为是否无效以及无效后的法律后果可能无法统一给出笼统的判断标准，需要根据案件实际情况以及相关制度规定展开个案判断。

相关理论

股权代持问题

本条是《公司法》首次将“代持”作为法律概念在法条中予以明确，因此有必要对公司股权代持行为所涉及的理论问题展开剖析。

股权代持，也称作隐名投资，主要指代股权的名义持有者与实际利益的享有者相分离的现象。其中，股权的名义持有者一般被称为名义股东、显名股东或股权代持人，而股权实际利益的享有者则被称作隐名股东、实际投资人或被代持人。股权代持是一种十分常见和普遍的商业现象，投资人碍于特定的身份限制或政策限制不方便直接担任公司股东，或单纯为了切割自身名下的财产，而委托其他主体代其担任公司股东，成为公司名义上的股东，自己则隐于幕后，成为实际的投资人。股权代持关系引发了权利的名义主体与实质主体的分离，名义股东虽然被登记为公司的股东，也在形式上行使股东的各项权利，但实际上其所实施的各项表决行为都应当按照实际投资人的指示进行，其所获得的分红利益也均应转由实际投资人享有。名义股东更多的是一种“牵线木偶”的角色,而其背后的隐名股东才是实际的操盘人。在法律上,股权代持关系实际包括对内和对外两方面的法律关系。其中,代持人与被代持人之间的内部关系应当是委托合同关系,代持人主要是依托内部的委托合同进行利益处置。而与公司的对外关系则是纯粹的股权关系,为代持人(名义股东)与公司之间的法律关系,被代持人(隐名股东)与公司在法律上并无直接的关联。

股权代持主要涉及的法律问题有三个方面:其一,股权代持的效力问题以及代持无效后股权处理问题;其二,隐名股东显名化的问题;其三,名义股东未经实际投资人同意对外转让股权的问题。下面对这三个问题作简要讨论。

第一,股权代持的效力。意思自治是民商法中最重要的基本原则之一,强调“法无禁止即可为”,故而在股权代持方面,原则上应当尊重商事交易中的此种特别安排,认可代持行为之法律效力。然而,意思自治也并非没有边界,意思自治不能越过法律的范畴,也不得利用其来规避法律。在股权代持行为中,有相当比例的行为目的是规避某种法律对投资身份的规定。例如,《公务员法》规定国家公务人员不得经商,某公务员为规避此种法律规定而要求他人代其持有股份。这种以规避法律为目的的代持行为可能被否定法律效力。此外,存在较大争议的是代持行为被宣告无效后的股权处置问题。在华懋集团、中小企业公司与民生银行股权纠纷案件中,最高人民法院判定代持合同无效后,宣告股权增值利益在华懋集团与中小企业之间“四六分成”,依据为原《合同法》第58条的规定,即合同被宣告无效后,双方应当各自承担相应的赔偿责任。不过对于此种安排也有诸多反对意见存在。客观而言,对于无效后的股权处置问题,目前学术界与实务界尚未形成统一的观点。相对一致的态度是,既不能简单地认定股权归属于名义股东,也不能将股权利益尽数分配给实际投资人,可能更应当通过股权回购或减资程序来对系争股权进行合理的处置。

第二,隐名股东的显名化。在股权代持关系中,名义股东是公司法意义上公司的股东,而隐名股东或称实际出资人与公司之间并不存在直接的法律关系。在特定情况下,实际出资人可能需要显名化,即破除代持关系,直接由本人取得公司股权,此时就要区分公司其他股东是否对于隐名股东的存在有所知晓而遵循不同的程序。对于公司过半数股东知道股权代持关系且没有表达异议的情况，实际出资人可以直接请求公司将其变更为股东，而无须经过其他程序。这也是《九民纪要》第28条所确立的规则。在此种情况下，公司过半数股东均对股权代持行为知情，相当于其早已认可实际出资人为公司实质的股东，实际出资人要求变更股权登记也是顺理成章的，无须经由其他程序。对于公司其他股东并不知晓股权代持事项的情况，出于对公司人合性的保护，应当经过一个其他股东的认可程序。依《公司法司法解释(三)》第24条之规定，此时应经过公司其他股东半数以上同意，即相当于要求公司对此部分股权以股权对外转让的法律程序由名义股东转让给实际出资人，但未赋予其他股东以优先购买权。新《公司法》在股权转让方面删除了同意权的规定，仅保留优先购买权，因而此项程序必然会在日后的司法解释中进行调整，如由其他股东通过是否行使优先购买权来对实际出资人显名化的问题进行表态。

第三，名义股东未经实际出资人同意对外转让股权。此乃股权代持关系下又一个十分常见的争议。名义股东完全符合股东身份证明的一切形式要件，因此在其对外转让股权之时，相对人很难察觉其并非股权实际的权利人。名义股东在未取得实际投资人同意的情况下，擅自将股权转让给第三人，通常在法律层面并无任何障碍，相对人甚至可以顺利地取得股权的登记。但是由于股权代持关系的存在，这样的行为会严重影响实际投资人的利益，故而如何在三方当事人之间平衡利益关系就成为这一法律争议下的核心问题。前已论述，在名义股东和实际投资人之间事实上仅存在合同关系，名义股东未经实际出资人的同意出卖股权显然违反了合同约定，实际出资人自然可以请求名义股东承担违约责任。但更关键的问题在于：股权应如何处置？按照《公司法司法解释(三)》第25条的规定，此时应当参照善意取得的制度构造进行处理，即应当区分相对人是否为善意，以及是否已支付了合理对价，并且在股权方面应当同时满足股东名册变更或股权工商登记等特别的形式要件。如果符合善意取得的要件，则相对人可以确定取得股权，实际出资人只能请求名义股东基于合同进行违约赔偿。如果相对人明知股权代持或存在其他恶意情形，或不符合股权善意取得的要件，则相对人不能取得股权，但此时可能需要经由实际出资人显名化的程序，由实际出资人取得股权。

第一百四十一条 上市公司控股子公司不得取得该上市公司的股份。

上市公司控股子公司因公司合并、质权行使等原因持有上市公司股份的，不得行使所持股份对应的表决权，并应当及时处分相关上市公司股份。

本条主旨

本条是关于上市公司禁止交叉持股的规定。

本条释解

本条文明确规定了上市公司与其控股子公司之间的股份交叉持有情况以及控股子公司如何处理所持股份的情况。该条文的主要目的是确保上市公司与其控股子公司之间的独立性，防止出现潜在的利益冲突和不当控制，从而维护资本市场的健康运作和公平性。

本条第1款规定了上市公司控股子公司不得取得该上市公司的股份。这意味着上市公司的控股子公司不得直接或间接地购买或持有上市公司的股份。这一规定的目的一方面在于确保上市公司的独立性和自主性，避免控股子公司通过持有上市公司股份来影响上市公司的经营决策或控制。另一方面，如果上市公司的控股子公司同时持有上市公司股份，将陷入一种特殊的交叉持股状态，即上市公司持有子公司股份，同时子公司也持有母公司股份，此种状态难免陷入一种矛盾，可能导致母子公司之间的相互掣肘，也可能导致公司利用此种复杂的股权关系牟取不正当利益。因此，这种持股样态在上市公司的范畴应被严格限制。

本条第2款规定了一种特殊的情形，即如果上市公司控股子公司因公司合并、质权行使等原因持有上市公司股份，则存在一系列相应的限制和要求。一方面，控股子公司不得行使所持股份对应的表决权，这是为了避免控股子公司通过行使表决权来干涉上市公司的经营活动，保障上市公司的决策自主性。同时，这也有助于防止潜在的利益冲突，避免控股子公司的管理层面临选择支持控股子公司还是上市公司的困境。另一方面，该条文要求控股子公司应当及时处分相关上市公司股份。这一规定强调了控股子公司持有上市公司股份的时限，以防止长期的交叉持股情况。这有助于维护上市公司的独立性，防止潜在的不当控制。

总体而言,本条文的核心目的是确保上市公司与其控股子公司之间的关系是透明、公平、独立的。通过禁止控股子公司取得上市公司股份,限制控股子公司行使股份表决权,通过规定控股子公司要及时处分股份,防止潜在的利益冲突和不当控制,从而维护了资本市场的稳定和公平性。这有助于保护广大投资者的权益,维护市场的正常运作。

相关理论

交叉持股问题相关理论

交叉持股是一种公司之间相互持股的情况,通常是指母公司持有子公司的股权,同时子公司也持有母公司的股权。这种情况可能对公司法和市场产生多方面影响。

交叉持股通常发生在控股公司和其子公司之间,这种情况可能是由于多种战略和经济动机而存在。母公司持有子公司股权可能是为了确保对子公司的控制,以便影响其经营决策和战略。子公司持有母公司股权可能用作战略投资,或者是为了维护一种相互依赖的关系。这些交叉持股关系可以有多种背后动机,包括风险分散、合作、降低融资成本和税收优惠等。然而,交叉持股问题可能对公司法和市场产生多方面的影响。

一方面,它可能导致公司治理方面的问题。母公司持有子公司的股权可能会引发内部利益冲突,因为母公司可能试图影响子公司的经营决策,以符合母公司的利益,这可能损害子公司的独立性,对其他股东造成不利影响。另一方面,交叉持股也可能对市场公平竞争产生影响。如果母公司和子公司之间存在交叉持股关系,可能会引发市场操纵的担忧,尤其是如果两家公司在相同或相关的行业中竞争,这可能导致不公平竞争,损害其他市场参与者的权益,影响市场的正常运作。

监管机构需要处理交叉持股问题,以确保法律法规的遵守。这可能涉及《反垄断法》、《公司法》和《证券法》等多个领域的法规。监管机构需要确保这些交叉持股关系不会导致市场垄断或不当控制,同时保护股东权益,维护市场的公平竞争。解决交叉持股问题需要综合考虑各方的利益,以确保公司之间的关系既有益于市场,又保护了各方的权益。透明度和信息披露是解决这一问题的关键因素之一。公司应充分披露信息,以告知股东和市场参与者其持股关系,增加市场的透明度。同时,监管机构需要强化对交叉持股的监管,确保法律法规的执行,以维护市场的公平性和透明度。监管机构之间的合作和信息共享也是解决这一问题的关键因素,尤其是在涉及跨国公司和不同国家的情况下。

总之,交叉持股问题是一个复杂而重要的议题,涉及多个领域,包括公司治理、市场竞争和监管。解决这一问题需要综合考虑各方的利益,确保公司之间的关系既有益于市场,又保护了各方的权益。监管机构在处理交叉持股问题时需要加强监管,确保法规的执行,以维护资本市场的稳定和健康发展。

CHAPTER 06

第六章

股份有限公司的股份发行和转让

第一节 股份发行

第一百四十二条 公司的资本划分为股份。公司的全部股份，根据公司章程的规定择一采用面额股或者无面额股。采用面额股的，每一股的金额相等。

公司可以根据公司章程的规定将已发行的面额股全部转换为无面额股或者将无面额股全部转换为面额股。

采用无面额股的，应当将发行股份所得股款的二分之一以上计入注册资本。

本条主旨

本条是关于公司股份与面额股、无面额股发行的规定。

本条释解

本条是新《公司法》的修改条文。新《公司法》首次引入了无面额股制度，允许股份有限公司择一发行面额股或无面额股，并明确了二者之间可以相互转换。

无论是发起设立，还是募集设立，股份有限公司的所有资本都要划分为股份，此系股份有限公司组织形式的应有之义，也是股份有限公司的基础性制度安排。股份既是股份有限公司资本的最基本的计算单位，具有不可分性，也是确定股东权利义务的最基本的计算单位。股东依法享有资产收益、参与重大决策和选择管理者等权利，依法承担对公司出资义务，这都要以股份作为基础的衡量单位。

在资本确定和资本维持的理念下,原《公司法》仅允许股份有限公司发行面额股,并禁止折价发行。在实践中,当公司因经营不善或股市整体低迷而使其二级市场股票价格跌破面额时,公司往往会陷入融资困境。此时不仅金融机构对此类公司保守授信,投资者也倾向于从二级市场低价购入股票。由于我国禁止折价发行,如果公司想在一级市场通过发行新股来募集资金,要么需要减少股份在外的流通数量,使每股价格上升超过面额,要么需要通过修改公司章程降低股份面额,扩大发行价格的定价空间。但这两种措施都将使公司付出较高的时间成本和金钱成本,增加募资难度,最终的融资需求也很可能落空。为降低此类公司的融资难度,提高融资效率,本法引入了无面额股制度。

本条第 1 款采用了择一立法模式,允许股份有限公司在设立发行或增资发行阶段,根据公司章程对公司发行的全部股份,择一采用面额股或无面额股。其中,无面额股是指股票票面不表示一定金额,只表示其占公司资本总额一定比例的股份。无面额股的价值会随着公司资产的增减而增减,根据公司价值变动而不断变化。面额股是指股票票面表示一定金额的股份。① 发行面额股的公司,其资本被等额划分,每一股份所代表的资本额是相等的,每一股的金额也是相等的。值得注意的是,在本法引入类别股之后,每一股份金额的相等,并不意味着所有股东获得同种股份的对价都相等。但是,同次发行的同类股份,其每股发行的条件和价格应当相同。

本条第 2 款允许面额股与无面额股之间相互转换。这实际上包含两种情形:第一种是公司存续期间,经修改公司章程后,将已发行的面额股全部转换为无面额股,或者将已发行的无面额股全部转换为面额股。第二种是公司新股发行时,可以根据其融资需求,同样经修改公司章程后,发行与设立发行阶段不一样的股份。然而,根据本条第 1 款规定,公司不能同时发行面额股和无面额股。因此,已发行面额股的公司,拟新发无面额股的,应当将已发行的面额股转换为无面额股;反之亦然。面额股和无面额股的转换,应当遵循相关资本变动程序。

无面额股是一种仅显示其占公司资本总额一定比例的股份,发行无面额股筹集的股款与公司注册资本间的关系需要法律作出明确规定。在面额股制度

---

① 参见赵旭东主编:《公司法学》(第 4 版),高等教育出版社 2015 年版,第 264 页。

中,公司溢价发行时,股票面额与股份发行数量之积即为公司注册资本,剩余溢价皆计提为公司资本公积金。而股份有限公司发行无面额股时,应将募得股款的1/2以上计入公司注册资本。依据本法第95条第4项规定,“公司章程应当载明公司注册资本、已发行的股份数和设立时发行的股份数”,依据本法第151条第1款第5项规定,发行无面额股的,新股发行所得股款计入注册资本的金额,应当由股东会作出决议。可见,公司首次发行无面额股的,计入注册资本的金额应由公司章程规定,新股发行阶段发行无面额股的,则应经股东会决议,但任一阶段计入公司注册资本的金额皆不得低于其募得股款的1/2。且依据本法第213条规定发行无面额股所得股款,未计入注册资本的金额应列为公司资本公积金。

相关理论

面额股与无面额股的比较

股份面额与资本发行制度中的禁止折价发行规则息息相关。禁止折价发行规则充分体现了“资本三原则”中“资本确定原则”和“资本维持原则”的要求,使得股票面额成为公司发行股份的最低价格。通说曾认为,面额股制度具有保护债权人利益和维护股东平等功能,但近年来,学者们对其制度价值进行了进一步反思。

首先,面额股可能限制了公司筹资的弹性和空间。当公司的股票价格跌破面额时,投资者会优先购买二级市场的低价股票,使得公司难以在一级市场通过增发股份的方式获得新的融资,即使成功也须付出更高的成本。换言之,禁止折价发行规则现实降低了该类公司的融资效率,甚至会使其融资需求落空。其次,面额股难以真正维护债权人利益。公司资本仅是公司设立的初始数额,但公司资产却随着股份价格处于不断变化之中,公司资产对公司债权人利益和社会交易安全的保护起着更为重要的作用。最后,面额股难以保障股东平等。面额股对股东的平等保护须建立在股份发行价格与面额相等的基础上,但是公司进入运营状态,股价并不会维持在固定面额,发行价格与面额脱钩使得后续加入的股东与早期股东根本无法在支付股份对价上获得平等,甚至会为股东及潜在投资者带来“平等性”误导。

与之相比,发行无面额股则会产生如下便利:其一,便于公司筹集资金。在公司发行无面额股的情形下,股票的发行价格可以由董事会根据市场情况进行合理而灵活地确定,属于董事会专业的商业判断范畴,并受信义义务约束。无面额股制度不受折价发行规则限制,省去了前述先减资再增资的程序,降低了融资成本。其二,真实反映公司价值。当公司发行无面额股时,公司债权人或投资者不能依据股票的票面金额对公司的真实价值作出判断,而是依靠股票市场价格及其他公司信用机制进行评估和判断,不仅更接近公司真实价值,也充分体现了投资者自负其责的商业惯例。其三,实现股份与资本的分离。无面额股切断了股份数量与公司资本的直接关系,分拆、合并股份都只需在股份数量的层面上进行操作,而无须变动公司资本。在程序上无须进行增资的烦琐程序,降低了操作成本,有利于公司效率化融资和重组等活动。[①] 且增减股份数量不会必然导致资本的增减,对创始人保持公司控制权的机制安排、实施员工股权激励计划等活动提供了便利。然而,实践中有公司发行低面额股,替代发挥无面额股的融资功能。可见,引入无面额股并不意味着其具备了完全超越面额股的制度优势,其真正意义在于突破面额股制度下禁止折价发行规则,尤其是为经营不善的公司增资扩股释放融资空间。

第一百四十三条 股份的发行,实行公平、公正的原则,同类别的每一股份应当具有同等权利。

同次发行的同类别股份,每股的发行条件和价格应当相同;认购人所认购的股份,每股应当支付相同价额。

本条主旨

本条是关于股份有限公司股份发行原则的规定。

本条释解

依照股份发行的时间区分,股份有限公司的股份发行可分为设立发行和新股发行,依照是否面向社会、投资者是否特定进行区分,也可分为公募发行和私募发行。然而,股份有限公司无论进行何种发行,都必须遵循本条所规定的股

① 参见卢宁:《股份面额制度的式微与无面额股的引入》,载《东岳论丛》2018 年第 9 期。

份发行的一般原则。股份发行原则的核心价值面向是保护投资者利益,而保护股东法律地位平等,是民商法平等、公正理念在股份发行环节的具体体现。

一、公平原则

公平原则是指股份发行对所有投资者应平等对待,一视同仁,不得歧视。具体而言:其一,投资者有权获得平等的投资机会。这要求发行公司必须依照法定要求将与其发行股份相关的一切重要的信息和情况向其募集对象公开,包括公司及其发行股份的基本概况、股份发行操作的安排,内容必须真实、全面、准确,不得进行虚假或误导性陈述,不得有重大遗漏。在公布时必须将股份发行的有关文件在指定的报刊上刊载,保证投资者通过合法途径能够及时、有效地获得信息和有关资料,最大限度地保护投资者的利益,使投资者在获悉公司及其股份真实信息的情况下作出投资判断和决策。其二,同次发行的同类的股份,发行的条件和价格应当相同。这是指任何单位或者个人所认购的股份,在同一次发行中,同种类每股应当支付相同价额。其三,公司发行的同类股份应具有相同的权利或利益,即“同股同权”“同股同利”。股份发行的平等原则是民商法自愿、公平的一般法律原则在股份发行中的具体要求,也是投资者利益保护和股东法律地位平等在股份发行中的具体体现。本法第 144 条首次引入了类别股概念,使得“同股同权”之内涵修正为“同一类型的股份权利平等”。较之普通股,公司可以对类别股的表决权、分红权等作出差异化安排,但是,同次发行的同类股份,其股东权利或利益应当相同。

股份发行的公平原则是民商法自愿、公平的一般法律原则在股份发行中的具体要求,也是投资者利益保护和股东法律地位平等在股份发行中的具体体现。公平,既是法律的原则,又是投资者追求的目标。公平原则的确立,使法律调整的手段更具灵活性,使股份发行制度能够适应不断变化的现实,适时地建立和修订各种具体的规则,也使执法和司法机关能够对股份发行中出现的各种复杂的争议和纠纷作出适当的处理。

二、公正原则

公正原则是指在股份发行过程中,应保持公正性,不允许任何人利用股份发行进行虚假陈述、欺诈客户、内幕交易、操纵市场等损害投资者利益的不公正的交易行为。在对股份发行活动进行监管和纠纷处理时,亦应正确适用法律,对当事人公正对待,形成客观公正的处理结果。公平原则与公正原则具有密切联系。一般而言,公平原则是适用于当事人之间交易关系,并确定其实体权利义务的法律原则。公正原则主要是执法和司法机关监管当事人行为和处理权益争议时适用的法律原则。公正原则是手段,当事人之间的实体公平则是追求的目标和结果。

本条第 2 款实际上是对股份发行中的公平原则的具体表述,即同次发行的同类的股份,发行的条件和价格应当相同。具体而言,在同一次股份发行中,相同种类的股份,无论任何人获得相同的股份,都应当支付相同的对价,不允许针对不同的投资主体规定不同的发行条件和发行价格,这充分体现了股东平等原则。但是公司不同次发行的同种类股份,或者同一次发行的不同种类股份,不在此限。

相关理论

股东平等原则

股东平等原则是公司法的基本原则之一,公司法规范与公司自治规范皆不得与之相悖,否则可能因违反法律原则而无效。股份有限公司主要是一种资合性组织,公司资本投入成为公司对外的信用基础。在股份有限公司中,股东平等原则并不是指所有股东均享有别无二致的权利,而是指每个股东持有的同类的每一股份在公司中享有相同的权利,是一种股份的平等,资本的平等。早期有学者认为,类别股的出现对股东平等原则形成了强烈冲击,但事实上,类别股股东与普通股股东之间的权利差异并不意味着股东平等原则被打破。随着经济实践的发展,按资本享有股东权的方式的局限性越来越凸显,大小股东虽然被赋予了相同权利,但由于其经济实力等方面因素的不平等,赋予其相同权利实质上是一种形式平等而非实质的机会平等。“同股同权”“同股同利”“一股一权”体现的是资本平等,是传统民法的平等原则在公司法领域的延伸,但其忽视了个体间的真实差异。此时,对股东平等原则的理解也应溯本清源。股东平等原则并不是笼统地禁止所有股东间的不平等待遇,而是禁止那些不具备正当理由的不平等待遇。股东平等原则应在正视股东间实质差异的基础上,通过一系列制度设计,在坚持资本多数决原则的同时合理改进,真正给予股东以平等待遇,确保权利差异化项下股东之间的实质平等。换言之,较之普通股股东,类别股股东在权利内容上的差异应具有正当理由,且在股东实质平等可以容忍的范围内才是正当合理的,其合理性应限于有利于实现公司资本调配以及满足经营管理上的灵活性需求。因此,各国公司法普遍以法定形式确立“不平等待遇”的合理范围。类别股股东须以个别权能限制作为对价,但不应侵害股东固有权利,如此才能认定为符合股东平等原则的要求。

第一百四十四条 公司可以按照公司章程的规定发行下列与普通股权利不同的类别股:

(一)优先或者劣后分配利润或者剩余财产的股份;

(二)每一股的表决权数多于或者少于普通股的股份;

(三)转让须经公司同意等转让受限的股份;

(四)国务院规定的其他类别股。

公开发行股份的公司不得发行前款第二项、第三项规定的类别股;公开发行前已发行的除外。

公司发行本条第一款第二项规定的类别股的,对于监事或者审计委员会成员的选举和更换,类别股与普通股每一股的表决权数相同。

本条主旨

本条是关于股份有限公司类别股发行的规定。

本条释解

本条为新《公司法》的新增条文,在我国《公司法》中首次引入了类别股制度,并以法定模式对原《公司法》第131条中“国务院可以对公司发行本法规定以外的其他种类的股份,另行作出规定”予以明确,实现了类别股类别法定化。

以股东承担的风险和享有权益的大小为标准,可将股份有限公司股份分为普通股和特别股(类别股)。普通股是指股份有限公司最基本、最重要的股票种类,持有普通股的股东一般都享有表决权,可参与公司重大问题决策,在分配股利时不享有特别利益,完全依据公司盈利状况确定,且只有在公司支付了债息和优先股股东权益得到满足后才可参加分配。类别股是有某种特别权利或者特别义务的股份。[①] 类别股制度可以满足投资者对投资收益权和表决控制权的不同偏好,且该制度有利于股份有限公司采取更加灵活多样化的方式筹集公司资本。

我国《公司法》采用了类别股类别法定化的立法模式。股份有限公司可以按照公司章程规定发行类别股,但仅限于本条所列明的类别股类型,或国务院规定的其他类别股。出于对股东平等保护的考虑,公司不得创设或发行法定内容以外的类别股。如果不对类别股的权利义务内容作出限制,实践中大股东便可依据资本多数决随意创设类别股,进而很可能产生权利义务严重失衡的类别股,并成为股东压制的新工具,从而损害其他股东的合法权益。为此,本条允许股份有限公司发行的类别股有以下几种。

(1)优先或劣后分配利润或剩余财产的股份。与普通股相比,这类股份在权利内容上具有优先性或劣后性。公司可根据其融资需求,自由组合其权利内容。譬如,优先股股东可以按照约定比例从公司获取股利,该股利不受公司经营业绩的影响。也就是说,即使公司经营不善甚至亏损,优先股股东仍可按其与公司约定继续收取固定股利。同样,当公司经营状况良好时,优先股股东也不能分享公司利润增长所带来的差额收益。在公司清算时,按照法定清偿顺序清偿完毕后,若公司还有剩余财产可供分配,则优先向优先股股东分配,再按出资比例或普通股股东之间的约定进行分配。此外,公司与股东约定劣后分配利润或剩余财产也遵循相同规则。优先或劣后分配盈余或剩余财产是典型的资产收益型类别股,具有融资功能。而股东享有优先权利的代价则往往是对公司经营话语权的让渡,可以说优先股以分离一部分股权权能为代价换取一部分债权权能,[②]是具有一定债权色彩的股权。

(2)每一股的表决权多于或少于普通股的股份。早在《关于在上海市证券交易所设立科创板并试点注册制的实施意见》相关规定中,业已允许科技创新企业发行具有特别表决权的类别股份,而本条是将其适用范围扩张至所有股份有限公司。每一表决权股份拥有的表决权数量大于或少于每一普通股份拥有

---

① 参见赵旭东主编:《公司法学》(第 4 版),高等教育出版社 2015 年版,第 262 页。

② 参见于莹、潘林:《优先股制度与创业企业——以美国风险投资为背景的研究》,载《当代法学》2011 年第 4 期。

的表决权数量,形成了差异化表决权,其他股东权利则与普通股份相同。差异化表决权结构系一种强化公司控制权的安排,其通过赋予特别表决权股份每股多数表决权的方式实现了公司控制权的集中,且打破了“一股一票”表决结构下所有权与控制权之间的均衡状态。

(3)转让须经公司同意等转让受限的股份。一般而言,股份有限公司股东转让其持有股份的,不受任何限制,但《公司法》允许公司章程对其作出例外规定。其实现渠道有二:一是发行不同于普通股的转让受限股份;二是通过章程规定限制股份转让的规则。本法第 157 条规定:“……公司章程对股份转让有限制的,其转让按照公司章程的规定进行。”需要强调的是,本条规定的转让受限股不同于本法第 157 条规定的章程限制股份转让,而是指类别股之一种;后者则不限于类别股,可以对普通股在内的股份设置转让限制。

(4)国务院规定的其他类别股。如国务院 2015 年发布的《关于国有企业发展混合所有制经济的意见》中,允许国有股东在特定事项上行使否决权。证券监督管理委员会于 2023 年 2 月 17 日公布的《优先股办法》第 2 条规定:“本办法所称优先股是指依照《公司法》,在一般规定的普通种类股份之外,另行规定的其他种类股份,其股份持有人优先于普通股股东分配公司利润和剩余财产,但参与公司决策管理等权利受到限制。”可见,这一兜底性规定为日后法律扩展类别股的权利义务内容预留了空间。

对于公开发行股份的公司而言,本法禁止其发行前述表决权类别股份与转让受限的股份,但是,允许其在非公开发行阶段发行这两种类别股。一方面,公司公开发行的股份具有极强的流通性和变现性,而该股份在股权转让中受到的限制越少,其流通性越强。如果允许公开发行股份的公司发行转让受限的类别股,无疑会降低股份的流通性,甚至引起实际运行中的混乱,进而增加股权交易成本。另一方面,股东主要通过行使表决权控制公司,而表决权类别股可强化对公司的控制权安排。禁止公开发行股份的公司发行表决权类别股,是为避免该类别股进入流通领域后频繁引起公司控制权变化,也是为了便于公司形成稳定管理。

此外,本条第 3 款还规定了股份有限公司发行“优先或者劣后分配利润或者剩余财产的股份”和“每一股的表决权数多于或者少于普通股的股份”后,持前述两种类别股的股东在选举公司监督机构成员时,即对公司监事或审计委员会成员的选举和更换投票时,类别股每一股与普通股每一股的表决权数相同。监事和审计委员会成员系公司监督个体,具体行使监督权,要求优先股(劣后股)股东和表决权类别股股东在该类事项上与普通股股东保持一致表决权数,可防止其凭借监督者选任不当干涉公司监督权行使,损害普通股股东合法权利。

相关理论

类别股的立法模式

对于类别股设置的立法模式,域外规定各有不同。首先,美国公司法对类别股设置强调章程的授权性。如根据《美国特拉华州普通公司法》第151节(a)规定,每家公司可以发行一类或多类股票,或者在一类股票内发行一个系列或多个系列的股票,任何一类或者全部各类股票都可以有票面价值或没有票面价值;不同类或不同系列股票可以有不同的表决权,这些权力可以是完整的或是有限度的,或是没有表决权的。各种股票可以有其名称,可以享受其优惠和与此有关的权利,可以享受参与分配权,股票选择购买权或其他特殊权利,享受这些权利可以有资格限制,这些权利可以有限度,也可以受限制。可见,公司章程是创设类别股的唯一依据,其授权董事会创造新的类别股,且类别股股东可以被赋予选举董事、变更管理层的权利。此种章程授权式立法模式具有如下优势:其一,适应资本市场金融自由化的需要;其二,以意思自治实现交易结构最优,降低交易成本。但该模式的确立需要高度成熟的金融市场,且对交易双方的议价能力与金融技能提出较高要求,以应对契约的不完全性。

反观大陆法系国家公司法对类别股的设置,其自治性明显减弱,多采用法定立法模式。如根据《德国股份公司法》第11条的规定,股票可以有各种权利,特别是在分配盈利和公司财产时。具有同样权利的股票构成一个种类。《德国股份公司法》第12条(1)规定,每一份股票都享有表决权。根据本法的规定,优先股票可以作为没有表决权的股票发行。(2)不允许有多数表决权。因此,德国公司实践中多涉及优先股,甚少出现其他类型类别股。日本公司法也采用了法定主义模式。依据《日本公司法》第108条规定,股份公司发行类别股的,可从下列9项中选择组合发行:(1)盈余金分配;(2)剩余财产分配;(3)在股东大会上可行使表决权的事项;(4)就通过转让取得相关种类股份须取得该股份公司同意的;(5)股东向公司请求回购股份;(6)以一定事由发生为条件,公司向股东请求赎回股份;(7)通过股东大会决议赎回全部股份;(8)股东会、董事会的决议事项,还须经类别股股东会决议通过;(9)类别股股东可选任董事、监事,不过委员会设置公司或公开公司不能发行此类别股。采用法定立法模式的公司法例多区分公司类型,对公众性公司和封闭性公司发行的类别股作出不同制度区分。法定立法模式同样优势明显:其一,降低交易双方的磋商成本;其二,对中小股东提供了较为有力的保护;其三,与资本维持原则相契合,利于保护公司债权人;其四,类别股标准化有利于提高其流动性。但是法定立法模式供给的刚性法律恐难以应对交易实践中复杂多变的情况,且会对股东与公司自治的限制会对公司和投资者灵活多变的融资需求产生消极影响。

第一百四十五条 发行类别股的公司,应当在公司章程中载明以下事项:

(一)类别股分配利润或者剩余财产的顺序;

(二)类别股的表决权数;

(三)类别股的转让限制;

(四)保护中小股东权益的措施;

(五)股东会认为需要规定的其他事项。

本条主旨

本条是关于股份有限公司章程中有关类别股的记载事项的规定。

本条释解

本条为此次《公司法》修订的新增条文,规定了股份有限公司发行类别股时公司章程应当记载的相关事项。公司章程作为公司自治基础,应当明确记载类别股与普通股之差异,为后加入公司的股东以及公司债权人提供信息。

我国对股份有限公司发行类别股采用了法定主义模式,即本法第 144 条预先设定了公司可以发行的类别股种类,公司仅能在此范围内进行选择性配置,而不能逾越该范围自由创设新型类别股。但是,公司发行的类别股的具体权利内容设计则交由股东自治,且必须明确记载在公司章程中。

(1)类别股分配利润或者剩余财产的顺序。公司在发行利润分配或剩余财产分配具有特别安排的类别股时,会影响普通股股东利益,因此应当在章程中明确其分配顺序。公司发行优先或劣后分配利润的股份的,是指公司在有可供分配的盈余时,按照事先约定的标准优先或劣后于普通股股东或者其他类别股股东获得股利分配,实践中还可能涉及"能否将未实现的股息累积到下一个利润分配期间内支付""股息率是否可随相关条件变化进行调整""利润支付顺序"等内容。而剩余财产是指公司清算时剩余的可供分配给公司股东的财产。以优先股为例,在分配剩余财产时,优先股股东通常按照优先股票面价值获得票面金额的返还,实践中有公司在章程中约定,优先股股东在清算获得本金后还可以参与剩余财产分配。

(2)类别股的表决权数。表决权是股东实现公司控制的重要权利,也是股东参与公司治理程度的具体体现。公司法默认对普通股实行的"一股一票"表决规则被表决权类别股突破:在表决权类别股的实践中,按照每股对应的表决权数量的不同,可分为无限制表决权股、限制表决权股、无表决权股和多重表决权股,公司章程必须明确记载此类类别股的表决权数。

(3)类别股的转让限制。股份有限公司发行转让须经公司同意等转让受限的股份的,应当在章程中载明限制的具体内容。

(4)保护中小股东权益的措施。公司发行类别股时,不仅需要明确类别股的权利内容,还需提供中小股东权益保护的配套机制。类别股的引入,使得股东间的权利义务差异更为明显,很可能产生更趋激烈的利益冲突。另外,与传统发行普通股融资相比,类别股融资带来了全新的代理关系,这将加剧类别股股东与董事间的利益冲突,也意味着公司治理机制亦须侧重于弱势地位的中小股东的权益保护格局设计。一般而言,保护中小股东权益的措施既包括事前治理机制,即构建类别表决制度,使得类别股股东在类别股东会上形成团体意思,否决变更类别权或损害其合法利益的公司议案;又包括事后救济机制,即中小股东的异议股东股份回购请求权、表决权复活制度、董事对类别股股东的信义义务等内容。

(5)股东会认为需要规定的其他事项。此为兜底性规定,意味着股份有限公司类别股发行相关事项的权利归属股东会,股东会应当通过决议将之记载于公司章程中,通过章程授权模式进一步实现相关权利分配。

第一百四十六条 发行类别股的公司,有本法第一百一十六条第三款规定的事项等可能影响类别股股东权利的,除应当依照第一百一十六条第三款的规定经股东会决议外,还应当经出席类别股股东会议的股东所持表决权的三分之二以上通过。

公司章程可以对需经类别股股东会议决议的其他事项作出规定。

本条主旨

本条是关于股份有限公司类别股分类表决制度的规定。

本条释解

本条为此次《公司法》修订的新增条文,明确了发行类别股的股份有限公司应当实行分类表决制度,系类别股制度的重要组成部分。分类表决事项包括本条第1款法定事由,也包括第2款中由公司章程规定的需经类别股股东会议决议的事项。

分类表决是指在普通股股东会之外另行召集类别股股东会,或与普通股股东共同开会但进行单独表决的形式,分类表决由类别股股东对议案进行单独表决。[①] 其核心内容是明确公司作出哪些决策需要类别股东的表决同意,实质上系对类别股股东权益与公司自由权益之间的衡量。类别股可以满足异质股东对公司控制权和财产收益的不同偏好,但有着不同利益诉求的股东群体的意志同样需要保护,分类表决机制即在一般表决机制基础上为实现前述目的而形成的特殊表决机制。该制度有利于帮助未掌握公司控制权的投资者在特定事项上掌握一定话语权,尤其是涉及其投资权益的事项。法律应当尊重并保护该类股东自主决断的权利。

本条第1款明确规定了须经分类表决的法定事由,即本法第116条第3款规定的事项:"股东会作出修改公司章程、增加或者减少注册资本的决议,以及公司合并、分立、解散或者变更公司形式的决议",还包括其他可能影响类别股股东权利的事项。前述事项均与类别股股东权益具有直接利害关系,法律应注

① 参见王建文:《论我国类别股股东分类表决制度的法律适用》,载《当代法学》2020年第3期。

重保障类别股股东参与该类事项的决策权利。

对此,本条供给的措施是:在股东会对本法第 116 条第 3 款规定的事项等可能影响类别股股东权利的,应当经出席会议的股东所持表决权的 2/3 以上通过,同时还需经出席类别股股东会的股东所持表决权的 2/3 以上通过,满足前述两个要件时才能形成有效决议。值得注意的是,分类表决的制度价值在于赋予类别股股东对与其权益的有关的事项进行单独表决的权利,应尽量排除普通股股东的影响,防止普通股股东的"资本多数决"侵害其权益。因而须经出席类别股股东会的股东所持表决权的 2/3 以上通过。

本条第 2 款还赋予了公司章程对需经类别股股东会议决议的其他事项作出规定的权利。然而,是否所有事项皆可通过公司章程进入分类表决范畴,殊值讨论。事实上,股东会加类别股股东会实际上形成了双重表决机制,且议案是否通过将主要取决于类别股股东的表决结果,很可能延长决策时间进而降低决策效率,如此,易诱发类别股股东的机会主义行为。如果将与类别股股东权益无直接关联的事项纳入分类表决,无疑将扩大分类表决的适用范围,造成股东会决议效率低下,决议成本增加,进而阻碍公司的经营自由,甚至会引发类别股股东的道德风险,如类别股股东可能滥用否决权以牟取不正当利益。

实践中,依据《优先股办法》第 10 条规定,须经优先股股东单独表决的事项包括:修改公司章程中与优先股相关的内容,一次或累计减少公司注册资本超过 10%,公司合并、分立、解散或变更公司形式,发行优先股等,此皆为与类别股股东权益直接相关事项。因此,公司章程作为扩张分类表决适用范围的通道,仍应坚持该事项"与类别股股东权益具有直接利害关系"。对于公司章程中载明的需分类表决的事项,亦应由公司章程明确规定普通股股东会决议和类别股股东会决议通过的比例。

相关理论

类别股分类表决制度的立法模式

参考域外经验,关于确立需要分类表决的事项,主要形成了以下 3 种立法模式。第一种是概括型立法模式,仅概括地规定变动、影响类别股股东权益的事项应取得类别股股东的同意。如我国台湾地区"公司法"第 159 条第 1

款规定,公司已发行特别股者,其章程之变更如有损害特别股股东之权利时,除应有代表已发行股份总数 2/3 以上股东出席之股东会,以出席股东表决权过半数之决议为之外,还应经特别股股东会之决议。

第二种是列举型立法模式,即详细列举适用分类表决的各种情形。譬如《日本公司法》第 322 条列举了 13 种类别股东会议事项,包括:(1)章程的变更,包括股份类别的追加、股份的内容的变更、可发行股份总数或可发行类别股份总数的增加;(2)股份的合并或股份的分割;(3)《日本公司法》第 185 条规定的股份无偿分配;(4)该股份公司的股份认购人的募集;(5)该股份公司的认购新股预约权者的募集;(6)《日本公司法》第 277 条规定的新股预约权无偿分配;(7)合并;(8)吸收分割;(9)因吸收分割其他公司而继承关于其事业享有的全部或部分权利义务;(10)新设分割;(11)股份交换;(12)因股份交换取得其他股份公司全部已发行股份;(13)股份转移。

第三种是概括加列举型的立法模式。该模式以《德国股份公司法》为代表,依据其第 179 条(3)规定,如果将目前多种股票之间的比例关系改变为对一种股票不利,那么股东大会的决议仅在取得受损害的股东同意后才有效。此外,受损害的股东应对同意作出特别决议。《德国股份公司法》第 141 条、第 204 条又规定,针对涉及废止或限制优先股权益以及新发行优先股等事项,须经优先股股东通过。

无论采用何种立法模式,需要进行分类表决的事项都是与类别股股东的权益有直接利害关系的事项。不同国家和地区对分类表决事项规定的实质性差异在于其是否允许对法定分类表决事项作出变更,尤其是是否允许公司章程增加或减少分类表决事项。①

第一百四十七条 公司的股份采取股票的形式。股票是公司签发的证明股东所持股份的凭证。

公司发行的股票,应当为记名股票。

① 参见王建文:《论我国类别股股东分类表决制度的法律适用》,载《当代法学》2020 年第 3 期。

本条主旨

本条是关于公司股票及其类型的规定。

本条释解

本条为此次《公司法》修订的修改条文。本条在原《公司法》基础上删除了“公司发行的股票,可以为无记名股票”的规定,意味着股份有限公司只能发行记名股票。

股票是股份的表现形式,股份是股票的价值内容,股票不能离开公司股份而存在。股票作为公司签发的证明股东所持股份的凭证,具有如下法律特征:(1)股票是一种证权证券。股票是一种代表已经发生的股权的证券,股权并不因股票的发行而创设,而是因股份的认缴而产生,只有在应发行的股份全部被认购后,才能将股份换成股票。股东对公司进行出资,需要由公司依法签发股票,以证明股东因出资取得的股份。(2)股票是一种有价证券。股票的价值在于股份的价值,即该股份所代表的资本金额及股权的大小。股票并非单纯的财产权证券,而是多种权利的集合体,权利随证券转移而转移,股票持有人有权取得该股票所表示的权利。(3)股票是一种要式证券。股票必须记载一定事项,由公司法定代表人签名、公司盖章才能发行,否则不发生法律效力。(4)股票是一种流通证券。股票可以公开发行并自由转让,可在不同投资者之间进行交易,且可以质押。

本条第 2 款规定,股份有限公司发行的股票应当是记名股票。记名股票是指股票上记载有股东姓名和名称,由股票上记载的股东行使股东权利,其他人即使合法持有该股票,也不具有股东资格。记名股票便于广大投资者了解公司股份构成情况,也利于对公司监管。依据本法第 159 条规定,记名股票由股东以背书方式或者法律、行政法规规定的其他方式转让;转让后由公司将受让人的姓名或者名称及住所记载于股东名册。且记名股票被盗、遗失或者灭失,股东可以依据《民事诉讼法》规定的公示催告程序,请求人民法院宣告该股票失效,人民法院宣告该股票失效后,股东可以向公司申请补发股票。公司召开股东会进行分红等事项,需要直接通知记名股票上的股东。

第一百四十八条 面额股股票的发行价格可以按票面金额，也可以超过票面金额，但不得低于票面金额。

本条主旨

本条是关于股票发行价格的规定。

本条释解

股份有限公司发行面额股时，须确定股票的发行价格。从各国公司法的规定来看，一般包括三种方式：(1)平价发行，即股票的发行价格与股票的票面价格相同。(2)溢价发行，即股票的发行价格高于股票的票面价格。(3)折价发行，即股份的发行价格低于股票的票面价格。

依照本条规定，股票发行价格可以按票面金额，也可以超过票面金额，但不得低于票面金额。即只允许平价发行和溢价发行，不允许折价发行。这是因为，股份有限公司通过发行股票的形式进行股份的发行，来募集公司设立或者增资所必需的资本。每一股票的票面价值是相同的，所有发行的股票的票面价值总额就等同于股份有限公司设立或者增资所需要的资本总额。而折价发行意味着即使公司股份已全部发行，筹集到的资金也低于其发行的资本数额，违背了资本确定和资本维持原则，有可能损害公司及股东的利益，也不利于公司债权人的保护。

实践中，通常采取溢价发行方式。股票溢价发行时，其发行价格由发行人与承销的证券公司协商确定。依据2023年修订的《证券发行与承销管理办法》第5条规定，“首次公开发行证券，可以通过询价的方式确定证券发行价格，也可以通过发行人与主承销商自主协商直接定价等其他合法可行的方式确定发行价格。首次公开发行证券通过询价方式确定发行价格的，可以初步询价后确定发行价格，也可以在初步询价确定发行价格区间后，通过累计投标询价确定发行价格”。第6条进一步要求，“首次公开发行证券发行数量二千万股(份)以下且无老股转让计划的，发行人和主承销商可以通过直接定价的方式确定发行价格。发行人尚未盈利的，应当通过向网下投资者询价方式确定发行价格，不得直接定价。通过直接定价方式确定的发行价格对应市盈率不得超过同行业上市公司二级市场平均市盈率;已经或者同时境外发行的,通过直接定价方式确定的发行价格还不得超过发行人境外市场价格。”发行人和主承销商应当在招股意向书或招股说明书和发行公告中披露本次发行股票的定价方式。

股份溢价发行的收益通常用来支付或填补公司股份公开发行的高额费用,该溢价收益属于公司全体股东的共同权益,依照本法第 213 条规定,股份有限公司以超过股票票面金额的发行价格发行股份所得的溢价款,应当列为公司资本公积金,并可用于扩大生产经营或转增资本,甚至用于弥补公司亏损。

股票平价发行时,股票价格就是票面金额。平价发行的费用有时是通过向投资者加收一定比例的手续费的方式弥补的。

第一百四十九条 股票采用纸面形式或者国务院证券监督管理机构规定的其他形式。

股票采用纸面形式的,应当载明下列主要事项:

(一)公司名称;

(二)公司成立日期或者股票发行的时间;

(三)股票种类、票面金额及代表的股份数,发行无面额股的,股票代表的股份数。

股票采用纸面形式的,还应当载明股票的编号,由法定代表人签名,公司盖章。

发起人股票采用纸面形式的,应当标明发起人股票字样。

本条主旨

本条是对股票的形式及其记载事项的规定。

本条释解

本条为此次《公司法》修订的修改条文,新增了关于无面额股的股票记载事项。

根据本条第 1 款规定,股份有限公司发行的股票应当采取纸面形式或者国务院证券监督管理机构规定的其他形式。传统的股票多采取纸面形式,即实物券式的股票,其在纸制品上载明股票应当记载的事项,并将该纸制品作为股东权利凭证。随着电子技术在证券业务领域的运用,出现了簿记形式的股票,即无纸化股票,其以登记结算机构所记载的电子信息作为股权凭证。实践中,对于公开发行并上市交易的股票,《证券法》第150条第1款规定:“在证券交易所或者国务院批准的其他全国性证券交易场所交易的证券,应当全部存管在证券登记结算机构。”也就是说,以簿记形式在中国证券登记结算有限责任公司集中存管。考虑到纸面形式是股票的传统形式,本条规定股票可以采用纸面形式;同时,为保护投资者权益,防止发生欺诈行为,本条规定,股票采取纸面形式以外的其他形式的,应当符合国务院证券监督管理机构的规定。

股票是一种要式有价证券,只有其形式和记载内容符合法律规定,才具有法律效力。根据本条第2款规定,纸质股票的记载事项包括以下几种:

第一,公司的基本情况。包括公司的名称、公司成立日期或者股票发行的时间,这些情况对于证明股票持有人或者股票所有人的股东权利是必需的。

第二,股票的基本情况。面额股上应当记载的事项包括(1)股票的种类,股票是普通股还是特别股,如果是特别股还需记载特别股的权利内容;(2)票面金额,即股票的票面价值,依照本法第148条规定,面额股可以平价发行或溢价发行,但不得折价发行,因此面额股必须表明其票面金额;(3)代表的股份数,这是表明股东在公司享有多大权利的基本依据。发行无面额股的则仅需在其上记载股票代表的股份数。

另外,股票作为公司签发的要式证券,本条第3款要求采用纸面形式的股票必须载明股票的编号,并由公司的法定代表人签名,公司盖章。依据本法第10条规定,代表公司在股票上签名的公司的法定代表人由公司执行公司事务的董事或者经理担任,具体由公司章程规定。

如果是公司发起人股票,应当标明发起人股票的字样。为了保持公司的稳定性,增强投资者特别是公众投资者对公司的信心,根据本法第160条规定,公司公开发行股份前已发行的股份,自公司股票在证券交易所上市交易之日起一年内不得转让。该规定系对公司发起人权利的限制。为了能够使这一规定在实践中得以执行,要求在发起人的股票上标明发起人股票的字样,以便公众了解。

第一百五十条 股份有限公司成立后,即向股东正式交付股票。公司成立前不得向股东交付股票。

本条主旨

本条是关于股票交付的规定。

本条释解

股票是股份有限公司成立后以公司名义发行的,公司未正式登记成立前,尚无法人资格,无权发行股票。在公司设立过程中、公司正式登记成立前,股份已经存在,必须发行并认购股份,未认购股份或者认购股份不足一定金额的,公司不得成立,但此时并不存在股票,认缴股份时,只能由发起人给发收据作为交付凭证。因此,本条规定,股份有限公司只有在公司登记成立以后,才能向股东正式交付股票,而且为立即交付,不得迟延。股票是股东行使股东权利的唯一依据,如果公司迟延交付股票,可能损害股东权利。因此,股份有限公司成立后,应即向股东正式交付股票。

此外,本条还规定,公司成立前不得向股东交付股票。除前述未成立的公司无权发行股票的理由外,主要是出于维护正常的交易秩序及交易安全的考虑。股份有限公司的股票是一种代表股东权利的有价证券,具有流通性,可以自由转让。只有确定的、无瑕疵的代表股东权利的股票进行流通市场,才能保证交易安全,维护正常的交易秩序,保护交易双方的合法权益。如果允许公司在登记成立前向股东交付股票,而该股票又进入市场流通,一旦设立中的公司因为种种原因最终未成立,该股票所代表的股东权利即不复存在,围绕该股票进行的所有交易都会受到影响,以致严重影响股票交易市场的秩序。因此,多国公司法都作出了相似规定。如《日本公司法》规定,股票非于公司成立后或者新股股款缴纳期日后,不得发行。

第一百五十一条 公司发行新股,股东会应当对下列事项作出决议:

(一)新股种类及数额;

(二)新股发行价格;

（三）新股发行的起止日期；

（四）向原有股东发行新股的种类及数额；

（五）发行无面额股的，新股发行所得股款计入注册资本的金额。

公司发行新股，可以根据公司经营情况和财务状况，确定其作价方案。

本条主旨

本条是关于股份有限公司发行新股的股东会决议的规定。

本条释解

本条为此次《公司法》修订的修改条文。为配合无面额股制度，此次修改在原《公司法》的基础上新增了关于“发行无面额股的，新股发行所得股款计入注册资本的金额”事项须经股东会决议的规定。

公司发行新股是指公司在成立之后再次发行股份的行为。新股发行的主体是已经存续的公司，新股发行的目的是增加公司资本、改变公司股份结构或股东持股结构。一般而言，新股发行除具备设立发行的一般条件外，公司法还会对其规定更严格的条件。然而，公司发行新股的时间、发行方式、发行新股的种类、数量等问题都属于公司自治范畴，需要公司根据自身的经营情况和资金需求以及市场状况确定。公司发行新股的行为本质上属于公司是否增加注册资本的事项，依据本法有关条款的规定，公司注册资本变动事项应当经股东会决议。

公司新股发行包括向社会公开募集发行和向特定对象募集的不公开发行两种方式，其中对于向特定对象私募进行的新股发行，应遵循本条规定由股东会决议相关事项；向社会公开募集发行新股的，还应当符合《证券法》的相关规定。根据本条规定，公司发行新股，应经股东会决议的事项有以下几种。

（1）新股的种类及数额。这是指股东会须对此次发行的新股股份类型（普通股还是特别股，如果是特别股，属于什么类型的特别股）；此次新股发行的数额是多少的内容进行决议。

（2）新股的发行价格。股东会须对此次新股发行是平价发行还是溢价发行，具体的发行价格作出决议。

（3）新股发行的起止日期。股东会须对此次新股发行的发行期限作出决议。依照《证券法》的相关规定，采用公开募集方式发行新股的，如果发行期限届满，向投资者出售的股票数量未达到拟公开发行股票数量的70%的，为发行失败。因此，股东会须对新股发行的期限作出明确规定。

(4)向原有股东发行新股的种类及数额。公司发行新股往往会影响到原有股东的利益，可能构成对原有股东经济利益或者表决权的稀释。值得注意的是，本法并未直接赋予股份有限公司股东在公司增资发行新股时享有优先认股权，而是以股东自治的方式保护原有股东权益。依据本条规定，股份有限公司对原有股东发行新股，应由股东会对其拟发行股份的种类、数额进行决议。

(5)发行无面额股的，新股发行所得股款计入注册资本的金额。依据本法第142条第3款规定，采用无面额股的，应当将发行股份所得股款的1/2以上计入注册资本。但发行无面额股后计入注册资本的具体数额应当由股东会决议，但不得低于所得股款的1/2。

本条第2款还对股份有限公司确定新股发行作价方案作出了规定。股份有限公司发行新股时，可以根据公司的经营情况和财务状况确定作价方案。在实践中，公司需要考虑的因素包括但不限于：公司的投资计划、公司的盈利状况、公司的发展前景等；通过公开发行的方式发行新股的，还需考虑股票市场的状况，包括股票一级市场的供求情况、一级二级市场整体的股价水平、股票市场走势、股票的市盈率、同类股票的价格水平以及同期银行利率水平等因素。股份有限公司发行新股所确定的作价方案，要保证新股的发行价格能够为投资者接受，能够吸引到足够的投资者以募集到公司需要的资金。作价方案中载明新股种类、数额、发行价格等内容的，亦应经股东会决议。

第一百五十二条 公司章程或者股东会可以授权董事会在三年内决定发行不超过已发行股份百分之五十的股份。但以非货币财产作价出资的应当经股东会决议。

董事会依照前款规定决定发行股份导致公司注册资本、已发行股份数发生变化的，对公司章程该项记载事项的修改不需再由股东会表决。

本条主旨

本条是关于股份有限公司股份授权发行的规定。

本条释解

本条为此次《公司法》修订的新增条文，系我国《公司法》首次引入授权资本制。本条允许股份有限公司通过公司章程或股东会授权董事会，由其决定发行一定数量的股份，这一规定改变了既往股份发行只能由股东会决议的格局。

授权资本制，是指在公司设立时，虽然应在章程中载明公司资本总额，但公司不必发行资本的全部，只要认足或募足资本总额的一部分，公司即可成立，其余部分，授权董事会在认为必要时，一次或分次发行或募集。此前，原《公司法》仅供给了单一资本形成制度——法定资本制，但法定资本制可能产生公司设立难度大、公司资金闲置与浪费、增资程序复杂等问题。与之相比，授权资本制由董事会决定分次发行股份，具有如下优势：其一，避免公司积累大量闲置资本，提高资金使用的灵活性；其二，授权董事会自行决定发行股份而无须经股东会决议变更公司章程，简化了公司增资程序；其三，董事会根据具体情况发行股份，可以更好地适应公司经营活动的需要，增强了公司资本和融资活动的机动性和灵活性，也契合了当前董事会中心主义的改革诉求。

对此，新《公司法》以任意性规范模式引入了授权资本制，赋予公司在法定资本制和授权资本制两种发行模式间自主选择的权利。此外，授权资本制仅适用于股份有限公司，不适用于有限责任公司，这是因为授权资本制强调资本的发行权和控制权掌握在董事会手中，由董事会根据公司实际经营需要发行股份，提高融资效率。实践中，我国有限责任公司股东人数较少，且股东多直接参与公司经营管理，无须将发行权转移给董事会徒增代理成本。相较而言，股份有限公司股东人数更多，尤其是上市公司、非上市公众公司等，其通过发行新股融资时，董事会显然比股东会更能满足其高效决策的需求。换言之，将授权资本制适用于所有权与经营权分离更为典型的股份有限公司，更能发挥其制度价值。

在授权资本制采用分次发行的方式下，由董事会决定公司股份发行可能引发董事的机会主义行为，增发股份会稀释现有股东的表决权及其股票价值，导致公司股权结构及公司控制权的调整和变化。因此，本条第 1 款对授权资本制作出如下限制。

其一，股份有限公司实行授权资本制须经公司章程或股东会授权。依据本法第 67 条规定,公司法赋予董事会的法定职权中并不包含发行公司股份的权利,因此,董事会决定发行一定数量股份的权利源自公司章程或股东会授权。股东系公司最终所有者,理应享有对公司股份总额的设定权和修改权,并由其授权董事会。这体现了股东对董事会发行股份权利的约束,可以防止董事会滥用股份发行权后不当稀释现有股东权益。授权方式既包括通过公司章程概括授权,也包括以股东会决议方式向董事会灵活授权。

其二,期限限制。本条明确要求董事会仅可在授权之日起 3 年内享有部分股份发行的决定权,具体期限由公司章程或股东会授权的具体内容决定,但权利期限不得超过法定限制的 3 年。

其三,比例限制。董事会决定发行的股份不得超过已发行股份 50% 。对授权董事会发行股份进行比例限制既是为了防止董事滥用新股发行权,也是为既有股东持股比例的降低设定底线,还是出于当前授权范围没有反映未来股东意思的考量。然而,董事会可以发行的具体股份比例应由公司股东共同议定,股东应当既考虑公司未来股权融资的可能规模,也要考虑自己股权可能被稀释的限度,因此本法仅采用比例限制而非具体数额限制。

此外,本条第 1 款还明确了股份发行授权回收的特定情形,即“以非货币财产作价出资的应当经股东会决议”。此前,《公司法(修订草案一审稿)》并未对授权董事会发行新股在期限和比例上进行限制,但是要求“发行新股所代表的表决权数超过公司发行股份代表的表决权总数百分之二十的,应当经股东会决议”。一方面,与《公司法(修订草案一审稿)》采用的对董事会单次发行新股的直接限制模式相比,在本条规定的期限和比例限制范围内,董事会最多可发行“已发行股份百分之五十”的股份,享有更为充分的自治权力;另一方面,如果股份购买人以非货币财产作价出资的,应直接将发行权收回股东会,且不受前述期限和比例限制。

该规定旨在防止董事滥用新股发行权侵害股东权益。根据本法第 48 条规定,允许的股东出资形式包括货币出资,和其他可以用货币估价并可以依法转让的非货币财产出资。股东以非货币财产作价出资涉及非货币出资财产的价值确定问题。本条将评估权授予股东会,系对非货币出资实行决策机制和评估机制的双重控制。在授权资本制下,由董事会进行决策机制实现股份认购和定价的第一层控制,由股东会施加评估价格的第二层控制,防止董事会对非货币财产出资单一控制时产生代理成本甚至欺诈等问题。此外，股东以非货币财产作价出资亦涉及股东之间、股东与代表公司的董事会之间协商自治，应使得股东会享有决定权。

公司成立后，董事会在授权范围内发行股份的，属于公司发行新股的情形，公司注册资本是经登记的已发行股份的股本总额，公司发行新股会引起公司注册资本、已发行股份数的变化，而这两项内容系公司章程的必要记载事项，其变更当然需要修改公司章程。依据本法有关规定，修改公司章程须经股东会表决。然而，考虑到引入授权资本制的立法目的之一即简化公司增资程序，减少股东会决议给公司融资带来的困难和成本，且由董事会决定发行的股份已经过公司章程或股东会授权，无须再经股东会决议程序确认。因此，为契合授权资本制的立法目的，本条第 2 款明确指出："董事会依照前款规定决定发行股份导致公司注册资本、已发行股份数发生变化的，对公司章程该项记载事项的修改不需再由股东会表决。"

相关理论

公司资本制度的分类

公司资本是通过股份或资本的发行而形成的，它可以在公司设立时一次性形成，也可以在公司成立后分次形成。各国公司法基于其立法宗旨、社会背景、法律传统和现实需要等多方因素，对资本的形成方式有不同的设计，并制定了相应的法律规则。在"二分法"模式下，资本形成制度分为法定资本制和授权资本制；在"三分法"模式下，资本形成制度则可分为法定资本制、授权资本制和折中资本制。

法定资本制，是指在公司设立时，必须在章程中明确规定公司资本总额，并一次性发行、全部认足或募足，否则公司不得成立；公司成立后，若因经营或财务上的需要而增加资本，必须经股东会决议、变更公司章程的新股发行程序。法定资本制的主要特点是资本或股份的一次发行。与之相比，授权资本制的主要特点是股本或股份的分期发行。可见，引入授权资本制系对我国公司资本制度的重大变革。事实上，授权资本制与法定资本制更为本质的区别在于资本发行的控制权和权力分配。法定资本制是由股东会控制和决定资本的发行，授权资本制是在股东会授权之后，由董事会控制和决定资本的发行。资本的发行会进一步导致公司股权结构及公司控制权的调整和变化，因此，不同资本形成制度的采用又涉及公司治理中的股东会中心主义和董事会中心主义的制度安排。

折中资本制是在法定资本制和授权资本制基础上衍生和演变而成的资本制度，具体可分为许可资本制和折中授权资本制。其中，许可资本制是指在公司设立时，必须在章程中明确规定公司资本总额，并一次性发行、全部认足或募足。同时，公司章程可以授权董事会在公司成立后一定期限内，在授权时公司资本的一定比例范围内，发行新股，增加资本，而无须经股东会的特别决议。折中授权资本制则是指公司设立时，要在章程中载明资本总额，并只需发行和认足部分资本或股份，公司即可成立，未发行部分授权董事会根据需要发行，但授权发行的部分不得超过公司资本的一定比例。

许可资本制和折中授权资本制的核心区别在于：授权董事会发行的股份是否属于公司设立时公司章程载明的资本总额范围之内。换言之，董事会在授权范围内发行新股是否需要增资？如果需要增资才能发行新股，则属于许可资本制，如果不需要增资即可发行新股，则为折中授权资本制。对此，依据本法第96条规定，股份有限公司的注册资本是公司登记时已发行股份的股本总额。授权董事会发行的新股不属于已发行股份，非公司注册资本，董事会在授权范围内发行新股需要增资，因此本条属于许可资本制。然而，本法采用了“二分法”模式，因此本条规定的资本形成制度应界定为授权资本制。

第一百五十三条 公司章程或者股东会授权董事会决定发行新股的，董事会决议应当经全体董事三分之二以上通过。

本条主旨

本条是关于股份有限公司授权发行新股的决议的规定。

本条释解

本条为此次《公司法》修订的新增条文，明确了在授权资本制下，股份有限公司董事会决定发行新股时应当遵循的程序性要求。

当股份有限公司实行授权资本制时，在本法第152条限定的范围内，决定公司新股发行的权利经公司章程或股东会授权交由董事会行使。如果新股发行权仅掌握在股东会手中,可能会对公司新股融资产生消极影响。一般股东会召集成本较高,尤其对公开发行股份的公司而言,其召开股东会费时费力。在原《公司法》规定下,公司发行新股必须经过股东会决议、变更公司章程、审核批准等一系列程序,这既不利于公司及时调度资金,又妨碍公司灵活经营,甚至可能错失商业良机,进而影响公司经营效益与生存发展。另外,股东可能出于对新股发行将稀释原股东权益的隐忧而阻碍决议通过,这也可能弱化公司募集资金的及时性。相较而言,在授权资本制下,董事会可根据公司发展需要随时发行新股,不必经由前述烦琐的阶段,这实质上简化了公司增资程序,适应了市场经济对公司决策高效快捷的客观要求。同时,新股发行与否可纳入董事会商业决策范畴,从而提高闲置资金利用率,满足营业灵活性的同时发挥其效益。

然而,赋权董事会决定新股发行也极易引发董事的机会主义行为。如果董事过度冒险扩张经营,不按照实际需要地盲目发行新股融资,那么作为剩余财产分配请求权人的股东,将承担过度经营的风险。可见,董事的错误决策或滥用新股发行权将对股东权益产生不利影响。对此,除本法第 152 条对董事会进行股份发行规定部分限制条件外,本条明确规定,只有经全体董事 2/3 以上通过的,董事会发行新股的决议有效。董事会决议采用一人一票表决规则,此处设置了相关决议通过的绝对多数比例限制,以防止董事滥用新股发行权,对股东或公司的合法权益造成损害。

第一百五十四条 公司向社会公开募集股份,应当经国务院证券监督管理机构注册,公告招股说明书。

招股说明书应当附有公司章程,并载明下列事项:

(一)发行的股份总数;

(二)面额股的票面金额和发行价格或者无面额股的发行价格;

(三)募集资金的用途;

(四)认股人的权利和义务;

(五)股份种类及其权利和义务;

(六)本次募股的起止日期及逾期未募足时认股人可以撤回所认股份的说明。

公司设立时发行股份的,还应当载明发起人认购的股份数。

本条主旨

本条是关于向社会公开募集股份的公司制作招股说明书的规定。

本条释解

本条为此次《公司法》修订的修改条文,在原《公司法》的基础上删除了向社会公开募集股份的公司必须制作认股书的要求,且不再要求公司公告财务会计报告,并呼应《证券法》的修改,将"经国务院证券监督管理机构核准公开发行新股"的规定改为"经国务院证券监督管理机构注册"。

股份有限公司向社会公开募集股份的,必须经国务院证券监督管理机构注册,同时制作招股说明书并公告,以便社会公众知道发起人募集股份的意图并了解相关信息,从而达到吸引社会公众认购股份的目的。招股说明书是指专门表达募集股份的意思并载明有关信息的书面文件。只有将招股说明书进行公告,才能使社会公众了解公司的真实情况,从而保护广大投资者的利益,防止发起人或者公司以不正当手段进行募股。依据《证券法》规定,依法披露的信息应当在符合国务院证券监督管理机构规定条件的媒体发布,同时将其置备于公司住所、证券交易所,供社会公众查阅。因此,公司制作的招股说明书应当在符合国务院证券监督管理机构规定条件的媒体,如相关的特定报纸、网站等上面发布,同时将其置备于公司住所、证券交易所,供社会公众查阅。

为了便于广大社会公众知悉向社会公开募集股份公司及其发行股票的情况,了解认购股份后将享受的权利及其应承担的义务等,吸引社会公众认购股份,本条第2款规定,招股说明书的内容应当包括以下几点。

(1)发行的股份总数。发行的股份总数是指公司在本次发行中所向社会募集的股份总数,以便于社会公众了解公司股本情况。

(2)面额股的票面金额和发行价格或者无面额股的发行价格。公司发行面额股的,要公布其每一份额的股份所代表的货币数额和发行股票时每一股的价格;发行无面额股的,则要公布无面额股的发行价格,以便于认股人认购公司股票,计算自己所购股票代表的公司资本数额及其在公司资本总额中所占的比例,进而更好地行使股东权利。

(3)募集资金的用途。招股说明书中应当公布其所募资金用于什么事项。

发起人向社会公开募集股份，投资者的认购公司股票在很大程度上受到公司拟投资项目的影响，投资者会理所当然地选择一些描述为高收益、低风险、前景好的项目进行投资。招股说明书中的募集资金用途，实际上是对投资者的一种承诺，对公司今后的生产经营活动是有约束力的，公司不能将该资金挪作他用。《证券法》第 14 条也规定："公司对公开发行股票所募集资金，必须按照招股说明书或者其他公开发行募集文件所列资金用途使用；改变资金用途，必须经股东会作出决议。擅自改变用途，未作纠正的，或者未经股东会认可的，不得公开发行新股。"

(4)认股人的权利和义务。一般来说，认股人的权利包括要求代收股款的银行或者其他金融机构出具收款单据的权利、参加创立大会并依法行使表决权的权利、要求未按期募足股份或者未按期召开创立大会的发起人依法返还其股款及同期银行存款利息的权利等。认股人的义务包括按照所认股数缴纳股款的义务不得擅自抽回其股本的义务等。要求在招股说明书中载明认股人的权利义务的目的是使投资者能够清楚地了解自己一旦认购股份，便与公司产生了权利义务关系，便于其更好地行使权利、履行义务，也能使股份的募集更加顺利地进行。

(5)股份种类及其权利和义务。股份有限公司向社会公开发行类别股的，应当在招股说明书中明确类别股的权利内容和义务，尤其是其享有某种权利而应付出的对价内容，以便社会公众投资者判断是否认购该类类别股。

(6)本次募股的起止日期及逾期未募足时认股人可以撤回所认购股份的说明。本次募股的起止期限及逾期未募足时认股人可以撤回所认股份的说明，是指本次募股从什么时候开始，到什么时候结束，并说明如果在规定的期限内公司的股份没有募足，则认股人有权撤回其所认的股份，使其原来作出的购买股份的承诺不再有效。载明上述内容的招股说明书，应当附有发起人制订的公司章程全文，不得有所遗漏，这样才能使社会公众对公司的情况有全面了解，从而在充分了解有关信息的基础上，作出是否认购股份的决定。

此外，本条第 3 款还规定，公司在设立时发行股份的，还应当载明发起人认购的股份数。发起人认购的股份数是指发起人所认购股份的总额以及每个发起人所认购的股份数额。要求公司设立时的招股说明书载明发起人认购的股份数，目的是让社会公众了解发起人的出资情况。

第一百五十五条 公司向社会公开募集股份，应当由依法设立的证券公司承销，签订承销协议。

本条主旨

本条是关于股份有限公司公开发行股份方式的规定。

本条释解

根据本条规定，股份有限公司向社会公开募集股份，只能采取由证券公司承销的方式。这主要是因为向社会公开募集股份，涉及人数众多，由股份有限公司自己发行股票，工作量太大，不利于其足额募集股份；同时，经由证券公司承销证券，可以通过证券公司对发行文件的真实性、准确性、完整性进行核查，有利于保护公众投资者的合法权益。

所谓承销，是指证券公司在规定的期限内将股份有限公司发行的股票销售出去，承销的证券公司按照约定收取一定的佣金或者约定的报酬的行为。承销有两种方式，一种是代销，一种是包销。其中，代销是指证券公司发行人发售股票，在承销期结束时，将未售出的股票全部退还给股份有限公司的承销方式。包销是指证券公司将股份有限公司的股票按照承销协议全部购入或者在承销期结束时将售后剩余股票全部自行购入的承销方式。代销和包销的共同之处是把证券经由证券公司销售出去，差异在于代销对承销商没有风险，卖不完的股票可以退还给股份有限公司，由股份有限公司承担发行失败的风险；包销则是未售出的股票由承销商自己承担，股份有限公司不存在发行失败的风险。实践中究竟采用何种承销方式更为妥当，要根据发行人的具体情况和证券额以及投资者对该证券的认知状况来决定。

本条所称依法设立的证券公司，是指经国务院证券监督管理机构审查批准、可以经营证券承销与保荐业务的证券公司。根据《证券法》的规定，公开发行证券的股份有限公司有权依法自主选择承销的证券公司。所以，股份有限公司应当依法自主选择证券公司承销向社会公开募集的股票，并与所选择进行承销的证券公司签订承销协议，明确双方的权利义务。

根据《证券法》的规定，发起人与证券公司签订的承销协议应当载明下列事项:(1)当事人的名称、住所及法定代表人姓名;(2)代销、包销证券的种类、数量、金额及发行价格;(3)代销、包销的期限及起止日期;(4)代销、包销的付款方式及日期;(5)代销、包销的费用和结算办法;(6)违约责任;(7)国务院证券监督管理机构规定的其他事项。同时,《证券法》还规定,证券的代销、包销最长不得超过90日。对于这些法定应当载明的事项,股份有限公司在与证券公司签订承销协议时,都应当在承销协议中予以载明。

第一百五十六条 公司向社会公开募集股份,应当同银行签订代收股款协议。

代收股款的银行应当按照协议代收和保存股款,向缴纳股款的认股人出具收款单据,并负有向有关部门出具收款证明的义务。

公司发行股份募足股款后,应予公告。

本条主旨

本条是关于股份有限公司向社会公开募集股份时收取股款的规定。

本条释解

股份有限公司向社会公开募集股份,虽然是通过证券公司承销,但证券公司并不直接收取发售股份所得的股款。根据本条的规定,证券公司承销股票所得的股款,应当通过银行代收。因此,股份有限公司向社会公开募集股份,不仅应当与证券公司签订承销协议,而且应当同银行签订代收股款协议,由银行代股份有限公司收取其向社会公开募集股份所得的股款。

股份有限公司与银行签订的代收股款协议是设立民事权利义务关系的合同,双方应按照协议约定全面妥当地履行自己的义务。其中,银行应承担的义务有:(1)按照协议代收和保存股款。代收股款协议签订后,银行应当按照协议规定,代股份有限公司收取其向社会公开募集股份所得的股款,并将该股款保存于银行,使得股份有限公司设立所需的资本能够得到保证,以顺利成立。(2)向缴纳股款的认股人出具收款单据。认股人在缴纳股款后,银行应当向认股人交付证明其已经缴纳股款的书面文件,具体指银行向认股人出具付款单据,使之作为认股人已经缴纳股款的凭据。(3)向有关部门出具收款证明。银行出具的收款证明,可以使有关部门知悉公司资金情况,进一步对股份有限公司股票发行等行为进行监督管理,对所收股款进行审核验资,因此本条规定代收股款的银行负有向有关部门出具收款证明的义务。

此外,为方便公司债权人及社会公众了解公司情况,维护交易秩序并保障交易安全,本条第 3 款规定了公司在发行股份募足股款后,还应承担公告义务。股份有限公司股东人数较多,特别是公开发行股票的公司和上市公司,存在众多公众投资者,其资本募集情况应当为广大股东以及社会公众所了解。

第二节 股份转让

第一百五十七条 股份有限公司的股东持有的股份可以向其他股东转让,也可以向股东以外的人转让;公司章程对股份转让有限制的,其转让按照公司章程的规定进行。

本条主旨

本条是关于股份转让的原则规定。

本条释解

本条为此次《公司法》修订的修改条文,细化了股份有限公司股东转让其持有股份的规则。

股份自由转让是股份有限公司的固有特征。一般而言,股份有限公司是资合性公司,是资本的集合,不注重股东的个人身份。而有限责任公司强调人合性特质,股东转让其持有的股权会受到其他股东优先购买权的限制。与之相比,股份有限公司股东无论是向其他股东转让,还是向股东以外的人转让,原则上皆可自由转让其持有股份,无须经过其他股东同意,其他股东也没有优先购买权,且股份有限公司的股份,即股票,作为一种财产,本身也具有可转让性。投资者可以通过自由转让其持有的股份转移投资风险,是其吸引广大投资者的重要原因之一。

因部分股份有限公司具有封闭性,其亦具有像有限责任公司一样的人合性需求,因此,本条亦允许股份有限公司对股份转让作出限制,但该限制必须记载于公司章程,股东转让其持有股份时,须依照公司章程的规定。一般而言,无论是公开发行的股份还是非公开发行的股份,都应当允许股东通过转让变现,但是,为加强信息披露、规范关联人员行为、保护投资者合法权益等,也有必要在特定情形下对其转让作出限制。从一些国家和地区的实践来看,主要有以下3种情形。

其一,对公开发行但未经过充分信息披露的股份进行限制。公开发行的股份,在发行时要进行充分的信息披露,并由监管部门对信息披露情况进行核准或注册。但在一些特殊情形下,股票公开发行可以豁免核准或注册,并降低信息披露要求,如向合格投资者发行股票、向公司员工发行股票或者发行股票数额较小等。该类股票由于在公开发行时还未进行充分的信息披露,在发行后进行公开转让时会受到限制,比如要求其必须补充核准或注册,或者必须满足一定条件并进行充分的信息披露等。

其二,对公司的关联人员持有的本公司股份进行限制。这里主要是对持股结构、持有期限以及转让比例、程序等进行限制,其中的主要考虑是:一方面为保持公司的关联人员与公司利益的一致性,公司公开发行股份融资,其主要目的在于谋求公司更好发展,而不是为公司关联人员减持套现提供便利;另一方面,公司的关联人员在公司中处于控制地位,相对于外部投资者具有信息优势,为保护公众投资者合法权益,防止关联人员利用控制权和信息优势牟取不正当利益,对其转让减持行为作出适当限制,也是必要的。

其三,对非公开发行的股份进行限制。非公开发行的股份(包括公司公开发行股份前已非公开发行的股份)在发行时未履行核准或者注册程序,未经过充分的信息披露,其公开转让要受到限制,如必须补充核准或注册,或者必须满足一定条件并进行充分的信息披露等。

本法第160条亦对股份有限公司股份转让作出限制。(1)公司公开发行股份前已发行的股份,自公司股票在证券交易所上市交易之日起1年内不得转让。(2)公司董事、监事、高级管理人员持有的本公司的股份,在其任职期间每年转让的股份不得超过其所持有本公司股份总数的25%;所持本公司股份自公司股票上市交易之日起1年内不得转让。上述人员离职后半年内,不得转让其所持有的本公司股份。公司章程可以对公司董事、监事、高级管理人员转让其所持有的本公司股份作出其他限制性规定。(3)除法定情形外,公司不得收购本公司的股份。其他法律对股份有限公司的股份转让作出限制规定的,也应从其规定。此外,对法律未作限制、可自由转让的股份,其转让的场所、方式、信息披露等也应当符合法律的规定。

第一百五十八条 股东转让其股份,应当在依法设立的证券交易场所进行或者按照国务院规定的其他方式进行。

本条主旨

本条是关于股份转让场所的规定。

本条释解

证券交易所是为市场参与者提供平等、透明交易机会,进行有序交易的平台。为防范金融风险,规范市场秩序,保护广大投资者特别是公众投资者的权益,本条规定,股份有限公司的股东转让其股权主要应当在依法设立的证券交易所进行。我国证券交易场所主要包括以下几个。

(1)证券交易所。依据《证券法》相关规定,证券交易所是为证券集中交易提供场所和设施,组织和监督证券交易,实行自律管理的法人。证券交易所的设立和解散,由国务院决定。我国境内目前分别在上海、深圳、北京设立了3个证券交易所。其中,上海证券交易所于1990年11月26日成立,同年12月18日开业;深圳证券交易所于1990年12月1日成立并试营业;北京证券交易所于2021年9月3日注册成立,同年11月15日正式开市。沪深两市包括主板市场,以及深圳证券交易所设立的中小企业板和创业板市场。中小企业板市场由深圳证券交易所于2004年5月设立,作为主板市场的组成部分,是主板市场中相对独立的板块。创业板市场由深圳证券交易所于2009年10月设立,主要为创新型、成长型企业发展服务,创业板实行低于主板的发行上市条件。北京证券交易所是经国务院批准设立的中国第一家公司制证券交易所,主要聚焦创新型中小企业,在全国股转系统连续挂牌满12个月即可申请,新三板精选层亦整体平移至北京证券交易所。

(2)全国中小企业股份转让系统。按照2013年12月国务院发布的《关于全国中小企业股份转让系统有关问题的决定》,全国中小企业股份转让系统"是经国务院批准,依据证券法设立的全国性证券交易场所,主要为创新型、创业型、成长型中小微企业发展服务"。全国股转系统的前身是证券业协会于2001年设立的证券公司代办股份转让系统。2013年1月,全国股转系统在北京揭牌,由全国中小企业股份转让系统有限责任公司负责运营管理。全国股转系统仍沿袭称为"新三板"市场,境内符合条件的股份公司均可申请挂牌。

(3)证券公司柜台市场。2012年12月,证监会同意证券业协会启动证券公司柜台市场试点工作。2014年8月中国证券业协会发布了《证券公司柜台市场管理办法(试行)》,对证券公司柜台市场进行了规范。按照该管理办法的规定证券公司柜台市场,是指证券公司在集中交易场所之外,为与特定交易对手方进行交易或为投资者进行交易提供服务的场所或平台。证券公司柜台市场由机构间私募产品报价与服务系统提供互联互通服务。

(4)区域性股权市场。区域性股权市场是经省级人民政府批准的、为省级行政区划内中小微企业私募证券的发行转让等提供设施与服务的场所。2008年以来,为破解中小微企业融资难题,各地陆续设立了一批区域性股权市场,如北京股权交易中心、天津股权交易所等。2011年11月和2012年7月,针对地方各类交易场所出现的违法违规行为和暴露出的风险,国务院办公厅先后出台了《关于清理整顿各类交易场所切实防范金融风险的决定》(国发〔2011〕38号)和《关于清理整顿各类交易场所的实施意见》(国办发〔2012〕37号),对包括区域性股权市场在内的从事产权交易、文化艺术品交易和大宗商品中远期交易等各种类型的交易场所进行清理整顿,明确了各类交易场所运行的底线要求:不得将任何权益拆分为均等份额公开发行;不得采用集中交易方式进行交易,包括不得采用集合竞价、连续竞价电子撮合、匿名交易、做市商等交易方式,但协议转让、依法进行的拍卖不在此列;不得将权益按照标准化交易单位持续挂牌交易,任何投资者买入后卖出或卖出后买入同一交易品种的时间间隔不得少于5个交易日;除法律、行政法规另有规定外,权益持有人累计不得超过200人等。股份有限公司的股份转让,应当在上述依法设立的证券交易场所内进行,股权转让的方式投资者标准等也应当符合相关规定和要求。

本条除规定股份有限公司的股份应当在依法设立的证券交易场所内转让外,还授权国务院规定股份转让的其他方式。股份有限公司有很多种,包括公开发行股份的公司,也包括非公开发行股份的公司;公开发行股份的公司,又包括股份上市交易的公司,和公开发行股份但不上市交易的公司。由于股份转让的具体情况较为复杂,为避免阻碍股份流动维护股权自由转让原则,本条规定,股份有限公司的股份转让除在依法设立的证券交易场所进行外,还可以其他适当的方式进行,具体方式授权国务院作出规定。

第一百五十九条 股票的转让,由股东以背书方式或者法律、行政法规规定的其他方式进行;转让后由公司将受让人的姓名或者名称及住所记载于股东名册。

股东会会议召开前二十日内或者公司决定分配股利的基准日前五日内,不得变更股东名册。法律、行政法规或者国务院证券监督管理机构对上市公司股东名册变更另有规定的,从其规定。

本条主旨

本条是关于股票转让方式的规定。

本条释解

依据本法第 147 条规定,股份有限公司只能发行记名股票。因此,记名股票转让的方式包括背书或法律、行政法规规定的其他方式转让。从实践来看,需要采用背书方式转让的仅为非公开发行股份的公司发行的股票。背书是有价证券转让的一种法定形式,对非公开发行股份的公司记名股票转让而言,是指股票上所记载的股东作为背书人,在股票签章,并在股票背面或者股票所粘附的粘单上记载受让人即被背书人的名称或者姓名,以表示将该股票所代表的股东权利转让给受让人的行为。对非公开发行股份的公司而言,其在公司置备的股东名册,既是确认股票上载明的股东身份的根据,也是该股东向公司主张行使股东权利的依据。股票转让后,非公开发行股份的公司应当将受让人姓名或者名称及住所记载于股东名册,以便受让股东行使股东权利,也便于公司其他股东及其相关人员了解公司股权结构和分布情况。

依据法律、行政法规规定的其他方式主要是针对实践中上市公司采用无纸化的股票形式。当前我国上市公司交易的股票采取的是簿记券式,即以在证券登记结算机构记载股东账户的方式发行股票,不印制实物股票。这些股票的交易,按照有关法律、行政法规的规定,要依照交易者在证券公司开户、委托证券公司买卖、达成交易合同、进行清算交割、办理证券的登记过户手续等程序进行。

本条第 2 款规定,股东会召开前 20 日内或者公司决定分配股利的基准日前 5 日内,不得进行前款规定的股东名册的变更登记。只有在股东会或公司决定分配股利之前公司股东是确定的,才能保证相关事项能够顺利进行。因此,股份有限公司在股东会召开前 20 日内或公司决定分配股利的基准日前 5 日内,不得变更股东名册。在此期间,即使发生了股票转让,受让人也不得要求公司在股东名册上对有关事项进行变更,仍由原股东参加股东会,行使股东权利;或者由原股东接受股利分配,在股东会结束后或股利分配结束后,股票的受让人才可以主张变更股东名册,其也可以向原股东请求返还该部分股利。

值得注意的是,我国上市公司股票依法在证券交易所进行集中交易,具有较强的流通性。对此,本条第 2 款明确规定"法律、行政法规或者国务院证券监督管理机构对上市公司股东名册变更另有规定的,从其规定"。依照《证券法》第 108 条的规定,证券登记结算机构根据成交结果,按照清算交收规则,与证券公司进行证券和资金的清算交收,并为证券公司客户办理证券的登记过户手续,即对买入证券的投资者在其证券账户内增加证券数量,同时在卖出证券投资者的账户内减少相应证券数量,以维护证券交易的正常秩序。

第一百六十条 公司公开发行股份前已发行的股份,自公司股票在证券交易所上市交易之日起一年内不得转让。法律、行政法规或者国务院证券监督管理机构对上市公司的股东、实际控制人转让其所持有的本公司股份另有规定的,从其规定。

公司董事、监事、高级管理人员应当向公司申报所持有的本公司的股份及其变动情况,在就任时确定的任职期间每年转让的股份不得超过其所持有本公司股份总数的百分之二十五;所持本公司股份自公司股票上市交易之日起一年内不得转让。上述人员离职后半年内,不得转让其所持有的本公司股份。公司章程可以对公司董事、监事、高级管理人员转让其所持有的本公司股份作出其他限制性规定。

股份在法律、行政法规规定的限制转让期限内出质的，质权人不得在限制转让期限内行使质权。

本条主旨

本条是关于股份转让限制的规定。

本条释解

本条为此次《公司法》修订的修改条文，在原《公司法》的基础上删除了“发起人持有的本公司股份，自公司成立之日起一年内不得转让”的规定，同时，与《证券法》规定相衔接，要求上市公司股东、实际控制人应当遵循法律、行政法规或者国务院证券监督管理机构对其的另行规定。此外，新增了股票在限制转让期限内的出质规则。

一般而言，无论是公开发行还是非公开发行的股份，都应当允许股份有限公司股东通过转让其股份变现。但是，为加强信息披露、规范关联人员行为、保护投资者合法权益，在特定情形下也有必要对其转让作出一定限制。按照本条规定，对股份有限公司股份转让的限制主要包括：

1. 对公开发行股份前公司已经发行的股份限制。股份有限公司发行股份包括公开发行和非公开发行。按照《证券法》第 37 条规定，公开发行的证券，应当在依法设立的证券交易所上市交易或者在国务院批准的其他全国性证券交易场所交易。非公开发行的证券，可以在证券交易所、国务院批准的其他全国性证券交易场所、按照国务院规定设立的区域性股权市场转让。

实践中主要是公司公开发行股票并在证券交易所上市交易。从我国当前的实际情况来看，股份有限公司的股票在证券交易所上市交易后，价格往往处于波动状态，如果允许公司上市后即可转让其公开发行股份前已发行的股份，既会造成公司控制权频繁变动，影响公司正常运营，也可能扰乱证券市场正常秩序。因此，本条规定，公司公开发行股份并在证券交易所对其股份进行上市交易的，公开发行股份前的股份自上市交易之日起 1 年之内不得转让。

此外，本条还要求，上市公司的股东、实际控制人应当遵照法律、行政法规或者国务院证券监督管理机构对其股份转让限制的特别规定。如上海证券交易所、深圳证券交易所股票上市规则中还规定了承诺锁定期制度，即发行人提出首次公开发行股票上市申请时，控股股东和实际控制人应当承诺，自发行人股票上市之日起36个月内，不转让其直接或者间接持有的发行人公开发行股票前已发行的股份。

2. 对董事、监事、高级管理人员转让其所持有的本公司股份的限制。这一限制主要基于两个理由：一方面，为保持公司的董事、监事高级管理人员与公司利益的一致性。公司公开发行股份融资，其主要目的在于谋求公司更好发展，而不是为公司董事、监事高级管理人员减持套现提供便利。另一方面，公司的董事、监事、高级管理人员在公司中处于控制地位，相对于外部投资者具有信息优势，为保护公众投资者合法权益，防止董事、监事、高级管理人员利用控制权和信息优势牟取不正当利益，对其转让减持行为作出适当限制，也是必要的。

根据本条第2款的规定，对董事监事高级管理人员转让其所持有的本公司股份的限制包括以下内容：(1)董事、监事、高级管理人员应当向公司申报其所持有的本公司股份及变动情况，不得隐瞒。这是对其转让进行监督的前提和基础。(2)董事、监事、高级管理人员在就任时确定的任职期间每年转让的股份不得超过其所持有的本公司股份总数的25%。(3)董事、监事、高级管理人员持有的本公司股份，自公司股票在证券交易所上市交易之日起一年内不得转让。转让受到限制的股份，既包括董事、监事、高级管理人员持有的公司公开发行股份前已发行的股份，也包括其在公司公开发行股份后持有的本公司的股份。(4)董事、监事、高级管理人员所持有的本公司股份，在上述人员从公司离职之日起半年内不得转让。(5)除上述限制以外，本条还授权公司章程可以对董事监事、高级管理人员转让其所持有的本公司股份作出其他限制性规定。

本条第3款还对股票在限制转让期限内出质的情形予以规定。股票具备财产性权利属性，具有担保股票持有人债务清偿的功能，实践中股票持有人往往在股票上设定质权。如果债务人在债务到期不能清偿时，质权人享有通过处分股票变现以实现其债权的权利，而质权行使会发生股份转让，其亦应遵循本条所规定的股份有限公司股份转让限制的规定。因此，在本条前两款规定的限制转让期限内，股份有限公司股东将其持有的股票出质的，质权人不得在此期间行使质权，须待限制转让期限届满。

第一百六十一条 有下列情形之一的，对股东会该项决议投反对票的股东可以请求公司按照合理的价格收购其股份，公开发行股份的公司除外：

（一）公司连续五年不向股东分配利润，而公司该五年连续盈利，并且符合本法规定的分配利润条件；

（二）公司转让主要财产；

（三）公司章程规定的营业期限届满或者章程规定的其他解散事由出现，股东会通过决议修改章程使公司存续。

自股东会决议作出之日起六十日内，股东与公司不能达成股份收购协议的，股东可以自股东会决议作出之日起九十日内向人民法院提起诉讼。

公司因本条第一款规定的情形收购的本公司股份，应当在六个月内依法转让或者注销。

本条主旨

本条是关于股份有限公司异议股东股份回购请求权的规定。

本条释解

本条为此次《公司法》修订的新增条文。《公司法》首次对有限责任公司与股份有限公司异议股东股权（股份）回购事项分别作了规定。股份有限公司的异议股东回购请求权排除了“公司合并、分立”情形，且未设置股东压迫情形下回购救济一般条款。其他内容与本法第 89 条一致。

按股份发行是否面向社会、投资者是否特定进行区分，股份有限公司可分为公开发行股份的公司和不公开发行股份的公司。其中，公开发行股份的公司会面向社会、向不特定的任何人发行股份，股份具有较高的流通性。该类公司的股东如果对公司现状不满，可以通过股份交易市场自由转出股份后退出公司，无须《公司法》供给特别保护。可见，异议股东股份回购请求权不适用于具有股份活跃交易市场的公司，因而本条将“公开发行股份的公司”排除在外。

事实上，我国绝大多数股份有限公司属于封闭公司形态，该类公司的股东，尤其是中小股东客观上受到“绑架”或“裹挟”，其合理预期落空时，亦会产生退出公司的利益需求。因此，本法将异议股东股份回购请求权扩大适用于非公开发行股份公司之外的其他股份公司类型,是赋予中小股东的救济手段。但是,与有限责任公司相比,本法并未对股份有限公司的中小股东设置控股股东压迫情形下可退出公司的一般救济条款。这是因为股份公司股东可自由转让股份,受到的限制较少。在股东压迫情形下,受压迫股东无须通过回购方式救济权益,而是可以直接通过股份转让退出公司,摆脱压迫。

值得注意的是,公司收购股权本质上仍属于股东撤回投资退出公司的行为,须遵守严格的条件限制,即有下列3种情形之一,并且股东会在该股东投反对票的情况下已然作出了有效的决议,该投反对票的股东才可以请求公司按照合理的收购其股份。这3种情形分别如下所述。

(1)公司连续5年不向股东分配利润,而公司该5年连续盈利,并且符合本法规定的分配利润条件。当公司满足利润分配要件时,股东即享有获得投资收益的权利,而依据资本多数决规则形成的股东会决议现实阻碍了股东分配利润的合理利益实现。

(2)公司转让主要财产的。在该情形下,公司现有赖以开展生产经营活动的主要财产出现变化,未来的发展充满不确定性甚至可能产生风险;尽管股东会按照"资本多数决"原则形成了合法的决议,但与少数表决权股东的意愿相反,改变了其在设立公司时的合理利益期待,应允许其退出公司。

(3)公司章程规定的营业期限届满或者章程规定的其他解散事由出现,股东会会议通过章程修改使公司存续。章程规定的营业期限届满或章程规定的其他解散事由出现时,公司应当解散,股东可以退出经营。然而,经股东会决议后公司得以因修改章程而存续,让异议股东继续待在存续公司中,与公司章程订立时其意愿存在重大差异。法律不能强迫其继续成为公司股东面对公司存续经营的风险,使其退出公司更具正当性。

异议股东享有请求公司以合理价格收购其股份的权利,公司也负有法定的缔约义务。如果股东与公司不能达成股份收购协议,既包括股东与公司不能就收购协议内容尤其是股价协商一致,也包括公司拒绝与股东协商两种情形,但只要在法定期间内,即前述股东会决议作出之日起60日内,双方未达成股份回购协议的,异议股东可向法院寻求救济。这是因为在股份有限公司中,如果股东与公司长时间不能就股份收购达成协议,那么也可能影响请求收购股东的合法权益,也会对公司正常生产经营造成困扰,因而需要设置权利行使期间予以限制，以平衡异议股东与公司间的利益。异议股东诉权的权利行使期间为自股东会决议作出之日起 90 日内，超过该法定期限的，法院不予受理。

此外，为防止公司长时间持有自己的股份，避免公司的实际财产能力与其明示的资本数额和信用脱节，本条第 3 款亦明确规定：股份有限公司回购异议股东股份后，应在 6 个月内完成转让或注销程序。

第一百六十二条 公司不得收购本公司股份。但是，有下列情形之一的除外：

（一）减少公司注册资本；

（二）与持有本公司股份的其他公司合并；

（三）将股份用于员工持股计划或者股权激励；

（四）股东因对股东会作出的公司合并、分立决议持异议，要求公司收购其股份；

（五）将股份用于转换公司发行的可转换为股票的公司债券；

（六）上市公司为维护公司价值及股东权益所必需。

公司因前款第一项、第二项规定的情形收购本公司股份的，应当经股东会决议；公司因前款第三项、第五项、第六项规定的情形收购本公司股份的，可以按照公司章程或者股东会的授权，经三分之二以上董事出席的董事会会议决议。

公司依照本条第一款规定收购本公司股份后，属于第一项情形的，应当自收购之日起十日内注销；属于第二项、第四项情形的，应当在六个月内转让或者注销；属于第三项、第五项、第六项情形的，公司合计持有的本公司股份数不得超过本公司已发行股份总数的百分之十，并应当在三年内转让或者注销。

上市公司收购本公司股份的，应当依照《中华人民共和国证券法》的规定履行信息披露义务。上市公司因本条第一款第三项、第五项、第六项规定的情形收购本公司股份的，应当通过公开的集中交易方式进行。

公司不得接受本公司的股份作为质权的标的。

本条主旨

本条是关于股份有限公司股份回购的规定。

本条释解

股份回购,是指公司收购本公司已发行的股份。发行股份以筹集资金,是现代公司的基本特征,公司回购股份将减少公司资产,应属极少发生的情形。大陆法系国家将公司作为社团法人,自身不应通过持有本公司股份而成为本公司的成员。从股份回购的效果看,可能产生以下弊端:一是损害资本维持原则。股份回购导致公司资本减少,可能使公司财产不足以偿付其债务,危及债权人利益。二是损害股东平等原则。如果公司选择向部分股东实施股份回购,则损害其他股东的平等交易机会;如果公司以不公平的价格向部分股东回购股份,或者在公司经营陷入危机时通过回购使部分股东脱险等,则必然损害其他股东的利益。三是损害公司控制权的公正性。通过股份回购减少公司流通股的数量,可以强化部分股东或者管理层对公司的控制权,在公司面临被收购的情形时,可用作提高收购难度和成本的工具。四是损害交易的公平性。因公司和公司管理层掌握公司的内幕信息,在股份回购过程中容易出现内幕交易、操纵市场等不公平交易行为。另外,证券交易应遵循公开、公平公正的原则,对于有效的证券市场而言,股票价格应由市场机制决定。上市公司实施股份回购,将影响其股票价格,可能导致其股票价格与实际价值不符。

然而,特定情形下的股份回购具有合理性,主要是包括以下方面:一是能减少资本冗余。通常情况下公司需要资本以谋求更大的发展,但当公司资本充裕,又不需要对外投资或者对外投资收益率较低时,公司可以回购股份以减少资本(也可采取向股东分配利润的方式减少资本)。二是有利于保持股本结构。当公司因各种原因(如实施员工持股计划)需发行新股时,为保持公司股份总数不增加或股本结构稳定,公司以回购的股份替代需增发的股份可实现上述目的。三是维持公司控制权。通过股份回购减少公司流通股的数量,可以强化现有控制人对公司的控制权,或者防止公司被他人收购,这在某些情况下对公司有利。四是纠正公司股价。当市场过度低估公司股价,或者在发生股市危机时,公司回购股份能够为市场释放积极信号,从而有可能在一定程度上纠正市场偏离行为,有利于稳定市场。因此,主要国家和地区普遍对股份回购实行"原则禁止,例外允许”。

一、股份回购适用的具体情形

本条对禁止股份回购作出了原则规定,但同时允许公司在以下情形时回购股份。

1. 减少公司注册资本。公司减少注册资本的,应当经股东会决议,由公司对股东发出收购要约。一般而言,收购条件应使每一股东均有机会按照持股比例出让一定数额的股份。在公司完成收购后,应当自收购之日起 10 日内注销该部分股份,完成减资程序。

2. 与持有本公司股份的其他公司合并。公司股份可以为其他公司持有,当公司与拥有本公司股份的其他公司合并时,被合并的其他公司的资产都归属本公司,也包括其他公司所持有的本公司的股份,形成股份回购。该事项亦应经股东会决议,公司回购股份后,应当在回购之日起 6 个月内转让或者注销股份。

3. 将股份用于员工持股计划或者股权激励。员工持股计划是指公司根据员工意愿,通过合法方式使员工获得本公司股票并长期持有,股份权益按约定分配给员工的制度安排,员工持股计划的参加对象为公司员工,包括管理层人员。股权激励是指上市公司以本公司股票为标的,对其董事、高级管理人员及其他员工进行的长期性激励,激励对象可以包括上市公司的董事、高级管理人员、核心技术人员或者核心业务人员等。公司推行员工持股计划或者股权激励,也可以通过发行新股进行,但可能稀释未来股权收益;而通过股份回购进行,有利于提升估价,也不会稀释未来股权收益,既维护了既有股东利益,也有利于对员工的激励。为提高效率以利于公司及时把握市场机会,对这一情形下的股份回购决策程序进行了简化,即可以依照公司章程的规定或者股东会的授权,经 2/3 以上董事出席的董事会会议决议。回购股份后,可根据公司的具体实际情况适时推行员工持股计划或者股权激励计划,但公司持股最长不得超过 3 年。

4. 股东因对股东会作出的公司合并、分立决议持异议,要求公司收购其股份。为维护异议股东权利,当股东对股东会作出的合并、分立决议持异议时,可以要求公司回购其股份,公司应当回购,无须经股东会或者董事会决议。公司回购股份后,应当在回购之日起 6 个月内转让或者注销股份。

5. 将股份用于转换上市公司发行的可转换为股票的公司债券。可转换为股票的公司债券是以债券形式发行的,在一定时期内依据约定的条件可以转换为股票的债券。依据本法第202条第1款规定:“股份有限公司经股东会决议,或者经公司章程、股东会授权由董事会决议,可以发行可转换为股票的公司债券,并规定具体的转换办法。上市公司发行可转换为股票的公司债券,应当经国务院证券监督管理机构注册。”上市公司为转换可转债的需要回购股份,避免发行新股稀释未来股权收益,有利于股东和可转债券持有人的利益。同时,为提高效率简化决策程序,此类回购可以依照公司章程的规定或者股东会的授权,经2/3以上董事出席的董事会会议决议。所回购的股份,应当在3年内按照可转债募集办法的规定转换给可转债持有人。

6. 上市公司为维护公司价值及股东权益所必需。为提高效率简化决策程序,此类回购可以依照公司章程的规定或者股东会的授权,经2/3以上董事出席的董事会会议决议。所回购的股份,应当在3年内转让或者注销。

二、股份回购所应遵循的程序

为确保股份回购按照公开、公正、公平的原则进行,保护公司股东债权人及投资者的合法权益,便于对股份回购进行监督,本条规定,上市公司收购本公司股份的,应当依照《证券法》的规定履行信息披露义务。同时,上市公司因员工持股计划或者股权激励、用于转换可转债、维护公司价值及股东权益等原因回购股份的,应当通过证券交易所内公开的集中交易方式进行。

三、股票质押的规定

本条第5款是关于公司不得接受本公司的股份作为质押权标的的规定。质押属于担保的一种形式,即债务人或者第三人在不转移所有权的前提下,将某一动产或者权利转由债权人占有和控制,以保证债权人的权利的实现;在债务人不履行债务时,债权人有权以该动产或者权利折价或者以变卖、拍卖该动产或者权利的价款优先受偿。依据本法规定,除了法定特殊情况外,公司不得拥有本公司股份。因此,本公司的股份不能作为质押权标的用来对公司债权进行担保;即使设立了以本公司股份为质押权标的的担保,最后也无法实现。因此,本法禁止公司接受本公司的股份作为质押权标的。

相关理论

股份回购的价值面向

早期公司法禁止公司购买自己的股份，系因为这将导致公司资本的减损。后续各国公司法上股份回购的合法化，通常伴随着将分配的规则类推适用于股份回购。综合考察和比较主要国家和地区股份回购的立法模式，涉及的主要内容是允许股份回购的事由及其限制。其中，限制内容包括股份回购程序性限制、财源限制、数量限制、回购价格、是否允许接受自己股份作为担保、回购股份的地位和处置、违法回购的法律结果等。

反观我国新《公司法》，异议股份回购和股份回购规则均无财源限制，在法律层面也未设置债权人保护程序，股份回购的决策机制也因事由而不同。在《九民纪要》中，最高人民法院基于资本维持原则确立了或利用利润回购或减资回购的对赌协议履行路径，损害公司资本的回购将构成资本的不当返还。但是，司法实践已经走得更远，在"华工案"中，法院已经实质性地进行了公司清偿能力的判断，并基于该判断判决认可了对赌协议的可履行性。相较于资本维持原则，证券交易所在回购指引规则中引入的清偿能力标准是现代模式。《上海证券交易所上市公司自律监管指引第 7 号——回购股份》（上证发〔2023〕195 号）第 11 条第 1 款第 3 项指出，上市公司回购股份后，公司应当具备债务履行能力和持续经营能力。在公司法没有设定财源限制的情况下，交易所规则的引入虽然不足以导致违反清偿能力进行回购行为的效力瑕疵，但足以触发相应情形下的董事义务和责任。由此可见，股份回购作为典型的分配行为，已经出现了实质性的制度突破。股份回购直接影响公司资金的流动性、公司股权结构等公司利益事项，也关涉股东平等保护等股东利益事项，以及证券交易公平性等社会利益，其能否完全适用分配的一般规则同样需要考量制度背后的利益冲突。

第一百六十三条 公司不得为他人取得本公司或者其母公司的股份提供赠与、借款、担保以及其他财务资助，公司实施员工持股计划的除外。

为公司利益，经股东会决议，或者董事会按照公司章程或者股东会的授权作出决议,公司可以为他人取得本公司或者其母公司的股份提供财务资助,但财务资助的累计总额不得超过已发行股本总额的百分之十。董事会作出决议应当经全体董事的三分之二以上通过。

违反前两款规定,给公司造成损失的,负有责任的董事、监事、高级管理人员应当承担赔偿责任。

本条主旨

本条是关于禁止股份有限公司为取得本公司股份或者其母公司股份提供财务资助的规定。

本条释解

本条为此次《公司法》修订的新增条文,是我国首次在公司法层面对股份有限公司提供财务资助行为予以规制,并按照"原则禁止—具体例外,一般例外,法律责任"体系构建我国的禁止财务资助制度。

公司提供财务资助是指公司为他人取得本公司股份或其母公司股份而提供财务资助的行为,包括贷款、担保、债务减免等使公司资产向公司股东或未来股东流出的行为。禁止公司提供财务资助的规范最早见诸 1882 年《意大利商法典》,其第 144 条第 1 款规定:禁止董事会成员为了公司的利益收购其所持有的公司股份。在第一次世界大战后,英国的格林尼委员会在审查 1908 年公司合并法令时,收到了大量前股东关于被他人利用本公司的财产收购本公司的投诉,格林尼委员会认为这一交易实践本质系公司收购自己股份的行为,构成公司资产向股东或潜在股东的不当分配,系滥用公司资产行为,应当被禁止。该理念在《英国 1929 年公司法》中得以明确,且被多国公司法借鉴。可见,"全面禁止公司提供财务资助"规则是为了满足公司资产维持的需要。

公司为他人取得本公司或者其母公司股份提供财务资助,既可能使未来股东(股份的买方)无偿取得公司股份,又可能使原股东(股份的卖方)在获得公司资金后退出公司。此时,公司与原股东或未来股东间存在利益转移,可能构成变相分配,造成公司资产向未来股东或原股东不当外溢,使公司的实际财产能力与其公示的财产信用脱节,进而损害了公司、其他股东以及公司债权人的合法权益,显然违背了资产维持之需要。禁止公司提供财务资助有助于防范公司的市场操纵行为。如果允许公司为未来股东提供财务资助,则为公司利用自有资产控制股价预留了操作空间。公司对股价的不当干预行为不仅违背了股份交易本应遵循的市场定价原则,也切断了股价对公司价值的真实反映,应当予以禁止。

一、原则性禁止规定

本条第1款原则上禁止公司为他人取得本公司或者其母公司的股份提供财务资助的行为。值得注意的是,该禁止规范仅适用于股份有限公司,有限责任公司及其子公司可以为他人取得本公司股份的行为提供财务资助,具体交由公司自治。本条所禁止的财务资助行为一般具有如下特征:其一,仅指公司向他人提供的财务方面的帮助行为。既包括公司向股份购买方的直接资助,也包括公司通过向第三方提供资金,再由第三方将该资金提供给股份购买方的间接资助。"他人"既包括未来可能成为公司新股东的购买方,也包括增持公司股份的原股东。其二,资助目的是为他人取得本公司或其母公司的股份。只有公司为购买本公司或其母公司股份的人提供财务资助,才可能存在不正当利益输送,有必要禁止。如果公司为他人购买其他公司(包括其子公司)股份提供财务资助,不构成公司资产向原股东或未来股东的变相分配,不应被禁止。他人取得的股份既包括股份自身,也包括诸如可转换债券等具有股权性质的权益凭证,但不包括债券类的非股权性质的权益凭证。

针对公司提供财务资助的具体表现形式,第1款采用了不完全列举的立法模式,包括以下几种。

1. 赠与。公司向他人购买本公司股份提供无偿资助的,将直接导致公司资产减少并不当流出,现实损害公司资本充实利益,应予禁止。

2. 借款。他人购买本公司股份,公司以自有资金向其提供借款的,该部分资产将转型为公司债权,公司将面临新增的债务偿付风险。如果被资助人不能按期足额偿还借款,且其主要的责任财产为公司股份,意味着公司只能通过获取自己股份实现债权,使财务资助最终演变为股份回购行为,此过程中亦存在公司资产减少且实质流向未来股东或原股东的问题,构成对未来股东或原股东的变相分配。

3. 担保。公司以担保形式为他人取得本公司股份提供财务资助的,当被资助人无力清偿债务时,公司资产会因公司承担担保责任而减少。当公司不行使追偿权时,公司替被资助人清偿债务的行为实质上亦构成公司向被资助人变相分配财产利益,损害了公司、其他股东和公司债权人的合法权益。

4. 其他财务资助形式。此为兜底性规定。实践中,财务资助形式既有前述列举的赠与、借款、担保等积极行为,也有如公司免除他人债务的消极行为。在认定某一行为是否属于本条第 1 款所禁止的财务资助形式时,应秉持实质重于形式的判断标准,主要剖析该财务资助行为是否会导致公司资产不当减少,是否构成公司资产向未来股东或原股东的变相分配。

二、例外规定

公司提供财务资助的行为并非都会造成不公平的利益转移。譬如财务资助中的贷款利率可能是正常甚至高于市场利率的,公司在提供贷款的同时也获得了债权,仅产生了资产类型的变化,未必构成不公平的利益转移,反而提高了公司资产利用率,甚至使公司从财务资助行为中获益。对此,各国公司法也从"全面禁止"逐渐走向更具灵活性的规制模式,允许公司在例外情形下提供财务资助。我国《公司法》亦借鉴了该立法理念,设置了禁止财务资助制度中的例外情形。

1. 具体例外情形

本条第 1 款规定了一种具体例外情形,即允许公司为实施员工持股计划而向员工提供财务资助。员工持股计划是让公司员工持有本公司股份,旨在实现公司内部股权社会化和经济民主。然而,员工薪酬收入的购买力有限,可能不足以购买公司股份,为避免员工因持股而对外举债,故允许公司对员工持股提供财务资助。此前,《公司法(修订草案一审稿)》还规定了"金融机构开展正常经营业务"的具体例外情形,但《公司法(修订草案二审稿)》予以删除,仅保留了"公司实施员工持股计划"这一单一情形。

2. 一般例外情形

本条第 2 款规定了一般例外情形,即允许公司为其自身利益,为他人取得本公司或其母公司的股份提供财务资助。"为公司利益"实质上要求公司提供财务资助行为应具有正当性。然而,"公司利益"本身为抽象概念,正面解释存在困难。在例外规则中为尽可能释放"允许财务资助"的适用空间,实践中多将其视为"不损害公司利益"的消极要件,具体是指公司提供财务资助的,不得不当减少公司资产,不得构成公司资产向未来股东或原股东的变相分配。换言之,公司提供财务资助的行为不得损害公司利益,否则其财务资助行为将不能适用本条第 2 款规定得以豁免,且负有责任董事、监事、高级管理人员应当依照本条第 3 款规定承担赔偿责任。

我国《公司法》供给的禁止财务资助制度采用了资产维持的价值面向,在例外规则中亦有呈现,采取了“事前程序控制”和“资本比例控制”相结合的立法模式,谨慎判断公司提供财务资助行为的正当性及其风险。其中,事前程序控制体现为对公司是否提供财务资助行为进行决议权配置,先由股东对公司提供财务资助可能产生的风险予以判断和调节,再由股东决定是否授权董事会决议。资本比例控制是指公司法在例外情形中增加了资产标尺限制,即公司用于提供财务资助的总额总计不得超过已发行股本总额的 10% 。该限制主要关注资助财产与公司资本的关系,在源头上直接限制公司提供财务资助的额度,缓和公司资产减少的幅度,进而控制对公司、其他股东以及公司债权人利益可能造成的风险。具体而言:公司拟为他人取得本公司或母公司股份提供财务资助的,该事项既可以交由股东会单独决议;也可以由股东会根据财务资助可能产生的风险大小,经由公司章程或股东会授权董事会决议,经全体董事的 2/3 以上通过形成有效的董事会决议。但是,公司历次提供财务资助的累计总额不得超过公司已发行股本总额的 10% 。

三、董事、监事、高级管理人员的法律责任

公司是否向他人购买本公司或母公司股份提供财务资助,本质属于商业判断事项。实践中违法财务资助行为往往表现为公司控制权人滥用权利,使用公司资产向未来股东或原股东取得本公司或母公司股份进行不正当的利益输送,其中亦广泛存在公司相关经营管理人员违反信义义务的行为。对此,本条第 3 款规定了公司违法提供财务资助,给公司造成损失的,负有责任的董事、监事、高级管理人员应当承担赔偿责任。具体而言:其一,公司提供财务资助的行为违反了本条第 1 款或第 2 款规定。其二,公司因违法财务资助行为遭受损失。如果违法财务资助行为并未给公司造成损失,董事不应承担赔偿责任。其三,董事、监事、高级管理人员对前述违法财务资助行为及公司损失间具有过错。其中,董事和高级管理人员具体负责公司经营管理,应了解财务资助行为对公司账面净值、偿付能力、资金流动性等方面的影响,监事则负有对公司提供财务资助行为的监督职能。前述三类人员皆对公司负有信义义务,当其违反信义义

务,给公司造成损失时,应当承担赔偿责任。此外,如果公司的违法财务资助行为触发本法第 191 条的规定,损害公司债权人利益,债权人亦可要求具有故意或重大过失的董事和高级管理人员承担赔偿责任。

相关理论

禁止公司提供财务资助制度的价值面向

我国《公司法》对禁止财务资助制度采用了“原则禁止,例外允许”的立法模式,整体上坚持了资产维持的价值面向,防止公司提供财务资助可能造成的公司资产向股东的实质流动。从禁止财务资助制度的发展来看,该制度早期的价值面向实质上是围绕资本维持构建的。对此,不少学者提出质疑,认为禁止财务资助制度与资本维持原则无关。一方面,如果财务资助资金并未动摇公司注册资本,禁止原则对公司资本的保护作用将减弱。另一方面,公司提供财务资助后,未必直接导致公司资产减少,而很可能是资产形态发生变化,不直接损害公司资本。由此观之,禁止财务资助更多是出于规制公司控制权人对公司资产的滥用行为的目的,防止其通过财务资助行为向未来股东或原股东变相分配,掏空公司资产。可见,公司法规制的财务资助首先是一种利益转移交易,防止财务资助演变为实质的变相分配行为。

近年来,世界上主要公司法例普遍转向资本维持和清偿能力模式混合的价值面向。清偿能力模式的逻辑起点是公司对债权人的清偿能力和破产标准,其放弃了公司资本的担保价值和清偿功能,更关注日有所变的企业流动性,强调严格的事后责任促进董事会审慎进行商业决策。在此价值导向下,多国公司法放松了对财务资助的限制,扩张了例外允许财务资助的适用范围,基本选取了基于偿付能力模式的例外机制,强调区分有益的财务资助和潜在危险的财务资助,在机制构建中既要兼顾允许财务资助的情形,又要通过体系规制消除不良财务资助的潜在威胁。

首先,在一般性规定上持禁止态度。如 2006 年《欧盟法令》原则上允许公司提供财务资助,对公司直接或间接地预付资金、提供贷款或提供担保,以便第三方进行股权收购进行了规定。禁止的财务资助形式主要包括赠与、担保、保证、责任解除或宽免;贷款协议或任何其他协议,或前述协议的约务更替、权利转让;提供的资助导致公司净资产会因提供该项资助而出现相当程度的减少,或导致该公司没有净资产的资助。其次，一般例外情形主要包括：派发股息；派发红股；依法减资；依法赎回或回购股份；根据法院命令行事；破产程序中为偿债所作的分配安排等。但前述例外情形会受到诸多限制，包括：防止最佳利益冲突的限制，数额与资金来源的限制，法定程序的限制。后两种限制常联合使用。

此外，还有国家并未规定禁止财务资助制度。如美国即以《统一欺诈性转移法》予以规制，通过对撤销权构成要件的扩展，明确了“欺诈转让行为”的范围、债权人救济权与受让人抗辩权的界定，旨在通过禁止债务人从事限制其偿债能力的交易来保护债权人，以债权人撤销权发挥债权人保护的同质效果。

第一百六十四条 股票被盗、遗失或者灭失，股东可以依照《中华人民共和国民事诉讼法》规定的公示催告程序，请求人民法院宣告该股票失效。人民法院宣告该股票失效后，股东可以向公司申请补发股票。

本条主旨

本条是关于股票被盗、遗失或者灭失的处理的规定。

本条释解

《民事诉讼法》第十八章规定了可以背书转让票据的公示催告程序。公示催告程序属于民事诉讼中的非诉程序，票据持有人因票据被盗、遗失或者灭失时，可以向人民法院申请，由人民法院作出公告，告知并催促利害关系人向人民法院申报权利；没有人申报的，人民法院将作出判决宣告票据无效的除权判决，票据持有人据此可以向票据支付人请求支付，有利害关系人提出申报的，公示催告程序终结，当事人可通过民事诉讼解决纠纷。公示催告程序有助于维护丧失票据人和利害关系人的合法权益，确保票据流通安全。

按照民事诉讼法的规定，记名股票被盗、遗失或者灭失，股东可以向人民法院提出公示催告申请，向人民法院递交申请书写明记名股票的主要内容和申请的理由、事实。人民法院受理申请后，应当同时通知公司停止该记名股票所代表股东权利的行使，并在 3 日内发布公告，催促利害关系人申报权利。公示催告的期间，由人民法院根据情况决定，但不得少于 60 日。利害关系人认为股东的公示催告请求与事实不符合的，如申报该记名股票并不是被盗、遗失或者灭失，而是被合法转让给自己的，应当在公示催告期间向人民法院申报。在公示催告期间，没有利害关系人申报的，人民法院即根据申请人的申请，作出判决宣告该记名股票无效。判决应当公告，并通知公司。经人民法院公示催告程序宣告记名股票无效后，股东可以依据本条的规定，请求公司向其补发股票。

第一百六十五条 上市公司的股票，依照有关法律、行政法规及证券交易所交易规则上市交易。

本条主旨

本条是关于上市公司股票交易的规定。

本条释解

上市公司是指所发行的股票在依法设立的证券交易所上市交易的股份有限公司。实践中，通常是股份有限公司经国务院证券监督管理机构核准首次公开发行股票并上市交易。依据《证券法》第12条规定，公司首次公开发行新股，应当符合下列条件：(1)具备健全且运行良好的组织机构；(2)具有持续经营能力；(3)最近三年财务会计报告被出具无保留意见审计报告；(4)发行人及其控股股东、实际控制人最近3年不存在贪污、贿赂、侵占财产、挪用财产或者破坏社会主义市场经济秩序的刑事犯罪；(5)经国务院批准的国务院证券监督管理机构规定的其他条件。而且依据《证券法》第37条、第38条规定，公开发行的证券，应当在依法设立的证券交易所上市交易或者在国务院批准的其他全国性证券交易场所交易。证券在证券交易所上市交易，应当采用公开的集中交易方式或者国务院证券监督管理机构批准的其他方式。股票交易以现货交易和国务院规定的其他方式进行，公司应当依法保证其公司的信息持续公开、禁止进行内幕交易和其他不正当交易，对上市公司的收购应当符合法律规定的程序等。证券法的上述规定、有关证券监督的行政法规以及证券交易所的业务规则关于上市公司股票交易的规定都是上市公司进行股票交易时所必须遵守的。

第一百六十六条 上市公司应当依照法律、行政法规的规定披露相关信息。

本条主旨

本条是关于上市公司信息披露的规定。

本条释解

本条为此次《公司法》修订的修改条文，删除了原《公司法》对上市公司信息披露的具体内容要求，概括性规定其应遵守法律、行政法规的有关规定。

依据本条规定，上市公司应当依照法律、行政法规的规定，公开披露诸如其财务状况、经营情况、财务会计报告、重大诉讼情况等内容。上市公司股票在依法设立的证券交易所进行交易，涉及广大投资者，要求上市公司进行信息披露，是对证券市场进行监管，保护投资者权益的有效手段，也是证券活动公开原则的具体体现。上市公司的财务状况，经营情况、涉及的重大诉讼，公司的财务会计报告，对上市公司的股票交易价格有较大影响的应当依法进行披露，以便于投资者作出投资决策，保护投资者的合法权益。

关于上市公司的信息披露，主要在证券法中作出专门规定。依据《证券法》第78条规定，发行人及法律、行政法规和国务院证券监督管理机构规定的其他信息披露义务人，应当及时依法履行信息披露义务。信息披露义务人披露的信息，应当真实、准确、完整，简明清晰，通俗易懂，不得有虚假记载、误导性陈述或者重大遗漏。证券同时在境内境外公开发行、交易的，其信息披露义务人在境外披露的信息，应当在境内同时披露。披露内容分别以年度报告、中期报告、临时报告三种形式呈现。

其一，年度报告。上市公司应当在每一会计年度结束之日起4个月内，报送并公告年度报告，其中的年度财务会计报告应当经符合本法规定的会计师事务所审计。

其二，中期报告。上市公司应当在每一会计年度的上半年结束之日起2个月内，报送并公告中期报告。前述报告内容应当按照国务院证券监督管理机构和证券交易场所规定的内容和格式编制。

其三，临时报告。发生可能对上市公司、股票在国务院批准的其他全国性证券交易场所交易的公司的股票交易价格产生较大影响的重大事件,在投资者尚未得知时,公司应当立即将有关该重大事件的情况向国务院证券监督管理机构和证券交易场所报送临时报告,并予公告,说明事件的起因、目前的状态和可能产生的法律后果。重大事件包括:(1)公司的经营方针和经营范围的重大变化;(2)公司的重大投资行为,公司在1年内购买、出售重大资产超过公司资产总额30%,或者公司营业用主要资产的抵押、质押、出售或者报废一次超过该资产的30%;(3)公司订立重要合同、提供重大担保或者从事关联交易,可能对公司的资产、负债、权益和经营成果产生重大影响;(4)公司发生重大债务和未能清偿到期重大债务的违约情况;(5)公司发生重大亏损或者重大损失;(6)公司生产经营的外部条件发生的重大变化;(7)公司的董事、1/3以上监事或者经理发生变动,董事长或者经理无法履行职责;(8)持有公司5%以上股份的股东或者实际控制人持有股份或者控制公司的情况发生较大变化,公司的实际控制人及其控制的其他企业从事与公司相同或者相似业务的情况发生较大变化;(9)公司分配股利、增资的计划,公司股权结构的重要变化,公司减资、合并、分立、解散及申请破产的决定,或者依法进入破产程序、被责令关闭;(10)涉及公司的重大诉讼、仲裁,股东会、董事会决议被依法撤销或者宣告无效;(11)公司涉嫌犯罪被依法立案调查,公司的控股股东、实际控制人、董事、监事、高级管理人员涉嫌犯罪被依法采取强制措施;(12)国务院证券监督管理机构规定的其他事项。此外,证券法还对信息披露违法时应当承担的责任作出规定。

第一百六十七条 自然人股东死亡后,其合法继承人可以继承股东资格;但是,股份转让受限的股份有限公司的章程另有规定的除外。

本条主旨

本条是关于股份有限公司自然人股东死亡后其股东资格如何继承的规定。

本条释解

依照继承法的规定,自然人股东死亡后,其遗留的个人合法财产应依法由他人继承。股份有限公司股东持有的股份是股东的个人合法财产,也将依照继承法的规定,由他人依法继承。但是,继承法规定的继承仅限于财产权的范围,对于具有人身专属性的身份关系并未作出明确规定。对股份有限公司自然人股东资格继承问题而言,法律也需要考虑基于特定亲缘关系而发生的财产流动。对此,本法对股份有限公司股东资格继承作出了一般原则性规定,即自然人股东的合法继承人可以继承股东资格,但股份转让受限的股份有限公司的股东资格继承依照其章程规定。具体而言:

其一,自然人股东的合法继承人可以继承其股东资格。股东资格与股东的财产权密不可分,股东身份应当随财产权一同转移给自然人股东的合法继承人。这里的合法继承人既包括依据被继承人遗嘱继承股东资格的继承人,也包括在未立遗嘱情形下的法定继承人。

其二,对于股份转让受限的股份有限公司,其股东资格继承应当遵循章程规定。股东资格继承将实际产生股份变动的效果,须同时受到公司法或公司章程关于股份转让规范的调整,这与本法第157条中“公司章程对股份转让有限制的,其转让按照公司章程的规定进行”要求相一致。明确股份转让受限的股份有限公司应当在公司章程中明确记载限制条件,在股份继承阶段亦不得突破限制要求,因此公司法从实际出发允许公司章程规定股东同意的解决股东资格继承问题的办法。值得注意的是,公司章程自治亦有其限制,即公司章程只能限制继承人继承股东资格,但是不得违反继承法的基本原则,剥夺继承人获得与股权价值相当的财产对价的权利。公司章程对股东资格继承的限制必须具有合理性,具体体现为公司利益、其他股东利益、已死亡股东生前的意愿以及继承人利益之间的协调与平衡。如果公司章程未约定股东资格继承办法的,应当按照本条规定的一般原则由继承人继承死亡股东的股东资格。

CHAPTER 07

第七章

国家出资公司组织机构的特别规定

第一百六十八条 国家出资公司的组织机构，适用本章规定；本章没有规定的，适用本法其他规定。

本法所称国家出资公司，是指国家出资的国有独资公司、国有资本控股公司，包括国家出资的有限责任公司、股份有限公司。

本条主旨

本条是关于国家出资公司组织机构及其概念的规定。

本条释解

本条为此次《公司法》修订的修改条文。为深入总结国有企业改革成果，本法设立了"国家出资公司组织机构的特别规定"专章。其中，国家出资公司是本法引入的新概念。原《公司法》相关内容的调整对象仅为国有独资公司，新《公司法》予以扩张，以国家出资公司作为国有独资公司和国有资本控股公司的上位概念，并仅限于国家出资的一级公司，而不包括其他层级的从属公司。

国家出资公司的资本性质十分特殊。国家作为公司资产的所有权主体，不能直接行使所有权，这也引致了其与一般公司在公司治理方面的明显差异。如国有独资公司只有国家一个股东，存在产权主体缺位问题。依据本法第 172 条规定，国有独资公司不设股东会，由履行出资人职责的机构行使股东会职权，并可以授权公司董事会行使股东会的部分职权。这与一般公司构建的股东会、董事会、监事会三会制衡的治理机制截然不同。可见，组织机构设置规则直接体现了国家出资公司的特别治理需求。因此，本条第 1 款规定，关于国家出资公司的组织机构,应优先适用本章规定;当本章没有具体规定时,才适用本法关于公司组织机构的一般规定。

国家出资公司与《企业国有资产法》中的“国家出资企业”概念不同。国家出资企业是指国家出资的国有独资企业、国有独资公司以及国有资本控股公司、国有资本参股公司。而本条第 2 款采用了封闭式立法模式,将国家出资公司界定为国家出资的国有独资公司和国有资本控股公司。可见,国有资本参股公司和国有全资公司并不在本章的调整范围之内。其中,国有资本参股公司中的国有资本未达到控股地位,公共属性较弱,无须进入国家出资公司特别规制的调整范畴。国有全资公司是指两个以上的国有企业或者其他国有投资主体投资设立的公司。[①] 这一概念来源于 2017 年国务院办公厅发布的《企业法人治理结构指导意见》,2020 年国务院国资委与财政部联合印发的《国有企业公司章程制定管理办法》也对其作出了针对性规定。根据其控股情况,非一级公司的国有全资公司不应属于国家出资公司范畴。因此,本条所指的国家出资公司应是指“一级公司”层面的国有独资公司与国有资本控股公司。

就本条调整的两类国家出资公司而言:(1)国家独资公司,是指由国家单独投资、国务院或者地方人民政府授权本级人民政府国有资产监督管理机关履行出资人职责的一人公司,包括一人有限公司和一人股份公司两类。国有独资公司是一种特殊的一人公司,其特殊性在于股东不是一般的自然人或法人而是国家,履行出资人职责的机构受国家代表机关的委托,履行出资人的职责和义务。(2)国有资本控股公司,是指国有资本出资额或持股份额占比 50% 以上,或虽不足 50% 但其表决权足以对股东会决议产生重大影响的公司,包括国有资本控股的有限责任公司和股份有限公司两类。对于发行类别股的公司,对控股情形的认定应直接根据表决权占比而非出资额占比情况作出。

相关理论

国有公司立法体系定位

相较于原《公司法》将“国有独资公司的特别规定”单独作为一节内容,《公司法(修订草案一审稿)》已将“国家出资公司的特别规定”另设专章。至《公司

---

① 参见李建伟:《公司法学》(第 5 版),中国人民大学出版社 2022 年版,第 36 页。

法(修订草案二审稿)》,又将章名进一步明确为“国家出资公司组织机构的特别规定”。此次公司法修订,不仅扩大了国有公司特别规范的适用范围,还提升了国有公司在公司法中的地位。

近年来,关于国有公司立法的体系定位争鸣不断,对此,部分学者主张将国有公司制度从公司法中剥离。理由有:其一,从公司法的理念和目标出发,国有企业是特殊企业,应剔除公司法中国企改革服务政策性较强的内容,使公司法纯粹。[①] 其二,应矫正国企纯粹商事公司定位,让其回归到“公共公司”本质,并相应地调整对国企主要进行私法规范的思路,专门制定中国的“公共企业法”,以公法手段和私法手段共同调整国企的设立、运营和解散。[②] 其三,在当前国企改革中,政府“出资人”身份和“监管者”身份的双重性以及国有企业“经济人”身份和“准政治人”身份的复合性,使得政府与国有企业之间的关系难以厘定,也造成了政府在面对国有企业时在“放权”与“收权”间举棋不定。[③]

前述观点部分得到立法者重视。譬如2015年中共中央、国务院联合印发了《关于深化国有企业改革的指导意见》,其中明确提出分类推进国有企业改革的目标:要求商业类国有企业按照市场化要求实行商业化运作,以增强国有经济活力、放大国有资本功能、实现国有资产保值增值为主要目标,依法独立自主开展生产经营活动,实现优胜劣汰、有序进退。公益类国有企业则以保障民生、服务社会、提供公共产品和服务为主要目标,引入市场机制,提高公共服务效率和能力。亦有学者在此基础上提出根据国有公司类型而区分立法的思路。有学者认为,“应推进国有企业产权的多元化改革,将竞争类国有企业推向市场,坚定进行产权多元化改革,更多地适用普通公司法”。[④] 也有学者提出,“使用商事类国有公司和公共类国有公司,以分层分类的指导思想构建国有公司法,进而将有关国有公司的特殊制度予以剥离,把《公司法》定位为公司型企业的普通法”。[⑤]

---

① 参见甘培忠、曹丽丽:《我国公司法体系的重构》,载《环球法律评论》2004年第4期。

② 参见蒋大兴:《国企应从公司法中撤退》,载《中国工商管理研究》2013年第12期。

③ 参见顾功耘:《国企改革的政府定位及制度重构》,载《现代法学》2014年第3期。

④ 李建伟:《国有企业特殊法制在现代公司法制中的生成与安放》,载《中南大学学报(社会科学版)》2017年第3期。

⑤ 胡改蓉:《〈公司法〉修订中国有公司制度的剥离与重塑》,载《法学评论》2021年第4期。

在此次公司法修订中,将“国家出资公司组织机构的特别规定”设为专章的做法也得到了政府部门和部分学者的肯认。有关部门主张在公司法中继续强化国有公司制度的规定以凸显其重要地位。有学者指出,“《公司法》是对‘营利性—社会责任’实践的法律调适。国家出资公司并未脱离‘营利性—社会责任’的运行逻辑,将其纳入《公司法》的调整范围尚无理论障碍,不应将其从该法中彻底剥离。《公司法》为国家出资公司设定的特殊治理范式可以保障其承担特殊社会责任进而体现应有的公共属性”。[①]

第一百六十九条 国家出资公司,由国务院或者地方人民政府分别代表国家依法履行出资人职责,享有出资人权益。国务院或者地方人民政府可以授权国有资产监督管理机构或者其他部门、机构代表本级人民政府对国家出资公司履行出资人职责。

代表本级人民政府履行出资人职责的机构、部门,以下统称为履行出资人职责的机构。

本条主旨

本条是关于国家出资公司中履行出资人职责机构的规定。

本条释解

本条为此次《公司法》修订的新增条文。本法改变了原《公司法》仅由“国务院或者地方人民政府授权本级人民政府国有资产监督管理机构履行出资人职责”的做法,而是明确“国务院或者地方人民政府可以授权国有资产监督管理机构或者其他部门、机构代表本级人民政府对国家出资公司履行出资人职责”。

国家出资公司普遍面临国家所有权虚位问题。国家作为全民所有权代表,只是一个抽象的非人格化的组织体,国家所有权的实现需要依赖政府这一行使者。但是,政府作为执行社会经济管理职能的主体,如果直接代行国家资产所有权职能,就会造成政企不分、产权关系不清、资源配置低效等问题,进而导致

① 胡国梁:《国家出资公司进入〈公司法〉的逻辑理路》,载《政治与法律》2022 年第 12 期。

国家出资公司缺乏活力。对此,党的十六大报告明确指出,“国家要制定法律法规,建立中央政府和地方政府分别代表国家履行出资人职责,享有所有者权益,权利、义务和责任相统一,管资产和管人、管事相结合的国有资产管理体制”。2003年,我国成立了国有资产监督管理委员会(以下简称国资委),即国务院特设直属机构,代表政府专门履行企业国有资本出资人职能。2005年《公司法》亦将国资委作为行使股东会权力的唯一主体,实现了由责任不明的多头管理转向统一管理,具有对国有资产存量资源进行整合的意义。

自2013年以来,国有资产管理体制发生根本性变化,国家尝试从“国资委+国有企业”双层运营模式转向“国资委+国有资本投资公司+国有企业”三层运营模式,将监管职能、股东职能、决策和经营管理职能分离,由国资委作为行政性出资人履行监管职能。2015年国务院颁布的《关于改革和完善国有资产管理体制的若干意见》进一步指出,“国有资产监管机构作为政府直属特设机构,根据授权代表本级人民政府对监管企业依法履行出资人职责……专司国有资产监管,不行使政府公共管理职能,不干预企业自主经营权”。2017年公布的国务院办公厅《关于进一步完善国有企业法人治理结构的指导意见》也明确指出,要理顺出资人职责,转变监管方式,以管资本为主改革国有资本授权经营体制。对直接出资的国有独资公司,出资人机构重点管好国有资本布局、规范资本运作、强化资本约束、提高资本回报、维护资本安全。对国有全资公司、国有控股企业,出资人机构主要依据股权份额通过参加股东会议、审核需由股东决定的事项、与其他股东协商作出决议等方式履行职责,除法律法规或公司章程另有规定外,不得干预企业自主经营活动。

本次《公司法》修改对前述国有资产管理体制改革理念予以肯定。本条第1款明确提出,应当由国务院在中央国家出资公司、由地方人民政府在地方国家出资公司中,分别作为出资人主体,代表国家履行出资人职责,享有出资人权益。而在出资人职责的具体履行环节,因本法将“国有独资公司”吸收入“国家出资公司”概念,就不应再将代行国家股东职权的机构限定为国资委,而应有所扩张,即本法所规定的,需要国务院或地方人民政府以授权形式,将出资人职责交由国有资产监督管理机构或者其他部门。代表本级人民政府履行出资人职责的机构、部门,则在本法中统称为履行出资人职责的机构。所谓出资人职责,本法第172条明确规定了在国有独资公司中履行出资人职责的机构应行使股东会职权,其中,对公司章程的制定和修改,公司的合并、分立、解散、申请破产,增加或者减少注册资本,分配利润事项享有法定的决定权,不得授权给公司董事会行使。

相关理论

国有资产管理体制的改革

国有资产管理体制的变革实质上深刻体现了改革方略对市场经济体制的态势判断及其政策选择,面临国家股东的抉择及其职能定位问题。在双层运营模式之下,国有资产监管机构没有对国有企业实行授权经营,国有资产监管机构是股权的所有者,按照《全民所有制工业企业法》或《公司法》行使出资者的权利,形式包括代表国家向企业派出监事会,通过法定程序对企业负责人进行任免、考核并根据其经营业绩进行奖惩,通过统计、稽核对国有资产的保值增值情况进行监管,维护国有资产出资人的权益。此种模式可以减少国有资产在多重授权运营下不可避免的代理成本,但是基于国有资产监管机构的行政部门定性,也会导致国家对企业行政干预过度的问题。

在三层运营模式下,国有资产监管机构和国有企业之间将增加一个市场化的国家资本运营公司以履行出资人职责,从而推动政企的进一步分离。固然,三层运营模式存在拉长国有资产运作的代理链条、增加代理成本问题,但是,针对我国国企改革中长期存在的政企不分、经营效率低下的顽疾,将国有资产的管理权和经营权分开,并分别授权国有资产管理局和国有投资公司或国有资产经营公司行使,不仅可有效地实现国家分别行使行政权和所有权的要求,从根源上解决政企不分的问题,也符合经营主体(包括企业法人和自然人)行使股东权的惯例,容易理顺各方面的关系。

此外,还应区分国有资产授权经营制度和国有资产授权监督制度。前者侧重于政府国有资产管理机构将其拥有国有企业的股权授予国有资产运营机构代为运营,以实现国有资产的保值、增值,体现出公私法交错性质。而国有资产授权监管制度是由各级政府将国有资产的监督管理授予相应的国有资产管理机构,由其代为行使所有者权益,两者之间形成的是行政法上的代理委托关系,体现的是公法上的权利义务关系。

第一百七十条 国家出资公司中中国共产党的组织,按照中国共产党章程的规定发挥领导作用,研究讨论公司重大经营管理事项,支持公司的组织机构依法行使职权。

本条主旨

本条是关于国家出资公司中党的领导的规定。

本条释解

本条为此次《公司法》修订的新增条文,系首次在公司法中明确党对国家出资公司的领导,确立了党组织在国家出资公司中的地位及其参与公司治理的方式。

将党的领导融入公司治理各环节,把企业党组织内嵌到公司治理结构之中是中国特色现代国有企业制度的显著特征。2017 年党的十九大对党章进行修改,对国有企业党组织的功能定位和主要权责作出规定,首次提出“国有企业党委(党组)发挥领导作用,把方向、管大局、保落实,依照规定讨论和决定企业重大事项”。2019 年 12 月施行的《中国共产党国有企业基层组织工作条例(试行)》,对国有企业党的领导和公司治理问题作出比较详细的规定,包括:公司章程要写明党组织的职责权限、机构设置、运行机制、基础保障等重要事项,明确党组织研究讨论的是董事会、经理层决策重大问题的前置程序,落实党组织在公司治理结构中的法定地位;坚持和完善“双向进入、交叉任职”领导体制;国有企业重大经营管理事项必须经党委(党组)研究讨论后,再由董事会或经理层作出决定;保证党对干部人事工作的领导权和对重要干部的管理权等。

本次《公司法》修改,即对前述内容与理念予以肯定,本条在法律层面为国家出资公司的党组织参与公司治理提供了规范依据。具体而言,中国共产党的组织在国家出资公司治理结构中具有法定地位,依照中国共产党章程的规定发挥领导作用。本法所称党组织应主要指向企业内部的基层党组织,往往以集体形式参与公司治理,而不是由其成员个别的在公司经营机构或监督机构中任职。党组织应主要从政治角度发挥政治核心作用,包括对经营事项的政治性判断、合法合规性判断,其有权提出异议并予以制止。党组织在研究讨论公司重大经营管理事项后,交由董事会或经理层决定,但其对于经营事项的商业判断,应侧重于向公司经营机构提出建议。

此外,党组织应当支持公司的组织机构依法行使职权,即以对党委会职能的保障促进董事会和经理层职能发挥,以党委会的政治优势促进董事会制度和经理制度的完善,既要监督董事会和经理层恪尽职守、规范行权、妥善履行信义义务,又要为其合法正当地行使权利提供保障,不受非法剥夺或限制。

第一百七十一条 国有独资公司章程由履行出资人职责的机构制定。

本条主旨

本条是关于国有独资公司章程的规定。

本条释解

本条是此次《公司法》修订的修改条文,删除了原《公司法》"由董事会制订报国有资产监督管理机构批准"的规定。

国有独资公司作为一种特殊的一人公司,其设立必须根据本法规定,制定公司章程。由于国有独资公司不设股东会,由履行出资人职责的机构代为履行出资人职责和义务,国有独资公司章程亦应由履行出资人职责的机构制定。与原《公司法》相比,新《公司法》将公司章程制定权统一收归履行出资人职责的机构行使,再次凸显了国家出资公司中所有权与控制权分离之立法目的,与本法第 172 条公司章程的制定和修改应当由履行出资人职责的机构决定的规定相契合。

公司章程在公司内部关系中,表明股东就设立公司这一重要事项达成一致意见,在公司存续期间,公司章程所载事项对公司股东、董事、监事及所聘任高级管理人员具有约束效力。公司章程在公司外部关系中,表明该公司的法律形式、公司名称、经营范围、资本数额公司住所等,是公司登记机关对申请设立公司予以审核的依据,也是交易相对人与该公司进行经济交往时据以了解公司情况的基本依据。国有独资公司作为有限责任公司的特殊形式,其设立必须根据公司法的规定制定公司章程,由于国有独资公司不设股东会,由履行出资人职责的机构承担出资人的职权和义务,公司章程亦应由履行出资人职责的机构制定。在内容上,国有独资公司章程亦应与一般有限责任公司或股份有限公司一样应当载明以下事项:(1)公司名称和住所;(2)公司经营范围;(3)公司注册资本或公司股份总数,公司设立时发行的股份数,发行面额股的,每股的金额;(4)股东或发起人的姓名或者名称;(5)股东的出资额、出资方式和出资日期;(6)公司的机构及其产生办法、职权、议事规则;(7)公司法定代表人的产生、变更办法等。

第一百七十二条 国有独资公司不设股东会,由履行出资人职责的机构行使股东会职权。履行出资人职责的机构可以授权公司董事会行使股东会的部分职权,但公司章程的制定和修改,公司的合并、分立、解散、申请破产,增加或者减少注册资本,分配利润,应当由履行出资人职责的机构决定。

本条主旨

本条是关于国有独资公司履行出资人职责的机构职权的规定。

本条释解

本条是此次《公司法》修订的修改条文,不再要求国有独资公司发行公司债券必须由履行出资人职责的机构决定,同时删除了原《公司法》中“重要的国有独资公司合并、分立、解散、申请破产的,应当由国有资产监督管理机构审核后,报本级人民政府批准”的规定。

国有独资公司作为特殊的一人公司,仅有国家一个股东,本条据此要求国有独资公司不设股东会。依据本法第169条规定,国有独资公司的决策职能只能由代表本级人民政府的履行出资人职责的机构行使,换言之,由履行出资人职责的机构代表国家行使股东会职权。然而,鉴于履行出资人职责机构的独立性,国有独资公司的决策不能完全依附某一主体,履行出资人职责的机构的主要职责仍然是监督管理国有资产的保值增值,其难以全面细致地管理公司的经营。为保持国有资产经营的高效率,本条规定,履行出资人职责的机构可以授权公司董事会行使股东会的部分职权。

本条亦明确规定了只能由履行出资人职责的机构决定的事项,包括公司章程的制定和修改,公司的合并、分立、解散、申请破产,增加或者减少注册资本,分配利润。值得注意的是,原《公司法》要求,“重要的国有独资公司合并、分立、解散、申请破产的,应当由国有资产监督管理机构审核后,报本级人民政府批准”。其中,重要的国有独资公司主要指关系国家安全和国民经济命脉的重要行业和关键领域中的国有独资公司。鉴于前述内容系行政审批程序新《公司法》予以删除,但实践中重要的国有独资公司仍须按照《企业国有资产法》第34条规定履行相关程序。除前述事项外,履行出资人职责的机构都可以授权董事会决定其他经营事项。可见,在国有独资公司中,一般公司的股东会职权被分解为两个部分:一部分由履行出资人职责的机构行使,另一部分由履行出资人职责的机构授权公司常设的董事会行使。

第一百七十三条 国有独资公司的董事会依照本法规定行使职权。

国有独资公司的董事会成员中,应当过半数为外部董事,并应当有公司职工代表。

董事会成员由履行出资人职责的机构委派;但是,董事会成员中的职工代表由公司职工代表大会选举产生。

董事会设董事长一人,可以设副董事长。董事长、副董事长由履行出资人职责的机构从董事会成员中指定。

本条主旨

本条是关于国有独资公司董事会的规定。

本条释解

本条为此次《公司法》修订的修改条文,新增了“国有独资公司的董事会成员中,应当过半数为外部董事”的规定。

国有独资公司的董事会作为公司经营决策机构,其职权与一般一人公司董事会职权基本相同,即应行使本法赋予董事会的一般职权,还应行使本法第172条规定的由履行出资人职责的机构授权董事会行使的部分职权。可见,较之一般一人公司的董事会,国有独资公司董事会职权更为广泛。国务院国资委于2021年9月印发的《中央企业董事会工作规则(试行)》亦强调了董事会的地位:董事会是企业经营决策的主体,定战略、作决策、防风险,依照法定程序和公司章程就企业重大经营管理事项进行决策。

本条第2款明确规定:国有独资公司董事会的成员应当过半数为外部董事。此系本条修改的重要内容。在2009年国资委发布的《董事会试点中央企业董事会规范运作暂行办法》中,要求公司外部董事人数原则上应当超过董事会全体成员的半数。各董事应当具有不同业务专长和经验。公司大部分外部董事应当具有大企业经营管理决策的经历和经验;至少1名外部董事具有企业财务负责人的工作经历或者是企业财务会计方面的专家;至少1名外部董事具有企业高级管理人员的选聘、业绩考核和薪酬管理经验。2017年,国务院办公厅在《企业法人治理结构指导意见》提出,国有独资、全资公司全面建立外部董事占多数的董事会,国有控股企业实行外部董事派出制度,完成外派监事会改革。可见,此次公司法修订系与近年来国有企业改革相适应的制度调整。

此外,本条第2款还要求董事会成员中应有公司职工代表,即职工董事。这是指公司职工经民主选举,并经履行出资人职责的机构同意,作为职工代表出任公司董事。职工进入董事会参与董事会决策是一种最直接的职工参与公司管理方式,而国有公司的职工参与问题也深刻关系社会主义国家职工主人翁地位的构建。

本条第3款规定了国有独资公司董事会成员的产生规则。为了适应公司法人治理结构的要求,维护出资人权益,本条要求国有独资公司董事会成员应由履行出资人职责的机构委派。该规定系为满足国家作为出资人决定国有独资公司重大事项的需要。但是,董事会成员中的职工代表应当经公司职工代表大会选举产生,而非由履行出资人职责的机构委派。根据《国有独资公司董事会试点企业职工董事管理办法(试行)》的规定,职工董事候选人由公司工会提名和职工自荐方式产生。候选人确定后由公司职工代表大会、职工大会或其他形式以无记名投票的方式差额选举产生职工董事。

本条第4款规定了国有独资公司董事会的成员结构,即董事会设董事长一人,可以设副董事长。董事长、副董事长由履行出资人职责的机构从董事会成员中指定。国有独资公司的董事长享有与其他有限责任公司董事长基本相同的职权,但是其必须经过履行出资人职责的机构的指定,而非董事会内部选举产生,该规定有利于董事会成员结构的稳定并调动董事的积极性,在工作中恪尽职守、勤恳敬业。

第一百七十四条 国有独资公司的经理由董事会聘任或者解聘。

经履行出资人职责的机构同意,董事会成员可以兼任经理。

本条主旨

本条是关于国有独资公司经理聘任的规定。

本条释解

依照本法规定,经理由董事会聘任或解聘。经理是对公司负责并控制公司及其分支机构各生产部门或其他业务单位的高级管理人员,不仅对公司事务进行具体管理而且可全权代表公司从事交易活动。国有独资公司是特殊的一人公司,其机构设置与其他一人公司基本一致。经理由董事会聘任和解聘,经理必须服从董事会的所有决议和指示即经理对董事会负责。公司的董事会必须对经理的人选作出选择,同时监督公司经理的具体经营活动,对于不称职的,应当及时解聘。

依据本法第74、126条规定,公司经理应根据公司章程的规定或董事会的授权行使职权。实践中,国有独资公司经理主要行使以下职权:(1)主持公司的生产经营管理工作,组织实施董事会决议;(2)组织实施公司年度经营计划和投资方案;(3)拟订公司内部管理机构设置方案;(4)拟订公司的基本管理制度;(5)制定公司的具体规章;(6)提请聘任或者解聘公司副经理财务负责人;(7)决定聘任或者解聘除应由董事会决定聘任或者解聘以外的负责管理人员;(8)董事会授予的其他职权。其职权的具体内容受到章程或董事会授权范围的限制。

本条第2款规定董事会成员经履行出资人职责的机构同意,可以兼任经理。对此,《企业国有资产法》第25条规定,未经履行出资人职责的机构同意,国有独资公司的董事长不得兼任经理。这是为保证公司高级管理人员各司其职,避免因各管理人员之间职责不分,从而破坏公司体制的稳固和生产经营的发展,因此规定董事与经理不可互相兼任。但国有独资公司有所不同,因公司董事会成员由履行出资人职责的机构委派，代表国家行使出资人的职权，所以出于国有资产保值增值的需要，国有独资公司董事会成员可以兼任经理，但是董事会作出聘任或者解聘经理的决定前，应当征得履行出资人职责的机构的同意。

第一百七十五条 国有独资公司的董事、高级管理人员，未经履行出资人职责的机构同意，不得在其他有限责任公司、股份有限公司或者其他经济组织兼职。

本条主旨

本条是关于禁止国有独资公司董事、高级管理人员兼职的规定。

本条释解

本条规定了国有独资公司禁止兼职的规范范围，即限于国有独资公司的董事和高级管理人员。其中高级管理人员是指公司的经理、副经理、财务负责人和公司章程规定的其他人员。国有独资公司董事会的成员和高级管理人员是国有独资公司的经营管理者，行使经营管理权，承担着国有资产保值增值的重要任务，因此，国有独资公司的董事和高级管理人员，既有对公司投资人忠实服务的义务，又有为国有资产运营勤勉的义务，必须实现专人专职，固定岗位，明确职责，忠于职守。除经履行出资人职责的机构同意外，不得兼任其他公司或经济组织的负责人，对国有独资公司的经营管理人员实行兼职禁止的专任规定，是为了防止因公司负责人兼职而疏于对公司的管理，并避免因此可能给国有资产造成的损害。

值得注意的是，本条对国有独资公司董事、高级管理人员实行的兼职禁止的专任制度与一般公司董事、经理的竞业禁止义务不同。依据本法第 184 条规定，“董事、监事、高级管理人员未向董事会或者股东会报告，并按照公司章程的规定经董事会或者股东会决议通过，不得自营或者为他人经营与其任职公司同类的业务”。可见，竞业禁止义务主要是要求董事、经理不得自营或者为他人经营与其所任职公司同类的业务或者从事损害本公司利益的活动，如果不发生与其所任职公司竞业之情形，且所从事的活动并不损害本公司的利益，法律并不限制一般公司的董事、经理对其他公司职务的兼任。而对国有独资公司的董事和高级管理人员的兼职禁止,则无论是否存在竞业禁止的事由,也不问是否损害本公司利益,原则上对兼职予以禁止,除非经履行出资人职责的机构同意。故对于国有独资公司董事、高级管理人员的兼职禁止较一般公司董事、高级管理人员竞业禁止的规定更为严格,适用的范围更广泛。另外,兼职禁止的空间范围包括:其他有限责任公司、股份有限公司或者其他经济组织,如合伙企业、个人独资企业等。国有独资公司董事和高级管理人员不得在前述经济组织中担任任何职务,包括董事、监事、经理、财务人员等。但是,这只限于不得在其他经济组织兼职,而不包括其他非营利性的组织,如各种学会。

兼职禁止并非绝对,按照本条的规定,只要经过履行出资人职责的机构的同意,国有独资公司的董事、高级管理人员也可以兼职。例如,从实际情况来看,国有独资公司根据需要投资设立的子公司,或者与其他经济组织共同投资设立的其他公司或经济组织,国有独资公司作为法人股东,需要派出董事会成员或者经营管理者,参加所投资公司或经济组织的董事会或被任命为高级管理人员。总之,本条的规定既确立了不得兼职的原则,又允许特殊情况下的例外。

第一百七十六条 国有独资公司在董事会中设置由董事组成的审计委员会行使本法规定的监事会职权的,不设监事会或者监事。

本条主旨

本条是关于国有独资公司设置审计委员会的规定。

本条释解

本条为此次《公司法》修订的修改条文。公司法允许国有独资公司引入以审计委员会为核心的单层治理架构,不再设立监事会或监事。

此次公司法修订的重要举措之一即引入单层制,允许公司取消监事会,仅在董事会中设置审计委员会行使监事会职权。对国有独资公司而言,2017 年公布的国务院办公厅《关于进一步完善国有企业法人治理结构的指导意见》提出,国有独资、全资公司全面建立外部董事占多数的董事会,国有控股企业实行外部董事派出制度,完成外派监事会改革。2018 年中共中央印发的《深化党和国家机构改革方案》已明确指出，不再设立国有重点大型企业监事会。2018 年公布的国务院《关于推进国有资本投资、运营公司改革试点的实施意见》提出，国有资本投资、运营公司设立董事会，其成员原则上不少于 9 人，由执行董事、外部董事、职工董事组成。董事会下设战略与投资委员会、提名委员会、薪酬与考核委员会、审计委员会、风险控制委员会等专门委员会。目前，由国务院国资委履行出资人职责的中央企业取消外派监事会后，也不再内设监事会，通过引入外部董事并成立董事会审计委员会等专门委员会发挥监督作用。可见，本条系对国有企业改革实践的肯认，并在法律层面予以规范。审计委员会作为董事会内部组织机构，将代替监事会成为公司新的监督机构，行使监督职权，使公司仅具有单层治理结构。审计委员会的职权范围与原监事会职权范围保持一致，以此完成公司由双层治理结构向单层治理结构的转型并解决监督职权承接问题。

第一百七十七条 国家出资公司应当依法建立健全内部监督管理和风险控制制度，加强内部合规管理。

本条主旨

本条是关于国家出资公司合规治理的规定。

本条释解

本条为此次《公司法》修订的新增条文，系公司法首次在国家出资公司治理制度中引入合规治理，在法律层面确立了国家出资公司具有合规治理的义务。

合规是指企业经营管理行为和员工履职行为符合国家法律法规，监管规定，行业准则和国际条约、规则，以及公司章程、相关规章制度等要求。合规管理是指企业以有效防控合规风险为目的，以提升依法合规经营管理水平为导向，以企业经营管理行为和员工履职行为为对象，开展的包括建立合规制度、完善运行机制、培育合规文化、强化监督问责等有组织、有计划的管理活动。合规管理义务与合法性义务并不相同，后者即本法第 19 条规定的，“公司从事经营活动，应当遵守法律法规，遵守社会公德、商业道德，诚实守信，接受政府和社会公众的监督”。合法性义务是合规管理义务的基础，合规管理义务超越了单纯的合法性义务，需要通过组织化措施使企业、企业的机关以及企业职员的行为符合法律规定。

本条对国家出资公司的合规管理义务进行了概括规定，即依法建立健全内部监督管理和风险控制制度，加强内部合规管理，但对其合规内容未作具体规定。结合《中央企业合规管理办法》中对合规管理职责的分配来看，合规管理系与经营管理类似的分权事项，在各个公司机构之间进行分工配合。

首先，中央企业董事会发挥定战略、作决策、防风险作用，主要履行以下职责：(1)审议批准合规管理基本制度、体系建设方案和年度报告等；(2)研究决定合规管理重大事项；(3)推动完善合规管理体系并对其有效性进行评价；(4)决定合规管理部门设置及职责。

其次，中央企业经理层发挥谋经营、抓落实、强管理作用，主要履行以下职责：(1)拟订合规管理体系建设方案，经董事会批准后组织实施；(2)拟订合规管理基本制度，批准年度计划等，组织制定合规管理具体制度；(3)组织应对重大合规风险事件；(4)指导监督各部门和所属单位合规管理工作。

最后，在公司法规定的传统组织机构基础之上，《中央企业合规管理办法》增设了新的合规管理组织。其一，合规委员会，与法治建设领导机构等合署办公，统筹协调合规管理工作，定期召开会议，研究解决重点难点问题。其二，首席合规官，由总法律顾问兼任，对企业主要负责人负责，领导合规管理部门组织开展相关工作，指导所属单位加强合规管理。其三，由中央企业业务及职能部门承担合规管理主体责任，设置合规管理员，由业务骨干担任，接受合规管理部门业务指导和培训。其四，由中央企业合规管理部门牵头负责本企业合规管理工作，配备与经营规模、业务范围、风险水平相适应的专职合规管理人员。其五，由中央企业纪检监察机构和审计、巡视巡察、监督追责等部门依据有关规定，在职权范围内对合规要求落实情况进行监督，对违规行为进行调查，按照规定开展责任追究活动。

相关理论

公司合规管理义务与信义义务的关系

此次《公司法》修订明确了国家出资公司加强合规管理的义务要求，采取概括式立法模式，但对其合规内容未作具体规定。对于其他类型公司，合规义务乃是公司法上的合法性义务向公司治理结构的传递产物，是外源性的产物，需要从传统的董事义务中予以阐释和析出。在美国公司法上,合规义务来自董事会的监督义务,而监督义务和商事决策共同构成了注意义务的内容。在《美国标准商事公司法》中,其第8.30条规定亦明确规定了董事会或委员会成员的决策和监督职能。在2006年的 In Re Caremark International Inc. 案中,特拉华州法院认为,董事会必须建立一套汇报或信息系统来监控公司运营,董事会在建立该系统时有很大的商事裁量权,但必须有这样一个系统,而且董事会必须使用它。在该案之后,美国几乎所有大型公司的合规规模、范围都在增长。在未明确确立董事会监督义务的语境下,合规义务来自注意义务的一般条款。

在英国公司法中,监督义务未被明列为董事义务的具体类型之一,而是建立在董事勤勉尽责的基础之上。

在德国法中,合规义务亦无明文规定,而是来自《德国股份公司法》第93条所规定的谨慎管理义务。基于该一般条款,董事会有义务通过一系列组织措施确保法律法规、内部规章和员工守则得到切实遵守。

在日本,法院的判例普遍认为,董事会应制定有关公司经营的风险管理体制的指南,负责执行业务的董事长以及负责业务的董事再根据指南建立各部门的风险管理体制,董事、董事长、负责业务的董事等负有建立风险管理体制的义务,而且应监督董事长以及负责业务的董事是否履行了建立风险管理体制的义务。基于判例,《日本公司法》确立了董事的监督义务,而董事监督义务履行与否的判断标准主要围绕以下因素展开:是否充分构筑了公司内部监督监视机制;是否使该机制有效地运作和发挥功能;其他董事是否能够认识到违法执行业务行为的存在或是否应当认识到违反法律的业务执行行为的存在。

虽然合规义务建立在监督义务或注意义务的基础之上,但二者并不等同。公司合规既涉及公司治理层面的事项,也涉及合规管理的程序、流程等具体事项,董事会负担的监督义务并非面面俱到。从最广义的合规制度来看,包括内控体系、合规高管、风险管理、外部审计、员工培训以及与监管机关的合作等,多数制度在我国目前的各类管理与法律制度中已然存在,我国合规制度中真正缺乏的是董事注意义务的制度化。制度建设的重点在于进一步具体化董事注意义务,至少从中类型化析出决策义务与监督义务等两种重要类型。

CHAPTER 08

第八章

公司董事、监事、高级管理人员的资格和义务

第一百七十八条 有下列情形之一的，不得担任公司的董事、监事、高级管理人员：

（一）无民事行为能力或者限制民事行为能力；

（二）因贪污、贿赂、侵占财产、挪用财产或者破坏社会主义市场经济秩序，被判处刑罚，或者因犯罪被剥夺政治权利，执行期满未逾五年，被宣告缓刑的，自缓刑考验期满之日起未逾二年；

（三）担任破产清算的公司、企业的董事或者厂长、经理，对该公司、企业的破产负有个人责任的，自该公司、企业破产清算完结之日起未逾三年；

（四）担任因违法被吊销营业执照、责令关闭的公司、企业的法定代表人，并负有个人责任的，自该公司、企业被吊销营业执照、责令关闭之日起未逾三年；

（五）个人因所负数额较大债务到期未清偿被人民法院列为失信被执行人。

违反前款规定选举、委派董事、监事或者聘任高级管理人员的，该选举、委派或者聘任无效。

董事、监事、高级管理人员在任职期间出现本条第一款所列情形的，公司应当解除其职务。

本条主旨

本条是关于董事、监事、高级管理人员的消极任职资格的规定。

本条释解

本条在原《公司法》第146条的基础上对部分条款进行了修改。第一,在第1款第2项中明确了因犯罪被宣告判处缓刑的人员任职资格限制的期限,即自缓刑考验期满之日2年;第二,在第1款第4项的基础上补充规定了该公司被责令关闭之日为不得担任董事、监事、高级管理人员职务期限的起算时间,对应了本项前述担任因违法被责令关闭的公司、企业的法定代表人,并负有个人责任的任职限制条件;第三,在第1款第5项中将"个人所负数额较大的债务到期未清偿"的消极任职条件明确为达到"被人民法院列为失信被执行人"的法律后果;第四,在第2款中删除了原《公司法》规定选举、委派、聘任的主体"公司"二字,选举、委派董事、监事的主体系股东会,聘任高级管理人员的主体通常为董事会,2023年的此次修改调整了表述纠正了原《公司法》用语不当带来的歧义。

董事、监事、高级管理人员的任职资格即担任该职务的任职条件,包括积极条件和消极条件,本条第1款规定了消极条件,即不得担任上述职务的条件。董事、监事、高级管理人员系公司的受托人,应当满足管理层专业化的要求,比较法上多数公司法限定了董事、监事、高级管理人员的消极任职资格,主要集中于无行为能力人或限制行为能力人、禁治产人或破产人、有财产性犯罪前科、有不良行为记录或个人资信状态差等情形。根据本条第1款的规定,有以下五种情形之一的人,不得担任公司董事、监事、高级管理人员:

(1)无民事行为能力或者限制民事行为能力。董事、监事、高级管理人员应当具备完全民事行为能力,这是执行公司职务,独立行使权利、履行义务、承担责任的基本要求。

(2)因贪污、贿赂、侵占财产、挪用财产或者破坏社会主义市场经济秩序,被判处刑罚,执行期满未逾5年,或者因犯罪被剥夺政治权利,执行期满未逾5年,被宣告缓刑的,自缓刑考验期开始之日起未逾2年。董事、监事、高级管理人员管理、监督公司的财产经营,因此对于前述涉及财产性犯罪的人员,因其存在使用非法手段牟取财产方面私利的前科,在一定期限内不宜担任公司的高级管理人员。

(3)担任破产清算的公司、企业的董事或者厂长、经理,对该公司、企业的破产负有个人责任的,自该公司、企业破产清算完结之日起未逾3年。此类人员往往缺乏经营管理方面的专业知识、行业经验及公司经营能力，因此有必要设置一定时限的经营管理工作“禁业期”。

(4)担任因违法被吊销营业执照，责令关闭的公司、企业的法定代表人，并负有个人责任的，自该公司、企业被吊销营业执照、责令关闭之日起未逾3年。此类对于公司的重大违法行为负有领导责任的人员，往往缺乏法律观念，应先增强其法律观念与合规意识，以保障公司的合法合规经营。

(5)个人因所负数额较大的债务到期未清偿被人民法院列为失信被执行人。此类人员可能不信守承诺、到期不清偿债务，或经营不善无力偿还，由其担任管理人员不仅增加了公司经营管理上的风险，还会影响公司信誉。公司及股东可通过失信被执行人公开信息系统查询其拟选举、委派的董事、监事及高级管理人员的征信情况。

除本条第1款之外，根据《公司法》第76条的规定，为了避免兼任管理者与监督者的利益冲突，董事、高级管理人员不得兼任监事。此外，其他法律、法规对特定行业董事、监事、高级管理人员的消极任职资格作出了特别规定。如《证券法》《商业银行法》《保险法》《证券投资基金法》等商事特别法对于证券公司、商业银行、保险公司、基金管理人等的董事、监事、高级管理人员的任职资格分别作出了特别规定；《企业国有资产法》对于国家出资企业的管理者作出了特别规定；证监会、原银监会、各证券交易所对于证券公司、银行业金融机构、保险机构、信托公司以及上市公司董事、监事、高级管理人员任职也有特别限制。

本条第2款、第3款规定了违反董事、监事、高级管理人员消极任职资格的法律后果。根据第2款的规定，违反前述第1款消极任职资格规定选举、委派董事、监事或者聘任高级管理人员的，该选举、委派或者聘任无效。因本条第1款属于强制性规范，公司必须遵守，违反法定任职资格而选举、委派董事之行为，属于无效委任行为；此处的无效，指的是相应法律行为自始不发生法律效力，即自始无效。

本条第3款规定，公司应当解除在任职期间出现第1款规定情形的董事、监事、高级管理人员的职务，进行重新选任，这是本条第1款、第2款司法适用的必然结论，因为出现第1款规定情形的人员已不具备担任董事、监事、高级管理人员的资格。

相关理论

董事、监事、高级管理人员任职资格理论

由于董事是由股东会选举进入董事会，负责对公司的经营管理事务进行决策，集体和单独代表公司执行业务的人，因此域外均对董事的任职资格作出限制。董事的任职资格，即董事的任职条件，包括积极条件和消极条件。

积极条件是指满足某些条件才能担任董事。对于董事的积极资格，域外一般从董事的国籍、董事持有的资格股份、董事的年龄及法人是否可以担任董事等方面进行规定。如《英国2006年公司法》第157条规定，除非有例外，否则只有16岁以上的人，才可以被任命为董事。我国台湾地区“公司法”分别在第192条第1项、第27条规定了自然人董事与政府或法人代表董事。《欧盟第五号公司法指令》第5条规定，只有自然人才能被任命为经营机关成员，第21条(k)规定，如果成员国法律规定可以任命法人为管理机关的非执行成员，该法人应当指定一名常任代表。

消极条件是指在何种条件下不得担任董事。域外公司立法对于董事任职消极条件作了具体规定。消极条件主要包括不具有完全行为能力的人、有犯罪前科的人、破产者及具备其他不适宜担任该类职务的人。

第一百七十九条　董事、监事、高级管理人员应当遵守法律、行政法规和公司章程。

本条主旨

本条是关于董事、监事、高级管理人员基本义务的规定。

本条释解

本条在原《公司法》第147条第1款基础上将董事、监事、高级管理人员遵守法律、行政法规和公司章程的规定剥离，列为独立条款，与忠实义务、勤勉义务分列为两条。

依据本条第1款规定，公司董事、监事和高级管理人员在执行公司事务时，应当遵守法律和行政法规，这是对董事、监事、高级管理人员最基本的要求。只

有符合了这一要求，才能保证公司的行为不违反法律规定，以实现股东设立公司的目的。

公司章程是公司作为独立的法人主体实现自治的重要载体，对于公司及公司内部人员当然具有约束力，董事、监事、高级管理人员承担着公司经营管理、监督与事务执行的重要角色职能，理应受到公司章程的约束，《公司法》第5条也明确规定了公司章程对公司、股东、董事、监事、高级管理人员具有约束力。

董事、监事、高级管理人员违反法律、行政法规和公司章程的法律后果在公司治理层面首先突出体现为董事会决议效力的瑕疵，根据《公司法》第25条、第26条的规定，公司董事会决议内容违反法律、行政法规的无效；董事会会议的召集程序、表决方式违反法律、行政法规或者公司章程，或者决议内容违反公司章程的，自决议作出之日起60日内可撤销，除非召集程序或者表决方式仅有轻微瑕疵，对决议未产生实质影响。

法律、行政法规及公司章程还是董事、监事、高级管理人员向公司承担赔偿责任的依据，《公司法》第188条规定了董事、监事、高级管理人员执行职务违反法律、行政法规或者公司章程，给公司造成损失的，应当承担赔偿责任的一般规定，并在第125条、第163条、第211条、第226条分别规定了负有责任的董事、监事、高级管理人员在董事会决议违反法律、行政法规或章程，违法进行财务资助，违法分配利润，违法减资的情形下，给公司造成损失时的赔偿责任。

除此之外，公司董事、监事、高级管理人员违反法律、行政法规可能导致其符合本法第178条规定的消极任职资格限制，被公司解任。

第一百八十条 董事、监事、高级管理人员对公司负有忠实义务，应当采取措施避免自身利益与公司利益冲突，不得利用职权牟取不正当利益。

董事、监事、高级管理人员对公司负有勤勉义务，执行职务应当为公司的最大利益尽到管理者通常应有的合理注意。

公司的控股股东、实际控制人不担任公司董事但实际执行公司事务的，适用前两款规定。

本条主旨

本条是关于董事、监事、高级管理人员的忠实义务与勤勉义务及事实董事规则的规定。

本条释解

本条在原《公司法》第 147 条第 1 款的基础上，将公司董事、监事、高级管理人员的忠实义务与勤勉义务予以拆分，首次明确界定了忠实义务与勤勉义务的内涵与具体内容，并开创性地将不担任公司董事但实际执行公司事务的控股股东与实际控制人列入对公司负有忠实义务与勤勉义务的主体范围，确立了事实董事的认定规则，回应了强化公司管理者与控股股东义务的实践需求。

我国在修订 2005 年《公司法》时首次确认了董事、监事和高级管理人员对公司负有忠实义务与勤勉义务，并在历次修改中予以沿用。但此次修改前的原《公司法》对信义义务的规范侧重于忠实义务，对于勤勉义务仅有原则性的表述，在具体规则上存在立法缺失，导致董事是否履行勤勉义务缺乏明确的判断标准，掣肘了在司法实践中的相关适用。2023 年《公司法》修订确立了董事、监事和高级管理人员忠实义务与勤勉义务的一般标准，完善了忠实义务与勤勉义务的具体规则，初步建立起了董事、监事、高级管理人员信义义务的完整体系，以更好地维护公司权益。

一、董事、监事、高级管理人员的忠实义务

首先，新《公司法》界定了忠实义务的含义，明确了其实质判断标准，为司法裁判提供了更为明确的依据。忠实义务的要义在于应毫无保留地为公司最大利益努力工作，当自身利益与公司整体利益发生冲突时，应当以公司利益为先。诉诸其信托源流，此种义务应包括两方面的含义：一是受托人不得未经允许从其受托事务中牟取私利，二是受托人不得使自己的利益与义务产生冲突。因此，新《公司法》将忠实义务的内涵界定为“避免自身利益与公司利益冲突，不得利用职权牟取不正当利益。”

其次，在实质判断标准以外，《公司法》在第 182 ~ 185 条具体规定了忠实义务的义务内容，采取了“实质判断标准 + 列举式规定”的立法模式。根据《公司法》的规定，董事、监事、高级管理人员负有忠实义务的具体情形有：(1) 自我交易及关联交易的禁止；(2) 利用或篡夺公司机会的禁止；(3) 竞业限制义务；(4) 其他不作为义务，如不得侵占公司财产、挪用公司资金，不得将公司资金以其个人名义或者他人名义开立账户存储，不得利用职权贿赂或者收受其他非法收入，不

得接受他人与公司交易的佣金归为己有,不得擅自披露公司秘密等;(5)其他未经允许而利用职权牟取不正当利益的行为或者与公司利益相冲突的行为。

最后,《公司法》第186条规定了违反忠实义务的法律后果系公司产生归入权,即董事、监事、高级管理人员违反忠实义务所得的收入应归公司所有。

二、董事、监事、高级管理人员的勤勉义务

勤勉义务,也称善管义务、注意义务,即董事、监事、高级管理人员应诚信地履行对公司的职责,尽到谨慎合理的注意义务,为实现公司最大利益努力工作。勤勉义务在英美法系被称为“注意义务”或“勤勉、注意和技能义务”,在大陆法系往往被称为“善管义务”。原《公司法》对于勤勉义务的规定仅限原则性表述,并未界定其定义或具体规则,导致了司法适用上的困难。勤勉义务要求公司的管理者在作出经营决策或履行职务时,其行为标准必须以公司的最大利益为出发点,以适当的方式并尽合理的注意义务。基于此种要求管理者审慎、尽责的概念本旨,新《公司法》首次明确了勤勉义务的内涵,将其界定为“应当为公司的最大利益尽到管理者通常应有的合理注意”,落脚于“注意义务”这一概念,除了强调管理者的责任心外,还包含了克服管理者的懒惰这一层含义,具有法律上的作为和不作为两种面向。勤勉义务是对董事、监事、高级管理人员称职的要求,因而属于经营能力的范畴。

对勤勉义务的理解与适用可以分为三个层面:一是董事、监事、高级管理人员的善意;二是何为“注意”,即管理者注意义务的判断标准;三是“通常应有的合理注意”的程度及其判断标准。

第一,董事、监事、高级管理人员的行为应当须以善意为之,对于善意的认定需综合考量,通常而言,若董事对公司的经营决策尽到了应有的合理注意,即为善意。反之,若董事明知其行为将会对公司产生不利后果而故意放任,或者因为疏忽没有引起应当的注意,导致公司受损,即为恶意。

第二,关于勤勉义务的判断标准,存在客观标准与主观标准的争议。客观标准以“标准人”或“一般理性人”为尺度,对所有的董事、监事和高级管理人员统一适用,《美国示范公司法》第8.30节即采纳了“一般理性人标准”,即管理层在处理公司事务时负有在类似的情形、处于类似地位中的具有一般性谨慎的人在处理自己事务时的注意;而主观标准是指勤勉义务应因人而异,拥有不同经验或能力的董事、监事和高级管理人员应适用不同的标准。我们认为,衡量管

理层勤勉义务的判断标准，不宜采取单一的主观标准或客观标准，而应当采取综合性的双重标准，即管理层注意义务的标准应当在“一般理性人”标准的基础上，既要判断董事、监事、高级管理人员是否具有一个处在类似位置上的一般理性人应具备的经营能力、任职经验和知识技能，同时也要考虑董事、监事、高级管理人员自身具备的知识、经验和技能。

第三，管理层“通常应有的合理义务”的概念较为抽象且主观性较强，且司法应对介入公司的自主商业决策保持谦抑性，因此“合理义务”的程度为何，又如何判断，是勤勉义务司法适用最为关键的问题。我国目前在《上市公司治理准则》第 21 条、第 22 条，《上市公司章程指引》第 98 条中对勤勉义务的具体内容作出了规定，同时，参考《美国示范公司法》第 8. 30 节的董事行为准则，可以得出董事，监事、高级管理人员的勤勉义务应包含以下方面：(1)应谨慎、认真、勤勉地行使公司赋予的权利，保证公司经营符合国家法律、法规的有关规定；(2)公平对待所有股东；(3)及时了解公司业务经营管理状况；(4)对决议事项应进行合理的和必要的调查；(5)在公司章程与股东会授予的权限范围内履行职权，不超越权限；(6)法律、行政法规、公司章程规定的其他应尽的注意义务。

美国法院在长期司法实践中发展出了对于合理义务的具体判断标准，即商业判断规则。新《公司法》并未明确引入商业判断规则，但在司法实践中法院通常倾向于对介入公司商业决策保持谦抑，参照商业判断规则来对勤勉义务进行认定。

三、关于事实董事的认定

我国公司的股权呈现普遍集中的现象，一股独大的情况十分明显，控制股东或实际控制人虽不担任公司董事，却掌握着公司控制权，成为了实质上的公司决策者，但在原《公司法》的规则下并不存在任何义务或责任；董事、监事、高级管理人员负有忠实义务与勤勉义务，却可能没有独立决策的能力，一定程度上沦为了控股股东或实际控制人的代言人，造成了实践中管理层与控股股东、实际控制人“权、义、责”不符。为了解决这种权责不符的问题，新《公司法》在本条第 3 款规定，“公司的控股股东、实际控制人不担任公司董事但实际执行公司事务的，适用前两款规定”。

首先，关于第 3 款规定的制度本旨。对于控股股东、实际控制人的规制路径存在实质董事制度与赋予控股股东、实际控制人信义义务两种路径争议。从本条的规范结构和条文表述上看,第 3 款的规制对象是"不担任公司董事但实际执行公司事务"的控股股东与实际控制人,强调对不具有形式董事身份者事实上实施董事行为的规制,其规制基点在于董事行为的实施,而且,控股股东或实际控制人的信义义务理论本身也远没有形成通说。因此我们认为,本条第 3 款规定的是事实董事规则,新《公司法》采纳了"实质董事"的规制路径:本条第 3 款关于事实董事的规则与第 192 条关于"影子董事"与"影子高管"的规则组成了我国《公司法》实质董事与实质高级管理人员的规范体系,事实董事规制的是不担任形式董事的控股股东、实际控制人实际执行董事事务的行为,影子董事的规制核心则在于控股股东、实际控制人通过在公司中的影响力,在幕后对董事与高级管理人员的指示行为,二者共同构建起控制股东与实际控制人完整的义务与责任规范。

事实董事的构成需要满足以下两点:其一,不具有形式董事身份;其二,事实上进行了董事行为。

其一,第 3 款的规制对象系不担任董事的控股股东和实际控制人,旨在解决二者对公司的操纵控制问题。新《公司法》修订删除了实际控制人"不是公司股东"的规定,根据《公司法》第 265 条的规定,控股股东,系其出资额占有限责任公司资本总额超过 50% 或者其持有的股份占股份有限公司股本总额超过 50% 的股东;出资额或者持有股份的比例虽然低于 50% ,但依其出资额或者持有的股份所享有的表决权已足以对股东会的决议产生重大影响的股东。实际控制人系通过投资关系、协议或者其他安排,能够实际支配公司行为的人。若控股股东或实际控制人担任公司董事,则其自然受到前两款义务的限制;对于不担任公司董事的控股股东或实际控制人,若其实际执行公司事务,则按照第 3 款的规定适用董事对公司负有忠实义务和勤勉义务的规定。

其二,本条司法适用的关键在于对"实际执行公司职务"的认定。控股股东、实际控制人应达到事实上成为了公司董事的程度,即履行或实施了只有公司董事才能进行的职责或者行为。我国《公司法》规定,董事会是董事行使职权的法定方式,董事并无法定的公司代表权,《公司法》第 67 条规定董事会行使下列职权:"(一)召集股东会会议,并向股东会报告工作;(二)执行股东会的决议;(三)决定公司的经营计划和投资方案;(四)制订公司的利润分配方案和弥补亏损方案；（五）制订公司增加或者减少注册资本以及发行公司债券的方案；（六）制订公司合并、分立、解散或者变更公司形式的方案；（七）决定公司内部管理机构的设置；（八）决定聘任或者解聘公司经理及其报酬事项，并根据经理的提名决定聘任或者解聘公司副经理、财务负责人及其报酬事项；（九）制定公司的基本管理制度；（十）公司章程规定或者股东会授予的其他职权。”因此实际参与或行使了上述董事会法定职权的控股股东与实际控制人，即应作为事实董事一并纳入忠实义务与勤勉义务适用的主体范畴。控股股东或实际控制人构成事实董事的情形通常包括存在董事选任瑕疵、以董事身份参与董事会会议与决议、以董事身份签字、作为执行董事行使董事会职权等。

相关理论

商业判断规则理论

如何判断董事行为的合法性，以及董事、监事、高级管理人员是否尽到了勤勉义务，法院是否能介入公司以及在何种程度上介入公司，涉及对于公司经营自主权的保护与对管理层商业判断的尊重，关系到公司治理结构的构建，我国此前的公司法体系并未妥当地解决上述问题。新《公司法》虽未明确引入商业判断规则，但美国公司法形成的这种裁判标准提供一种可参考的方法。

商业判断规则，指董事出于善意且充分了解相关信息的情况下，为公司最大利益作出了商业决策，即使这一决策事后被证明是错误的或损害了公司利益也不应追究董事责任。

美国公司法依据商业判断规则的标准对董事行为进行衡量，界定法院在什么情况下可以介入公司经营并进行审查；该规则主要明确的就是法院是否可以介入公司以及在何种程度上介入公司。美国法律学会（ALI）起草的《公司治理原则》对商业判断规则的适用条件描述如下：如果作出商业判断的董事或职员在善意的基础上符合以下 3 个条件，就被认为是诚实地履行了对公司的义务：（1）他与该决策对象无利害关系；（2）对决策对象的知悉达到了在当时情形下他有理由相信为适当的程度；（3）合理地认为该项决策符合公司的最大利益。以上三个条件基本上涵盖了商业判断规则的内容。①

① 参见赵旭东主编：《公司法学》（第 4 版），高等教育出版社 2015 年版，第 316 页。

商业判断规则作为一种司法审查规则，旨在为法院认定具体案件中董事履行勤勉职责的程度提供衡量标准，其在司法上的审查限于决策程序的形式判断，而非实质判断。商业判断规则的核心在于如何评价董事的经营决策，只要董事系基于"商业目的"，在充分了解相应合理信息的基础上，善意且真诚地相信自己的行为是为本公司最大利益而作出，即可认为其履行了勤勉义务。

商业判断规则较好地实现了保护公司股东利益与避免司法过度介入管理层决策的平衡，一方面，维护了公司代理制度的价值，保障董事自由、尽力决策。另一方面，利用市场对董事决策进行制约与监督，降低了代理成本，蕴含着完善公司治理结构、保护经营者经营自主权、保护公司经营效率等积极价值。如何吸收与借鉴这一规则以完善我国对董事、监事、高级管理人员勤勉义务的司法判断标准，以指导司法实践，值得更多讨论研究。

实质董事理论

在我国股权高度集中模式之下，控股股东或实际控制人常常通过各种方式操纵董事会及董事，使得董事会或董事沦为公司治理中的提线木偶，股东和董事的角色日渐难以厘清：股东可以像董事一样对经营决策施加影响，但由于股东在法律上不属于形式董事之列，从而可以规避法律上设定的董事义务，而无须为其不当行为负责。为克服这种问题，域外形成了实质董事的制度模式，将董事义务系于事实上执行董事业务或操控公司之行为，即为董事的实质主义模式。实质董事的规则肇始于英国公司法，早在1917年，英国公司法第一次引入了影子董事概念。《英国2006年公司法》第250条规定，所谓董事包括任何占据董事职位之人而不论其称谓为何；第251条规定，影子董事为公司董事习惯听从其指令或命令而为之人。与之类似，《澳大利亚公司法》第9条规定，公司董事意指依法选任的董事、事实上执行董事职务者，以及董事习惯于听从其指令或意愿者。我国香港地区《公司条例》第2条对董事的规定亦采实质界定，包括无论以何职称担任董事职位的人，以及法人团体的一众董事或过半数董事惯于按照其指示或指令（不包括以专业身份提供的意见）行事的人（幕后董事）。前述规定虽稍有不同，但均涵盖了事实董事与影子董事两种类型。本次《公司法》修订亦参考域外关于实质董事之立法经验，分别在第180条与第192条规定了事实董事与影子董事的具体规则,以规制脱离公司法预设的公司治理实质参与者,全面回应了对控股股东与实际控制人的规制需求。

第一百八十一条 董事、监事、高级管理人员不得有下列行为:

(一)侵占公司财产、挪用公司资金;

(二)将公司资金以其个人名义或者以其他个人名义开立账户存储;

(三)利用职权贿赂或者收受其他非法收入;

(四)接受他人与公司交易的佣金归为己有;

(五)擅自披露公司秘密;

(六)违反对公司忠实义务的其他行为。

本条主旨

本条是对董事、监事、高级管理人员禁止性行为的规定。

本条释解

本条主要规定了禁止董事、监事、高级管理人员实施直接侵害公司财产权的各种行为形式,系董事、监事、高级管理人员忠实义务的具体表现。本条在原《公司法》第147条第2款、第148条第1款的基础上,将监事纳入不作为义务的主体;调整了禁止性义务的事项分类,将关联交易与篡夺公司机会的两种具体形式剥离,在另条单独规定。董事、监事、高级管理人员在经营公司、履行监督职责或执行公司事务的过程中,不得实施下列违反忠实义务的行为。

1. 侵占公司财产、挪用公司资金。对公司财产的侵占,指董事、监事、高级管理人员利用自己的职权,直接将公司财产非法占为己有;对公司资金的挪用,指董事、监事、高级管理人员利用其职权,将公司资金擅自挪作他用,在一定期限内拒绝返还或无法返还,强调私自对资金用途的变更且不返还。董事、监事、高级管理人员侵占公司财产或挪用公司资金严重侵害了公司财产权,将影响公司资金的正常运用,妨碍公司经营,损害公司的独立财产基础。此外,侵占公司财产、挪用公司资金还可能构成挪用资金罪、职务侵占罪等刑事犯罪。

2. 将公司资金以其个人名义或者以其他个人名义开立账户存储。以个人名义存储公司资金同样系侵害公司财产权的形式之一。从银行账户名义上看,将公司资金储存在个人账户上，首先，会给本属于公司所有的资金带来所有权争议；其次，容易使得公司对其失去监管，在违反公司意志的情况下被转出，造成公司财产损失；再次，还可能因董事、监事、高级管理人员的个人债务导致公司资金被司法查封、冻结，提高了公司资金安全的风险；最后，在个人账户储存公司资金还可能存在企业税务、银行结算账户管理等方面的合规问题。

3. 利用职权贿赂或者收受其他非法收入。董事、监事、高级管理人员掌握着公司经营管理决策、监督和执行的职权，禁止其利用职权贿赂或收受非法收入是董事、监事、高级管理人员忠实义务的必然要求，否则将大大增加其道德风险和寻租空间，难以忠实履行公司的职务。利用职权贿赂或收受非法收入，情节严重者，还可能以非国家工作人员受贿罪、职务侵占罪被追究刑事责任。

4. 接受他人与公司交易的佣金归为己有。佣金，是指公司在市场交易中给予为其提供服务的具有合法经营资格的中间人的劳务报酬，也就是说佣金的合法接受者仅为合格中间人，而非交易双方，更非交易双方的代理人。董事、监事、高级管理人员作为公司的决策者、监督者与执行者，经常会代理公司与他人进行交易，公司已在其薪酬中支付了对应报酬，其不得再牟取额外佣金，否则将导致其自身利益与公司利益发生冲突，无法客观、忠实履责，损害公司利益。

5. 擅自披露公司秘密。公司秘密指具有商业价值的公司信息，包括但不限于公司的商业秘密，这往往是公司维持竞争优势的关键，密切关系着公司的生存和发展。董事、监事、高级管理人员在履行职务的过程中通常会掌握一定的公司秘密，或具有获取公司秘密的便利条件，若其不当披露，将严重损害公司利益。

6. 违反对公司忠实义务的其他行为。本条规定的禁止性义务均系忠实义务的具体体现，除了上述明确列举的禁止性行为外，还规定了“违反对公司忠实义务的其他行为”的兜底条款，为司法实践中可能出现的其他损害公司财产权、违反忠实义务行为的认定提供了规范基础上的空间，综合衡量公司的具体情况与董事、监事、高级管理人员的行为性质进行判断。

第一百八十二条 董事、监事、高级管理人员，直接或者间接与本公司订立合同或者进行交易，应当就与订立合同或者进行交易有关的事项向董事会或者股东会报告，并按照公司章程的规定经董事会或者股东会决议通过。

董事、监事、高级管理人员的近亲属，董事、监事、高级管理人员或者其近亲属直接或者间接控制的企业，以及与董事、监事、高级管理人员有其他关联关系的关联人，与公司订立合同或者进行交易，适用前款规定。

本条主旨

本条是关于董事、监事、高级管理人员自我交易与关联交易的规定。

本条释解

本条为2023年《公司法》修订的新增条文，首次明确了关联交易的规制方式。新《公司法》将原《公司法》中关于自我交易的规则独立，新增了关联交易的限制规则，将监事纳入自我交易与关联交易的规制范围，同时扩大了关联人的范围，加强了对关联交易的规范。此外，增加了董事、监事、高级管理人员的自我交易与关联交易报告义务，将自我交易与关联交易的决策机构交由公司章程自行决定，增加董事会作为公司可选择的同意权主体，提高了自我交易与关联交易的审查效率，以适应商业需求。

一、自我交易与关联交易的范围

本条规制的自我交易与关联交易指董事、监事、高级管理人员直接或者通过其近亲属或其他关联人与公司订立合同或者进行交易，这可能导致公司利益转移或对董事、监事、高级管理人员的决策产生影响，系利益冲突交易的典型形式。对董事、监事、高级管理人员自我交易与关联交易的限制，系忠实义务的具体表现之一。

新《公司法》扩大了自我交易与关联交易的范围，此次修订之前，我国对自我交易的规制对象仅限于董事、监事、高级管理人员的直接自我交易，忽略了对间接自我交易及其他关联交易的规制。新《公司法》扩大了关联人的范围，改善了自我交易的狭隘适用情况。根据本条规定的关联人范围，具体而言，本条规制的交易包括三种具体类型：(1)董事、监事、高级管理人员直接或间接与公司订立合同或进行交易，即狭义自我交易，包括直接或间接的方式；(2)董事、监事、高级管理人员的近亲属，董事、监事、高级管理人员或其近亲属直接或者间接控制的企业与公司订立合同或者进行交易,即广义的间接自我交易;(3)与董事、监事、高级管理人员有其他关联关系的关联人与公司订立合同或进行交易的兜底情形,与《公司法》第265条第4项关于"关联关系"的定义有机结合,将实践中董事、监事、高级管理人员通过各种隐形手段规避同意权规则进行自我交易或关联交易损害公司的情形纳入规制范畴。

从利益冲突的本质特征上看,一方面,若不对公司管理层的自我交易与关联交易进行限制,因其利益冲突,既要为自身利益谋取更好的交易条件,同时又因受托人身份需以公司的利益最大化行事,导致其难以客观、公平地决策,可能违反对公司的忠实义务,损害公司的利益;另一方面,自我交易与关联交易又可能为公司带来更多、更优的交易机会,节约交易成本,提高交易效率,且实践中很难避免。因此,各国立法对自我交易与关联交易也经历了从完全禁止、到通过公平标准来规范关联交易的态度转变。

二、自我交易与关联交易的程序性规则

第一,本条第1款增加了自我交易与关联交易审查的前置程序,即董事、监事、高级管理人员负有就相关交易向董事会或股东会报告的义务,以便董事会或股东会及时掌握自我交易与关联交易的情况,迅速采取应对措施。

第二,《公司法》首先通过程序性规则对自我交易与关联交易进行限制,自我交易与关联交易应符合程序公平标准。董事、监事、高级管理人员的自我交易与关联交易是否应当被允许,关键在于是否会损害公司利益。问题在于,由谁以及如何对公司利益进行判断?本条第1款将是否"损害公司利益"的判断交给了董事会或股东会。董事、监事、高级管理人员向董事会或股东会报告之后,由其决议是否同意,这种程序公平标准使得对于自我交易与关联交易的公平判断具有了可操作性。

关于决议的具体规则。首先,根据《公司法》第116条、第124条关于股东会会议、董事会会议的议事规则,对于自我交易与关联交易的审查经普通决议通过即可。其次,《公司法》第185条首次就利益冲突交易的表决规则作出了明确,关联董事应就该决议回避表决,在无关联关系董事人数少于3人时,为确保决议的公正性,该交易事项应提交股东会审议。

第三,将自我交易与关联交易的同意权主体交由公司章程决定。原《公司法》将自我交易的同意权限定在股东会,将董事会排除在同意权主体之外。这种安排可能不利于公司灵活安排自己的事务,忽视公司运行的效率。股东会会议并非常设会议,对于大公司尤其是上市公司而言,面对自我交易或关联交易等商业机会,要求董事、监事、高级管理人员征求股东会的同意,与商业精神和效率追求相悖,新《公司法》明确了由公司章程选择由董事会或股东会进行决议。这样一来,对于规模较小的封闭公司,也存在通过章程再行调整将董事会排除在外的空间,能够适应各类公司的实际需求。

第四,司法实践中对董事、监事、高级管理人员的自我交易与关联交易仍可进行实质公平判断。《公司法司法解释(五)》第 1 条第 1 款明确了关联交易存在司法实质性公平判断的空间,"关联交易损害公司利益,原告公司依据民法典第八十四条、公司法第二十一条规定请求控股股东、实际控制人、董事、监事、高级管理人员赔偿所造成的损失,被告仅以该交易已经履行了信息披露、经股东会或者股东大会同意等法律、行政法规或者公司章程规定的程序为由抗辩的,人民法院不予支持"。并在第 2 款明确了异议股东有权为了公司利益提起股东代表诉讼。

三、自我交易与关联交易的法律后果

首先,根据《公司法》第 186 条的规定,公司对自我交易与关联交易的收入享有归入权。

其次,关于未经同意的自我交易与关联交易的合同效力,这是司法适用的难题,新《公司法》并未明确关于公司关联交易效力的判断规则。《公司法司法解释(五)》第 2 条规定了关联交易合同存在无效、可撤销或对公司不发生效力的情形,但司法实践中对于违反程序的关联交易行为的效力判断并不统一,法院仍需对自我交易与关联交易的公平性进行实质审查。

相关理论

公平性测试理论

新《公司法》仅明确采纳了关联交易的程序公平标准,规定了关联交易的披露程序及董事会、股东会的同意程序,但是并未在公司法规范层面明确如何进行实质公平性审查。这主要是由于我国《公司法》没有明确规定公平性测试规则。

比较法上成熟的关联交易规制通常会设定公平性测试规则,如《美国特拉华州普通公司法》第 144 条规定了在公司内部人利益冲突交易时的公平标准，即下列三个条件择一满足即可：(1)交易已向董事会或者委员会披露并由无利害关系的董事会或委员会表决通过；(2)取得股东会同意；(3)交易被证明是公平的。该条款确立了由上述条件(1)(2)建立的“安全港”规则，以及条件(3)所设立的公平性测试规则，即如果非利害关系董事或股东会反对，利害关系董事也能通过自证该交易是公平的使交易有效，类似的规则也为美国绝大多数州所接受。相比之下，考虑到成文法的解释空间，可以认为我国《公司法》已经初步具备了“安全港”规则，虽然目前尚无明确关于公平性测试的规范表达，但司法实践中仍存在对其的适用空间。

对于未经披露和同意的交易可以直接否认其对公司的效力，而由关联交易的实施者承受其后果。在此基础上引入“公平性测试”规则，根据《公司法司法解释(五)》第 1 条的规定，保留法院对关联交易实质公平性的兜底审查权。同时，通过举证责任分配来减轻司法审查的介入程度，即由关联董事举证证明该交易是公平的，以较大程度地限制损害公司利益的关联交易行为，更好地实现关联交易规则的规范作用。

第一百八十三条 董事、监事、高级管理人员，不得利用职务便利为自己或者他人谋取属于公司的商业机会。但是，有下列情形之一的除外：

(一)向董事会或者股东会报告，并按照公司章程的规定经董事会或者股东会决议通过；

(二)根据法律、行政法规或者公司章程的规定，公司不能利用该商业机会。

本条主旨

本条是关于禁止董事、监事、高级管理人员篡夺公司机会的规定。

本条释解

本条为 2023 年《公司法》修订的新增条文，将原《公司法》第 147 条第 2 款中关于禁止篡夺公司商业机会的规则独立，将监事纳入“禁止篡夺公司机会”的义务主体范围，增加了公司机会的报告义务，将董事会新增为有同意权的决策机构，同时还新增了“公司不能利用该商业机会”的情形作为不得利用公司机会的例外规则。

禁止篡夺公司机会的基本理念在于如果某一商业机会理应属于公司所有，这种公司机会对于公司而言就构成广义上的公司利益，董事、监事、高级管理人员不能为自己的利益进行抢夺。董事、监事、高级管理人员基于在公司中的地位可以接触到大量的商业信息，若他们并非为了公司利益篡夺公司机会，即构成对忠实义务的违反。

1. 公司机会的范围及判断标准

在忠实义务的具体表现形式中，关联交易限制规则的适用难点在于如何判断该交易是对公司公平的，而篡夺公司机会限制规则的关键则在于如何认定公司机会。由于我国《公司法》对于何为公司机会缺乏明确的认定标准，司法实践中对“属于公司的商业机会”认定较为不一。

在美国的法律实践中，曾出现过“利益或期待标准”“经营范围标准”“公平性标准”“权力滥用标准”“两步分析法”“双重标准”“开放—封闭公司和内—外部董事标准”等诸多裁判规则和学术观点，提供了丰富的理论基础和实践经验以供借鉴。通过比较这些标准的优缺点，结合改善营商环境与约束损害股东和公司利益行为的需要，我们认为，在此宜以对于董事、监事、高级管理人员较为严格的“经营范围标准”为基础，同时结合“利用公司资源”这一要素进行适当限缩，形成折中但较为严格的限制标准。一方面，“经营范围标准”并不仅限于早期公司的单一商业目标，现代公司通常具有广泛的、综合性的经营范围，公司机会应是与公司正在从事或者将要从事的经营活动有关的商业机会，在现代公司的语境下，商业机会的标准更加宽泛，对董事、监事、高级管理人员的限制更加严格。另一方面，“利用公司资源”这一因素将公司机会限制于履行公司职务或利用职务便利获得的商业机会，即董事、监事、高级管理人员利用其身份、职务或公司资源获取的，或者他人向公司提供的机会。因此，本书将本条所称“属于公司的商业机会”定义为，公司机会指董事、监事、高级管理人员利用其身份或公司资源获取的，或者他人向公司提供的，与公司正在从事或将要从事的经营活动有关的商业机会。

2. 正当利用公司机会的例外情形

各国公司法均规定了董事、监事、高级管理人员在特殊情况下可以利用公司机会,即禁止篡夺公司机会的例外规则或抗辩事由。原《公司法》仅在第 148 条第 1 款第 5 项规定了经公司同意的情形这一例外,且将公司的同意主体限于股东会。新《公司法》在公司同意的基础上,增加了“公司不能”的例外情形。由此,董事、监事、高级管理人员可以在以下情形正当利用公司机会。

(1)向董事会或者股东会报告,并按照公司章程的规定经董事会或者股东会决议通过。首先,新《公司法》明确了公司同意权的前置披露程序,利用该机会的董事、监事、高级管理人员负有向公司报告的义务。其次,增加董事会作为同意权主体,董事会或股东会决议规则与关联交易的规则相同,即经普通决议通过,关联董事应就该决议回避表决,在无关联关系的董事人数少于 3 人时,为确保决议的公正性,该交易事项应提交股东会审议。最后,虽然新《公司法》并未将公司财务不能列为例外规则,但是其可以作为审查该董事会决议时的防御措施,也就是说,董事、监事、高级管理人员将商业机会提交公司,公司作出拒绝的决议后,若有人对该决议提出异议,则公司可以举证董事会的拒绝决议符合公司的最佳利益,因为公司的财务情况无力利用该机会,该决议符合商业判断原则。

(2)根据法律、行政法规或者公司章程的规定,公司不能利用该商业机会。首先,新《公司法》将“公司不能”限制在“法定不能”利用的情形下,即仅在根据法律、行政法规或公司章程的规定,公司不能利用该商业机会的情形,包括公司的经营范围属于法律、行政法规限制的项目,如证券、银行、保险等特定行业,或公司章程对经营范围有明确限制,公司利用这类超出经营范围的商业机会将违反法律、行政法规或公司章程,此时,董事、监事、高级管理人员当然可以直接利用公司不能利用的机会。其次,如前所述,公司财务不能本身不是个人利用公司机会的正当事由。最后,第三方拒绝不构成“正当利用公司机会”。因为这可能导致公司管理层与第三方共谋和欺诈的风险,若存在第三方拒绝的情形,仍应经过公司同意的程序由公司作出是否放弃的决定。

相关理论

公司机会理论

公司机会理论,是英美普通法上的重要理论。在各国对于公司机会的司法实践中,评估一项机会是否属于公司时,主要考量以下两方面的因素:(1)公司能力与个人能力,若是以个人能力获得机会,则不属于公司机会。一般来说,董事、监事、高级管理人员在任职期间获得的机会均应被认为属于公司机会，具体判断包括是否依职位获得该信息、是否利用公司设备或财产获得或开发该机会、是否属于公司的经营范围、该机会对公司的重要性如何、公司是否具有开发该机会的资源或能力等因素。(2)是否与公司构成竞争，具体包括是否利用该机会与公司竞争或发展自己的业务或者将该机会出售给公司等情形。

对于属于公司的商业机会的判断，美国的判例法实践中较为主要的标准是利益或期待标准、经营范围标准、公平性标准与“两步分析法”。

利益或期待利益标准，即公司对机会具有利益或期待利益，该机会就属于公司的商业机会。因为利益或期待利益必须以现存的法律利益为基础，因此该范围较为狭窄，对于公司董事、监事、高级管理人员过于宽松，只能给予公司有限的保护。

经营范围标准，即属于公司经营范围内的机会均属于公司的商业机会。这种标准起源于早期公司商业目标较为单一的时代，那时对于公司经营范围内商业机会的篡夺会影响公司设立的目的实现。因为现代公司通常具有广泛的、综合性的经营范围，公司机会在现代环境下应是与公司正在从事或者将要从事的经营活动有关的商业机会，这一标准就更加宽泛，对于公司管理层的要求即更加严格。

公平性标准，即出于公平性考虑该机会应属于公司。但司法实践中对于公平性标准的认定可能缺乏操作性。

上述标准各有优劣，“两步分析法”就是结合经营范围标准与公平性标准的折中标准，即先通过经营范围认定是否属于公司机会，再通过公平性的判断认定个人利用该机会对于公司是否公平。为了明确公平性标准的具体适用，司法实践中公平性测试规则主要通过结合是否利用公司资源进行认定。这种标准既避免了利益或期待利益标准的过于宽松，又通过公平性测试规则缓解经营范围标准对管理层过于严格的缺陷，值得在司法实践中参考。美国法律协会起草的《公司治理原则》即将公司机会定义为：(1)任何为公司董事、监事或高级管理人员基于如下任一原因所获知的与公司业务有关的机会均属于公司机会：(a)与董事、监事或高级管理人员的职责履行有关，或者在相应环境下董事、监事或者高级管理人员应合理地相信提供该机会的人希望将该机会提供给公司;(b)利用公司信息或者财产,如果所发生的机会应为董事、监事或高级管理人员合理地相信与公司利益有关。(2)任何为公司高级管理人员所获知的与公司正在从事或准备从事的商业活动有关的机会亦属于公司机会。可见,《公司治理原则》同样也是通过结合“公司经营范围标准”及“利用公司资源”或者“与职责履行相关或利用公司信息或财产”的因素,对公司机会进行规制的。

第一百八十四条 董事、监事、高级管理人员未向董事会或者股东会报告,并按照公司章程的规定经董事会或者股东会决议通过,不得自营或者为他人经营与其任职公司同类的业务。

本条主旨

本条是关于董事、监事、高级管理人员竞业限制义务的规定。

本条释解

本条为2023年《公司法》修订的新增条文,将原《公司法》第148条第1款第5项中关于竞业限制的规则独立,将监事纳入竞业禁止的义务主体范围,增加了同业竞争的报告义务,将董事会新增为有同意权的决策机构。

竞业限制义务从属于忠实义务,指董事、监事、高级管理人员不得经营与其所任职公司同类或具有竞争性质的业务。董事、监事、高级管理人员可能利用其拥有的公司权利和地位以权谋私,损害公司利益,且他们还掌握公司经营中的重大信息,若其从事与公司相同或类似的业务,很容易泄露公司商业秘密或者掠夺公司的商业机会,导致与公司不公平的竞争。

第一,《公司法》对于同业竞争的态度。在比较法的发展过程中,对于公司、监事、高级管理人员同业竞争的立法态度存在完全禁止、相对禁止的限制主义、完全的竞业自由三种立场。我国《公司法》对同业竞争的态度采纳了相对禁止的立场,并非完全禁止同业竞争,而是要求公司董事、监事、高级管理人员在进行同业竞争前应向董事会或股东会报告,由公司章程决定经董事会或股东会决议同意。表决规则与自我交易、篡夺公司机会相同,即经普通决议通过,关联董事应就该决议回避表决,在无关联关系董事人数少于3人时,为确保决议的公正性,该交易事项应提交股东会审议。

第二,经营的范围包括自营或者为他人经营,其中“为他人经营”指在与其所任职公司存在同类业务的公司或企业担任执行事务合伙人、董事、监事、高级管理人员等职务。

第三,何为“竞业”,竞业限制规则的核心在于认定“同类业务”的判断标准。本条在立法层面仅将“竞业”规定为“同类业务”,即董事、监事、高级管理人员自营或者为他人经营的业务与其所任职的公司从事的业务属于相同种类,停留在形式标准层面。考虑到竞业限制的目的与快速发展的商业需要,司法实践中应借助“存在竞争关系”的实质判断标准进行认定,即董事、监事、高级管理人员自营或为他人经营的业务与其任职的公司之间构成或可能构成直接或者间接的竞争关系,从而将存在替代性的相似业务纳入限制范围,同时将虽为同类但在时空上不存在竞争关系的业务排除,更准确地规范董事、监事、高级管理人员从事竞业的行为。具体而言,对于同类业务的认定,可考虑以下因素:(1)公司经营范围,若两家公司的经营范围存在较大程度的重合,且具体交易中执行主体明确指向该公司董事、监事、高级管理人员,则可以认定其存在同业竞争;(2)公司的经营活动或具体经营行为,即考虑实际经营情况及案涉交易的具体经营行为;(3)公司的现实利益和预期利益,同时考虑该公司现存的利益与明确的期待利益能否指向该“竞业”业务。

第一百八十五条　董事会对本法第一百八十二条至第一百八十四条规定的事项决议时,关联董事不得参与表决,其表决权不计入表决权总数。出席董事会会议的无关联关系董事人数不足三人的,应当将该事项提交股东会审议。

本条主旨

本条是关于利益冲突事项关联董事回避表决的规定。

本条释解

本条为2023年《公司法》修订的新增条文,首次较为全面地规定了关联董事回避表决制度,明确除《公司法》第139条规定的上市公司关联董事回避表决制度外，非上市公司董事会在进行关联交易、篡夺公司机会、同业竞争的表决时，关联董事也应回避表决。

关联董事回避表决制度系广义的公司表决权例外排除制度的组成部分，指董事与董事会表决的议案存在特别利害关系，可能损害公司利益时，该董事或者其代理人对该决议的表决权将被暂时排除。

一、本条的适用

1. 适用情形

我国《公司法》对于关联董事回避表决的适用情形采取了列举模式，根据本条的规定，《公司法》将回避事由明确为本法第182条至第184条的三类利益冲突交易的表决事项，即自我交易与关联交易、篡夺公司机会、与所任职的公司进行同业竞争，这也是忠实义务的程序要求。

2. 关联董事的主体范围

关联董事的主体范围应以关联关系的存在为实体要件。结合《公司法》第265条第4项关于"关联关系"的定义，关联董事指与所表决的事项存在直接或间接的利益关系的董事。

其中，直接关联董事是就所表决的利益冲突事项向董事会或股东会报告的，与公司存在潜在的直接或间接关联交易、请求利用公司机会或与公司存在同业竞争的董事。

除了这类直接关联董事外，也可能存在间接关联董事，其虽然并非利益冲突的直接人员，但仍可能在表决中不公正投票，如在幕后指示、控制与公司存在直接利益冲突的董事、监事、高级管理人员的董事，这类间接关联董事通常也就是公司的控股股东或实际控制人。间接关联董事在个案中是否需要回避，可作为先决事项由董事会或股东会针对其是否回避的问题先专门进行一次表决。由于间接关联董事的关联关系具有隐蔽性和专业性，且属于复杂的商业判断问题，无利害关系的董事要作出有效、及时的判断可能需要消耗较高的信息成本，因此，出于商业效率考虑，若该间接关联董事主动提出回避，则其可以直接回避，而不必再就回避问题单独表决。

3. 回避表决的法律效果

回避表决的效果系不得参与表决，即该董事或者其代理人对该决议的表决权被暂时排除，同时也不得代理其他董事行使表决权。至于表决权被排除的董事在董事会的地位,又存在四个层面的问题。

第一,排除表决权的董事虽然不得行使表决权,但除表决权外其他与董事会有关的权利不受影响,如接收会议通知,在董事会上申辩、说明的权利。

第二,本条并未明确关联董事表决权排除之后董事会的议事规则,根据《公司法》第73条规定的董事会会议议事方式和表决程序,结合上市公司关联董事回避规则,所表决事项的董事会会议由过半数的无关联关系董事出席即可举行,所作决议须经无关联关系董事过半数通过。

第三,回避董事的表决权是否计入总数将成为该关联事项表决能否通过的关键,最为典型的即为万科董事会决议之争。本条明确回避董事的表决权不计入总数,即该董事所代表的表决权不得计入计算表决通过比例算式的分母。这种规则在排除关联董事行使表决权的同时,使得回避主体与决议事项相互隔绝,达到了完全排除关联交易不公平因素干扰的效果。但是,如果一项重大决议中大部分董事因关联关系回避,则可能存在由极少非关联关系董事决定该重大交易通过与否的情况,可能存在草率或不公,因此为避免这种草率与潜在不公,公司章程可规定无关联关系董事人数不足某一数量时,应提交股东会表决,即对所有董事的表决权予以排除。

第四,在董事会中的大多数董事或全部董事与董事会的决议事项存在关联关系,以至于无关联关系董事人数不足3人时,董事会无法形成多数从而产生僵局,因此该决议事项应提交给股东会进行决议。值得思考的是,提交股东会后,与该事项存在直接或间接利益关系但不担任董事的关联股东,通常是控股股东或实际控制人,其是否应基于关联关系回避,新《公司法》并未明确。若不要求其回避,则仍无法实现避免利益冲突的制度目的;若要求其回避,则该关联事项可能由剩下的少数小股东决议,因为持股份额较小,其决策的理性激励不足,董事会与多数股东可能承担了该决议的大部分风险,导致"反向不公"。由此看来,回避董事的表决权不计入总数确实能更直接地排除利益冲突的风险,但依然存在一些系统缺陷,仍待相关主体在司法实践中进一步明确。

二、关联董事未回避表决的决议效力

《公司法》第25条至第27条规定了股东会、董事会决议无效、可撤销、不成立的效力规则,应回避的关联董事违反本条规定未回避表决时的决议效力判断,并不必然仅因为关联董事未回避本身就归于无效。这过于绝对且不符合公司经营的一般规则，仍应从决议内容是否违法或显失公平、是否损害公司或股东利益等方面，认定该决议有效、无效或可撤销。

一般而言，为保障董事会的运作效率和交易安全，关联董事虽参与了董事会表决，如排除其表决权仍不影响决议成立必需的多数表决权，则该决议形式上合法；如董事会决议的内容违法或显失公平、严重损害公司或股东利益，或者违反公司章程，则该董事会决议应为无效或可予以撤销。同时，股东会、董事会或监事会及其成员享有对未依法回避的关联董事决议提起"决议无效之诉"或"决议撤销之诉"的司法救济。

三、关联股东回避表决制度

广义的公司表决权例外排除制度，除本条的关联董事回避表决外，还包括关联股东回避表决制度。我国《公司法》并未专门规定关联股东回避表决制度，有关股东会会议关联股东回避的规则散见于《公司法》、行政法规及中国证券监督管理委员会的上市公司指引文件。关联股东主要的回避情形有：(1)《公司法》第 15 条规定的关联担保表决；(2)《公司法司法解释(三)》第 24 条规定的隐名股东的显名表决；(3)其他股东与股东会决议存在利益冲突的情形。

第一百八十六条　董事、监事、高级管理人员违反本法第一百八十一条至第一百八十四条规定所得的收入应当归公司所有。

本条主旨

本条是关于董事、监事、高级管理人员违反忠实义务时公司归入权的规定。

本条释解

本条将原《公司法》第 148 条第 2 款关于董事、高级管理人员违反忠实义务的收入应当归公司所有的规定单列为公司的归入权条款，并明确规定监事违反忠实义务的收入同董事、高级管理人员一样归公司所有，这是将监事纳入忠实义务主体的配套法律效果。

公司归入权是指公司对因公司的内部特定人员违反忠实义务实施的交易而取得的溢出利益，享有主张收归公司所有的法定权利。理论基础在于信托法，基于英美法系的信托财产法原理，推定董事、监事、高级管理人员为公司的受托人,应类推适用信托法中受托人的义务规则,受托人行为的所获利益应归公司所有。为了防止董事、监事、高级管理人员将个人利益置于公司利益之上,偏离受信目标,其不得保有因违信行为获得的利益,以防止产生机会主义行为。因此,无论公司是否存在实际损失,董事、监事、高级管理人员均应将其收入归入公司,即在此将董事、监事、高级管理人员的收入推定为公司损失。

一、归入权的构成要件

公司产生归入权的构成要件为:(1)董事、监事、高级管理人员存在违反忠实义务的行为;(2)董事、监事、高级管理人员因违反忠实义务而实际获利;(3)董事、监事、高级管理人员违反忠实义务的行为与其实际获利存在因果关系。

需要强调的是,第一,如前所述,不必证明公司因违信行为受到了实际损失。第二,无须探究违反忠实义务的行为人是否存在主观过错,只要利用其地位获得的个人利益,就应归入公司,比如董事在篡夺公司机会或同业竞争中获得的私益是公司自身难以获得或董事无义务为公司争取的,或董事并非故意谋取私利,仅是在追求公司利益的同时顺带增加了私利。

二、董事、监事、高级管理人员所得收入的计算

董事、监事、高级管理人员在违反忠实义务的过程中获得的收入的计算问题,系归入权司法适用的最大难点。通常认为,该违信收入的计算范围系实施违反忠实义务行为存续期间的个人所得收益,但实践中对这种收入数额的认定往往存在困难。以下分别分析违反《公司法》第 181 条至第 184 条规定的侵占公司财产或收取佣金、关联交易、篡夺公司机会与同业竞争的具体情形下涉及的收入认定。

第一,董事、监事、高级管理人员存在违反《公司法》第 181 条的侵占公司财产时,公司可以直接基于《民法典》的规定主张原物返还的物权请求权,在该财产已经转卖他人构成善意取得时,公司即可基于本条主张归入董事、监事、高级管理人员从该收益中取得的收益。董事、监事、高级管理人员收取佣金或泄露商业秘密的行为等同于直接挪用公司财产,按照归入规则的要求,这部分利益应当归于公司所有。

第二,董事、监事、高级管理人员存在违反《公司法》第 182 条的关联交易时,若交易价格低于市场价,则公司可以选择追认该交易,以实现利益最大化;

若交易价格高于市场价,则其获利应归入公司。

第三,董事、监事、高级管理人员存在违反《公司法》第 183 条的篡夺公司机会行为时,虽然公司对于该商业机会可能并无期待利益,但是行为人仍应将其收益交归公司,因为董事、监事、高级管理人员是受托于公司为其谋取商业机会或因公司资源才获得该机会。

第四,存在违反《公司法》第 184 条的竞业限制行为时,这类行为的收入认定可能最为复杂,实践中可能体现为行为人在竞业公司担任董事、监事、高级管理人员等所获得的工资,或是经营竞业公司从事与所任职公司竞业业务产生的利润等。

三、归入权的司法适用

公司归入权的另一难题在于其与损害赔偿请求权的适用关系。归入权与损害赔偿请求权基于不同的请求权基础,系并存的权利,构成请求权聚合,可同时主张,在将收入归入公司后,若公司还存在其他损失,则可基于《公司法》第 188 条主张损害赔偿请求权。司法实践中,公司也可直接诉请损害赔偿,主张将董事、监事、高级管理人员的违法收入纳入公司损失范围从而进行赔偿。

行使公司归入权的司法路径有两种:一是公司直接向董事、监事、高级管理人员提起直接诉讼;但董事、监事、高级管理人员或控股股东、直接控制人基于内部的紧密利益关系,很可能不提起诉讼,因此第二种路径即由符合条件的股东基于《公司法》第 189 条向董事、监事、高级管理人员提起代表诉讼。

第一百八十七条 股东会要求董事、监事、高级管理人员列席会议的,董事、监事、高级管理人员应当列席并接受股东的质询。

本条主旨

本条是关于董事、监事、高级管理人员列席股东会的规定。

本条释解

本条将原《公司法》第 150 条董事、监事、高级管理人员对股东会和监事会的义务分列,专门规定董事、监事、高级管理人员列席股东会并接受质询的义务。

从条文规范内容上看，根据本条规定，在股东会提出要求的前提下，列席股东会系董事、监事、高级管理人员的义务，其不得拒绝；但股东会提出要求并非董事、监事、高级管理人员列席股东会会议的必要条件，若公司经营管理需要或章程另有约定，董事、监事、高级管理人员也可以主动列席股东会会议并向股东会报告工作。质询权的权利主体为股东，义务主体为公司的董事、监事、高级管理人员，质询权的行使场所系股东会会议。股东行使质询权的方式为要求董事、监事、高级管理人员列席股东会议，并由股东在股东会议上以公司股东、董事、监事、高级管理人员为对象行使质询权。

董事、监事、高级管理人员应当列席股东会并接受股东质询，是保障股东会职权顺利行使的配套需求，同时也是公司管理层勤勉义务的体现之一。董事、监事、高级管理人员列席股东会会议并接受质询的义务系对公司股东的知情权与质询权的配合，《公司法》第 57 条、第 110 条规定了股东对于公司章程、股东名册、股东会会议记录、董事会会议决议、监事会会议决议、财务会计报告、会计账簿、会计凭证具有知情权，可以对公司的经营提出建议或者质询。同时在第 59 条规定了股东会的职权，其有权选举董事、监事，并对修改公司章程，公司合并、分立，减少或增加注册资本等重大事项作出决议，这类重大经营管理事项决策的前提和基础是股东会了解公司的实际经营情况，掌握公司的一定信息。但是，基于现代公司所有权与经营权的分离，股东通常并不直接参与公司日常事务的管理，可能并不了解公司的各种状况。因此，在召开股东会会议时，要求公司的管理人员、监督人员列席，可以随时向他们询问有关事项，掌握公司情况，以更好地发挥股东会职能，维护全体股东的利益。因此，在两权分离的现代公司背景下，要求管理人员与监督人员列席股东会会议并赋予股东质询权，是公司沟通股东与公司管理层信息交流的“桥梁”。

关于董事、监事、高级管理人员拒绝列席股东会会议及股东质询权受损后的司法救济，《公司法》并未明确规定“质询权之诉”，司法实践中股东可以考虑基于《公司法》第 57 条规定的知情权之诉，要求行使知情权，在了解公司经营状况信息的基础上，一定程度实现对公司具体经营管理行为提出质询的目的。同时，若董事、监事、高级管理人员拒绝列席股东会会议或拒绝接受质询构成对忠实义务、勤勉义务的违反，损害了公司或股东利益，可基于《公司法》第 189 条、第 190 条的规定提起代表诉讼或直接诉讼。

第一百八十八条 董事、监事、高级管理人员执行职务违反法律、行政法规或者公司章程的规定,给公司造成损失的,应当承担赔偿责任。

本条主旨

本条是关于董事、监事、高级管理人员因执行职务对公司造成损失时应承担损害赔偿责任的规定。

本条释解

本条基本延续了自1993年《公司法》确立的董事、监事、高级管理人员对公司的损害赔偿责任的规定。

董事、监事、高级管理人员与公司之间存在信义关系,公司为委任人,董事、监事、高级管理人员作为受信人,根据《公司法》第180条规定,董事、监事、高级管理人员对公司负有忠实和勤勉义务,其执行职务时应当以公司利益为最高准则,谨慎、勤勉、忠实地实施行为,而遵守法律、行政法规及公司章程的规定则是最基本的要求。违反上述规定给公司造成损失的,应当承担赔偿责任。

由此,董事、监事、高级管理人员行为的法律效果可以分为两个方面:一方面是外部关系的法律效果,即公司与第三人之间,其行为的法律效果由公司承担,即使造成损害也应当由公司承担,除非构成本法第191条规定的董事对第三人责任。另一方面是内部关系的法律效果,即在公司与董事、监事、高级管理人员之间,董事、监事、高级管理人员执行职务时违反法律、行政法规、公司章程,无论其对外是否直接对第三人承担责任,只要给公司造成损失,即应对公司承担赔偿责任。否则,公司、股东、债权人及其他利益相关者不免受损。同时,这种违反信义义务的责任可能同时竞合董事、监事、高级管理人员对公司的侵权行为,即构成侵权责任在公司法上的特殊体现。

董事、监事、高级管理人员对公司承担损害赔偿责任的构成要件在于:第一,存在违法行为。董事、监事、高级管理人员违反忠实、勤勉义务或存在其他违反法律、行政法规或者公司章程的行为。第二,董事、监事、高级管理人员存在主观过错。对于过错的判断即违反了对公司的信义义务。第三,违法行为给公司造成了损害。第四,公司受损与董事、监事、高级管理人员的违法行为存在因果关系。第五，董事、监事、高级管理人员不存在免责事由。董事、监事、高级管理人员的免责事由主要包括：(1)“商事判断规则”的保护。若董事、监事、高级管理人员在作出决议时是基于信赖合理资料进行的合理商业行为，则即使该决议结果对公司产生损害，其也不承担责任。(2)股东会或董事会的合法同意或追认，除股东会同意外，本次《公司法》将董事会增加为董事、监事、高级管理人员利益冲突交易的公司同意权主体，在利益冲突交易中取得董事会的合法同意也可能构成有效的免责事由。

第一百八十九条 董事、高级管理人员有前条规定的情形的，有限责任公司的股东、股份有限公司连续一百八十日以上单独或者合计持有公司百分之一以上股份的股东，可以书面请求监事会向人民法院提起诉讼；监事有前条规定的情形的，前述股东可以书面请求董事会向人民法院提起诉讼。

监事会或者董事会收到前款规定的股东书面请求后拒绝提起诉讼，或者自收到请求之日起三十日内未提起诉讼，或者情况紧急、不立即提起诉讼将会使公司利益受到难以弥补的损害的，前款规定的股东有权为公司利益以自己的名义直接向人民法院提起诉讼。

他人侵犯公司合法权益，给公司造成损失的，本条第一款规定的股东可以依照前两款的规定向人民法院提起诉讼。

公司全资子公司的董事、监事、高级管理人员有前条规定情形，或者他人侵犯公司全资子公司合法权益造成损失的，有限责任公司的股东、股份有限公司连续一百八十日以上单独或者合计持有公司百分之一以上股份的股东，可以依照前三款规定书面请求全资子公司的监事会、董事会向人民法院提起诉讼或者以自己的名义直接向人民法院提起诉讼。

本条主旨

本条是关于股东代表诉讼的规定。

本条释解

本条在原《公司法》第151条股东代表诉讼的基础上，首次引入了股东双重代表诉讼制度，明确全资子公司的董事会、董事、高级管理人员、监事会、监事存在违反"前条规定"的情形时,母公司的股东有机会以自己的名义代表全资子公司提起诉讼,这更有利于小股东维护其合法权益。

股东代表诉讼,又称股东代位诉讼或派生诉讼,指公司利益受到侵害而公司因某种原因不能或怠于起诉时,公司股东为了公司利益可以自己的名义代表公司提起的诉讼。

《公司法》第 188 条规定了董事、监事、高级管理人员对公司的责任,但其赔偿责任应如何追究,即是本条要解决的问题。当公司利益因董事、监事、高级管理人员的违法行为受到损害时,追究其赔偿责任的权利属于公司,但此时公司往往由与责任人存在利益关系的董事、高级管理人员控制,从而可能怠于追究上述人员的责任。为了解决这种公司丧失起诉能力的问题,发展出股东代表诉讼的替代救济措施,其司法适用的核心要点包括:

1. 股东代表诉讼的适格原告

股东代表诉讼的本质是维护公司利益,而非仅有利于原告,当提起股东代表诉讼的目的异化为为了原告甚至是其律师利益,而不是对公司受损进行救济时,股东代表诉讼就可能发生滥用。因此,为了避免股东代表诉讼的滥用,有权提起股东代表诉讼的适格原告范围应有所限制。

根据本条第 1 款的规定,我国提起股东代表诉讼的适格原告是有限责任公司的股东、股份有限公司连续 180 日以上单独或者合计持有公司 1% 以上股份的股东。可见,只要是有限责任公司的适格股东,即可提起代表诉讼,且根据《九民纪要》第 24 条的规定,何时成为股东不影响起诉,行为发生时原告尚未成为股东不构成抗辩理由;但对于股份有限公司来说,只有连续 180 日以上单独或者合计持有公司 1% 以上股份的股东才有权提起股东代表诉讼。因为股份有限公司的股份转让较有限责任公司而言比较自由,股份交易也较为频繁,若不对股东范围进行限制,更容易发生股东代表诉讼的滥用,因此《公司法》作出了持股时间和持股比例的限制性规定。

此外,《公司法司法解释(四)》第 24 条规定了股东代表诉讼的其他诉讼安排,即该股东为原告,一审法庭辩论终结前符合条件的其他股东以相同诉讼请求申请参加诉讼的,作为共同原告;存在违法行为的董事、监事、高级管理人员为被告;同时列公司为第三人参加诉讼。

2. 股东代表诉讼的适格被告

公司的合法权益可能受到两方面的侵害,一方面来自公司内部,由其董事、监事、高级管理人员等公司内部人员实施;另一方面来自公司外部,由可能给公司造成不利影响的外部行为人实施。根据本条第1款和第3款的规定,符合条件的股东不仅可以就其公司董事、监事、高级管理人员责任提起股东代表诉讼,也可以通过股东代表诉讼追究“他人侵犯公司合法权益,给公司造成损失”的法律责任。

3. 股东代表诉讼的前置程序

基于股东代表诉讼权对公司诉权的派生性,股东具有股东代表诉讼权的前提是公司不具有起诉能力,因此,股东只有履行了相应的前置程序,穷尽公司内部救济后才有权提起股东代表诉讼。本条第1款规定,董事、高级管理人员违反法律、行政法规、公司章程给公司造成损害的,股东应先书面请求监事会提起损害赔偿诉讼;监事存在前述行为的,股东应书面请求董事会提起损害赔偿诉讼。只有当监事会或者董事会收到前文规定的股东书面请求后拒绝提起诉讼,或者自收到请求之日起30日内未提起诉讼时,股东才有权直接提起股东代表诉讼;股东能够证明存在前置程序的豁免条件,即举证证明“情况紧急、不立即提起诉讼将会使公司利益受到难以弥补的损害”,也可直接提起诉讼。

需注意的是,履行前置程序要求的前提是存在公司起诉的可能性。《九民纪要》第25条也明确,“一般情况下,股东没有履行该前置程序的,应当驳回起诉。但是该项前置程序针对的是公司治理的一般情况,即在股东向公司有关机关提出书面申请之时,存在公司有关机关提起诉讼的可能性”;如果公司不存在该种可能性,股东履行前置程序的义务也应被免除。典型的情形,如公司的董事与监事均为被告,此时董事会或监事会无法既代表公司又代表被告,或是有权代表公司提起诉讼的董事或监事均因利益冲突而回避,无法代表公司提起诉讼。

4. 股东代表诉讼的效果归属

股东代表诉讼的最终受益人是公司,而不是原告股东,这就决定了股东代表诉讼的诉讼效果归于公司,这是股东代表诉讼区别于直接诉讼的最大特征。并且,为避免原告股东与被告通过调解损害公司利益,《九民纪要》第27条规定,人民法院应当审查股东代表诉讼的调解协议是否为公司的意思,只有在调解协议经公司股东会、董事会决议通过后,人民法院才能出具调解书予以确认。至于具体决议机关,取决于公司章程的规定。公司章程没有规定的,人民法院应当认定公司股东会为决议机关。

5. 股东双重代表诉讼制度

这是新《公司法》的新增制度,在公司集团的治理语境下,若全资子公司利益受损,则有权提起直接诉讼的系子公司本身;有权提起股东代表诉讼的,系子公司的股东即母公司,如子公司的股东(母公司)不愿提起股东代表诉讼,母公司的股东即有权提起第二层次的股东代表诉讼。股东双重代表诉讼可以形象地理解为"股东的股东"代表子公司提起代表诉讼,这是企业集团法的重要制度设计之一。

(1)适格原告的实体要件。本条第 4 款将股东双重代表诉讼的主体仅限于全资母子公司之间,即母公司为子公司的唯一股东,承继了《公司法司法解释(四)》(2016 年 4 月 12 日征求意见稿)第 31 条的规定。

(2)股东双重代表诉讼制度的前置程序。本条第 4 款规定,符合条件的股东"可以依照前三款规定书面请求全资子公司的监事会、董事会向人民法院提起诉讼或者以自己的名义直接向人民法院提起诉讼"。新《公司法》在此明确,股东双重代表诉讼制度的前置程序系母公司股东书面请求全资子公司的监事会、董事会提起诉讼,即仅要求"竭尽子公司的内部救济"。理论上说,股东双重代表诉讼制度的前置程序与普通股东代表诉讼的原理相同,所以,母公司的股东需"竭尽母、子公司内部救济",即母公司股东履行双重的前置程序,分别向子公司和母公司提起救济请求,当二者均不可行时,才能以自己的名义提起双重股东代表诉讼。但是,我国的股东代表诉讼本身并不活跃,要求母公司股东履行双重前置程序也降低了股东双重代表诉讼的效率,可能抑制母公司股东提起股东代表诉讼的积极性。因此,为简化程序,提高诉讼效率,激活股东双重代表诉讼,新《公司法》规定母公司股东只需书面请求全资子公司的监事会、董事会提起诉讼无果即可,而不要求其向母公司董事会、监事会再行请求,这也是新《公司法》对股东双重代表诉讼作出的适应性调整。

(3)股东双重代表诉讼的胜诉利益应归属于子公司而非母公司。

相关理论

股东代表诉讼理论

股东代表诉讼制度最初形成于 19 世纪初的英美国家,作为衡平法上的特殊制度出现,其直接目的在于保护公司利益免受董事、监事、高级管理人员等处于管理地位的内部人或其他第三人的侵害,也间接地保护了少数股东的利益。其在英美法系国家流行后,大陆法系国家也相继采用这一制度,我国在2005年《公司法》修订时即引入了该制度。

对于股东代表诉讼制度的评价也具有双面性。其积极意义在于以下两点:一是对于公司管理层的事前监督作用。法律规定公司的董事、监事、高级管理人员对公司负有忠实、勤勉的信义义务,但其作为公司的实际管理者、监督者、执行者,不能完全依赖其自身的自觉,股东代表诉讼制度就如同悬挂在其头上的“达摩克利斯之剑”,大大提升了其违反信义义务的风险,起到一定预防、事前抑制的作用。二是对于公司和少数股东的事后救济功能。当公司利益因董事、监事、高级管理人员的不当行为受损后,少数股东的利益也间接受损,提起股东代表诉讼胜诉后的利益归属于公司,进而每个股东均会受益;同时充实了公司责任财产,对公司债权人也有间接救济的作用。但是,若股东代表诉讼制度被滥用,反而将对公司带来不当影响,关于股东代表诉讼的质疑主要在于以下3个方面:一是其可能沦为原告及其律师牟利的手段,成为“恶讼”或“告黑状”;二是将给公司带来更大的成本,如诉讼成本、管理层的时间精力;三是可能影响管理层的正常商业决策与对其职务履行的促进。

因此,为了防止滥诉,各国对股东代表诉讼制度均存在实体及程序限制。除了诉讼资格、前置程序等方面的限制,有的国家如美国、日本还规定了诉讼费用担保制度,以遏制滥诉和“敲竹杠”行为。限制措施的严厉或宽松程度反映了立法对于股东代表诉讼制度的立场,是鼓励还是抑制少数股东提起股东代表诉讼,这一立场往往与该国的公司治理现状有关。基于我国“一股独大”的公司治理现状,应采纳适当鼓励、便利中小股东提起股东代表诉讼的立法导向与司法政策。

最后,在确立股东代表诉讼制度的基础上,公司集团的治理中还可能存在母公司的股东需为子公司的利益提起诉讼的实践需求,即股东双重代表诉讼。美国法律协会制定的《公司治理原则》中即明确:在判例法下,单个原告不仅可以代表自己直接拥有股份的公司提起代表诉讼,还可以代表该公司拥有重大投资股份的子公司提起代表诉讼。日本等国家的公司法甚至有条件地允许提出更多层次的股东代表诉讼,即股东多重代表诉讼,典型如《日本公司法》第847条之3的规定。

第一百九十条 董事、高级管理人员违反法律、行政法规或者公司章程的规定,损害股东利益的,股东可以向人民法院提起诉讼。

本条主旨

本条是关于股东直接诉讼的规定。

本条释解

股东直接诉讼是指股东为自己的利益,以自己的名义向公司或者其他权利侵害人提起的诉讼。与《公司法》第189条规定的股东代表诉讼相比,在产生根据、所受限制、维护利益、诉讼效果归属等方面均存在不同。

《公司法》第4条规定,公司股东对公司依法享有资产收益、参与重大决策和选择管理者等权利。股东作为公司的出资人,有权维护自己在公司的合法权益。对于公司的董事、高级管理人员违反法律、行政法规或者公司章程的规定,损害股东合法权利的行为,股东可以依照本法和《民事诉讼法》的规定,向人民法院提出民事诉讼,维护自己的合法权益。

根据本条规定,第一,股东提起诉讼的事由,是公司董事、高级管理人员违反法律、行政法规或者公司章程的规定,且损害了股东的利益。可见,本条只规定了股东直接诉讼的一个方面,即董事、高级管理人员给股东造成损害而提起的诉讼。在这种情况下,股东是为了维护自身的利益而提起诉讼,其不仅享有程序意义上的诉权,而且享有实体意义上的诉权。因此,股东可以直接提起诉讼。与股东代表诉讼不同,该诉讼效果直接归属于该股东。第二,关于股东利益损害的认定,董事、高级管理人员违反义务对股东利益造成直接损害时,股东才能提起直接诉讼,如身份权、知情权、表决权、分红权等专属于股东的权利。基于公司法人的独立性,公司财产不等于股东财产,股东利益与公司利益并非始终一致,因此若公司财产利益受损,即使股东利益间接受损,原则上也只能由公司作为原告提起损害公司利益之诉,股东仅在公司无法提起诉讼之后才有机会提起股东代表诉讼,股东权益间接受损不能提起直接诉讼。

对于股东直接诉讼的范围,各国法律规定不尽一致。有范围规定较宽的,如美国规定了十余种股东可以直接诉讼的情形,包括请求支付合法宣布的股利或强制性股利之诉、行使表决权之诉、股东协议违反之诉、强制公司解散之诉等;有范围规定较窄的,如德国、日本,《德国股份公司法》及有关判例确认股东可以提起股东成员权之诉、股东会决议无效和撤销之诉,日本公司法规定了股东可以提起股东会决议撤销、无效、不存在3种诉讼。

第一百九十一条 董事、高级管理人员执行职务,给他人造成损害的,公司应当承担赔偿责任;董事、高级管理人员存在故意或者重大过失的,也应当承担赔偿责任。

本条主旨

本条是关于董事、高级管理人员执行职务造成他人损害时的公司责任及董事、高级管理人员对第三人责任的规定。

本条释解

本条为新《公司法》修订的新增条文,是《公司法》首次规定董事、高级管理人员对第三人的直接责任,系本轮公司法修订的重要创新成果之一,充分回应了对于规制董事滥用权利行为的实践需求,更有效地保障了第三人利益。因董事和高级管理人员对第三人承担赔偿责任的原理相同,为简洁用语,下文以董事为例对本条进行释解。

一、本条的立法背景

基于法人机关与代理的基本理论,公司与董事间的委任契约具有相对性,原《公司法》与《民法典》均未规定董事对第三人的责任,确定了董事作为公司的工作人员侵害公司外部人时,公司作为法人对外承担替代责任或雇主责任,对内向董事行使追偿权的立法政策。原《公司法》仅在第189条规定了公司清算时清算组成员因故意或者重大过失损害债权人利益的应当承担赔偿责任,并在《公司法司法解释(二)》第18条至第20条对此进行细化,因为清算阶段公司财产与债权人利益密切联系且公司可能丧失清偿能力,董事在一定程度上已转变为债权人的受托人与代理人,应对债权人承担责任。《公司法司法解释(三)》第13条、第14条规定了公司资本维持过程中董事对债权人的责任,但仅限于公司不能清偿其债务的情形。除此之外,我国公司法并未规定其他阶段或其他情况下董事对第三人的责任,导致原《公司法》对第三人利益保护不足。《证券法》第 85 条规定了董事、监事、高级管理人员进行虚假陈述时对投资人的直接责任,董事、监事、高级管理人员应与发行人承担连带赔偿责任,但能够证明自己没有过错的除外,这是证券法域为完善资本市场监管,针对上市公司董事对投资人信息披露义务的特别规定。《企业破产法》第 125 条第 1 款规定了董事、监事、高级管理人员违反信义义务导致企业破产的民事责任,"企业董事、监事或者高级管理人员违反忠实义务、勤勉义务,致使所在企业破产的,依法承担民事责任",同样系特别法对于董事对第三人责任作出的特别规范。新《公司法》正式引入董事对第三人责任有助于强化《证券法》中董事虚假陈述责任,通过《公司法》的一般规定与资本维持领域、清算领域的特别规定,《公司法》与《证券法》、《企业破产法》等特别法的相互关系,形成完整的董事对第三人责任的有机体系。

新《公司法》在本条规定了董事对第三人的责任,改变了原《公司法》和《民法典》第 61 条和第 1191 条对于公司法定代表人、工作人员因执行职务造成他人损害时,对第三人责任承担内外区分的立场,突破性地规定了董事存在故意或重大过失时对第三人的直接责任。

《公司法(修订草案一审稿)》首次规定了董事对第三人责任,三次审议稿颁布后均引起了常委委员、地方、部门和专家学者、社会公众的广泛讨论。反对观点主要在于董事对第三人责任未严格区分公司对外责任与董事、监事、高级管理人员对公司责任,冲击了法人机关理论与替代责任理论;董事与第三人之间缺乏作为承担责任的前提条件的基础法律关系;增加董事对第三人的责任可能泛化董事责任,导致董事的权利义务责任失衡,主张《公司法》应回归《民法典》的规定,从而将董事对第三人责任限制在特定领域。支持董事对第三人责任的观点则认为,董事对第三人责任本质上并未违反传统的法人机关理论,同时加强了对第三人的保护;董事通过公司而与第三人之间存在间接的基础法律关系;董事承担一定限度的责任符合现实需求;但司法实践中应对责任构成、责任形式作进一步明确。

由于现代社会中董事滥用权利通过公司损害第三人利益的实践案例大量增加,这种违法行为形式上大多为董事以公司名义进行,且在公司规模化经营的影响下,给社会公众造成的损害相较于作为个人的董事更大,深刻体现了规制公司董事不当行为的实践需求,要求董事对外承担一定责任,能够起到合理的震慑作用,督促其履职勤勉尽责。

新《公司法》基于我国公司治理的具体情况对法人机关理论作出了适应性更新,选择了在《公司法》中新增董事对第三人责任的立法态度,在组织法上区分董事个人责任与公司责任,具有里程碑式的制度价值。第一,董事对第三人责任能够有效遏制公司法人的侵权行为。因为公司通过其法人机关进行民事活动,本条大大增加了董事、高级管理人员通过公司损害外部人的成本,从而抑制公司对第三人的侵害行为。第二,增加董事、高级管理人员作为责任主体,扩大了承担责任的主体范围,大大强化了对受害人的保护。第三,董事对第三人责任适应了公司资本制度变迁带来的公司清偿能力的变化。传统的替代责任理论建立在组织的经济实力优于个人经济实力的假设上,认为公司是更有赔偿能力的主体。但这种责任承担优势的假设是以大中型企业作为背景的,实践中数量更多的也更为常见的中小企业相较于其内部成员并不必然具有更强的赔偿能力。而且,我国实行资本全面认缴制改革以来,公司虚报注册资本的现象频发,这也正说明了认缴制下公司作为责任主体的责任能力可能更低,无法清偿对外部人的损害赔偿。

由此,根据本条的规定,董事、高级管理人员执行职务,给他人造成损害的,由公司承担首要赔偿责任,这是对于法人机关理论的贯彻;董事存在故意或重大过失的,直接对第三人承担责任。由此形成了"公司替代责任 + 董事直接责任"的规制模式,是对因董事滥用权利而无法在传统公司法人制度框架内获得周全保障的第三人的救济。

二、董事对第三人责任的构成要件

本质上,董事对第三人责任与法人人格否认相似,系例外情况下对法人机关责任的突破,因此董事对第三人责任制度在实践中的司法适用应严格谨慎,其责任成立、责任形式、责任范围应与董事的正常商业经营相协调。

1. 董事对第三人责任系董事在执行职务时产生。判断董事是否在执行职务至少有两个标准:一是董事在公司授权或具备权利外观的情况下以公司名义行事;二是董事的行为与职务行为有客观上的牵连关系,董事的职务行为本质上与公司的经营管理直接相关,不包括执行一般事务的行为。因此,董事因个人原因损害第三人利益的情况与公司行为及董事的职务行为无关,通常不应被归入本条董事责任的范畴。

2. 董事行为造成他人损害。首先，本条中“他人”指公司的外部人，不包括公司股东，董事对股东利益的损害应通过信义义务和股东直接诉讼解决，董事通过损害公司利益间接损害股东利益，应通过股东代表诉讼救济，从而不必将股东纳入“第三人”范畴，以避免董事承担双重损害赔偿责任。其次，除股东外，本条对第三人的范围并未作出限制，因此，不必将“第三人”的范围限于狭窄定义，而应涵盖各类可能因董事利用公司实施行为而遭受损害的个体。第三人的范围包括员工、消费者、供应商等公司利益相关者，如员工被拖欠工资、消费者使用瑕疵产品遭受损害，其中主要是公司的债权人。再次，董事执行职务给他人造成了损害，这种损害指现实、确定的损害。本条并未要求第三人证明公司丧失清偿能力或已经陷入破产，虽然从比较法的实证效果上看，该规则下的大多数诉讼是第三人在公司丧失偿债能力之后提起的，但这并非第三人起诉时的举证证明要件，法院在实践中认定第三人是否受损时，可结合债权是否到期、公司财产清偿能力等因素综合判断。最后，董事的职务行为与第三人的损害应具有因果关系。

3. 董事对第三人承担责任的主观要件，限于故意或重大过失。这意味着董事在执行职务时因一般过失给第三人造成损害的不承担责任，因为董事作为公司雇员、法人机关成员，一般过失原则上仍应由公司对外承担责任，仅在故意或重大过失时对第三人具有可苛责性。关键在于，如何认定故意或重大过失。《公司法》从组织法角度确立了董事对第三人责任，对董事主观要件的认定也应从组织法上的注意义务角度理解，不能囿于传统民法的规范体系。因此，董事是否存在故意或重大过失的判断标准，应为董事是否违反了对公司的信义义务，若董事违反了对公司的信义义务造成对第三人的损害，则存在故意或重大过失。对于公司债权人而言，董事存在故意或重大过失的典型如董事协助股东抽逃出资等严重违反维护公司资本充实义务的行为，导致公司财产不足以清偿对债权人的债务。同样，公司的对内追偿规则也应与此相契合。董事存在一般过失，但并未违反其对公司的信义义务，则公司对外承担责任后不能向董事追偿，这也是正常商业经营的需要和法人机关理论的应有之义；董事违反信义义务，存在故意或重大过失的，公司对外承担责任后，得向有过错的董事追偿。

三、董事对第三人责任的责任形式

本条仅原则性规定了董事对第三人承担“赔偿责任”，改变了《公司法（修订草案一审稿）》中争议较大的连带责任形式的立场。因此，在此应当明确董事承担“赔偿责任”的内涵。

首先，董事与公司的责任形式并非承担连带责任，因为连带责任需以法律明确规定或当事人明确约定为前提；且新《公司法》摒弃了《公司法（修订草案一审稿）》中关于连带责任的规定，从历史解释的角度也可得出董事并非承担连带责任。

其次，我们认为董事承担的“赔偿责任”应为补充责任。公司系董事职务行为的第一责任主体，董事的个人责任顺位在公司责任之后。补充责任的法律构造，一方面不会减损公司应承担的责任，另一方面也能够有效避免董事承担过重责任而损害其履职的积极性。

进一步地，董事应根据其过错程度及对损害的作用力承担按份责任，具体应注意的是：

第一，此处的补充责任不同于《民法典》第 62 条确立的法定代表人补充责任。法定代表人责任的法律构造严格区分公司之于第三人的对外责任与董事之于公司的对内责任，本条的董事责任系董事对第三人的直接责任。

第二，补充责任指董事仅对公司债务不能清偿的部分承担补充责任。第三人仍然享有直接起诉董事的权利，但受到董事基于“公司应先清偿债务”的先诉抗辩权限制。

第三，董事的责任份额应在个案中根据过错程度及其行为与损害后果之间的原因力程度具体确定。不同类型董事的职责要求、参与决策的程度存在差异，通常情况下执行董事责任应重于非执行董事、董事长责任应重于普通董事、具有专业知识背景的董事责任应重于不具备特定知识背景的董事。个别董事参与决策的程度不同，其对于最终损害后果的贡献程度也不相同。同时，司法实践中还应考虑董事具体薪酬与市场平均薪酬的情况，综合确认董事的责任份额。

本条的按份补充责任不同于证券虚假陈述的比例连带责任。证券虚假陈述中，各债务人在确认的比例范围内承担连带责任，但董事对第三人责任存在先公司后董事的补充责任顺位限制。

相关理论

董事对第三人责任理论

首先，关于董事、高级管理人员作为法人机关成员对其职务活动中的过错行为应否向受害的第三人，尤其是公司债权人承担损害赔偿责任，我国学界存在不同立场。2023年《公司法》修订之前，我国通说基于传统民商法理论的法人机关理论，对于董事对第三人责任持否定态度，认为董事等法人机关成员不应对第三人承担民事责任。

根据传统的法人机关理论，法人作为独立的民事主体，需借助其机关进行民事活动，法人通过其机关形成、表达和实现法人意志，法人机关的意志就是法人的意志，法人机关所为的民事行为就是法人的民事行为，其法律后果由法人承担。董事、高级管理人员作为典型的法人机关成员，其执行职务活动，对第三人产生的损害后果当然应由公司法人承担。法人机关理论包括两个层面的内涵，一是作为组织体的法人，需要通过董事等机关成员进行活动；二是法人应对董事等机关成员执行职务产生的法律后果承担责任，本质上是为了解决法人的民事行为能力的实现及法人的责任承担问题。由此可以看出，法人机关理论主要是解决实现法人组织体在民事活动中的意思表示、行为效力和责任承担的问题，实际上并不排斥董事对第三人责任；法人机关理论的功能在于使公司就其董事等机关成员的侵权行为承担责任，并不在于免除董事个人的侵权责任。

尽管法人机关理论的理论预设是董事在执行公司事务的过程中，其个人人格被公司法人所吸收，然而在公司的实际经营中，董事的个人意志并未因执行职务而丧失，相反，在我国“一股独大”多发的局面中，董事个体意志对公司与第三人利益的影响越来越明显。在执行职务的外观之下，董事还可能把公司作为侵害第三人或者是维护个人利益的工具，在董事职务行为造成他人利益损害的情形下，应对自己的行为承担相应责任。若董事间接侵害第三人债权利益，如故意降低或者减损公司的偿债能力，也可通过董事对第三人责任提升对债权人的保护，起到类似法人人格否认制度的相应效果。因此，新《公司法》规定了董事对第三人的直接责任，一改此前较为片面地坚持法人机关理论的立场，在其理论基础上进行更新，旨在防止法人机关理论的绝对适用导致其沦为董事为己牟利的工具。

大陆法系的立法例也提供了较为充分的参考经验。如《日本公司法》第429条第1款规定了董事对第三人的责任,“公司负责人等就执行其职务有恶意或重大过失时,该公司负责人等役员,承担赔偿由此给第三人造成损害的责任”;第2款又列举了董事及执行官、监事、监查委员、会计监查人对第三人承担责任的其他法定行为,除非当事人能证明实施该等行为时未怠于注意。《韩国商法》第401条第1项规定:“董事在怠于履行其职责时存在恶意或者重大过失的,对第三人遭受的损失承担连带赔偿责任。”《意大利民法典》第2394条规定:“董事对公司债权人承担因未履行假扣押公司资产完整的固有义务而产生的一切责任。在公司资产不能足额清偿债务的情况下,债权人可以提起诉讼。”

其次,关于董事对第三人责任的责任基础或性质,学理上存在较大分歧,主要包括法定责任说、特殊侵权行为说与侵权行为特则说三种立场。

法定责任说认为,董事对第三人的责任源于公司法、证券法等商事特别法的规定,董事对第三人责任区别于债务不履行责任以及侵权行为责任,系“特别的法定责任”。损害的范围不仅应包括“直接损害”,还应包括“间接损害”,该种特别的法定责任可以与一般侵权行为之间发生竞合。

特殊侵权行为说认为,董事对第三人责任是一种特殊侵权责任,基于特殊侵权行为而产生,从而区别于民法的一般侵权行为。该学说又分为三种:第一种见解认为损害包括“直接损害”和“间接损害”,“恶意、重大过失”应作为判断懈怠任务的要件;认可与民法的一般侵权行为之间的竞合,除了性质认定不同之外,基本适用了法定责任说的要件。第二种见解基本与第一种相同,不同之处在于主张股东的损失应通过股东代表诉讼来予以补偿,并否定短期时效的适用。第三种见解原则上只认可“间接损害”,在这一点上与法定责任说不同。三种见解之中,又以第一种更具影响力。

侵权行为特则说认为,董事对第三人责任是由特别法规定的商事侵权责任。由于董事日常需要处理繁杂的事务,因此应免除董事的轻过失责任,将董事对第三人责任排除在民法的一般侵权行为责任的范围之外,适用特殊规则;董事责任的损害范围限定为“直接损害”,并把“恶意、重大过失”作为“加害要件”。

上述争议反映了学界对于董事对第三人责任的责任性质的不同见解,具体采取何种立场取决于一个社会中对于董事义务强弱的判断以及董事客观履职尽责的情况。随着现代公司的发展,公司利益相关者在公司发展中发挥着日益重要的作用,公司利益相关者与公司的联系也越发紧密,在关注利益相关者保护和强化通过董事履职尽责维持社会秩序、增加整体福利的情况下,通常更宜采取法定责任说的立场。

第一百九十二条 公司的控股股东、实际控制人指示董事、高级管理人员从事损害公司或者股东利益的行为的,与该董事、高级管理人员承担连带责任。

本条主旨

本条是关于控股股东、实际控制人指示董事、高级管理人员从事损害公司、股东利益行为承担连带责任的规定。

本条释解

本条也称“影子董事”规则,为此次《公司法》修订的新增条文,既是公司法首次就公司控股股东与实际控制人滥用权利行为的法律责任加以规定,也是本轮《公司法》修订的重要创新成果之一,实际回应了理论和实务界对于规范控股股东责任的强烈需求。按照此条规定,公司的控股股东或实际控制人即使并未直接实施损害公司或其他股东利益的行为,但通过其在公司中的影响力,指示公司董事与高级管理人员从事了相应的行为,公司或其他股东不仅可以直接追究董事与高级管理人员的责任,还可以要求作出指示的公司控股股东或实际控制人与董事和高级管理人员承担连带责任。

本条文所规制的主体是公司的控股股东和实际控制人,二者分别是通过股权以及其他权利媒介对公司享有实际控制权的主体。这一规定事实上打破了公司控股股东和实际控制人长期以来存在的规范壁垒,即公司法通常只能追究公司董事或高级管理人员的责任,而无法直接向实际作出决策的控股股东或实际控制人进行追责。在原《公司法》中,控股股东和实际控制人的规制条款完全是空缺的,这也导致实践中控股股东对公司各决策事项几乎有绝对的控制权但法律层面却并无任何针对控股股东的行为规制和责任确定条款,进而演化成实践和立法的脱节。目前,在我国大多数公司(尤其是有限责任公司)中,控股股东仍然是各类公司权力实际的享有者，董事和高级管理人员更多是控股股东决策的执行者，而很难独立地就公司重大经营事项作出决策。在董事和高级管理人员作出有损公司或其他股东利益行为的情况下，其实鲜有完全由涉事的董事或高级管理人员自行加以决断的情形，而几乎都是受到公司控股股东或实际控制人的某种指示。在此前的公司法制度下，公司无法直接追究真正的“罪魁祸首”——控股股东的责任，董事和高级管理人员直接担责相当于为实际决策者——控股股东“背了黑锅”。2023 年《公司法》修订后，受公司法理论与立法研究的建议，《公司法》首次针对控股股东和实际控制人规定了专门的规制条款，此次《公司法》修订后，前述情况将得到改变，公司或利益受损的其他股东不仅可以向董事和高级管理人员追责，还可以直接向作出指示的控股股东追究责任，这无疑是掀开了此前控股股东身上的制度“保护伞”，得以更好地实现公司治理体系中的“权责一致”，进而促使公司控股股东更谨慎地行使权利，不得作出有损公司和其他股东利益的决策行为。本条内容生效实施后，将最大限度地改善控股股东和实际控制人的滥用权利行为，在法律层面得以更好地对其加以规制。

进一步讲，本条具体规制控股股东和实际控制人的行为是“指示”董事、高级管理人员从事损害公司或者股东利益的行为，法律后果则是与董事、高级管理人员承担连带责任。然而，在司法实践中适用本条款必然面临一个解释层面的难题，即如何理解“指示”一词的含义。进而涉及的是，如何举证证明董事或高级管理人实施的损害公司或股东利益的行为是受到控股股东的指示？“指示”一词的解读可参照民法之中“意思表示”的解释，可以大体分为明示和暗示两种类别。对于明示的指示，例如书面的决议或批示，显然可以被涵盖进本条的规制范围，或虽没有正式的批示，但有直接的聊天记录或其他非正式的指示性内容，应当也可以解释为作出了指示。更为复杂的情形是，控股股东并不存在明确的指示内容，但是通过某种行动或者语言暗示了董事或高级管理人员实施某种行为，此时很难找到直接的证据来证明控股股东对董事或高级管理人员的决策施加了影响。如此便存在一项法律价值与法律适用之间的潜在矛盾，在法律适用层面面对控股股东的“指示”并不明显以及举证难度较大的情形之下，实践中可能较难应用此条来直接追究控股股东的责任，但在法律价值的层面，倘若不将暗示的情形纳入这一规范的射程，又会在很大程度上削减这一条款的威慑力,最终使其沦为一种象征性的规范,仍无法实际地限制控股股东的滥权行为。

在具体适用此条款时,可能必须在两难之中进行一个抉择。此种抉择的关键可能在于举证责任的分配,有观点认为,为了捍卫公司和股东利益,严格限制控股股东的滥权行为,可以考虑建立针对控股股东和实际控制人的“指示推定”原则,即在无法确定公司控股股东是否对董事和高级管理人员的行为进行了指示的情况下,推定控股股东实施了指示行为,从而将举证责任倒置于控股股东,要求控股股东证明董事或高级管理人员的行为独立于其自身的意志或者与自身意志相反。但是这样的规定无疑为控股股东施加了过重的举证责任,且不符合民事诉讼法所确立的当事人不对消极事实负举证责任的证据规则,本书也认为,除非有极其充分且强烈的理由,不宜随意确立举证责任倒置规则。因此,尽管在实践中可能面临举证困难的情况,但仍应坚守基本的举证责任分配规则,由主张控股股东、实际控制人承担连带责任的主体证明董事、高级管理人员的行为受到了控股股东或实际控制人的指示。但同时也应当要求公司建立更为严格的意见台账制度,以更好地规制不易举证的指示行为。

另需特别解释的是,如何对“损害公司或股东利益”进行界定。损害公司利益的情形是较为清晰且普遍的,董事和高级管理人员违反信义义务(尤其是忠实义务)的行为通常直接影响的就是公司利益,例如侵夺公司机会、从事与本公司相竞争的业务、进行不公允的自我交易等,如果董事、高级管理人员实施上述行为是受到了控股股东、实际控制人的指示,那么自然应当纳入本条规定的范畴。较难界定的是损害股东利益,从宏观上讲,股东利益与公司利益通常是相互捆绑的,当公司利益受到侵损时,股东利益也相应地受到影响,但从体系解释的角度加以分析,本条所论及的损害股东利益应当区别于一般意义上的损害公司利益,应当指向狭义的股东利益侵损,即不影响公司整体利益的股东利益侵损。比较有代表性的例证是不当地稀释股东的股权,或在股东会会议的筹办过程中未及时通知股东,使股东未能行使表决权,从而使公司形成了有损于其利益的决议等。一般而言,对于这类行为,利益受损的股东通常需要依托股东直接诉讼来追究董事、高级管理人员的侵权责任,本条规定出台后,指示董事、高级管理人员从事上述行为的控股股东、实际控制人也可一并纳入被告范畴。

本条涉及的最后一个问题是连带责任的终局性责任归属,即探寻控股股东、实际控制人与董事、高级管理人员内部关系中的责任分配。对外关系中的连带责任与民商法意义上的连带责任并无实质区别,表现为二者连带性地对利益受损者承担赔偿责任,但值得讨论的是,在公司或利益受损的股东请求控股股东、实际控制人或董事、高级管理人员承担责任之后,在其内部如何分配责任的终局性归属。有观点认为,应当确立二者间的不真正连带责任,由实施指示行为的控股股东承担终局性的责任。这种观点关注到了控股股东对董事、高级管理人员决策的实质性影响,认为控股股东才是决策的"始作俑者",故而应当承担终局责任。但更为中肯的评价是,虽然在客观上控股股东对于董事、高级管理人员行为的影响较大,但毕竟法律施以了董事和高级管理人员明确的信义义务,二者也必须基于自己的考量对其决策进行审慎的评估,如果其明知控股股东的指示行为会损害公司或股东利益,而仍实施了该行为,那么其自身同样有不可忽视的过错,也同样应当承担一定的责任。总体而言,我们认为在责任分配方面应当重点考量控股股东和董事、高级管理人员对损害造成的作用力和自身过错两方面内容,在个案中具体分析二者对损害行为产生的作用以及自身在主观上的过错程度来确认责任分配比例,从而建立起有内部责任划分比例的连带责任。

相关理论

控股股东信义义务理论

本条规定在很大程度上是控股股东信义义务在立法层面的体现,也彰显出对于英美法系中影子董事、事实董事的制度借鉴。在理论层面,控股股东的信义义务存在多种观点和学说。英美法系认为控股股东的信义义务由股东义务扩大、延伸适用转化而来,控股股东犹如非正式的董事,因此可以采用类比推理的法律思维,借助衡平法上类信托领域中事实上的信义义务关系,解释控股股东的信义义务。大陆法系中以德国为典型代表,除了借鉴英美法系的信托关系说外,还存在善良风俗说、诚实义务说、影响力拘束说和合伙关系说等观点。虽然上述各种学说侧重点各有不同,但是都强调处于实际控制地位的股东在行使权利时处于相对优势地位,有义务顾及其他股东以及公司本身的权利和利益。

当然,控股股东的信义义务理论也远没有形成通说,尤其是控股股东对于小股东是否负有信义义务当前还是一个分歧较大的问题。如美国特拉华州就一直对这一问题持反对态度,而仍旧是套用董事和高级管理人员承担信义义务的逻辑,认为控股股东需要对公司承担义务,但无须考量其他个别股东的利益,而且还引入了商事判断原则、实质公平原则等通常适用于董事、高级管理人员信义义务的判断准则来检验控股股东是否违反了其应当负有的信义义务。从英国、德国等地的理论发展上看,英国主要也是通过一系列的判例来对控股股东的信义义务加以明确,而且主要通过限制其表决权的行使来规制,英国公司法赋予控股股东行使表决权的义务要求主要有两点,一是为公司整体利益行事,二是不得对中小股东欺诈。可见,英国对控股股东信义义务的规定主要集中在公司层面,对其他中小股东只需排斥欺诈即可。而德国更多的是从民法的禁止权利滥用原则和公序良俗原则来对控股股东行使权利的要求作出解释和限制,在理论层面承认控股股东对小股东负有信义义务,1965 年《德国股份公司法》第 309 条、第 317 条规定了控股股东对小股东的信义义务,1988 年德国联邦最高法院用判例明确承认了控股股东对小股东的信义义务。

本条规定要求控股股东与实际控制人对损害公司与股东利益的行为承担连带责任,显然同时认可了控股股东对于公司以及对于小股东这两方面的信义义务,同时确定的控股股东与董事、高级管理人员承担连带责任的规范模式也基本上套用了将控股股东识别为影子董事或事实董事的规范逻辑。不过,这一条文仍是从法律后果的角度以较为间接的方式来确认控股股东的信义义务,在一定程度上也是这一条文的不足。

第一百九十三条 公司可以在董事任职期间为董事因执行公司职务承担的赔偿责任投保责任保险。

公司为董事投保责任保险或者续保后,董事会应当向股东会报告责任保险的投保金额、承保范围及保险费率等内容。

本条主旨

本条是关于董事责任保险制度的规定。

本条释解

本条是新《公司法》修订的新增条文,首次在立法中明确公司投保董事责任保险,为公司投保董事责任保险提供了规范基础。

董事责任保险,指董事在执行公司职务过程中被指控工作疏忽或行为不当被追究个人赔偿责任时,由保险机构承担民事赔偿责任及相关法律费用的一种特殊责任保险。其表现形式为董事在履行职务过程中的不当行为,致使第三人在保险期间内向被保险个人提出赔偿请求时,董事个人或第三人可依据法律规定或者保险合同约定向保险人请求支付保险赔偿范围内的相应金额;其覆盖了董事因执行公司职务而面临的潜在法律责任,包括股东直接诉讼、董事对第三人责任等情况。

董事责任保险具有实践价值与现实必要性。公司法通过对董事施以信义义务,敦促其履职行为审慎尽责,以公司利益最大化为己任,一旦出现违反信义义务的情形,董事需承担相应责任。在这种情况下,如果没有相应的保障机制来化解职业风险,一方面会吓阻人才,造成董事职业市场的不景气;另一方面也会让已经在公司内居于高位的董事战战兢兢、畏首畏尾,不利于公司正常经营与创新发展。

新《公司法》首次正式规定了董事责任保险制度,向市场释放了积极信号,鼓励更多公司根据需要投保,同时还弘扬了保险文化。董事责任保险的制度价值主要体现为以下三点:第一,为公司董事提供保障。通过强化董事责任保险的法律地位,为本次修订新增的董事对第三人责任提供了配套制度保障,旨在利用保险制度消化董事不当行为所引发的责任,为董事个人提供转嫁风险的渠道。第二,保护公司利益。当董事面临索赔纠纷时,公司可能需要支付其法律费用和赔偿金。董事责任保险可以帮助公司承担这些费用,避免因为法律争议而耗费过多资源,保护公司的财务稳定和声誉。第三,保障第三人的权益。保险公司能够有效分担董事个人清偿能力不足导致无法完全赔偿损失的风险。

本条第 1 款规定,公司可以在董事任职期间为董事因执行公司职务承担的赔偿责任投保责任保险。这说明投保董事责任保险并非公司的强制性义务,而系《公司法》的倡导性规定,为董事投保责任保险系公司经营的权利。

本条第 2 款规定,为董事投保责任保险或者续保后,董事会应当向股东会报告责任保险的投保金额、承保范围及保险费率等内容,即董事会具有董事责任保险的管理与报告义务。董事会应根据公司规模、业务性质、法律风险和财务实力等因素,综合确定董事责任保险的合适投保金额;并明确董事责任保险的承保范围,以指导董事谨慎地履行其职责,避免超出责任保险的保险范围;根据公司财务预算、风险配置、历史索赔记录以及保险市场的行情等因素确认保险费率。综合确认了上述因素决定为董事投保或续保后,因为为董事投保系公司的重要经营事项,董事会应当向股东会报告上述事项,以保障股东的知情权,确保公司决策和管理的合规性和透明度。

最后,虽然新《公司法》并未直接规定董事责任保险承保范围的除外规则,但根据公司法对董事义务的规定与保险法的基本原理,可以得出董事违反法律法规和公司章程规定而导致的责任不应在董事责任保险的赔偿范围内。《上市公司治理准则》第 24 条也规定,“经股东大会批准,上市公司可以为董事购买责任保险。责任保险范围由合同约定,但董事因违反法律法规和公司章程规定而导致的责任除外”。董事对公司负有忠实义务和勤勉义务,若董事在从事了违反法定义务或公司章程规定的义务的行为而被索赔,保险人仍要就其造成的损失进行赔偿的话,将架空整个董事信义义务规则。因此,我们认为,对于董事因故意违反忠实、勤勉义务所引发的赔偿,也应排除在保险人的赔偿责任之外。

相关理论

董事责任保险制度

董事责任保险制度源于 20 世纪 30 年代,美国在经济大萧条后为了完善证券市场监管,逐步建立了证券市场问责制。在强化公司管理层责任的背景下,英国伦敦劳合社在美国率先推出了为公司董事和高级职员设计的董事责任保险项目。董事责任保险制度在多数发达国家已有丰富的实践和立法经验。以《美国特拉华州普通公司法》为例,该法第 145 条第 g 款规定了公司有为其董事、高级管理人员等购买和持续拥有保险的自由。被保险人的主体范围不仅涵盖了本公司的董事、高级管理人员、雇员或者代理人,还包括应公司的要求担任其他公司、合伙、合资企业、信托或者其他企业董事、高级管理人员、雇员或者代理人职务的人员。在德国,起初饱受争议的董事责任保险制度逐渐被接受,2009 年《德国股份公司法》修订中引入了董事责任保险“强制性自我承担比例”的规定,从而消除了对董事责任保险的合法性质疑。如今董事责任保险在德国的上市公司中已经成为董事或监事任职的标准物质条件,而且在封闭性公司中也非常普遍。尽管董事责任保险制度在诸多国家的发展历程并非一帆风顺,但是如今其在多数成熟市场中仍然广受欢迎，逐渐得到了证券界的青睐，并成为保险公司的一项重要业务。

我国自2002年正式引入董事责任保险制度，但是市场反应不足，投保率远远低于美国。《上市公司治理准则》第24条规定，"经股东大会批准，上市公司可以为董事购买责任保险。责任保险范围由合同约定，但董事因违反法律法规和公司章程规定而导致的责任除外"。原《公司法》针对董事、高级管理人员责任保险的规定付之阙如，本次修订的《公司法》强化了董事责任保险制度的法律地位，以期引起市场更充分的反馈。

CHAPTER 09

第 九 章

公司债券

第一百九十四条 本法所称公司债券,是指公司发行的约定按期还本付息的有价证券。

公司债券可以公开发行,也可以非公开发行。

公司债券的发行和交易应当符合《中华人民共和国证券法》等法律、行政法规的规定。

本条主旨

本条是关于公司债券定义与发行的规定。

本条释解

新《公司法》修订在原《公司法》关于债券定义的基础上,删除了关于公司债券"依照法定程序"发行的表述,强调了公司债券发行与交易的基础和核心系债券契约,更体现商法自治原则。同时,明确了公司债券可以公开发行,也可以非公开发行。同时,将债券的交易纳入本条调整范围,明确除债券发行外,债券交易也应符合《证券法》等法律、行政法规的规定。

一、公司债券的定义

根据本条的规定,公司债券是指公司发行的约定按期还本付息的有价证券。

1. 约定按期还本付息。公司在发行债券时,应当在公司债券上载明债券的期限,何时还本,何时付息。公司债券在经过发行认购以后,代表着发行公司和投资者之间的一种债权债务关系,发行基础重在信用,到期需要还本付息。

公司债券偿债需经历一定期限,且期限一般较长。因为公司生产经营需要多样化的资金,包括永久性资金、长期资金、中短期资金。永久性资金由股东出资提供,中短期资金常用借贷、票据拆借的方式进行筹集,而公司债券通常是公司为筹集长期资金而负担的债务,从而使公司的长、短期债务结构趋向合理。

2. 有价证券。公司债券是一种有价证券,表明其具有流通性和收益性,有权依法自由转让。公司债券的投资者是社会公众,公司债券是公司向社会不特定公众负担的债务。但发行公司是债务人,债券持有人是债权人,因此公司债券与同属有价证券的股票在性质上明显不同。

二、公司债券的发行

1. 公司债券的发行条件

作为一种公众投资的工具和重要的证券品种,公司债券的发行条件直接影响投资者的利益保护和证券市场的有序运行。新《公司法》明确了公司债券可以公开发行,也可以非公开发行,二者基于募集对象、投资风险等不同,发行条件也有所不同。

(1)公开发行证券的条件

因公开发行公司债券实质上涉及证券发行的规则,《公司法》在 2005 年修订时即删除了关于公司债券发行条件的具体规定,而规定公司债券的发行应符合《证券法》规定的准用性规范。因此,公开发行公司债券不仅需要符合《公司法》的规定,更要符合《证券法》的规定。

根据《证券法》第 15 条第 1 款的规定,公开发行公司债券,应当符合下列条件:(1)具备健全且运行良好的组织机构;(2)最近 3 年平均可分配利润足以支付公司债券 1 年的利息;(3)国务院规定的其他条件。该条第 2 款还对资金用途作出了限制,公开发行公司债券筹集的资金,必须按照公司债券募集办法所列资金用途使用;改变资金用途,必须经债券持有人会议作出决议。公开发行公司债券筹集的资金,不得用于弥补亏损和非生产性支出。《证券法》第 17 条还规定了公司发行公司债券的消极条件,即有下列情形之一的,不得再次公开发行公司债券:(1)对已公开发行的公司债券或者其他债务有违约或者延迟支付本息的事实,仍处于继续状态;(2)违反该法规定,改变公开发行公司债券所募资金的用途。

(2)非公开发行证券的条件

本次《公司法》修订在《证券法》之外,将非公开发行的公司债券也纳入规制范围，其发行条件主要由《公司债券发行与交易管理办法》等规章调整。《公司债券发行与交易管理办法》第34～36条规定了非公开发行公司债券应满足向专业投资者发行，不得采用广告、公开劝诱和变相公开方式，遵守投资者适当性规则等条件。

相关理论

公司债券理论

公司债券，是一种债权证券，也是证权证券，是公司与债券投资人之间债权债务关系的证明。公司的债权融资分为银行贷款和债券两种形式，虽然实践中银行贷款占公司债权融资的绝大部分比重，但是债券融资的作用也不容忽视。公司债券由于期限较长、风险较小、收益稳定，越来越受到投资者的青睐。随着公司债券市场不断完善，债券融资的比重和作用正逐步提高。

现代公司治理理论认为，在公司决策中，要反映其他利益相关者的愿望，实施共同治理。从这个角度说，债权融资以及债权人利益的保护也属于公司治理的范畴，债券不应仅被看作是一种融资工具，而更应被看作是可供选择的治理方式，具有一定治理效应。

第一，债券融资本身对于公司经营者具有激励和约束作用。公司通过债券融资在不增加股东股本投资的情形下，增加了公司及其经营者的可支配资金，以支持公司经营扩张或项目开发，一定程度上缓解了股东和经营者之间的利益冲突。并且，债券本息用事先约定的固定方式支付，将减少经营者随意支配公司资金的行为，进而限制经营者追求扩张公司的过度投资行为。

第二，公司债券有助于降低公司内部代理成本。在公司存续过程中，公司的财务情况和经营状况持续变化，其风险承担和利益分配也随之变化。当公司无法偿还公司债券的本息时，公司的经营风险和利益归属会由股东转移给债权人，管理层的信义义务的承担对象也变更为债权人。因此，公司债券也可被看作一种担保机制，促使经营者提高经营效率，从而降低由于所有权与经营权分离所产生的代理成本，使经营者与股东的利益趋于一致。

此次《公司法》修订新增了债券受托管理人、债券持有人会议及其决议的相关制度，即是对债券融资对公司治理越来越大的影响作出的组织法适应，完善了债券持有人的利益保护机制，通过赋予持有人参与公司决策权利，从而平衡公司各利益主体的状态。

第一百九十五条 公开发行公司债券，应当经国务院证券监督管理机构注册，公告公司债券募集办法。

公司债券募集办法应当载明下列主要事项：

（一）公司名称；

（二）债券募集资金的用途；

（三）债券总额和债券的票面金额；

（四）债券利率的确定方式；

（五）还本付息的期限和方式；

（六）债券担保情况；

（七）债券的发行价格、发行的起止日期；

（八）公司净资产额；

（九）已发行的尚未到期的公司债券总额；

（十）公司债券的承销机构。

本条主旨

本条是关于公司债券募集办法的公告与内容的规定。

本条释解

新《公司法》修订时，为顺应《证券法》公开发行证券由核准制改为注册制的制度变化，将公司债券制度中原《公司法》规定的核准制均一并调整为注册制，这同时与可转换公司债券经债券持有人选择转换为股票时应符合上市公司公开发行证券规则的制度相适应。本条同样将核准制修改为注册制，系对《证券法》修改的配套性调整。

全国人大宪法和法律委员会向全国人大常委会作出的《公司法（修订草案三审稿）》情况说明中表明，为"落实党中央关于公司债券管理体制改革要求，适应债券市场发展实践需要，完善相关规定。宪法和法律委员会经研究，建议作以下修改：一是，根据《关于国务院机构改革方案的决定》将国家发改委的企业债券审核职责划入中国证监会的要求，删去国务院授权的部门对公开发行债券注册的规定(修订草案三次审议稿第 195 条第 1 款)……”本条因此调整了公司债券的注册机构,公开发行公司债券统一由国务院证券监督管理机构注册。

公开发行公司债券时,发行公司公告其募集办法是公司债券发行过程中体现公开原则的重要方式。按照本条第 1 款的规定,发行公司应当公开其公司债券募集办法。其意义在于:一是公司债券募集办法是公司为筹集资金向非特定公司债券认购人发出的一种要约,表明公司将以何种条件发行公司债券,以期同意该条件的社会公众在自愿的情况下认购。二是通过公司债券如实披露公司的财产状况,向社会公众提供与发行公司债券有关的公司的最基本情况,使该债券发行贯彻公开、公正、公平的原则,避免欺诈行为。三是便于社会公众和政府有关部门对公司债券发行行为进行监督。

根据本条第 2 款的规定,公开发行公司债券时公司债券募集办法中应当载明的事项有:

(1)公司名称。公司名称是募集办法中首先应当载明的事项。公司名称应当用全名。在公司名称一项中还应注明公司注册地、营业地或主要办事机构所在地等有关事项。

(2)债券募集资金的用途。募集资金的使用应当符合法律法规和中国证监会的有关规定,不得用于禁止性的业务和行为,不得随意变更募集资金的用途。

(3)债券总额和债券的票面金额。债券总额是该公司本次发行的债券总金额数。债券总额根据公司的净资产额、生产发展需要、累计债券总金额等事项确定。票面金额是每张债券上标明的金额数。

(4)债券利率的确定方式,即债券采用浮动利率还是固定利率,以何种利率作为债券的基准利率。公司应根据自身资信情况、公司承受能力、利率变化趋势、债券期限的长短等决定选择何种利率形式与利率的高低,以供投资者作出合理的判断。

(5)还本付息的期限和方式。还本付息的期限是指从债券发行日期至清偿本金和利息日期的期间。发行公司在确定还本付息的期限时,应综合考虑和分析发行债券所筹资金的使用目的和使用周转期,未来资金市场借贷资金取得的难易程度和社会承受能力等诸因素。还本付息的方式是指发行公司向认购人还本付息的具体办法。实践中,现金偿还方式是还本付息的主要方式。

(6)债券担保情况。发行的债券有无担保,是债券发行的重要事项之一,由信誉较好的第三方担保或以企业自己的财产作抵押担保,可增加债券投资的安全性,减少投资风险,提高债券的吸引力。公司可根据自身的资信状况决定是否以担保形式发行债券。

(7)债券的发行价格、发行的起止日期。债券发行开始的日期,即认购者可以购买债券的日期;债券发行终止的日期,即认购者必须停止购买债券的日期。债券发行的终止日期往往是还本付息期限的起算时间,因此,在募集办法中标明债券发行的起止日期对公司和认购者均十分重要。

(8)公司净资产额。公司净资产额是公司的全部资产减去全部负债的总额,是公司实力的象征。公司净资产额应由注册会计师或审计师验资后才能确认有效。

(9)已发行的尚未到期的公司债券总额。已发行的未到期债券总额是衡量公司偿债能力的一项重要指标,是可能影响投资者决定的重要因素。

(10)公司债券的承销机构。公司债券的承销机构是指以包销或代销方式为发行公司销售债券的经营机构。在我国,依法成立的证券公司、银行或者其他金融机构设立的证券营业部均可作为发行公司债券的承销机构。

第一百九十六条 公司以纸面形式发行公司债券的,应当在债券上载明公司名称、债券票面金额、利率、偿还期限等事项,并由法定代表人签名,公司盖章。

本条主旨

本条是关于公司债券以纸面形式发行时票面必须载明的事项的规定。

本条释解

按照本条的要求,以纸面形式发行的债券,必须载明公司名称、票面金额、利率、偿还期限等事项,这是公司债券的必要记载事项。

首先,债券作为一种公司向公众发行的借债凭证,在债券上注明债务人即公司的名称(包括公司注册地、公司全称、地址等内容),是债券有效的必备条件。此外,公司信用是公司债券发行、转让的基础,在债券上注明公司名称,可以使公众据此了解公司信用情况,决定是否购买该公司的债券。

其次,公司债券作为一种还本付息的有价证券,必须注明债券票面金额、利率、偿还期限。

此外,除上述明确列举的事项外,公司债券通常还应记载以下事项:(1)公司债券的偿还方式及期限;(2)利息支付方法;(3)债券的编号和发行日期;(4)附有担保的债券应载明有关担保的事项;(5)可转换债券应在票面上载明可转换债券字样。上述各项记载于债券上,对公司债券发行人具有法律约束力。同时,票面上的法定事项所载内容,应当依据公司所作出的有关决议载明,并且应同公司债券募集办法、公司债券持有人名册上所记载事项的内容相一致。

公司债券除必须记载上述事项外,还须由法定代表人签名、公司盖章。公司法定代表人的签名行为是一种代表公司的职务行为,意味着公司承诺履行债券上约定的义务以及债券发行人的法定义务,若有违反,债券持有人可以债权人身份要求公司履行。

第一百九十七条 公司债券应当为记名债券。

本条主旨

本条是关于公司债券应当记名的规定。

本条释解

新《公司法》修订取消了无记名债券,规定公司债券仅能为记名债券,与新《公司法》第147条对于无记名股票的取消相统一。

记名债券是指券面上记载有公司债券持有人的姓名或者名称的债券。记名债券能够有效地保障债券持有人对债券的所有权,当记名债券被盗、遗失或者灭失时,债券持有人可以依照《民事诉讼法》规定的公示催告程序,请求人民法院宣告债券失效,依法进行补救。

原《公司法》规定公司债券可以为记名,也可以为无记名。无记名债券指券面上不记载公司债券持有人的姓名或者名称的债券。虽然无记名债券发行简单、易于流通,便于实现投资者的资本转换,但流通的保存风险较高,且无记名债券被盗、遗失或者灭失时,债券持有人不能依照公示催告程序请求人民法院宣告失效，无法进行补救，与记名债券正相反，不利于债券持有人保障其对债券的所有权。且在实践中，在现代证券市场中，由于证券的强制托管或者无纸化，投资人通常不再直接持有证券凭证，而是通过证券经纪人、托管银行或者其他专门的证券账户管理人开立账户来记录自己持有证券的事实，实物债券的使用已经十分少见。伴随金融市场电子化的迅速发展，我国已能较好地实现所有公司债券的记名化，同时避免了无记名债券带来的潜在风险。因此，新《公司法》取消了无记名股票与无记名债券，以更好保障金融交易安全，进一步优化营商环境。

相关理论

公司债券的分类

依据不同的标准，公司债券可以划分为不同的种类。不同的分类不仅具有理论意义，而且具有实践意义。

1. 以发行方式是否公开为标准，分为公开发行的公司债券或称公募公司债券，与非公开发行的公司债券或称私募公司债券。公募公司债券指按法定手续经证券监督管理机构注册公开向社会投资者发行的公司债券。私募公司债券指以特定少数投资者为对象发行的债券，发行手续简单，一般不能公开上市交易。

2. 以是否在公司债券上记载公司债权人的姓名为标准，分为记名公司债券和无记名公司债券。新《公司法》已经明确公司债券仅为记名债券。

3. 以公司对其发行的公司债券是否提供担保为标准，分为无担保公司债券和担保公司债券。

无担保公司债券是指公司以其自身信用为担保，并无其他财产或财产权利作为担保所发行的公司债券。无担保公司债券持有人与公司普通债权人处于同一地位，不得要求以公司的特定财产作为债权担保，发行公司对其没有其他特别的义务。

担保公司债券是附有物上担保的公司债券，发行公司以其资产的全部或者部分对偿还公司债券的本息提供担保。担保公司债券的担保行为，通常发生在母子公司之间。

4. 以是否可以转换为发行公司的股票为标准，公司债券分为可转换公司债券和不可转换公司债券。可转换公司债券是公司债券的一种。狭义的可转换公司债券是指债券持有人有权依照约定的条件将所持有的公司债券转换为发行公司股份的公司债券。广义的可转换公司债券指赋予了债券持有人转换为他种证券权利的公司债券,转换对象不限于发行公司的股份。例如,可转换为长期公司债券的短期公司债券、可转换为他种公司债券的公司债券、可转换为发行公司的母公司或子公司股份的公司债券,甚至可以转换为发行公司享有转换权的公司债券的其他公司债券,都属于广义上的可转换公司债券。[①] 通常所说的可转换公司债券是狭义上的可转换公司债券。

与此相对应,不可转换公司债券不可以转换为发行公司的股份。据此,可转换公司债券和不可转换公司债券的分类仅适用于股份有限公司。为了给予投资者更多的选择以吸引更多的资金,多数国家的公司法允许股份有限公司发行可转换公司债券。本次修订也在《公司法》第 202 条将可转换公司债券的适用对象从仅限于上市公司扩展到了股份有限公司。

第一百九十八条 公司发行公司债券应当置备公司债券持有人名册。

发行公司债券的,应当在公司债券持有人名册上载明下列事项:

(一)债券持有人的姓名或者名称及住所;

(二)债券持有人取得债券的日期及债券的编号;

(三)债券总额,债券的票面金额、利率、还本付息的期限和方式;

(四)债券的发行日期。

本条主旨

本条是关于公司债券持有人名册的置备的规定。

本条释解

本条删除了原《公司法》有关无记名债券的债券存根簿内容的相关规定,配合了本次修订取消公司无记名债券的修改;同时,将“债券存根簿”统一修改为“债券持有人名册”,适应了债券实践的变化需求。

---

① 参见赵旭东主编:《公司法学》(第 4 版),高等教育出版社 2015 年版,第 324 页。

第一，发行公司债券应当置备公司债券持有人名册。公司债券持有人名册的置备属于法定义务，不得违反。公司债券持有人名册是指依法记载债券持有人及债券有关事项的簿册。它是公司发行公司债券的凭证，是确立债券发行人和持有人债权债务关系的法定依据，其设置及记载事项应当符合法律的规定。公司置备债券持有人名册的意义在于：一是确保公司发行公司债券行为的真实性，公司必须承诺按照约定履行偿债义务，有利于保障广大债券持有人的合法权益；二是债券持有人转让债权时，具有变更债权人名义的功能；三是对债券持有人发出通知书或催告书的依据；四是在公司债券设定质权或者抵押权时，具有记载该债券法律状态的功能。

第二，新《公司法》将公司债券凭证由债券存根簿调整为债券持有人名册，适应了债券市场上大都使用债券持有人名册的实践变化。同时，基于电子化和数字化的发展趋势，债券持有人名册通常为电子名册，实物的债券存根簿同样已经不符合公司债券的实践需求。新《公司法》在名称上的调整，也肯认了债券持有人电子名册的公示效力，有助于提高公司债券交易的便捷性和效率。

第三，债券持有人名册应当符合法定要求。根据本条规定，公司发行记名债券时，应在公司债券持有人名册上载明下列事项：债券持有人的姓名或者名称及住所；债券持有人取得债券的日期及债券的编号；债券总额，债券的票面金额、利率、还本付息的期限和方式；债券的发行日期。公司应当清楚、明确地记载上述事项，不得含糊不清或者有遗漏。

第一百九十九条 公司债券的登记结算机构应当建立债券登记、存管、付息、兑付等相关制度。

本条主旨

本条是关于公司债券登记结算机构的制度要求的规定。

本条释解

第一，公司债券的登记结算机构。本条所涉及的登记结算机构为证券登记结算机构，《证券法》第九章专章对证券登记结算机构进行了明确规定。根据

《证券法》的规定,证券登记结算机构为证券交易提供集中的登记、存管与结算服务,不以营利为目的,具备法人资格。设立证券登记结算机构必须经国务院证券监督管理机构的批准。登记结算机构在债券市场中担任着重要角色,作为债券交易的保障设施及服务提供方,保证登记结算体系是债券市场平稳运行的基础,也是防范、监督与化解债券风险的前端平台。

第二,公司债券的登记结算机构应当建立相关的制度。登记、存管与结算是债券发行与交易的基础性环节,连接着债券系统的直接利益相关方,是债券市场流动性的核心支撑;同时集中了债券市场的风险,若缺乏适当管理,会成为信用风险和流动性错配等金融冲击的源头,甚至可能酿成系统性风险。因此,本条明确规定,公司债券的登记结算机构应当建立债券登记、存管、付息、兑付等相关制度。《证券法》也详细规定了证券的登记、存管、付息、兑付等具体要求,如证券登记结算机构应当向证券发行人提供证券持有人名册及有关资料;应当根据证券登记结算的结果,确认证券持有人持有证券的事实,提供证券持有人登记资料;应当保证证券持有人名册和登记过户记录真实、准确、完整,不得隐匿、伪造、篡改或者毁损。

第二百条 公司债券可以转让,转让价格由转让人与受让人约定。

公司债券的转让应当符合法律、行政法规的规定。

本条主旨

本条是关于公司债券转让的规定。

本条释解

本条将原《公司法》对于公司债券转让规则的限制,从仅规定"在证券交易所上市交易的,按照证券交易所的交易规则转让"修改为"转让应当符合法律、行政法规的规定"的转引性规范,将非公开发行债券、不在证券交易所上市交易的公开发行债券纳入本条的规制范围,与第 194 条明确公司债券可公开发行或非公开发行的规定相衔接。

第一,公司债券可以转让。公司债券的本质特征之一是有价证券,作为一种债务凭证代表持券人的财产权利,具有流通性和收益性,债券持有人有权依法自由转让。

第二,转让价格由转让人与受让人约定。本条所称公司债券的“转让价格”即公司债券买卖的交易价格。转让价格不同于公司发行公司债券时的发行价格,债券发行时的价格一般按事先确定的债券票面金额确定,而发行后的债券再转让时的价格,则根据证券市场对该种债券的需求情况确定。例如,债券持有人委托证券经营机构卖出该债券时,通过竞价与希望购入的债权人成交,按照各自报价形成转让的价格。又如,债券持有人将债券直接卖给从事自营业务的证券经营机构,以证券经营机构挂牌的买入价成交,以此形成转让的价格;自营的证券经营机构还会挂牌以卖出价将债券出售,希望购入该债券的人,以卖出价与证券经营机构成交,以此形成再转让的价格。总之,公司债券的需求价格受该债券的发行公司经营情况和财产状况的影响,当该公司的偿债能力出现问题时,对该债券的需求必然下降,交易价格也下跌;反之,需求上升,交易价格也上涨。

第三,公司债券的转让应当符合相关规定。本条规定公司债券的转让应当符合法律、行政法规的规定。公开发行的公司债券,应当在证券交易场所交易;在证券交易所上市交易的,应当依照证券交易所制定的交易规则进行交易。非公开发行公司债券,可以申请在证券交易场所、证券公司柜台转让;非公开发行公司债券并在证券交易场所转让的,应当遵守证券交易场所制定的业务规则,并经证券交易场所同意;非公开发行公司债券并在证券公司柜台转让的,应当符合中国证监会的相关规定。此外,《公司债券发行与交易管理办法》结合债券市场监管实践调整相关条款,调整公司债券交易场所的强制性规定。

第二百零一条 公司债券由债券持有人以背书方式或者法律、行政法规规定的其他方式转让;转让后由公司将受让人的姓名或者名称及住所记载于公司债券持有人名册。

本条主旨

本条是关于公司债券转让方式的规定。

本条释解

新《公司法》修订删除了无记名债券,本条配套删除了原《公司法》规定的无记名债券转让方式。

公司债券具有两种转让方式,一是债券持有人以背书方式转让,二是以法律、行政法规规定的其他方式转让。第一,债券持有人以背书方式转让公司债券时,应当在该债券上写明受让人的姓名或者名称。记名债券转让后,债券持有人就发生了变化,因此公司债券背书转让后,还需由公司将受让人的姓名或者名称及住所记载于公司债券持有人名册,保证公司债券持有人名册记载的真实性,以备公司进行存档、核查。债券受让人有权请求公司及时变更债券持有人名册。第二,法律、行政法规规定的其他方式。根据《证券法》的规定,公开发行的债券应在证券交易所交易或者在国务院批准的其他全国性证券交易场所交易,在证券交易所的交易应采取挂牌集中竞价交易的方式。

第二百零二条 股份有限公司经股东会决议,或者经公司章程、股东会授权由董事会决议,可以发行可转换为股票的公司债券,并规定具体的转换办法。上市公司发行可转换为股票的公司债券,应当经国务院证券监督管理机构注册。

发行可转换为股票的公司债券,应当在债券上标明可转换公司债券字样,并在公司债券持有人名册上载明可转换公司债券的数额。

本条主旨

本条是关于股份有限公司发行可转换公司债券的规定。

本条释解

本条除了配合新《公司法》修订的整体调整,将上市公司发行可转换债券的核准制变更为注册制、“股东大会”表述调整为“股东会”之外,新增了股份有限公司经股东会决议,或者经公司章程、股东会授权由董事会决议,可发行可转换为股票的公司债券的规定。由此,可发行可转换债券的主体不再限于上市公司,而是所有股份有限公司,即上市公司、股票公开转让的非上市公众公司均可发行可转换债券。这将大大扩宽尚未上市的股份有限公司的融资渠道,促进债券市场发展。

一、可转换公司债券的法律特征

可转换为股票的公司债券，简称可转换债券，是一种特殊的公司债券。其与普通的公司债券的区别是：普通公司债券在约定的债券期限届满时，发行公司必须兑现债券，向债权人还本付息，解除债务关系。而对于可转换债券，债券持有人可以选择行使转换权，在一定期间内依据约定的条件将该债券转换为公司的股份；也可以选择不行使转换权，和普通债券一样，在约定的债券期限届满时要求公司还本付息。

公司发行可转换为股票的公司债券的有利之处在于：一是对认购人有较大的吸引力，特别是经济效益较好、股票市值较高的股份有限公司，对投资者来说，从长远来看，能够将债券转换为股票，比仅仅获得还本付息，有取得更大收益的机会。二是对公司来说，可以筹集到更多长久留存在公司内的资金。发行普通债券时，一旦期限届满，公司必须还本付息，原来通过发行债券借来的资金将退出公司。而发行可转换债券时，公司通过换发股票，既解除了原来债券发行产生的债务关系，又将这笔资金留存在公司内，对维持公司的资本实力和资金需要都有重要作用。同时，如果公司暂时经营状况不好，流动资金紧张，也可以避免强制还本付息所造成的拖欠。

因此，可转换公司债券既具有公司债券的基本特征，也有自身独有的法律特征。第一，发行主体的限定性。原《公司法》将可转换公司债券的发行主体限于上市公司，本次修订将其扩展到所有股份有限公司，更符合国际上关于可转换公司债券的普遍立法。第二，利益结构的复合性。可转换公司债券具有债权性证券与权益性证券的双重性质，是一种具有复杂利益结构的复合型证券，或称为权益证券。第三，法律规制的严格性。可转换公司债券的发行、交易与转换，关涉债券与股票两个证券市场，受到比普通公司债券更严格的法律规制。第四，较高的投机性与风险性。因为可转换公司债券的发行价格较高，票面利率较普通公司债券更低，可转换公司债券的价值主要是其转换价值，因此，投资者的投资收益主要是通过以直接或间接的方式分享公司的经营成果实现。但若发行公司经营不佳，到期后转股比例可能很低，对于投资人收益和公司发展来说都是较大的压力。

二、发行可转换债券的要求

1. 发行主体要求。根据本条规定，股份有限公司可发行可转换公司债券，放宽了非上市股份有限公司融资的渠道和空间,促进了公司债券市场的发展。

2. 具备法定条件。对可转换公司债券的发行,除要求具备发行一般公司债券必须具备的条件外,还要求同时具备发行股票的条件,上市公司还需经国务院证券监督管理机构注册。因为一旦债券期限届满,其可经债券持有人选择转换为公司股票,所以可转换公司债券的发行需要同时满足发行公司债券与公司股票的双重要求,与股份发行管理的制度相衔接。

3. 发行可转换公司债券需经股东会决议,或者经公司章程、股东会授权由董事会决议。原则上发行可转换公司债券的决定权属于股东会,但公司章程或股东会也可授权给董事会决议,这也顺应了新《公司法》强化董事会职权的趋势,契合本法第 59 条股东会可以授权董事会对发行公司债券作出决议的职权配置。

4. 在债券募集办法中规定具体转换方法。具体的转换方法通常应当包括以下内容:(1)可转换公司债券的发行总金额;(2)票面金额;(3)可转换公司债券利率;(4)转换比率或者转换价额,转换比率是指以多少公司债券转换多少股票,转换价额是指公司债券金额与股票市值之比,以此来折换股份,但需事先确定股票市值的基准日;(5)转换期限,确定转换期限是为了明确债券持有人行使其转换权的期间,在此期间内,债券持有人可随时请求公司换发股票;(6)资金募集用途;(7)可转换公司债券还本付息的期限和方式;(8)赎回条款及回售条款等。

5. 必须标明可转换债券字样。发行可转换债券时,应当在该类债券的票面上标明可转换公司债券的字样,并在公司债券持有人名册上载明可转换公司债券的数额。这是为了明确公司向该类债券持有人按照约定换发股票的义务,并明确该类债券持有人有按约定将债券转换为股票的权利。

相关理论

可转换公司债理论

可转换公司债除具有普通公司债券的特点外,因其多重、复合的证券属性,也具有其突出的法律特征。由于可转换公司债券持有人享有将其所持有的债券转换为发行公司股票的选择权,即股票的买入期权。可转换公司债同时涉及了三种性质的证券,兼具债券、股票和期权的特征,是一种复合证券。且可转换公司债券的发行合同往往约定有关可转换公司债券的赎回、回售内容，这些也属于期权性质，并且涉及债券持有人、发行公司及其原股东等不同利益主体的利益协调和均衡。可见，可转换公司债券作为复合型证券的法律关系与利益状态都较为复杂。①

普通公司债券是一种债务证券，表明在发行公司与债券持有人之间存在一种债务与债权的法律关系；由于可转换公司债券赋予了持有人将债券转换为发行公司股份的权利，所以又存在与股权的联系，是权益证券。这是因为公司发行可转换公司债券的最终目的是实现股权融资，以增加股权资本的形式来降低公司的负债比率，从而健全公司的财务结构、增强公司的财务能力。一旦可转换公司债券持有人行使转换权，债券持有人与发行公司之间既有的法律关系的性质就随之变化。可转换公司债券持有人即成为发行公司的股东。因此，可转换公司债券相较于普通公司债券而言，其证券化的属性更加明显。

由于可转换公司债附加了可转换为股权的选择权，其发行价格通常较高而票面利率较低。可转换公司债券所附的转换权，使得持有人在发行公司经营良好或者股票市场价格上涨时，可通过将债券转换为发行公司的股份，或者直接出售可转换公司债券的方式，获得价差收益。但在公司经营不善或者股票市场价格低落时，转股比例降低，可转换公司债券持有人可能获得的投资收益还不及普通公司债；且公司经营不善时往往急需更多资金维系公司持续经营，但因为转股比例更低，发行公司承担到期还本付息的压力增大，对于公司财务也存在更大的风险。综上，可转换公司债券的杠杆作用更明显，对于公司和投资人而言均是风险与收益并存。

第二百零三条 发行可转换为股票的公司债券的，公司应当按照其转换办法向债券持有人换发股票，但债券持有人对转换股票或者不转换股票有选择权。法律、行政法规另有规定的除外。

本条主旨

本条是关于可转换公司债券转换的规定。

① 参见赵旭东主编：《公司法学》（第4版），高等教育出版社2015年版，第324页。

本条释解

本条主要规定了发行公司对于可转换公司债券的转股义务以及债券持有人的选择权，并在原《公司法》的基础上补充规定了“法律、行政法规另有规定的除外”的但书条款。新《公司法》赋予了非上市股份有限公司发行可转换公司债券的权利，本条新增的但书条款为非上市股份有限公司可转换债券的具体转换规则应受到的《证券法》等法律、行政法规限制留出了规范空间。

可转换公司债券的转换，是以可转换公司债券持有人自由判断为基础，在发行时已经确定的转换请求期间内，通过对可转换公司债券行使转换请求权而得到实现的过程。

第一，发行公司有义务按约定换发股票。发行公司在可转换公司债券发行条件中关于债券持有人享有转换权的约定是一种单务法律行为，转换权是一种形成权。因此，根据本条规定，在可转换公司债券持有人请求行使转换权时，发行公司即负有按照公司债券募集办法中约定的转换方法，将可转换公司债券换发为公司股票的义务，如若拒绝，即构成违约，债权人可以根据民法中有关债务不履行的规定向发行公司请求赔偿。

第二，债券持有人行使选择权的法律后果。可转换公司债券的持有人在债券期限届满时，可以要求发行公司换发股票，也可以要求公司对该债券还本付息。可转换公司债券同普通债券一样都具有债权、债务凭证的性质，公司有义务依该凭证向债券持有人支付本息。同时，可转换债券又有自己的特点，即赋予债券持有人是否转换为股票的选择权。在可转换公司债券转换为股票前，债券持有人不具有股东地位，不享有股东权利，如在可转换公司债券转换期限届满时尚未进行转换，则持有人只能依据债券属性行使债权人的权利。可转换公司债券的转换是一种法律行为，债券持有人行使的法律后果是可转换公司债券的发行公司与持有人之间的债权债务关系消灭，该债券转换为公司股票，该等权利不能再回转，持有人将享有股东地位，行使股东权利。

第二百零四条 公开发行公司债券的，应当为同期债券持有人设立债券持有人会议，并在债券募集办法中对债券持有人会议的召集程序、会议规则和其他重要事项作出规定。债券持有人会议可以对与债券持有人有利害关系的事项作出决议。

除公司债券募集办法另有约定外，债券持有人会议决议对同期全体债券持有人发生效力。

本条主旨

本条是关于债券持有人会议及其决议制度的规定。

本条释解

一、债券持有人会议制度的组织法引入

本条为新《公司法》修订的新增条文，正式将债券持有人会议引入了《公司法》。实际上，债券持有人会议制度在我国并非没有制度渊源。早在 2003 年，中国证监会在《证券公司债券管理暂行办法》(已失效)中即首次引入了债券持有人会议制度，此后通过《公司债券发行与交易管理办法》作出了进一步规定；上海证券交易所和深圳证券交易所分别制定了《公司债券上市规则》，细化完善了债券持有人会议的指引规则。2019 年公布的《证券法》新增第六章“投资者保护”并于第 92 条明确规定公开发行公司债券情形下的债券持有人会议制度和债券受托管理人制度两项制度，第一次在法律层面规定了公司债券持有人会议制度。新《公司法》明确规定了债券持有人会议制度，在《证券法》第 92 条第 1 款的基础上，进一步明确了债券持有人会议的表决事项与决议效力范围，针对公司债券持有人相关知情权无法得到有效行使的情形提供组织法上的制度供给，回应了公司债券市场发展的实践需求，旨在改善公司债券持有人基本被排除出公司治理的现状。

公司债券持有人会议，指由同期公司债券持有人所组成，就有关公司债券债权人之共同利害关系事项，通过会议的形式集体行权，其决议效力对同期全体债券持有人发生效力的法律机制，是为了公司债券持有人的共同利益设立的。本条第 1 款首先将债券持有人会议制度的适用前提限定于“公开发行公司债券的公司”，排除了非公开发行公司债券的公司的适用空间。其次，该款将债券持有人会议制度的适用对象限定于“同期债券持有人”。

最高人民法院在《债券纠纷会议纪要》中指出，债券持有人会议是强化债券持有人权利主体地位、统一债券持有人立场的债券市场基础性制度，也是债券

持有人指挥和监督受托管理人勤勉履职的专门制度安排。公司债券持有人制度的组织法引入在两个方面发挥着重要的作用：一是公司债券持有人的整体利益保护，保障中小债券持有人权益。由于公司债券的标准化证券属性，同一类别、批次、期限的债券，其承载的权利义务是基本相同的，这种个体分散但整体集合的特点，使得债券持有人群体作为与债券发行人利益相对的集体而存在。债券持有人会议即提供了这种集体行动的组织实体，以克服个体理性冷漠，降低债券持有人维权成本。二是完善公司治理，实现对公司经营行为的监督。债券持有人作为公司的债权人，与发行公司及其股东处于利益对立的地位，容易受到公司管理层与控股股东的权益侵害，债券持有人会议通过符合法定程序的会议决议表决参与公司治理，能够有效避免公司利用优势地位和信息壁垒在债券相关事项中牟取不当利益，对发行人（包括股东和管理层）权力无限扩张形成有效约束，有助于加强债券持有人权益保护。

二、债券持有人会议的决议事项及效力

1. 债券持有人会议的决议事项

本条采取了“与债券持有人有利害关系”事项的概括式规定，并未列举债券持有人会议的重要职权，仅明确债券持有人会议的决议事项应与债券持有人有利害关系，即应当以债券持有人的共同利益为限。《公司债券发行与交易管理办法》与《上海证券交易所公司债券上市规则》均对债券持有人通过债券持有人会议行使权利的事项范围作出了较为明确的列举，债券存续期间出现可能影响债券投资者权益的重大事项时，应当按照规定或者约定召集债券持有人会议决议表决，典型如改变资金用途；变更债券募集说明书的约定；修改债券持有人会议规则；变更债券受托管理人或者受托管理协议的主要内容；发行人减资、合并等可能导致偿债能力发生重大不利变化，需要决定或者授权采取相应措施；发行人提出债务重组方案；其他对债券持有人权益有重大影响的事项。

2. 债券持有人会议决议的效力范围

根据本条规定，债券持有人会议决议对同期全体债券持有人发生效力，同时允许公司债券募集办法对债券持有人会议决议的效力范围另行约定。在债券持有人会议机制的运行实践中，可能存在多数决原则滥用的情形，大债券持有人为实现自己的利益，通过行使表决权形成客观上严重不公正的决议，从而使中小债券持有人的利益受到损害。因此新《公司法》赋予了债券募集办法对

债券持有人会议决议约束力另行约定的权利，旨在削减集体决议的消极影响，有助于防止多数决损害异议债券持有人合法权益。

三、债券持有人会议程序规则

首先，债券持有人会议应分组召开、分组表决。《公司法》虽然未明确债券持有人会议的分组召开和表决机制，但明确了债券持有人会议由同期发行的公司债券持有人组成，此即蕴含了分组召开和分组表决的要求。因为公司债券类型的多元化，不同批次的债券持有人的利益诉求存在差异。《公司债券发行与交易管理办法》和《上海证券交易所公司债券上市规则》也均规定了债券持有人会议的参会范围为本批次的债券持有人，与其他批次的债券持有人分别召开。

其次，新《公司法》并未规定债券持有人会议的程序性规则，而是要求发行公司在债券募集办法中对债券持有人会议的召集程序、会议规则和其他重要事项作出规定，即赋予发行公司相关义务的同时，将相关程序性规则交由各方自治。发行公司制定债券募集办法时，应参照《公司债券发行与交易管理办法》《上海证券交易所公司债券上市规则》《深圳证券交易所公司债券上市规则》，具体细化债券持有人会议的召集程序、会议规则和其他重要事项，包括但不限于：会议召集、主持、通知、出席、召开程序及其适用情形；会议的表决规则及决策机制，通常包括表决权回避规则、一般决策机制和重大事项决策机制；会议决议的披露与落实。

相关理论

债券持有人会议理论

由于公司债券合同属于标准化、定型化契约，公司债券所涉及的债权债务关系具有“整体性”或“集体性”，同期发行的公司债券的持有人是利益立场相同的群体，但由于分散，每一个公司债券持有人都难以与发行公司抗衡，且分散性特征决定了单个债权人监督发行公司履约的高成本。当债券发生违约时，协调众多债券持有人形成一致意见往往十分困难，集体行动机制的设计十分重要。如在德国法上，集体约束原则是债券法的基本原则，其隐含了债券的流动性、互易性、效率性、统一性等多方面价值，对于债券市场运行具有决定性的作用。《法国商法典》对公司债券持有人会议的规定也较为详尽，基于单个债券持有人相对于公司的弱势地位,建立群体性组织予以保护。可见,公司债券的集体性决定了必须通过组织性规范对债券持有人整体予以保护,持有人之间为平等关系,但必须通过集体行动程序行使权利,若允许任一债券持有人在公司违约后单独行动,会损及其他债券持有人的整体利益,债券持有人会议提供了集体行权的组织实体基础。

本次修订在《公司法》上确立了债券持有人会议制度,在组织法逻辑上体现了两重价值:一是促进债券持有人整体利益,实现债券持有人团体的内部治理价值;二是间接保障债券持有人利益,在特定情形下通过集体方式以债权人身份参与公司治理,同时对发行公司的股东及管理层形成有效的监督。

第二百零五条 公开发行公司债券的,发行人应当为债券持有人聘请债券受托管理人,由其为债券持有人办理受领清偿、债权保全、与债券相关的诉讼以及参与债务人破产程序等事项。

本条主旨

本条是关于债券受托管理人委任的规定。

本条释解

本条是新《公司法》修订的新增条文。同债券持有人会议制度一样,债券受托管理人制度在我国公司债券实践中也早已引入,在规范供给的层级上,涵盖了《证券法》、部门规章、自律规则三个层级。2007 年《公司债券发行试点办法》(已失效)首次明确了债券受托管理人制度;2019 年修订的《证券法》新增公开发行公司债券情形下的债券受托管理人制度,并规定了公开发行公司债券的发行人应当为债券持有人聘请债券受托管理人及债券受托管理人的管理职责和法律地位;《公司债券发行与交易管理办法》修订时,保留了对债券受托管理人的细化规定。本次《公司法》修订针对公司债券持有人权益保护在《公司法》层面新增了债券受托管理人制度,与债券持有人会议制度有机互联,共同组成债券持有人意思形成与执行的体系性规范。

由于金融市场对专业化与高效化的要求,日常经营管理中需要专业和信息优势,债券受托管理人多由同期公司债券的承销机构担任,相较于作为普通投资人的公司债券持有人，其更能准确识别公司经营状况，可以为债券持有人群体在维权救济上提供及时的服务。同时受托管理人能较为有效地解决债券投资者集体决策难题和降低交易成本，协助发行人获取、分析、判断涉及重大交易事项的专业信息以及选择回应措施。

首先，本条明确了债券受托管理人法定设置的适用范围。仅"公开发行公司债券的"公司，发行人有义务为债券持有人聘请债券受托管理人。至于"非公开发行公司债券的"公司，根据《公司债券发行与交易管理办法》第57条第1款的规定，"……发行人应当在募集说明书中约定债券受托管理事项……"

其次，新《公司法》肯定了债券受托管理人的法律地位，明确了债券受托管理人的诉讼主体资格及其职权。本条规定，债券受托管理人的职权为办理受领清偿、债权保全、与债券相关的诉讼以及参与债务人破产程序等事项。具体而言，结合《债券纠纷会议纪要》的规定，债券发行人不能如约偿付债券本息或者出现债券募集文件约定的违约情形时，债券受托管理人根据债券募集文件、债券受托管理协议的约定或者债券持有人会议决议的授权，可以自己的名义代表债券持有人提起、参加与债券相关的民事诉讼，或者申请发行人破产重整、破产清算。由于同期发行债券的持有人利益诉求高度同质化且往往人数众多，具有整体性，《债券纠纷会议纪要》也指出，"采用共同诉讼的方式能够切实降低债券持有人的维权成本，最大限度地保障债券持有人的利益，也有利于提高案件审理效率，节约司法资源，实现诉讼经济。案件审理中，人民法院应当根据当事人的协议约定或者债券持有人会议的决议，承认债券受托管理人或者债券持有人会议推选的代表人的法律地位，充分保障受托管理人、诉讼代表人履行统一行使诉权的职能"。

上述职权的共性特征是需要受托管理人在债券发行公司的经营风险和资信发生变化时作出及时的反映和判断。因此，对于职权罗列条款之后的"等"字亦应作性质类似的"等内等"的理解，可参照《公司债券发行与交易管理办法》《公司债券受托管理人执业行为准则》中关于债券受托管理人职权的规定。例如，持续关注发行人和保证人的资信状况、担保物状况、增信措施及偿债保障措施的实施情况，出现可能影响债券持有人重大权益的事项时，召集债券持有人会议；在债券存续期内监督发行人募集资金的使用情况；对发行人的偿债能力和增信措施的有效性进行全面调查和持续关注，并至少每年向市场公告一次受托管理事务报告;在债券存续期内持续督导发行人履行信息披露义务。

相关理论

债券受托管理理论

关于公司债券受托人与债券持有人的基础法律关系性质,我国学界目前存在“委托代理说”与“信托说”两种主流观点。

“委托代理说”认为,公司债券受托管理人与债券持有人系委托关系。其中又分为两种观点,一种观点认为,受托管理人是根据受托管理协议而设立的维护债券持有人利益的机构,受托管理协议是发行人与管理人间订立的委任契约,该委任契约的本质乃以债券持有人为受益人之利他契约。另一种观点认为,受托管理人的权力来源于债券持有人的授权,受托管理人系债券持有人的代理人。

受《美国 1939 年信托契约法》的影响,我国也有不少学者支持“信托说”。“信托说”又分为“附担保信托说”与“完全信托说”两种观点。“附担保信托说”认为,应当通过公司发行债券时有无附担保区分公司债券的基础关系。对于公司发行的附担保公司债券,发行人与管理人之间转让的担保物权即为信托财产,因此发行人与管理人之间的受托契约是信托关系,即担保信托制度,其本质上是为了维护债券持有人的权益。而对于无担保公司债券部分,因为发行人与管理人之间并没有转移财产,即没有信托财产,不存在构建信托法律关系的客体,所以他们之间的受托契约并非信托契约,而是民法中的委任关系。其依据来自 2015 年《公司债券发行与交易管理办法》(已失效)第 50 条第 7 项规定:“发行人为债券设定担保的,债券受托管理协议可以约定担保财产为信托财产……”由于担保财产为信托财产,担保物权有从属性和不可分性,因此认为主债权同样应当是信托财产的一部分。

“完全信托说”则认为没有必要区分公司债券有无设立担保,债券持有人在公司债券信托构造中有着双重地位,即同时作为委托人和受益人。债权人通过信托将其享有的财产权利转移给受托管理人,而发行人虽然也是债券受托管理协议中的主体,但应为债券持有人的代理人,在债券真正权利人确定之前代其签订信托合同。投资者一旦认购该债券,即表明无条件认可发行人签订信托契约的代理行为,即将信托契约的意思表示归属于己身。[①]

目前立法并没有明确公司债券受托管理制度的基础法律关系,学界主流的三种观点各有其合理性与不足之处。纯粹的委托代理关系中的代理人角色完全按照被代理人的意志行事,难以发挥自己的主观能动性。债券受托管理人无法凭借自己的专业技能为债券持有人的最大利益行事。"附担保信托说"的问题在于修订后的《公司债券发行与交易管理办法》第 59 条第 7 项已经删除了"信托财产"的表述,立法者似乎有意规避信托关系和信托财产的性质判断。且《民法典担保制度解释》第 4 条规定,为债券持有人提供的担保物权登记在债券受托管理人名下时,债务人不履行到期债务或者发生当事人约定的实现担保物权的情形的,债权人或者其受托人可以主张就该财产优先受偿。如果认为担保物权构成信托财产,该司法解释的规定就直接冲击了信托财产的独立性,这使得"附担保信托说"的基础不再稳固。"完全信托说"的争议在于信托财产的确定性和信托协议效力的认定问题,《信托法》规定,采取信托合同形式设立信托的,信托合同签订时,信托成立,而根据《公司法》本条规定,在公司债券未确定信托财产范围及债券持有人时,发行人已经聘请了债券受托管理人,此时信托协议被迫处于"无权代理"的效力状态,因此公司债券受托管理人的模式与信托结构也并不完全相符。[②]

第二百零六条 债券受托管理人应当勤勉尽责,公正履行受托管理职责,不得损害债券持有人利益。

受托管理人与债券持有人存在利益冲突可能损害债券持有人利益的,债券持有人会议可以决议变更债券受托管理人。

债券受托管理人违反法律、行政法规或者债券持有人会议决议,损害债券持有人利益的,应当承担赔偿责任。

本条主旨

本条是关于债券受托管理人的义务与责任的规定。

---

① 刘迎霜:《公司债券受托管理的信托法构造》,载《法学评论》2020 年第 3 期。

② 马更新:《公司债券受托管理人利益冲突的防范与规制》,载《大连理工大学学报(社会科学版)》2023 年第 3 期。

本条释解

本条是2023年修订的新增条款,衔接前条新增的债券受托管理人制度,对受托管理人的义务与法律责任作出了配套性规定。

本条第1款规定了受托管理人的勤勉、忠实义务。不管对于债券持有人与债券受托管理人的基础关系采委托代理说还是信托说,其法律关系均可以被“信义关系”所涵盖。新《公司法》对受托管理人的要求是勤勉尽责、公正忠实,符合信义义务的基本内涵。

首先,债券受托管理人的勤勉义务相较于普通信托或公司管理层而言具有特殊性。由于债券持有人对于公司债券的利益仅为利息收入与收回本金,在未发生债券违约时,受托管理人义务的勤勉面向并不明显。但若发生了债券违约,受托管理人向债券持有人承担的勤勉义务则转变为主动的积极义务,以确保债券利息及本金的偿付。因此,受托管理人的勤勉义务主要体现在两方面:一是公司正常经营期间,利用其专业知识和商业技能为债券持有人作出最佳利益判断,谨慎监督发行公司运营,及时预见或制止违约事件发生;二是在发生债券违约之后,积极督促发行公司及时偿付并采取追加担保等其他偿债保障措施。

其次,受托管理人应公正履行受托管理职责,不得损害债券持有人利益。忠实义务要求其不得从事故意不披露发行公司的重大信息、篡夺债券持有人优先受偿的机会、允许个别债券持有人在无充分理由的情况下提起诉讼致使发行公司财产减少等行为。根据《公司债券受托管理人执业行为准则》的规定,受托管理人在履行受托管理职责时发生利益冲突的,应当及时向债券持有人会议和市场进行信息披露。

本条第2款规定了债券受托管理人的利益冲突处理。受托管理人与债券持有人存在利益冲突可能损害债券持有人利益的,债券持有人会议可以决议变更债券受托管理人。

本条第3款规定了受托管理人的法律责任。受托管理人违反忠实勤勉义务,违反法律、行政法规或者债券持有人会议决议,造成债券持有人利益损害的,应当承担民事赔偿责任。本条并未涉及受托管理人的免责事项,实践中受托管理人可参照适用商业判断规则或说明已经履行信息披露义务论证自己已尽到勤勉、忠实义务，避免责任承担。

相关理论

债券受托管理人信义义务理论

因为受托管理人信义义务的特殊性，债券持有人的利益在发生债券违约前后阶段会发生重大变化，因而受托管理人的角色及要求也会发生重大变化，即从违约前的被动角色转变为主动角色。因此《美国 1939 年信托契约法》对契约受托人在发生债券违约前后的义务分别作出了规定。《美国 1939 年信托契约法》第 315 条没有专门规定违约前的义务，而交由信托契约进行约定，若契约中没有特别规定的义务，契约受托人不承担相应的责任。债券违约发生后，受托管理人承担相应责任的条件限于重大过失行为、因重大过失未采取行动或者自身的故意不当行为而产生的责任。如果受托管理人善意地采取行动或者不采取行动，则不承担责任。整体而言，契约受托人的义务在发生债券违约事件前是明确的，但基本处于消极状态。但在发生债券违约事件后，债券受托人的义务发生了重大调整，从消极状态转换为以与处理自己事务相同的谨慎人标准处置相关事务。日本公司法也规定了债券受托管理人的信义义务，《日本公司法》第 704 条第 1 款和第 2 款明确规定，公司债券管理人为了公司债权人的利益，负有必须公平且诚实地管理公司债券的义务，公司债券管理人对于公司债权人负有必须基于善良管理人的注意进行公司债券管理的义务。同时规定了对公司债券管理人违反信义义务的严格责任，根据该法第 710 条第 1 款的规定，公司债券管理人在作出违反公司法或者公司债权人集会决议的行为时，对给公司债权人所造成的损害结果承担连带赔偿责任。

CHAPTER 10

第 十 章

公司财务、会计

第二百零七条 公司应当依照法律、行政法规和国务院财政部门的规定建立本公司的财务、会计制度。

本条主旨

本条是关于公司应建立财务、会计制度的规定。

本条释解

首先,公司应建立自己的财务、会计制度。公司的财务、会计制度是关于公司财务、会计行为规范的总称,包括财务制度和会计制度。财务制度,是指公司资金管理、成本费用的计算、营业收入的分配、货币的管理、公司的财务报告、公司的清算及公司纳税等方面的规程。会计制度,是指会计记账、会计核算等方面的规程,它是公司生产经营过程中各种财务制度的具体反映。公司的财务制度是通过会计制度来实现的。公司建立自己的财务、会计制度是公司立法中的一项重要的法律制度,是对公司的法定要求。

《公司法》作出这一规定,主要是基于:一是保护公司股东合法权益的需要。公司有了健全的财务会计制度便于公司的股东及股东委托的人查询有关账目,监督经营者的行为。二是保护公司债权人合法权益的需要。债权人权益的最大保证就是公司的资产,为保证公司资产不受侵犯,公司也须有自己的财务、会计制度,以便于公司债权人依法了解公司的有关情况。三是国家执法部门监督的需要。公司一经设立,即应履行法律、行政法规等规定的各项义务,如纳税义务等。国家执法部门监督的重要手段之一就是检查公司的财务、会计制度及运行情况。四是对外交往的需要。公司有健全的财务、会计制度才能立足国内面向世界,便于国内外公司了解相关的经营情况及资信情况,在国际交往中才有共同的语言。因此,许多国家的公司法规定了公司财务会计行为与方法的基本原则。

其次,公司建立财务、会计制度的基本依据。根据本条规定,公司建立财务、会计制度的基本依据有:(1)法律,即全国人大及其常委会通过的规范性文件,包括《公司法》、《会计法》及其他法律的有关规定。其中《会计法》是重要的依据,《会计法》主要就公司和企业会计核算的特别规定、会计监督、会计机构和会计人员、法律责任作出了规定。(2)行政法规,即国务院通过或批准的规范性文件。(3)部门规章,即国务院财政部门颁布的规范性文件。

第二百零八条 公司应当在每一会计年度终了时编制财务会计报告,并依法经会计师事务所审计。

财务会计报告应当依照法律、行政法规和国务院财政部门的规定制作。

本条主旨

本条是关于公司编制年度财务会计报告要求的规定。

本条释解

公司财务会计报告,是指公司对外提供的反映公司某一特定时期财务状况和某一会计期间经营成果、现金流量的文件。按照《企业财务会计报告条例》的规定,财务会计报告分为年度、半年度、季度和月度财务会计报告。年度、半年度财务会计报告应当包括会计报表、会计报表附注、财务情况说明书。会计报表应当包括资产负债表、利润表、现金流量表及相关附表。《公司法》对公司的财务会计报告的要求有:

1. 在每一会计年度终了时编制。按照会计法规定,会计年度自公历1月1日起至12月31日止。

2. 依法经会计师事务所审计。这一规定的目的是确保财务会计报告的真实性、准确性和可信度。

3. 依法制作。应按照《会计法》《公司法》《证券法》《企业财务会计报告条例》等法律、行政法规、部门规章的规定制作。例如按照《会计法》规定,财务会计报告应当由单位负责人和主管会计工作的负责人、会计机构负责人(会计主管人员)签名并盖章;设置总会计师的单位,还须由总会计师签名并盖章。单位负责人应当保证财务会计报告真实、完整。

第二百零九条 有限责任公司应当按照公司章程规定的期限将财务会计报告送交各股东。

股份有限公司的财务会计报告应当在召开股东会年会的二十日前置备于本公司,供股东查阅;公开发行股份的股份有限公司应当公告其财务会计报告。

本条主旨

本条是关于公司财务会计报告送交、置备、公告的规定。

本条释解

为保护股东的合法权益,确保股东行使权利,《公司法》对公司财务会计报告向股东公开作了原则性要求。

第一,对有限责任公司的要求。根据本条规定,有限责任公司要将财务会计报告送交各股东。因为有限责任公司的股东在50人以下,人数较少,所以要求有限责任公司将财务会计报告送交各股东。《公司法》并未对送交期限作强制性规定,只要求按照公司章程的规定执行。据此,有限责任公司的章程应当规定财务会计报告的送交期限,公司章程中既可以规定一个时段,也可以规定具体时间,如可规定财务会计报告制定后多少日或公司召开股东会前多少日内送交。

第二,对股份有限公司的要求。股份有限公司规模大,股东人数众多,不可能如有限责任公司那样将财务会计报告送交各股东,所以《公司法》要求股份有限公司将财务会计报告在召开股东会年会的20日前置备于本公司,以便股东查阅。

第三,对公开发行股份的股份有限公司的要求。按照本法规定,公开发行股份的股份有限公司应公告财务会计报告。公开发行股份的股份有限公司由于涉及广大公众投资者的利益,其财务状况应为公众所知悉。因此,公开发行股份的股份有限公司不仅要将财务会计报告置备于本公司,而且还要公告其财务会计报告，以尽可能地使广大股东和其他投资者能够查询到公司的财务会计报告。

第二百一十条 公司分配当年税后利润时，应当提取利润的百分之十列入公司法定公积金。公司法定公积金累计额为公司注册资本的百分之五十以上的，可以不再提取。

公司的法定公积金不足以弥补以前年度亏损的，在依照前款规定提取法定公积金之前，应当先用当年利润弥补亏损。

公司从税后利润中提取法定公积金后，经股东会决议，还可以从税后利润中提取任意公积金。

公司弥补亏损和提取公积金后所余税后利润，有限责任公司按照股东实缴的出资比例分配利润，全体股东约定不按照出资比例分配利润的除外；股份有限公司按照股东所持有的股份比例分配利润，公司章程另有规定的除外。

公司持有的本公司股份不得分配利润。

本条主旨

本条是关于公司税后利润分配及公积金提取的规定。

本条释解

本条将原《公司法》第34条关于股东红利分配的规则合并进本条第4款的税后利润分配规则，规定了公司税后利润分配与公积金提取的规则。

公司利润是指公司在一定会计期间的经营成果。在利润表上，利润应当按照营业利润和净利润等利润的构成分类分项列示。《公司法》对公司税后利润的分配顺序有如下要求：

第一，弥补公司以前年度亏损。根据本条规定，公司的法定公积金不足以弥补以前公司亏损的，在依照规定提取法定公积金之前，应当先用当年利润弥补以前年度的亏损。所谓公司亏损，是指公司的营利在会计年度内低于公司的全部成本、费用及其损失的总和。因为在公司存续期间内，公司原则上应保持与其资本相当的实际资产，所以当法定公积金无法弥补亏损时，应用当年利润先弥补亏损以维持公司的资产总额。

第二,公积金提取。公司在缴纳税款后分配利润前,应当提取利润的10%列入公司法定公积金;当法定公积金累积额达到公司注册资本的50%以上时,可以不再提取。法定公积金在学理上包括法定盈余公积金和法定资本公积金,本条所称的"法定公积金"实质上仅指法定盈余公积金。本法第213条规定的"公司以超过股票票面金额的发行价格发行股份所得的溢价款、发行无面额股所得股款未计入注册资本的金额以及国务院财政部门规定列入资本公积金的其他项目"即为法定资本公积金。可不再提取法定公积金的条件为,法定公积金累积额达到公司注册资本的50%以上。应注意的是,此处的计算基数仍是公司的注册资本而非公司的资产或实收资本,因为我国现有的企业信息披露制度并不强制公示实收资本,规定以注册资本为基数也一定程度上起到了对我国在实施全面认缴制之后公司虚报、架空注册资本情况频发的遏制作用,配合了2023年修订新增了有限责任公司5年出资期限的立法态度。

第三,利润分配。由于公司形式不同,其利润分配也不完全相同。对于公司弥补亏损和提取公积金后所余税后利润,有限责任公司按照股东的出资比例分配,股份有限公司按照股东持有的股份比例分配;但是,有限责任公司股东一致同意不按出资比例分配的,股份有限公司章程规定不按持股比例分配的除外。也就是说,《公司法》规定的按出资比例或持股比例分配的规则并非强制性规定,有限责任公司全体股东或股份有限公司的章程可以变更该规定。但是,根据本法第211条的规定,股东会或董事会确定分配原则时,不能违反公司法有关弥补亏损或提取公积金的分配顺序的强制性规定,如果违反规定进行分配,股东应将分配的利润退还给公司。

本条适用在司法实践中常见的问题是,公司历年累积的未在当年进行分配的金额,在弥补亏损及提取公积金以后能否用于利润分配?这部分金额记录在所有者权益下"未分配利润"账户中,虽然《公司法》并未明确规定,但现有会计规则并不禁止这种行为,因此历年留存的未分配利润可以用于本年的分配。

程序上,根据本法第59条、第67条的规定,由董事会制订公司的利润分配方案和弥补亏损方案,股东会审议批准公司的利润分配方案和弥补亏损方案。需要说明的是,决定是否分配利润属于股东会的职权,一般情况下司法不会干预。因此,《公司法司法解释(四)》第14条规定:"股东提交载明具体分配方案的股东会或者股东大会的有效决议,请求公司分配利润,公司拒绝分配利润且其关于无法执行决议的抗辩理由不成立的,人民法院应当判决公司按照决议载明的具体分配方案向股东分配利润。”第 15 条规定:“股东未提交载明具体分配方案的股东会或者股东大会决议,请求公司分配利润的,人民法院应当驳回其诉讼请求,但违反法律规定滥用股东权利导致公司不分配利润,给其他股东造成损失的除外。”

第四,公司持有的本公司股份不得分配利润。公司持有本公司股份系基于特殊目的且具有暂时性,持有的股份所获红利不能参与分配。

相关理论

公积金理论

公积金,是指公司为了准备未来扩大业务范围和预防意外亏损,依照法律和公司章程的规定以及股东会决议而从公司税后利润中提取的累积资金。公积金的规定最早见于 1867 年的《法国公司法》,此后,意大利、德国、比利时、日本等国均仿效之。由于公积金一般应与资本同时列入资产负债表中的负债栏内,附于公司资本总额之后,所以又有附加资本之称。

公积金的种类,依据公积金提取的来源,分为盈余公积金和资本公积金;依据公积金的提取是否基于法律的强制性规定,分为法定公积金和任意公积金,前者是基于法律规定而强制提存的公积金,除弥补上年度亏损外,不允许任意改变,后者指公司于法定公积金之外,以章程订定或股东会决议而特别储备的公积金,其用途由股东会视公司情形确定。

公积金作为一种储备基金具有不可替代的制度价值。一方面,由于公司经营策略、市场变化、政策影响等环境变化,公司年度间的营收情况不同,可能出现难以预测的经营风险。将盈利年度的盈余用以弥补亏损年份的亏空,未雨绸缪,这是维持公司运转所必需的财产和抵御市场风险的基本手段,是公司持续稳定经营和发展的必要保障。另一方面,市场商业机会难以预测,必要的公积金储备不但代表着公司的竞争能力,而且有利于公司及时抓住商业机会。当公司根据市场变化决定扩大业务范围和经营规模,需要追加投资时,通过银行借贷成本可能较高;如果以发行新股或公司债集资,监管流程烦琐,且受到证券市场行情左右,时间成本较高。相较而言,用公积金追加投资或转增资本更加便捷、成本较低的方案。因此,《公司法》明确从税后利润中提取法定公积金的强制性义务,并规定了提取比例,以实现公积金充实公司资本、维护公司稳定经营的目的。

第二百一十一条 公司违反本法规定向股东分配利润的,股东应当将违反规定分配的利润退还公司;给公司造成损失的,股东及负有责任的董事、监事、高级管理人员应当承担赔偿责任。

本条主旨

本条是关于违法分配利润的法律责任的规定。

本条释解

本条是新《公司法》修订的新增条文,将原《公司法》中关于违法分配利润的法律责任条款单列,并补充规定了股东、董事、监事、高级管理人员违法分配利润给公司造成损失的民事赔偿责任。

首先,结合本法第 210 条的规定,我国的利润分配规则仍坚持资本维持模式,贯彻“无盈不分”原则,即公司当年无盈利时,原则上不得分配股利。其旨在避免因无盈利分配而造成公司资本的实质减少,导致损害公司利益、股东长远利益以及债权人利益。该条明确规定公司只有在依法纳税、弥补亏损和提取公积金之后有剩余利润时,才可向股东分配利润。这是《公司法》对利润分配作出的强制性规定,违反该规定的利润分配决议无效。

其次,关于违法分配利润的法律后果。由于“无盈不分”的利润分配规则系法律强制性规定,违反该分配规则的股东会利润分配决议无效,根据本法第 25 条和《公司法司法解释(四)》的有关规定,股东、董事、监事等可请求法院确认该分配决议无效。由此,按照无效分配决议作出的分配行为也应恢复原状,本条明确规定股东应当将该部分违法分配的利润退还公司。

最后,关于违法分配利润的法律责任。此次修订新增了相关人员的民事赔偿责任,规定若违法分配给公司造成损失,股东及负有责任的董事、监事、高级管理人员应当承担赔偿责任,契合了本次修订加强董监高维护公司资本充实义务的整体立法趋势。本条请求损害赔偿的权利主体应为公司的董事会或监事会，因维护资本充实是管理层的应然义务范围。若董事、监事因利益关联不能代表公司提起诉讼，则其他利益相关的股东可根据本法规定提起股东代表诉讼，主张对公司的相关赔偿。需注意的是，虽然公司违法分配也可能损及公司债权人的利益，但债权人并无请求损害赔偿的权利。

相关理论

公司利润分配理论

比较法上的分配规则可大致分为资本维持模式和清偿能力模式两类模式。资本维持模式下，利润分配规则的重点在于股东投入和所有者权益或净资产，典型如我国《公司法》、德国、法国、英国、日本等公司法规定。其特点在于：公司的可分配利润往往以企业净利润为起点，股东投入资金通常包括股本和资本公积金不得用于分配；在利润分配前应提取不得用于分配的法定公积金。清偿能力模式下，利润分配规则很大程度上从资本制度问题转变为了公司治理问题，更关注企业的偿付能力和持续经营能力，公司法下的利润分配标准与破产法下的企业破产标准类似，典型如美国（如特拉华州公司法、加利福尼亚州公司法及《美国示范公司法》）、加拿大、澳大利亚。其特点在于：分配标准一般包括流动性偿付能力标准，有时还包括资产负债表偿付能力标准，即通过判断企业的现金流状况及未来偿付能力决定企业的可分配金额，避免分配导致的企业丧失偿付能力；董事会对利润分配具有自由裁量权，董事应对该分配事项勤勉尽责，其分配决定受到商业判断规则的保护。

对于违法分配的法律后果及责任，多数国家专门进行了规定。例如，英国公司法规定，公司对明知或应知分配违法而收到股利的股东享有返还请求权，且在司法实践中法官存在援引判例法支持向有责任的董事追偿的可能性。德国公司法允许股东请求撤销违法分配的决议，股东已知或应知分配违法时，须将违法分配所得退还公司，还规定董事会和监事会成员有责任对违法分配给公司造成的损失予以补偿。

第二百一十二条 股东会作出分配利润的决议的，董事会应当在股东会决议作出之日起六个月内进行分配。

本条主旨

本条是关于公司利润分配期限的规定。

本条释解

本条是2023年修订的新增条文,原《公司法》并未对股东会作出分配利润决议后的分配期限作出限制,《公司法司法解释(五)》将分配期限限制为不超过1年。本次《公司法》修订并未完全采纳《公司法司法解释(五)》的期限限制,而是将法定分配时间设置为6个月。这是为了解决实践中广泛出现的公司不及时执行股东会分配利润的决议导致的具体股利分配之诉频发的问题。

第一,本条肯定了股东会系有权作出利润分配决议的主体,董事会负有执行股东会分配利润决议的义务。

第二,董事会应当在股东会决议作出之日起6个月内进行分配,改变了《公司法司法解释(五)》规定的1年期限。

第三,理论上来说,公司章程或股东会决议可就利润分配时间作出限制性约定。需注意的是,本条规定的分配期限系法定分配期限,章程或股东会决议可自主约定短于6个月的分配时间,但不应超过本条规定的6个月法定期限。

第二百一十三条 公司以超过股票票面金额的发行价格发行股份所得的溢价款、发行无面额股所得股款未计入注册资本的金额以及国务院财政部门规定列入资本公积金的其他项目,应当列为公司资本公积金。

本条主旨

本条是关于公司资本公积金构成的规定。

本条释解

本条在原《公司法》关于资本公积金构成的规定的基础上,新增了无面额股应计入公司资本公积金的部分的规定,系新增无面额股制度的配套措施。

资本公积金是公司非营业活动所产生的收益,依照法律规定将这类特定的公司收入项目列入资本公积金账户的累积资金。资本公积金的特征是其与公司盈余无关,来自股东投入但不构成“股本”或“实收资本”的资金部分或其他非营业活动所产生的收益。资本公积金与会计规则密切相关,根据《企业会计准则第 2 号——长期股权投资》第 11 条第 1 款的规定,“……投资方对于被投资单位除净损益、其他综合收益和利润分配以外所有者权益的其他变动,应当调整长期股权投资的账面价值并计入所有者权益”。这部分即为公司的其他资本公积金。

按照本条规定,资本公积金的构成及来源是:

1. 股票溢价款。公司超过股票票面价值发行股票时,其超过部分为股票溢价。这一部分不属于股票持有人所有,因为股票持有人的股票为票面金额,其超过部分在股票上没有反映,对于这一部分应列入资本公积金。

2. 发行无面额股所得股款未计入注册资本的金额。本法第 142 条第 3 款规定,“采用无面额股的,应当将发行股份所得股款的二分之一以上计入注册资本”。也就是说,公司可自主决定将不超过发行股份所得股款 1/2 的部分不计入注册资本,因该部分不属于“股本”或“实收资本”,故应计入资本公积金。

3. 国务院财政部门规定列入资本公积金的其他项目。其他情形还包括处置公司资产所得的收入;资产重估价值与账面净值的差额,接受捐赠,可转换公司债券持有人行使转换权利将债权转化为资本,股份有限公司发行新股时冻结申购资金期间的利息,投资准备等应计入资本公积金的项目。

第二百一十四条 公司的公积金用于弥补公司的亏损、扩大公司生产经营或者转为增加公司注册资本。

公积金弥补公司亏损,应当先使用任意公积金和法定公积金;仍不能弥补的,可以按照规定使用资本公积金。

法定公积金转为增加注册资本时,所留存的该项公积金不得少于转增前公司注册资本的百分之二十五。

本条主旨

本条是关于公积金用途的规定。

本条释解

本条修改了原《公司法》关于资本公积金不得用于弥补公司亏损的规定,并由此规定了包括资本公积金在内的公积金弥补公司亏损的使用顺序。

公司公积金的组成部分以公积金的来源为标准可以分为盈余公积金与资本公积金。公积金系为特定目的而提留,应当遵循专款专用原则,否则将既有违设立公积金的初衷,又可能不利于公司资本维持,进而损害债权人的利益。同时,公积金作为股东权益的一部分,其使用应符合全体股东的利益。实践中公司章程也通常对公积金的使用范围有所限制。按照本条的规定,包括盈余公积金(法定公积金和任意公积金)和资本公积金在内的公积金有以下用途:

1. 弥补公司亏损。根据本条第 2 款的规定,使用公积金弥补亏损,应当遵循先使用盈余公积金包括任意公积金和法定公积金,仍不能弥补的,再按照规定使用资本公积金的顺序。

(1)盈余公积金最重要的功能即弥补亏损。因为法定公积金和任意公积金均为从公司的税后利润中提取的留存收益,其提取的目的就是抗御公司经营风险,维护公司信誉。若公司存在亏损,则盈余公积金应先弥补亏损,不能用于其他目的。关于法定盈余公积金和任意盈余公积金弥补亏损的使用顺序,本条并没有作出限制,实践中公司可根据自身情况进行约定。

(2)资本公积金不得首先用于弥补亏损,仅在任意公积金和法定公积金不能弥补的情况下,才能按照规定使用资本公积金弥补亏损。

关于资本公积金的使用,其基本原则是不得用于分配,因为资本公积金作为所有者投入的部分受到资本维持原则的限制。但对于能否用于弥补亏损,本次修订作出了规范上的转变。原《公司法》之所以限制资本公积金弥补亏损,就是因为基于“无盈不分”原则,资本公积金不允许进行分配,而使用资本公积金弥补亏损为公司在之后分配利润创造了条件,实质上是“变相”使用资本公积金进行分配,容易成为公司进行财务操纵的工具,可能损害股东尤其是中小股东的利益。而且,资本公积金主要体现为公司的账面增值,并非从公司利润中提取,与公司的经营行为无关;而亏损是公司经营活动产生的后果,用资本公积金弥补亏损也不符合会计学原理。

新《公司法》改变了原《公司法》关于资本公积金不得用于弥补亏损的规定,规定任意公积金和法定公积金不能弥补公司亏损的,可以按照规定使用资本公积金。这种规则转变回应了公司经营中的现实需求:一是有助于短暂陷入财政困境的公司扭亏为盈,因为当历年及当年利润、任意公积金与法定公积金都无法弥补亏损时,公司经营必然受到影响,且财务报告也并不乐观,若不允许使用资本公积金弥补亏损,公司正常经营可能难以维系,市场价值必然下降,更无法吸引新的投资帮助公司渡过难关、转亏为盈。二是有助于提高资金利用率。资本公积金的组成不仅限于资本溢价的会计账面变化,还存在接受捐赠、处置公司资产等真实资产进入的多元化形式,因此资本公积金的用途也应当更加宽泛。实践中上市公司账面可能存在大量资本公积金,通过减少对资本公积金的限制,使得资本用途更加多元化,有助于公司根据具体情况调整资本结构,提高公司资金利用效率。

但本条也规定了使用资本公积金弥补亏损应"按照规定",具体应根据相关规定就使用资本公积金弥补亏损在会计上进行具体操作。根据《公司法》第 59 条、第 112 条的规定,使用公积金弥补亏损的方案应由股东会批准。

2. 扩大公司生产经营。公司发展需要不断扩大经营范围和规模,在不增加公司资本的前提下,用公司的公积金追加投资即为一条重要的途径。

3. 增加公司注册资本。公司可以通过股东会的特别决议或者全体股东的决定将公积金的一部分扩充为公司的注册资本。用法定公积金增加注册资本,就无须股东再投资,而是公司将公积金分派到每个股东名下,以增加其投资额。对于有限责任公司,即按每个股东实缴的出资比例增加其出资额;对于股份有限公司,则按股东所持股份比例来增加其出资额,具体方法有两种:一是增加公司的股份数,即按股东原股份比例派送新股;二是不增加公司的股份数,在股东原有股份比例的基础上增加每股面值。但需注意的是,根据本条规定,使用法定公积金转增公司注册资本时,所留存的该项公积金不得少于转增前公司注册资本的 25%。

第二百一十五条 公司聘用、解聘承办公司审计业务的会计师事务所,按照公司章程的规定,由股东会、董事会或者监事会决定。

公司股东会、董事会或者监事会就解聘会计师事务所进行表决时,应当允许会计师事务所陈述意见。

本条主旨

本条是关于公司聘用、解聘会计师事务所的规定。

本条释解

本条在原《公司法》的基础上，将监事会增加为由章程规定可以聘用、解聘承办公司审计业务的会计师事务所的主体。

首先，本条的适用范围只限于承办公司审计业务，即接受公司委托，对公司的财务会计报告进行独立审计，出具审计意见的会计师事务所，不适用于聘用或解聘仅为公司提供会计咨询业务的会计师事务所。

其次，关于会计师事务所的聘用。公司聘用或解聘承办公司审计业务的会计师事务所，应当依照公司章程的规定，由股东会、董事会或监事会决定。公司经理或其他高级管理人员不得自行决定聘用或者解聘承办公司审计业务的会计师事务所；公司为明确此项决定权由哪个机构行使，应当在章程中对此作出规定。本条规定的会计师事务所的聘用规则，实质上涉及注册会计师审计的委托权问题，而审计委托权不仅是权力归属的法律确认，更直接体现着独立审计为谁的利益并且影响审计的独立性。资本所有权和经营管理权的分离是注册会计师审计业务产生的本质原因，这一本质原因使得注册会计师的本质任务是降低代理成本，减少股东和管理层之间的信息不对称，维护股东尤其是中小股东利益。因此，会计师事务所本质上应以股东利益最大化为己任。但由于我国"一股独大"的公司治理现状，由股东会或处于控股股东或实际控制人控制下的董事会选聘会计师事务所可能无法实现独立审计的目标，以保护所有股东利益。因此，2023 年修订新增了监事会作为可聘用、解聘承办公司审计业务的会计师事务所的主体，以发挥监事会作为公司专门监督机关的作用，维护审计的独立性。

再次，针对上市公司和国有企业聘用会计师事务所的问题，《国有企业、上市公司选聘会计师事务所管理办法》专门作出了规定。国有企业选聘会计师事务所，应当由董事会审计委员会（或者类似机构）提出建议后，由股东会或者董事会决定；对于未设股东会或者董事会的国有企业，由履行出资人职责的机构决定或者授权国有企业决定相关事项。上市公司聘用或解聘会计师事务所，应当由审计委员会审议同意后，提交董事会审议，并由股东会决定。基于上市公司的信息披露要求，上市公司应对其会计师事务所的详细信息及情况进行披露。上市公司每年应当按要求披露对会计师事务所履职情况评估报告和审计委员会对会计师事务所履行监督职责情况报告，涉及变更会计师事务所的，还应当披露前任会计师事务所情况及上年度审计意见、变更会计师事务所的原因、与前后任会计师事务所的沟通情况等。

最后，关于会计师事务所的解聘。为了保证会计师事务所独立、客观、公正地进行审计，防止公司随便解聘会计师事务所，本条规定，在公司股东会、董事会或者监事会就解聘会计师事务所进行表决时，应当允许会计师事务所陈述自己的意见。

第二百一十六条 公司应当向聘用的会计师事务所提供真实、完整的会计凭证、会计账簿、财务会计报告及其他会计资料，不得拒绝、隐匿、谎报。

本条主旨

本条是关于公司会计资料的真实提供义务的规定。

本条释解

根据本条规定，公司向会计师事务所提供会计资料时必须履行如下义务：

1. 提供真实、完整的会计资料。这是公司应主动履行的法定义务。确保会计资料的真实、完整是《会计法》的基本要求。按照《会计法》的规定，公司必须依法设置会计账簿，并保证其真实、完整。单位负责人要对本单位的会计工作和会计资料的真实性、完整性负责。公司的会计机构、会计人员要依法进行会计核算，实行会计监督。任何单位或者个人不得以任何方式授意、指使、强令会计机构、会计人员伪造、变造会计凭证、会计账簿和其他会计资料，提供虚假财务会计报告。会计凭证、会计账簿、财务会计报告和其他会计资料必须符合国家统一的会计制度的规定。

(1)会计凭证，包括原始凭证和记账凭证。办理《会计法》规定的经济业务事项必须填制或者取得原始凭证并及时送交会计机构。会计机构、会计人员必须按照国家统一的会计制度的规定对原始凭证进行审核，对不真实、不合法的原始凭证有权不予接受，并向单位负责人报告；对记载不准确、不完整的原始凭证予以退回，并要求按照国家统一的会计制度的规定更正、补充。原始凭证记载的各项内容均不得涂改；原始凭证有错误的，应当由出具单位重开或者更正，更正处应当加盖出具单位印章。记账凭证应当根据经过审核的原始凭证及有关资料编制。

(2)会计账簿。该账簿必须以经过审核的会计凭证为依据,并符合有关法律、行政法规和国家统一的会计制度的规定。会计账簿包括总账、明细账、日记账和其他辅助性账簿。各单位发生的各项经济业务事项应当在依法设置的会计账簿上统一登记、核算,不得违反《会计法》和国家统一的会计制度的规定私设会计账簿登记、核算。各单位应当定期将会计账簿记录与实物、款项及有关资料相互核对,保证会计账簿记录与实物及款项的实有数额相符、会计账簿记录与会计凭证的有关内容相符、会计账簿之间相对应的记录相符、会计账簿记录与会计报表的有关内容相符。

(3)财务会计报告。财务会计报告由会计报表、会计报表附注和财务情况说明书组成。财务会计报告应当根据经过审核的会计账簿记录和有关资料编制,并符合《会计法》和国家统一的会计制度关于财务会计报告的编制要求、提供对象和提供期限的规定;其他法律、行政法规另有规定的,从其规定。有关法律、行政法规规定会计报表、会计报表附注和财务情况说明书须经注册会计师审计的,注册会计师及其所在的会计师事务所出具的审计报告应当随同财务会计报告一并提供。财务会计报告应当由单位负责人和主管会计工作的负责人、会计机构负责人(会计主管人员)签名并盖章;设置总会计师的单位,还须由总会计师签名并盖章。单位负责人应当保证财务会计报告真实、完整。

2. 不得拒绝、隐匿、谎报。公司必须按照会计师事务所的要求提供相关的会计资料,不得故意拒绝、隐匿、谎报,否则应依法承担相应的法律责任。根据本法第 254 条的规定,公司提供存在虚假记载或者隐瞒重要事实的财务会计报告的,县级以上人民政府财政部门应按照《会计法》等法律、行政法规的规定进行行政处罚。

第二百一十七条 公司除法定的会计账簿外,不得另立会计账簿。

对公司资金,不得以任何个人名义开立账户存储。

本条主旨

本条是关于另立会计账簿和以个人名义开立账户的禁止性规定。

本条释解

本条第1款规定公司不得在法定会计账簿外，另立会计账簿。会计账簿是指记载和反映公司财产状况和营业状况的各种账簿、文书的总称。在法定会计账簿之外另立会计账簿，就是私设会计账簿。具体而言，即在法定的会计账簿、文书之外另设一套或者多套会计账簿、文书，将一项经济业务的核算在不同的会计账簿、文书之间采取种种手段作出不同的反映，或者将一项经济业务不通过法定的会计账簿、文书予以反映，而是通过另设的会计账簿、文书进行核算。会计账簿不仅是公司管理者准确掌握经营情况的重要手段，也是股东、债权人和社会公众了解公司财产和经营状况的主要途径，在国家税收管理和诉讼程序中还是决定税额的主要依据和重要的诉讼证据。私自设立会计账簿，不仅会损害公司股东、债权人和社会公众的利益，还会损害国家的利益，是一种严重的违法行为。《会计法》明确规定，各单位发生的各项经济业务事项应当在依法设置的会计账簿、文书上统一登记、核算，不得违反《会计法》及国家统一的会计制度的规定私设会计账簿登记、核算。根据本法第254条的规定，公司在法定的会计账簿以外另立会计账簿的，县级以上人民政府财政部门应按照《会计法》等法律、行政法规的规定进行行政处罚。

本条第2款禁止以个人名义开立账户存储公司资金。将公司资金以个人名义存储于银行，不仅逃避了有关机关对公司经济往来的监管，也为侵吞公司财产提供了机会。为了维护国家经济管理秩序，保证公司财产、股东权益和债权人利益不受侵害，本条明确规定禁止将公司资金以任何个人名义开立账户存储。

CHAPTER 11

第十一章

公司合并、分立、增资、减资

第二百一十八条 公司合并可以采取吸收合并或者新设合并。

一个公司吸收其他公司为吸收合并，被吸收的公司解散。两个以上公司合并设立一个新的公司为新设合并，合并各方解散。

本条主旨

本条是关于公司合并方式的规定。

本条释解

公司合并是指两个以上的公司订立合并协议，依照《公司法》的规定，不经过清算程序而合并成为一个公司。

公司合并分两种方式：第一种为吸收合并，指两个或两个以上的公司中，一个公司存续，其他公司解散，存续的公司吸收解散的公司，这种合并又称为兼并。第二种为新设合并，指两个或两个以上的公司中，各个公司均解散，另外组建一个新公司。两者最大的不同是，实行吸收合并时，被吸收公司消灭，吸收公司存续并扩大；实行新设合并时，所有被合并的公司均消灭，组成的是一个新的公司。

公司合并可能涉及 3 种不同的重大变动，需要办理登记：(1)公司变更登记。在吸收合并中，吸收其他公司而存续的公司，因资本合并、财产转移、股权结构改变等需要申请变更登记。(2)公司设立登记。在新设合并中，所成立的新公司需要依照公司设立的程序申请设立登记。(3)公司注销登记。因合并而解散的公司，需要申请注销登记。但该公司无须进行清算程序，其债权债务关系承继至合并后公司，仅需作出对债务清偿或债务担保情况的说明。

结合《公司法》关于股东会职权的规定，由于公司的合并与分立涉及公司主体的变更,在变更时既可能产生新的公司,也可能消灭原有的公司,直接关系到公司股东的权益,所以公司合并、分立的决定权不在董事会,而在股东会,除简易合并外,参与合并的各公司或将进行分立的公司必须经各自的股东会决议,以通过特别决议所需要的多数赞成票同意合并协议、分立协议。在股东会作出合法的分立、合并决议之后,董事会必须遵从,不能作出相反决策。如果股东会超越其职权而穿透行使董事会权力,则属于决议内容违法,自不会对董事会产生约束。

股东会批准合并协议相当于民法上的"同意",是依单方意思表示即可生效的行为。其他国家公司法也有相似的规定。《德国股份公司法》规定股份有限公司的合并,须征得 3/4 股东的同意。《法国商法典》也要求有关公司按修改章程所需条件,对公司合并作出决定,该法第 153 条指出对章程的修改需经特别股东大会,这种大会以获得出席或由他人代理的股东拥有的票数的 2/3 多数票作出决定。

第二百一十九条　公司与其持股百分之九十以上的公司合并,被合并的公司不需经股东会决议,但应当通知其他股东,其他股东有权请求公司按照合理的价格收购其股权或者股份。

公司合并支付的价款不超过本公司净资产百分之十的,可以不经股东会决议;但是,公司章程另有规定的除外。

公司依照前两款规定合并不经股东会决议的,应当经董事会决议。

本条主旨

本条是关于公司简易合并的规定。

本条释解

简易合并是新《公司法》增设的一项法律制度,是指无须通过股东会决议,仅需经董事会决议即可进行的合并。根据《公司法》相关规定,一般的公司合并需要由董事会制定合并方案、股东会通过特别决议。简易合并与之相比,在合并程序上有所简化,主要表现在:(1)合并不需要经股东会决议。由于公司合并往往会对股东的股权进行调整,对股东利益会产生重大影响,出于对股东利益的保护，公司的合并一般由股东会决议决定。但某些情况下，公司合并对股东利益的影响甚微或者股东会决议确实无法干涉合并事项，此时可以省去股东会决议。(2)合并必须经董事会决议。在不进行股东会决议的合并程序中，依照本条规定享有相关职权的机构是董事会，董事会不得将该权力授予其他机构。公司的简易合并平衡了公司合并程序中的效率与公平，体现了商法对效率的重视。

域外法上，常将本条第1款称为简易合并，第2款称为小规模合并。我们认为，简易合并之特征在于合并程序上的简化，即省去某一公司的股东会决议程序，以董事会决议进行合并，本条第1、2款只是其两种不同的表现形式，因而将本条统称为简易合并制度。

理论上讲，公司的简易合并中，可能出现吸收合并，也可能出现新设合并，但实践中多表现为对子公司、小规模公司的吸收合并。因此，下文以“合并公司”“被合并公司”指代简易合并中的双方。依据本条之规定，公司的简易合并存在两种适用情形。

一、母子公司合并

母子公司之间的简易合并，是本条第1款所确立的制度，要求仅在“公司与其持股百分之九十以上的公司合并”时方可适用简易程序，并额外规定了子公司的通知义务、子公司股东的回购请求权。

在持股90%以上的母子公司简易合并中，合并公司一般指母公司，被合并公司一般指子公司，二者分别适用不同的程序：(1)合并公司依照一般合并程序进行，即由董事会制定公司合并方案，股东会对公司合并作出决议。另外，满足本条第2款规定的小规模合并的，也可适用简易程序。(2)被合并公司可以省去股东会决议，其原因在于：对被合并公司而言，小股东所掌握的资本不及所有股份的10%，无论是一般决议还是特别决议，均无法撼动股东会决议之形成，即使持反对意见，也无法阻止合并的进行，该股东会决议不具有实质价值，因而可以省去，仅需通过董事会决议进行合并。

本条额外规定了母子公司简易合并程序中其他股东的知情权和回购请求权，以保障省去股东会决议后其他股东的合法权益，需要注意的是：(1)被合并公司的小股东享有相关权利。本条第1款中的“其他股东”是指在被合并公司中，除持股90%以上的母公司以外的其他小股东。由于被合并公司未进行股东会决议,致使小股东无法通过行使股东异议回购权来保护自己的合法权益,因而本条赋予了小股东“知情权”和“回购请求权”,与股东异议回购权具有相似的价值。(2)本条规定了其他股东的知情权。由于被合并公司未进行股东会决议,其他股东缺乏对公司合并相关事项的了解渠道,必须在合理期限内对其进行通知。我们认为,该项通知的义务主体是董事会,主要原因在于股东会在合并程序上处于缺位状态,不应作为通知义务主体;董事会作为合并决议的作出机构,应当对合并事项负责,也应当对股东负责,负有通知义务。(3)本条赋予了其他股东股份回购请求权。《公司法》第162条规定:“公司不得收购本公司股份。但是,有下列情形之一的除外……(二)与持有本公司股份的其他公司合并……”该规定只适用于股份有限公司,而本条所赋予的股份回购请求权可适用于有限责任公司和股份有限公司,其他股东可以要求公司按照合理价格收购自己的股权或股份,以实现退出公司的结果。

需要注意的是,对于母子公司合并时的简易程序适用对象,域外法上存在两种规范路径:其一,有国家和地区规定母子公司均可不作股东会决议;其二,有国家规定可省略被合并公司股东会的决议。我国新《公司法》规定的是仅可省去被合并公司股东会决议的模式。有学者认为,省略母公司之决议更为恰当,其理由在于:对母公司而言,由于子公司90%的利益本来就在其掌握之中,合并对其股东的利益没有实质性的影响,可认为是日常经营管理的内容,由董事会决议即可。本条之所以未直接规定母公司适用简易程序,是因为希望通过第2款的小规模合并来规范上述情况。仅仅具有持股90%以上这一条件,并不意味着该合并对母公司的影响很微弱,只有在被合并公司的资产在母公司中占比极小的情况下,才可省去母公司的股东会决议。

二、小规模合并

小规模合并,又称不对称合并,是指合并双方规模差异很大,由规模较大的公司将规模较小的公司收购、合并的情况。其中“合并公司”为收购公司,“被合并公司”为被收购公司。

小规模合并中收购公司与被收购公司分别适用不同的程序:(1)被收购公司依照一般合并程序进行,即由董事会制定公司合并方案,股东会对公司合并作出决议。(2)收购公司可以省去股东会决议,其原因在于在小规模合并中被合并公司规模较小,合并结果对合并公司的经营影响不大,对股东利益的影响也不大,有时甚至不及一项资产转让对其产生的影响,所以可适用简易合并程序,不需经合并公司股东会之决议即可进行。

根据本条第 2 款的规定,小规模合并仅适用于"公司合并支付的价款不超过本公司净资产百分之十"的情形。对于"小规模"的认定是从收购公司的角度出发的,收购活动需要动用的财产不超过收购公司净资产的 10%,与董事会可自行决策的公司日常运营项目并无实质性区别,因而可以适用简易程序。

需要注意的是,域外存在许多关于小规模合并的立法,但与我国新《公司法》的规定存在一定区别,一般以收购公司的新发股份数作为适用限制条件。与域外规定相比,我国新《公司法》并未对小规模合并中收购公司的新发股份数量进行限制,而是规定了合并前的收购价款限额,即不得超过本公司净资产 10%。其原因主要在于,域外规定主要限制通过新发股份或者新发带表决权的股份来稀释股东股权的行为,我国新《公司法》则聚焦于允许董事会决定资产的小规模变动,二者的立法出发点存在一定的不同。

另外,为了保护中小股东的权益,本条第 2 款允许公司章程对小规模合并的简易程序进行另外规定。一方面,章程可以对适用简易合并程序的情形进行设置,如可以由章程规定本公司的小规模合并以新发股份数量为适用限制。另一方面,也可以在章程中排除适用简易合并程序。

相关理论

母子公司简易合并中的意思自治

母子公司的简易合并不违背意思自治原则。在原《公司法》所规定的公司一般合并制度下,公司股东可以通过参与股东会会议、表决等方式表达对公司合并的意愿。虽然基于资本多数决的规则,公司的决议并不能反映所有股东的意思,但中小股东参与会议本就是其意思自治的主要渠道,因此合并决议一般由股东会作出。适用简易合并制度时,股东会决议程序的取消使得部分股东只能被动接受公司合并的结果,面临股东意思自治被剥夺的强烈质疑。

意思自治原则作为私法领域的一项基本原则,要求股东对自身的权利进行自主决定。但是,公司决议作为一种具有团体法属性的行为,适用集体决策机制中的"多数决规则",意思自治原则在其中的适用是有所减损的,而不同于普通民事法律行为中的意思自治。公司决议一般以资本多数决的形式作出,对股东意思自治的限制并不能称之为违背了私法上的意思自治原则，这也是商法有别于一般民事法律规范之处。在母子公司简易合并中，召开子公司的股东会会议对实体决议的内容几无影响，持股低于10%的股东完全无法撼动公司决议的作出，因而这种程序上的要求看似尊重了小股东的意思自治，实际上仅是为公司强加了负担。因此，在公司法领域，对意思自治原则的限制具有正当性。

母子公司简易合并中的股东平等

母子公司简易合并是股东实质平等的体现。股东平等原则，意指股东在与公司的法律关系中，平等地享有权利。股东平等已经被各国立法作为处理股东间法律关系的基本原则所接受，我国也不例外。在母子公司的简易合并程序中，中小股东失去了参与股东会会议并表决的权利，因而被学界质疑造成了控股股东与中小股东之间的不平等，违背股东平等原则。

在股东平等原则的理解上，学界对于程序平等和实质平等存在一定的争议。支持程序平等的观点认为，法律程序的正当与结果的公正之间具有绝对的一致性，程序瑕疵会直接导致结果法律效力的瑕疵。因此在公司合并过程中，对股东会决议的取消必然会导致对中小股东权利的剥夺，应当予以禁止。支持实质平等的观点认为，对于法律的程序价值应当予以肯定，但是程序正当与结果公正之间的一致性并不绝对，法律的最终追求是一种实质正义和实质平等，以实质平等为先。因而在股东决议过程中，控股股东与中小股东本身即具有不平等的地位，程序平等并不意味着实质平等，取消股东会决议并不会对中小股东的权利造成实质性损害，只需要在合并程序中对中小股东进行特殊保护即可。

我们认为，对股东平等原则的理解应采实质平等角度。母子公司的简易合并中，即使依原《公司法》的规定召开股东会，也只是体现了程序上的平等。实质上，股东的表决权指向的是对决议内容的控制权，在控股股东持股90%以上的情形下，中小股东的表决不可能实现对决议内容的控制，这种程序上的平等看似赋予了股东平等的表决权，但却无法体现公司法对母子公司简易合并特殊性的正视，可能导致中小股东权利被忽视。出于效率的考虑，简易合并将该等无效的程序进行省略，并同时通过对中小股东知情权、回购请求权的保护，实现对其权利的实质平等保护。

域外公司制度上的简易合并

1. 域外关于母子公司简易合并的规定

域外对于母子公司简易合并存在两种规范路径：第一种，规定母子公司均可不作股东会决议。例如，《美国标准商事公司法》第 11.04 条规定："任何公司，如至少拥有另一公司各类别发行在外股份总数的 90%，可将该公司合并过来而无需双方公司股东表决同意。"我国台湾地区"公司法"第 316 条之 2 规定，控制公司持有从属公司 90% 以上已发行股份者，得经控制公司及从属公司之董事会以董事 2/3 以上出席及出席董事过半数之决议，与其从属公司合并。其合并之决议，不适用第 316 条第 1 项至第 3 项有关股东会决议之规定。第二种，规定可省略被合并公司股东会的决议。例如，《韩国商法》第 527 条之 2 规定："①将要合并的公司的一方在合并之后存续时，若因合并而消灭的公司的全体股东已同意，或者由合并后存续的公司所有该公司的发行股份总数的 90% 以上时，可以以董事会的承认替代因合并而被消灭的公司的股东大会的承认。②在第 1 款之情形下，因合并而被消灭的公司，应自制作合并合同之日起两周之内，将不经股东大会承认而合并之意进行公告或者通知给股东。但是，全体股东同意时，除外。"

2. 域外关于小规模合并的规定

域外关于小规模合并的规定，一般以收购公司一定量的新发股份数作为适用条件。例如，《韩国商法》第 527 条之 3 规定：在合并后存续的公司因合并而发行的新股的总数未超出该公司的发行股份总数的 10% 时，可以以董事会的承认来替代存续公司的股东大会的承认。但是，在已决定应向因合并而消灭的公司的股东支付的金额，且该金额将超过存续公司的最终资产负债表上现存的净资产额的 5% 时除外。《美国标准商事公司法》第 11.03 条则规定，下列情形下无须存续公司股东会就合并计划作出决议：(1) 存续公司的章程与该公司合并前之章程并无不同之处(除了该法第 10.02 条列举的修订)；(2) 存续公司股东持有的合并生效日之前的股份，在合并后必须同合并前数量相等并具有相同的名称、优惠、限制及相关权利；(3) 合并后增加发行的有表决权股份(普通股)的总额不超过存续公司合并前发行的有表决权股份总数的 20%；(4) 合并后增加发行的优先股的数量不超过存续公司发行的优先股总数的 20%。

第二百二十条 公司合并，应当由合并各方签订合并协议，并编制资产负债表及财产清单。公司应当自作出合并决议之日起十日内通知债权人，并于三十日内在报纸上或者国家企业信用信息公示系统公告。债权人自接到通知之日起三十日内，未接到通知的自公告之日起四十五日内，可以要求公司清偿债务或者提供相应的担保。

本条主旨

本条是关于公司合并程序的规定。

本条释解

公司合并不仅涉及公司的主体资格变化，更重要的是公司资产的重新配置、债务债权的清理必然会影响公司对其债务的清偿能力，从而对债权人的利益有重大的影响。因此公司合并必须遵守法定的程序：公司签订合并协议后，由股东会以特别决议通过合并协议，随即编制各公司的资产负债表和财产清单，以明确各自的资产和债权债务关系。公司应当自作出合并决议之日起 10 日内通知债权人，并在 30 日内于报纸上或者国家企业信用信息公示系统上公告，使得所有债权人得以获知公司合并的情况。债权人在接到通知之日起 30 日内，未接到通知的自公告之日起 45 日内，可以要求公司清偿债务或提供相应的担保。债权人于上述法定期间内不提出异议的，视为承认合并。债权人如果于法定期间内提出异议，公司应清偿已到期的债权，或对未到履行期的债权提供担保。不清偿债务或者不提供相应担保的，公司不得合并。

公司合并是债权债务的整体转让，并未改变双方债权人原有的地位，债权人只能以满足债权和保护债权安全为目的而间接影响合并程序，并无直接阻却合并的理由。一般情况下，若债权人对公司合并有异议，对于已到期的债权，可要求公司清偿后方可继续进行合并程序；若债权人不要求公司清偿，也可要求公司提供担保后进行合并，这是债权人的选择权。对于未到期的债权，债权人只可要求公司提供担保，不得主张立即清偿，因为这可能损害公司的期限利益；只有在公司合并各方不能提供担保的情况下，债权人才可主张立即清偿；如果公司作为债务人表示了同意，对未到期的债权也可提前清偿，但应扣除未到期的利息。

需要注意的是，并非在所有情况下，债权人的清偿主张均以债务到期为必要条件。对于合并协议生效前的到期债务，债权人得请求原债务人在实施合并之前单独清偿；对于和被吸收公司有不可分离之关系的未到期债务，债权人得拒绝承受，而请求被吸收公司负单方解除合同的责任。主债务转移若影响抵押、保证等从债务的效力，债权人可以要求债务承受人清偿债务或提供相应的担保。

第二百二十一条 公司合并时，合并各方的债权、债务，应当由合并后存续的公司或者新设的公司承继。

本条主旨

本条是关于公司合并后债权债务承继的规定。

本条释解

公司合并后，因合并而消灭的公司，其资产（包括所有动产、不动产、工业产权）和其债权、债务全部由存续公司或新设公司承继，变为存续公司或新设公司自己的资产、债权和债务，由其行使这些资产的所有权，享有这些债权，并负责清偿这些债务。

即使在合并完成后未办理被吸收公司的注销登记，存续公司仍应承担被吸收公司的债务。2020 年最高人民法院修正的《关于审理与企业改制相关的民事纠纷案件若干问题的规定》第 33 条对此作了明确规定："企业吸收合并或新设合并后，被兼并企业应当办理而未办理工商注销登记，债权人起诉被兼并企业的，人民法院应当根据企业兼并后的具体情况，告知债权人追加责任主体，并判令责任主体承担民事责任。"

从学理上看，公司合并的法律后果主要体现在以下几个方面：

1. 公司的消灭。公司合并后，必有一方公司或双方公司消灭，消灭的公司应当办理注销登记。由于消灭的公司的全部权利和义务已由存续公司或新设公司概括承受，所以，它的终止与一般公司的终止不同，无须经过清算程序，公司法人人格直接消灭。

2. 公司的变更或设立。在吸收合并中,存续公司因承受消灭公司的权利和义务而发生组织变更,如注册资本、章程、(有限责任公司)股东等事项,应办理变更登记。在新设合并中,参与合并的公司全部消灭而产生新的公司,新设公司应办理设立登记。

3. 权利和义务的概括承受。因公司合并而发生的财产转移,其性质与合同之债的转让有所不同。在合并过程中,被吸收公司的全部积极财产(物权、债权、无体财产权)和消极财产(债务)均转移到存续公司,这在民法上被称为财产的概括承受。

第二百二十二条 公司分立,其财产作相应的分割。

公司分立,应当编制资产负债表及财产清单。公司应当自作出分立决议之日起十日内通知债权人,并于三十日内在报纸上或者国家企业信用信息公示系统公告。

本条主旨

本条是关于公司分立程序和分立后原公司的财产分割的规定。

本条释解

公司分立使得原债务人资产发生重大变动,甚至法人资格消灭。原本十分明确的债权债务关系因分立发生剧烈变动,债权人主张权利的对象改变,甚至对象不明,因而需要在公司分立过程中对债权人的权利进行重点保护。我国《公司法》对债权人的保护主要通过规定债务人的告知义务、债务人的连带责任来进行体现,本条即公司分立程序中债务人通知义务的规定。

公司分立分为两种形式:第一种为新设分立,指原公司解散,将其拆分为两个或两个以上的新公司。第二种是派生分立(存续分立),原公司依然存在,只是另外组建一个或多个新公司。

公司分立与公司合并类似,也可能涉及三种不同的登记事项:(1)公司变更登记。在派生分立中,原公司虽然分离了部分资产、改变了组织架构等,但其依然存续,仅需进行变更登记即可。(2)公司注销登记。在新设分立中,原公司解散,需要申请注销登记,与合并时的注销程序类似,原公司不需要进行清算程序,其债权债务由新成立的公司承担连带责任。(3)公司设立登记。在公司分立过程中,所成立的新公司需要依照公司设立的程序申请设立登记。

在公司分立过程中,债务人进行了变更,可能影响其履行债务的能力,因而债权人应当享有知情权。域外规定考虑到通知效率和通知难度,普遍规定应当采取公告的形式告知债权人;至于是否还应以个别通知方式告知债权人,域外规定存在不一致的规定。依照我国《公司法》的规定,对已知的债权人应在分立决议作出之日起 10 日内进行个别通知,基于通信技术的发展,该通知时限的要求并不苛刻;对潜在的或因地址不详等原因而无法通知的债权人,则应自作出分立决议之日起 30 日内以公告方式进行告知。

此外,我国《民法典》第 551 条第 1 款规定:“债务人将债务的全部或者部分转移给第三人的,应当经债权人同意。”而《公司法》考虑到商业效率,作出了与《民法典》不一致的规定,依据《公司法》第 222 条的规定,债权人只有知情权,对公司分立没有异议权,无法作同意或不同意的表示。依据特别法优于一般法的原则,公司分立无须经过债权人的同意,只要不存在通过分立逃避债务的情况,分立协议对财产与债务作了合理分配,债权人是没有权利阻碍公司分立的。一方面,恶意分立可以通过民法无效法律行为制度来调整;另一方面,《公司法》也规定了分立公司对债务的连带责任,可以对债权人的权利进行较为完善的保护,因此法律不能赋予债权人过度干涉的权利,不能强求债务人提前清偿或提供担保。《公司法》作这样的规定,考虑的是程序效率,并应给予当事人更多的自治空间。

公司分立涉及财产的分割,将影响债权人的利益,涉及保护债权人利益的重要问题。所以公司分立时同样必须遵守法定的程序:股东会通过分立协议后,随即编制各公司的资产负债表和财产清单,公司应当自股东会作出分立决议之日起 10 日内通知债权人,并在 30 日内在报纸上或者国家企业信用信息公示系统上公告。

第二百二十三条 公司分立前的债务由分立后的公司承担连带责任。但是,公司在分立前与债权人就债务清偿达成的书面协议另有约定的除外。

本条主旨

本条是关于公司分立前债务承担的规定。

本条释解

公司财产,按分立协议分割。公司债务,应由分立后的各个公司分别承担。

具体而言,如果分立协议对债务的分配作出规定,按所达成的协议由分立后的公司承担。由于债务分配直接关系到债权人的利益,其性质为债务承担,按民法原理,债务承担须经债权人同意,所以,公司分立中的债务分配协议应当经过债权人的同意,未经债权人同意的债务分配协议无效。公司未能与债权人就清偿债务或者提供担保达成协议的,或者债务分配协议规定不明或根本没有规定的,债务由分立后的公司承担连带责任。我国《民法典》第 67 条第 2 款规定:“法人分立的,其权利和义务由分立后的法人享有连带债权,承担连带债务,但是债权人和债务人另有约定的除外。”另外,最高人民法院《关于审理与企业改制相关的民事纠纷案件若干问题的规定》第 12 条规定:“债权人向分立后的企业主张债权,企业分立时对原企业的债务承担有约定,并经债权人认可的,按照当事人的约定处理;企业分立时对原企业债务承担没有约定或者约定不明,或者虽然有约定但债权人不予认可的,分立后的企业应当承担连带责任。”

分立的公司在承担连带责任后,其内部的债务份额应如何划分?最高人民法院《关于审理与企业改制相关的民事纠纷案件若干问题的规定》第 13 条规定:“分立的企业在承担连带责任后,各分立的企业间对原企业债务承担有约定的,按照约定处理;没有约定或者约定不明的,根据企业分立时的资产比例分担。”

本条涉及公司分立的法律后果问题。从学理上看,公司分立的法律后果主要体现在以下几个方面:

1. 在派生分立中,原公司的登记事项发生变化,并产生新的公司。在新设分立中,原公司解散,但产生两个或两个以上的新公司。

2. 股东和股权的变动。公司的分立不仅会导致公司资产的分立,还会导致股东和股权的变动,在派生分立中,原公司的股东可以从原公司中分立出来,成为新公司的股东,也可以减少对原公司的股权,而相应地获得对新公司的股权;在新设分立中,对原公司的股权因原公司消灭而消灭,但相应地获得对新公司的股权。

3. 债权、债务的承受。分立后的公司按照分立协议的约定和法律规定，承受原公司的债权和债务。

第二百二十四条 公司减少注册资本，应当编制资产负债表及财产清单。

公司应当自股东会作出减少注册资本决议之日起十日内通知债权人，并于三十日内在报纸上或者国家企业信用信息公示系统公告。债权人自接到通知之日起三十日内，未接到通知的自公告之日起四十五日内，有权要求公司清偿债务或者提供相应的担保。

公司减少注册资本，应当按照股东出资或者持有股份的比例相应减少出资额或者股份，法律另有规定、有限责任公司全体股东另有约定或者股份有限公司章程另有规定的除外。

本条主旨

本条是关于公司减资的规定。

本条释解

减少资本是指公司基于某种情况或需要，依照法定条件和程序，减少公司的注册资本总额。根据资本不变原则，公司的资本不得随意减少，但并非绝对不可改变，而是可以通过法定的程序减资。

一、公司减资的情形和形式

公司减资通常基于以下目的或情形：(1)缩小经营规模或停止经营项目。(2)减少资本过剩，提高财产效用。如果原定公司资本过高，保持资本不变就会导致资本在公司中的停滞和浪费，不利于充分发挥社会财富的经济效益。(3)实现股利分配，保证股东利益。在“无盈不分”的盈利分配原则之下，公司的盈利必须首先用于弥补亏损，如果公司亏损严重，将使股东长期得不到股利的分配，这不利于调动股东的积极性，也不利于保持公司的凝聚力。通过减资，可以尽快改变公司的亏损状态，使公司具备向股东分配股利的条件。(4)缩小资本与净资产差距，真实反映公司资本信用状况。如果公司亏损严重，资本与其净资产差额过大,公司资本会失去其应有的标示公司资本信用状况的法律意义,通过减资,可以使二者保持基本的一致。(5)公司分立。在派生分立情况下,原公司的主体地位不变,但资产减少,也会要求资本的相应减少。

减资的方式有以下几种:同比例减资,即各股东按原出资比例或持股比例同步减少出资,减资后各股东的股权比例或持股比例不变。不同比减资,即各股东改变原出资比例或持股比例而减少出资,也可能有的股东不减少出资,减资后各股东股权比例或持股比例将发生变化。返还出资的减资,是对已缴足出资额的股权或股份,将部分出资款返还给股东,此种减资的结果既减少公司的资本,又减少公司的资产或运营资金。免除出资义务的减资,是对尚未缴足出资额的股权或股份,免除股东全部或部分缴纳出资的义务;销除股权或股份的减资,是在公司因亏损而减资时,直接取消部分股权或股份,或者直接减少每个股份的金额,并抵销本应弥补的公司亏损。最后一种减资的结果只是改变公司资产的性质和结构,而不改变其总的价值金额,只减少公司的资本总额,而不减少公司的资产总量,谓之形式上减资。

二、公司减资的程序

公司增加或减少注册资本应属于股东会特别决议事项,有限责任公司必须经代表2/3以上表决权的股东通过,股份有限公司必须经出席股东会的股东所持表决权的2/3以上通过。减少资本与债权人利害紧密相关,本条对公司注册资本减少程序作了强行性的规定。

编制资产负债表及财产清单。资产负债表可以反映公司的资产和负债情况,财产清单记载着公司的现存财产状况。编制资产负债表及财产清单的目的是让公司债权人清楚地了解到公司的生产经营状况和负债情况,有利于他们依法采取措施,保护自己的合法债权。

公司注册资本一经注册就具有了公示效力,这实际上构成了对债权人的承诺和担保,因此公司减资时必须对债权人作出相应的救济和保障。为了防止公司减资成为股东逃避债务的途径和方式,必须履行债权人保护程序:第一,公司负有通知债权人的义务,公司在股东会作出减少注册资本决议之日起10日内应当通知债权人,并于30日内公告。为了有效地将减资信息传达给有利害关系的当事人,对于已知的债权人,公司必须逐一进行通知;对于未知或不特定的债权人,公司应采用公告的方式通知。第二,债权人享有请求债务清偿或担保的权利,债权人自接到通知之日起30日内,未接到通知的自公告之日起45日内,有权要求公司清偿债务或提供相应的担保。减资可能影响债权的实现,是对债权人利益的直接影响,需要对其进行救济。通常情况下,已到期债务适用债务清偿的救济方式。而对于未到期债务,有观点认为债权人仅可要求公司提供担保,公司也只能以提供担保的形式对债权进行保障;也有观点认为公司可以自行选择以债务清偿或担保的方式保障债权。

三、同比例减资原则

新《公司法》增加了同比例减资的原则性规定,要求公司按照股东出资或者持有股份的比例进行出资,但存在例外规定,即法律另有规定、有限责任公司全体股东另有约定、股份有限公司章程另有规定的除外。公司的减资可以根据减资的比例分为同比例减资和不同比减资,前者指公司减资后各个股东的出资比例保持不变;后者又称定向减资,指公司减资后各个股东的出资比例发生了变化。依据本条款的规定,公司原则上应当进行同比例减资。

新《公司法》增设同比例减资规则的主要原因在于:(1)保护中小股东利益,防止大股东利用控制权损害中小股东利益。在经营状况良好的公司中,股东可能通过多数决的方式以不同比减资减少中小股东所占股份份额,获得更多的控制权,分配更多的利润;也可能通过不同比减资直接使中小股东退出公司,使其无法获得投资权益。因此,新《公司法》规定了同比例减资规则,以保护中小股东的合法权益。(2)保护公司利益,防止部分股东随意退出公司损害公司利益进而损害其他股东利益。在经营状况出现问题的公司中,部分股东可能通过不同比减资从公司中抽离资本,减损公司的注册资本和责任财产,损害公司利益;并且,部分股东减资后,公司经营可能越发困难,减少其他股东获益的可能。

但新《公司法》规定的同比例减资并非绝对的,若法律另有规定、有限责任公司全体股东另有约定或股份有限公司章程另有规定,公司可以对特定股东进行减资。其原因在于:一方面,在相关主体权益存在冲突时,需要法律进行平衡,例如公司法为了保护中小股东利益,规定了特定股东的股份回购请求权等,这常表现为一种不同比减资。另一方面,公司法保护公司和股东的自由意志,股东可以通过较为严格的程序放弃自身的权利,对有限责任公司而言,可以通过全体股东一致同意的方式放弃股东的部分权利;对股份有限公司而言,公司章程可以允许部分股东减少持股或者退出公司。

需要注意的是，公司法仅保护出于股东自身意思的不同比减资，不同比减资必须体现减资股东的意思，这是对股东意思自治的尊重，也能实现对中小股东的完整保护。

第二百二十五条 公司依照本法第二百一十四条第二款的规定弥补亏损后，仍有亏损的，可以减少注册资本弥补亏损。减少注册资本弥补亏损的，公司不得向股东分配，也不得免除股东缴纳出资或者股款的义务。

依照前款规定减少注册资本的，不适用前条第二款的规定，但应当自股东会作出减少注册资本决议之日起三十日内在报纸上或者国家企业信用信息公示系统公告。

公司依照前两款的规定减少注册资本后，在法定公积金和任意公积金累计额达到公司注册资本百分之五十前，不得分配利润。

本条主旨

本条是关于公司简易减资的规定。

本条释解

本条是关于简易减资制度的规定，简易减资制度是新《公司法》新增的一项制度，即公司以任意公积金、法定公积金、资本公积金弥补亏损后，仍有亏损的，可以亏损数额为限，相应地减少公司的注册资本数额，简化了一般减资情形下的债权人保护程序，仅需公司依法进行公告即可。在原《公司法》的规定中，仅规定公司可以通过当年利润和法定公积金弥补亏损，明确禁止通过资本公积金弥补公司的亏损，而对于是否可以通过减少注册资本来弥补亏损的情况未作规定。新《公司法》对此作出明确规定，首先，第 214 条第 2 款规定："公积金弥补公司亏损，应当先使用任意公积金和法定公积金；仍不能弥补的，可以按照规定使用资本公积金。"其次，本条在此基础上更进了一步，允许公司通过减少注册资本而弥补亏损，即简易减资制度。

一、简易减资相关概念辨析

从学理上讲，普通减资、简易减资、实质减资、形式减资四个概念有所不同，但具有较强的内在联系，需要对其进行辨析。其中普通减资、简易减资是两种不同的减资程序，仅为程序性规定；实质减资、形式减资则是两种不同的减资方式，其适用范围和结果等存在不同。另外，实质减资适用普通减资程序，形式减资适用简易减资程序，具体如下：

实质减资，又称真实减资，是指在公司资本过剩时，为了避免资本的闲置和浪费，公司通过减少注册资本的方式，将该部分资产退还股东。在实质减资的情况下，公司净资产向股东流出，因此必须严格履行普通减资程序，编制资产负债表及财产清单、通知债权人、向债权人清偿债务或提供担保等，需严格遵循新《公司法》第224条的规定。

形式减资，又称名义减资，是指在公司亏损的情形下，虽然形式上减少了注册资本，但并不向股东分配利润，也不免除股东缴纳出资或者股款的义务。在公司亏损时，公司资本额与实有资产严重不符，为了避免传递出错误的偿债能力信息进而误导债权人，根据公司的亏损数额相应地减少公司的资本金额数，从而反映出公司的真实资本情况。可见，形式减资情况下，公司真实持有的资产并没有减少，不发生资本向股东的流动，仅仅表现为一种会计处理，实质上并未减损公司的偿债能力，因此对债权人的利益不会造成有如实质减资那样的冲击，债权人保护程序自然可以简化，本条所规定的简易减资即形式减资所应遵循的程序。

二、简易减资的制度价值

新《公司法》增设简易减资制度的重要原因在于，要通过简易减资程序实现股东投资的收益目的。在普通减资程序下，公司减资与公司盈利分配的原则有直接联系，公司必须严格遵守无盈不分的原则。因此，对于很多经营亏损的公司，特别是巨额亏损的公司来说，若未来没有足够的盈利来填补，它就持续处于亏损状态，导致公司多年无法填补亏损，无法向股东分配，进而导致股东投资公司的目的无法实现。而公司通过简易减资弥补亏损是公司通过财务处理减少亏损的方式，实质上并没有增加或减少公司的资产，但是在注册资本减少的情况下，净资产与注册资本之间的差值减少，公司的账面亏损也有所降低。若能使亏损公司使用减资程序减少注册资本，就可以消除注册资本和公司实质资产之间的亏空，从而消除公司的亏损状态，使得以后年度的盈利可以分配给股东，帮助实现股东获取收益的投资目的。

同时，简易减资削减注册资本的过程并未减损公司的偿债能力。由于简易减资并不返还出资,也不免除股东的出资义务,所以公司的偿债能力并未降低,不会对债权人实现债权造成实质性的影响,公司减资具有正当性。

三、简易减资的适用条件和程序

公司进行简易减资的前提是确实存在亏损,并且已经用尽其他补亏手段。公司确定是否存在亏损的方式一般是进行资产评估,若进行资产评估后,公司的净资产低于注册资本,则认定其存在亏损。此时,根据新《公司法》第214条第2款的规定,在使用任意公积金和法定公积金、资本公积金弥补亏损后,仍存在亏损的,公司可以进行简易减资。换言之,注册资本是公司补亏的最后一个财源。这样的规定具备合理性,否则公司极有可能利用规则缺位的漏洞直接以简易减资的会计处理方式来弥补亏损,留下公司的当年利润或者盈余公积金用于分配股利,从而达到规避债权人保护程序而实质性减资的效果。

公司通过简易减资弥补亏损应依法依规进行。根据《公司法》的规定,一般的减资程序下,公司弥补亏损方案、减少注册资本应当报经股东会决议,并依法履行登记手续。减资决议应当经代表2/3以上表决权的股东通过,减资应当通知债权人并公告,债权人享有提前清偿权。简易减资程序虽然减免了对债权人的通知、清偿或担保程序,但其他程序并未简化,仍应依法进行。

需要注意的是,在简易减资程序的适用过程中,公司虽然减少了注册资本,但不得向股东分配,也不得免除股东缴纳出资或者股款的义务。只有形式减资可以适用简易程序,任何减少公司偿债能力的减资,考虑到对债权人利益的保护,都不能适用简易程序。其原因在于,不可使简易减资程序成为股东逃避出资义务的方式。

四、简易减资的债权人保护

公司法保护债权人的知情权。本条允许通过简易程序减资弥补亏损,不发生本法第224条第2款所规定之债权人要求清偿债务或提供担保的情况,仅需自股东会作出减少注册资本决议之日起30日内进行公告即可。在简易减资的过程中,公司的偿债能力没有任何降低,这一减资不会对债权人的债权实现产生不利影响,不需要经过债权人同意,亦不需要赋予债权人异议权,仅需公告通知债权人。根据本条的规定,公司仍应于法定期限内在报纸上或者国家企业信用信息公示系统上进行公告,遵循最低限度的公示义务,保障债权人的知情权。

相较于原《公司法》的规定,新《公司法》作出了两点修改:(1)明确指出公告时间为股东会作出减资决议之日起 30 日内。简易减资虽免除了公司通知债权人的义务,但不免除其公告义务,原因在于要保障债权人的知情权,公司债权人应当有便捷的渠道了解公司减资的具体情况。将公告期限规定为股东会作出减资决议之日起 30 日内,一方面是考虑到法律必须给予一定的期限限制,另一方面是使简易减资程序中的公告期限与一般减资程序中的公告期限相统一,为法律适用减负。(2)在公告的方式上增加了国家企业信用信息公示系统这一公示渠道。不仅降低了公司的公示成本,提高了公告效率,也使债权人等第三方主体更易查询到公司的减资情况。

简易减资后的利润分配应受到限制。公司简易减资可以实现账目上的不亏损,也能使注册资本更精确地反映公司的经营情况和偿债能力,但并不意味着允许减少公司的责任财产。因而在公司获得收入时,需要首先偿还债务、提取公积金,在达到法律规定的额度前,即在法定公积金累计额和任意公积金达到公司注册资本的 50% 前,不得分配利润。

第二百二十六条 违反本法规定减少注册资本的,股东应当退还其收到的资金,减免股东出资的应当恢复原状;给公司造成损失的,股东及负有责任的董事、监事、高级管理人员应当承担赔偿责任。

本条主旨

本条是关于违法减资之法律后果的规定。

本条释解

依照本条规定,公司违法减资时,股东及负有责任的董事、监事、高级管理人员应当承担侵权法律责任。其构成要件一般为:违反《公司法》的减资规定、相关人具有过错、减资给公司造成了损失、减资与公司的损失之间具有因果关系。《公司法》对公司减资作出了一系列规定:首先,《公司法》明确规定公司可因股东未按期履行出资义务而丧失股权进行减资;其次,《公司法》规定了减资程序——董事会制定减资方案、股东会特别决议作出减资决议、公司编制资产负债表及财产清单、通知债权人;最后,《公司法》规定了等比例减资原则。若公司的减资违反相关规定,即为本条认定之违法减资。而在违法减资程序中,相关人的过错及责任分为两种类型。

一、违法减资的返还责任

违法减资的返还责任,是指公司违法减资时,收回资金的股东应当退还其收到的资金,减免股东出资的应当恢复原状。

该责任的适用主体仅为股东,原因在于返还财产是相关主体获益后的恢复手段,违法减资使股东获得利益,则股东应当对其进行返还。其他主体并未基于违法减资行为从公司获得利益,因此不能成为该责任的适用主体。

该责任的表现形式有二:一是股东退还收取的资金,若股东从公司抽回了资产,则必须将其返还,实现恢复原状的法律效果;二是股东的出资义务恢复原状,即使股东实际并未从公司中获取资产,其出资义务的减免也会损害公司的偿债能力,必须将其出资义务恢复原状。

该责任是一种无过错责任,其内涵是指行为人对自己行为所造成的损害后果,不论是否具有故意或者过失的心理,都应当承担民事责任,无过错责任不以主观过错(故意或者过失)为构成要件。本条规定了股东在违法减资程序中的无过错责任。股东在违法减资过程中,无论是获得资金,还是被减免出资义务,都是实际受益人。即使是在股东会决议上投出反对票的股东,只要其因减资从公司中获得了利益,就会造成公司责任财产流失,需要承担返还财产、恢复原状的责任。

二、违法减资的赔偿责任

违法减资的赔偿责任,是指违法减资给公司造成损失的,股东及负有责任的董事、监事、高级管理人员应当承担赔偿责任。

该赔偿责任的适用主体是股东及负有责任的董事、监事、高级管理人员。其中,股东为公司违法减资承担责任的观点被广为接受,但董事、监事、高级管理人员是否应当承担赔偿责任一度存在争议。在原《公司法》规定中,公司减资不需追究董事、监事、高级管理人员的法律责任,新《公司法》则对此进行了规定,原因在于:(1)董事、监事、高级管理人员的权责应当相统一。经营权与所有权的分离是现代公司发展的趋势,董事、监事、高级管理人员负责公司的日常运营,深入了解公司的经营情况,能够对公司是否符合减资条件作出判断。基于权责相统一的原则,董事、监事、高级管理人员应当在职权范围内承担相应责任。(2)公司减资离不开董事、监事、高级管理人员的协助,完全忽视其法律责任是一种立法上的缺位,董事、监事、高级管理人员在协助进行违法减资的过程中常常是存在过错的,应当追究其相应的法律责任。

该赔偿责任是一种过错责任。对于股东来说,承担过错责任的股东可能是通过减资程序从公司取得财产的股东,该股东常常是直接责任人;也可能是协助其他股东作出减资决议的股东,若对股东会违法减资决议的作出存在故意或重大过失,即使自身并没有从公司取回资本,也可能要对公司承担赔偿责任。对于董事、监事、高级管理人员来说,在减资过程中,董事、监事、高级管理人员的过错主要表现为提出的减资方案违反法律规定、未核实公司通知债权人情况、协助公司违法办理减资登记等。董事、监事、高级管理人员不是公司减资的直接受益人,如果按照无过错责任归责,不仅有失公平,还会打击董事、监事、高级管理人员的日常管理热情,不利于公司发展。

另外,该赔偿责任的承担应当区分主次。公司的董事、监事、高级管理人员受股东所托管理公司,若公司减资行为违法,给公司造成损失,在股东返还财产后,应该根据股东、董事、监事、高级管理人员的过错进行追责。一般情况下,与股东的法律责任相比,董事、监事、高级管理人员承担次要责任。

第二百二十七条 有限责任公司增加注册资本时,股东在同等条件下有权优先按照实缴的出资比例认缴出资。但是,全体股东约定不按照出资比例优先认缴出资的除外。

股份有限公司为增加注册资本发行新股时,股东不享有优先认购权,公司章程另有规定或者股东会决议决定股东享有优先认购权的除外。

本条主旨

本条是关于有限责任公司股东增资时优先认购权的规定。

本条释解

一、有限责任公司的新股优先认购权

有限责任公司的股东有权优先按实缴的出资比例认缴公司新增的注册资本,即有限责任公司的新股优先认购权。规定此权利的原因在于:(1)新股认购

是股东获得利益的一种方式，其优先认购也是股东的当然权利。公司设立后，可能会因经营业务发展的需要而增加公司注册资本，认购新股往往意味着股东可以获取更多的公司发展利益，是既有股东应当享有的权利。(2)新股优先认购权有利于维护既有股权结构，维持公司的稳定发展。新股认购意味着会改变原有的股权结构和权利分配，甚至会改变控股股东和中小股东的地位，因此股东应当有权通过优先认购维持既有的股权结构。(3)新股优先认购权有利于维持有限责任公司的人合性。有限责任公司的股权比例固定，股东之间相互信赖，具有比较紧密的关系，因此，在公司需要增加资本时，应当由本公司的股东首先认缴，以防止新增股东而打破公司原有股东之间的紧密关系；在已有股东不认缴或不完全认缴时，再由其他投资者认缴，从而增加新的股东。

本公司的股东优先认缴时，只能按其实缴出资占所有实缴出资的比例来认缴新增资本中的相应部分。无论是已有股东还是其他投资者认缴公司新增资本，都必须遵守法律规定，履行如实足额缴付出资的义务，其出资须经法定验资机构验资并出具证明，之后要依法向公司登记机关办理变更登记，并向认缴新增资本的股东签发出资证明书。公司新增股东后，应在股东名册上作出记载。

二、全体股东一致同意的例外规定

原《公司法》对此的规定是，公司新增资本时，股东可以优先认缴出资，并未进行任何例外规定。本条特别指出，全体股东约定不按照出资比例优先认缴出资的，可以不赋予股东新股优先认购权。如果全体股东一致同意，本条规定的新股优先认购权可以被排除适用。至于以何种方式替代，则应当由全体股东以协商一致的途径来具体确定。

进行这一例外规定的原因在于，新股优先认购权本质上是股东的自益权，与其他民事权利一样，应当遵从当事人自由处分的原则，只要全体股东均作出同意的意思表示，就意味着全体股东对既有权利的放弃和处分，应该得到公司法的尊重。但放弃该权利的前提是全体股东一致决定，不能是多数人的表决，因为这涉及每个股东的法定权利，不可以被多数决排除适用。

三、股份有限公司关于新股优先认购权的例外规定

本条第2款虽然是新增内容，规定股份有限公司的股东一般情况下不享有优先认购权，但与原《公司法》之规定并无实质上的区别。原《公司法》之相关规定在“有限责任公司的设立和组织机构”一章中,未对股份有限公司之新股优先认购情况作特殊规定,即意味着股份有限公司不当然地适用优先认购权的规定。现在经过结构调整,作为规范有限责任公司与股份有限公司的条文,增加第2款之规定,强调股份有限公司的股东不当然享有优先认购权,仅是立法技术上的变更。

另外,本条第2款特别规定了“公司章程另有规定或者股东会决议决定股东享有优先认购权的除外”,意思是说,如果经过公司章程或者股东会决议允许,股份有限公司的股东也可以享有优先认购权。我们认为,与公司章程对应,此处的“股东会决议”应理解为股东会特别决议,须经出席股东会会议的股东所持表决权的2/3以上通过。

第二百二十八条 有限责任公司增加注册资本时,股东认缴新增资本的出资,依照本法设立有限责任公司缴纳出资的有关规定执行。

股份有限公司为增加注册资本发行新股时,股东认购新股,依照本法设立股份有限公司缴纳股款的有关规定执行。

本条主旨

本条是关于公司增资时的出资缴纳之规定。

本条释解

公司增资是指公司基于筹集资金、扩大经营等目的,依照法定的条件和程序增加公司的注册资本总额。公司增资的途径有二:一是吸收股东资本,无论是已有股东认缴、认购,还是由股东之外的投资者认缴、认购,均是本条规范的范围;二是以公积金或利润增资,由于不涉及股东或出资人的认缴、认购,所以不在本条的规范之内。

公司增资的目的主要包括:(1)筹集经营资金,开拓新的投资项目或投资领域,扩大已有经营规模。公司获取经营资金的方法多种多样,如发行公司债、借贷等,增加资本是重要方法之一。(2)保持已有运营资金,减少股东收益分配。在公司形成大量公积金和未分配利润情况下,公司将面临股东提出的分配请求,通过增加资本,可以停止或减少对股东的收益分配,使公司继续占用已有资金,维持已有的经营规模。(3)调整已有股东结构和持股比例,改变公司管理机构的构成。吸收新的股东,可以改变股东成分和结构。在已有股东范围内的增资,通过认购新股比例的安排,则可以调整已有股东相互间的持股比例。而在股东结构和持股比例变更之后,公司将可实现其管理机构和管理人员的重新安排和调整,包括董事、经理、法定代表人的更换。(4)公司吸收合并。在公司与其他公司吸收合并时,被合并公司的资产在并入另一公司的同时,可能会导致该公司净资产的大幅增加,被合并公司的所有者也可能会要求取得该公司的股权,由此便会促使公司增加资本。

公司增资的主要程序为:(1)公司作出决议。根据本法第59、67、112、120条的规定,公司增资方案由公司董事会制订,提交股东会通过特别决议进行决定。(2)投资人认缴出资或认购股份。根据本条规定,股东认缴新增资本、认购新股,应当分别依照本法设立有限责任公司缴纳出资、设立股份有限公司缴纳股款的有关规定执行。另外,需要注意保护有限责任公司股东享有的优先认缴权。(3)变更登记。根据新《公司法》第35条的规定,公司增资应当变更公司章程,并办理相应的变更登记手续。

新《公司法》对设立有限责任公司缴纳出资、设立股份有限公司缴纳股款的限制也适用于增资过程中,其共同规定主要包括:(1)股东出资形式的限制。股东可以用货币出资,也可以用实物、知识产权、土地使用权、股权、债权等可以用货币估价并可以依法转让的非货币财产作价出资;但是,法律、行政法规规定不得作为出资的财产除外。(2)股东出资义务的加速到期。公司不能清偿到期债务的,公司或者已到期债权的债权人有权要求已认缴出资但未届出资期限的股东提前缴纳出资。(3)股东未按期足额缴纳出资给公司造成损失的,应当承担赔偿责任,该赔偿责任以股东认缴的出资额为限。

另外,关于股东出资期限,新《公司法》对有限责任公司和股份有限公司设立阶段的规定可参照适用于增资阶段。有限责任公司施行注册资本的限期认缴制,全体股东认缴出资额的具体缴纳期限由公司章程规定,其最长不得超过5年。公司设立与公司增资时注册资本登记的区别在于,最长认缴期的起算点不同:公司设立时发起人的出资期限不得超过公司成立后5年,公司增资时股东的出资期限不得超过认缴后5年。股份有限公司施行注册资本实缴制,无论是设立公司还是新增资本,均应在股东认缴时足额缴纳出资。

CHAPTER 12

第十二章

公司解散和清算

第二百二十九条 公司因下列原因解散:

(一)公司章程规定的营业期限届满或者公司章程规定的其他解散事由出现;

(二)股东会决议解散;

(三)因公司合并或者分立需要解散;

(四)依法被吊销营业执照、责令关闭或者被撤销;

(五)人民法院依照本法第二百三十一条的规定予以解散。

公司出现前款规定的解散事由,应当在十日内将解散事由通过国家企业信用信息公示系统予以公示。

本条主旨

本条是关于公司解散事由的规定。

本条释解

我国《公司法》中的解散不仅包括任意解散,也包括行政机关强制解散。任意解散也称为自愿解散,是指依公司章程或股东会决议而解散。这种解散只取决于公司股东的意志。但是,任意解散不等于解散的程序也为任意的,其解散仍必须依法定程序进行。本条第 1 款前三项规定了任意解散的具体原因:

第 1 项强调公司章程规定的营业期限届满,公司未形成延长营业期限的决议或未修改章程以延长营业期限。我国《公司法》既未规定公司的最高经营期限,又未强制要求公司章程对其作出规定,因此,经营期限是我国公司章程任意记载的事项。如果公司章程中规定了经营期限,在此期限届满前,股东会可以形成延长经营期限的决议，如果没有形成此决议，公司即进入解散程序。

公司章程还可能规定其他解散事由。解散事由是公司章程任意记载的事项，可以在制定公司章程时预先约定。如果经营中出现规定的解散事由，股东会可以决议解散公司。但实务中，由于缺少对未来法律冲突的分析和预见等各种原因，我国的公司章程大多抄袭法律条文，并相互仿照，从而表现出缺少个性的雷同化倾向，而公司登记机关置备的章程格式和有关机关发布的章程指引等更加剧了这种雷同化的趋势。因此，对于公司的解散事由，公司章程也少有《公司法》之外的特别规定。

第 2 项是指股东会形成公司解散的决议。有限责任公司经代表 2/3 以上表决权的股东通过，股份有限公司经出席股东会的股东所持表决权的 2/3 以上通过，股东会可以作出解散公司的决议。国有独资公司因不设股东会，其解散的决议应由履行出资人职责的机构作出。

第 3 项规定当公司吸收合并时，吸收方存续，被吸收方解散；当公司新设合并时，合并各方均解散。当公司分立时，如果原公司存续，则不存在解散问题；如果原公司分立后不再存在，则原公司应解散。公司的合并、分立决议均应由股东会特别决议作出。

第 4 项规定的是公司的强制解散，包括公司依法被吊销营业执照、责令关闭或者被撤销。

营业执照只是公司营业资格的一种表征，吊销营业执照只是取消了公司的营业资格，构成了一种解散的事由，其法人人格还继续存在，只有经过注销之后，公司的法人人格才消灭。根据相关的法律法规，吊销企业营业执照情形主要有以下几种：(1)根据《公司法》第 250 条、《市场主体登记管理条例》第 45 条，违反《公司法》规定，实行注册资本实缴登记制的市场主体虚报注册资本取得市场主体登记，并且情节严重的；(2)根据《公司法》第 250 条、《市场主体登记管理条例》第 44 条，提交虚假材料或者采取其他欺诈手段隐瞒重要事实取得公司登记，情节严重的；(3)根据《公司法》第 260 条，公司成立后无正当理由超过 6 个月未开业的，或者开业后自行停业连续 6 个月以上的，且未依法办理歇业的；(4)根据《公司法》第 262 条，利用公司名义从事危害国家安全、社会公共利益的严重违法行为的；(5)根据《市场主体登记管理条例》第 46 条，未依照《市场主体登记管理条例》的规定办理变更登记，拒不改正，且情节严重的；

(6)根据《市场主体登记管理条例》第48条,伪造、涂改、出租、出借、转让营业执照,情节严重的。

公司被依法责令关闭也是公司解散的原因之一。"责令关闭"具有行政处罚的性质,在公司经营严重违反了工商、税收、劳动、市场、环境保护等对公司行为进行规制的法律法规和规章时,为了维护社会秩序,有关违法事项的主管机关可以作出决定以终止该公司的主体资格,使其永久不能进入市场进行经营,如《水污染防治法》《大气污染防治法》《环境保护法》等法律中均有在一定条件下责令公司关闭的规定。

第5项规定了公司陷入僵局的情形下,股东有权向法院提出解散请求,详细内容请见本书对《公司法》第231条所作释解。

该条第2款规定了公司解散的公示程序,即公司出现解散事由后,"应当在十日内将解散事由通过国家企业信用信息公示系统予以公示"。

相关理论

公司解散的特征

公司解散是使公司法人资格消灭的程序,公司破产也是公司解散的原因之一,我国《公司法》将公司破产与解散并列为公司消灭的两种原因。其中,公司解散是指公司因发生公司章程规定或法律规定的除破产以外的解散事由而停止业务活动,并进行清算的状态和过程。

公司解散的特征为:(1)公司解散的目的和结果是永久性地消灭公司法人资格和经营主体资格。(2)在作出公司解散决定后,公司并未立即终止,其法人资格仍然存在,一直到公司清算完毕并注销后才消灭其主体资格。(3)公司解散一般要经过法定清算程序。为了维护债权人和所有股东的利益,法律规定公司解散时须组成清算组进行清算,以公平地清偿债务和分配公司财产。但是,在公司因合并或分立而解散时,不必进行清算,这是因为公司合并必须对债权人清偿债务或者提供相应的担保,公司分立必须由分立后的公司对原债务承担连带责任,无须清算即可保护债权人的合法权益。此外,公司合并或分立后仍有债权债务承继者,债权债务关系也不会消灭。

第二百三十条 公司有前条第一款第一项、第二项情形,且尚未向股东分配财产的,可以通过修改公司章程或者经股东会决议而存续。

依照前款规定修改公司章程或者经股东会决议,有限责任公司须经持有三分之二以上表决权的股东通过,股份有限公司须经出席股东会会议的股东所持表决权的三分之二以上通过。

本条主旨

本条是关于特定情形下公司存续的规定。

本条释解

公司的任意解散并不是绝对的,如本条的规定。结合关于股东会职权的规定,公司章程修改必须经股东会会议特别决议所需的多数赞成票同意,即有限责任公司须经代表2/3以上表决权的股东通过,股份有限公司须经出席会议的股东所持表决权的2/3以上通过。

原《公司法》仅在因公司章程之规定而解散时,允许公司通过修改公司章程而存续,新《公司法》将之扩张于股东会决议。无论是因公司章程规定还是因股东会决议而解散的公司,均可以通过修改公司章程或者经股东会决议而中止解散程序,继续存在并经营。作出这一修改的原因在于,修改公司章程与作出公司解散的股东会决议均为特别决议事项,需要依法经2/3以上多数股东通过表决,二者虽有不同的表现形式和载体,但决议程序几乎完全一致,对公司应当产生同等的效力。从法学理论上讲,公司章程与股东会特别决议的效力不应被区别对待,本条也从立法上进一步肯定了这一认识。

另外,公司存在解散情形时,即开始进行清算、注销程序,公司可否存续必须以向股东分配财产为时间节点。在公司向股东分配财产后,公司失去了独立的责任财产,破坏了公司的独立人格,即使未经注销,也很难存续。

公司解散会导致公司彻底消灭,产生无法恢复的结果。并且解散公司会造成很大的解散成本,公司解散后,原来经营积累的无形财产,如商誉、客户来源、经营经验、团体精神等将无法发挥作用,重新利用原来公司的厂房、设备、技术、员工投入新的组织需要很大的组建成本和时间成本,是对社会资源的一种浪费。所以《公司法》给予了投资者一次考虑的机会,哪怕已经进入清算程序,如果投资者认为通过修改公司章程或作出股东会决议的途径可以维持经营,那么法律就允许公司存续。

公司章程预设了公司存续的期间及条件,这是投资者甘愿投入资金承担风险的基础,当这个基础不存在时,可能会使投资风险发生变化,继续经营将使投资者陷于不可预测的风险中,故应解散公司。股东会也可能作出解散公司的决议,投资者认为不能继续合作,或者继续经营公司难以带来利润时,将作出解散公司的决议。《公司法》允许投资者在分配财产前后悔,并通过一定的程序终止解散后清算的程序,这也是对公司自治的尊重。

第二百三十一条 公司经营管理发生严重困难,继续存续会使股东利益受到重大损失,通过其他途径不能解决的,持有公司百分之十以上表决权的股东,可以请求人民法院解散公司。

本条主旨

本条是关于司法解散公司的规定。

本条释解

司法解散是指公司得以继续存在的某种条件已经丧失,虽经努力而不得恢复,由利害关系人向法院申请解散的情况。公司的正常运行是通过股东行使权利和公司管理机构行使职权实现的,公司僵局形成的原因正是公司决策和管理所实行的多数表决制度。在公司不存在法定解散情形时,公司的重大事项由股东会决定,公司的解散同样需要股东会决议或股东会修改公司章程,而已陷入僵局的公司是任何决议(包括解散公司的决议)都已无法作出了,当事人因此只能寻求司法救济,向人民法院提出解散公司的诉讼请求。本条即司法解散公司的规定。

一、司法解散制度的价值

公司僵局无论对公司还是对股东的利益都会构成严重的损害。因经营决策无法作出,公司的业务活动不能正常进行;因管理的瘫痪和混乱,公司的财产在持续耗损和流失;因相互之间的争斗,股东和董事大量的时间和精力被无谓耗费;眼看着公司的衰败和破落、公司财产的耗损和流失,投资者却无能为力。公司僵局表明,股东或董事之间的利益冲突或权利争执以及情感的对抗使各方已经丧失了最起码的信任,相互合作的基础已完全破裂。公司法上的多数表决制度是无可挑剔和指责的,需要探讨的是如何打破这种僵局,使所有的股东得以解脱,最佳的出路就是解散公司。

另外,各国公司法都有因法院判决而解散公司的规定。公司法是对公司内外法律关系进行全面调整的法律规范,公司的内部关系亦属公司法调整的范围,由此而产生的争议也就需要司法的救济,不存在司法救济之外的公司内部关系。

二、司法解散的条件

司法对公司管理的介入应当以审慎为原则。只要公司存在继续运营的可能,人民法院就不应当判决解散公司。其原因在于:公司作为具有独立人格的经济实体,在运营过程中与诸多主体形成了各种法律关系,解散公司会导致其人格灭失,各种法律关系也随之需要进行特殊的处理,不能由部分股东肆意借助法院裁判解散公司。

在司法裁判解散公司前,需要对"公司陷入僵局"进行认定,依据本条规定,可通过三个要件进行判断:(1)"公司经营管理发生严重困难",这是指股东间或公司管理人员之间的利益冲突和矛盾使公司的运行机制完全失灵,股东会、董事会、监事会等权力机构和管理机构无法对公司的任何事项作出决议,公司的一切事务处于瘫痪状态,公司的运行陷入僵局,实践中法院常将公司已经处于停业状态作为具体的判决标准。《公司法》规定在这种情形下,股东拥有解散公司的请求权,但这种权利的行使必须达到一定的持股比例,即股东需持有公司10%以上的表决权。(2)"继续存续会使股东利益受到重大损失",这一般是指公司陷入僵局时,公司资产无人管理,继续维持此种状态可能导致公司资产受损或灭失,公司和股东利益受到重大损失。(3)已用尽其他救济途径。《公司法司法解释(二)》第5条第1款规定:"人民法院审理解散公司诉讼案件,应当注重调解。当事人协商同意由公司或者股东收购股份,或者以减资等方式使公司存续,且不违反法律、行政法规强制性规定的,人民法院应予支持。当事人不能协商一致使公司存续的,人民法院应当及时判决。"司法解释注重调解,出发点是以用尽救济手段为必要条件,尽量使公司继续存在,避免司法介入公司运营。

三、司法解散请求权

发生公司僵局时，赋予股东解散公司的请求权在各国立法中早有先例。《德国股份公司法》第 61 条和《日本公司法》第 71 条规定这种请求权由持有公司 1/10 以上股份的股东享有。根据公司法理，承认股东的这种请求权有充分的理由：

其一，公司的解散本属公司章程规定或股东会决议的事项，而在未出现公司章程规定的解散事由时，一般因股东会决议解散。股东会的决议又以股东提请解散的议案为前提，可见正常情况下的公司解散其实也是股东行使权利的结果。

其二，在公司不能作出任何决议的情况下，股东的各种法定权利都失去了行使的条件，公司的存在本身就是对股东权益的持续冻结和变相剥夺。

其三，在公司僵局状态中，通常存在一方股东对其他股东事实上的强制和严重的不公平，原管理公司的少数股东控制着公司经营和财产，事实上剥夺了其他股东的任何权利，不允许解散等于允许控制股东对其他股东权利的侵犯和对公司财产的非法占有。

其四，除解散公司外，没有更为有效的股东退出机制。在公司法的法定资本制和资本不变原则之下，任何公司一经成立，资本实质上就被冻结，除非通过严格复杂的减资程序，否则股东的出资不能收回，股东退出公司的法律途径是转让股权，但在公司尖锐的矛盾冲突情况下，股权的转让同样存在严重的困难，因此，除非持反对意见的股东能以公允的价格受让股权，否则解散公司就成为股东退出公司、收回投资的唯一法律途径。

另外，股东有实体上的公司解散请求权，必以程序上的诉权和司法机关相应的裁判权为保障。解散公司的诉讼既不是确认之诉，也不是给付之诉。公司是各种法律关系交织而成的综合体，解散公司意味着既有公司法律关系的全部终止，这是与解除合同性质类似的诉讼请求，只不过它所解除的不是某一个法律关系，而是与公司组织体相关的全部法律关系。

相关理论

司法解散的类型

一般而言，通过司法途径解散公司分为命令解散和判决解散。

命令解散以危害公共利益为理由，可依利害关系人或检察官之请求进行，法院也可依职权进行。该制度是为事后纠正公司设立的准则主义引起的滥设公司的弊端而建立的制度。解散命令请求案件属非讼案件，如《日本公司法》第58条规定："公司有下列情形之一，法院为维护公益，认为不应当允许其存在时，可以根据法务大臣、股东、债权人及其他利害关系人的请求，命令该公司解散：(1)公司为了达到不法目的而设立时；(2)公司无正当理由，在成立后一年内未开业，或停业一年以上时；(3)公司执行业务的股东或董事，不顾法务大臣的书面警告，继续反复实施超越或滥用法令或章程规定的权限的行为、违反刑罚法令的行为时。"

判决解散是为了保护股东利益而制定的，解散判决请求案件属于诉讼案件。当公司出现股东无力解决的不得已事由或者公司董事的行为危及公司存亡，或者当公司经营遇到显著困难，公司财产和股东的权利可能遭受严重损失时，持有一定比例股份的股东有权请求法院强制解散公司。法院通过特殊程序审理后，可以判决公司解散，如《美国标准商事公司法》规定法院判决解散的四种情形是：(1)检察长提起诉讼，法院证实公司通过欺诈手段订立公司组织章程，或公司继续超越或滥用法律授予的权限；(2)股东提起诉讼，法院证实董事经营管理公司事务陷入僵局，将要或还在给公司造成不可补救的损害，或公司的业务不能为股东有利地经营，董事的行为是非法的、压制性的或欺诈的，股东不能在两次年会的会期内选出任期已满的继任者，公司财产正在被滥用或浪费；(3)债权人提起诉讼，法院证实债权人的权利主张已转为判决书，对判决书的执行不能令人满意，而且公司缺乏支付能力，公司书面承认债权人的债权已到偿付期而没有偿付，并且公司缺乏支付能力；(4)公司提起诉讼，要求在法院监督下使其能继续自愿解散。

第二百三十二条　公司因本法第二百二十九条第一款第一项、第二项、第四项、第五项规定而解散的，应当清算。董事为公司清算义务人，应当在解散事由出现之日起十五日内组成清算组进行清算。

清算组由董事组成，但是公司章程另有规定或者股东会决议另选他人的除外。

清算义务人未及时履行清算义务,给公司或者债权人造成损失的,应当承担赔偿责任。

本条主旨

本条是关于公司解散时清算义务人和清算组的规定。

本条释解

本条规定,公司依照《公司法》第229条第1款第1、2、4、5项的规定解散的,公司的清算义务人应当在解散事由出现之日起15日内成立清算组。意指公司因合并、分立以外的原因解散的,需要进行清算。解散事由规定在《公司法》第229条,包括:(1)公司章程规定的营业期限届满或者公司章程规定的其他解散事由出现;(2)股东会决议解散;(3)依法被吊销营业执照、责令关闭或者被撤销;(4)因公司陷入僵局,人民法院依照《公司法》第231条的规定予以解散。

一、清算义务人相关概念辨析

新《公司法》施行前,原《公司法》及司法解释均未使用公司"清算义务人"的法律概念,虽然《民法总则》《民法典》规定了公司清算义务人的内涵和义务范围,但是理论和实践中对这一概念的理解一直存在多种解释方式,这致使公司清算义务人、清算组、清算组成员、清算人等概念之间区别不明、边界不清,需要对其进行厘清。(1)清算义务人是指在公司解散事由发生后负有及时成立清算组以启动清算程序之义务的人。在清算程序启动后,清算义务人的职责即完成。依照本条第1款的规定,公司的清算义务人是董事会全体董事。(2)清算组是指负责具体的清算工作的临时性机构。清算组在清算程序启动时成立,履行清理公司财产、编制资产负债表和财产清单、制订清算方案、报送相关文件至股东会或者人民法院确认等职责。(3)清算组成员即清算组的成员,依据本条第2款的规定,清算组成员一般为董事,公司章程或者股东会决议也可以作出另外的选择。(4)清算人并非严格的法律概念,而是一个学理和实践中的常用语,其存在两种不同的内涵:其一,将"清算人"与"清算组"等同,意指负责具体清算工作的临时性机构;其二,使用"清算人"笼统地指向清算义务人、清算组、清算组成员等内涵,不作具体的区分。

至于“清算义务”，清算义务人与清算组分别承担不同的清算义务，但在概念上对其未作区分，因此应从两个层面对其进行理解：(1)清算义务人启动清算程序的义务。该清算义务仅要求清算义务人在公司解散事由发生后在一定期限内成立清算组，与具体的清算事务无关。(2)清算组实施清算事务的义务。清算组成立后，清算程序开启，清算组承担实施清算事务的义务，该义务具体规定于《公司法》第234条，分别为：①清理公司财产，分别编制资产负债表和财产清单；②通知、公告债权人；③处理与清算有关的公司未了结的业务；④清缴所欠税款以及清算过程中产生的税款；⑤清理债权、债务；⑥分配公司清偿债务后的剩余财产；⑦代表公司参与民事诉讼活动。

二、清算义务人的义务和责任

在新《公司法》实施以前，我国对清算义务人的主体规定较为模糊。若根据《民法典》第70条“法人解散的，除合并或者分立的情形外，清算义务人应当及时组成清算组进行清算。法人的董事、理事等执行机构或者决策机构的成员为清算义务人。法律、行政法规另有规定的，依照其规定。清算义务人未及时履行清算义务，造成损害的，应当承担民事责任；主管机关或者利害关系人可以申请人民法院指定有关人员组成清算组进行清算”的规定，公司的清算义务人是“执行机构或者决策机构的成员”，该范围较为宽泛。若根据《公司法司法解释(二)》第18条“有限责任公司的股东、股份有限公司的董事和控股股东未在法定期限内成立清算组开始清算，导致公司财产贬值、流失、毁损或者灭失，债权人主张其在造成损失范围内对公司债务承担赔偿责任的，人民法院应依法予以支持……上述情形系实际控制人原因造成，债权人主张实际控制人对公司债务承担相应民事责任的，人民法院应依法予以支持”的规定，有限责任公司的清算义务人是其股东和实际控制人，股份有限公司的清算义务人是其董事、控股股东、实际控制人。而新《公司法》对此作出了明确而重大的修改，仅将董事作为公司的清算义务人，根据新法优于旧法、特别法优于一般法的原则，在公司解散时，优先适用《公司法》，以董事为清算义务人。

新《公司法》将清算义务的主体由股东、董事限缩为董事，不再将股东作为清算义务人的原因主要在于：(1)股东之清算义务渐无合理来源。在传统法律框架下，将股东作为清算义务人更多是考虑到股东对公司实际事务的掌控，以及股东应当享有公司的剩余权利而衍生出的义务。但是，在公司经营由股东会中心向董事会中心演变的过程中,股东与公司日常经营之间的距离愈发遥远,赋予其清算义务逐渐缺乏合理依据。(2)股东作为清算义务人常常难以履行职责。基于所有权与经营权的分离,在董事会进行日常经营管理的公司中,股东不享有公司的管理权。清算事务作为公司的管理事务,因为股东不进行日常经营,其对公司的经营状况难以进行准确掌握,所以股东客观上不具备启动清算的条件。只有管理公司事务的董事才最可能知道公司应当进行清算,因此公司法把最具备启动清算条件的、最可能履行清算义务的董事作为清算义务人。(3)股东作为清算义务人缺乏主观能动性,难以实现制度价值。公司清算主要面临的是债权人与公司之间的利益冲突,公司内部又主要涉及股东与职工之间的利益冲突,由于公司在偿还债务后的剩余财产由股东享有,股东是清算过程中矛盾最为尖锐和集中的一方。对于经营出现问题之公司,股东常常不愿意启动清算程序,将股东作为清算义务人,极易出现股东怠于清算的情形,因此需要更为独立的董事启动清算程序。

公司在解散原因出现之日起 15 日内不成立清算组的,即可认为“清算义务人未及时履行清算义务”,进而可以要求其对公司和债权人承担损害赔偿责任。在适用过程中,需要将此规定与清算组的义务进行区分。在原法律规定中,一般认为《公司法司法解释(二)》第 18 条至第 20 条是对清算义务人和清算组的规定,但该司法解释并未明确区分清算义务人与清算组所负有的法律责任,实践和理论研究中也存在一定的混淆。新《公司法》的修订进一步明确了,清算义务人仅在不启动清算时承担责任;清算人在瑕疵清算、恶意清算时承担相应的法律责任。

三、清算组成员的限缩

清算组是依法成立的用以接管解散公司,负责解散公司财产的保管、清理、估价、处理、分配等事务的专门机构。原《公司法》规定,有限责任公司的清算组由股东组成,股份有限公司的清算组由董事或者股东大会确定的人员组成。而新《公司法》对公司类型不作区分,清算组均由董事组成,只是可以通过公司章程或者股东会决议进行自治。域外相关规定也持类似观点。例如,《德国股份公司法》第 265 条规定,在股份公司中,董事是清算人;公司章程或者股东大会决议可以任命其他人员作为清算人。《日本公司法》第 478 条第 1 款规定,董事原则上是股份公司的清算人,除非公司章程或股东会决议另行选任他人担任。

《瑞士债法典》第740条规定,“清算由董事会负责进行,但公司章程或股东大会任命其他清算人的除外”。

清算组成员从股东、董事等限缩为董事之原因与清算义务人的限缩类似,主要原因在于:(1)股东难以履行清算职责。股东长期不进行公司的日常经营管理,若让其组织清算活动,会面临缺乏相关知识或经验,进而难以履职、影响清算进程的情况。而董事较为充分地了解公司情况,具备专业知识,更适合作为清算组成员。(2)股东作为清算组成员缺乏客观清算的主观能动性,股东作为清算过程中矛盾最为尖锐和集中的主体,其在组织清算过程中可能存在故意逃废债务的行为,将其作为清算组成员难免会导致更多矛盾。

相关理论

公司清算的制度价值

公司清算是指公司解散或被宣告破产后,依照一定程序了结公司事务,收回债权,清偿债务并分配财产,最终使公司终止消灭的程序。清算是除公司合并、分立外,公司终止的必要步骤。公司因合并或分立以外的原因引起的解散,均须经过清算程序。公司只有通过清算程序,清查公司财产,核实公司的债权和债务并作出妥善的处理,终结或解散公司现存的法律关系,处理被解散公司的剩余财产,才能使被解散的公司完全丧失其法人人格。

新《公司法》第十二章关于公司清算的规定,是迄今为止我国法律对清算制度较为完善的系统规定。设专章对公司清算的组织和程序等作具体、全面的规定,为的是能够有效地指导实践,防止各种不公正现象的发生。公司解散后,法人资格并未消灭,而是在清算范围内继续存在,清算涉及股东、债权人、职工、国家等各方利益主体,为保护各方主体的权益,通过法定程序分配公司财产,终结各种法律关系,以实现公司的科学退出。

公司的清算制度作为专门处理解散后的公司事务的制度,对于清算活动的有序进行、维护债权人利益、保护投资人利益和其他利害关系人的利益等有重要的意义。

1.确保清算工作有序进行

首先,公司清算涉及的法律关系和利害关系人都是多种多样的。涉及的法律关系包括物权法律关系、合同法律关系、侵权法律关系、税收法律关系等;主要的利害关系人包括公司、投资人(成员、股东)、公司债权人、无限责任投资人的个人债权人、董事、监事、经理、普通职工、国家等。如此复杂的法律关系和众多的利害关系人,如果在清算过程中各行其是,单独进行与自己有关的诉讼、执行、财产保全等程序,公司清算将面临混乱、纷争的无序状态。其次,如果法律不规定清算义务人,公司因经营状况不佳、歇业或者被强制解散而无人愿意负责组织清算时,有关当事人处于权利不能行使、义务不能履行的状态,这不利于权利义务关系的消灭和财产流转。最后,即使解散后的公司进行清算,也可能会存在负责清算的清算人为自己争取不当利益的问题,如在公司资产变现过程中,清算人将公司资产低价出售于自己或者关系人,股东先与公司债权人进行分配,会损害债权人、职工、国家等的利益。因此,各国法律规定公司清算的首要目的就是维护清算秩序,在秩序中寻求平衡各方利益,从而顺利结束与公司有关的一切法律关系,最终维护正常的经济秩序。

2. 确保债权人的利益

公司在清算过程中所涉及的众多利益相关者中,公司的债权人是一个特殊的主体,尤其是那些没有实行担保的债权人,他们的利益保护是公司清算制度的主要内容。作为公司存续过程中的经营相对方,债权人对于公司实体的投入(债)是确保公司有效运行的重要资源,公司与债权人之间有效、合理的履行是整个市场经济交易安全和信用保障的重要方面。但是,债权人较其他利益相关者而言,不参与公司经营管理,缺乏对公司经营、财务信息的掌握,信息上的劣势加重了其债权不能实现的危险。另外,现代公司实行有限责任制度,一旦公司经营失败,投资人只要已经足额出资,就不再承担公司失败的财产损失。这种对投资者相对保护的制度,使经营者和债权人在对待公司经营和公司清算的问题上,债权人再次处于劣势,加重了其债权无法实现的风险。如果公司未经清算清偿而终止,进而消灭其主体资格,则债权人的债权将无法实现。因此,必须在公司终止前依法定的清算程序以公司的财产对债权人进行清偿,从而保障债权人的利益和经济秩序的稳定。

3. 确保其他利害相关者的合法利益

确保债权人的利益是从公司外部来保障交易安全和维护交易信用,公司内部各主体之间的利益平衡也是公司清算制度予以重点规制的内容。公司内部主体包括股东、董事、监事、经理、普通职工等,这些主体之间的利益不一致,甚至是矛盾的。公司清算会使股东失去对公司的控制权,使他们无法收回投资,从而亏损;公司清算意味着董事等管理人员在本公司工作的终结,面临新的选择,如果是经营失败等原因导致公司清算,则会使他们在经理市场上缺乏竞争力,更有甚者会使他们承担一定的责任;对于公司的职工来说,公司清算直接导致了他们的失业,而且往往会因公司长期拖欠工资等原因而陷入窘困的生活。以上内部主体在清算活动中必然也在法律保护之列,面对公司有限的清算财产,法律应该在全面考量各个主体利益的基础上,作出一个均衡的制度安排,以实现公司的顺利清算。

第二百三十三条 公司依照前条第一款的规定应当清算,逾期不成立清算组进行清算或者成立清算组后不清算的,利害关系人可以申请人民法院指定有关人员组成清算组进行清算。人民法院应当受理该申请,并及时组织清算组进行清算。

公司因本法第二百二十九条第一款第四项的规定而解散的,作出吊销营业执照、责令关闭或者撤销决定的部门或者公司登记机关,可以申请人民法院指定有关人员组成清算组进行清算。

本条主旨

本条是关于申请法院强制清算的规定。

本条释解

公司清算作为公司自治的内容,一般情况下由清算义务人——董事启动清算程序,成立清算组,但本条规定了申请法院指定有关人员组成清算组进行强制清算的情形。

一般情况下,利害关系人可以申请法院强制清算。申请法院强制清算需要满足三个条件:(1)公司具有法定的解散、清算之事由,包括公司章程规定的解散,股东会决议解散,依法被吊销营业执照、责令关闭或者被撤销而解散,因公司陷入僵局而申请法院解散。(2)公司未进行清算。可将其分为两种情况:清算义务人违反清算义务,逾期不成立清算组;清算组成立后清算人未实际进行清算。《公司法司法解释(二)》规定的强制解散情形还包括“违法清算可能严重损害债权人或者股东利益的”,但该条款未被《公司法》接受,很难据此启动强制清算程序。其原因主要在于:违法清算情形下,清算程序已确实启动,只能通过追究清算人的法律责任来保护利害关系人的利益,而不能向法院申请启动另一个清算程序。(3)申请人为利害关系人。原《公司法》规定,逾期不成立清算组进行清算的,债权人可以申请人民法院指定有关人员组成清算组进行清算。人民法院应当受理该申请,并及时组织清算组进行清算。本条将强制清算申请人范围由“债权人”扩大至“利害关系人”,可以包括公司股东、董事、职工等。

特殊情况下,相关政府部门也可以成为强制清算的申请人。公司因依法被吊销营业执照、责令关闭或者被撤销而解散的,由于作出相关决定的部门或者公司登记机关对公司具有监管职责,若公示逾期不成立清算组进行清算或者成立清算组后不清算,相关部门或者公司登记机关可以行使职权,申请法院强制清算。

需要注意的是,因具备公司解散事由,股东请求解散公司,法院在作出解散裁判时不需指定清算组,由清算义务人,即公司董事成立清算组即可。有学者认为,法院在作出解散裁判时应指定清算组,是考虑到公司解散后,公司进入清算程序,但股东之间的尖锐矛盾和公司管理机构的瘫痪,公司在通常情况下无法自行组织清算,如果听任当事人的自行安排,只会徒增当事人更多的诉讼成本,并极有可能导致公司财产的流失,损及债权人的利益。但基于新《公司法》之规定,股东不再作为法定的清算义务人和清算人,其作为最深切的利益相关者不干涉清算程序,由相对独立客观的董事主导清算,则有了公司自行清算的可能。法院仅需在接到利害关系人或相关部门的申请时指定清算组,法院强制力在公司清算时的适当退出,是对公司自治的充分尊重。

强制清算并不需要当事人提起诉讼,仅需向法院提起申请即可,法院通过裁定办理相关案件。根据《强制清算与破产案件信息业务标准(20160715)》的要求,法院对强制清算申请采用书面审查或者听证的方式进行审理。另外,2016年,最高人民法院制定了《关于在中级人民法院设立清算与破产审判庭的工作方案》,要求直辖市应当至少明确一个中级人民法院设立清算与破产审判庭,省会城市、副省级城市所在地中级人民法院应当设立清算与破产审判庭。该审判庭主要负责审理公司强制清算、破产清算、破产重整及破产和解案件,办理其他清算与破产事务等。

第二百三十四条 清算组在清算期间行使下列职权：

（一）清理公司财产，分别编制资产负债表和财产清单；

（二）通知、公告债权人；

（三）处理与清算有关的公司未了结的业务；

（四）清缴所欠税款以及清算过程中产生的税款；

（五）清理债权、债务；

（六）分配公司清偿债务后的剩余财产；

（七）代表公司参与民事诉讼活动。

本条主旨

本条是关于清算组职权的规定。

本条释解

本条仅适用于公司解散时成立的清算组，破产清算适用破产法相关规定。依本条规定，清算组行使以下职权：

1.清理公司财产，分别编制资产负债表和财产清单。公司以营利为目的，以财产为经营活动的基础，公司清算本质上是对财产和债权债务的清算。公司解散时，应当将已有的自有资产清点清楚，既有厂房机器等有形资产，也有商标专利等无形资产；既有积极财产如对外债权，又有消极财产如银行贷款、拖欠货款等债务关系。因此，清算期间首先应清理公司的已有财产，并列出财产清单，同时编制公司的资产负债表，明晰公司的资产情况。

2.通知或者公告债权人。公司解散时，应将公司解散的情况通知债权人，以便债权人及时行使债权。对于住所明确的债权人，清算组应及时书面通知其公司解散的情况，对于未知或住所不明的债权人，清算组应在报纸上或者国家企业信用信息公示系统上发出公告，如在债权人能知晓的范围内，在报刊上公告公司解散的情况，以便债权人尽快参与公司财产的清算、分配。

3.处理与清算有关的公司未了结的业务。清算期间，公司的权利能力、行为能力有所限制，有些国家将处于清算阶段的公司称为“清算法人”或“清算公司”，一般不允许继续进行商业活动，原来公司未了结的业务则可由清算组予以处理，包括清偿债务、实现债权以及处理公司内部事务，还包括公司解散原因出现前签订的某项合同是否继续履行，目的在于维持社会经济秩序。

4. 清缴所欠税款。缴纳税款是公司应尽的义务，对于解散前以及清算过程中公司欠缴的国家税款，得由清算组从公司财产中予以缴纳，以维护国家财政收入的稳定。

5. 清理债权、债务。清算组代表公司代为行使债权的请求权或代为对公司债权人清偿债务。

6. 分配公司清偿债务后的剩余财产。清算组将公司的财产缴纳欠税和清偿债务后，所剩余的财产由清算组决定分配方案，进行分配。

7. 代表公司参与民事诉讼活动。在清算期间，清算组代表公司从事一切对外事务，包括参加诉讼。解散公司起诉或应诉，均由清算组代表公司进行。清算组不仅可以代表公司进行民事诉讼，还可以代表公司进行行政诉讼。

按公司法原理，在公司解散宣告后至公司清算完结前（清算期间），公司法人人格仍然存在，只是业务活动范围有所限制，公司的权利能力、行为能力均受到限制，不能自主地从事民事活动，只能由清算组代表公司进行必要的民事行为。具体到公司组织机构，股东会及监事会仍然存在，只是作为公司决策机构和对外代表的董事会及执行机构的高级管理人员失去其权限，而由清算组代替，公司的财产、印章、财务文件等均由清算组接管。清算组的职权是公司法赋予清算组在清算期间享有的权利，因此清算组的职权不是一般民事权利，而是清算组基于法律规定必须具备、必须行使的权利。清算组在清算期间应严格履行其职权，不得放弃职权。

第二百三十五条 清算组应当自成立之日起十日内通知债权人，并于六十日内在报纸上或者国家企业信用信息公示系统公告。债权人应当自接到通知之日起三十日内，未接到通知的自公告之日起四十五日内，向清算组申报其债权。

债权人申报债权，应当说明债权的有关事项，并提供证明材料。清算组应当对债权进行登记。

在申报债权期间，清算组不得对债权人进行清偿。

本条主旨

本条是关于清算组通知义务及债权人债权申报的规定。

本条释解

公司解散时，应对其债权人清偿债务。公司法规定了清算时的“通知—申报—登记”程序，即清算组成立后应在法定期限内通知已知的债权人并公告通知未知的债权人，以便债权人在法定期限内向清算组申报债权，债权人申报并提供相应证明后，清算组应进行登记，将此作为财产分配的依据。

清算组成立后，对于已知的住所明确的债权人，应从成立之日起10日内以书面方式通知债权人，催促其尽快申报债权。对于未知的或住所不明确的债权人，则难以书面形式逐一通知其申报债权，清算组应自成立之日起60日内根据公司规模和营业地域范围，在全国或者公司注册登记地省级有影响力的报纸上或者国家企业信用信息公示系统上公告公司解散事项，催促债权人申报债权。根据《公司法司法解释(二)》第11条第2款的规定，清算组未依法履行通知和公告义务，导致债权人未及时申报债权而未获清偿的，清算组成员应对债权人承担损害赔偿责任。

收到通知的债权人应自收到通知之日起30日内向清算组申报债权；未收到通知的债权人应自公告之日起45日内向清算组申报债权。根据《公司法司法解释(二)》第13、14条的规定，债权人如果未按期申报债权，在公司清算程序终结前补充申报的，清算组应予登记，债权人可以在公司尚未分配的财产中依法清偿。公司尚未分配财产不能全额清偿的，除债权人因重大过错导致未在规定期限内申报债权的以外，债权人可以要求以股东从公司中分配的剩余财产进行清偿。在公司清算程序终结后，即清算报告经股东会或者人民法院确认完毕后，视为债权人放弃债权。

债权人申报债权时，应在债权申报书中明确提出其债权内容、数额，债权成立的时间、地点等有关事项，并提出有关证明材料，如合同书等，以便清算组进行审核，为清偿债务做准备。对于依法申报的债权，清算组应当进行登记，如登记债权人姓名、地址，债权有无担保、是否到期等，作为以后清偿债务的根据。

另外，本条规定的清算程序的目的在于将债权人集结一处，依照法律规定实现集体公平清偿。因而债权人可以自愿放弃债权，享有申报和不申报债权的自由。但公司的登记义务和公平清偿义务是法定义务，必须依法履行。并且，由于不能确定公司的财产是否能偿还所有债务，为了防止清算人对部分债权人进行清偿，进而损害其他债权人利益，本条规定在申报债权期间，清算组不得对任一债权人进行清偿。

第二百三十六条 清算组在清理公司财产、编制资产负债表和财产清单后，应当制订清算方案，并报股东会或者人民法院确认。

公司财产在分别支付清算费用、职工的工资、社会保险费用和法定补偿金，缴纳所欠税款，清偿公司债务后的剩余财产，有限责任公司按照股东的出资比例分配，股份有限公司按照股东持有的股份比例分配。

清算期间，公司存续，但不得开展与清算无关的经营活动。公司财产在未依照前款规定清偿前，不得分配给股东。

本条主旨

本条是关于清算程序的规定。

本条释解

清算组的主要职责就是制订清算方案，清偿公司债务，分配剩余财产，因此当清算组清理公司财产，编制资产负债表和财产清单后，应尽快制订清算方案。清算方案规定如何清偿债务、如何分配公司剩余财产。清算组制订的清算方案应报股东会予以确认。但是，在强制清算过程中，公司的股东往往难以形成有效决议或者怠于配合清算程序，导致无法通过任何清算方案，因此本条允许将清算方案报由人民法院确认。人民法院确认清算方案，一方面可以推进清算程序的顺利进行，另一方面可以加强公司清算的司法监督。如果认为清算方案有瑕疵而不予确认，清算组应当修改清算方案，直到股东会或人民法院确认为止。

处理公司财产应遵循以下顺序：(1)保留足够的金额以支付清算费用，清算费用指从组建清算组到清算结束所支出的合理费用，这是司法程序费用优先原则的要求；(2)支付职工工资、社会保险费用和法定补偿金，应优先于国家债务——税款的支付；(3)缴纳税款；(4)清偿债务；(5)分配剩余资产，有限责任公司按照股东的出资比例分配,股份有限公司按照股东持有的股份比例分配,这是股东的剩余价值请求权的内容,是股权的组成部分。另外,公司财产是公司对债权人的担保,在债务清偿之前分配公司财产将损害债权人的利益,各债权人可以向法院提起民事诉讼,要求法院判决清算组的清算行为无效,重新进行清算。

清算组处分财产的范围和方式不限于法律明文规定,在法定程序内,为清算目的而采取任何处分措施,都属于清算组的职权范围。例如,有形财产、无形财产涉及如何变现,清算组可以公开拍卖或与第三人分别签订合同的方式转让公司的财产,不必由股东会事先同意;又如,公司没有足够的现金来清偿债务,可以通过抵押公司财产来得到贷款。

清算期间,公司存续,公司一般不被允许继续进行商业活动,但清算组维持公司日常运营所必需的支付应属例外。

清算可分为任意清算和法定清算两种。任意清算是指不需依法律规定的方式、程序,仅依全体股东的一致同意或公司章程规定进行的清算,一般适用于公司解散过程中。法定清算是因公司不能清偿到期债务,并且资产不足以清偿全部债务或者明显缺乏清偿能力,启动破产程序而进行的清算。有限责任公司和股份有限公司,其社会影响面相对广泛,相关利害关系人较多,股东仅对公司债务承担有限责任,为了保护债权人和相关利害关系人的利益,使公司财产公平分配,也为了提高公司清算的效率,各国均规定了法定清算制度,在我国主要依据《企业破产法》进行。

清算期间,公司的权利能力、行为能力有所限制,有些国家将处于清算阶段的公司称为"清算法人"或"清算公司"。关于清算法人与解散前法人的关系,学术界有人认为它是以清算为目的的新的法人;有人认为原法人遂丧失能力,但法律拟制其在清算目的内存续;有人认为前后为同一人格,只不过能力缩限到清算的范围。通说采用了最后一种说法。清算期间,公司法人资格和主体资格并未立即消灭,公司仍具有法人资格,只是业务活动范围有所限制。清算期间,公司的代表机构为清算组。公司的董事会不再依其职责代表公司,公司的财产、印章、财务文件等均由清算组接管。清算组负责处理公司未了结的事务,并代表公司对外进行诉讼。

所以,清算组自成立之日起占有公司财产,并为清算目的而使用和处分公司财产。清算组处分公司财产应由股东会事先同意。股东会批准清算方案就是授权清算组按清算方案确定的范围和顺序处分公司财产。处分公司财产以清算为唯一目的,公司一般不被允许继续进行商业活动,如果正在进行清算的公司继续进行新的经营活动,将不利于民商事法律关系的稳定,不利于公司清算事务的进行。这时,公司的全部活动应局限于清理公司已经发生但尚未了结的事务,包括清偿债务、实现债权以及处理公司内部事务。

清算期间,公司财产在未按法定程序清偿前,不得分配给股东。公司财产必须先支付清算费用、职工工资、社会保险费用和法定补偿金、缴纳所欠税款、清偿公司债务,这之后如果还有剩余财产,才能对股东进行分配。

公司清算的最终结果是导致公司法人资格消灭,公司终止。清算结束后,公司所有事务均已了结,债务清偿完毕,公司财产已全部被分配。这时,清算组即可向公司登记机关申请公司注销,最终消灭公司全部权利义务关系,公司终止。

第二百三十七条 清算组在清理公司财产、编制资产负债表和财产清单后,发现公司财产不足清偿债务的,应当依法向人民法院申请破产清算。

人民法院受理破产申请后,清算组应当将清算事务移交给人民法院指定的破产管理人。

本条主旨

本条是关于公司破产申请的规定。

本条释解

公司解散时应清偿其各种债务。当公司资产大于债务时,应按规定进行清算。清算组在清查公司财产、考察业务状况、编制资产负债表和财产清单后,发现公司财产不足以清偿债务的,应当立即向法院申请宣告破产。所谓“不足清偿债务”,系指公司净资产减去支付的清算费用、职工工资和社会保险费用、应缴税款后,其余额小于公司债务的情况。因此,清算组在制定资产负债表时,就应当确认公司财产是否足以清偿债务。在公司财产不足以清偿债务的情况下,清算组就不必向股东会提交清算方案,而应立即向法院申请破产。

本条规定的是清算组义务,“公司财产不足清偿债务”是典型的破产情形之一,应当依据《企业破产法》启动公司破产程序。一般情况下,破产程序的申请人是无法清偿债务的公司或其债权人,但在清算过程中,清算组占有公司财产,掌握公司财务状况,是公司偿债的直接负责人,在公司无力偿债时负有申请破产清算的义务。

人民法院接到清算组或债权人的破产申请后,应依法进行审查。若人民法院裁定受理破产申请,应当同时指定破产管理人,并在裁定作出之日起5日内将裁定送达被申请破产之公司。该公司应当自裁定送达之日起15日内,向人民法院提交财产状况说明、债务清册、债权清册、有关财务会计报告以及职工工资的支付和社会保险费用的缴纳情况,并将清算事务移交给人民法院指定的破产管理人。

第二百三十八条 清算组成员履行清算职责,负有忠实义务和勤勉义务。

清算组成员怠于履行清算职责,给公司造成损失的,应当承担赔偿责任;因故意或者重大过失给债权人造成损失的,应当承担赔偿责任。

本条主旨

本条是关于清算组成员义务和责任的规定。

本条释解

对于清算组成员的义务和责任,新《公司法》作出了较大的修改,首先是明确增加了清算组成员的勤勉义务;其次是加重了清算组成员的损害赔偿责任。

清算组在清算期间依法履行清算职权,同时,清算组应承担相应的义务,以便清算工作能顺利进行。清算组成员对公司、股东均负有信义义务,包括忠实义务和勤勉义务。

原《公司法》仅规定了清算组成员的忠实义务,其与董事、监事、高级管理人员的忠实义务之内涵类似,是指清算组成员应当采取措施避免自身利益与公司、债权人等的利益冲突,不得利用职权谋取不正当利益。清算组成员在进行清算时,应毫无保留地为公司、债权人等的利益努力工作,当自身利益与清算整体利益发生冲突时,应当以公司、债权人等的利益为先。具体而言,清算组的忠实义务体现在以下三方面:(1)禁止获得非法、不正当利益。要求清算组成员不得利用职权收受贿赂或其他非法收入,为他人谋取非法收益。(2)禁止越权侵占、使用公司财产。清算组成员利用职务优势而获得任何利益,其性质或属于对公司财产的非法占有,或属于损害公司利益而从第三人那里得到非法利益,公司可提起返还财产或损害赔偿之诉。如果清算组成员因故意或重大过失而给公司或债权人造成损失,公司的股东以及公司的债权人均可请求清算组成员承担赔偿责任。(3)禁止泄露公司秘密。这里的公司秘密通常是指公司采取了适当手段加以保密的各项技术秘密、商业秘密、管理诀窍、财务秘密、各种内部文件、决定及意向等。即使公司即将进行注销登记,清算组成员也不得泄露公司秘密。

新《公司法》增加了清算组成员的勤勉义务,但并未对勤勉义务的内容进行详细规定,仅概括性地要求勤勉义务人(清算组成员)执行职务时应当为公司、债权人的最大利益尽到管理者通常应有的合理注意。勤勉义务在大陆法系被称为“善良管理人的注意义务”,在英美法系被称为“注意义务”。清算组的勤勉义务是指清算组应像处理本人事务一样谨慎、勤勉地处理清算事务,不得违反法律的规定,并且在制订清算方案、清偿债务、分配剩余财产的过程中,清算组成员应做到公平、合理、合法。清算组应维护公司资产的完整,保护公司合法财产不受侵害。按照公司法理论,在勤勉义务的适用标准上,有主观标准与客观标准之说。所谓主观标准,是指勤勉义务应因人而异,拥有不同经验或能力的清算组成员应适用不同的标准;而客观标准以“标准人”或“理性人”为尺度,对所有的清算组成员统一适用。我们认为,衡量勤勉义务不宜采取单一的主观性标准,也不宜采取单一的客观性标准,而应当采取客观为主的综合性标准。这是因为公司清算组成员应具备一些基本的条件,如业务经营能力、任职经验等,此等条件应以客观标准加以衡量。但单纯采用客观标准有放纵清算组成员之嫌,应兼采主观标准。同样,若仅采用主观标准,则意味着清算组成员能力越低,对其采用的标准越低,而能力高者适用高标准,不利于激励人才,也不利于约束庸才。

本条还细化了原《公司法》关于清算组成员法律责任的规定。原《公司法》规定,清算组成员因故意或者重大过失给公司或者债权人造成损失的,应当承担赔偿责任，强调清算组所承担的是一种侵权责任，需满足侵权责任的构成要件：(1)清算组违背了信义义务，存在违法行为。清算组的违法行为可以分为两种：一是怠于履行清算职责，清算组成立后不进行实际清算，或者清算流程明显过长、拖延清算的，可以认定其怠于履行职责；二是履行清算职责时有重大瑕疵，一般表现为故意或重大过失导致清算结果与实际的公司债权债务情况存在重大偏差。(2)清算组主观上存在故意或重大过失。清算组侵权行为的过错只能是“故意或重大过失”，“故意”是指清算组明知自己的清算行为违反法律、法规、信义义务等，仍继续追求或放任不利结果的发生；“重大过失”是指清算组在清算过程中未能谨慎制订清算方案，严重缺乏职业素养，进而导致损害结果发生。若清算组尽到了忠实、勤勉义务，或者仅存在一般过失，考虑到清算过程中复杂的利益纠葛与专业性特质，应当免于承担赔偿责任。(3)清算给公司或债权人造成了损失。清算存在错误时可能造成两种损害后果：一是处理公司事务时未恪尽职守，给公司带来损失；二是未能平等清偿债权人的债务，导致债权人利益受损。(4)清算行为与公司或债权人损失之间存在因果关系。该因果关系的认定较为严格，若是财产的自然灭失，或者清算组在合理范围内的处理，均不能认定清算行为与公司或债权人的损失之间具有因果关系。

在清算组成员的法律责任需满足侵权责任构成要件的基础上，新《公司法》根据清算组违法行为的不同，将清算组的侵权责任细分为两种类型。

第一，清算组成员怠于履行清算职责时对公司的侵权责任。参考《九民纪要》第14条的规定，清算组成员“怠于履行清算职责”，是指清算组成员在法定清算事由出现后，在能够履行清算义务的情况下，故意拖延、拒绝履行清算义务，或者因过失导致无法进行清算的消极行为。若某一清算组成员能够举证证明其已经为履行清算义务采取了积极措施，可不认为其怠于履行清算职责。另外，《公司法司法解释(二)》第18条第2款规定：“有限责任公司的股东、股份有限公司的董事和控股股东因怠于履行义务，导致公司主要财产、账册、重要文件等灭失，无法进行清算，债权人主张其对公司债务承担连带清偿责任的，人民法院应依法予以支持。”

依据本条的规定，清算组成员怠于履行清算职责只需要对公司承担赔偿责任，原因在于：(1)清算组怠于履行清算职责的行为违背了其对公司的信义义务，需要承担法律责任；(2)信义义务具有内部性，是清算组成员与公司之间存在的义务,清算组成员不对债权人负有信义义务;(3)清算组怠于履行清算职责时,可能导致公司财产因无人管理而受损,但债权人尚未申报债权或并未开始清偿债权,债权人是否受损尚不可知,即使受损,其损失也难以计量。

第二,清算组故意或重大过失导致对债权人的侵权责任。清算组的成员一般由董事组成,与公司存在较为紧密的联系,在清算过程中可能因故意或重大过失帮助公司逃废债务,给债权人造成损失,因而需要承担责任。

另外,结合法律责任部分的规定,公司在进行清算时,清算组成员隐匿财产,对资产负债表或者财产清单作虚假记载,或者在未清偿债务前分配公司财产的,由公司登记机关责令改正;清算组成员作为直接负责的主管人员或其他直接责任人员,可能被处以 1 万元以上 10 万元以下的罚款;构成犯罪的,依法追究刑事责任。

第二百三十九条 公司清算结束后,清算组应当制作清算报告,报股东会或者人民法院确认,并报送公司登记机关,申请注销公司登记。

本条主旨

本条是关于公司清算报告及其确认的规定。

本条释解

公司清算结束后,清算组应制作清算报告,报股东会或人民法院确认,以实现公司内部监督或司法监督。清算报告是对清算工作的总结、汇报,它包括清算组对公司资产的认定,对解散事由出现前未了事务的处理,以及债权债务的结算、剩余财产的分配情况等。股东会或人民法院接到清算报告后,应认真审核,如认为清算报告内容真实、合法,应予确认,否则不予确认,并可要求清算组重新进行清算工作。

当清算报告被股东会或人民法院确认后,清算组应将清算报告报送公司登记机关,申请注销登记。公司登记机关接到清算报告及注销申请后,经审查认为情况属实、合法的,应办理注销公司登记。注销公司登记后,公司商事主体资格消灭,公司终止,清算组随即解散。公司清算完结不申请注销登记的,由公司登记机关依职权吊销营业执照,并予以公告。

公司清算的最终结果是导致公司法人资格消灭——公司终止。清算结束后,公司所有事务均已了结,债务清偿完毕,公司财产已全部被分配。这时,清算组即可向公司登记机关申请公司注销,最终消灭公司全部权利义务关系。因此,法人的消灭是其机关及设立人有目的的行为;法律设计一定的程序,可以使法人从容和妥善地处理未了事务后,再消灭其人格,这是不同于自然人人格消灭的,该程序为“解散(决定消灭法人人格)——清算(清理财产,了结未了事务)——法人终止(消灭)”。

第二百四十条 公司在存续期间未产生债务,或者已清偿全部债务的,经全体股东承诺,可以按照规定通过简易程序注销公司登记。

通过简易程序注销公司登记,应当通过国家企业信用信息公示系统予以公告,公告期限不少于二十日。公告期限届满后,未有异议的,公司可以在二十日内向公司登记机关申请注销公司登记。

公司通过简易程序注销公司登记,股东对本条第一款规定的内容承诺不实的,应当对注销登记前的债务承担连带责任。

本条主旨

本条是关于公司简易注销的规定。

本条释解

新《公司法》在本条中引入了简易注销制度,是本次《公司法》修订的重大变化之一。公司退出市场需履行一定的程序义务,在现行法下,经过注销登记程序方可“消灭”公司。公司注销登记,即公司在歇业、被撤销、宣告破产或者因其他原因终止营业时,向登记主管机关办理的消灭主体资格的登记。目前,我国公司的注销登记制度,主要有两种,一种是普通注销登记制度,另一种是简易注销登记制度。

一、普通注销程序的不足

在我国立法未确立公司简易注销制度之前,公司要退出市场仅可适用普通注销登记程序,该程序的主要缺陷在于效率较为低下。

普通注销登记,必须经过“解散—清算—注销”的程序,其中清算程序较为复杂,先要成立清算组,由清算组通知公告债权人,债权人在一定期限内进行债权申报;再由清算组编制资产负债表和财产清单,制订清算方案,并报股东会或者人民法院确认。按照清算方案,公司财产在分别支付清算费用、职工的工资、社会保险费用和法定补偿金,缴纳所欠税款,清偿公司债务后的剩余财产,有限责任公司按照股东的出资比例分配,股份有限公司按照股东持有的股份比例分配;在清算结束后,要制作清算报告,报股东会或者人民法院确认,最后才可以持有关材料办理注销登记。公司破产的基本流程为"宣告破产—破产清算—注销"。破产程序受到《企业破产法》的规范,可能持续数年之久。清算繁杂的程序和高昂成本使部分企业望而却步。

另外,普通注销登记需要向登记主管机关提交极为繁杂的材料,根据《市场主体登记管理条例实施细则》第46条的规定:"申请办理注销登记,应当提交下列材料:(一)申请书;(二)依法作出解散、注销的决议或者决定,或者被行政机关吊销营业执照、责令关闭、撤销的文件;(三)清算报告、负责清理债权债务的文件或者清理债务完结的证明;(四)税务部门出具的清税证明。除前款规定外,人民法院指定清算人、破产管理人进行清算的,应当提交人民法院指定证明;合伙企业分支机构申请注销登记,还应当提交全体合伙人签署的注销分支机构决定书。个体工商户申请注销登记的,无需提交第二项、第三项材料;因合并、分立而申请市场主体注销登记的,无需提交第三项材料。"从立法本意上看,法律如此规定主要是希望通过完整严密的程序设计和繁多的证明材料实现预防公司恶意逃废债务、扰乱市场竞争秩序、减少竞争的不稳定性等管理目的,但其真正能起到的效果难以观测。

二、简易注销程序的实践基础

简易注销程序历经了相对长期的发展历程:2014年6月,国务院《关于促进市场公平竞争维护市场正常秩序的若干意见》明确提出要完善企业注销流程,试行对个体工商户、未开业企业以及无债权债务企业实行简易注销程序。为贯彻落实国务院决策部署,原国家工商总局2015年1月6日印发《关于开展企业简易注销改革试点的通知》,2015年9月2日印发《关于进一步推动企业简易注销改革试点有关工作的通知》。另外,2015年4月30日,原国家工商总局同意上海市浦东新区、江苏省盐城市、浙江省宁波市、广东省深圳市开展未开业企业、无债权债务企业简易注销登记试点工作方案,支持其正式启动试点。2015

年9月2日,原国家工商总局批复同意天津等7省(区、市)开展企业简易注销改革试点,明确试点实施方案报总局备案即可。之后,试点地区逐步扩大到19个省(区、市)。2016年12月26日,原国家工商总局印发《关于全面推进企业简易注销登记改革的指导意见》,要求从2017年3月1日起,在全国范围内全面实行企业简易注销登记改革。2019年6月22日,国家发展改革委、国家市场监督管理总局等部门联合印发的《加快完善市场主体退出制度改革方案》指出,完善市场主体退出制度,对推进供给侧结构性改革、完善优胜劣汰的市场机制、激发市场主体竞争活力、推动经济高质量发展具有重要意义。而此前简易注销制度多数停留在政策文件和部门规章的层级上,直至2022年施行的《市场主体登记管理条例》将简易注销制度写入行政法规,这一制度方在我国立法体系中得到重视。

三、简易注销制度的功能

简易注销制度作为实践创新与制度构建有机统一、程序便捷与风险防控有效结合、市场主体意思自治与适度行政管理良性互动的结果,在我国公司注销制度中具有相当高的价值,并具有以下功能。

(1)优化市场营商环境。随着市场经济的活力不断迸发,众多公司如雨后春笋般设立。宽松的市场准入模式在引入大量投资的同时,也使无力经营且难以退出市场的公司数量逐渐增多。普通注销制度阻滞企业退出市场,使“僵尸企业”等无力经营的企业占据市场资源,同时影响了政府宏观决策。市场准入与市场退出的灵活度与自由度均是市场环境是否符合经济发展要求的标志,准入制度宽松自由,对促进公司竞争和市场活力有促进作用。同理,合理便捷的市场退出也有利于激发公司活力。

(2)强化公司主体地位。可以适用简易注销制度的公司,自主决定适用普通注销制度或者简易注销制度,体现了法律对其自主权和自治权的充分尊重。公司若主动选择简易注销制度,在公告阶段利害关系人提出异议或者申请材料有瑕疵等程序性事项致使公司不能适用简易注销的,仍然可转为普通注销制度。这种双轨并行的注销制度,将公司是否退出市场、何时退出市场的决策交由公司自主决定,并且由登记申请人保证材料的真实可靠,提高了公司的自律意识,培养了公司的风险意识和独立理性判断的能力,是一种符合市场经济本质要求的制度。

(3)提高公司退出效率。本条规定的简易注销制度,明确登记机关仅对公司提交的材料作形式审查。相对于严格的实质审查模式,较为宽松的形式审查模式减轻了登记机关的审查义务,提高了登记机关的工作效率。

四、简易注销制度的主要内容

新《公司法》与《市场主体登记管理条例》《市场主体登记管理条例实施细则》联动,共同确立了这一创新型的公司退出制度。在公司法层面明确该制度的法律依据,也实现了不同法律层级间的逻辑统一和自洽,避免出现上下位法矛盾从而在实践中难以正确适用的情况。此外,新《公司法》中明确相关的规定也同时确立了一条新的请求权基础,当简易注销程序出现争议或纠纷时,该条法律依据可以为双方提供法律支点,避免出现无法可依之情况。简易注销制度的主要内容包括以下 4 点。

(1)适用范围。根据本条第 1 款之规定,简易注销程序要求公司"未产生债务,或者已清偿全部债务"。《市场主体登记管理条例》第 33 条第 1 款规定,简易注销程序可适用于"未发生债权债务或者已将债权债务清偿完结,未发生或者已结清清偿费用、职工工资、社会保险费用、法定补偿金、应缴纳税款(滞纳金、罚款),并由全体投资人书面承诺对上述情况的真实性承担法律责任的"公司。两部法律对简易注销的适用范围规定是一致的,只是新《公司法》采用了更为简洁的表述,将公司债务作了广义的理解,职工工资、社会保险费用等也可归于公司债务的范畴。另外,《市场主体登记管理条例》第 33 条第 4 款和《市场主体登记管理条例实施细则》第 48 条则共同列举了不能适用简易注销程序的情形,主要包括以下 6 种:注销依法须经批准的;被吊销营业执照、责令关闭、撤销的;在经营异常名录或者市场监督管理严重违法失信名单中的;存在股权(财产份额)被冻结、出质或者动产抵押,或者对其他市场主体存在投资的;正在被立案调查或者采取行政强制措施,正在诉讼或者仲裁程序中的;受到罚款等行政处罚尚未执行完毕的。

(2)材料要求。《市场主体登记管理条例实施细则》第 47 条规定:"申请办理简易注销登记,应当提交申请书和全体投资人承诺书。"其中,申请书即为简易注销登记申请书,全体投资人承诺书则是全体投资人对公司债权债务关系等的书面承诺。与普通注销登记相比,简易注销登记大大简化了公司注销登记的材料要求。

(3)程序要求。公司申请按照简易程序办理注销登记的,公示为注销的前置程序:第一,申请人应当将承诺书及注销登记申请提交至市场监督管理部门。第二,登记机关在收到申请后,应当对申请材料进行形式审查,然后通过国家企业信用信息公示系统进行公示,公示期为 20 日。第三,在公示期内无相关部门、债权人及其他利害关系人提出异议的,市场主体可以于公示期届满之日起 20 日内向登记机关申请注销登记。第四,对于公告期内被提出异议的企业,登记机关应当在 3 个工作日内依法作出不予简易注销登记的决定;对于公告期内未被提出异议的企业,登记机关应当在公告期满后 3 个工作日内依法作出准予简易注销登记的决定。

(4)责任追究。全体投资人承诺对向登记机关提交材料的真实性、合法性负责。全体投资人承诺书是实施监督管理的依据,公司在简易注销登记中隐瞒真实情况、弄虚作假的,登记机关可以依法作出撤销注销登记等处理,在恢复公司主体资格的同时将该公司列入严重违法失信企业名单,并通过国家企业信用信息公示系统公示,有关利害关系人可以通过民事诉讼主张全体投资人对注销登记前的债务承担连带责任。恶意利用公司简易注销程序逃避债务或侵害他人合法权利的,有关利害关系人可以通过民事诉讼,向投资人主张连带责任,投资人违反法律、法规规定,构成犯罪的,依法追究刑事责任。

简易注销程序的一个重大创设在于全体投资人承诺的引入,公司退出市场无须烦琐的清算程序、清算组备案证明和清算报告,是否清算根据公司具体情况自行决定,全体投资人出具书面承诺书即可。推定采用简易程序注销登记的公司已经履行了法律规定的清算义务或对外无债权债务无须清算以及缴纳税款等义务。这一程序在优化登记流程、减少申请文件、信息公开共享等方面起到较为重要的作用。简易注销登记制度的根本目的就是要在信息公开、保障债权人利益、风险可控的前提下,通过优化注销流程、减少申请文件,实现市场主体退出的便利化。

第二百四十一条 公司被吊销营业执照、责令关闭或者被撤销,满三年未向公司登记机关申请注销公司登记的,公司登记机关可以通过国家企业信用信息公示系统予以公告,公告期限不少于六十日。公告期限届满后,未有异议的,公司登记机关可以注销公司登记。

依照前款规定注销公司登记的,原公司股东、清算义务人的责任不受影响。

本条主旨

本条是关于公司强制注销的规定。

本条释解

当公司应注销但缺乏主动申请注销动力,长期滞留市场,挤占有限的市场和监管资源时,为降低市场风险,维护交易秩序,应由行政权力介入,由公司登记机关依职权注销公司,即为新《公司法》增加的强制注销制度。

在理论和实践中,强制吊销、强制注销与强制退出等概念常常被混用,导致理解适用上的障碍,因此需要厘清相关概念的区别。我国的公司退出采"解散——清算——注销"这一流程,其中,公司解散意味着公司终止事由出现,清算过程中公司的经营资格受限,注销登记时公司主体资格灭失。在公司退出的三个环节,均可能出现公司自治和公权力介入的情况,公权力的介入即出现强制吊销、强制注销等概念。具体而言:(1)"强制退出"区别于其他两个概念,是一个抽象的上位概念。公司的退出是指在出现法定事由时,公司主动或被动停止经营活动,经过清算、注销程序后,终止其主体资格的行为。公司的退出包括解散、清算、注销的整个流程,并不似其他概念一样具有明确的时间节点。而强制退出是指以行政权力的介入与支配为特点的退出流程,与强制吊销、强制注销具有不同的定义逻辑。(2)"强制吊销"即依法吊销营业执照,是市场监管部门对违法经营的公司依法作出的行政处罚,是公司的解散事由之一。被依法吊销营业执照的公司自此失去经营资格,但仍存在主体资格,应当启动解散程序。(3)"强制注销"是导致公司人格灭失的行政强制手段,处于公司退出过程的最后阶段,其法律后果是办理公司注销登记、公司主体资格灭失,至此,公司完成退出市场的最后一个环节。

在新《公司法》确立该制度前,公司强制注销制度在地方立法和政策试点层面已有先期实践。例如,《上海市浦东新区市场主体退出若干规定》《深圳经济特区商事登记若干规定》《海南自由贸易港市场主体注销条例》都对强制注销制度作了相关规定。在不断深化推进强制注销制度试点实践的基础上，国务院办公厅《关于印发全国深化"放管服"改革优化营商环境电视电话会议重点任务分工方案的通知》（国办发〔2020〕43号）又进一步提出了"探索开展长期吊销未注销企业强制注销试点，明确强制注销的适用情形、具体条件和办理程序，并依法保障当事人合法权利，进一步提高市场主体退出效率"的要求。较为可惜的是，在国家统一立法层面，作为规范市场主体登记的统一规范，《市场主体登记管理条例》只额外设定了依申请注销和简易注销的特殊注销方式，并没有规定强制注销。强制注销制度在我国具有较强的实践需求，原有的注销体系难以解决实践中的问题，本次立法的创新突破值得肯定。

根据本条的规定，公司强制注销制度的主要内容包括以下4点。

（1）适用范围。公司被吊销营业执照、责令关闭或者被撤销，满3年未向公司登记机关申请注销公司登记的，适用强制注销程序。吊销营业执照、责令关闭或者被撤销都会导致公司的营业资格丧失，公司应当及时进行清算、注销程序。但若3年仍未向公司登记机关申请注销公司登记，则表明公司怠于履行清算、注销职责，若无公权力之介入，很难完成清算、注销程序，容易滋生大量的"僵尸企业"，因而允许适用强制注销程序。

（2）主体要求。只有公司登记机关享有强制注销公司的权力，其作为公司设立、变更、注销登记的监管部门，具有直接管理并注销公司的职权，无论是公司自行申请注销登记，还是行政机关的强制注销，最终的注销行为均由公司登记机关作出，公司登记机关也是强制注销的唯一主体，其他任何部门不得越权注销公司。

（3）程序要求。当公司存在强制注销规定的情形时，登记机关不可直接办理注销登记，公司及其他利害关系人有请求中止注销程序的权利。强制注销公司前，公司登记机关必须进行公告。一般在国家企业信用信息公示系统予以公告，公告期限不少于60日。在公告期间，任何人提出异议均不得进行强制注销，只有公告期限届满后，仍未有异议的，才可以注销公司登记。

（4）相关人员的法律责任。正常情况下，企业在解散或破产事由发生后，应按法定程序清理债权债务，处分剩余财产。在清算完毕并注销后，主体资格消灭，原公司股东、清算义务人不再就公司债务负法律责任。但作为一个大幅简化的公司退出制度，被强制注销的公司可能未经法定清算程序就已灭失主体资格。因此,本条规定了原公司股东、清算义务人的“持续责任”,即在公司注销登记后,如果原公司股东、清算义务人负有出资义务、赔偿责任等,仍需继续履行,并且该责任可以被强制执行。这一规定不仅保障了债权人、公司职工等利益相关者的权利,还能够督促公司不以强制注销作为逃避债务的方式,依法进行清算、注销程序后退出。

第二百四十二条 公司被依法宣告破产的,依照有关企业破产的法律实施破产清算。

本条主旨

本条是关于公司破产清算的规定。

本条释解

依据是否在破产情形下进行,清算可以分为破产清算和非破产清算。破产清算,是指公司被宣告破产时,依破产程序进行的清算。

非破产清算可以转化为破产清算。新《公司法》第237条规定:“清算组在清理公司财产、编制资产负债表和财产清单后,发现公司财产不足清偿债务的,应当依法向人民法院申请破产清算。人民法院受理破产申请后,清算组应当将清算事务移交给人民法院指定的破产管理人。”

公司破产是商品经济社会的必然现象。追求自身经济利益的内在动因使企业积极参与市场竞争,竞争的结果必然是有些企业因种种原因,如经营管理不善而负债累累,不能清偿到期债务。破产解散是公司解散的一种形式,也涉及清算,本条起到了法律适用指引作用。

《企业破产法》对破产案件的申请和受理、管理人、债务人财产、债权申报、债权人会议、重整、和解、破产清算以及法律责任等分章作了规定。其中关于破产清算的规定,是关于公司清算相关规定的特别规定,应优先于公司法适用。

CHAPTER 13
第十三章

外国公司的分支机构

第二百四十三条 本法所称外国公司，是指依照外国法律在中华人民共和国境外设立的公司。

本条主旨

本条是关于外国公司概念的规定。

本条释解

公司法上所称外国公司与依我国原《外商投资法》规定设立的外资企业有本质不同，它不是中国法人（企业），而是依照外国法律在中国境外登记成立的公司，是外国法人。依本条规定，凡依外国法律在中国境外登记设立的公司，不论其股东具有何国国籍、资金来源如何，都是外国公司，反之，均为中国公司。即使是中国人以其所拥有的资金，依外国法律登记成立的公司，也同样是外国公司。由此可见，我国《公司法》对外国公司的确定采用设立准据法主义兼行为地主义的双重标准，即是否为外国公司是以公司设立时所依据的法律和登记注册地为标准来确定，而不论其股东国籍或住所地，只要符合以上两个条件，即当然取得外国公司资格。

具体来说，我国《公司法》所规范的外国公司分支机构中的“外国公司”，具有下列特征。

1. 按照外国法律规定在中国境外组建、注册

外国公司是指依照外国公司法规定的条件、程序、责任形式、经营范围和经营方式，在外国组建、注册的公司。至于是依哪一国家或地区的法律、在哪里注册、股东的国籍及各股东的出资额在注册资本中所占比例的大小，在所不问。

2. 外国公司具有外国国籍

依我国《公司法》所采用的有关公司国籍的判定原则，只要外国公司具有与其设立时所依据的法律及注册地国相同的国籍，即具有外国国籍。

外国公司是相对于本国公司而言的，两者的区别主要在于公司的国籍不同。凡具有本国国籍的公司为本国公司，凡国籍隶属外国的公司为外国公司。确定一国境内的公司是本国公司还是外国公司，不仅涉及该公司在东道国的待遇，而且涉及该公司的经营活动受何种法律管辖的问题。从这个意义上可以说，公司的国籍始终是公司从事跨国交易不可逾越的法律问题。对于公司国籍的确定，各国或地区公司立法的做法不尽相同，理论上也有不同的学说，主要主张可概括为设立行为地主义、设立准据法主义、股东国籍主义及住所地主义。在这四种主张中，以设立准据法主义为通说，而且这也是目前各国或地区最通行的做法。这不仅在许多国家或地区的公司法上有明确规定，而且见之于许多国家的著名案例中，并逐渐在国际法领域内得到确立，如国际法院在 1970 年 2 月 5 日对巴塞罗纳电力有限公司的判决中就明确了这一法律原则。

3. 我国台湾地区，香港、澳门特别行政区公司设立的规定

由于我国香港、澳门地区实行特别行政区特有的法律制度，我国台湾地区也有相关规定，故而在我国以上三个地区一般依当地规定设立公司并管理。

第二百四十四条 外国公司在中华人民共和国境内设立分支机构，应当向中国主管机关提出申请，并提交其公司章程、所属国的公司登记证书等有关文件，经批准后，向公司登记机关依法办理登记，领取营业执照。

外国公司分支机构的审批办法由国务院另行规定。

本条主旨

本条是关于外国公司分支机构设立程序的规定。

本条释解

按本条规定，外国公司在中国境内设立分支机构，首先必须向中国主管机关提出申请，并提交其公司章程、所属国公司登记证书等文件。其次，当其申请被中国主管机构批准后，外国公司到中国的公司登记机关办理登记，领取营业

执照后，始可以在中国境内开展营业活动。

该条第2款授权国务院另行规定外国公司分支机构的审批办法，以规范外国公司设置分机构的审批活动，切实做好对外国公司分支机构的服务和管理。

外国公司提出的设立分支机构的申请，必须得到东道国政府的许可或者批准，而不同国家或地区对外国公司设立分支机构的许可态度不尽相同。有的国家或地区对外国公司到本国设立分支机构实行准则主义，即依东道国法律直接办理登记便可开展业务活动，无须经过政府主管机关的特别许可。有的国家对外国公司分支机构的设立实行核准主义或许可主义，要求外国公司应首先向东道国政府主管机关申请办理审批或许可手续，经批准后方可办理设立分支机构的登记注册手续，大多数发展中国家一般采取这种做法。

按国际惯例，一国公司在他国设立分支机构一般要经过当地国家的认许，否则可能被视为侵犯该国的主权。我国《公司法》从统筹发展与安全，促进对外开放的目的出发，对外国公司在中国境内设立分支机构的程序作了规定。

第二百四十五条 外国公司在中华人民共和国境内设立分支机构，应当在中华人民共和国境内指定负责该分支机构的代表人或者代理人，并向该分支机构拨付与其所从事的经营活动相适应的资金。

对外国公司分支机构的经营资金需要规定最低限额的，由国务院另行规定。

本条主旨

本条是关于外国公司分支机构设立条件的规定。

本条释解

本条对外国公司在中国境内设立分支机构规定了以下两项条件。

(1)外国公司必须在中国境内指定负责该分支机构的代表人或代理人。这里的代表人是指分支机构的代表人，属于公司及其分支机构的内部人员，而代理人则是指受外国公司的委托，以该公司分支机构名义进行活动的人。代表人或代理人作为分支机构的负责人，代表外国公司在中国境内从事各项生产经营活动，其活动产生的法律后果由该外国公司承担，关于外国公司分支机构的代表人或代理人的资格，有的国家法律规定必须在本国有住所，如瑞士法律明确规定,外国公司在瑞士的分支机构,只能授权在瑞士有住所的人作为该分支机构的代表。法国、瑞典的法律也作出了同样的规定。此项规定要求该被指定的负责人或代理人必须在中国境内,以负责该分支机构的生产经营活动,一旦发生纠纷或有违法情事产生,就可由代表人或代理人负责处理,利于中国主管部门对其进行监督。

我国公司立法对外国公司分支机构的代表人或代理人的资格未作出详细的规定。我国有关法律只对变更代表人或代理人时的登记事宜作了规定,即该代表人或代理人在更换或离境前,外国公司应另行选定代表人或代理人,并将其姓名、国籍、住所或居所申请主管机关登记。申请登记时,应附送授权证书或委托证书。

(2)外国公司应向该分支机构拨付与其所从事的经营活动相适应的资金。该项经营资金需要规定最低限额的,由国务院另行规定。对外国公司分支机构的经营资金需要规定最低限额的,由国务院根据各类分支机构的不同行业和经营规模另行规定。法律这样规定,一方面是为了保证该外国公司分支机构的生产经营活动得以正常进行,维护正常的生产经营秩序;另一方面是为了让外国公司的分支机构有能力承担民事责任,防止外国公司在我国境内无本经营或从事诈骗活动,保护与其进行营业行为或其他法律行为的债权人和社会公众的利益。

值得注意的是,上述"相适应的资金"和"最低限额"并非该外国公司分支机构承担民事责任的限度。当外国公司分支机构需要依法承担民事责任时,不以该外国公司分支机构的经营资金数额及该外国公司分支机构所支配的财产为限,而应由设立该分支机构的外国公司全部承担。

另外,外国公司是以营利为目的的社团法人,其分支机构自然也必以营利为目的。为了保证外国公司的分支机构在生产经营活动中具有相应的民事权利能力和民事行为能力,并在发生违法行为或经济纠纷时能够承担法律责任,应当对外国公司分支机构进行必要的限制,使其具备在中国境内从事生产经营活动的基本条件,能够承担与其生产经营相应的民事权利和民事义务。

第二百四十六条 外国公司的分支机构应当在其名称中标明该外国公司的国籍及责任形式。

外国公司的分支机构应当在本机构中置备该外国公司章程。

本条主旨

本条是关于外国公司分支机构名称的规定。

本条释解

按本条规定,外国公司的分支机构应当在其名称中标明该外国公司的国籍及责任形式。在分支机构名称中标明该外国公司的国籍,以示与中国公司有别,且可知其所属的国家。标明其责任形式,使人一望即知其公司类别,方便其他公司决定是否与之进行交易活动。此种规定的目的是维护交易活动的安全。

本条第 2 款规定外国公司的分支机构应当在本机构中置备该外国公司章程。其目的是便于公司主管机关和分支机构的债权人查阅,以保护分支机构债权人的利益,及加强对该分支机构的管理。

第二百四十七条 外国公司在中华人民共和国境内设立的分支机构不具有中国法人资格。

外国公司对其分支机构在中华人民共和国境内进行经营活动承担民事责任。

本条主旨

本条是关于外国公司分支机构的法律地位和民事责任承担的规定。

本条释解

本条规定了外国公司及其分支机构的法律地位和民事责任承担。

1. 法律地位。外国公司是依照外国法律在中国境外登记成立的公司,自应属于外国法人,而不具备中国法人资格。至于外国公司的分支机构,即使经中国主管机关批准,并经中国公司登记机关登记、发给营业执照,也不具备中国法人资格。

2. 民事责任承担。本条第 2 款规定:外国公司对其分支机构在中国境内进行经营活动承担民事责任。外国公司的分支机构不具备中国法人资格,且其代表人或代理人由外国公司指定,运营资金由外国公司拨付,所以,其在中国境内进行民事活动产生民事责任时,自然要由其总机构承担民事责任。只是在具体的债务清偿时,应先以公司拨付分支机构的运营资金清偿,不足部分再由设立分支机构的外国公司支付。

相关理论

外国公司分支机构的法律地位

外国公司均具有独立的法人地位,而外国公司分支机构本身不具有独立的法律地位。各国或地区的公司法一般规定,外国公司的分支机构从属外国公司,是外国公司的组成部分,外国公司需为其分支机构的债务承担责任。在我国,外国公司与其在中国境内设立的分支机构的关系,相当于总公司与分公司的关系。具体而言,外国公司分支机构的法律地位表现在以下 4 个方面:

(1)外国公司分支机构是其所属的外国公司的一个组成部分,是在我国设立的派出机构,它不属于也不同于外国公司依我国法律在我国境内单独登记注册的子公司法人。

(2)外国公司分支机构不具有独立的公司法人的内部组织机构,一般不设股东会、董事会及监事会等整套管理机构,而只由该外国公司指定代表人或代理人负责该分支机构。

(3)外国公司分支机构没有自己独立的公司名称和公司章程,而只能以其所属的外国公司的名义进行业务活动,不能使用与其所属公司名称相区别的其他名称。我国《公司法》明确规定,外国公司的分支机构应当在其名称中标明该外国公司的国籍及责任形式,并应当在本机构中置备该外国公司的章程。

(4)外国公司分支机构对其经营活动不独立承担民事责任,其业务活动结果由所属外国公司承受,即分支机构的所属公司以自己的全部财产对其分支机构的活动所产生的债务承担责任。正因如此,各国或地区的公司法一般要求外国公司的分支机构在其名称中标明其所属外国公司的责任形式。

外国公司的分支机构既不同于外国公司在我国的常驻代表机构,也不同于外国公司在我国单独投资设立的外商独资企业。

外国公司常驻代表机构是指外国公司派驻我国境内的办事机构,虽然它也是非独立核算的非法人组织,但它仅仅代表其所属公司,在中国境内从事一定业务范围的联络、咨询、服务等工作,不直接从事经营活动。对此,我国国务院

2018年通过的《外国企业常驻代表机构登记管理条例》中就明确规定，“本条例所称外国企业常驻代表机构（以下简称代表机构），是指外国企业依照本条例规定，在中国境内设立的从事与该外国企业业务有关的非营利性活动的办事机构”。

外商独资企业是指依中国有关法律在中国境内设立的全部资本由外国投资者投资的企业。根据我国有关法律规定，外商独资企业与外国公司的分支机构的主要区别在于以下3个方面。

（1）外商独资企业是依照中国法律在中国境内设立的，具有中国国籍，属于中国企业；而外国公司分支机构本身是外国公司的组成部分，具有外国国籍，属于外国企业，不少国家或地区的公司法中将这种外国公司的分支机构直接称为外国公司。

（2）外商独资企业具有独立的法律地位，能够以自己的名义对外进行活动，其中绝大部分为有限责任公司形式，具有中国法人资格，实行独立核算，能够以自己的财产独立承担法律责任；而外国公司分支机构不具有独立的法律地位。

（3）外商独资企业的组织机构也较复杂，一般以董事会来管理企业；而外国公司分支机构不具有独立的公司法人的内部组织机构。

第二百四十八条 经批准设立的外国公司分支机构，在中华人民共和国境内从事业务活动，应当遵守中国的法律，不得损害中国的社会公共利益，其合法权益受中国法律保护。

本条主旨

本条是关于外国公司分支机构活动原则的规定。

本条释解

本条比较抽象地规定了外国公司分支机构在中国境内活动的原则，即属地管辖的原则。按该条的规定，经批准设立的外国公司分支机构，在中国境内必须遵守中国的法律，如依法纳税、不贩卖法律禁止自由流通的物品等。同时其行为不得损害中国的社会公共利益，如不得从事色情行业等。其合法权益如财产所有权、结汇权等将受到中国法律的严格保护。

外国公司分支机构作为外国公司在东道国的一个派出机构,在取得东道国的公司登记后,既享有在东道国境内从事生产经营活动的权利,又要承担东道国法律规定的相应义务。各国或地区的公司法一般都对外国公司分支机构的权利义务予以专门规定。

一、外国公司分支机构的权利

外国公司在中国境内设立的分支机构受中国法律管辖。其合法权益受中国法律保护。除法律特别规定予以限制的外,外国公司分支机构的权利与中国同类分公司所享有的权利基本相同。根据我国法律的相关规定,外国公司分支机构的权利可概括为以下两个方面:

(一)依法从事生产经营活动

外国公司分支机构取得我国公司登记机关颁发的营业执照,即获得在我国境内从事生产经营活动的法定资格。一般而言,各国或地区的法律大多允许外国公司在本国境内或本地区内开展业务活动,并使其具有与本国或本地区公司基本相同的权利,如依法取得财产的所有权、订立合同、享受东道国有关鼓励外商投资的优惠政策等。当然,各国或地区的法律对外国公司分支机构从事业务活动的范围也会有所限制,主要体现在禁止或者限制外国公司分支机构从事军工、航空、通信、能源等与国计民生关系重大的特殊行业。例如,法国禁止外国公司进行军火、酒精或医药方面的贸易(欧共体国家的公司除外);意大利禁止外国公司从事银行业、保险业、海运业等方面的交易活动,同时,所有外国投资活动均要受到《意大利外汇管理条例》的限制。

我国目前是发展中国家,考虑到国家的经济安全,也防止外资的盲目流入对国家产业结构组成及地区分布带来不利影响,一些特定的行业包括国防工业及其他一些重要行业是禁止外国公司进入的。

(二)合法权益受中国法律保护

外国公司分支机构遵守我国法律,在中国境内依法进行生产经营活动,其合法权益当然受我国法律保护。我国有关行政管理机关应依法履行自己的职责,切实保障外国公司分支机构的合法权益。任何侵犯外国公司分支机构合法权益的行为都将受到法律的追究。外国公司在其分支机构的合法经营活动受到不法侵害时,有权在我国提起诉讼,寻求司法保护,以维护其合法权益。

二、外国公司分支机构的义务

外国公司在我国境内设立的分支机构在依法享有权利的同时，也应承担相应的义务。除我国法律予以特别规定外，外国公司分支机构的义务与我国同类公司所负有的义务基本相同。依我国《公司法》及其他相关法律的规定，外国公司分支机构在我国从事营业活动应承担的主要义务可概括为以下两个方面：

（一）遵守中国法律

外国公司在我国境内设立分支机构开展业务活动，本质上是外国投资者对我国的投资。依属地管辖原则，外国公司分支机构在我国境内的营业活动，应受我国法律管辖，这是我国主权原则的体现。

（二）不得损害中国的社会公共利益

外国公司分支机构在我国境内营业，不得损害我国的社会公共利益。比如，外国公司分支机构所从事的营业项目，必须符合我国的产业政策，在国家允许的范围内进行，不得进入中国禁止外资进入的特定行业。外国公司分支机构不得在我国境内非法开展业务，不得拒绝履行其应当履行的义务，不得扰乱我国正常的经济秩序，否则将受到我国法律的制裁，并不因其为外国公司的分支机构而特殊对待。比如，外国公司分支机构同样也要接受市场监督管理、税务部门以及外汇、海关等部门的管理和监督。

第二百四十九条 外国公司撤销其在中华人民共和国境内的分支机构时，应当依法清偿债务，依照本法有关公司清算程序的规定进行清算。未清偿债务之前，不得将其分支机构的财产转移至中华人民共和国境外。

本条主旨

本条是关于外国公司分支机构的撤销与清算的规定。

本条释解

外国公司根据其自身情况发展的需要，可以自主决定撤销其设在我国境内的分支机构，撤销分支机构，涉及有关清算问题。外国公司分支机构的清算是指该分支机构被撤销后，为终结相关法律关系，而对该分支机构的债权债务进行清理的行为。按相关法律规定，外国公司撤销其在我国境内的分支机构时，必须依法清偿债务，未清偿债务之前，不得将其分支机构的财产移到我国境外。法律适用是《公司法》有关公司清算程序的规定。

根据我国《公司法》规定，外国公司分支机构的清算根据有关公司清算程序的规定进行。具体而言，外国公司分支机构的清算须经过以下程序。

1. 在法定期间内成立清算组。外国公司分支机构在被撤销后，应在法定期间内组成清算组。逾期不成立清算组的，债权人可以申请人民法院指定有关人员组成清算组，进行清算。

2. 通知和公告债权人。清算组应当自成立之日起的法定期限内通知债权人，并在报纸上或者国家企业信用信息公示系统公告。债权人应当自接到通知之日起的法定期限内，未接到通知的自第一次公告之日起法定期限内，向清算组申报债权。

3. 财产的清理与分配。清算组在清理外国公司分支机构财产、编制资产负债表和财产清单后，应当制订清算方案，并报有关主管机关确认。外国公司分支机构的财产能够清偿其债务的，分别支付清算费用、职工工资和社会保险费用，缴纳所欠税款，清偿公司债务。若外国公司分支机构的财产不足以按上述顺序进行分配，由其所属的外国公司的财产来承担相应责任。外国公司分支机构在清算期间不得开展新的经营活动。未清偿债务前，外国公司不得将其分支机构的财产移至境外。

4. 办理注销登记。外国公司分支机构在清算结束后，应制作清算报告，报有关主管机关确认，并报送登记机关，申请注销登记。登记机关应依法注销其登记并注销其营业执照。

CHAPTER 14
第十四章

法律责任

第二百五十条 违反本法规定,虚报注册资本、提交虚假材料或者采取其他欺诈手段隐瞒重要事实取得公司登记的,由公司登记机关责令改正,对虚报注册资本的公司,处以虚报注册资本金额百分之五以上百分之十五以下的罚款;对提交虚假材料或者采取其他欺诈手段隐瞒重要事实的公司,处以五万元以上二百万元以下的罚款;情节严重的,吊销营业执照;对直接负责的主管人员和其他直接责任人员处以三万元以上三十万元以下的罚款。

本条主旨

本条是关于公司虚报资本等行为的法律责任的规定。

本条释解

公司登记制度,是我国《公司法》规定的一项重要内容。根据我国《公司法》的规定,公司登记机关对符合登记条件的才予登记;对不符合公司登记条件的,不予登记。本条所规定的虚报资本等行为,可能存在于公司设立阶段,也可能存在于后续的增资过程中。设立公司的发起人、设立后的公司股东在办理公司登记时以虚报注册资本、提交虚假材料或者采取其他欺诈手段隐瞒重要事实的方式取得公司登记的,妨害了公司登记的管理秩序,侵害了公司的正常管理活动,必须承担相应的法律责任。

虚报注册资本是指实无资本而报其有、实有资本少于申报资本的行为,即在申请公司登记过程中,使用虚假证明文件或者采用其他欺诈手段虚报注册资本,欺骗公司登记主管部门,取得公司登记的行为,一般要求虚报注册资本数额巨大,后果严重或者有其他严重情节。

提交虚假材料是指为达到非法设立公司的目的,向公司登记机关提交的不真实的材料、文件,如设立登记申请书、公司章程等。公司的发起人、股东伪造提交虚假材料,并在公司登记时向公司登记机关提交取得公司登记的,必须承担本条规定的法律责任。

采取其他欺诈手段隐瞒重要事实。这里的"其他欺诈手段",是指虚报注册资本、提交虚假证明文件以外的手段;所谓的"重要事实",对有限责任公司而言,主要包括股东是否符合法定人数、是否有股东共同制定的公司章程、是否有公司名称及符合有限责任公司的组织机构、是否有固定的生产经营场所和必要的生产经营条件;对股份有限公司而言,主要包括发起人是否符合法定人数,发起人认缴和社会公开募集的股本是否达到法定资本最低限额,股份发行、筹办事项是否符合法律规定,发起人是否制定公司章程并经成立大会通过、是否有公司名称、是否建立符合股份有限公司要求的组织机构、是否有固定的生产经营场所和必要的生产经营条件、是否经过国务院授权的部门或者省级人民政府批准等事实。

本条以及本章以下内容中关于法律责任的规定,主要表现为行政处罚,实施主体多为市场监督管理部门,法律责任的承担方式可表现为 4 种:(1)责令改正。责令改正并非行政处罚,其本质上是一种恢复性行为,是执法机关对违法行为的纠正,一般情况下属于行政命令。对于任何一个违法行为,行政机关均可以要求其自己进行改正。在公司虚报资本等行为方面,公司登记机关责令改正的,公司应当提交正确的登记文件,并通过撤销登记等程序改正登记错误。(2)吊销营业执照。吊销营业执照是一种较为严格的行政处罚,被吊销营业执照的公司不可以继续进行市场经营活动,应当在一定期限内启动公司解散、注销程序,最终导致公司法人人格的消灭,该处罚措施需要执法机关谨慎使用。本条规定,具有虚报资本等行为且情节严重时,才可吊销营业执照。(3)对公司进行罚款。罚款是行政处罚最常见的方式,公司登记机关可对虚报注册资本的公司,处以虚报注册资本金额 5% 以上 15% 以下的罚款;对提交虚假材料或者采取其他欺诈手段隐瞒重要事实的公司,处以 5 万元以上 20 万元以下的罚款。(4)对直接负责的主管人员和其他直接责任人员进行罚款。新《公司法》新增了对直接负责的主管人员和其他直接责任人员的追责,可对其处以 3 万元以上

30 万元以下的罚款。对公司、直接负责的主管人员和其他直接责任人员的罚款均劣后于民事责任的承担。为了适应经济的发展状况，起到惩罚违法行为的效果，新《公司法》增加了公司登记机关对公司及其相关人员违法行为的罚款额度。

《刑法》对虚报注册资本等事项也有规定。《刑法》第 158 条规定："申请公司登记使用虚假证明文件或者采取其他欺诈手段虚报注册资本，欺骗公司登记主管部门，取得公司登记，虚报注册资本数额巨大、后果严重或者有其他严重情节的，处三年以下有期徒刑或者拘役，并处或者单处虚报注册资本金额百分之一以上百分之五以下罚金。单位犯前款罪的，对单位判处罚金，并对其直接负责的主管人员和其他直接责任人员，处三年以下有期徒刑或者拘役。"

第二百五十一条 公司未依照本法第四十条规定公示有关信息或者不如实公示有关信息的，由公司登记机关责令改正，可以处以一万元以上五万元以下的罚款。情节严重的，处以五万元以上二十万元以下的罚款；对直接负责的主管人员和其他直接责任人员处以一万元以上十万元以下的罚款。

本条主旨

本条是关于未依法公示信息的法律责任的规定。

本条释解

本条为新《公司法》新增条文，规定了未依法公示时公司、直接负责的主管人员和其他直接责任人员应负的法律责任。新《公司法》在《企业信息公示暂行条例》的基础上对公司信息公示制度进行了完善和补充，在第 40 条规定了企业自主公示事项后，规定其法律责任是推动落实相关条款的必由之路。

公司的公示方式是通过国家企业信用信息公示系统进行公示。因为该公示系统的主管机关是公司登记机关，所以公司的公示行为也由公司登记机关进行监管。公司在其他平台上的公示公告，不能被认为依法履行了公示义务。

公司应当全面、如实公示，不可对应公示的信息有所遗漏，也不可故意隐瞒、公示虚假信息。依照新《公司法》第 40 条第 1 款的规定，公司应当进行信息公示的事项有 4 类：(1)有限责任公司股东认缴和实缴的出资额、出资方式和出资日期,股份有限公司发起人认购的股份数;(2)有限责任公司股东、股份有限公司发起人的股权、股份变更信息;(3)行政许可取得、变更、注销等信息;(4)法律、行政法规规定的其他信息。公司未依法公示或不如实公示仅以公示内容来认定,若公示内容与公司实际情况不符,就可能构成违法,无须考虑其主观过错。只有在公司登记机关对其进行行政处罚时,才需要考虑相关主体的主观过错、造成的影响等进行综合判定。

未依法公示或不如实公示的,公司登记机关应责令改正,以纠正公司的违法行为。在责令改正的基础上,公司登记机关可以对存在过错或造成不良影响的公司及相关人员罚款:(1)可以对公司处以1万元以上5万元以下的罚款;(2)情节严重的,可以对公司处以5万元以上20万元以下的罚款;(3)可以对直接负责的主管人员和其他直接责任人员处以1万元以上10万元以下的罚款。《企业信息公示暂行条例》第17条中对未依法公示或不如实公示规定的法律责任是,"由县级以上工商行政管理部门列入经营异常名录,通过企业信用信息公示系统向社会公示,提醒其履行公示义务;情节严重的,由有关主管部门依照有关法律、行政法规规定给予行政处罚;造成他人损失的,依法承担赔偿责任;构成犯罪的,依法追究刑事责任"。与本条的规定是基本一致的,在《企业信息公示暂行条例》没有后续修改的情况下,新《公司法》并不排斥公司登记机关依其规定将相关公司列入经营异常名录或严重违法企业名单。

第二百五十二条 公司的发起人、股东虚假出资,未交付或者未按期交付作为出资的货币或者非货币财产的,由公司登记机关责令改正,可以处以五万元以上二十万元以下的罚款;情节严重的,处以虚假出资或者未出资金额百分之五以上百分之十五以下的罚款;对直接负责的主管人员和其他直接责任人员处以一万元以上十万元以下的罚款。

本条主旨

本条是关于公司发起人、股东虚假出资的法律责任的规定。

本条释解

"虚假出资"是指公司发起人、股东并未交付或未按期交付货币或者非货币财产。其表现形式多样,其一,可能表现为出资不足,即未按期交付出资;其二,可能表现为出资不实,即实际出资额明显低于公司章程规定的价额,与代收股款的银行串通、由银行出具收款证明,与资产评估机构、验资机构串通由资产评估机构、验资机构出具财产所有权转移证明、出资证明等,骗取公司的登记。公司资产最初来源于公司发起人和股东的出资。公司必须有自己独立的财产,并以该财产对债权人承担有限责任。发起人、股东虚假出资必然会侵害公司债权人和认购公司股票的社会公众的利益。因此,《公司法》严禁公司的发起人、股东的虚假出资行为。

虚假出资等行为承担法律责任时需注意:(1)行为主体和责任承担主体是设立公司的发起人、股东。在公司设立阶段,虚假出资等行为的主体是发起人;在公司设立后,虚假出资等行为的主体是股东。在出资不足或出资不实的情况下,发起人、股东作为应当履行出资义务的主体,应当承担相应的法律责任。(2)行为主体主观上必然存在故意或过失。发起人、股东签署了发起人协议、章程或认股协议书,协商确定自己认购的股权、股份,以及出资形式、出资期限等,只要未按照协议出资,发起人、股东就必然是知情且存在故意或过失的,一般不需要再对此进行举证证明。

根据新《公司法》的规定,发起人不按照其认购的股份缴纳股款或者作为出资的非货币财产的实际价额显著低于所认购的股份的,其他发起人与该发起人在出资不足的范围内承担连带责任。公司发起人、股东通常会签署发起人协议、公司章程、认股协议书等,其中包括了关于股份认购和股款缴纳的合同约定。这些协议是私法主体根据意思自治原则签署的合同,合同各方必须履行其合同义务。如果股东未按照合同规定足额缴纳股款,或者以非货币财产出资但其价值明显低于认购股份,就构成了合同违约,违反了合同的基本原则,应当承担违约责任。在承担违约责任后,其可能依据本条的规定承担行政责任。

虚假出资的行政责任。按照本条规定,公司登记机关应责令改正,并可以处以罚款:(1)可以对公司处以5万元以上20万元以下的罚款,该罚款数额高于《公司法》第251条之规定,原因在于虚假出资的可苛责性强于未依法公示,应当有更严重的法律后果;(2)情节严重的,可以对公司处以虚假出资或者未出资金额5%以上15%以下的罚款;(3)可以对直接负责的主管人员和其他直接责任人员处以1万元以上10万元以下的罚款。后两种罚款主要是借鉴《市场主体登记管理条例》的规定并与之进行了衔接,其第45条第2款规定:"实行注册资本实缴登记制的市场主体的发起人、股东虚假出资,未交付或者未按期交付作为出资的货币或者非货币财产的,或者在市场主体成立后抽逃出资的,由登记机关责令改正,处虚假出资金额5%以上15%以下的罚款。"

关于虚假出资的刑事责任。《刑法》第159条规定:"公司发起人、股东违反公司法的规定未交付货币、实物或者未转移财产权,虚假出资,或者在公司成立后又抽逃其出资,数额巨大、后果严重或者有其他严重情节的,处五年以下有期徒刑或者拘役,并处或者单处虚假出资金额或者抽逃出资金额百分之二以上百分之十以下罚金。单位犯前款罪的,对单位判处罚金,并对其直接负责的主管人员和其他直接责任人员,处五年以下有期徒刑或者拘役。"

第二百五十三条 公司的发起人、股东在公司成立后,抽逃其出资的,由公司登记机关责令改正,处以所抽逃出资金额百分之五以上百分之十五以下的罚款;对直接负责的主管人员和其他直接责任人员处以三万元以上三十万元以下的罚款。

本条主旨

本条是关于公司发起人、股东抽逃出资法律责任的规定。

本条释解

股东抽逃出资,指在公司成立后,股东非经法定程序,从公司抽回相当于已缴纳出资数额的财产,同时继续持有公司股份的行为。抽逃出资是对公司财产的不法侵害,公司成立后,非经法定程序,不得减少注册资本。如果股东或发起人在公司成立、领取营业执照后,将对公司的出资或认缴的股份抽回,将造成公司的注册资本不实,一旦公司亏损,抽逃者就会以破产为借口逃避债务,严重影响公司债权人的合法权益。

若公司的发起人、股东存在抽逃出资行为,公司的发起人或股东首先应依据《公司法》第53条的规定承担民事责任,并且负有责任的董事、监事、高级管理人员也应与该发起人或股东承担连带赔偿责任。

在行政责任上,发生抽逃出资时,公司登记机关有权责令改正,并对公司处以抽逃出资金额5%以上15%以下的罚款,对直接负责的主管人员和其他直接责任人员处以3万元以上30万元以下的罚款。与公司发起人、股东虚假出资的法律责任不同,发生抽逃出资时,公司登记机关还可以对直接负责的主管人员和其他直接责任人员进行罚款,其原因在于:虚假出资的过程中只有进行虚假出资的发起人、股东应当承担行政责任,因为虚假出资时公司可能还未成立董事会、监事会等,或者虽存在董事会、监事会等,但出于对公司业务的不熟悉,难以发现虚假出资行为;而公司成立后,公司资产处于董事会、监事会等掌控之下,很难仅由股东一人完成抽逃出资行为,董事、监事等很可能存在违反信义义务协助股东进行抽逃出资的情况,所以其可以作为直接负责的主管人员或其他直接责任人员被追责。

《刑法》第159条也规定,公司发起人、股东违反《公司法》的规定未交付货币、实物或者未转移财产权,虚假出资,或者在公司成立后又抽逃其出资,数额巨大、后果严重或者有其他严重情节的,处5年以下有期徒刑或者拘役,并处或者单处虚假出资金额或者抽逃出资金额2%以上10%以下罚金。单位犯前款罪的,对单位判处罚金,并对其直接负责的主管人员和其他直接责任人员,处5年以下有期徒刑或者拘役。

第二百五十四条 有下列行为之一的,由县级以上人民政府财政部门依照《中华人民共和国会计法》等法律、行政法规的规定处罚:

(一)在法定的会计账簿以外另立会计账簿;

(二)提供存在虚假记载或者隐瞒重要事实的财务会计报告。

本条主旨

本条是关于另立会计账簿和提供虚假会计报告的法律责任的规定。

本条释解

公司的会计账簿是公司用以记载其营业及财产状况,依法编制的簿册。设置会计账簿是公司依法应该履行的义务。它全面地记载着公司的资产负债情况、财务变动情况、利润分配情况和生产经营成果。按我国《公司法》和有关企业财务、会计法规规定,公司应在每一会计年度终了时制作财务会计报告,并依法经审查验证。财务会计报告及附属明细表包括下列内容:(1)资产负债表;(2)损益表;(3)财务状况变动表;(4)财务情况说明书;(5)利润分配表。这些财务会计报告还要依法向股东或社会公众公告。公司借以了解自身营业情形及其财产状况,保护自己的利益;《公司法》专设"公司财务、会计"一章,对会计账簿的设置的基本内容予以规范。

另外,《会计法》规定,公司的会计账簿必须保持其真实性。如果公司在法定会计账簿之外另立会计账簿,欺瞒国家管理机关、股东、债权人和社会公众,以达到隐瞒收入,逃避税收等非法目的,就会导致会计账簿失去其真实性。

此外,另立会计账簿隐瞒收入构成偷税行为的,应按照《税收征收管理法》的有关规定,处以罚款;构成犯罪的,依据《刑法》的相关规定,追究其刑事责任。

第二百五十五条 公司在合并、分立、减少注册资本或者进行清算时,不依照本法规定通知或者公告债权人的,由公司登记机关责令改正,对公司处以一万元以上十万元以下的罚款。

本条主旨

本条是关于未按规定通知债权人的法律责任的规定。

本条释解

依新《公司法》之规定,公司应在合并、分立、减资、清算时依法对债权人进行逐一通知或公告,其目的在于保护债权人的知情权。在公司进行合并、分立时,公司资产产生较大变动,甚至公司主体资格都将产生变化,必须通知、公告债权人,使其存在主张债权之可能;公司减资时,由于其责任财产减少,应依法履行债权人保护程序,通知、公告债权人;公司清算的目的是清理公司财产、债务、责任,通知、公告程序是债权人合法权益得以实现的基础。因此,本条规定了未按规定通知、公告债权人的法律责任,规定公司在合并、分立、减少注册资本或者进行清算时,不按照规定通知或者公告债权人的,责令改正,并对公司处以1万元以上10万元以下的罚款。

第二百五十六条 公司在进行清算时，隐匿财产，对资产负债表或者财产清单作虚假记载，或者在未清偿债务前分配公司财产的，由公司登记机关责令改正，对公司处以隐匿财产或者未清偿债务前分配公司财产金额百分之五以上百分之十以下的罚款；对直接负责的主管人员和其他直接责任人员处以一万元以上十万元以下的罚款。

本条主旨

本条是关于违法清算法律责任的规定。

本条释解

公司在进行清算时，隐匿财产，指公司有些财产在账面上未完全反映，清算时故意隐瞒不报；对资产负债表或者财产清单作虚伪记载，即多记负债少记资产，使账面负债增加；股东以出资额对公司承担有限责任，公司以全部资本对债务承担无限责任，未清偿债务前分配公司财产，直接侵害债权人利益，责令改正，对公司处以所隐匿财产或者未清偿债务前所分配公司财产金额1%以上5%以下的罚款；对直接负责的主管人员和其他直接责任人员处以1万元以上10万元以下的罚款。

对于清算中的严重违法行为，《刑法》第162条规定：“公司、企业进行清算时，隐匿财产，对资产负债表或者财产清单作虚伪记载或者在未清偿债务前分配公司、企业财产，严重损害债权人或者其他人利益的，对其直接负责的主管人员和其他直接责任人员，处五年以下有期徒刑或者拘役，并处或者单处二万元以上二十万元以下罚金。”

第二百五十七条 承担资产评估、验资或者验证的机构提供虚假材料或者提供有重大遗漏的报告的，由有关部门依照《中华人民共和国资产评估法》、《中华人民共和国注册会计师法》等法律、行政法规的规定处罚。

承担资产评估、验资或者验证的机构因其出具的评估结果、验资或者验证证明不实，给公司债权人造成损失的，除能够证明自己没有过错的外，在其评估或者证明不实的金额范围内承担赔偿责任。

本条主旨

本条是关于资产评估、验资或者验证机构违法的法律责任的规定。

本条释解

按我国《公司法》的规定，国家主管机关在审查公司设立、合并、分立、发行债券或股票的申请时，要求提供经过有关评估、验资或验证机构出具的证明文件。如设立公司，股东可以用货币出资，也可以法律、行政法规允许的其他形式的财产作价出资。非货币出资应通过评估作价，核实财产，不得高估或者低估作价。设立股份公司的，必须折合为股份，也不得高估或者低估作价。股东、发起人缴纳出资股款后，必须经法定的验资机构验资并出具验资证明。公司在申请登记时，必须提交验资证明。公司登记机关往往根据验资证明对公司的实缴资本数额加以认定，而不再进行核实。因此，每家验资机构，必须依照国家法律、法规的规定，认真、如实地出具验资证明。如果承担资产评估、验证、验资的机构及其人员因为牟取私利、接受贿赂等原因故意提供虚假证明文件，使其蒙骗审批机关得到审批，就会对公司股东或社会公众产生不利影响，使国家经济秩序发生紊乱。所以，法律必须对这种行为给予严厉的惩处。

本条第 1 款是关于中介机构提供虚假材料或者提供有重大遗漏的报告的行政责任的法律适用的规定，第 2 款是关于中介机构出具的评估结果、验资或者验证证明不实法律责任的规定。

任何验资机构，一旦基于主观或客观原因，造成虚假验资，出具了不真实的证明文件，就必须依法承担相应的责任。本条规定了此种情形下的法律适用问题，即按照《资产评估法》《注册会计师法》等法律、行政法规的规定处罚。

承担资产评估、验资或者验证的机构因其出具的评估结果、验资或者验证证明不实，给债权人造成损失的，除能够证明自己没有过错的外，在其评估或者证明不实的金额范围内承担赔偿责任。这是过错推定的责任原则，赔偿责任的性质是侵权责任。

另外，对于中介机构的违法行为，还需按《刑法》第 229 条定罪量刑。

第二百五十八条 公司登记机关违反法律、行政法规规定未履行职责或者履行职责不当的，对负有责任的领导人员和直接责任人员依法给予政务处分。

本条主旨

本条是关于登记机关工作人员违法的法律责任的规定。

本条释解

公司登记是公司成立的必经程序，属于市场监督管理部门的法定职权，需要依照法定程序进行。《市场主体登记管理条例》《市场主体登记管理条例实施细则》等有关行政法规均对公司登记应提交的文件、应具备的条件作了规定。公司登记机关依法对公司登记进行审查，符合登记条件的，才能予以登记；不符合登记条件的，不得登记。

登记是公司成立的程序要件，同时也是为了实现公示公信，违法登记将违背《公司法》对公司成立条件作出规定的宗旨，损害社会公众的信赖利益。本条规定了违法登记的两种表现情形：(1)公司登记机关不依法履行职责。公司登记机关对符合法定条件的登记申请不予登记的，可能会使一些公司的合法登记权益受到侵犯，影响其获取交易机会，应当予以惩处。(2)公司登记机关履行职责不当。公司登记机关明知公司登记提交的文件不全或不符合规定而为其进行登记的，构成违法登记。可能会使一些公司非法取得法人资格或者进行与事实情况不符的登记，从而影响到交易的安全，也应进行惩处。

对于公司登记机关的违法登记行为，应对负有责任的领导人员和其他直接责任人员依据《监察法》《公职人员政务处分法》等给予政务处分。另外，《刑法》规定，如果构成犯罪的，司法机关将根据刑法规定的玩忽职守罪追究直接负责的主管人员和直接责任人员的刑事责任。原《公司法》追究的是直接负责的主管人员和其他直接责任人员之责任，新《公司法》规定的责任主体是公司登记机关负有责任的领导人员和其他直接责任人员，其区别在于，负有领导责任的人员范围进行了变化，在新《公司法》的规定下，直接负责的主管人员一般能被认定为负有责任的领导人员，但其他领导人员可能也对违法登记行为负有责任,应当给予政务处分。

第二百五十九条 未依法登记为有限责任公司或者股份有限公司,而冒用有限责任公司或者股份有限公司名义的,或者未依法登记为有限责任公司或者股份有限公司的分公司,而冒用有限责任公司或者股份有限公司的分公司名义的,由公司登记机关责令改正或者予以取缔,可以并处十万元以下的罚款。

本条主旨

本条是关于冒用公司名义的法律责任的规定。

本条释解

未依法登记为公司,而以公司名义对外活动,本质上是一种诈骗行为。本条规定的法律责任需注意,行为主体是自然人,而非公司,其主观上是出于故意,即明知未依法登记为有限责任公司或者股份有限公司,但为了达到某种目的而冒用有限责任公司或者股份有限公司名义进行活动。不管是否对他人财产造成损害,上述行为都是破坏社会经济管理秩序的不法行为,由有关机关责令当事人改正或者予以取缔,没收违法所得,这里的“违法所得”是指冒用公司名义进行活动取得的较大利润,并可处以 1 万元以上 10 万元以下的罚款的行政处罚。其行为构成我国《刑法》规定的诈骗罪的,根据我国《刑法》关于诈骗罪的规定,对当事人可处以 3 年以下有期徒刑、拘役或者管制,诈骗数额巨大的,处 3 年以上 10 年以下有期徒刑,情节特别严重的,处 10 年以上有期徒刑或者无期徒刑,可以并处没收财产。冒用公司的分公司名义进行活动的法律责任问题与之相同。

依照我国《公司法》的规定,公司股东以其出资或所持股份对公司承担责任,公司以其全部资产对公司的债务承担责任。设立公司,必须符合法律规定的条件才能登记为公司,享有公司股东有限责任的优惠条件。在经济生活中,有些主体不符合公司设立的条件,没有依法登记为公司,而冒用公司的名义,享受公司法人的权利,对社会公众造成欺骗。公司的分公司不是独立的责任主体,由总公司对其债务承担责任,设立分公司,也必须经登记领取营业执照,享有名称权，并以自己名义参加诉讼、签订合同等权利。公司的分公司没有依法登记，不光是对公众的欺骗，也是对总公司名誉、利益的损害，对经济交往活动十分不利，故作出禁止规定。

第二百六十条 公司成立后无正当理由超过六个月未开业的，或者开业后自行停业连续六个月以上的，公司登记机关可以吊销营业执照，但公司依法办理歇业的除外。

公司登记事项发生变更时，未依照本法规定办理有关变更登记的，由公司登记机关责令限期登记；逾期不登记的，处以一万元以上十万元以下的罚款。

本条主旨

本条是关于逾期开业、停业、不依法办理变更登记的法律责任的规定。

本条释解

本条第 1 款是关于公司成立后未开业或开业后自行停业的法律责任的规定，“公司成立后”是指公司经登记领取法人营业执照；“未开业”是指没有正式对外营业；“无正当理由”是指没有法律规定的允许不开业或开业后停业的理由，如因不可抗力等违反上述规定，可由公司登记机关吊销营业执照。从经济运行规律和企业经营的实际考虑，歇业可能成为公司在特定情形下的合理需要，因此公司依法办理歇业应成为一项阻却吊销营业执照的“正当理由”。

本条第 2 款是关于公司登记事项发生变更时不依法办理变更登记的法律责任的规定。所谓公司登记事项，是指向公司登记机关登记的有关公司的主要事项，如公司名称和住所，公司经营范围，公司注册资本，股东的姓名或者名称，股东的权利和义务，股东的出资方式和出资额，股东转让出资的条件，公司的机构及其产生办法、职权、议事规则，公司的解散事由与清算办法，股东认为需要规定的其他事项等登记事项发生变更时，应由公司法定代表办理变更登记，否则公司登记机关将责令公司限期登记，逾期不登记的，处以 1 万元以上 10 万元以下罚款的行政处罚。

公司成立后就取得法人资格，可以作为独立民事主体进行经营活动，达到营利目的。公司成立后无正当理由长时间未开业,或者开业后自行停业超过一定期限,可能会造成资本的限制与浪费,甚至为不法分子用作欺诈的手段,故有必要对其进行规范。公司登记的目的在于公示公信,公司的重要事项变更而未变更登记,会给社会公众造成误解,损害其信赖利益,不利于公司的监管,也有必要进行规范。

第二百六十一条 外国公司违反本法规定,擅自在中华人民共和国境内设立分支机构的,由公司登记机关责令改正或者关闭,可以并处五万元以上二十万元以下的罚款。

本条主旨

本条是关于外国公司擅自设立分支机构法律责任的规定。

本条释解

外国公司在我国境内设立分支机构,必须向我国主管机关提出申请,并提交其公司章程、所属国的公司登记证书等有关文件,经批准后,向公司登记机关依法办理登记,领取营业执照,否则将妨害我国对外国公司的管理秩序。因此,《公司法》规定,外国公司违反《公司法》规定,擅自在我国境内设立分支机构的,责令改正或者关闭,并可以处以 5 万元以上 20 万元以下的罚款。

第二百六十二条 利用公司名义从事危害国家安全、社会公共利益的严重违法行为的,吊销营业执照。

本条主旨

本条是关于利用公司名义从事严重违法行为法律责任的规定。

本条释解

公司必须合法经营,不得从事危害国家安全、社会公共利益的违法活动,否则公司不能作为合法实体存在,将被吊销营业执照。相关责任人员还会受到刑事责任追究。危害国家安全与侵害社会公共利益的相关认定见《刑法》的有关章节。责任主体可以是自然人、法人与其他组织。

第二百六十三条 公司违反本法规定，应当承担民事赔偿责任和缴纳罚款、罚金的，其财产不足以支付时，先承担民事赔偿责任。

本条主旨

本条是关于民事赔偿优先原则的规定。

本条释解

公司违反《公司法》规定，应当承担的经济责任主要包括民事赔偿责任和缴纳罚款、罚金。其中，民事赔偿责任是当事人因违法或违约给他人造成损失，用自己的财物弥补损失，消除损害后果的民事责任形式之一；缴纳罚款是指国家行政管理机关对违法者依法强制其缴纳一定数量的货币归国家所有的一种行政处罚措施；缴纳罚金是法院强制罪犯在一定期限内向国家缴纳一定数量货币的刑罚类型。

如果执法机关先采取强制性的行政和刑事处罚手段，就很可能使因违法者的行为遭受损害的人无法得到相应的赔偿。所以本条规定，当公司违反《公司法》规定，应当承担民事赔偿责任和缴纳罚款、罚金，而其所有财产又不足以全部支付时，承担责任的顺序应该是先承担民事赔偿责任，然后有剩余时再承担缴纳罚款、罚金的责任。

相关理论

本条实质是优先保护了公司的债权人利益。罚款和罚金本质上是对特定人的处罚。如果优先支付罚款、罚金，或是与对债权的清偿处于同一顺序而按比例支付，那么实际上受到处罚的不再是违法者，而是因此不能得到足额赔偿的受害人，所以有必要作出“先民后行（刑）”的规定，这也是与行政法与刑法的规定相吻合的。

第二百六十四条 违反本法规定，构成犯罪的，依法追究刑事责任。

本条主旨

本条是关于违反《公司法》构成犯罪时承担刑事责任的概括规定。

本条释解

我国的《刑法》将《公司法》及相关法律法规中有关犯罪和相应刑事责任的规定进行了梳理，规定在相关的章节之中，并对相关犯罪行为的犯罪构成、定罪量刑等作了具体详细的规定。《公司法》第十四章规定了违反相关义务导致的责任(主要是行政责任)问题，在涉及刑事违法，需要进行定罪量刑时，应根据刑法上关于犯罪行为的犯罪构成、法律后果等规定进行定罪量刑。

根据我国《刑法》的规定，涉及公司犯罪的罪名主要包括：虚报注册资本罪，虚假出资罪，滥用管理公司、证券职权罪，抽逃出资罪，欺诈发行证券罪，擅自发行股票、公司、企业债券罪，非国家工作人员受贿罪，职务侵占罪，挪用资金罪，妨害清算罪等。

相关理论

新《公司法》基本沿袭了以往《公司法》的立法体例，在第十四章设15个条文就违反《公司法》的法律责任进行专门规制，该章规定的法律责任主要是行政责任。

《公司法》及相关法律法规规定的法律责任主要有以下特征。

1. 责任主体的法定性。公司法上法律责任的主体是狭义上必须由《公司法》明文规定的主体，主要包括公司、发起人和股东、公司的董事、监事和经理、清算组及成员、公司和有关机关的责任人员、评估机构、验资机构和验证机构等中介机构及其他人等。只有《公司法》明文规定的主体，才承担相应的违反《公司法》的法律责任。

2. 责任形式的全面性。《公司法》规定的法律责任形式包括民事责任、行政责任和刑事责任，几乎涵盖了法律责任的所有形式。《公司法》在第十四章“法律责任”中主要规定了各种主体的行政责任；民事责任基本上分散在各个章节中；关于刑事责任的规定，只用一个条文进行描述，主要在《刑法》中加以具体细化，但是犯罪行为的基本形态在《公司法》已有所指。

3. 责任内容的多样性。《公司法》对相关主体的法律责任作了明确规定，既规定了制裁的形式,又规定了惩罚的内容。例如,行政责任中规定了罚款、没收违法所得、责令改正、取消资格、吊销执照等形式,罚款又根据情节的不同规定了5万元以上20万元以下、1万元以上10万元以下、5%以上15%以下、5%以上10%以下等多种不同幅度。《公司法》还采用了列举式的方式规定了各种违法行为,几乎列举的各种行为都对应着相应的责任内容。

CHAPTER 15

第十五章

附　则

第二百六十五条　本法下列用语的含义：

（一）高级管理人员，是指公司的经理、副经理、财务负责人，上市公司董事会秘书和公司章程规定的其他人员。

（二）控股股东，是指其出资额占有限责任公司资本总额超过百分之五十或者其持有的股份占股份有限公司股本总额超过百分之五十的股东；出资额或者持有股份的比例虽然低于百分之五十，但依其出资额或者持有的股份所享有的表决权已足以对股东会的决议产生重大影响的股东。

（三）实际控制人，是指通过投资关系、协议或者其他安排，能够实际支配公司行为的人。

（四）关联关系，是指公司控股股东、实际控制人、董事、监事、高级管理人员与其直接或者间接控制的企业之间的关系，以及可能导致公司利益转移的其他关系。但是，国家控股的企业之间不仅因为同受国家控股而具有关联关系。

本条主旨

本条是关于高级管理人员、控股股东、实际控制人、关联关系含义的规定。

本条释解

高级管理人员、控股股东、实际控制人、关联关系等用语在公司法理论研究中使用较多，同时，在一些部门如证监会规章及地方立法中也有出现，为了保证公司法适用的统一性，也为了便于相关制度的研究，有必要对这些用语的含义进行明确界定。

本条第 1 项规定了公司高级管理人员的范围即公司的经理、副经理、财务负责人,上市公司董事会秘书和公司章程规定的其他人员。由于《公司法》对高级管理人员的权利义务有较一般管理人员更为明确同时也更为严格的规定,有必要对其范围进行科学合理的确定。其中,“经理”与实务中称谓有所区别,其法律含义通常是指由董事会聘任的、负责公司组织日常经营管理活动的常设日常经营或业务执行机关,可能在实践中被称为总经理、CEO 等。另外,赋予公司章程在《公司法》规定的范围外确定公司高级管理人员的权力,有利于公司自治,上述高级管理人员应当符合公司法关于公司高级管理人员任职资格的规定,并履行法律和章程规定的义务。

本条第 2 项规定了控股股东的含义。此处的控股股东可能是某一股东,也可能是联合股东,即受同一自然人、法人和非法人组织控制的,或者通过协议统一行使表决权的多个股东。根据本条规定,控股股东依其直接控股的多少分为绝对控股股东和相对控股股东。(1)绝对控股股东是出资额占有限责任公司资本总额超过 50% 或者其持有的股份占股份有限公司股本总额超过 50% 的股东。持股超过 50% 为认定控股股东的充分条件,这类股东在通常情形下享有超过 50% 的公司表决权,有权决定股东会的一般决议事项,对股东会的特殊决议事项具有巨大影响,享有绝对的控制权。(2)相对控股股东是出资额或者持有股份的比例虽然低于 50%,但依其出资额或者持有的股份所享有的表决权已足以对股东会的决议产生重大影响的股东。在股份较为分散的大型公司,特别是上市公司中,控股股东以低于 50% 的表决权,就能对股东会决议的一般事项进行影响甚至控制决议结果,被称为相对控股。这是对控股股东的实质认定,需要注意把握三个要点:其一,某一股东或联合股东都可能达成相对控股;其二,判断相对控股的标准是股东能否通过表决对公司董事会的组成、公司政策、公司业务等产生重大影响;其三,股东对公司事项的影响应当具有持续性,如果仅在一次或几次决议中联合其他股东进行表决,不能认定为控股。

本条第 3 项规定了实际控制人的内涵。相较于原《公司法》,新《公司法》删除了实际控制人“不是股东”的要求,该规定更为精准。在原《公司法》规定下,只要股东持有一股,就无法将其认定为实际控制人,新法的修改使得实际控制人的定义更加周延与合理。依本条之规定,实际控制人的判断标准在于“能够实际支配公司行为”,并不强调是否通过其掌握的表决权比例进行控制,列举了三种获得控制权的方式:一是投资关系,实际控制人通过投资目标公司的母公司等,实现对该公司的支配。二是通过协议控制目标公司,如与公司签订协议彻底控制其原材料来源、销售渠道等,迫使目标公司借此维持存续,进而支配目标公司;又如签订对赌协议后入驻目标公司进行控制;也可能是通过与股东或者董事、经理的协议控制公司经营。三是通过其他安排支配公司行为,一般是通过对董事、经理的任免,与公司股东、管理层的亲属关系,作为公司实际经营者等支配公司。另外,公司法上的实际控制与证券法上的控制权在内涵上存在一定的差别,如《上市公司收购管理办法》第 84 条规定:“具有下列情形之一的,为拥有上市公司控制权:(一)投资者为上市公司持股 50% 以上的控股股东;(二)投资者可以实际支配上市公司股份表决权超过 30%;(三)投资者通过实际支配上市公司股份表决权能够决定公司董事会半数以上成员选任;(四)投资者依其可实际支配的上市公司股份表决权足以对公司股东大会的决议产生重大影响;(五)中国证监会认定的其他情形。”证券法上的控制侧重于对控股的实质认定,与本条所规定之实际控制人存在区别。

本条第 4 项规定了关联关系的含义。关联关系是指公司控股股东、实际控制人、董事、监事、高级管理人员与其直接或者间接控制的企业之间的关系,以及可能导致公司利益转移的其他关系。本条对关联关系的规定较为宽泛,依据本条之规定,关联关系可分为两类:其一,能够直接或间接控制公司的人与其直接或间接控制的其他公司之间的关系,由于不同的公司处于同一人或几人的控制之下,这些公司可能由于投资者、经营者等之间的重合具有一定的利益往来,需要认定其关联关系,进行重点关注。其二,可能导致公司利益转移的其他关系,这一兜底性的规定,给关联关系的认定带来了很大的空间。可能基于与控股股东、实际控制人、董监高等具有亲友关系等,能够借此影响公司决策,导致利益转移,因此也应对这一关联关系进行判断,判断其关联交易的合法性。另外,国家控股企业中履行出资人职责的机构可能是同一的,但由于国家控股企业及其履行出资人职责的机构均代表着国家利益,一般情况下不存在进行利益转移的动力,因此不能仅因同受国家控股而认定其具有关联关系。

第二百六十六条 本法自2024年7月1日起施行。

本法施行前已登记设立的公司，出资期限超过本法规定的期限的，除法律、行政法规或者国务院另有规定外，应当逐步调整至本法规定的期限以内；对于出资期限、出资额明显异常的，公司登记机关可以依法要求其及时调整。具体实施办法由国务院规定。

本条主旨

本条是关于本法生效时间与过渡期的规定。

本条释解

依照本条规定，本法自2024年7月1日起施行，原《公司法》作为旧法则自该日起不再适用。

一、新《公司法》关于过渡期立法模式的选择

原《公司法》对有限责任公司和股份有限公司均施行全面的认缴资本制，新《公司法》则在公司出资期限的规定上进行了重大修改。对于有限责任公司，在公司注册资本认缴登记制的基础上增加了最长认缴期限的限制，要求公司成立时全体股东认缴的出资额由股东按照公司章程的规定自公司成立之日起5年内缴足；公司增资时，股东对于认缴新增资本的出资，应当按照公司章程的规定自股东认缴之日起5年内缴足。对于股份有限公司，新《公司法》确立了注册资本的实缴登记制，无论是发起设立还是募集设立的股份有限公司，均要求发起人和认股人应当在公司设立登记前完成对认购股份的足额缴纳。

新《公司法》施行以后，面临的迫切问题是，在2024年7月1日以前依照认缴制的规定注册的存量公司应当如何适用新法。在新《公司法》的修法进程中，存在三种不同的主张：

第一，依据法不溯及既往的原则，新《公司法》仅适用于2024年7月1日以后注册成立的"新设公司"，存量公司的出资则可沿用原《公司法》之规定。这一模式试图通过市场将存量公司逐步淘汰，但存在明显的缺陷，很难适用：其一，新设公司与存量公司在公司合并、分立、增资、减资等程序上存在适用不一致的问题，后续的公司实务很难处理，有损法律的统一性。其二，若市场中大量存在新设公司与存量公司,实践中需要对其进行区别对待,为司法、执法带来巨大困难,该难题会存在很长时间,直至再次修改法律才能将其统一以为法律适用工作减负。其三,可能导致存量公司成为一种不可再生的资源,很可能出现在2023年12月29日至2024年6月30日大量注册认缴期限较长、出资额较大的公司,以削弱新《公司法》的影响,并可能在新《公司法》实施后出现倒卖存量公司以规避现行法的情况。

第二,自新《公司法》施行之日起,所有公司均全面适用新法,即有限责任公司需限期认缴,股份有限公司需实缴。这种"一刀切"的法律适用模式为公司实务和司法、执法带来了便利,也维护了法律的统一性,但对存量公司相对苛刻,会使其在法律适用上存在极大的障碍,并不可取。截至2023年6月,现存公司将近4600万家,要求其全面调整有强人所难之嫌。例如,要求股份有限公司于新法颁布半年内缴足全部出资,难免对其正常经营造成影响,强行适用新《公司法》可能损害公司、股东的预期利益,严重阻碍公司的正常发展,进而引发经济与社会的动荡。

第三,规定过渡期,给存量公司一定的时间进行出资调整,最终所有公司均能依新《公司法》的规定出资。既能引导所有公司依法缴足资本,发挥注册资本的公示公信效力,又能减少对存量公司生产经营的影响。在《公司法》的修法进程中,对于适用这一模式基本达成了共识。

二、新《公司法》和国务院关于过渡期的规定

新《公司法》采用第三种立法模式,规定了存量公司出资的过渡期,但并未明确该过渡时限,转而授权国务院规定具体的实施办法。国务院《关于实施〈中华人民共和国公司法〉注册资本登记管理制度的规定》已于2024年7月1日起施行,《公司法》及相关规定的具体内容如下:

第一,2024年7月1日以后注册的所有公司,均需依新《公司法》的规定进行出资。有限责任公司按照最长5年的限期认缴制,股份有限公司按照实缴制出资。

第二,2024年6月30日(含当日)前登记设立的公司,有3年的调整过渡期。《公司法》第266条规定的"逐步调整",是指自2027年7月1日起,有限责任公司剩余认缴出资期限超过5年的,应当在2027年6月30日前将其剩余认缴出资期限调整至5年内并记载于公司章程,股东应当在调整后的认缴出资期限内足额缴纳认缴的出资额;股份有限公司的发起人应当在 2027 年 6 月 30 日前按照其认购的股份全额缴纳股款。但是,“公司生产经营涉及国家利益或者重大公共利益,国务院有关主管部门或者省级人民政府提出意见的,国务院市场监督管理部门可以同意其按原出资期限出资”。

第三,2024 年 6 月 30 日前登记设立的公司,出资期限、注册资本明显异常的,公司登记机关可以结合公司的经营范围、经营状况以及股东的出资能力、主营项目、资产规模等进行研判,认定违背真实性、合理性原则的,可以依法要求其及时调整。首先,法律并未规定如何判断出资期限、注册资本明显异常,但规定了进行研判的主体是公司登记机关,判断标准需结合公司的经营范围、经营状况以及股东的出资能力、主营项目、资产规模等,判断内容是该公司的出资期限、注册资本是否违背真实性、合理性原则。其次,公司未按照《公司法》及相关规定调整出资期限、注册资本的,由公司登记机关责令改正;逾期未改正的,由公司登记机关在国家企业信用信息公示系统作出特别标注并向社会公示。对于出资期限、出资额明显异常的存量公司,公司登记机关不能直接调整其登记的注册资本,原因在于公司资本是公司和股东之间利益的关键,既是公司分红、公司控制权的依据,又是股东间合作关系的平衡点,公司登记机关作为“局外人”无法依职权调整公司资本,只能责令公司自行调整。最后,国务院《关于实施〈中华人民共和国公司法〉注册资本登记管理制度的规定》第 6 条中对公司登记机关要求公司自行调整注册资本的规定,重点把握的三个问题:其一,公司登记机关可以对是否行使责令改正的权力进行具体判断;其二,公司登记机关必须依法行使权力,既要符合现行法对公司出资等的规定,又要遵守国务院的相关规定;其三,公司登记机关可以在责令公司自行调整时提出具体时限,该时限可由公司登记机关在合理范围内自由裁量。

三、新旧《公司法》的衔接

为解决《公司法》施行后新旧法律的衔接适用问题,最高人民法院《关于适用〈中华人民共和国公司法〉时间效力的若干规定》(法释〔2024〕7 号),已于 2024 年 6 月 29 日公布,自 2024 年 7 月 1 日起施行。该规定就当前人民法院审判工作中需要明确时间效力的情形作出了具体规定,区分了《公司法》条文的实质性修改、新增规定和具体细化规定等不同情况,列举了溯及适用的具体条文。其主要内容包括:(1)《公司法》时间效力的一般规定及有利溯及规则。《公司法》施行前的法律事实引起的民事纠纷案件，原则上适用旧法，仅在新《公司法》更利于实现立法目的的情况下，适用新《公司法》。(2)民事法律行为效力的有利溯及规则。部分《公司法》施行前被认定为无效的与公司有关的民事法律行为，对效力发生争议的，适用新《公司法》。(3)合同履行的有利溯及规则。因《公司法》施行后的履行行为发生争议的上市公司股票代持、上市公司控股子公司取得该上市公司股份、股份有限公司的财务资助情形，适用新《公司法》。(4)新增规定的空白溯及规则。股东转让未届出资期限的股权，有限责任公司的控股股东滥用股东权利，股份有限公司异议股东的回购请求，控股股东、实际控制人本人或指使他人执行公司事务的民事责任认定等原《公司法》没有规定的，适用新《公司法》。(5)细化规定了溯及适用规则。章程对股份转让的限制规定，公司监事的部分赔偿责任认定，董事、高管经营限制的同类业务的赔偿责任认定，关联关系主体范围以及关联交易性质的认定等新《公司法》作出了更具体规定的情形，适用新《公司法》。(6)清算责任的法律适用。明确规定了应当清算的法律事实发生在《公司法》施行前，但至新《公司法》施行日未满15日的，适用新《公司法》的规定。(7)既判力优于溯及力规则。《公司法》施行前已经终审的民事纠纷案件，当事人申请再审或者人民法院按照审判监督程序决定再审的，适用旧法。

随着新《公司法》的施行，时间效力司法解释和公司注册资本登记管理制度规定的出台，进一步明确了新《公司法》适用过程中的从旧兼有利溯及原则，对于确保新法施行后的平稳过渡、统一裁判标准具有重大意义，体现了法律变更对当事人利益最小影响的原则，对于促进公司制度健康发展，构建良好有序的营商环境更是起到了积极作用。